2010

中国渔业年鉴

China Fisheries Yearbook

农业部渔业局 主编

中国农业出版社

中国渔业年鉴编辑部

通讯地址　北京市朝阳区
　　　　　麦子店街18号楼
邮政编码　100125
电　　话　(010) 59194985
传　　真　(010) 65061875
电子信箱　yynjcn@ccap.com.cn

中国渔业年鉴编辑委员会

中国渔业年鉴编辑部

2009年4月22日，农业部部长孙政才、重庆市市长王鸿举、民盟中央副主席张宝文等出席“世界地球日”水生生物资源增殖放流活动。为保护长江鱼类资源，建设长江生态资源，共500万尾经济鱼类和珍稀水生动物投放三峡库区。

2009年6月16日，农业部和环渤海地区的天津、河北、辽宁、山东等4省(直辖市)人民政府在渤海莱州湾联合举办渤海生物资源增殖放流活动，向渤海投放各种经济鱼类1300万尾。

2009年12月29日，农业部部长韩长赋、副部长牛盾、农业部渔业局局长李健华出席在北京召开的全国渔业工作会议并作重要讲话。会议总结了新中国成立60年渔业发展成就、经验和2009年渔业工作，研究部署了2010年渔业工作重点。

2009年3月3～4日，全国水产技术推广工作会议在广西南宁召开。农业部副部长牛盾在会议上强调，要努力提高现代渔业技术支撑水平。

2009年3月25日，由农业部和江苏省政府共同举办的全国渔业“科技服务年”以及“科技入户”春季行动启动仪式在江苏宝应县举行。

为了进一步加强水产苗种管理工作，规范水产苗种生产行为，提高苗种质量，农业部决定在全国范围内开展苗种专项整治。2009年4月8日，水产苗种专项整治及督察活动启动仪式在北京举行。

2009年5月19日，中国渔业经济专家论坛在北京举办。农业部副部长牛盾、农业部渔业局局长李健华等分别在专家论坛上作主题报告。中国水产科学研究院院长张显良主持会议。

2009年6月23日，农业部副部长牛盾出席《海洋渔业CDMA移动通信系统合作协议》签字仪式。农业部渔业局局长、中国渔政指挥中心主任李健华与中国电信集团公司副总经理杨小伟在合作协议上签字。

2009年9月18日，中越北部湾渔业联合委员会在上海举行。以中国农业部渔业局局长、渔委会中方代表李健华为团长的中方代表团和以越南农业与农村发展部水产资源开发与保护局局长、渔委会越方代表朱进永为团长的越方代表团出席了会议。

2009年11月2日，东北亚地区地方政府联合会海洋与渔业专门委员会成立。11月3日，山东省海洋与渔业厅在青岛举办渔业品牌推介会，展示山东现代渔业和品牌渔业发展成果。

中草药有望解决水产品药物残留问题。技术人员正在推广中草药制剂防治鱼病的新方法。

全国渔业发展“十二五”规划战略研讨会

2009年10月27～28日，农业部渔业局组织部属渔业事业单位和部分省级渔业主管部门主要负责人和有关专家，在杭州召开全国渔业发展“十二五”规划战略研讨会。农业部渔业局局长、渔政指挥中心主任李健华主持会议，并就做好渔业发展“十二五”规划编制工作阐述了初步思路。

突出“全局性 战略性 前瞻性” 让科研与生产更紧密结合

中国水产科学研究院院长 张显良

“十一五”期间，全国渔业科技总体上体现以下特征：一是科技人员服务国家需求、全力支撑经济发展、大力提升自主创新能力的方向更加明确。二是以市场和产业需求为导向、产学研相结合、全国渔业科技大协作的产业技术创新体系逐步形成并已显现良好效果。三是渔业科研和基础设施建设经费有较大幅度增加。四是渔业科技人才培养速度加快，研究队伍结构不断优化，研究能力不断提高，渔业重点研究领域创新团队建设进展明显。存在的问题，突出反映在自主创新能力不强和科研与生产结合不够紧密两个方面。

在加快自主创新方面，要紧紧围绕现代渔业建设和可持续发展能力这一主题，以解决产业需求为目标，围绕产业发展重大问题，开展重点领域科技攻关，加快推进渔业科技创新和进步。一是要明确主攻目标，重点推进六大技术创新。二是要强化重大科研项目的组织实施，提高科研效率。要围绕重大科技计划和行业科技重点，统筹项目、人才、基地和区域科技发展，探索和创新项目组织管理机制，提高科研项目的组织实施和成果产出效率。在推进科研与生产相结合方面，一是要在观念上重视。水产科研机构和科研工作者，要始终把支撑渔业发展、推进科技服务生产作为工作重点，把主攻方向转向生产一线。二是要注重技术的实用化。要以“课题来源于实际，成果应用于生产”的理念开展技术创新工作，强化主推品种和主推技术转化推广，指导解决渔业生产中的关键技术难题。三是大力开展产学研协作。要进一步发挥全国渔业科技协作网的作用，推动跨部门、跨地区的大联合、大协作，拓展科技协作新途径，构建全国性渔业科技成果转化推广和服务平台，推动成果转化，支撑产业发展。四是要建立一支专业化科技队伍，引导科研人员深入一线开展科技服务，努力推进科技成果向现实生产力转化。

技术推广服务支撑现代渔业

全国水产技术推广总站站长　魏宝振

“十二五”期间，宏观政策环境总体有利于水产技术推广工作发展。各级水产技术推广机构将以建立多种公益性职能为一体的公共服务机构为目标，以提升水产技术推广机构公共服务能力为重点，着力推进、加强基层推广体系改革、渔业公共服务能力建设等各方面工作，力争到“十二五”期末，建成以国家水产技术推广机构为主体，服务水产品质量安全、支撑现代渔业的渔业社会化服务体系。

对于全国渔业发展“十二五”规划的编写，建议对“十一五”渔业发展成就的总结要突出如下特点：一是渔业经济在大农业中的比重不断上升，渔业发展日益受到各界的重视。二是产业结构调整不断深化，养殖业尤其是设施渔业的比重不断上升、优势出口产品的比例不断增加，为渔业增效和渔民增收作出突出贡献。三是休闲渔业较快发展，成为渔业经济新的增长点。四是水产品质量安全、渔业资源养护等渔业公共事业取得显著进展，促进了渔业经济的持续、健康发展。五是涉外渔业管理取得显著成效，提升了渔业的战略地位。“十二五”规划的编写应重点处理好以下几个关系。一是要处理好发展速度与发展质量的关系。二是要处理好内涵提升与外延发展的关系。三是要处理好产品产量与产品质量的关系。四是要处理好大宗养殖品种和名特优新品种的关系。五是要处理好生物多样性保护和增殖放流的关系问题。另外，规划中重点工程的设计要加强与国民经济发展规划、农业发展规划及各省渔业发展规划的衔接。

明确目标任务　解决主要问题

中国水产学会秘书长　司徒建通

谋划“十二五”，我们必须清楚当前渔业发展的主要矛盾，明确下一步的目标任务，梳理出要解决的主要问题。首先，当前中国渔业发展的主要矛盾，是国内外市场不断提高的多样性的水产品质量需求与传统落后的渔业生产方式之间的矛盾。这一矛盾我们必须有清醒的认识和足够的重视。其次，“十二五”渔业发展的目标应明确为：全面提升从业者素质、产品竞争力、产业发展质量，提高渔业的经济效益、社会效益和生态效益，为发展现代渔业奠定坚实的基础。第三，“十二五”的主要任务是：稳定发展满足大众需求的大宗水产品生产，加快发展优势出口创汇水产品生产，严格限制高耗低效的水产品生产。要完成“十二五”发展目标和主要任务，应采取有力措施，切实解决好如下几方面问题：一是人的问题。重点提高从业人员的素质。加大有关法律法规的宣传力度，让广大从业者依法生产和经营；加强科普工作，普及科学知识，推广先进适用技术，使从业者真正做到养殖健康，生产安全。二是良种问题。重点解决大宗养殖品种和出口创汇优势品种的良种化问题，加强良种体系建设，提高主养品种的良种覆盖率。三是技术问题。要加强新型渔用饲料蛋白质研究，要加强安全性高、效果好的广谱疫苗开发研究，要加强安全、高效、低毒、低残留的新型替代药物开发研究。四是政策问题。要解决良种补贴和老化池塘改造整治补贴的政策问题。要解决捕捞渔民转产转业的有关政策问题。要解决资源养护(增殖)的有关政策问题。

强化现代渔业功能与特征

上海海洋大学校长　潘迎捷

“十二五”将是我国全面进入现代渔业的建设和发展阶段，现代渔业将出现五个重要的变化趋势：一是在国际化、市场化的大背景下，渔业与食品产业、海洋产业、生态产业、健康产业与旅游产业等相关产业的关联度更强，渔业第一、二、三产业协调发展需求更加迫切，特别是以现代水产品物流为主体的产业链将导致渔业产业结构的重大调整。二是渔业经济增长方式上，将更加突出依靠科技进步，突出环境资源保护和确保渔民增收。安全、效益和渔民增收是现代渔业三大任务，高效生态是现代渔业的目标体现。三是科技化的引领作用、组织化的基础作用、市场化的调节作用将进一步凸现。四是现代渔业产业体系、现代渔业管理体系、现代渔业支撑和保障体系建设将更加强化。五是在坚持渔业产业经济功能基础上，将更加注重向生态功能和社会功能的拓展，在继续提升渔业经济效益的同时，更加强调渔业的生态效益、社会效益。

提升都市渔业的素质与功能

北京市农业局副局长　沙松平

六大目标：一是实践全市渔业水域水生生物增殖与保护全覆盖。二是依法健康养殖达到100%。三是市场水产品质量安全监管体系基本形成。四是继续提升“六大体系”支撑北京都市型现代渔业发展的素质与水平。五是全面开发渔业文化功能，满足市民日益增长的休闲需求。六是着力打造和培育水产苗种和观赏鱼产业稳步发展。重点工程：一是全市池塘标准改造升级工程。二是全市水产品质量安全体系建设工程。三是水产苗种业改造与提升。措施保障：一是始终坚持“规划”带政策、政策带资金的工作原则。二是始终坚持完善与提升“六大体系”工作原则。三是始终坚持改革创新与科学发展有机结合的工作原则。

加快中国特色现代渔业建设

辽宁省海洋与渔业厅厅长　赵兴武

从现在到“十二五”末是中国渔业发展的关键机遇期和转型期，主攻方向应是由传统渔业向中国特色现代渔业转变。建议适时提出中国特色现代渔业的内涵和理念，并不断丰富和完善。加大渔业发展以下几方面的投入力度：一是进一步加大渔业科研、技术推广投入。二是加大渔业基础设施投入。三是加大渔业管理能力建设投入。四是加大对渔业资源修复和增殖放流的投入。人才是实现中国特色现代渔业的第一宝贵财富。应进一步加大渔业科技人才的培养力度，努力培养和打造渔业“袁隆平”。大力倡导吃鱼创新，因做鱼吃鱼不方便而赋予新内涵的“吃鱼难”已摆在世人面前，要加大吃鱼的科技攻关力度，用以促进消费，从而实现通过吃鱼拉动养鱼，促进渔业加快发展。

描绘现代渔业的发展蓝图　现代渔业规划要突出“新”字

吉林省水利厅副厅长　车黎明

“十一五”以来，吉林省渔业快速发展，逐步由产量速度型的传统渔业向质量效益型的现代渔业转变。“十二五”将是我国渔业发展的一个全新的时期。目前，我国渔业正面临着发展模式的大转变。一是渔业生产方式要由“游猎”到“定牧”的转变，即传统捕捞做业方式向人工养殖、特别是天然水域的人工养殖方式转变；二是渔业发展由自身一个链环向与渔业有关的链环转变，如休闲渔业、旅游渔业等。即延长渔业发展的“产业链”；三是渔业的发展面临着生产关系的变革，主要是解决农(渔)民增收与提高生产力、保障水产品质量安全二者之间的矛盾。核心是“组织方式”的创新；四是渔业的发展要从传统的向大自然索取，向“索取的同时，避免伤害大自然的”转变。

新的形势，促使我们发展现代渔业要采取新的思路和模式。一要把握好“渔业”的定位。过去对渔业的作用提得最多的是“保障粮食安全”。往往注重渔业的产值在大农业中的占比。但粮食和畜产品解决的是人们“吃饱”层面的问题，而渔业则解决的是人们“吃好”层面的问题，水产品消费量是生活水准高低的标志。同时，渔业的“生态”功能也十分重要。所以渔业的发展要大打“生态牌”。“生活”、“生态”应该成为未来渔业发展的两张王牌。二要大力宣传吃鱼的好处。促进水产品消费，就会拉动生产，从而增加生产者的收入。三要大力加强国际渔业合作。四要精心设计一批“项目”，争取更多的国家投资。比如海洋牧场开发、增殖放流、老旧鱼池改造、水产养殖业规划等具有全局意义的投资项目。五要重视科技支撑，逐步达到“产量的提高主要依靠科技进步”的目标。

坚持质量第一与可持续发展

江苏省海洋与渔业局长　唐庆宁

江苏渔业围绕“质量安全、资源节约、环境友好、效益提高”的工作思路，做好“十二五”规划。坚持四个依靠和五个推进。

四个依靠：①依靠集约发展，提高规模效益，经营规模化、产业化；②依靠科技创新，提高核心竞争力；③依靠加快渔业基础设施建设，配套支撑保障能力，建立抗灾减灾体系。④依靠不断深化改革，增强渔业发展活力。要推进水面承包经营权的有序流转，增加龙头企业的数量，改变渔船管理方式，建立渔船交易市场，改变渔业统计方式，淡化产量因素注重质量、效益因素。

五个推进：①推进渔业生产规模化、集约化；②推进渔业装备设施化、自动化、信息化；③推进渔业经营产业化、合作化；④推进渔业生产发展循环化；⑤推进渔业服务社会化。

在发展战略上，一是在发展渔业生产中坚持质量第一，二是在加快现代渔业发展中提高渔民收入，三是在改造传统渔业中转变渔业生产方式，四是在保护渔业环境中求得渔业的可持续发展，五是在改革开放中提高渔业的国内外竞争力。

“十二五”渔业发展重点，一是突出渔业基础设施建设，二是继续加快发展海水养殖业，三是发展提高淡水特种水产养殖业，四是重点突破水产品加工业，五是加快发展外向型渔业，六是加速发展休闲渔业，七是加快渔业资源修复。

科学发展观统领“十二”五规划

浙江省海洋与渔业局局长　赵利民

“十二五”渔业规划要在以下七个方面展开研究：

一要重视渔业资源等基础调查工作，从国家到省级层面都要加强对各类渔业资源的基础调查和动态监测工作。在此基础上，加紧编制《重要渔业水域名录》，加快渔业资源保护区的建设工作。

二要在编制好渔业发展“十二五”总体规划基础上，重视编制好相关子规划，以指导各地相应工作规范有序开展。

三要进一步加大资金投入，加快渔业公共服务体系和技术支撑体系建设。

四要把水产品加工和市场体系建设放在更重要位置，加大对水产品精深加工和综合利用技术的研发，合理规划市场布局，探索现代交易方式，并加强宣传引导，促进水产品需求不断增长。

五要进一步加大对设施渔业的扶持力度，设施渔业能使养殖品种不受地域限制；有效处理尾水，减少病害发生，提高产品品质，代表着养殖渔业未来的发展方向，应予重点支持。

六要在强化规范管理、强化资源保护上，作进一步的研究探索，调整完善海洋捕捞管理制度，科学合理设置伏季休渔时间与作业类型，探索建立实施限额捕捞制度的可行路径；加强对濒危物种的保护与管理；加快推进渔业执法体制改革步伐，积极探索建立从中央到地方或省以下垂直领导体制，提高执法水平和执法效率。

七要在政策措施和重点项目上给予保障，国家要对渔业发展和管理上的一些重大问题在规划上能体现政策的导向和具体措施，对关系到渔业基础实施建设、渔业安全体系建设、渔业资源及生态环境建设、渔业权益维护等方面要有项目支撑保障，确保渔业发展“十二五”规划的顺利实施。

规划建设“亲环境现代渔业”

福建省海洋与渔业厅厅长　刘修德

渔业“十二五”发展目标定位上应结合渔业经济和技术的发展趋向，在建设生态型现代渔业的基础上，进一步提出建设“亲环境现代渔业”的目标。亲环境现代渔业发展理念是现代农业发达资本主义国家根据农业发展过程中面临一系列环境相关问题的挑战，消费者对食品质量安全的新要求而提出的。

所谓亲环境现代渔业，内容主要有三项：

第一，以渔业与环境的协调来实现可持续渔业生产、提高渔民收入、保全环境，同时追求水产品安全性；

第二，通过生态系统来实现渔业安全管理、食品养分综合管理、生物学预防技术的利用、轮作等，并持续保全渔业环境；

第三，亲环境渔业分为绿色有机渔业和低投入可持续渔业两个部分。

发展亲环境现代渔业，一是着力发展亲环境“海洋牧场”。根据公众“绿色”消费需求，加大科技投入,加强科研及推广,提高海洋农牧化工程的科技含量,发展优质高产、高效、安全的亲环境水产养殖业。二是大力发展水产品精深加工业。加大研发力度，扩大水产品研发集群，积极开发迎合各类消费群体需求的水产功能食品。三是培育发展形式多样的休闲渔业。以城镇居民周末纷纷走出家门、到乡村观光体验旅游休闲有不断增加的趋势为契机，因地制宜地建设各具特色并适应休闲观光等需求的旅游观光、垂钓、海上运动、科考科普、休闲体验等多种形式的休闲渔业项目。

明确现代渔业内涵与外延

山东省海洋与渔业厅厅长　侯英民

面对渔业发展的新形势，应从全局、长远和可持续发展的角度，进一步认识渔业对于拓展农村经济领域，保障国家食物安全，转变发展方式，促进节能减排，强健国民体质，提高生活水平的重要地位和作用，找准切入点、结合点、利益点，加强政策扶持，加大资金投入，确立重点项目，扎实推进发展。初步确定，山东省渔业“十二五”将突出抓好打基础、管长远、增后劲的“十大工程”建设。通过实施渔业资源修复工程、渔港及渔港经济区建设工程、标准化生态养殖池塘整理工程、渔船标准化改造工程、海外渔业工程、渔业良种体系建设工程、平安渔业建设工程、莱州湾生态整治示范工程、水产品质量保障工程、渔业科技创新与信息化工程，促进渔业物质技术条件明显改善，综合生产能力明显提高，市场竞争力明显增强。

实施“三大战略” 推进“四大工程”

四川省水产局局长 卿足平

“十二五”时期，四川省将全力实施“三大战略”，推进“四大工程”。

三大战略:

一是推进转变战略。强化科技服务和管理体系建设，加强水产原良种体系建设，大力推广健康养殖技术，推进水产养殖向数量、质量、效益和生态并重的发展方式转变。

二是拓展战略。拓展水产养殖发展空间，努力增加水产经济总量。扩大加工能力和市场范围，促进餐饮、游钓、观赏等休闲渔业的发展。拓展养殖品种，以实施“一县一品”、“一乡一品”、“一村一品”。

三是提升战略。以养殖品种创新、养殖模式创新、渔饲料渔药研发创新、技术推广机制创新为主攻方向，提升自主创新能力；以不断强化原良种体系、技术推广体系、疫病防治体系、质量监测体系、标准体系、渔政执法体系建设为重点，提高水产业发展的支撑保障能力。

四大工程:

一是水产优势产业带养殖工程建设。推进以新农村建设“一村一品”为重点的丘陵地区池塘养殖、水库养殖、稻鱼轮作工程建设；推进以长江及其主要支流流域养殖基地为重点的名优水产品养殖带工程建设；推进成都和盆周山区为重点的冷水鱼养殖带工程建设。

二是水产龙头企业“双百”工程建设。发展100个水产龙头企业，实现100亿元经济产值，努力形成龙头连基地、基地带农户的水产产业化经营格局。三是水产市场和水产品加工增值工程建设。抓好成都、绵阳、攀枝花、内江、广元、巴中等省、市级水产物流中心和批发市场建设，实现年交易量20万吨、交易额30亿元；抓好新津、双流、都江堰、彭州、内江、眉山等地水产品加工企业的生产和经营，实现年加工产值10亿元，走加工连基地、基地带农户的产业化发展之路。四是渔业发展支撑保障体系建设工程。抓好40个县级水生动物防疫站、180个病害测报点建设，并积极有效开展工作，为水产品质量安全起到保障作用。以项目资金为引导，发挥市场投资的主体作用，加强和完善水产原良种体系，有效保障渔业生产需求。

强化政策支持与分类指导

宁夏回族自治区农牧厅副厅长 黄全福

进一步完善法律法规体系。建议尽快完善《渔业法》配套法律法规体系，进一步完善水产品检验检疫检疫制度、渔业权制度、渔业投入品市场监管制度和水产品市场准入制度等等，确保渔业经济健康发展。

完善渔业政策支持体系。在继续加强良种体系、疫病防治体系、渔政执法基础建设的同时，要进一步争取中央一系列支农惠农政策向渔业延伸、向渔业覆盖。要重点建立和完善水产良种补贴、水产科技创新及园区建设、旧池塘改造及基础设施建设、水域环境修复及生态渔业、健康养殖等方面的扶持政策。

坚持分区分类指导。我国地域辽阔，区域间资源禀赋条件、社会经济发展水平很不平衡。西部地区渔业总体发展水平落后于东部沿海地区，但渔业特色明显，在水域生态环境、渔业资源等方面甚至还有优势。因此在制定全国渔业“十二五”发展规划时，建议坚持“因地制宜，分区指导，各有侧重”的原则，加强对西部及西北地区生态渔业、绿色渔业、有机渔业、冷水性渔业以及水域生态环境修复、渔业资源保护的支持力度，确保渔业可持续发展。

“十二五”期间，要把水产品质量安全工作摆在更加突出的位置。以项目为载体，继续开展健康养殖示范区、渔业标准化示范区建设，大力开展健康养殖技术推广力度；继续加大渔药、渔用饲料等投入品养殖使用监管，继续加大抽检和监督力度，不断完善水产品药残抽检工作机制，从源头上确保水产品质量安全。

深圳市联成远渔业有限公司

总经理　金烨

深圳市联成远洋渔业有限公司成立于2002年9月，是“深圳市农业龙头企业”，具有农业部远洋渔业企业资格并通过ISO 9001：2000质量管理体系认证。公司愿景是成为客户公认优质新鲜金枪鱼供应商。

深圳联成是一家综合性远洋渔业企业，在深圳有一家全资子公司及控股一家渔业公司，在浙江宁波合资设立一家金枪鱼加工厂，并在厦门、上海设有分公司及办事处。公司是中国从事冰鲜金枪鱼捕捞和供应的主要远洋渔业企业之一。业务涵盖远洋渔业捕捞、渔需物资、水产品购销、国内商业、物资供销业及进出口业务。船队捕捞鱼类以大眼金枪鱼、黄鳍金枪鱼为主，兼捕长鳍金枪鱼、剑鱼、旗鱼等。公司优质金枪鱼畅销日本、美国、欧洲及中国市场。

深圳联成从2003年起，开始派船赴太平洋的马绍尔群岛、密克罗尼西亚联邦及帕劳共和国等国家专属经济区海域从事金枪鱼延绳钓项目，并合作经营海外渔业基地、加工厂，提供补给及海运、空运等服务。

公司注重企业形象和社会责任，重视信息技术的开发和运用，自行研发远洋渔业管理信息系统。该信息系统包含远洋渔船船位监测、卸鱼系统、渔船及船员档案管理系统等信息。透过信息化管理系统，大大地提高渔船生产和船队管理水平。

深圳联成将进一步加快发展步伐，实施“走出去”发展战略，大力发展海洋产业，合理利用国际海洋资源，并充分发挥龙头企业的作用，不断提高远洋渔业生产力水平，建立一支现代化的远洋渔业船队。

地址:深圳市福田区金田路4028号
荣超经贸中心42楼4203室
邮编:518035
电话:0755-21513700
传真:0755-21513710
电邮:szlc@iszlc.com
网址:www.iszlc.com

公司渔船捕捞的金枪鱼

远洋渔业船队

金枪鱼加工厂

编辑说明

一、《中国渔业年鉴》由农业部主管，农业部渔业局主持编撰，中国农业出版社渔业年鉴编辑部负责编辑、出版。

二、本年鉴是一部反映中国渔业年度基本情况的权威性资料工具书，每年出版一卷，以出版年份标序。

三、本年鉴所载资料全部截止到2009年底。

四、年鉴文稿主要由全国渔业行政机构、企事业和科研单位、水产院校等部门的管理人员和专业技术人员撰写。全部文稿由中国渔业年鉴编辑部负责编辑修改或删节，由农业部渔业局审定后发表。

五、各省、自治区、直辖市及计划单列市，按全国行政区划顺序排列。

六、各类资料数据均未包括台湾省和港澳地区。

七、本年鉴在编撰过程中，得到全国各级渔业行政主管部门和有关单位的大力支持，在此表示衷心感谢。

目　录

专　文

发 展 综 述

渔 业 管 理

渔业科技与推广

各 地 渔 业

全国渔业重点事业单位

领 导 讲 话

专 题 论 坛

2009年渔业大事记

索 引

专　文

中国渔业发展60年成就综述

农业部渔业局

新中国成立60周年来，特别是改革开放30多年来，在党的正确领导下，通过政策带动、市场推动、科技驱动和几代渔业人的艰苦奋斗，我国渔业发展取得了辉煌成就，综合生产能力大幅提升，国际地位显著提高，渔民生活不断改善，不但成功解决了水产品有效供给问题，而且走出了一条“以养为主”的渔业发展道路，谱写了中国渔业发展史上壮丽的篇章。我国已成为世界渔业生产大国、水产品出口大国和主要远洋渔业国家。60年渔业发展所取得的巨大成就，可以用五个历史性变化来概括。

一、渔业在我国农业农村发展和国民经济建设中的地位发生了历史性变化

1. 渔业已成为农业农村经济中的重要产业　渔业经济总量显著提升，2008年我国水产品产量4 896万吨，是1949年的108倍。渔业产值在大农业中的份额由新中国成立初期的0.2%提高至10%左右，是大农业中发展最快的产业之一。2008年水产品出口额106亿美元，占农产品出口总额的26%，连续9年位居大宗农产品出口首位。

2. 渔业已成为保障国家食物安全的重要支撑　水产品实现了有效安全供给，解决了城乡居民“吃鱼难”问题，保持了国内水产品市场的长期稳定繁荣，为保障我国农产品市场供给和食物安全做出了重大贡献。水产品人均占有量由1949年的1千克左右提高到2008年的36千克，是世界人均水平的1.6倍。水产蛋白人均消费量由几乎为零提升到目前占人均动物蛋白消费量的1/3左右，有效改善了城乡居民的膳食结构，提高了人民健康水平。

3. 渔业已成为农业产业结构调整的重要方面　渔业给农业和农村经济发展注入了新的活力，大量的农村劳动力从事渔业生产走上了富裕之路。2008年渔业从业人员1 454万人，是1956年的14倍。渔民人均纯收入由1978年的93元增加到2008年的7 575元，增长81倍。渔业发展还带动了渔船修造、养殖机械制造、水产品加工、运销及旅游、餐饮等相关产业的发展。

二、渔业产业素质和综合生产能力发生了历史性变化

1. 基础设施和生产条件明显改善　捕捞渔船经历了动力、机型、材料和装备的变革，渔船大型化、大功率化、机械化和自动化水平不断提高。渔港等基础设施建设明显加快，全国共有渔港1 177个，形成了一个功能齐全、配套完善的现代渔港网络。水产原种良种体系建设成效明显，建成300多家原（良）种场。养殖集约化程度显著提高，工厂化养殖、深水网箱养殖形成规模。水产品加工能力和水平已跃居世界前列。2008年，全国有各类水产加工企业9 971家，加工能力达到2 197万吨/年，比1978年增长了22倍。

2. 科技支撑能力大幅提升　建立了一支从基础研究、应用开发到技术推广的高素质的渔业科技队伍。尤其是在改革开放的30年间，取得了一大批渔业科技成果，有力地支撑了产业发展。水产养殖业的应用技术处于世界先进水平，渔业科技进步贡献率已超过50%。

3. 产业结构和区域布局不断优化　通过调整优化产业结构，积极挖掘潜力，渔业发展空间不断拓展，逐步发展成为集养殖业、捕捞业、加工流通业、休闲渔业等为一体的产业新格局，渔业的多功能性得到充分体现。形成了以黄渤海、东南沿海出口水产品优势养殖带和长江中下游优势养殖区为主体的“两带一区”区域布局。以企业为龙头，产加销、贸工农一体化的渔业产业化组织不断壮大，辐射带动能力不断增强。

三、渔业国际地位和影响发生了历史性变化

1. 成为世界水产品生产和贸易大国 我国水产品总产量连续20年位居世界首位。近30年来全世界水产品增量中，有一半来自中国。世界水产养殖总产量的70%来自中国。水产品国际贸易发展迅速，出口额从1978年2.6亿美元，发展到2008年的106亿美元，增加近40倍，自2002年起成为世界第一水产品贸易大国。我国还是世界水产品来(进)料加工贸易的主要基地，在国际市场分工中占据重要地位。

2. 成为世界主要远洋渔业国家 我国远洋渔业从1985年起步，经过20多年不断发展壮大，目前拥有近1 500艘远洋渔船，作业海域遍及三大洋公海和32个国家的管辖水域，在境外建立了约130个基地(代表处)和合资企业，成为世界主要远洋渔业国家之一。

3. 成为渔业国际事务中的负责任大国 我国先后与有关国家签署了13个双边政府间渔业合作协定、6个部门间渔业合作协议，加入了8个政府间国际渔业组织，同时还参与了12个多边国际组织有关渔业的活动，在渔业国际事务中的影响力显著增强。近年来，我国还先后与美国、俄罗斯、韩国、越南等国开展渔业联合执法，有效维护了区域渔业生产秩序，树立了负责任渔业大国形象。

四、渔业发展方式发生了历史性变化

1. 实现了“以捕为主”向“以养为主”的转变 由于渔业资源日渐衰退，及时转变渔业生产理念，转变资源利用方式，对渔业进行了重大政策调整，向“以养为主”发展。1988年水产养殖产量首次超过捕捞产量，成为世界上唯一养殖产量超过捕捞产量的国家。目前，我国水产养殖产量占水产品总产量的70%。

2. 实现了由单纯资源开发向养护与合理利用并重的转变 随着对渔业资源保护和可持续发展意识的增强，渔业管理理念转变，捕捞产量实现了零增长、负增长。设立禁渔期、禁渔区，伏季休渔、大规模人工鱼礁及增殖放流等一系列水生生物资源的养护措施得到加强，渔业资源衰退的状况得到了有效遏制，渔业生态建设成为生态文明的重要组成部分。进入21世纪以来，每年增殖放流数量超过100亿尾(粒)，2008年达197亿尾(粒)。

3. 实现了由传统养殖向健康养殖理念的转变 随着水产养殖业的快速发展，传统的养殖理念发生转变。水产养殖正逐步从传统养殖向健康养殖的转变，由数量增长型向效益增长型转变。节水、高效、生态、健康型养殖模式发展迅速。水产养殖技术规范、水产品质量标准体系逐步完善，水产品质量安全执法管理得到加强。

五、渔业管理能力发生了历史性变化

1. 建立了完善的渔业法律体系 以1986年《渔业法》颁布实施为标志，形成了以《渔业法》为基础，相关涉渔法律法规为补充的渔业法律体系。各地也出台了一系列地方性法规、规章。据统计，目前全国已有渔业法规和规范性文件600多部，渔业经济活动与行政管理基本实现了有法可依。

2. 初步建立了现代化的渔政队伍 新中国成立以来，我国渔政执法队伍建设逐步加强。目前，全国县级以上行政区域基本都设立了渔政机构，共有渔政执法机构2 743个，渔政执法人员3.3万人，执法船艇1 943艘，成为我国海洋和内陆水域一支重要行政执法力量。中国渔政长期在专属经济区巡航执法，有力维护了国家海洋权益。

3. 基本建立了法制化的管理秩序 以法律形式确立了“以养为主”的发展方针，建立了养殖水域滩涂确权发证、捕捞许可、渔业资源增殖与保护等一系列管理制度。依法规范了渔业生产行为，维护了渔业生产秩序，加强了渔业资源的保护开发和合理利用，保障了渔业生产者的合法权益，促进了渔业的持续健康发展。

60年来，我国渔业发展取得了辉煌成就，也积累了许多宝贵的经验。

一是坚持从实际出发，实行“以养为主”的方针，是我国渔业发展的正确道路和发展方向 “以养为主，养殖、捕捞、加工并举”的渔业发展模式，不仅符合我国国情，而且突破了世界渔业发展过分依赖天然渔业资源的旧模式，拓展了我国渔业发展的空间，走出了一条中国特色的渔业发展道路。

二是坚持市场化改革，创新体制机制，是我国渔业发展的强大动力 在大农业中，渔业是最早引入市场化改革的产业。“两个放开”(放开市场、放开价格)充分发挥了市场配置资源的主导作用，引导生产要素的合理流动，为渔业经济发展创造了良好的体制环境和激励机制，调动和发挥了各方面的积极性和创造性，促进了渔业的大发展。

三是坚持政策引导，加大财政扶持，是我国渔业发展的重要保障 渔业发展离不开国家政策的支持。只有加强对渔业财政投入，不断改善基础设施和生产条件，健全渔业支持保护体系，在发展中不断加强对渔业

的支持和保护，多做打基础、增后劲、管长远的工作，才能确保渔业持续健康发展。

四是坚持科技兴渔，依靠科技进步，是我国渔业发展的有力支撑　科技进步是渔业发展的根本出路。加快渔业科技创新步伐，加速渔业科技成果的转化与推广，将渔业经济增长转到依靠科技进步和劳动者素质提高上来，促进渔业又好又快发展。

五是坚持开发与养护并举，加强生态环境保护，是我国渔业可持续发展的必然要求　我国渔业在快速发展的同时，始终注重保护渔业资源环境，制定了一系列重大资源养护制度和措施，实施了海洋捕捞“零增长”、“负增长”政策，不断加大水生生物资源养护和修复力度，渔业可持续发展水平不断提升。

六是坚持“走出去”战略，提高国际化水平，是拓展我国渔业发展空间的现实需要　渔业是外向型的产业。实施“走出去”战略，不断扩大对外开放，积极参与渔业国际合作和竞争，充分利用国际国内“两个市场、两种资源”，有效拓展我国渔业发展的空间，切实提高我国渔业发展的国际竞争力。

在总结经验的同时，也看到目前渔业发展仍然任重道远，面临着一些突出矛盾和问题：工业化、城镇化以及水域污染对渔业发展空间形成压迫，渔业发展的资源环境约束日益明显；渔业产业的整体素质有待进一步提升，渔民增收基础还比较薄弱；渔业生产安全、生态安全、水产品质量安全形势依然严峻；涉外渔业管理任务更加艰巨；渔业权制度的构建还没有很好的办法，传统渔民权益受侵犯现象日益增多，等等。

当前，我国渔业发展正处在新的历史起点上。回顾过去，成就显著，令人鼓舞；展望未来，前景壮阔。在党中央、国务院的正确领导下，在全国社会各界的大力支持和广大渔业工作者开拓进取、辛勤工作下，我国渔业必将迎来新的辉煌。

发 展 综 述

全国渔业发展概况

2009年是新世纪以来我国经济发展最为困难的一年。面对严峻复杂的国内外经济环境和各种自然灾害的不利影响，全国渔业系统坚持以科学发展观为指导，解放思想，开拓创新，围绕现代渔业建设扎实开展各项工作，全国渔业经济总体保持平稳健康发展。2009年全国水产品总产量5 116.4万吨，同比增长4.5%；国内市场供应和价格基本平稳，水产品人均占有量38.32千克；渔民收入稳定增加，渔民人均纯收入8 166元，增加591元，增幅7.8%。按现行价格计算，全社会渔业经济总产值11 445亿元，其中渔业产值5 937.4亿元，同比增长7.5%。

（1）强渔惠渔政策力度加大。中央实施保增长、扩内需、调结构、重民生的政策，给渔业发展带来重大机遇，各级政府加大了对渔业的扶持力度。2009年用于渔业的中央基本建设资金和财政专项资金12.3亿元，其中部门预算和转移支付资金合计5.33亿元，同比增长71%；基本建设资金6.95亿元，比2008年增长67%。渔政渔港资金规模比2008年翻一番，并列入今后一个时期重点支持的农业基本建设项目。2009年中央财政还明显增加了增殖放流的转移支付项目，有力推动了增殖放流工作的开展；渔业专项资金中首次安排池塘改造和亲本更新补贴，为夯实水产养殖业基础开辟了途径。全年渔业油价补贴资金超过100亿元，落实渔机补贴7 400多万元。地方各级政府也进一步加大了渔业投入，各地财政用于养殖池塘标准化改造的资金就达10亿元。浙江省池塘标准化建设累计已投入4.5亿多元。山东省用于渔业资源修复的资金3亿多元，全省在建渔业基本建设项目总投资10亿多元。广东、上海、福建、江苏、湖北、江西等地也都明显加大了强渔惠渔政策的支持力度。

（2）水产养殖持续健康发展。受市场调节和政策推动，水产养殖业继续较快发展。农业部印发了《关于全面推进水产健康养殖 加强水产品质量安全监管的意见》，积极推进水产健康养殖和水产品质量安全监管工作。各地加强养殖水域滩涂规划和养殖权制度建设，保护水产养殖业发展基础。截至2009年底，全国有9个省、174个市和1 178个县出台了养殖水域滩涂规划，核发养殖证37万多本，面积448万公顷，发证率达67%。水产健康养殖继续大力推进，池塘标准化改造和健康养殖示范场建设力度加大，全年共改造池塘23万多公顷，建设健康养殖示范场500家，有效提升了池塘养殖水域容量和质量。以水产健康养殖技术推广为主题的“全国渔业科技服务年”活动广泛深入开展，共培训推广人员和渔民50万人（次）。2009年全国水产养殖面积稳定增长，养殖品种结构进一步优化，水产养殖产量3 621.7万吨，占水产品总产量的70.8%。其中内陆养殖产量2 216.5万吨，同比增长6.9%；海水养殖产量1 405.2万吨，同比增长4.8%，有力地保障了全国水产品市场安全有效供给和价格平稳。

（3）捕捞业继续保持稳定。继续加强海洋捕捞管理和调整，严格执行海洋捕捞“双控”制度，积极调整产业结构，深入开展电脉冲非法捕捞作业专项整治行动，严厉打击非法捕捞行为。捕捞业保持稳定，生产秩序良好，并向节能低耗、资源环境友好的方向发展。海洋捕捞产量1 178.6万吨，同比增长2.5%；淡水捕捞产量218.4万吨，同比负增长2.8%。远洋渔业产量产值下降，但生产领域有新的发展。2009年远洋渔业总产量98万吨，总产值90亿元，分别比2008年降低16%和12%，主要是鱿鱼和竹荚鱼等重要品种资源状况差，产量、产值有较大幅度下降。公海渔业资源探捕范围扩大，份额增加；南极海洋生物资源开发利用取得重大进展。中国渔业参与国际渔业资源开发和管理的深度和广度进一步增加。

（4）水产品国内市场供应充足、国际贸易保持活跃。继续加强水产品质量安全工作，组织开展了水产品质量安全专项整治，强化了水产养殖执法和苗种质量监督检查，全年水产品质量安全状况总体良好。国内水产品市场运行较为平稳，据定点监测，水产品批发市场综合平均价格15.05元/千克，与2008年持平。其中海水产品综合平均价格同比上涨3.3%，淡水产品综合平均价格同比下降4.1%。水产品交易活跃，据对全国35家批发市场成交情况统计，市场成交量、成交额分别为538.34万吨和834.78亿元，同比分别增长6.3%和12.1%。水产品国际贸易克服了国际金融危机的不利影响，保持在较高的水平上。全年进出口总量667.9万吨，总额159.6亿美元，基本同2008年持平。其中出口量294.2万吨，同比下降0.6%，出口额107亿美元，同比增长1%，贸易顺差54.4亿美元，比上年增加2.3亿美元。水产品出口额继续位居大宗农产品出口首位，占农产品出口总额的27%。

(5)水生生物资源养护事业蓬勃发展。水生生物资源养护事业得到更广泛的关注和支持。2009年全国用于水生生物增殖放流的资金规模近6亿元，其中中央财政达到2.2亿元。农业部先后与13个省级人民政府联合举办了大规模增殖放流活动，各地举办不同层次、不同形式的放流活动近千次，放流各类水产苗种245亿尾，放流水域涵盖了近海海域及内陆重要江河湖泊，形成了政府主导、各界支持、群众参与的社会氛围。海洋伏季休渔制度进一步调整和完善，延长了休渔时间，扩大了休渔对象。在各有关方面的共同努力下，新的伏季休渔制度顺利实施。水生生物保护区工作稳步推进。2009年新设立1个国家级自然保护区、57个国家级水产种质资源保护区。涉渔工程渔业生态补偿工作取得新进展，补偿方案资金规模超过10亿元。

(6)渔业安全生产与涉外渔业管理空前加强。按照国务院确定的"安全生产年"活动各项要求，各级渔业部门下大力气狠抓渔业安全生产管理，防范应对台风、低温雨雪、风暴潮等自然灾害袭击，积极开展渔业海难救助，组织开展"10万海洋机动渔船船东船长培训"，加强渔业安全信息服务和设施装备系统建设。全国渔业安全生产形势总体保持稳定，全国渔业船舶水上生产事故起数和死亡(失踪)人数同比实现较大幅度下降。2009年涉外渔业情况更加复杂，各级渔业部门坚决贯彻中央领导指示精神，会同有关方面开展了集中整治朝韩敏感水域越界捕捞专项行动，妥善处置了渔船大规模违规作业等突发事件，取得了预期效果。渔政执法继续加强，组织开展专属经济区渔政巡航执法，全国沿海渔政机构全年累计巡航308航次、1 873天，航程24.5万海里，登临检查渔船4 971艘(次)，驱赶外国侵渔渔船103艘(次)，查处国内外各类违规渔船800艘(次)。"护渔"专项行动、打击电脉冲作业以及伏季休渔和长江禁渔管理等重要执法工作深入有效开展，为维护正常渔业生产秩序发挥了积极作用。

(农业部渔业局　张　成)

渔业投入

【概况】　2009年，中央财政对渔业的投入达到12.27亿元，比2008年增长68.5%。其中，基本建设投入6.95亿元，比2008年增长67%；财政专项投入(包括转移支付)5.32亿元，比2008年增长70.5%。中央财政加大渔业投入力度，为提高渔业综合生产能力，加快转变渔业发展方式，推进现代渔业建设，增加渔民收入创造了有利条件。

【渔业基本建设项目】

(1)安排水产原(良)种场建设项目48个、遗传育种中心项目6个，中央资金10 000万元。

(2)安排县级水生动物防疫站项目107个，续建水生动物疫病重点实验室3个、水生动物病原库1个，中央资金6 580万元。

(3)安排渔政渔港类中央资金40 000万元。其中，渔港项目28 236万元，安排中心渔港9个、一级渔港9个、内陆重点渔港10个；渔政项目11 764万元，安排沿海渔政基地2个，黄海渔业安全通讯救助中心建设项目1个，内陆渔政船1艘，内陆渔政执法快艇80艘。

(4)安排水生野生动物保护区项目9个，中央资金2 250万元；安排水生动物湿地保护区项目4个，中央资金2 048万元。

(5)加强直属单位自身能力建设，安排中国水产科学研究院、全国水产技术推广总站等单位建设项目9个，中央资金5 970万元。

(6)安排农业综合开发项目23个，中央资金2 700万元。

【渔业财政项目】

(1)安排财政预算内专项资金23 151.36万元，主要用于资源保护、渔政管理和海难救助等方面。其中，新增南极海洋生物资源开发利用项目229.8万元和农业国际交流与合作项目132.81万元；动物疫情监测与防治项目经费562.58万元，农产品质量安全监管贝类监测项目1 080.28万元；渔政管理项目5 514.29万元，伏季休渔经费100万元；海洋渔业资源调查与探捕项目2 165.32万元；水生野生动物资源保护项目66.93万元，物种资源保护项目8 921.44万元；渔业统计 279.15 万元；渔业海难救助补助项目 1 799.86 万元，渔港及渔用航标维修和养护项目 999.89 万元，渔业政策性保险试点项目 1 000 万元；农业生态环境保护项目 299.01 万元。

(2)转产转业和渔业资源保护专项资金 30 000 万元，其中，安排资金 21 550 万元用于渔业资源增殖放流；安排资金 6 000 万元用于海洋牧场建设；安排资金 2 357 万元用于补助 240 艘拆解报废渔船；安排资金 93 万元用于培训 930 名转产渔民。

(3)落实国内渔业油价补贴资金 93.83 亿元，远洋渔业油价补贴资金 8.15 亿元，港澳流动渔民油价补贴资金 2.45 亿元(上半年)。

(农业部渔业局　丁祥勇)

水 产 养 殖

【发展特点】 2009 年，全国水产养殖业受国际金融危机影响，面临较大困难。但是，在中央出台的一系列保增长、保民生、保稳定的政策措施引导下，水产养殖业继续保持稳定增长。

(1)水产养殖生产积极性依然较高。由于受上年水产品价格较高、年初饲料等生产资料价格下降等因素刺激，水产养殖生产积极性依然较高，全年放养面积和投苗量比上年都有所增加。

(2)水产养殖基础设施升级改造力度加大。近年来，各地积极争取池塘标准化改造的财政支持，2009 年各级财政投入资金 13 亿元，全年共改造池塘 23 万多公顷，截至年底全国已累计改造养殖池塘 46 万多公顷。

在稳定发展的同时，存在的主要问题，一是部分水产品受金融危机影响较大。金融危机发生以来，国际水产品市场需求减少，我国水产品出口遇到较大阻力，部分品种如鳗鱼、罗非鱼等，由于出口受阻，导致产品严重滞销，价格大幅下跌，从而对这些水产品加工厂和养殖场的生产造成较大影响。二是水产养殖病害的发生率依然较高。2009 年水产养殖病害仍呈现疾病数量多、发病品种多、发病范围广、病害损失大等特点，病害对个别地区、个别品种的养殖生产造成较大经济损失。

【重点工作】

(1)加快推进水域滩涂养殖权制度建设。为加快推进水域滩涂养殖权制度建设，农业部渔业局研究起草《水域滩涂养殖发证登记办法》(草案)，并在广泛征求国土资源部、水利部等有关部门意见，以及面向社会公开征求意见的基础上，对办法草案做了进一步修改完善。《办法》将在提请农业部常务会审议通过后，以部令颁布实施。《办法》的颁布实施将有助于推进全国水域滩涂养殖权制度建设全面进入一个新的台阶。

(2)深入开展"水产健康养殖示范场"创建。为继续扩大"水产健康养殖示范区(场)"建设，农业部继续在全国组织开展农业部"水产健康养殖示范场"创建工作。2009 年，全国共推荐创建单位 550 多个，数量大大超出上年各地推荐数量。经过各级渔业主管部门和示范场创建单位近一年的努力，共有 475 个示范场通过验收考核，成为第四批农业部"水产健康养殖示范场"。

(3)积极开展水产养殖池塘标准化改造。2009 年，农业部积极争取国家财政投入专项资金 3 000 万元，用于补助安徽等各地 56 家农业部"水产健康养殖示范场"开展池塘养殖生态修复示范试点。7 月份在杭州召开了全国水产养殖池塘标准化改造现场会，总结了近年来各地池塘改造工作情况，并进行了经验交流。在此带动下，各地加大了池塘标准化改造力度，有效提升了池塘养殖水域容量和质量。

(4)大力加强水产原(良)种体系建设。继续组织实施水产良种工程建设项目，投资 1 亿多元在各地新建(改扩建)水产原(良)种场 48 家，为进一步完善水产良种体系提供了有力支撑。投入原(良)种保种选育和亲本更新补助项目资金 1 600 多万元，用于扶持 44 家水产原(良)种场开展水产原种保存和良种选育工作；开展水产新品种审定、健康养殖技术培训及水产养殖管理和研究工作；开展"四大家鱼"等 7 个淡水增养殖品种原(良)种亲本更新试点。

(5)全面开展水产苗种专项整治行动。为进一步加强水产苗种管理工作，规范水产苗种生产行为，提高水产苗种质量，2009 年农业部组织在全国范围内开展水产苗种专项整治。各级渔业行政主管部门及渔政执法机构累计出动执法人员 53 149 人(次)，共检查苗种场 15 171 个，占苗种场总数的 99%，基本达到逐场检查、不留死角的要求。通过开展专项整治，对 2 592 个苗种场做出责令整改的决定；对违法用药的 252 家苗种场给予行政处罚，罚款 81.34 万元。对药物残留抽检中发现的阳性样品查处率达到 100%。结合专项整治，各级渔业主管部门还组织开展了广泛的法律法规宣传和技术培训。据不完全统计，各地共组织媒体宣传报道 3 365 次，发放宣传材料 125 万份，举办渔民培训班培训渔民 33 万人(次)；累计举办渔政执法人员培训班培训执法人员 1.4 万人(次)。

(6)加强水产养殖病害监测与防控。继续开展重大水生动物疫病专项监测,组织开展鲤春病毒血症(SVC)和白斑综合征(WSS)专项监测,增加抽样数量,扩大监测范围,摸清水生动物疫病在我国的分布与流行趋势,提高预警预报和应急处理能力。继续组织实施《全国动物防疫体系建设规划》,投资3 240万元建设81个县级水生动物防疫站,逐步完善水生动物防疫基础支撑体系。

(7)加强水产养殖基础信息采集分析。为了适应新形势下渔业基础信息采集工作需要,进一步推动我国渔业基础信息采集制度和信息分析新机制的建立,2009年在河北、辽宁等地选择了100个试点县、404个信息采集点,启动实施淡水池塘养殖渔情信息动态采集试点。

(农业部渔业局 姜 波)

远 洋 渔 业

据统计,2009年获得农业部远洋渔业企业资格的企业108家,在28个国家专属经济区及印度洋、大西洋、太平洋公海从事远洋渔业生产的渔船共1 456艘,总产量98万吨,总产值90亿元,分别比上年降低16%和12%。其中,大洋性渔业船数715艘、产量44万吨、产值47万元,分别占远洋渔业总数的49%、45%、52%;过洋性渔业船数741艘、产量54万吨、产值43亿元,分别占远洋渔业总数的51%、55%、48%。与上年相比,公海渔业因鱿鱼和竹荚鱼资源状况差,产量、产值有较大幅度下降,过洋性渔业呈平稳略增态势。各远洋渔业重点区域简要情况如下:

周边国家海域:印度尼西亚远洋渔业项目继续保持增长势头,入渔渔船154艘、产量14万吨、产值10亿元,分别比上年增长27%、27%、52%。因朝鲜半岛局势紧张,2009年没有渔船赴朝鲜以东海域从事远洋渔业生产。巴基斯坦和斯里兰卡项目因效益不佳,我国渔船已全部撤出。缅甸、印度、马来西亚、菲律宾、泰国、阿曼、也门项目与上年持平。

西非等传统远洋渔业海域:入渔国家10个,入渔渔船375艘,产量19万吨,产值19亿元,总体呈平稳略增态势。中国水产总公司加快老旧渔船更新改造,新建的12艘双甲板拖网渔船投入生产,有效提高了生产效益。

公海:金枪鱼作业船数比上年增加5艘,总产量、产值为16.5万吨、26亿元,分别比上年增长29%、11%。其中,太平洋因我国作业渔船增加、渔汛旺发等因素,比上年呈现较大幅度增长;大西洋产量比上年略有增长,印度洋由于索马里海盗猖獗,安全形势依然严峻,我国渔船大部分已撤出,产量比上年下降30%。鱿鱼作业船数378艘,与上年持平。产量17万吨、产值14亿元,分别比上年下降58%、46%。其中,西南大西洋和北太平洋鱿鱼资源出现较大波动,产量大幅下降,北太平洋鱿鱼产量为历史最低水平。东南太平洋鱿鱼资源比较稳定,产量和鱼价均有所提高。竹荚鱼受海洋环境影响,渔获量少且不稳定,渔汛结束早。作业船数仍维持11艘,产量8.6万吨、产值6亿元,分别比上年降低34%、33%。

(农业部渔业局 赵丽玲)

水产品市场

【水产品批发市场】 2009年上半年在金融危机和国际市场消费持续萎缩等负面因素影响下,我国水产品批发市场月度价格普遍低于上年同期;但是下半年以来,随着国内一揽子经济刺激政策逐渐发挥作用,我国经济企稳回升,消费市场回暖,水产品批发市场月度价格普遍高于上年同期水平。总的看来,2009年市场运行较为平稳,交易数额稳步增加,价格波动幅度明显低于上年。

据对全国50家水产品定点批发市场情况统计,2009年水产品批发市场综合平均价格15.05元/千克,同比微涨0.03%,其中海水产品综合平均价格26.21元/千克,同比上涨3.29%,淡水产品综合平均价格11.07元/千克,同比下降4.11%。另据对全国35家批发市场成交情况统计,2009年市场成交量、成交额分别为538.34万吨和834.78亿元,同比分别增长6.33%和12.1%。

水产品批发市场综合平均价格走势图

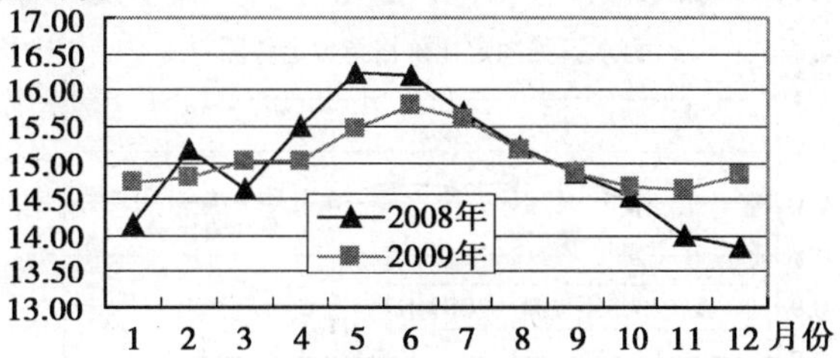

监测的8大类产品中,海水鱼类、海水甲壳类、海藻类和淡水甲壳类综合平均价格同比分别上涨10.18%、2.18%、10.97%和1.24%;海水贝类、海水头足类、淡水鱼类和淡水其他类综合平均价格同比分别下降5.98%、0.32%、4.49%和14.73%。

(1)海水鱼类月度均价普遍高于上年同期,全年均价同比上涨10.18%。监测的10个海水鱼类产品，除蓝圆鲹、马面鲀和小黄鱼价格分别下降9.92%、1.68%和5.05%外，其他7个品种价格均高于上年同期，其中马鲛鱼、牙鲆和带鱼价格同比分别上涨23.08%、17.71%和15.84%。

海水鱼类固定比价格指数走势图

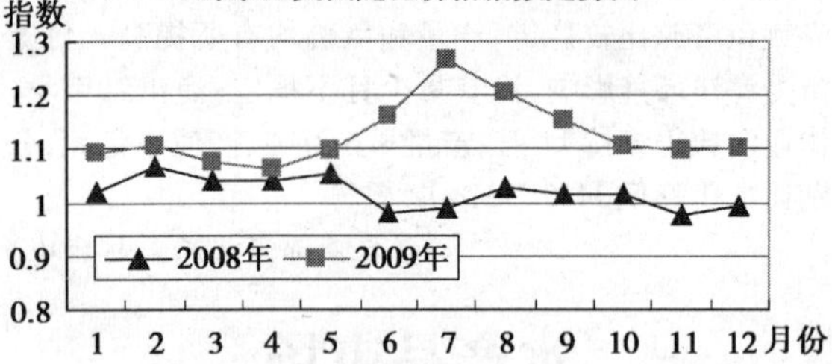

(2)海水甲壳类月度价格走势与上年基本一致，均价同比上涨2.13%。监测的9个海水甲壳类品种，3个品种价格下降，其中青蟹、日本对虾、花蟹价格同比分别下降12.25%、8.91%和1.11%；6个品种价格上涨，其中中国对虾、鹰爪虾、南美白对虾价格同比分别上涨19.92%、16.81%和6.39%。

海水甲壳类固定比价格指数走势图

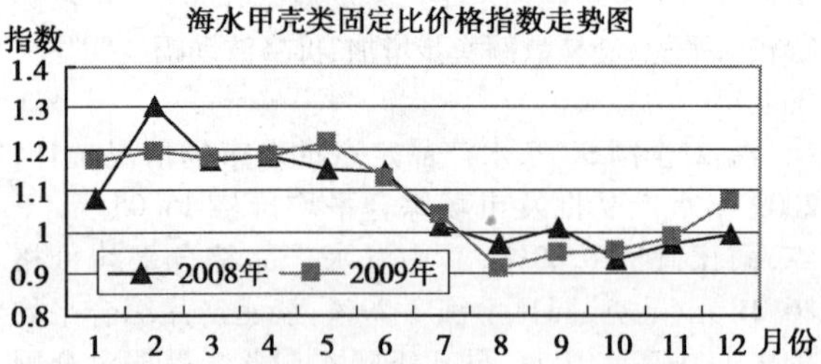

(3)海水贝类月度价格先抑后扬，均价同比下降5.98%。监测的7个海水贝类品种，除牡蛎价格同比上涨10.93%，其他6个品种的价格同比均下降，其中鲍鱼、扇贝和文蛤的价格同比分别下降21.3%、15.04%和14.1%。

海水贝类固定比价格指数走势图

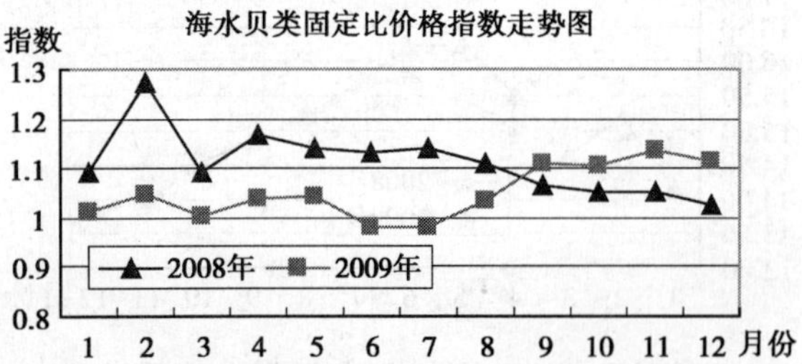

(4)海水头足类价格年末反弹，均价和上年同期持平略低。监测的3个海水头足类品种，鱿鱼价格同比下降22.8%，海蜇和墨鱼价格同比分别上涨13.62%和6.17%。

(5)海藻类产品价格高位运行，均价同比上涨

海水头足类固定比价格走势图

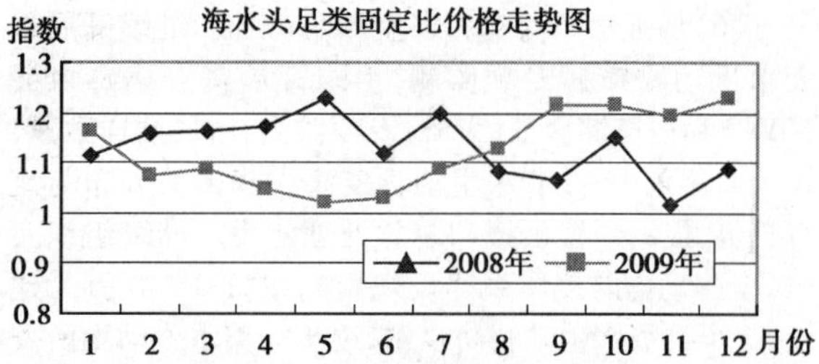

10.97%。监测的2个海藻类品种价格均高于上年同期，其中海带价格同比上涨9.19%，紫菜价格同比上涨12.36%。

海藻类固定比价格指数走势图

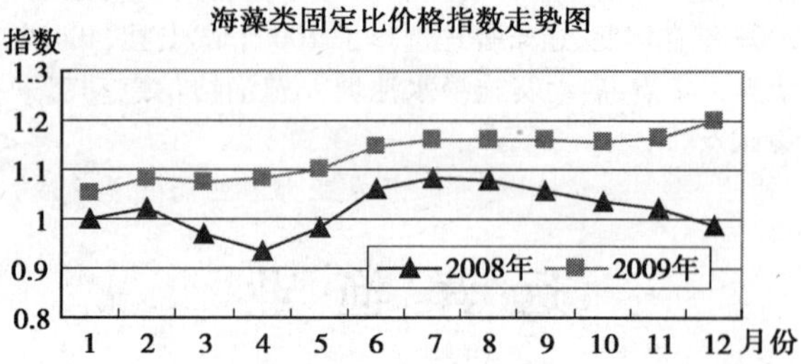

(6)淡水鱼价格持续走低，均价同比下降4.49%。监测的12个淡水鱼品种，8个品种价格同比下降，其中鳊鲂、鲤鱼和罗非鱼价格同比分别下降16.71%、11.83%和10.09%；草鱼和虹鳟价格同比基本持平；黄鳝和鳜鱼价格同比分别上涨7.89%和3.83%。

淡水鱼类固定比价格指数走势图

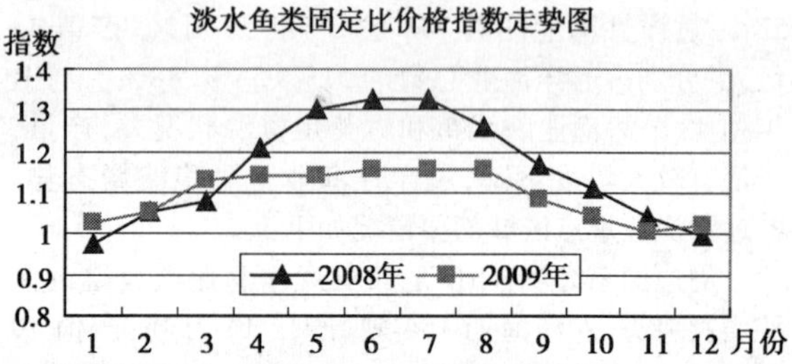

(7)淡水甲壳类产品价格10月份触底反弹，全年均价同比略涨1.24%。监测的3个淡水甲壳类品种，中华绒螯蟹价格同比略降0.3%，罗氏沼虾和青虾价格同比分别上涨8.48%和4.64%。

淡水甲壳类固定比价格走势图

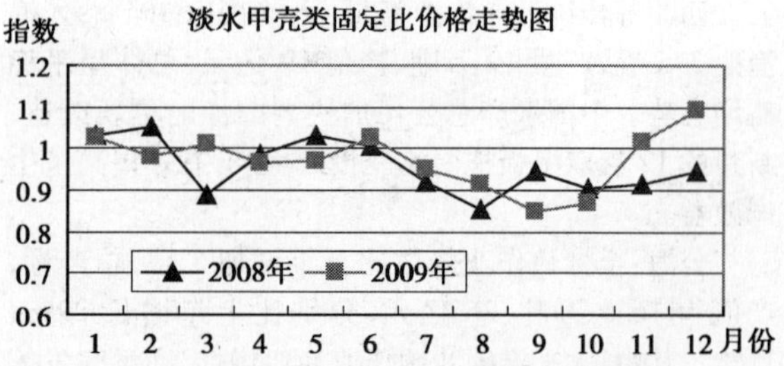

(8)淡水其他类产品价格一路下滑，均价同比下

降14.73%。监测的3个淡水其他类品种价格全部低于2008年同期，甲鱼、田螺和蛙的价格同比分别下降14.95%、2.55%和17.54%。

淡水其他类固定比价格指数走势图

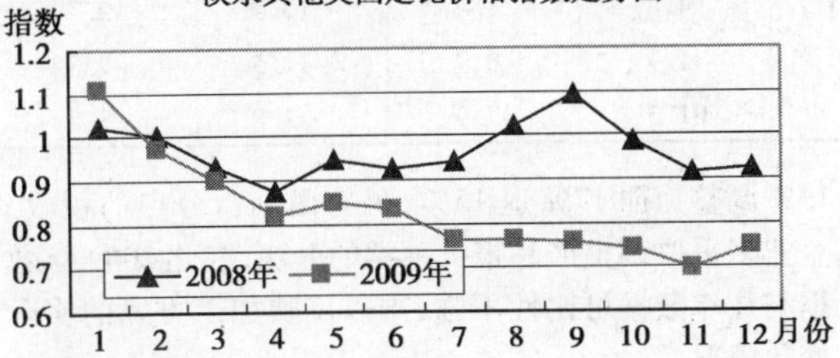

【批发市场信息采集体系建设】 针对现有水产品批发市场信息采集系统存在的问题，2009年对采集系统进行了全面改造，对原有采集品种和规格进行了补充和调整，建立了新的指数运算体系，强化了数据查询和分析功能，增加了自动生成图表等新功能，并尝试将省级渔业主管部门纳入到采集体系中，形成采集中心—省级主管部门—市场的三角结构体系，通过不同的权限设置，实现资源共享、协同管理。另外，经各省级渔业主管部门推荐在全国重新确定了80家定点市场和相应的信息员，并成立信息分析专家组，制定了《水产品批发市场信息采集管理办法》(征求意见稿)。10月底，在重庆召开了全国水产品批发市场信息会议，全面介绍了改造后的信息采集系统，提出下一步水产品批发市场信息工作的重点。

(农业部渔业局 朱亚平)

水产品进出口贸易

【概况】 2009年我国水产品进出口总量667.9万吨，总额159.6亿美元，同比分别下降2.4%和0.13%。其中出口量294.2万吨，同比下降0.6%，出口额107亿美元，同比增长1%。进口量373.7万吨，进口额52.6亿美元，同比分别下降3.8%和2.6%。贸易顺差54.4亿美元，比上年同期增加2.3亿美元。水产品出口额继续位居大宗农产品出口首位，占农产品出口总额(395.9亿美元)的27%，较上年提高0.8个百分点。

(1)贸易方式。2009年国际水产品原料价格波动较大，部分国家以防止资源外流为由限制其原料水产品出口，同时，我国来进料加工水产品主要出口市场受金融危机影响，经济低迷、消费需求下降。面对压力，水产品来进料加工出口量、出口额同比分别下降8.6%和4.0%，占出口总额的比例较2007年下降了3.6个百分点。较之于来进料加工贸易，一般贸易出口形势总体好于上年。

表1 贸易方式

数量:万吨;金额:亿美元

贸易方式	2009年		2008年		同比增减(%)		占出口总额(%)	同比增减(%)
	金额	数量	金额	数量	金额	数量		
一般贸易	195.9	69.2	188.8	66.6	3.8	3.9	64.7	1.9
来进料加工贸易	98.3	37.8	107.7	39.5	-8.7	-4.3	35.3	-1.9

(2)出口品种。对虾、贝类、罗非鱼、鳗鱼、淡水小龙虾、大黄鱼和斑点叉尾鮰等名优养殖水产品仍是主要出口品种。鳗鱼、淡水小龙虾和大黄鱼出口形势较上年略有好转。贝类、罗非鱼和斑点叉尾鮰出口形势严峻，罗非鱼出口单价持续大幅下降。海洋捕捞头足类产品、虾蟹类和冻鱼出口大幅增长，成为一般贸易出口的亮点。

表2 一般贸易主要出口品种

数量:万吨;金额:亿美元

出口品种	占一般贸易出口额比例(%)	2009年		2008年		同比增减(%)	
		数量	金额	数量	金额	数量	金额
对虾	17.8	18.8	12.3	19.4	11.9	-3.1	3.4
贝类	12	22	8.3	26.5	9.7	-17.1	-14.9
罗非鱼	10.3	25.9	7.1	22.4	7.3	15.4	-3.2
鳗鱼	7.7	4.3	5.3	4.3	5.4	-0.8	-2.4
淡水小龙虾	2.3	2.3	1.6	2.4	1.5	-2.2	6.1

（续）

出口品种	占一般贸易出口额比例(%)	2009年		2008年		同比增减(%)	
		数量	金额	数量	金额	数量	金额
大黄鱼	2.1	4.8	1.45	4.4	1.4	10.4	2.7
斑点叉尾鮰	0.95	1.7	0.66	1.9	0.7	-11.5	-7.8
合计	53	79.8	36.7	81.3	37.9	-1.8	-3.2

(3)出口大类。按照海关进出口税则大类统计，各出口大类变动较大。主要是由于2009年国家调整了出口退税政策，初级加工水产品退税率由征13%退5%调整为征13%退13%；深加工产品由征17%退13%调整为征17%退15%，仍有两个百分点的税收。企业多采取调整产品报关种类的办法，因此2009年数据与往年数据可比性不强，难以反映加工方式的实际变化情况。

表3 出口大类对比

数量:万吨;金额:亿美元

出口大类	数量	同比增减(%)	占出口总量(%)	金额	同比增减(%)	占出口总额(%)
制作或保藏的产品	73.9	-32.3	25.1	34.3	-30.4	32.1
初级冻鱼及鱼片	135.3	12.3	46	39.4	21.1	36.8
初级软体类	30.4	21.9	10.3	10	54.6	9.3
初级甲壳类	18.9	117.5	6.4	10.4	174.2	9.7
活鱼	12.9	-7.1	4.4	3.9	-19.6	3.6
干熏及盐渍鱼	5.6	-4.6	1.9	2.9	1.9	2.7
海藻及其制品	3	-21.9	1	1.2	-14.9	1.1
冰鲜鱼	4.3	-6.6	1.5	1.5	14.2	1.4

(4)出口市场。主要出口市场基本格局没有发生大的变化，日本、美国、欧盟、韩国依然是我国最重要的出口市场，占水产品出口总额的比例为69.8%，比上年又下降2.5个百分点，其中日、韩市场降幅最为明显。东盟和中国台湾市场表现抢眼，出口量和出口额均大幅增加。水产品市场集中度进一步降低，市场日趋多元化。

表4 主要出口市场

数量:万吨;金额:亿美元

出口市场	数量	同比增减(%)	金额	同比增减(%)	占出口总额比重(%)	比重同比增减(%)
日本	56.4	-12.8	26.7	-3.6	25	-1.1
美国	49.9	2.5	20.3	0.6	19	0
欧盟	49.1	-0.9	17.5	-0.7	16.4	-0.4
韩国	42	-4.9	10.1	-7.9	9.4	-1
东盟	35.3	31.1	7.6	20.8	7.1	1.1
中国香港	12.6	1.8	7.3	13.8	6.8	0.7
中国台湾	7.6	10.2	3.8	89.6	3.55	1.67
俄罗斯	7.5	-24	2.9	-22.8	2.7	-0.8

(5)出口省份。山东、广东、辽宁、福建、浙江、海南等沿海省份仍是水产品主要出口省份,出口额之和占全国出口总额的91.7%。其中福建凭借对台贸易的快速增长,出口额同比增长31.3%,超过浙江成为第四大出口省份。江西和湖北作为最重要的内陆出口省份,出口额同比分别增长43.7%和32.2%。

表5 主要出口省份

数量:万吨;金额:亿美元

沿海前6位	数量	同比增减(%)	占出口总量(%)	金额	同比增减(%)	占出口总额(%)
山东	92.2	-8.1	31.3	33.7	-3.5	31.5
广东	39.6	4.1	13.5	16.9	4.4	15.8
辽宁	49.9	-7.5	17	15.7	-2.4	14.7
福建	39.9	36.1	13.6	15.3	31.3	14.3
浙江	41.9	-5.9	14.2	12.8	-10.6	12
海南	11.2	2.2	3.8	3.6	-11.9	3.4
内陆省前3位	数量	同比增减(%)	占出口总量(%)	金额	同比增减(%)	占出口总额(%)
湖北	2.3	19.4	0.78	1.3	32.2	1.2
江西	1.1	4.5	0.37	1.29	43.7	1.2
吉林	1	-11.7	0.34	0.5	-13.7	0.5

(6)进口情况。2009年供国内食用水产品进口量114万吨,进口额17.3亿美元,同比分别增长1%和1.8%。主要品种有鱿鱼、鳕鱼、鲑鱼、带鱼、鳙鲽鱼类以及其他未列明冻鱼等,继续为满足国内不同消费需求,丰富国内水产品市场发挥着重要作用。来进料加工原料进口量128.9万吨,进口额22.3亿美元,同比分别下降8.4%和3.5%。俄罗斯、美国、东盟、挪威、日本、欧盟等是我国可食用水产品和来进料加工原料主要进口市场。其中从俄罗斯、东盟、欧盟和加拿大进口均出现不同程度下降,从挪威进口大幅增加,从美国和日本进口有一定增长。鱼粉进口继2008年大幅增加后,2009年小幅下降,进口量130.8万吨,进口额13亿美元,同比分别下降3%和6.9%。秘鲁和智利依然是我国最重要的鱼粉进口国,其中从智利进口增加,从秘鲁进口减少。

表6 主要进口国家和地区

数量:万吨;金额:亿美元

地　区	占进口总额比例(%)	2009年		2008年		同比增减(%)	
		数量	金额	数量	金额	数量	金额
俄罗斯	23.6	75.9	12.4	78	13	-2.6	-4.2
秘鲁	14.9	85.7	7.86	99.9	9.9	-14.2	-20.5
美国	12.7	38.5	6.7	33.5	6.4	14.8	4.9
智利	9.9	41	5.2	29.7	4.1	37.6	27.4
东盟	7.2	28.1	3.8	33.8	3.9	-16.7	-1.6
挪威	5.3	14.8	2.8	8.8	1.9	69.7	47.8
日本	4.2	12	2.2	11.5	1.9	4.9	13.9
欧盟	3.8	13.3	2.0	20.4	3.2	-34.6	-36.3
加拿大	3	6.1	1.6	7.1	1.88	-13.9	-12.6

【近3年水产品月度出口额趋势比较】 从水产品月度出口额趋势图可以看出，水产品出口的每次增长和下降无不和重大国际国内事件有着密切联系。2007年6月FDA宣布对我国产4种水产品实施“自动扣留”措施，随即，水产品出口额连续3个月下降。2008年初，我国南方部分地区遭受历史罕见的低温雨雪冰冻灾害，渔业生产受到严重影响，一些重要出口水产活物大量冻死，同时国际能源价格大幅上涨，我国劳动力成本大幅提高，水产品出口连续两个月处于较低水平。之后随着生产的逐渐恢复和加工出口企业克服生产成本增加的能力不断增强，水产品出口逐步恢复，全年水产品出口额首次突破100亿美元大关。

水产品月度出口额趋势图

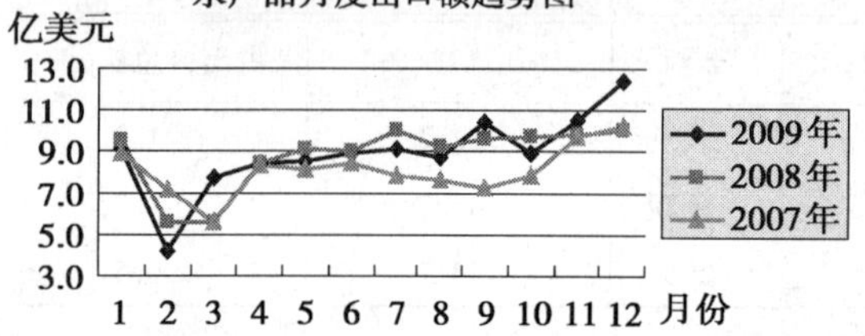

2009年国际金融危机席卷全球，国际贸易遭遇前所未有的困难，水产品出口也不例外，春节过后水产品出口订单锐减，据调查，2月份山东和广东地区企业开工率不足50%，2月当月全国水产品出口额仅4.2亿美元，同比下降24.7%，出口额之少和降幅之大均为历史罕见。面对这种情况，农业部高度重视，和地方主管部门、有关行业协会、出口企业一起认真研究，共同应对。一是通过调研和座谈广泛了解企业诉求，配合有关部门协调解决提高水产品出口退税率及欧洲鳗税费减免等问题，为产业发展提供有利条件。二是以主要贸易国来华检查为契机，进一步强化质量安全监管，提高出口产品竞争力。三是创新工作思路和方法，科学评估市场需求，加强信息服务，通过办展、参展以及各种宣传活动，促进国际、国内两个市场的开发。四是指导企业搜集贸易国的政策变化，主动应对，适时出击，努力化解危机。通过多方努力，水产品出口大幅下降的势头得到有效控制，水产品出口在波动中出现积极变化，3月份开始企稳反弹，降幅趋窄，9月份、11月份和12月份水产品单月出口额分别达到10.45亿美元、10.5亿美元和12.4亿美元，连续三次刷新月度出口额新高。在前11个月水产品累计出口额负增长的情况下，最终实现全年水产品出口额正增长。

（农业部渔业局 刘新中 朱亚平）

国际交流与合作

【概况】 为积极发展渔业领域的对外交流与合作，参与国际渔业管理及其组织规则的制定，认真履行我国负责任渔业大国的国际义务，维护并争取国家海洋权益。2009年，我国在渔业国际合作领域开展了大量工作。

（1）在多边领域，积极参与区域性国际渔业管理和规则制定，派出多个团组出席渔业公约的制定和谈判，包括派团出席打击非法捕鱼的港口国措施协定、制定南太平洋区域渔业管理组织的谈判、印度洋金枪鱼委员会年会、养护大西洋金枪鱼国际组织执法会议以及北太平洋公海渔业管理机制谈判等相关多边谈判任务。在世界渔业管理的舞台上发挥了重要作用，保证了在相关国际协约中反映我国立场，取得了积极成果，为我国参与国际渔业资源的开发利用创造了良好条件和国际法基础。

（2）在双边领域，继续强化与周边国家的渔业合作关系，为稳定国家周边局势、保持沿海渔区社会稳定和内陆边境水域渔业经济的发展有效开展工作。2009年，农业部渔业局分别组织召开了中韩渔业联合委员会第九届年会、中日渔业联合委员会第十一届年会、中越北部湾渔业联合委员会第六届年会和中俄渔业合作混合委员会第19次会议，就专属经济区管理水域入渔安排及入渔作业条件、北部湾渔业合作执行情况以及内陆边境水域的渔业资源管理等问题进行了协商。

为加强海洋渔业资源管理，顺应国际上对于打击非法捕鱼活动的关注和要求，我国积极参与出席联合国粮农组织港口国措施协定等重要会议。相继与欧盟、英国、美国和日本等就输欧海洋捕捞产品合法捕捞证明以及水产品贸易等相关问题进行了多次磋商，积极应对欧盟打击非法捕鱼的新规定，为保证我国水产品出口欧盟做好必要的准备。

【重要事件】

（1）农业部渔业局局长李健华率团调研南太平洋远洋渔业生产经营情况。南太平洋海域渔业资源丰富，是我国重要的远洋作业渔场。由于国际渔业管理规则的建立、南太岛国入渔政策调整和外部经济环境的影响，我国在南太平洋的远洋渔业生产规模面临巩固和扩大的艰巨任务。为贯彻落实党的十七届三中全会关于“扶持和壮大远洋渔业”的要求，进一步争取国家对远洋渔业的支持，2009年1月4—13日，农业部渔业局局长李健华率团赴我国远洋渔业生产较为集中的斐济和瓦努阿图进行调研，并提出相关政策建议。

（2）联合国粮农组织（FAO）《预防、制止和消除非法、不报告和不管制捕捞（IUU）港口国措施协定》第二次技术磋商会在意大利罗马召开。“港口国措施协定”是国际上打击IUU的重要协定，各国对此十分重视。由于第一次会议对此协定的有关条款存在许多分歧，未能达成共识，此次会议，粮农组织协调各方立场，弥合分歧，以期对协定达成一致。2009年1月26—30日，农业部渔业局副局长柳正率团赴意大利参加了FAO港口国措施协定技术磋商会第二次会议。

（3）联合国粮农组织（FAO）第二十八届渔业委员会于2009年3月2日至6日在意大利罗马召开。为宣传我国在渔业资源养护方面的成绩，树立我国负责任渔业大国的形象，同时借鉴有关国家在实施负责任渔业管理方面的经验，农业部渔业局副局长崔利锋率团参加了此次会议。会议讨论了近两年各国实施《负责任渔业行为守则》的进展情况，包括捕捞能力管理、打击非法捕鱼、鲨鱼养护和延绳钓渔业减少误捕海鸟四个国际行动计划。研究讨论了公海深海渔业管理，通过制定具有法律约束力的港口国措施协定以及编制全球渔船记录等决定。会议还讨论了渔委会鱼品贸易及水产养殖分委会决定和建议以及粮农组织渔业和水产养殖工作计划。

（4）中欧水产品贸易座谈会于2009年10月11—13日在大连召开。农业部渔业局及欧盟海洋渔业总司、贸易总司派员出席了会议。会议邀请了我国主要从事远洋、来进料加工和近海捕捞等出口欧盟水产品的企业代表参加了会议。会议通报了输欧水产品合法性证明工作相关事宜及操作程序并与欧盟代表进行了深入探讨，积极应对将于2010年1月1日起正式实行的欧盟理事会第1005/2008号《关于建立共同体系统以预防、制止和消除非法、不报告和不管制（IUU）捕捞的条例》。确保欧盟政策调整后中欧水产品贸易正常运转，并尽可能减少我国企业的损失。

（5）农业部渔业局副局长柳正率团调研西非远洋渔业生产和远洋渔船情况以及存在的主要问题。西非海域渔业资源丰富，是我国重要的传统远洋作业渔场。进一步争取国家对远洋渔业的支持，2009年10月14—23日，柳正率团赴我国远洋渔业较为集中的摩洛哥和西班牙进行调研。就如何巩固和提高传统远洋渔业的发展、应对燃油价格高涨和鱼价低迷以及远洋船舶更新改造等企业关心的问题提出了相关政策建议。

（6）建立南太平洋区域渔业管理机制第8次会议于2009年11月8—14日在新西兰奥克兰举行。农业部和外交部组成的中国代表团出席了此次会议。会议通过了《南太平洋公海渔业资源养护和管理公约》，经外交部授权，出席此次会议的中国代表团团长、农业部渔业局副局长柳正签署了会议最后文件。会议还审议了2007—2009年南太平洋渔业管理临时措施执行情况，确定了2010年至公约生效前的临时措施。

（7）中俄渔业合作混合委员会第19次会议在大连召开。2009年12月16—19日，以农业部渔业局副局长柳正为团长的中国代表团和以俄罗斯联邦渔业署副署长里索瓦内·维克多为团长的俄罗斯代表团在大连举行中俄渔业合作混合委员会第19次会议。会议总结了2008—2009年中俄渔业合作的情况，深入讨论了2010年鲟鱼可捕总量以及边境水域增殖放流等问题，以进一步加强水生生物资源保护方面的合作。双方签署了会谈纪要。

（8）国务院批准了农业部和外交部联合上报的批准《关于加强美利坚合众国与哥斯达黎加共和国1949年公约建立的美洲间热带金枪鱼委员会的公约》的请示，批准我国加入美洲间热带金枪鱼委员会。外交部于2009年10月向该公约的保存国，即美国政府交存了批准书。从2010年8月起，我国成为该委员会的正式成员。

美洲间热带金枪鱼委员会是根据1949年《美利坚合众国和哥斯达黎加共和国关于建立美洲间热带金枪鱼委员会的公约》建立的政府间区域渔业管理组织，负责管理南纬40°、北纬40°、西经150°和美洲大陆西海岸所围太平洋区域的金枪鱼渔业。1998年，该委员会决定成立修改公约工作组，对原公约进行修订。我国自2002年开始参加修约会议。2003年6月，该委员会第70次年会通过了新的公约。

（农业部渔业局　刘　策）

渔 业 管 理

渔业法制建设

【渔业立法活动】

(1)进一步完善渔业法律法规。为加强涉外渔业管理,农业部就我国渔船在境外从事违法捕捞活动适用法律问题与国务院法制办、全国人大法工委等单位开展协调研究,全国人大法工委就此做出法律解释性答复《对关于我国渔船在境外从事违法捕捞活动适用渔业法处罚有关问题意见的函的答复》(农渔函[2009]13号),明确我国渔船到我国与有关国家缔结的协定所确定的共同管理的渔区或者公海,应依法取得捕捞许可证,违反捕捞许可证规定进行捕捞的,应当依照《渔业法》第四十一条、第四十二条的规定予以行政处罚;对我国渔船到我国认为属于我国管辖但与有关国家尚未划界或者有争议的渔区或者海域从事捕捞作业的,应适用我国《渔业法》的规定。这一法律解释解决了长期以来困扰涉外渔业管理的适用范围不清、法律依据不明问题,为我国加强对涉外渔业管理、维护海上作业秩序提供了有力的法律支撑。为进一步加强渔业资源养护及生态环境保护工作,农业部以部令形式公布了《水生生物增殖放流管理规定》等规章及其他规范性文件,有力促进了增殖放流活动及其规范管理。

(2)继续深化水域滩涂养殖使用权益保护、渔业种质资源保护和渔政执法督察等方面的制度研究和立法。《物权法》规定依法取得的使用水域滩涂从事养殖和捕捞的权利受法律保护,近年来中央在保护农民权益特别是土地承包经营权及其相关权益方面又提出了更高的要求。为完善渔业水域滩涂使用制度,加强渔民权益维护,农业部组织开展水域滩涂养殖使用制度课题研究,并在相关研究基础上推进水域滩涂养殖发证登记办法的立法工作。为保护水生生物物种资源、促进生态环境改善、保护渔业生存发展空间、维护渔民合法权益,农业部组织开展《水产种质资源保护区管理办法》起草工作,通过部门规章推动和规范水产种质资源保护区建设工作。为全面贯彻《依法行政实施纲要》,加强渔业行政执法队伍建设和行风管理,提高渔业行政执法效率和服务水平,农业部出台了《渔业行政执法督察规定》(试行),推动建立渔政队伍层级督察机制。

(3)加强国际公约、协定的履约执行和他国有关重大法律制度的应对。根据联合国粮农组织于2009年通过的《关于防止、遏制和消除非法、不报告和不管制的捕捞活动的港口国措施协议》等国际立法要求,农业部积极与海关协调,筹备对部分我国进口的金枪鱼和南极犬牙鱼查验合法捕捞证明,逐步按照国际要求对重要海洋捕捞产品品种国际贸易实行有效监管。同时,农业部和各级渔业主管部门积极应对欧盟将于2010年1月1日生效实施的《关于建立共同体系统以预防、阻止和消除非法、不报告和不管制捕捞的条例》,筹备对出口到欧盟市场的海洋捕捞产品实施合法捕捞证明,避免新制度对输欧水产品贸易的不利影响。

(4)加强立法协调工作。为维护渔民合法权益,保证各级渔业部门依法行使监督管理和行政执法职能,农业部在《自然保护区法》、《太湖管理条例》、《防治船舶污染海洋环境管理条例》、《海上人命搜寻救助条例》、《南极活动管理条例》、《专属经济区和和大陆架海洋巡航执法条例》和《污染源限期治理管理办法》等重要涉渔法律、法规和部门规章的起草和修订征求意见过程中,做了大量协调工作,争取相关立法充分体现国务院"三定"方案确立的职责分工,为全国渔业发展和管理工作创造法律法规依据方面的良好条件和环境。

(5)各地积极完善地方配套渔业法规规章体系。福建省渔业部门与公安边防总队开展联合执法,共同签订了《关于联合创建"平安海域"的实施意见》,加强海上执法监管;河北省继续推进《渔业法》配套法规《河北省渔业条例》和地方规章《河北省休闲渔业管理办法》起草工作;江西省开展《江西省渔业条例》立法调研和草案修改工作;山西省组织开展《山西省水产品市场准入办法》起草工作;大连市组织开展《大连市水产品质量安全管理条例》和《大连市海上休闲垂钓管理试行办法》立法论证和前期调研准备。这一系列地方性渔业法规、规章和规范性文件的制(修)订,为各地规范生产行为、推进管理法制化和保障渔业健康发展提供法律保障。

【渔业行政执法】 各级渔业行政主管部门及其所属的渔政渔港监督管理机构认真履行法律法规赋予的各项行政执法职能,加强捕捞许可管理和船网工具指标审查,控制捕捞强度;严格渔业安全生产管理,全面推进平安渔业建设;加强渔船检验工作,提高渔船检验率和适航水平;组织实施"护渔2009"海洋渔业执法行动,维护渔业生产秩序;加大专属经济区渔政巡航执法的力度,维护协定水域的作业秩序和国家海洋权益;继续开展北太平洋公海打击大型流网非法作业专项巡航和中美联合执法,履行国际义务,打击非法捕捞;深入开展水产养殖执法行动,保障水产品质量安全。

【执法队伍建设】 农业部继续推进"渔业文明执法窗口"创建活动,推动渔业行政执法督察制度建设,规范渔政执法行为。各级渔业行政主管部门和渔政执法机构加强执法人员教育和培训,提高执法人员文化水平和业务能力。加强渔政指挥系统建设和渔政执法装备建设,推进执法统计工作,提高渔政执法的信息化水平。

【渔业普法活动】 2009年,各级渔业主管部门认真贯彻"五五"普法要求,深入基层,普及渔业法律法规,宣传保护渔业资源和生态环境,提高渔民依法生产意识,不断推进依法治渔、依法护渔、依法兴渔。农业部组织、邀请新闻媒体以及各种形式的地方媒体对南沙和专属经济区巡航护渔、大型渔业执法行动、水产增殖放流活动、伏季休渔、长江春禁和重要渔业制度等进行了大范围、深层次、高频率的宣传报道,在渔区渔民和社会民众中产生了良好的反响。各地各级渔业部门开展的形式多样的渔业法制宣传活动,有效提高了广大渔业管理人员和生产经营者的法制观念。

(农业部渔业局 衣艳荣)

水产标准化

【基础性工作】

(1)召开全国渔业标准化工作会议。2009年,农业部以推进现代渔业建设为主题,召开了全国渔业标准化工作会议,牛盾副部长出席会议并作了重要讲话。会议全面总结了近6年全国开展渔业标准化工作的情况,明确了今后一段时期渔业标准化工作思路、任务和措施。进一步修改完善了《渔业标准化发展规划(草案)》,组织开展了全国渔业标准化论文征集和评选活动,编印了《中国渔业标准化画册》,表扬了2004—2008年在渔业标准化工作中成绩突出的人员。

(2)编制渔业标准体系建设规划。按照农业部部署,组织专家充分讨论,针对渔业各领域生产和管理需要,编制了2010—1012年渔业标准体系建设规划,确定了今后3年渔业标准体系建设重点和提出了行业标准项目建议。

(3)加强渔业标准化队伍建设。召开了第四届全国水产标准化技术委员会成立大会,对第三届全国产标准化技术委员会成立以来的工作进行了全面总结,明确了第四届水标委工作任务。完成了水标委渔业资源分技术委员会和水生生物湿地保护管理分技术委员会的组建工作。举办新任标委会委员、标准起草人员培训班,对国家标准《标准化工作导则 第一部分:标准的结构与编写》(GB/T 1.1—2009)等基础标准进行了宣讲。

(4)大力推进标准实施。结合"全国渔业科技服务年"工作,以水产健康养殖为主题,会同各地方渔业部门深入渔区广泛开展水产养殖安全用药知识和标准化生产技术培训班活动,增强了渔民健康养殖意识,提高了标准化生产技能。

【水产标准制定、修订】 2009年,共有70项标准列入了农业行业标准制(修)订计划。与往年相比,增加20多项,经费额度较往年也有较大幅度增加,提出了2010年农业行业标准制(修)订渔业项目建议,并进行了评审。项目内容侧重于满足水产品质量安全、水产养殖病害防治、渔业资源保护、渔业安全生产需要。组织专家对27项渔业国家和行业标准进行了审查,发布了10项国家和行业标准。为配合2009年农产品质量安全整治暨农产品质量安全执法年活动的开展,组织有关单位完成了《水产苗种违禁药物抽检技术规范》应急国家标准制定任务,为水产苗种药物残留检测和质量安全执法提供了依据。

【技术性贸易措施官方评议】 2009年,共收到WTO/TBT-SPS国家咨询中心农业部联系点转来的与水产有关的通报21项,分别来自日本、美国等14个国家。已完成评议的有10项,还有11项尚在评议中。在做好日常评议工作的同时,围绕提高水产技术性贸易措施评议支撑能力开展了一些基础性工作,在《中国渔业报》、《中国水产》等刊物上发表文章,加强宣传,提高相关人员对官方评议工作的认识。组织构建了水产技术性贸易措施评议和预警信息平台。配合农业部农产品质量安全监管局编写了《关于美国主要技术性贸易壁垒措施及其对我国水产品出口影响和应对措施》有关材料。

【国际交流合作】 为使我国有关方面及时了解和掌握国际食品法典委员会(CAC)水产品标准制(修)订动态,在全国水产标准化技术委员会秘书处设专人,开展CAC标准跟踪研究工作。及时收集并组织翻译了最新发布的CAC-CCFFP(CAC下设的鱼及制品委员会)标准文件以及俄罗斯、加拿大、欧盟、新西兰等提交的参会预案。编发了《国际食品法典委员会水产品标准草案汇编》,广泛征求各相关单位的意见。同时,加强了同国内相关部门、行业协会以及水产品出口企业的联系与沟通。分别于2009年3月和6月组织召开了CAC鲟鱼子酱和贝类标准草案研讨会,通过研讨征集到许多对相关标准草案的修改意见,以此为基础,组织起草了我国参加第30届CAC-CCFFP会议CRD文件,编写了参会预案。并组团完成了参加第30届CAC-CCFFP会议任务,许多预备意见被会议采纳。

【国家标准和行业标准目录】

2009年发布国家标准及行业标准目录

序号	标准代号	标准名称
		一、国家标准
1	农业部1163号公告-9-2009	水产品中己烯雌酚残留检测·气相色谱-质谱法
2	农业部1192号公告-1-2009	水产苗种违禁药物抽检技术规范
		二、水产行业标准
1	SC/T 3206-2009	干海参
2	SC/T 3105-2009	鲜鳓鱼
3	SC/T 5002-2009	塑料浮子试验方法·硬质球形
4	SC/T 8127-2009	渔船超低温制冷系统管系制作与安装技术要求
5	SC/T 8128-2009	渔用气胀求生筏技术要求和试验方法
6	SC/T 8129-2009	渔业船舶鱼舱钢质内胆制作技术要求
7	SC/T 8130-2009	渔船主机舷外冷却器制作技术要求
8	SC/T 8095-2009	非金属渔业船舶防雷及电气设备接地技术要求

(农业部渔业局 郭 薇)

水产品质量监管

【主要工作】

(1)加强行业指导,全面推动水产品质量监管工作。下发《关于全面推进水产健康养殖,加强水产品质量安全监管的意见》,提出了推进水产健康养殖,强化水产品质量安全监管的政策措施。以此为契机,各地大力实施以池塘标准化改造为重点的水产健康养殖推进行动,广泛开展"全国渔业科技服务年"和农业部"水产健康养殖示范场"创建活动,与质量安全专项整治和执法年活动统筹布局,相互促进,形成合力。到2009年末,全国各级财政投入资金28.7亿元,带动社会资金130多亿元,累计改造老化养殖池塘面积达46万多公顷,以农业部命名的"水产健康养殖示范场"达1 200个,示范场内部质量安全管理机制进一步完善。与国家质检总局密切配合,认真做好欧盟对我国出口水产品质量安全监管体系考察的迎检工作,保障了水产品对外贸易的健康发展。各省渔业主管部门更加重视质量安全工作,加强队伍建设,落实属地监管责任,加大必要的经费投入,全面推进各项工作。

(2)突出源头整治,加强水产苗种管理。制定2009年水产苗种专项整治实施方案,成立水产苗种专项整治工作小组,举行水产苗种专项整治及督察活动启动仪式。在全国范围内开展了以水产苗种为重点的水产品质量安全专项整治及督查活动。农业部先后两次共派出12个督察组赴全国20个省(自治区、直辖市)近80个县(区)开展督导检查。组织开展水产苗种场普查登记,摸清底数,大力推进水产苗种持证生产和规范管理。据统计,全国共有各类水产苗种场15 306个,发放水产苗种生产许可证11 631本,持证率达87.4%。共检查苗种场15 171个,占苗种场总数的99%,基本做到逐场检查;对存在问题较严重的2 592个苗种场,责令整改,对违法用药的252家苗种场给予行政处罚,共罚款81.34万元。制订并发布《水产苗种违禁药物抽检技术规范》,对辽宁、湖北、广东等10个重点苗种生产省的143个企业开展水产苗种药物残留专项抽查,依法查处并公布了其中18家药物残留超标严重的企业。浙江、山东、广东、广西、山西等水产苗种重点产区也积极争取财政专项资金,组织开展了本辖区内水产苗种药物残留抽检。水产苗种生产经营秩序明显好转。

(3)锐意推进改革,创新管理机制。制订出台了《产地水产品质量安全监督抽查工作暂行规定》,首次对产地水产品质量安全监督抽查的抽样、检测、报告、复检、结果处理等程序和行为进行了具体规范,明确了行政管理部门、执法机构、检测机构和生产单位的责任和义务,为保护各方利益、科学规范做好产地抽检工作提供了保障。初步建立了有10万个生产单位基本信息的产地抽检数据库;采取公开、随机的办法确定抽检单位;建立产地抽检结果会商制度;实行抽检结果对外公布。改革举措增强了抽检结果的可信度和透明度,起到了强化舆论监督和提高政府公信力,保护守法生产、惩戒违法行为的作用。此外,广东、北京、天津及河北石家庄、陕西西安等地和中国水产科学研究院、全国水产技术推广总站、中国水产流通与加工协会还分别从不同环节、不同层面开展了水产品质量安全可追溯制度和市场准入制度的研究试点工作。

(4)加强科技服务,提高渔民素质。各地渔业主管部门大力实施科技入户活动,积极组织科研推广人员下乡进村入户,推广健康养殖技术,普及科学防病和用药知识。共举办各类培训班近万期(次),培训水产技术推广人员和渔民50万人(次),发放各类科普和技术资料近60万份,培育7万多户科技示范户,辐射带动70多万养殖户。水产养殖水质调控、营养与饲料、优质苗种生产、病害防治等先进实用技术以及中国对虾"黄海1号"等一批主导品种得到示范推广;"盘山模式"、"高淳模式"等先进养殖模式迅速推广和普及。"专家—技术指导员—科技示范户—辐射带动户"的渔业科技成果转化快速通道进一步巩固和完善。科技服务年活动形式多种多样,讲求实效,促进了一些地方从运动式的活动到着手建立常态化的服务机制和科技人员下乡服务的激励考评制度。

(5)全面摸排隐患,增强应急能力。为做到心中有数、谋划在先,农业部组织专家制订主要养殖水产品质量安全风险隐患分析方案,针对渔药、苗种、饲料等投入品,养殖水域环境、生物毒素危害以及十多种生产和出口贸易量大、产业化程度高、影响范围广、消费较为敏感的产品,结合产地监测和出口预警信息,逐个环节开展隐患风险分析评估,对风险可能暴发的程度、危害情况以及对产业发展、市场供给、社会稳定可能造成的影响进行深入分析,提出预警和处置意见,以便有针对性地采取整改和监管措施。配合风险隐患摸排工作,开展重点养殖水产品种质量安全风险隐患专项抽查,全面抽检药物残留、重金属、致病菌和有机污染物等危害因素现状。为确保国庆、元旦、春节等重大节日期间水产品安全有效供给,农业部专门下发通知,落实责任和保障措施,深入推进水产养殖病害监测和疫情防控工作,加强督导检查,强化水产品市场运行监测和质量安全舆情监测,完善突发事件应急预案,确保水产品消费安全。

(6)整合管理资源,强化沟通协调。围绕水产品质量安全专项整治的各项任务,各级渔业主管部门充分发挥组织协调作用,大力整合渔业系统内科研、推广、执法、检测、认证等各方面力量,各司其职,协调行动;同时积极加强与畜牧、兽医、工商、质检等部门的沟通配合,对涉及渔药、饲料监管以及水产品出口贸易和市场流通中的问题,及时通报信息,加强协作,移交相关案件,共同促进水产品质量安全全方位的监管。结合《水生生物增殖放流规定》的实施,下发《农业部办公厅关于开展增殖放流经济水产苗种质量安全检验通知》,积极推动建立天然水域放流经济水产苗种检验检疫制度,确保放流苗种的质量安全。管理力量和手段的整合,有效地推动了水产品质量安全监管工作的开展。

(7)推进能力建设,严格执法检查。为推进水产品质量安全执法,农业部组织编制《水产品质量安全监管实用手册》、《水产养殖与水产品质量安全执法手册》以及《水产养殖执法实务》,制定《渔业行政执法督察规定》(试行),不断提高水产品质量安全执法的专业技术能力和水平,同时,推动各地不断创新执法模式,改善执法手段,规范执法行为。各地渔业主管部门及其所属渔政监督管理机构,以水产苗种生产合法性、养殖企业生产档案制度建立情况、投入品使用情况和阳性样品查处为重点，加大水产养殖与质量安全执法检查的力度。特别是对抽检或督察行动中发现的违规企业认真督促整改、整顿和查处。据不完全统计，全年共出动渔业执法人员10万人（次），检查水产企业7万家，责令近4 000家整改。对阳性样品生产单位执法查处率达到100%。

【成效和问题】 经过专项整治和渔业系统上下共同努力，2009年水产品质量安全水平稳步提高，安全状况总体保持平稳向好的势头。综合产地监督抽查、市场例行监测两方面的数据，按可比口径计算，水产品抽检综合合格率达到97.2%，同比提高1.5个百分点。全年未发生重大水产品质量安全事件。但是，由于影响安全的因素环节较多，监管的基础不牢固，隐患风险仍然较大。另外，对水产品质量安全问题的认识还存在差距，有不同的思想状况，既有由于合格率逐年上升而产生盲目乐观、麻痹松懈的思想，也有由于监管经费不足、手段有限，协调不同部门难度大、责任重大等原因而产生畏难情绪；甚至还有个别地区敏感性、主动性不够，应对质量安全问题行动迟缓反应慢。除内部因素外，国外媒体对水产品质量安全的负面报道仍然较多，这些报道中，有夸大其词的恶意炒作，但有的问题确实存在，从另一个侧面反映出水产品质量安全工作还有漏洞。

（农业部渔业局　郭云峰）

渔业安全与渔港监督管理

【概况】 据统计，2009年全国沿海共发生渔业船舶水上安全事故327起，死亡（失踪）306人，同比分别下降26.7%和23.3%。渔业船舶水上生产安全事故起数和死亡人数实现"双下降"，渔业安全生产继续保持平稳好转态势。

【主要工作】

（1）广泛动员，渔业安全宣传教育掀起高潮。农业部组织启动了10万海洋机动渔船船东船长安全管理培训活动，落实渔业安全生产主体责任，把好安全生产第一关。渔业船员专业技能培训首次纳入"农村劳动力转移培训阳光工程"，有力强化了船员培训教育工作。开展"全国文明渔港"创建活动，促进提升了渔港建设、管理和服务水平。组织编印《安全生产警钟长鸣·渔业安全宣传片》，并向基层免费发送10万套。全国共开展宣传教育活动近3 000次，20余万人（次）直接参与，免费发放宣传资料、书籍和宣传教育片25万余册（套）。

（2）加大力度，渔业安全执法监管取得实效。农业部将渔业安全生产执法和隐患排查治理行动与"护渔2009"、专属经济区巡航以及伏季休渔等专项执法行动紧密结合，专题部署渔船与商船防碰撞安全监管，进一步加大了执法检查力度，确保渔业安全生产形势稳定。全国共组织开展执法检查17 000多次，检查单位16万余个，检查渔船5万余艘，船员7万余人（次）；开展安全生产隐患排查15 000多项，整改率达98%。

（3）完善机制，渔业安全应急管理水平明显提升。农业部与交通运输部签署《水上安全管理合作备忘录》，对于促进形成水上安全管理合力，保障水上航行作业人员的生命财产安全具有重要意义。与中国电信签署《海洋渔业CDMA移动通信系统合作协议》，将在全国50多万艘小型近海渔船上推广使用渔业CDMA移动通信终端设备，解决近海小渔船的通信问题。全年渔业系统共组织渔政船和渔船参与海难救助877起，救助渔船851艘、救助渔民4 502人，挽回经济损失3.04亿元。

（4）夯实基础，渔业安全建设得到加强。中央财政全年投入渔港工程建设资金2.4亿元，支持新建续建渔港23个；继续对渔港小型公益设施养护、海难救助和政策性渔业保险等项目予以支持；农业部初步建成了以海洋渔业安全通信网"四网合一"为平台，融合传统卫星、移动通信等现代通信方式，辅以自动识别、无线射频识别、渔港监控等技术手段的渔船监管和安全通信保障体系。沿海各地进一步加大投入力度，有效提高了渔船和渔港安全装备水平和防灾减灾能力。

（农业部渔业局　朱宝颖　董少帅）

渔业船舶水上安全事故及救助情况

【事故情况】 2009年发生渔业船舶水上生产安全事故327起（不含生产性事故），死亡306人，分别比2008年减少119起和93人。其中，发生较大事故20起，死亡109人，同比分别减少2起和12人；发生重大事故1起，死亡10人，同比分别减少2起和27人。

从事故的类型看，碰撞事故发生118起、死亡122人，同比分别减少44起、30人；风损事故发生58起、死亡95人，同比分别减少12起、42人；触损事故发生52起、死亡7人，事故起数同比减少2起、死亡人数增加1人；自沉事故发生30起、死亡35人，事故起数同比减少9起、死亡人数增加22人;火灾事故发生25起、死亡8人,事故起数同比相同、死亡人数增加1人;其他类事故发生42起、死亡38人,同比分别减少54起、46人。

从事故的特点看,一是渔业船舶水上安全生产形势平稳向好。事故总起数和死亡人数同比分别下降了26.7%和23.3%。二是商船与渔船碰撞事故仍是造成人员伤亡和重大财产损失的主要事故类型。2009年渔业船舶共发生水上碰撞事故118起、死亡122人。其中,商船与渔船碰撞事故发生58起、死亡91人,分别占碰撞事故起数和死亡人数的49.2%和74.6%。三是海上极端天气事件频发。我国海上捕捞渔船大多吨位小、旧船多、抗风能力差,自沉事故时有发生,同比死亡人数增加22人,上升了169.2%。四是第四季度仍是事故多发期,事故起数和死亡人数分别占全年的40.1%和43.8%。

【救助情况】 2009年全国各级渔业行政主管部门及其渔政渔港监督管理机构共调度、派遣渔业行政执法船艇和渔船2 167艘(次),参与渔业海难救助877起。实际投入救助费用2 575.29万元,挽回经济损失3.04亿元。其中,救助渔船851艘,救助渔民4 502人;救助商船等非渔业船舶13艘,救助其他遇险人员313人。

(农业部渔政指挥中心　赵俊杰)

渔业防灾减灾

据统计,2009年各类自然灾害共造成水产品损失116万吨,受灾养殖面积86.4万公顷,直接经济损失152亿元。其中,汛期的台风暴雨灾害造成水产品损失40.3万吨,受灾养殖面积21.26万多公顷,死亡、失踪29人,直接经济损失98亿元。针对自然灾害,农业部渔业局、中国渔政指挥中心在贯彻落实《国务院办公厅关于加强渔业安全生产工作的通知》和《农业部办公厅关于做好汛期渔业安全生产工作的通知》基础上,继续加强自身能力建设,切实落实责任制,进一步完善防御重大自然灾害的工作机制,突出靠前指挥、一线协调;继续加强与中国气象局和交通运输部的合作,协同推进海洋渔业气象灾害预报预警工作,执行海上搜救联动机制,共同做好海上突发事件的应急处置工作。

农业部渔业局高度重视抗台风减灾工作,要求各级渔业行政主管部门切实做好台风、强降雨、洪涝等灾害的预防预警、应急处置和善后处置等各项工作。组织各地渔业部门开展防汛抗台风安全检查行动和渔业安全生产宣传教育活动,落实汛期值班制度和渔业完全预警信息通报制度,通过各种渠道及时发布灾害预警信息。派遣渔业防汛抗台风减灾工作组,实地协调重点地区开展工作,确保所有渔船及养殖人员及时避风、避浪。

(农业部渔业局　丁祥勇)

渔 船 管 理

【概况】 渔船规范管理、控制捕捞强度是渔业管理的重点和难点。我国自1987年开始实施海洋捕捞渔船数量和功率总量控制制度以来,特别是2003年以来,各级人民政府和有关部门高度重视,加强组织领导,逐级下达控制任务,完善管理制度,强化监督管理,加大执法力度,渔船控制工作取得了阶段性成果。控制捕捞强度养护海洋生物资源的理念逐步形成,海洋捕捞渔船盲目增长的态势得到初步遏制,渔船管理逐步进入法制化、规范化的轨道。

【主要工作】

(1)努力推进渔船制度建设,强化捕捞强度控制。组织全国各地渔业主管部门和海区渔政局对所在地渔船制度建设和管理情况调研,广泛听取各地渔业主管部门、基层管理单位、有关专家和渔民群众的意见,收集整理国内外相关法律法规和制度建设情况,为下一步完善管理制度打下了基础。针对国务院批准下达的《关于2003—2010年海洋捕捞渔船控制制度实施意见》即将到期,组织有关人员积极开展相关政策、管理制度的研究论证工作,提出了2010年后捕捞强度控制及管理制度的具体意见,拟订了进一步加强捕捞渔船管理控制海洋捕捞强度的思路和方案,并组织沿海渔业行政主管部门领导和专家研讨。目前,已基本形成“十二五”期间海洋捕捞强度控制目标和方案,再次广泛征求相关单位和专家意见后,印发各地贯彻执行。

(2)积极推动渔船动态管理系统建设,提高渔船管理水平。针对长期以来我国渔船管理相互脱节、数据混乱、底数不清的情况,农业部渔业局争取用2～3年时间,建立全国统一的渔船管理数据库,实现船网工具指标审批、渔船检验、登记和捕捞许可证发放四个环节的相互衔接。2009年底,农业部渔业局对渔船管理数据进行清理整合,清理无效数据和有证无船数据1.8万多个,初步摸清了我国海洋渔船数据情况,实现了船网工具指标和捕捞许可证发放的相互衔接。在此基础上,农业部启用了该系统换发新版捕捞许可证,对渔业捕捞许可证书证件格式进行了调整，统一了渔船编码，首次采用了条形码，进一步规范了审批发证程序。船检系统升级改造工作基本完成，2010年上半年完成数据整合导入和启用工作，实现船检系统与船网工具指标审批、捕捞许可证发放两个环节的相互衔接。

（3）逐步推进内陆捕捞渔船"双控"制度建设，启动渔船证书"三合一"改革。针对当前内陆渔船管理制度不健全，渔船增长较快的问题，下发了《农业部关于加强内陆捕捞渔船管理的通知》。要求各地加强内陆渔船的管理，研发管理软件，建立数据库，实现信息化管理，逐步建立内陆渔船"双控"制度。要求各省要加强渔船检验、登记和捕捞许可管理的统一领导，深入研究渔船证书"三合一"的可行性和操作方案，大力简化办证流程和手续，方便渔民。

（4）启用港澳流动渔船动态管理系统，规范港澳流动渔船管理。根据港澳流动渔民要求及渔船动态管理系统建设需要，农业部渔业局组织开展了港澳流动渔船管理制度研究工作，起草印发农业部公告第1288号，简化了渔船管理审批程序，调整证书证件格式，部署启动流动渔船换证工作，得到了渔民群众的欢迎。

（5）严格审批船网工具指标和专项捕捞许可。2009年，共受理渔业船网工具指标等渔船管理行政审批申请820多份，涉及渔船近1 048艘。对淘汰旧船制造新船、渔船跨省买卖、长江专项捕捞、资源调查特许捕捞等审批中遇到的矛盾和问题，及时与有关方面沟通协调，予以妥善解决。

（农业部渔业局　张信安）

水生生物资源养护与水域生态环境修复

【增殖放流】 2009年，农业部继续将开展渔业资源增殖放流作为为农民办理的实事加以推进。中央财政新增设立了转移支付项目，带动了全国水生生物资源养护行动的开展。增殖放流主要呈现以下几方面特点：

（1）增殖资金投入大幅度增加。全国投入增殖放流资金5.9亿元，比上年增长90%。其中海洋经济物种放流资金1.8亿元，内陆经济物种放流资金3.7亿元，珍稀濒危保护水生野生动物放流资金3 800万元。

（2）增殖苗种数量大幅增加。全国各地增殖放流各种鱼类、虾蟹类、贝类等共计245亿尾，其中近海海域增殖放流苗种79亿尾，内陆增殖放流苗种166亿尾，是历年来放流规模最大、投入资金最多的一年。

（3）增殖放流苗种质量提高。2009年3月，农业部部令发布《水生生物增殖放流管理规定》，首次明确了增殖放流的主管部门、主体和方式，对增殖放流的苗种质量、监管管理、效果评价、后期管理提出了具体要求。

（4）增殖放流社会影响日益显著。2009年，农业部先后与重庆、北京、山东、广东等13个省级政府联合举办了12次水生生物增殖放流活动，在全国掀起了水生生物养护和增殖放流的高潮。据统计，2009年全国各地共举办增殖放流活动上千次。

【水产种质资源保护】 2009年12月17日，农业部公告第1308号公布了第三批57个国家级水产种质资源保护区。57个保护区分布于长江、黑龙江、珠江等水系的36条江河、14个湖泊，以及渤海、黄海、东海的7个海湾、岛礁和滩涂。可保护"四大家鱼"、小黄鱼、刺参等上百种重要经济、濒危和地方特有水生生物种质资源及其产卵场、索饵场、越冬场、洄游通道等重要繁衍栖息场所。农业部已经审定公布了3批160个国家级水产种质资源保护区，初步构建了分布广泛、类型齐全、作用显著的水产种质资源保护区网络。这些保护区的建立，将对抢救性地保护重要水产种质资源及其繁衍栖息水域、缓解水域生态恶化趋势、维护生物多样性、促进渔业可持续发展发挥更重要的作用。

【海洋伏季休渔】 为进一步加强海洋渔业资源保护，2009年2月27日，农业部通告［2009］1号对海洋伏季休渔制度进行了调整完善，将黄渤海、东海和南海海域的休渔时间统一向前延长了半个月，休渔作业类型统一调整扩大为除单层刺网和钓具外的所有作业类型。三大海区中，北纬12°至"粤闽海域交界线"的南海海域于5月16日最早开始休渔，北纬35～26°30′的黄海和东海海域于9月16日最晚结束休渔，休渔时间历时两个半月至三个半月。为保障新的伏季休渔制度顺利实施，农业部对海洋伏季休渔管理工作进行了认真部署。各地积极行动，着力强化休渔管理措施，广大渔民群众衷心拥护并自觉遵守伏季休渔制度，各地休渔秩序良好，调整后的海洋伏季休渔制度平稳有序执行。据统计，休渔的海洋捕捞机动渔船数量达11万艘，约占海洋捕捞机动渔船总数的55%，比2008年休渔船数增加2.5万艘，增长近30%。新增加的休渔渔船主要包括笼壶类、双层以上流刺网、杂渔具以及黄渤海、东海的灯光围（敷）网等作业渔船。休渔渔民数量近100万人，比2008年增长20%。

【长江禁渔】 2009年1月16日，农业部印发《关于加强2009年长江禁渔期管理工作的通知》（农渔发

[2009]1号),对2009年长江禁渔期管理工作进行了全面部署。沿江各级政府和渔业行政主管部门积极组织落实,长江渔业资源管理委员会办公室协调开展禁渔期执法检查行动。长江特编渔政执法船队共出航9个航次,沿江各级管理部门共组织开展执法检查行动5 340次,参加检查车辆12 101辆(次),参加检查船艇7 408艘(次),参加检查人员70 032人(次),查获违禁捕捞船2 112艘(次),取缔迷魂阵54 713米、查处电捕鱼器具1 559台(套)、毒鱼案件42起、炸鱼案件37起,保障了长江禁渔期制度顺利实行。

【渔业生态环境保护】 农业部累计审查了77项海上石油、港口航道、道路桥梁、化工电力等涉渔工程的环境影响评价,共协调了12.6亿元渔业资源及生态补偿资金纳入环保投资。有力地维护了渔民利益和渔业权益,促进工程建设与水生生物资源养护相协调。全国渔业水域污染事故技术审定委员会对农业部黑龙江流域渔业生态环境监测中心等5家申请渔业污染事故调查鉴定资质升级单位及江苏省海洋水产研究所等17家新申请渔业污染事故调查鉴定资质单位进行了资格审查。国家渔政局向3家符合升级条件,16家符合发证条件单位,换发和颁发《渔业污染事故调查鉴定资格证书》。

(农业部渔业局 鲁 泉)

水生野生动物保护与管理

【自然保护区建设与管理】 2009年,新建1个国家级水生生物自然保护区,向国务院申报2个自然保护区。自然保护区管护能力和管理水平稳步提升。

(1)积极参与了全国人大环资委组织的自然保护区及自然遗产立法工作,结合水生生物自然保护区建设管理现状和存在问题对法律草案进行了认真研究,并向人大环资委提交立法建议和法律条文修改意见。

(2)2009年4月,组织召开水生动植物自然保护区评审委员会,对四川诺水河、湖北忠建河2个自然保护区申报建立国家级以及长江上游珍稀特有鱼类国家级自然保护区云南段功能区调整进行评审。委员们一致同意将四川诺水河等2个自然保护区向国务院申报晋升为国家级自然保护区;长江上游保护区云南段功能区调整由于理由不充分被会议否决。

(3)严格按照法律法规及农业部《建设项目对水生生物国家级自然保护区影响专题评价管理规范》的要求,组织专家对成都—自贡—泸州高速公路黄舣长江大桥、渝黔铁路新白沙沱长江四线特大桥、重庆江津中渡长江大桥等对国家级自然保护区的影响进行评价,对专题报告进行评审论证,提出意见。

(4)向国务院上报了重庆市人民政府及相关部门提出的长江上游珍稀特有鱼类国家级自然保护区调整方案。

(5)经与三峡总公司等有关部门协调,制订并组织实施了长江上游珍稀特有鱼类国家级自然保护区生态补偿项目2009年度资金使用计划。启动了保护区水生生态环境监测项目和重庆增殖放流站建设项目,并与三峡总公司共同组织召开保护区生态补偿项目水生生态监测中期评估和2009—2010年度科研计划会议。

(6)对《农业野生动植物保护工程规划》中水生生物自然保护区规划进行了修改完善。

【珍稀濒危水生野生动物增殖放流】 组织四川、安徽、黑龙江、湖北、广东、陕西、上海等地开展一系列珍稀濒危水生动物增殖放流活动。据统计,2009年,各地共组织放流活动63次,放流珍稀濒危物种苗种1 319万尾。

(1) 2009年5月,以农业部名义与四川省政府在四川省宜宾市联合举办四川长江珍稀濒危水生动物增殖放流活动。共放流国家重点保护水生野生动物达氏鲟、胭脂鱼及长江特有鱼类20万尾。

(2)起草《珍稀濒危水生动物增殖放流管理规范》,并组织濒危水生野生动植物种科学委员会专家进行讨论修改。对放流主管部门、专家咨询机制、资金使用、苗种管理、活动组织等内容进行了规范。

(3)对全国珍稀濒危水生动物增殖放流苗种供应单位资格进行论证。经农业部濒危物种科学委员会论证,81家企业通过评审,在对企业信息进行公示广泛征求意见后,以农业部公告形式对珍稀濒危水生动物增殖放流苗种供应单位进行了公布。

(4)组织编写全国珍稀濒危水生动物增殖放流规划,对珍稀濒危物种2010—2015年放流计划进行整体安排,明确今后五年珍稀濒危水生动物增殖放流总体目标、原则和工作思路。

(5)与国务院三峡办协商,制订2009年度三峡工程珍稀鱼类保护生态补偿项目增殖放流经费补助方案。

(6)在青海西宁召开全国水生野生动植物保护管理工作会议,对近两年水生生物自然保护区建设和濒危物种放流进行总结。

【水生野生动物经营利用管理】

(1)针对有关媒体反映的广东鳄鱼走私问题,会同国家林业局保护管理司赴广东省开展调研，考察了多家鳄鱼养殖企业和批发市场，与企业代表、专家和管理人员进行座谈，就如何进一步加强鳄鱼管理问题达成初步共识。经多次协商和认真研究，由农业部会同国家林业局向国务院领导报送了《关于鳄鱼管理有关情况的报告》，对今后如何加强鳄鱼管理提出意见。

（2）与国家濒危物种进出口管理办公室、国家海关总署政法司及鳗鱼联合会有关人员组成调研组，赴福建、江西二省实地调研了欧洲鳗鲡被列入濒危野生动植物种国际贸易公约附录Ⅱ后对养殖、加工企业产生的影响以及进出口环节存在的问题，协调并解决了部分欧鳗企业出口环节存在的问题。

（3）组织农业部濒危水生野生动植物物种科学委员会有关专家论证通过了上海四鳃鲈水产科技发展有限公司、贵定锦江娃娃鱼开发有限公司、陕西汉中天成公司经营利用松江鲈鱼及大鲵子代产品申请。

（4）以农业部名义转发了《濒危野生动植物种国际贸易公约》附录水生野生物种目录，并下发《关于出口水生野生动物资源保护费征收有关问题的通知》。同时对水生野生动植物管理审批工作程序进行修改完善。

（5）完成水生野生动物及其产品进出口审批236件。其中，因科研捕捉国家一级重点保护动物申请1件，驯养繁殖国家一级重点保护动物申请2件，经营利用国家一级重点保护动物申请52件，进入国家级自然保护区核心区科考申请4件。

【对外交流和国际履约】

（1）成功举办了于2009年10月25日至30日在湖北武汉召开的第六届国际鲟鱼养护大会。来自29个国家和地区及国际组织的近600名鲟鱼研究学者和管理人员参加会议。

（2）积极组织并派员赴瑞士日内瓦参加CITES公约第24届动物委员会会议和第58届常委会会议。

（3）组织专家对香港海洋公园中华鲟驯养设施进行论证，帮助香港海洋公园改造中华鲟驯养设施，以达到中华鲟驯养标准。

（4）根据中美两国《关于自然保护交流与合作议定书》确定的2007—2010年合作计划，组织了由10位有关水生野生动物保护管理人员及保护专家组成的代表团，于2009年4月17日至4月30日赴美进行工作访问。

（5）派员参加中俄跨界保护区和生物多样性保护工作组第三次会议。

（6）派员赴台湾考察了红珊瑚资源开发情况。

（农业部渔政指挥中心　宗民庆）

双边渔业协定执行情况

【中日渔业协定实施情况】 2009年是《中日渔业协定》实施的第十年。在中日双方的共同努力下，《中日渔业协定》得到较好的实施，海上作业秩序稳定，协定执行情况良好。双方职能部门继续保持紧密的磋商关系，中日渔业执法会谈、海洋生物资源专家组会议如期举行。相互入渔手续办理、暂定措施水域许可渔船名册通报等相关工作顺利开展。2009年2月12日，中日双方政府委员在日本东京签署了第十次中日渔业联合委员会会谈纪要，确定了2009年两国水域内相互入渔安排和作业条件。2009年，我国允许日方在中方管辖水域入渔的总船数为450艘，配额1 1741吨。日方共有99艘围网渔船提出入渔许可申请，申请配额9 612吨，中方全部予以签发，实际未有日方渔船到中方水域作业。2009年度日方允许中方入渔日方水域的底拖网渔船392艘、配额7 600吨，鱿钓渔船58艘（含3艘辅助船）、配额4 141吨。中方实际有55艘拖网渔船入渔日本水域，产量171.146吨，54艘鱿钓渔船入渔日方水域，产量2 451.02吨。2009年8月，双方根据规定交换了各自许可进入暂定措施水域的船名册。中方通报2009年许可作业渔船18 580艘、辅助船1 194艘，2008年中方在暂定措施水域渔获量为176.4万吨；日方通报2009年许可作业渔船636艘，2008年日方在暂定措施水域渔获量为30 731吨。双方还相互通报了在暂定措施水域许可渔船的主要作业规定。2009年12月18日，中日渔业联合委员会第十一次会议在北京召开，双方对2009年《中日渔业协定》执行情况进行了回顾，就2010年两国水域内相互入渔作业条件、暂定措施水域和中间水域资源管理措施，以及其他双方感兴趣的问题进行会谈并签署了会谈纪要。

【中韩渔业协定实施情况】 2009年是《中韩渔业协定》实施的第九年。在中韩双方的共同努力下，总体执行情况良好。

（1）相互入渔情况。2009年，韩国许可我国渔船进入韩国专属经济区管理水域渔船1 866艘（含66艘一般渔获物运输船），渔获配额7万吨，我国实际入渔渔船1 683艘，产量5.38万吨。我国许可韩国渔船进入我国专属经济区管理水域作业渔船1 600艘、渔获物运输船13艘，渔获配额6.8万吨，实际共有179艘韩国渔船入渔我国水域作业，产量0.34万吨。

（2）协定执行情况。一是开展宣传培训工作。对中韩渔业协定执行有关的渔业管理人员和渔船船员进行法律法规和相关知识的培训，共举办培训班40期。二是开展入渔管理和服务。黄渤海区、东海区渔政局按照公平、公正、公开和按需分配的原则，将入渔指标和渔获配额一次性分配各地，再由各地逐级分配到渔船。对发生涉外违规事件的渔船一律取消入渔资格。认真办理、制作、发放协定水域作业许可证件，确保渔船及时入渔。三是开展海上渔政执法。特别加强了对韩方“特定禁区”西侧水域的巡航监管，开展了为期5个月的应急执法行动，对违规越界作业渔船一律进行扣港处理，并取消其当年的燃油补贴。四是开展中韩渔业执法工作会谈。9月15—16日，中韩渔业执法工作会谈在韩国釜山举行，双方就维护中韩渔业协定水域作业秩序和渔业执法交流合作等内容进行了讨论。五是中韩海洋生物资源专家组活动如期举行。六是就2010年实施《中韩渔业协定》有关问题进行部署。

（3）存在问题。随着入渔韩国专属经济区管理水域作业渔船规模的逐年减少，中方入渔管理难度不断加大，中方渔船因渔捞日志填写等问题被韩方处罚的现象依然存在，持证入渔、依法作业的意识有待进一步提高。

【中越北部湾渔业合作协定执行情况】 2009年是《中越北部湾渔业合作协定》实施的第六年。北部湾渔业生产秩序相对稳定，渔业生产进一步发展。

（1）协定执行情况。一是双方作业渔船基本遵守《协定》规定，悬挂有效标志牌，凭捕捞许可证生产，渔业生产秩序良好；二是根据《协定》规定，两国继续开展共同渔区资源联合调查，完成了两个阶段17个航次的调查任务，为合理利用共同渔区渔业资源提供了科学依据；三是2008—2009年度双方海上执法机关继续开展共同渔区联合巡航检查，完善海上执法应急机制。

（2）渔船入渔情况。按照中越北部湾渔业联合委员会达成的共识，2009年度进入共同渔区对方一侧水域的船数和功率数保持不变，即分别为1 543艘和155 372千瓦，执行时间为2009年9月1日至2010年8月31日。

（3）开展专属经济区相互入渔谈判。随着5年过渡性水域到期，双方于2009年3月和8月召开了两轮专属经济区相互入渔谈判，确定了谈判的原则、目的，确定了合作水域范围为北部湾原过渡性安排水域，重申了要进一步加强北部湾专属经济区入渔合作。

（农业部渔政指挥中心　李　彦　朱争光）

渔政执法

【海洋专属经济区渔政巡航】 2009年，农业部渔政指挥中心组织各海区渔政局和沿海各地渔业主管部门及其渔政监督管理机构，完善海洋专属经济区渔政巡航管理制度，在加强重点水域管控、维护海洋权益和作业秩序等方面做了大量工作。2009年首次调整巡航任务下达方式，将年初统一下达全年任务的方式改变为各海区渔政局根据巡航重点和最低航次要求，针对本海区实际情况，自行安排巡航任务并报农业部渔政指挥中心备案，进一步发挥了各海区的自主性和灵活性。另外，还通过船位监测系统加强对巡航渔政船任务执行情况的动态监管，显著提高巡航效果。2009年共安排61艘巡航渔政船开展海洋专属经济区渔政巡航执法，全年执行巡航任务296个航次，累计巡航3 822天，共登临检查渔船6 401艘（次），平均每航次登临渔船22艘（次）。

（1）协定水域渔政巡航管理。各海区组织巡航渔政力量，在涉朝韩敏感水域、中韩暂定措施水域、中日暂定措施水域、中越北部湾渔业协定水域等开展了巡航监管工作，维护了协定水域正常作业秩序。

（2）涉朝韩敏感水域渔船管控。针对朝鲜半岛紧张局势，中国渔政积极会同外交、公安等部门和辽宁、山东等6个省级人民政府，就伏季休渔期间和伏休结束后涉朝韩敏感水域管控工作做出部署。6月10日起，黄渤海区渔政局调集本海区26艘渔政船构筑三道海上监管防线。9月6日至11月10日，农业部和公安部集结26艘渔政船、20艘海警船艇开展了集中整治越界捕捞专项行动。

（3）北太平洋公海渔政巡航管理。中国渔政是迄今为止我国唯一一支在公海执法的队伍，为执行联合国大会46/215号决议精神，2009年继续派遣渔政船赴北太平洋公海进行渔政巡航，加强我国在北太平洋公海鱿钓作业渔船管理，查处在北太平洋公海非法从事大型流网作业的我国渔船，维护北太平洋鱿钓渔场正常生产秩序。7月25日，中国渔政118船和202船组成编队赴北太平洋执行巡航任务，8月26日，巡航编队安全返港。

（4）南沙守礁。渔政部门坚持“以人为本，服务渔民”的原则，2009年继续承担南沙守礁任务，将日常守礁与渔政管理、服务渔民相结合，在捍卫国家海洋主权的同时，积极为南沙作业的我国渔民提供机器维修、应急补给、救助等各种服务。中国渔政南海总队全年共执行南沙守礁8航次，发现空情5批10架次，海情135

艘(次),检查渔船62艘(次),驱赶外国渔船2艘(次),救助渔民10人(次),救助渔船11艘(次)。

(5)中外渔业联合执法。一是开展中韩渔业执法合作。2009年,中韩双方继续开展渔业执法公务员互换乘船活动。6月24日至28日,中韩两国渔业执法人员各3人,分别乘对方渔业执法船进行了互换乘船交流。为加大制止我国渔船越界捕捞的管控力度,2009年经中国渔政指挥中心与韩国海洋警察厅、韩国仁川海警部门沟通协商,韩方同意在对我国有重大违规情节的渔船进行调查处理后,将渔船及相关调查证据移交我国渔政部门处理。二是开展中美北太平洋公海联合执法。2009年,中国渔政派出6名渔政员赴美国海岸警备队开展北太平洋联合执法。双方密切配合,在北太平洋公海登临检查作业渔船,共同维护北太平洋作业秩序。三是开展中越北部湾共同渔区联合检查。8月中旬,中国渔政和越南海警在北部湾组织实施了为期3天的2009年中越北部湾共同渔区渔业联合检查,南海区渔政局和越南海警局分别派出中国渔政311、45001船和越南海警4032、2008艇执行此次任务。

【"护渔2009"渔业专项执法行动】 2009年是农业部组织实施"护渔"系列执法行动的第四年。各海区渔政局和沿海各地渔业行政主管部门及其渔政渔港监督管理机构,根据农业部统一部署,精心组织,认真实施,护渔行动取得了新成效。各海区都采取了富有特色的执法方式,如黄渤海区实行海区渔民联络点和执法监督员制度,调动渔民保护资源、参与监督渔政执法的积极性;东海区、南海区以燃油补贴为杠杆,强化执法监管,并且采用直升机巡航,不断提高管理水平。各地因地制宜,讲求实效,加大宣传力度,争取渔民理解和支持。山东省从源头抓起,加大伏休期间渔港、码头及停港渔船的管控力度,将应休渔渔船划片包干、责任到人,派专人长期驻守重点渔港,逐条落实休渔渔船停泊位置,坚持每天清点船数,确保随时掌握渔船动向;江苏省积极协调公安部门,推进渔业涉嫌犯罪案件移送工作,进一步完善渔业行政执法与刑事司法相衔接的工作机制;浙江省为确保调整后的伏季休渔制度顺利实施,提前谋划开展调查研究,分析可能发生的新情况、新问题,做好应对准备;广东省针对区域实际,细化护渔行动,分别在电鱼高发区、粤港交界等重点水域开展联合检查。2009年护渔行动的突出特点之一是防控结合,变被动应对为主动预防,防、控互为补充,为维护海洋渔业秩序上了"双保险"。许多地区行动前就做了大量深入、细致的摸底排查工作,事先锁定一些问题高发区域和渔船,进行重点宣传和管理,将一些可能发生的违规消灭于萌芽阶段,起到了事半功倍的效果。

(1)港口行动。各地共检查港口、码头及其他渔船停泊点1 773个,检查渔船13.3万艘(次),共查处从事渔业生产的"三无"、"三证不齐"船舶8 441艘(次),套牌、涂改、假冒船名号渔船334艘(次)。

(2)海上行动。各海区共统一组织开展了3 905次海上执法行动,其中黄渤海区461次、东海区1 204次、南海区2 240次。行动期间共检查渔船8万艘(次),查获"三无"、"三证不齐"船舶1 751艘(次)、从事电、毒、炸鱼等非法作业渔船298艘(次)、使用不符合网目尺寸规定网具的渔船557艘(次),共扣押回港渔船2 544艘(次)(其中没收渔船217艘)。

(3)海洋伏季休渔期管理。2009年,伏季休渔制度进行了重大调整,全国沿海休渔时间平均延长半个月,休渔渔船数由8.7万艘增加到11.3万艘。为确保调整后的伏季休渔制度顺利实施,三个海区积极进行经验交流,各级渔业行政主管部门、渔政执法机构也进行了周密部署,广泛宣传。充分协调公安、工商等部门力量,开展了伏季休渔管理专项行动及北纬35度线附近、台浅渔场等海域跨海区联合执法行动,共查处违反休渔规定的捕捞渔船1 980艘、辅助船91艘。

(4)整治禁用渔具渔法。根据《农业部、国家工商行政管理总局关于深入开展电脉冲捕捞作业专项整治工作的通知》等要求,各地在取得阶段性成果基础上,继续联合工商、公安等部门,以燃油补贴为杠杆,开展查处使用低于规定网目尺寸标准的拖网作业、电脉冲作业及高压水枪潜捕等禁用渔具渔法整治行动。

【水产养殖与水产品质量安全执法】 根据农业部"2009年农产品质量安全整治暨农产品质量安全执法年活动"的总体部署,按照《2009年水产苗种专项整治实施方案》要求,各级渔政执法机构围绕执法重点积极开展工作,结合各地实际组织实施了水产养殖与水产品质量安全执法活动。

(1)编写指导水产养殖与水产品质量安全执法工具书。为进一步规范渔政人员开展水产养殖与水产品质量安全执法行为,在综合多方意见的基础上,农业部渔政指挥中心组织编写了《水产养殖与水产品质量安全执法手册》。以问答形式重点介绍违法行为认定、处罚和执法实务等内容,便于基层渔政执法人员开展工作。

（2）积极开展水产苗种和水产品养殖执法督察。为进一步巩固上一年水产苗种和水产品养殖执法工作取得的良好开局，分组对产地水产品抽检呈阳性的地区和部分育苗大省交叉进行了执法督察，结案率达到了100%，进一步提高了养殖生产者的质量安全意识。

（农业部渔政指挥中心　李　博）

渔业通信管理

【概况】 2009年，各级渔业主管部门认真落实《国务院办公厅关于加强渔业安全生产工作的通知》精神，加快信息技术在渔业安全生产的应用，推动渔业安全通信网建设，加强岸台维护，积极引导渔船配备通信设备。全国已经初步形成了以海洋渔业安全通信网“四网合一”为平台，融合传统短波、超短波通信及卫星、移动通信等现代通信方式，辅以船舶自动识别（AIS）、无线射频识别（RFID）、渔港视频监控、应急视频会议等技术手段的渔船监管和安全通信保障体系，成为国家突发公共事件应急体系和预警平台的重要组成部分，在“平安渔业”建设中发挥着重要保障作用。

（1）海洋渔业安全通信网的建设和维护进一步加强。农业部渔业局和中国电信共同签署《海洋渔业CDMA移动通信系统合作协议》，在全国50多万艘小型近海渔船上推广使用渔业CDMA移动通信终端设备，解决近海小渔船的通信问题，进一步推动海洋渔业安全通信网建设。到2009年底，福建、山东共有4万多艘小型渔船配备了CDMA通信终端，在防抗台风、海难救助等方面发挥着重要作用。继续为辽宁、山东、海南、青岛和宁波等地海洋机动渔船配备新型渔用对讲机提供补贴，并将其列为农业部为渔民办理的实事之一。地方财政也积极落实配套资金，全年共为5 000多艘渔船补贴配备了新型渔用对讲机。据统计，全国海洋渔业安全通信网岸台全年共处理遇险、求救信号1 507次，救助船舶390艘（次），救助人员4 199人（次），挽回经济损失7 459.6万元。播发气象、航行报警8 428次，开展渔民日常通信业务45 760次。

（2）渔业无线电管理基础进一步夯实。一是成立了渔业通信专家组。组建了由29名专家组成的渔业通信和信息化专家组，制定了《渔业通信和渔业信息化专家组工作制度》。专家组负责研究渔业通信与信息化重大规划、法律法规制度和标准修订等工作；提供决策建议、专业咨询、理论指导和技术支持。二是开展海洋渔业安全通信网络和系统建设规范和标准制定。为确保各地建设的渔业安全通信网络和系统互联互通，避免重复建设，南海区渔政局和广东海洋大学开展了渔政船通信设备配备规范的研究，黄渤海区渔政局和中国海洋大学开展了渔港视频监控系统建设规范和标准研究。

【渔政管理指挥系统】 2009年中国渔政管理指挥系统建设工作全部完成。建成包括连接全国各级渔业行政主管部门及其渔政渔港监督管理机构的计算机网络系统；联系部分渔政船、渔港、各级渔政执法机构和农业部渔政指挥中心的指挥通信系统；办理渔船审批、渔船检验监督、渔政执法、渔业安全应急、水生野生动植物保护、养殖信息等管理业务的办公软件系统。中国渔政管理指挥系统的建设，极大地提高了全国渔业信息化管理水平，促进了渔业行政管理的规范化和制度化，提高了渔业安全生产的应急处置能力，培养了一支渔业信息化队伍。

（1）系统继续在全国推广应用。到2009年底，系统用户总数达16 575个，在线用户10 109个，各类数据共40多万条。

（2）发布《中国渔政管理指挥系统管理办法》。为进一步明确各级渔业部门系统维护责任，健全系统维护体制机制，农业部办公厅印发了《中国渔政管理指挥系统管理办法》。从机构职责、岗位管理、推广应用、运行管理、安全维护管理等方面作了规定。

（3）优化了系统运行环境。为提高系统运行速度、提高系统安全性和稳定性，更新了国家中心站网络设备，重新部署网络环境和应用软件，阻塞主要系统安全漏洞，并在中国水产科学研究院建设了系统数据容灾备份中心。经过调整，系统网络设备性能、响应速度、安全性和容灾能力得到极大提高。

（农业部渔政指挥中心　张晓兰）

中国渔政队伍建设

（1）建立执法督察制度，推进渔政行风建设。5月22日以农业部名义发布《渔业执法督察规定》（试行）。建立执法督察制度，把渔业系统抓行风建设的要求落实到加强渔政队伍建设的制度规范上。强化和完善执法监督，加大执法责任追究力度，推动渔业执法重要工作部署的贯彻落实，促使执法人员按照法定权限和程序行使权力，履行职责，提高执法和服务水平。召开了全国渔业执法督察工作会议，宣传贯彻《渔业行政执法督察规定》，提出建立渔业执法督察长效机制的措施、部署开展渔业执法督察工作。

(2)着力推进渔政队伍参照《公务员法》管理工作。为落实学习科学发展观整改措施和力争3～5年时间,基本解决渔政队伍纳入或参照《公务员法》管理和规范机构名称的目标要求,重点在华南、华中、东北分片召开现场会,组织交流,共同分析困难,研究解决的措施。2009年,全国渔政机构参公比例增至39%。

(3)巩固“渔业文明执法窗口”创建成果,加强队伍建设。组织对2005年以来获得“渔业文明执法窗口单位”称号的117个单位进行了重新考评。对通过考评的114个渔政单位经过公示后核定继续保留“渔业文明执法窗口单位”称号。对考评中存在问题的窗口单位,提出整改意见。为推广窗口单位示范典型作用,在窗口单位范围内开展了执法文书评比活动。

(4)完成了全国渔政机构调查工作。与2001年、2006年机构调查比较,此次调查注重:一是要求明确渔政机构与主管部门的关系,以便将独立的渔政机构与主管部门的内设机构区别开来,为规范渔政执法主体打基础;二是实现了机构信息的网上填报、打印、汇总,为纳入中国渔政管理指挥系统打基础;三是收集了执法任务量和装备两项数据,为做好渔政装备基础设施建设规划打基础。截至2008年底,全国共有渔政机构2 896个,其中有独立渔政执法主体资格的机构2 445个,内设于渔业主管部门但承担渔政执法任务的机构332个,只有主管部门的119个。按照2006年口径统计,不包含只有主管部门承担渔政执法任务的情况,全国渔政机构总数计为2 777个。其中,国家级的5个,沿海省级及省级以下渔政机构491个(濒临海洋),内陆省级及省级以下渔政机构2 281个(包括沿海省份内陆地区);2 896个渔政机构中,核定编制人员33 095人,其中行政编制2 773人,依照或参照公务员管理的事业编制9 589人,事业编制19 727人,其他编制1 006人。全国现有渔政执法人员35 093人,其中船上工作人员5 467人,持渔业行政执法证人员25 429人。调查结果分析:一是渔政机构数量有所增加;二是渔政机构参公比例和全额拨款比例提升,分别增加11和8个百分点;三是渔政执法人员编制总数增加,总体素质提高,增加了近2 000个人员编制,大专以上学历比例为67%,比2005年增加了11个百分点。

(5)继续按照“五统一”的要求开展渔政队伍规范化建设的有关基础工作。完成执法证换证近2.5万本。召开了渔政制服管理工作会议,修订渔政制服制作标准。起草了中国渔政标志使用管理办法(征求意见稿),发文向全国执法单位征求意见。

(6)加强执法能力建设的相关工作。2009年5月,与中央党校和农业干部管理学院共同举办的渔政学历培训大专班结业,参加学习的300多人,98%取得毕业证书。完成了对2007年渔政执法艇建造项目的验收和2008年项目的建造监管,完成2009年渔政艇项目的招投标工作。

(农业部渔政指挥中心　杨　靖)

政务信息与宣传

(1)利用新闻媒体,加强渔业宣传和报道。围绕农业部党组中心工作,结合渔业工作的进展,组织策划了一系列渔业工作宣传报道,始终保持一定的宣传强度。先后形成了增殖放流、安全生产、健康养殖与科技服务、伏季休渔管理、水产品质量安全以及渔业经济形势为主要内容的阶段性宣传高潮,在全社会引起广泛影响,为渔业发展营造良好的舆论氛围。2009年,《人民日报》、《经济日报》、《光明日报》、《农民日报》等登载有关渔业的报道近300篇;中央电视台、中央人民广播电台等媒体报道渔业内容近百次;有多篇宣传报道稿件被中央政府网、人民网、新华网、搜狐网等转载,扩大了正面宣传效果。集中精力对重大题材和工作活动开展重点报道。比如对水生生物资源养护及增殖放流的宣传报道,组织《人民日报》、《农民日报》、《中国渔业报》等媒体刊发了孙政才部长署名文章《加强水生生物资源养护,推进生态文明建设》,组织宣传了农业部《水生生物增殖放流管理规定》,对农业部与全国12个省级人民政府联合开展的13次放流活动组织媒体广泛报道,声势浩大,效果突出。

(2)信息报送力度明显加大。2009年,积极开展渔业政务信息报送评比活动,充分调动全体人员的积极性,信息报送工作取得明显进步。全年共上报农业部办公厅信息466篇,较上年增长95%。在农业部办公厅组织的评比中,渔业局被评为宣传信息工作先进单位。除上报信息外,组织全国渔业系统向渔业局报送信息,并通过《渔业情况》和中国渔业政务网刊发。全年共编发《渔业情况》58期,通过中国渔业政务网编发信息7 087条,及时通报了渔业发展重大情况和工作进展。

(3)政务信息公开工作规范化进行。全年共主动公开信息163条,主动公开率、按时公开率均达到100%。共受理依申请公开事项4件,均做到按规定的方式及时答复申请人,有效保障人民群众知情权、参与权、表达权和监督权。按照部信息公开交叉检查小组统一安排，认真开展自查自纠工作，并做好交叉检查其他相关工作。结合工作实际编写了《渔业局信息公开操作流程》，指导各部门信息员具体操作，确保信息公开各环节衔接顺畅。为充分调动工作积极性，制订了《农业部渔业局信息公开考核评比办法》，进一步完善后公布实施。做好与农业部办公厅行政审批综合办公室的协调工作，多次协助清理、整合行政审批事项，按时保质完成行政审批工作，全年共受理行政审批事项1 005件。

（农业部渔业局 徐乐俊）

渔业科技与推广

公益性农业行业科研专项渔业项目

【概况】 2009年公益性农业行业科研专项渔业项目以水生生物资源增殖放流关键技术、水产养殖育种共性技术、优势水产养殖品种实用技术等行发展业急需解决的技术问题为重点，共统筹安排了7个研究项目，分别为：

(1)黄渤海生物资源调查与养护技术研究；

(2)珍珠养殖技术研究与示范；

(3)优质安全大黄鱼养殖产业链技术研究与示范；

(4)经济海藻良种产业技化术研究与示范；

(5)水产分子育种共性技术的建立与应用；

(6)鱼类性别控制和单性苗种培育技术研究；

(7)淡水水生生物资源增殖放流及生态修复技术研究。

项目分别由中国水产科学研究院、中国科学院海洋研究所、厦门大学、南昌大学等单位牵头组织实施。项目总经费12 823万元，实施期限为2009—2013年。

【黄渤海生物资源调查与养护技术研究】 项目编号200903005，项目经费1 926万元。项目针对当前黄渤海增殖放流中存在的注重产量增加而忽视资源恢复，以及增殖放流评价体系严重缺失等问题，通过对典型水域生态环境和资源现状的调查，分析研究不同水域主要经济种类的资源结构，确立适宜的放流种类。研究放流种类的繁育技术、苗种种质评价技术、标志放流及追踪调查技术，建设不同水域资源增殖放流示范基地。本项目旨在通过构建海洋渔业资源增殖放流技术体系，为海洋生物资源养护提供技术支撑。解决增殖放流这一渔业资源养护行动中普遍存在重大技术需求问题。并通过示范和技术推广，引导我国的渔业资源增殖放流从生产性放流向生态性放流转变，促进海洋渔业的健康、持续发展。

【珍珠养殖技术研究与示范】 项目编号:200903028，项目经费1 560万元。项目针对我国海淡水珍珠产业发展过程中亟待突破的技术瓶颈，开展珍珠蚌的育种、养殖、植株、加工、防病和产业经济等方面研究。一是逐步建立覆盖我国珍珠主要产区和产业基地的科技创新服务体系，使新技术推广普及率达到90%以上。二是建立三角帆蚌和池蝶蚌原(良)种核心种群及其扩繁体系，建成三角帆蚌和池蝶蚌的核心家系群各30组，6个原种和良种繁育基地。三是建立覆盖我国淡水珍珠主要产区的淡水珍珠蚌优化养殖模式5～10种，建立6个养殖示范基地。四是建立覆盖我国淡水珍珠主要产区的病害防控体系，建立病害防控示范区1～2个，病害远程诊断监测点14个。五是开发出超大规格有核淡水珍珠培育与养殖技术，建立超大规格珍珠培育示范区4 000公顷，在现有基础上将大规格珍珠比率提高20%，固核率从不足20%提高到40%以上。六是建立珍珠漂白和抛光工艺技术，加工珍珠产品的漂白和抛光度接近国际先进水平。

【优质安全大黄鱼养殖产业链技术研究与示范】 项目编号200903029，项目经费1 046万元。针对我国大黄鱼产业存在的苗种生产性能下降、产品品质和质量安全亟待提高、加工流通技术落后、产业链与产业管理水平不高等问题，集成现有的“863”、“支撑计划”等国家和地方科技计划研究成果，通过重点开展优质苗种繁育技术、环境友好型系列高效饲料的研发和应用技术、健康高效的养殖模式和方法、病害预警和综合防控技术的研究；同时加强优质保鲜和精深加工技术的开发，建立可追溯信息化管理系统；结合科学合理的养殖区划，对苗种繁育、养殖和加工等关键技术进行标准化集成，建立示范推广体系，大幅度提高产品品质，保障质量安全。构建从种苗到餐桌的完整产业链条，支撑大黄鱼产业健康平稳发展。同时，培养一批高素质的人才，发挥项目、技术、基地、人才的整体效益，并辐射到整个海水鱼类养殖产业领域。

【经济海藻良种产业化技术研究与示范】 项目编号200903030，项目经费1 737万元。本项目针对经济海藻遗传衰退、种质混杂或寿命短，以及海藻加工和化工行业存在的生产效率低下、环境污染严重、淡水资源消耗大、食品安全风险隐患高、高值化产品缺乏等问题开展研究和示范，一是开展海带、裙带菜、龙须菜、条斑紫菜、坛紫菜等育种和栽培、病害防治等研究与示范。构建主导海带栽培品种的繁育群体和核心种群，建立海带配子体细胞工程制种技术并应用于良种示范栽培；示范应用裙带菜无性繁殖系良种种苗繁育方法，解决长期存在的裙带菜种质退化问题，改变长期存在的从日本引种的生产现状；构建龙须菜良种繁育种群，建立良种苗种繁育技术体系，为龙须菜栽培产业稳健持续发展提供种苗支撑；建立条斑紫菜、坛紫菜优良品系规模化繁育与生产技术体系，大幅度提高良种覆盖率，推动我国紫菜栽培生产良种化进程，建立检测分析、病害监测预警和产品质量监控等重点关键技术，形成强有力的产业技术支撑。二是开展藻类综合加工利用技术研究与示范。开发干海带加工生产褐藻胶胶液稀释工艺新型分离技术、褐藻胶的精深加工技术及利用海藻加工废弃物加工新型海藻肥技术，建成1~2条工业化示范生产线；开发坛紫菜质构与风味改良技术，调味技术；开发淡干坛紫菜的新型工业化生产技术。建立新型、零废弃海带综合利用系统，开发系列产品。研发直接利用鲜海带为原料生产高黏度褐藻胶及提取碘醇新技术，优化鲜海带化工技术与工艺，构建我国鲜海带化工利用的现代工业技术体系；研究海藻质量安全影响因素，建立海藻产品及其制品的质量安全关键性检测技术；对海藻产品中无机砷进行风险评估，确立海藻产品中无机砷的安全限量。建立龙须菜安全高效食品添加剂琼胶、琼胶寡糖和藻渣膳食纤维生产工艺和关键技术；确定龙须菜安全高效食品添加剂的生产工艺和关键技术，提高目前龙须菜琼胶生产工艺技术自动化程度，减少劳动力和劳动强度，节约生产时间和生产空间，提高龙须菜利用率。

【水产分子育种共性技术的建立与应用】 项目编号200903045，项目经费2 819万元。针对水产养殖产业发展中良种不足、育种技术老化以及因不良种质引发的病害和食品安全等问题，开展水产分子育种共性技术研究。在共性技术研究方面，完善已建立的基于亲本遗传组成的育种技术；建立部分已得到的经济性状相关基因和标记的聚合育种技术；以鲤为对象获取分子设计育种所需的性状相关基因与标记及其育种潜力的验证；建立两个全国的计算机服务平台：多性状复合育种、分子育种技术。在品种研制方面，利用分子育种技术并结合其成功的水产育种技术，培育鲤、鲫、草、鲢、鳙等主要养殖种和加州鲈、乌鳢等优质种的新品种；在技术推广方面，以参与解决产业种质重大问题为重点研究内容，将分子育种共性技术快速而及时地运用到“问题种”的种质提升上，最近的目标是凡纳对虾、河蟹、银鲫、镜鲤等。

【鱼类性别控制和单性苗种培育技术研究】 项目编号：200903046，项目经费2 429万元。以半滑舌鳎、黄颡鱼和罗非鱼等重要海淡水鱼类为主要研究对象，建立我国重要养殖鱼类性别控制和单性苗种培育的共性技术，并在鱼类养殖业中进行推广应用，大规模培育快速生长的全雌或全雄鱼类苗种，进行产业化推广应用，大幅度提高鱼类养殖产量和经济效益。建立我国鱼类性别控制和单性苗种培育的共性技术体系；全雌、全雄和三倍体苗种培育技术达到产业化应用水平；实现鱼类性别控制理论和技术创新，将鱼类性别控制育种技术提升到国际领先水平，推动渔业科技进步；解决鱼类雌雄生长差异过大、影响产业发展等问题，推动鱼类养殖业的可持续发展；形成产业化示范基地6~8个，项目成果在全国大面积推广应用后，实现年增产鱼类养殖产量20万吨以上，年增产值50亿元以上目标。

【淡水水生生物资源增殖放流及生态修复技术研究】 项目编号200903048，项目经费1 306万元。本项目针对我国淡水水生生物增殖放流与生态修复存在的问题，尤其是放什么、如何放、效果如何等技术关键，通过增殖放流苗种繁育和质量评价、增殖放流水域容量评估、增殖苗种标志放流、增殖放流及生态修复效果评估、增殖放流及生态修复示范、增殖放流及生态修复信息平台等技术研究和开发，并集成现有技术成果，建立涵盖增殖放流各阶段的标准化和规范化的技术体系。通过长江、珠江和黑龙江三大流域40万公顷水域的试验示范，实现“十二五”末试验区水产品产量增加2万吨、产值增加5亿元，水域荒漠化率降低30%目标，同时使水域生态环境得到显著改善，生物多样性得到有效保护，水域渔产潜力得到充分利用，达到渔业增效、渔民增收、生态修复目的。完成适应长江（上游及库区、中游及通江湖泊、下游及河口区）、珠江、黑龙江水域淡水水生生物增殖放流技术手册；完成长江（上游及库区、中游及通江湖泊、下游及河口区）、珠江、黑龙江水域增殖放流中长期规划;制定技术标准和规范10项,发表研究论文30篇;示范水域面积达到40万公顷,水产品产量增加2万吨,经济和生态效益超5亿元。

渔业科技入户

2009年全国渔业科技入户示范县继续在14个省,18个县开展,全国累计遴选7 224个渔业科技示范户,示范水面共23 000公顷(包括近6 600公顷稻田),全国共筛选了390位技术指导员,平均每个技术指导员带动18.5个科技示范户,带动15.83万个养殖户,平均每个示范户带动22个养殖户。各级渔业主管部门高度重视,利用全国开展"全国渔业科技服务年"活动的契机,进一步完善了科技入户各项工作机制。各地重点围绕主导品种和主推技术,开展科技入户工作,科学总结前几年工作经验的基础上,专家组对各示范县工作提出了"服务手段数字化、养殖技术模式化、内涵建设科学化、服务方法标准化、运行体制合作化"等要求。渔业科技入户工作总体上呈现"入户工作日趋成熟、灾害应对能力增强、生态养殖深入人心、放大效应日趋明显"的特点。

"全国渔业科技服务年"活动

2009年,以水产健康养殖为主题的"全国渔业科技服务年"活动,在各地、各单位的高度重视下,通过精心部署、整合资源、强化培训等措施,共举办各类培训班近万期(次),培训水产技术推广人员和渔(农)民50万余人(次),发放各类科普和技术资料近60万份(本、册),取得了明显成效。

(1)辐射带动效应明显。农业部相继组织举办了"全国渔业科技服务年"启动仪式、灾后恢复渔业生产科技服务、规范用药科普下乡、池塘标准化改造现场会、水产健康养殖专家西部行、盐碱地渔业产业化现场会和"全国渔业科技服务年"总结会等"全国渔业科技服务年"标志性活动。并加大了宣传力度,辐射带动各地广泛开展了科普下乡、农村实用人才培训和水产技术推广示范等工作,带动效应明显。

(2)技术培训覆盖面广。各地、各单位紧紧围绕广大渔民群众对科技的迫切需求,多形式、多渠道、多途径开展技术培训。中国水产科学研究院成功举办了全国基层农技人员和农村实用人才培训,培训了基层农技推广人员、产业技术体系实验站核心技术人员和养殖户,印发了《淡水池塘养殖生态修复技术手册》,并向农技人员和养殖户赠送了科技资料。全国水产技术推广总站举办了基层推广人员知识更新培训班,开展了水产养殖规范用药科普下乡活动,推广了水产健康养殖高效增氧技术以及现代育种技术和水产养殖质量安全控制技术。中国水产学会举办了四川灾区水产科技帮扶活动,举办了培训班,赠送了科技资料,实施了虹鳟鱼苗种援助。各地通过继续开展渔业科技入户工作,不断强化主导品种和主推技术推广,开展技术培训与技术指导,培养了近千名扎根基层、素质较高的技术指导员队伍,培育了7万余户科技示范户,辐射带动70余万户,提高了渔民对先进适用技术的接受能力和应用水平。

(3)科技新成果大量转化应用。在各地渔业主管部门的精心组织下,有关科研、教学、推广、学会等产学研机构联合协作,一大批新技术新成果得到了应用和推广,如水产养殖水质调控、营养与饲料、优质苗种生产、健康养殖、生态渔业、病害防治以及水产食品安全等先进实用技术和以南美白对虾、斑点叉尾鮰、河蟹、中国对虾"黄海1号"、罗非鱼、团头鲂浦江1号、大黄鱼、优质鲫鱼、半滑舌鳎、鲍鱼等为主的一批主导品种得到示范推广;渔业科技入户工作总结出的先进养殖模式,如"盘山模式"、"高淳模式"、"当涂模式"、"普陀模式"等,在"全国渔业科技服务年"活动中得到迅速推广和普及。

(4)科技服务体制机制进一步完善。各地和各单位组织发动科研、教学、推广单位科技人员深入生产一线,手把手、面对面地开展科技服务,进一步巩固和完善"专家—技术指导员—科技示范户—辐射带动户"的渔业科技成果转化快速通道。部分单位把科技人员解决实际问题和深入生产一线开展服务作为科技人员评价的重要标准,有效推动了科技与生产长效结合。部分地区积极鼓励农村集体经济组织、农民专业合作社、专业服务公司、专业技术协会、龙头企业等社会各方面力量广泛参与,促进了渔业科技社会化服务工作的开展。

(农业部渔业局　王雪光)

各地渔业

北京市渔业

【概况】 2009年北京市渔业水域共计面积2万余公顷，与上年基本持平。淡水养殖面积0.5万公顷，增殖放流面积1.5万公顷。全市水产品产量5.8万吨，观赏鱼产量2.95亿尾，均与上年持平。全年鱼苗产量6.64亿尾，鱼种产量1.26万吨。全年渔业产值18.9亿元。

【增殖放流、生态净水】 2009年北京市共放流各类水生生物2 323.6万尾，持续的增殖放流产生了良好的生态效益，有效降低了水域富营养化，净化了水质。据测算，密云水库、官厅水库和沙场水库增殖放流的鱼类可从水体中消耗157.5吨的氮和40.5吨的磷，有效控制和降低了全市水源涵养区水质的富营养化趋势。增殖放流不仅带来了良好的生态效益，也带来了丰厚的经济效益。

【水产品质量监管】 是通过水产苗种专项整治活动，规范了《水产养殖生产记录》和《水产养殖用药记录》制度，维护了水产苗种生产经营秩序。二是通过对质量安全风险和隐患较大的产品的监管，在企业自查基础上按照“环境有监测、操作有规程、生产有记录”的标准对各企业进行全面排查。三是通过加强农资打假执法力度，部门联动，形成整体合力，打击使用假药、劣药和其他非法投入品的行为，确保水产品的质量安全。四是通过对孔雀石绿和氯霉素的抽样检测保障水产品质量安全。另外还通过对有型市场的台账、实验室实行质量监管，给宾馆、饭店发放告知书等形式提高经营者对水产品质量安全的认识水平。

国庆期间，通州区农业局对检测不合格的企业，组织人员展开调查，执法人员对各养殖户负责人做了大量的思想工作，并对药物残留检测不合格鱼池的产品下达了产品扣押（查封）通知书。对被检池塘的1.2万千克鱼产品进行了无害化处理。这起案件的处理，极大地增强了水产养殖从业者的法律意识。

【渔业种业】 北京渔业种业正在发挥着科技、资金、开拓市场的优势。全市现有42家苗种场，养殖水面400公顷，占全市池塘养殖面积的8.57%，年苗种生产能力9亿尾，苗种总产值1.25亿元，占渔业总产值7.2%。经过多年的积累形成了以观赏鱼、虹鳟鱼、罗非鱼和鲟鱼为代表的四大主导品种产业。其中虹鳟鱼、鲟鱼苗种繁育量占全国总量的60%以上，观赏鱼、彭泽鲫等苗种的繁育具国内优势，形成了以国家级、市级和区（县）三级苗种场构成的水产种苗繁育体系，生产品种包括鲟鱼、虹鳟及罗非鱼等13个品种。以通州区鑫森水产养殖公司、朝阳区京朝花园农业发展中心为代表的一批新兴种业企业，具有投资大、科技含量高，节水、保水、低能耗等显著特征；一批种业合作社和育种基地的产量与效益比上年增长20%以上，育种大户不断增加，这些都为北京市渔业种业发展实现新跨越蓄积了能量。

【观赏鱼产业】 2009年全市观赏鱼养殖面积达到1 000公顷，占全市池塘养殖面积的19.6%，产量达2.5亿尾，已成为首都现代都市型渔业的重要组成部分。据统计，全市观赏鱼出口比上年增长11%，内销同比增长15%。通过现代农业产业体系观赏鱼创新团队、通州区观赏鱼产业化提升体系项目及观赏鱼农民合作组织的建设等，对观赏鱼产业发展水平提供了技术支撑。

【“全国渔业科技服务年”活动】 2009年是农业部组织的以水产健康养殖为主题的“全国渔业科技服务年”。市县两级渔业行政主管部门和技术推广部门高度重视，通过精心部署，整合资源，强化培训、加强宣传、完善服务等措施，不断创新科技服务方式，取得了明显成效。据统计全市共实施各类科技项目50项，项目资金2 568万元；举办各类技术培训班62期，培训人员5 500余人（次），发放资料1万余份。其特点，一是辐射带动效应明显。在"科普进村入户 服务科技北京 培养新型农民"、"科技入户专家团队"、"绿色渔药下乡"、"建设渔业科技观光示范点"等标志性活动中，辐射带动科普下乡、农村实用人才培训和水产技术推广示范等工作广泛开展。二是科技新成果大量转化应用。在各区(县)渔业主管部门的精心组织下，科研、教学、推广、学会等产学研机构联合协作，一大批新技术新成果得到了应用和推广，如水产养殖水质调控、病害防治、水产食品安全等先进实用技术，以及鳄龟等一批主导品种得到示范推广。渔业科技入户工作总结出的先进养殖模式迅速推广和普及。三是科技服务体制机制进一步完善。全市39所水产农民田间学校，发动科研、教学、推广单位科技人员深入生产一线，手把手、面对面地开展科技服务，进一步巩固和完善"专家—技术指导员—科技示范户—辐射带动户"的渔业科技成果转化快速通道。通州区还积极鼓励农民专业合作社、龙头企业等社会各方面力量广泛参与，促进了渔业科技社会化服务工作的开展。

【休闲渔业】 多年来，北京渔业为满足都市公众日益增长的文化休闲需求，加大基础设施改造、完善的力度，引进既易垂钓又具观赏性的品种。据统计，"渔家乐"发展近1 000家，总资产达5亿元，每年累计近1 000万人(次)到京郊休闲与垂钓，为京郊农民带来10亿元的收益。全市休闲渔业带来的经济效益增加值较上年增长20%以上。在传统的以山区流水养鱼为载体的休闲渔业模式近年来向京郊平原拓展。顺义区水产服务中心在开展都市型休闲垂钓渔业时，注重平原渔业功能拓展和模式转变，出台休闲渔业扶持政策，每个休闲垂钓示范园扶持20万元。同时，引导养殖业主调整结构，从侧重单一养殖向养殖与服务相结合的第三产业转型。全市已建成标准化垂钓园17家，政府扶持340万元，吸引投资3 120万元，新增就业岗位78个。

【重点渔业市(县)基本情况】

北京市重点渔业县(区)基本情况

区(县)	总人口(万人)	渔业总产值(万元)	水产品总产量(吨)	其中	内陆养殖面积(公顷)
				内陆养殖	
平谷区	39.21	31 320.8	14 357	13 957	930
怀柔区	27.1	28 382.6	3 950	3 854	249
密云县	42.9	27 583	4 000	2 000	167
通州区	61.04	33 607.7	9 580	9 580	1 251
顺义区	54.75	22 156.9	10 622	10 622	951
房山区	74.9	14 888.6	2 070	1 830	326
朝阳区	259	7 719.3	588	588	383
延庆县	27.4	3 261.3	2 940	1 697	267
大兴区	54.5	2 221.3	2 448	2 448	199
昌平区	45.68	4 335.6	2 401	2 395	221

(北京市水产管理办公室　郭瑞禄　杜英杰)

天津市渔业

【概况】 2009年，天津渔业以科学发展观为统领，加快转变渔业发展方式，一手抓渔业经济健康发展，一手抓渔业生态持续改善，积极推进现代渔业建设，渔业经济平稳发展。全市水产养殖面积4.18万公顷，基本与上年持平。水产品总产量33.4万吨，比上年增长3.4%。名特优水产品养殖产量12.77万吨，增长2.60%，占全市水产养殖产量的42.59%。全市投入海洋捕捞生产船705艘。苗种繁育量达到140亿尾，比上年增长6%。增殖放流各种水产苗种7.1亿尾(粒)，比上年增长16.4%。全市渔业总产值48.97亿元，比上年增长8.77%；渔民人均纯收入超过1.32万元，比上年增长3.13%以上。

【现代渔业】 为贯彻落实天津市委、市政府《关于推进城乡一体化发展战略，加快社会主义新农村建设的实施意见》的精神，在2008年建设14个优势水产品养殖示范园区的基础上，2009年建设15个优势水产品养殖示范园区。总投资2.48亿元,其中政府投资2 350万元,拉动自筹资金2.25亿。按照园区建设上台阶、上档次、上水平的要求,加强技术支撑,开展了水产技术所站对园区建设对口帮扶工作,协助区(县)解决建设单位出现的问题,改善了渔业基本生产条件。按照市政府《关于开展养殖水域滩涂规划编制工作的实施意见》文件要求,积极推动养殖水域滩涂规划编制和养殖证制度建设工作。推动水产种业基地项目建设。经专家组评审讨论,共组织申报4个水产养殖良种种业基地项目建设实施方案。种苗生产企业建设效果突出,2009年提供优质海淡水苗种42亿尾。

【资源养护】 加大增殖放流力度,共放流各类水生生物苗种7.1亿尾(粒),比上年增长16.4%。举行各种增殖放流活动48次,投入资金1 240万元。承办了由市政府主办的"保护渤海生物资源 构建人与自然和谐"为主题放流活动。与市水务局联合发布《关于禁止在海河水域从事捕捞生产和违规放流的通告》,2009年9月1日至2011年9月1日期间,禁止在海河、北运河、子牙河外环线以内河道,从事养殖、捕捞生产活动。禁止向海河投放有害的水生生物品种。并与有关部门联合开展执法活动,对海河外环线内插网、渔船捕鱼以及长久难以解决的桥梁上架设扳缯等问题进行联合集中整治。组织市水产研究所和市渔业生态环境监测中心开展"水生生物多样性"和"渔业生态环境与资源"监测,为开展水域生态环境修复提供技术支持。12月20日试验性人工鱼礁在汉沽区大神堂外海成功投放,标志着天津市浅海生态人工鱼礁建设的开始。制定了《天津市2009年海洋伏季休渔管理工作实施方案》并以市政府办公厅文件印发沿海各区执行。举行了天津市2009年伏季休渔启动仪式,市和沿海各区加强伏季休渔管理,组织开展宣传培训,加强港口监督管理,严肃查处违规捕捞行为,确保海洋渔业资源得到养护。与河北省建立沟通机制,在海蜇捕捞、休渔后开捕统一行动方面建立联动机制,加强协作。

【科技兴渔】 2009年共承担、实施科技项目48项。其中,市级22项,局级26项。组织推荐科技进步一等奖1项、二等奖1项。颁发38个局级技术奖励证书。组织天津市现代渔业产业技术体系建设推动会为契机,鲆碟类、大宗淡水鱼类、对虾3个综合实验站建设初见成效,完成了年初制定的体系建设任务。制定了天津市"渔业科技服务年"活动方案,承办了由农业部和天津市政府主办的"天津市渔业科技服务年暨水产养殖规范用药科普下乡活动启动仪式"。全年共开展技术培训45期,培训渔民6 500余人(次),组织科技下乡61次,并组织承办了中国科协会员日、中国水产学会会员日启动仪式及一系列活动。天津海、淡水养殖科技创新与成果转化基地已完成基础设施、设备的改造,投入市财政建设资金600万元,养殖初获成功。实施科技合作项目16项,改进新品种5个。津南区滨海观赏鱼科技园区建设启动。天津渤海水产研究所建设项目一期工程8 500平方米科研大楼于4月底封顶。

【水产品质量安全】 围绕苗种专项整治、规范管理制度、强化执法检查等工作,切实提高水产品质量安全水平。重点强化五方面的工作:一是加强水产苗种质量管理工作。制定了水产苗种专项整治实施方案。与区(县)联合组成4个检查组,查检了24个苗种生产企业的持证情况、制度建设情况、建立管理档案情况、厂容厂貌以及用药安全等情况。审批了19个苗种生产许可证。开展了第一次水产苗种药物残留抽检工作,对全市44家苗种生产企业的85个样品实施了药物残留抽样检验,合格率为100%。二是加大水产品监督抽查的力度。进一步改进和完善水产品抽检制度。2009年共检测水产品11批(次)507个样品,综合抽检合格率88.95%。三是贯彻落实农业部《水产养殖业增长方式转变行动实施方案》,有9家企业获得农业部"水产健康养殖示范场"的称号。四是累计认定无公害水产品产地274处,面积71 121公顷;累计认证水产品417个,总产量21.66万吨,占全市水产品总产量的67.08%;累计创建"无公害基地乡镇"36个,并完成复查换证。五是全年机场检疫420批(次),检疫苗种75亿尾,检疫率达到100%。为了健全基层水生动物防疫体系,夯实防疫工作基础,启动第一批3个县级水生动物疫病防治站建设项目。

【渔政管理】 按照市政府《关于开展依法行政考核工作的通知》要求,制定了《2009年依法行政考核实施方案》和《2009年依法行政工作考核目录分解表》。按照市政府《关于开展规范行政处罚自由裁量权工作的通知》要求,对行政处罚自由裁量权的来源进行了确定,根据渔业执法的实际情况规范行政处罚自由裁量权,制定了《天津市渔业行政处罚自由裁量权基准制度》。全市共审批许可事项1 282件,做到了100%集中审批、100%现场审批、100%提前办结。开展政府信息公开工作,天津渔业网运行良好。根据《国务院办公厅关于加强渔业安全生产工作的通知》,制定了《关于加强天津市渔业安全生产工作的实施意见》并以市政府办公厅文件印发。加快"天津市渔业安全生产应急管理系统"暨"天津市渔政指挥中心"建设,提高渔业安全信息化水平,完成指挥中心装修改造、渔船AIS监控系统、电视墙和机房系统、远程渔港视频监控系统等12项工程。落实农业部坚决制止我国渔船越界进入朝韩交界水域作业指示精神,加强涉外渔业管理,严格管理措施,2009年共82条入渔渔船没有发生越界捕捞现象。同时协助上级部门妥善处理了天津市远洋渔业公司"天裕8"金枪鱼延绳钓远洋渔船在索马里海域被劫事件。加大了水生野生动物执法力度,重点对市内药店非法利用海马和市场经营利用珊瑚、斑海豹以及驯养经营大鲵(娃娃鱼)等进行检查。共办理水生野生动物经营利用证20个,对两家违规经营红珊瑚的珠宝公司进行了处罚,有效地规范了水生野生动物的驯养、经营利用行为。

【存在的问题】 一是渔业发展的基础仍然薄弱,产业结构有待于进一步调整;二是水产品质量安全监管水平有待进一步提高,依标准生产能力较低;三是产业化、组织化程度低,产业化龙头企业带动力薄弱;四是科技创新能力与转化能力较弱,支撑体系不健全,科技投入不足。

【重点渔业区(县)基本情况】

天津市重点渔业区(县)基本情况

区(县)	总人口(万人)	水产品总产量(吨)	其中				养殖面积(公顷)	其中	
			海洋捕捞	海水养殖	内陆捕捞	内陆养殖		海水	内陆
武清区	83.66	53 262				53 262	6 424		6 424
西青区	23.57	50 569				50 569	4 921		4 921
宝坻区	66.64	37 543			1 712	35 831	3 510		3 510
汉沽区	17.32	26 665	6 628	9 276		1 0761	1 289	851	438
蓟　县	82.84	25 929			4 321	21 608	1 489		1 489
宁河县	37.63	33 397		875	1 010	31 512	5 901	233	5 668
津南区	40.50	21 000				21 000	3 732		3 732
静海县	54.55	22 305			450	21 855	2 353		2 353

注:总人口为2008年数据。

【大事记】

[1]4月24日,由农业部、天津市人民政府主办,天津市水产局、全国水产技术推广总站、中国水产学会承办了"天津市渔业科技服务年暨水产养殖规范用药科普下乡活动启动仪式",农业部副部长牛盾、天津市副市长李文喜出席并做重要讲话。

[2]6月30日,由天津市人民政府主办,天津市农村委员会、天津市海洋局、天津市渔业发展服务中心承办了"保护渤海生物资源构建人与自然和谐"2009年水生生物增殖放流活动。天津市副市长李文喜出席并作重要讲话。

[3]8月28日,由天津市农村工作委员会主办,天津市水产局、天津市水务局、天津市自然博物馆共同承办了"保护美丽母亲河 构建和谐水环境2009年天津市水域生态环境修复暨海河增殖放流活动"。

[4]9月16日,天津渤海水产研究所暨中国水产科学研究院渤海水产研究中心建设项目在天津经济技术开发区隆重举行奠基开工仪式。农业部副部长张桃林出席了奠基仪式,天津市副市长李文喜做了重要讲话。

[5]12月20日,举行了"天津市2009年试验性人工鱼礁投放活动"。本次活动投放的礁体为圆管礁和星体礁,均为钢筋混凝土构件,共计90个。

[6]天津市市人民政府下发了津政办发[2009]128号《关于加强天津市渔业安全生产工作的实施意见》,提出四点实施意见:一是进一步提高对渔业安全生产工作重要性的认识;二是总体要求和工作目标;三是工作任务。包括加强渔港安全基础设施建设、搞好渔业安全监管配套设施建设、大力提高渔船安全质量、完善渔业安全通信网络建设、加强渔业安全管理与监督、提高渔业安全生产应急能力;四是强化渔业安全生产保障措施。

(天津市水产局　郭占锋　郝　郁)

河北省渔业

【概况】 2009年,河北省渔业经济总体保持健康发展态势。据统计,2009年全省水产品总产量达到100.4万吨,同比增长3.9%。其中,海洋捕捞25.3万吨,与上年持平;海水养殖30万吨,同比增长1.7%;淡水养殖36.2万吨,同比增长7.9%;淡水捕捞8.8万吨,同比增长8.1%。渔业总产值138.6亿元,同比增长6.2%;渔民人均纯收入8 300元,同比增长2.47%。

【产业结构调整】 全省各地注重从资源条件出发,不断加大特色、优势品种开发力度。近海捕捞强度得到有效控制,加大向远海拓展的力度,赴远海捕捞作业的渔船达1 000艘。沿海对虾、扇贝、河鲀等主导品种养殖生产保持稳定,梭子蟹、海参、海蜇、大菱鲆、半滑舌鳎、条斑星鲽等潜力品种发展加快;淡水特色优势品种养殖规模扩大,甲鱼温棚养殖面积达到300万平方米。冷水鱼类养殖从原来的石、保、邯迅速向张、承、唐、邢等地扩展,面积大幅增加。石家庄市继引进开发鲟鱼、青海湖裸鲤等名优冷水鱼品种后,又对白斑狗鱼、江鳕两个冷水鱼新贵进行繁育技术攻关,并取得成功。根据对10个县33个池塘养殖动态信息采集点数据分析,水产名优品种养殖比例进一步提高,由2008年的11%上升到27%,养殖结构进一步趋向优化。同时,围绕加快渔业开发,各地与国内外的经贸合作也日趋活跃。2009年全省水产品出口继续大幅增长,出口水产品总量达2万多吨,出口额达9 313万美元。秦皇岛与大连獐子岛渔业集团的扇贝产业合作、乐亭县与加拿大象拔蚌养殖合作开发等项目进展顺利。渔业生产的组织化程度进一步提高,全省已成立各类渔业专业合作社77家,其中养殖类62家。休闲渔业保持良好发展势头,在大中城市周边,出现一批高品位的渔业休闲场点,既满足了新的消费时尚,又提高渔业附加值,增加了渔民收入。

【基础建设】 2009年全省渔业基础设施建设进一步加强。一是17个县级水生动物疫病防治站全部建成,为加快水生动物重大疫病监测预警、检疫监督提供了技术支持;二是水产良种体系建设进一步完善,3个省级水产良种场扩建完成,包括梭鱼、勃氏雅罗鱼和衡水市桃城区水产良种场,使全省国家投资建设的良种场达到15家;三是山海关一级渔港建设项目的初步设计和省渔政执法码头建设项目的可行性研究报告通过了国家批复,全省渔港建设迈上一个新台阶;四是全省新增内陆渔政执法快艇3艘,渔政执法手段进一步提高。

【水产养殖】 一是深入开展水产健康养殖推进行动。将健康养殖示范区(场)创建与标准化示范场有机结合,对主要创建单位给予适当补助。积极推广"四种健康养殖模式",并结合产品质量安全监管,指导和督促各示范场完善建立生产记录、用药记录、销售记录、产品包装标签制度和内部质量安全管理机制。加强技术服务,强化示范场监督管理,严格创建标准,完善考核验收管理机制,实行动态管理。二是大力推进养殖证制度建设。在全省"作风建设年"活动中,将"养殖证发放"行政许可事项下放至县级人民政府,减少了工作环节,提高了工作效率。养殖证信息管理软件更新升级后,各市(县)陆续开展了软件应用培训和数据录入,新的养殖证信息管理系统在本省范围陆续起用。2009年全省新领、换发养殖证900余本。石、唐、秦、沧四市的《养殖水域滩涂规划》初稿已完成并上报当地政府。

【渔业资源增殖放流】 渔业资源增殖放流是改善渔业资源品种结构,科学提高渔业水域资源蕴含量的重要措施。根据《中国水生生物资源养护行动纲要》和《河北省人民政府关于贯彻落实〈中国水生生物资源养护行动纲要〉的通知》要求,河北省渔业资源增殖放流工作得到了进一步加强,取得了明显的经济、生态和社会效益。2009年,中央和省级财政投入渔业资源增殖放流资金1 450万元,其中中央财政850万元,省级财政600万元。共计放流水生生物11种,40亿尾(粒、只)以上,其中海洋水生生物达15亿尾(粒、只),淡水达25.45亿尾(粒、只)。通过增殖放流,渔业资源群体进一步恢复,特别是海捕对虾获得了近年来少见的大丰收,产量达1 482吨。重点强化四个方面的工作:一是加强科学管理。按照农业部要求及时编制《河北省水生生物资源增殖放流规划(2010—2015年)》,进一步论证确定了全省重点放流水域、放流物种、放流数量及其水域环境状况。认真贯彻落实部颁《水生生物增殖放流管理规定》,严格各项程序、手续和规定,强调科学文明实施增殖放流。二是狠抓放流苗种的质量管理。结合全省春季苗种整顿检查活动,对供应单位的苗种生产情况进行检查,对生产过程实施跟踪指导,实施严格的量化检验。三是细化措施,超前谋划。针对放流规模大、任务重和初春近海局部海域水质较差的情况,积极采取各项措施,提前与苗种生产单位签订苗种供应协议,确保了年度大规模增殖放流任务顺利完成。四是切实做好增殖放流效果评估工作。对全省放流海域进行了详细的本底调查、跟踪调查及渔业生产情况调查,客观评价了渔业资源增殖放流的效果,为渔业资源修复和增殖放流提供科学依据。

【水产苗种管理】 一是加强水产苗种生产监管。开展水产苗种法律法规知识宣传和培训,形成苗种安全生产的良好氛围;认真开展苗种专项整治,从源头保证水产品质量安全。各级渔业主管部门依法对水产苗种生产经营主体进行了拉网式普查登记造册和清理整顿。在普查基础上,迅速开展苗种生产执法大检查,对全省355家苗种场进行了严格检查,共出动执法人员3 297人,对发现问题的72家苗种场责令限期整改,将农业部药物残留抽检超标的5家苗种企业列入"黑名单",并依法给予了严肃处理。二是进一步强化水产良种体系建设,切实提高良种选育和原(良)种生产供应能力。认真实施对虾、浅海滩涂贝类和大宗淡水鱼类的良种选育、人工繁育及亲本引进更新等项目,取得良好效果;海湾扇贝原种引进和"黄海1号"中国对虾制种工作进展顺利;大宗淡水鱼亲本更新换代工程投入资金100万元,更换7个省级以上良种场的鲤、鲫、鲢、鳙、罗非鱼等大宗淡水鱼类亲本9 000多组。同时狠抓良种场的动态管理,对河北省老龙湾水产良种场等3个水产良种场进行了资质复验。

【水产技术推广】 一是推广实施"对虾健康养殖技术集成与示范"、"对虾养殖信息管理系统研究与应用"、"海水工厂化养殖技术集成与示范"、"多类型水质健康养殖技术集成示范与推广"等26个重大项目,进一步优化了全省渔业产业结构和技术模式,突出和提升了包括对虾、海水工厂化、盐碱地在内的三大产业带、八大基地的特色和优势。2009年全省共推广水产养殖面积池塘、滩涂等43 076公顷,工厂化、网箱养殖水体145.1万立方米,增加产值42 216万元,受益农户26 437户。同时引进繁育"黄海1号"、"黄海2号"中国对虾等优良品种;取得渔业科技成果13项,其中"海水鱼工厂化养殖技术推广"和"'黄海1号'中国对虾引进及养殖技术推广"2个项目获河北省科技进步三等奖。二是以开展河北省渔业"科技服务年"和"百、千、万农业科技干部下基层送服务"活动为契机,举办多种形式培训班,培训渔民37 379人(次),渔业技能鉴定257人,其中高技能人才97人,发放技术资料97 574份。

【渔业标准化】 一是积极推进渔业标准制(修)订工作,健全渔业标准化体系。2009年组织制定省渔业地方标准10项,国家行业标准1项。截止到年底,全省已经制定发布省级渔业地方标准80多项,省级渔业地方标准体系初步建立。二是不断加大渔业标准的宣传贯彻工作,积极推进全省渔业标准化示范区建设。建设国家渔业标准化示范县3个;创建国家级渔业标准化示范区1个、省级渔业标准化示范区15个,示范面积达到5 600余公顷。到2009年底,省级渔业标准化示范区达到21个,示范区实施总面积达到8 600余公顷。同时以示范区建设为载体,积极开展渔业技术和标准化知识培训,全省共开展渔业标准化技术培训超过3 000多人(次),印制标准及技术宣传册1万余份。

【水产品加工与市场】 水产加工业是渔业经济的重要组成部分。2009年全省已建成水产加工企业266家,加工产量14万吨,产值10亿元。水产品加工出口产量2万吨,出口值9 300多万美元。加工出口的产品主要有扇贝柱、虾夷贝、杂色蛤、赤贝、河鲀、对虾、章鱼等,产品出口到日本、美国、韩国、澳大利亚、新西兰以及香港等十几个国家和地区。其中昌黎禄权、沧州鑫海等8家水产加工企业被评为省级龙头企业。内陆淡水产品加工有了一定发展,涌现出邯郸永年酥鱼加工、保定安新、雄县熏鱼加工、张家口怀来池沼公鱼加工等典型。2009年,水产品市场供应充足,价格平稳,市场水产品流通总量80万吨。已建成年交易额千万元以上的水产品批发市场12家,分布于秦皇岛、唐山、沧州、石家庄、保定、邯郸6市。其中,石家庄南二环大桥活鱼批发市场、唐山南新道水产品批发市场和沧州黄骅海鲜城综合贸易市场被农业部确定为部级水产品批发市场信息采集定点单位。

【水产品质量安全】 一是大力推进渔业标准化和健康养殖示范示区建设。新确定18家省、部级健康养殖示范场创建单位,其中9家被推荐为部级创建单位。同时确定国家级渔业标准化示范区1个、省级渔业标准化示范区15个,示范推广总面积已达5.3万余公顷。136个生产单位通过了无公害水产品产地认定,认定总面积达13万多公顷,占总养殖面积的70%以上,复查换证率达到80%;49个单位77个产品获得了无公害水产品认证,认证产品产量占水产养殖总产量的26.8%。二是严格组织实施水产品药物残留抽样检测工作。共组织实施水产品药物残留抽样392个,其中,从基地抽样49个,合格率为96%。从市场抽样350个,29个阳性,合格率为92%。对阳性样品全部进行了追溯调查或移交工商部门处理。三是组织开展水产品质量安全监管暨打击违法添加非食用物质专项行动和水产苗种专项整治行动。全省各级水产部门及渔政执法机构共出动10 426人(次),检查生产基地和批发市场2 079家,苗种场355家,组织培训500场(次),对部分养殖场“三项记录”不完整、投入品管理不规范、个别养殖场无证生产等问题,执法人员现场纠改4起,责令整改28起。四是积极推进水产品市场准入工作。石家庄市在全省率先实施水产品市场准入工作,其经验得到省政府的肯定,并向全省推广。五是进一步加强水产养殖病害监测与防疫工作。重点监测鲤春病毒血症(SVC)和对虾白斑病(WSS)等重大疫情,全年抽样送检分别达到100个和120个。秦皇岛和唐山市的贝类划型工作全面展开,在3万公顷划型区内,设立了14个监测区域、45个监测点,全年检测抽样二批(次)、90个样品,检测结果显示均为一类生产区。

【水生动物疫病防治】 按照《河北省水生动物疫病应急预案》要求,认真指导并开展全省水产养殖病害测报和重大水生动物疫病专项监测工作,加大了水产养殖病害测报和重大水生动物疫病专项监测的工作力度,强化了实验室检测手段建设和检测队伍建设。一是水生动物疫病防治体系进一步健全。河北省水产品质量检验检测站实验室通过省级实验室扩项认证,新增SVC(鲤春病毒血症)和WSS(对虾白斑综合征)等水生动物疫病监测项目。圆满完成农业部下达的SVC和WSS专项监测任务,SVC和WSS监测分别抽样送检、检测样品100个和120个。二是进一步加强全省水产养殖病害测报工作,全省共设监测点234个,测报员173名,测报品种20个,水产养殖病害监测面积达到8 460多公顷,占全省养殖总面积的4.65%。通过水产养殖病害监测与防治工作的有效开展,进一步完善了病害测报和疫情报告制度,有效防止了重大水生动物疫病的发生,为精准测报和水产养殖动物流行病学调查工作奠定了良好的基础,推动了水产养殖健康发展。

【渔业资源与环境保护】 一是全面加强渔业资源管理工作。鲈鱼苗、对虾亲虾等专项资源管理进一步强化,渔业资源利用许可制度、新的海洋伏季休渔管理制度得到深入贯彻,特别是加强了与相邻省市跨界海域的联合执法。伏休期间,全省共出动渔政检查船939航次,陆地检查车1 316辆(次),检查员13 879人(次),累计查获违规渔船102艘(次),伏休秩序明显好转。二是深入开展渔业水域生态环境保护工作。积极参与涉海建设项目的环评,并强化了渔业资源损害补偿费的收缴。2009年全省列入环评的涉海工程含填海造地、海域使用项目共达34项,渔业资源损失补偿资金达6 351万元,已催缴落实270多万元。三是水产种质资源保护区建设取得新突破。继2008年阜平中华鳖国家级种质资源保护区首获批准,2009年又有衡水湖红鳍原鲌、鲫鱼水产种质资源保护区,白洋淀日本沼虾、黄颡鱼水产种质资源保护区,秦皇岛褐牙鲆、红鳍东方鲀水产种质资源保护区通过国家级保护区评审。四是规范人工鱼礁建设与管理。根据国家加强海洋牧场和人工鱼礁建设的新要求,研究修订了《河北省人工鱼礁建设管理办法》。在秦皇岛海域投礁150万空立方米,总投资达5 000多万元。

【水生野生动物保护】 水生野生动物保护管理工作严格执行国家有关法律、法规,重点加强水生野生动物特许管理和水生野生动物救护工作,特别加强了对国家二级保护动物大鲵的驯养繁殖和经营利用的管理。2009年,全省共计办理水生野生动物行政许可事项339项,其中经营利用许可310项,驯养繁殖许可16项,运输许可8项,进出口审核5项。

【渔业船舶安全事故和海难救助】 严把渔船检验质量关,采取各种方式认真进行安全生产的宣传教育活动,进一步加大安全检查力度,切实加强渔业安全生产的管理,渔业船舶生产人员死亡率、海损事故率得到有效控制。2009年,全省渔民因渔业生产作业失踪死亡8人(不慎落水7人,碰撞1人)。全省发生一般件海损事故38起,直接经济损失170.2万元,未发生任何重大的海难事故。海难救助工作坚持“有险必出、有难必帮”的宗旨,坚持24小时安全值班制度。积极配合河北省海上搜救中心开展渔业船舶的抢险救助工作,2009年共实施抢险救助39起,成功救助渔船35艘,救助渔民131人,投入38.53万元救助经费,为渔民挽回直接经济损失527万元。

【渔业安全管理】 一是深入推进渔业“安全生产年”活动和“护渔2009”海洋渔业执法行动,重点抓好渔汛季节的安全生产管理,全面开展渔船、渔港安全隐患专项整治,共排查安全隐患303个,治理整改298起。二是加强渔船安全生产保障基础工作。在省政府的大力支持下,成立了河北省渔业互保协会。组织培训职务船员2 292人,普通渔业船员的安全技能培训达到3 300人(次)。制订实施了《河北省大风信息传递办法》等四项渔业安全生产管理制度。出台我国首部区域性渔业船舶检验办法《黄渤海小型渔业船舶检验办法》;开展渔业船舶检验标志粘贴试点工作;圆满完成了国家"渔船救生筏配备项目",配备渔船气胀式救生筏1 600个。海洋渔业安全通信网超短波网和海洋渔业安全通信网CDMA移动通信系统的建设已经起步,河北省渔业安全通讯指挥系统正在抓紧建设中。三是大力组织实施渔船编队生产方式。全省共组织渔船编队243个,有效提高了渔船应对海上突发事件的自救互救能力。四是渔港建设取得新进展。丰南黑沿子渔港建设工程已完成800米码头建设,黄骅新村渔港建设已完成530米的码头施工。五是加强涉外渔业管理和跨省渔事纠纷调解。按照农业部和省政府的部署,高度重视朝韩敏感水域渔船管理,所有涉外渔船全部进行登记造册,落实渔船停靠地点,派专人加强监管,防止了涉外事件的发生。积极主动地协调有关各方,妥善处理了秦皇岛市渔船与辽宁省渔船纠纷事件。

【渔业防灾减灾】 2009年,河北渔业经历了前所未有的自然灾害考验,一是秦皇岛市扇贝养殖灾害,二是入冬以后,遭遇了历史罕见的暴雪和渤海冰冻灾害。据不完全统计,暴雪灾害累计造成养殖温棚坍塌74.47万平方米,受灾养殖户达300余户,直接经济损失4 430.55万元;渤海结冰对捕捞船网、养殖设施及养殖水产品造成损失达15 696万元,暴雪灾害造成温棚渔业损失4 431万元。全省渔业系统及时应对,妥善处理,积极采取各项措施指导灾区开展科学救灾和疫病防治,尽最大努力帮助渔民减灾抗灾、恢复生产,并积极争取救灾资金、项目和优惠政策。中央特别安排救灾资金500万元,用于对受损船只、网具及渔业生产基础设施进行修复。

【渔业法制建设】 一是加强执法人员培训。新《河北省渔业条例》颁布实施后,采用培训、座谈、调研等形式普及法律知识,共举办法律法规培训班16期,培训执法人员660余人。二是加强渔业行政审批工作。建成集行政许可、审批、信访接待、政务信息为一体的河北渔业行政服务大厅,进一步简化审批程序,规范审批流程,缩减办结时限,全力服务渔民群众。三是开展《河北省休闲渔业管理办法》(草稿)的调研修订工作。广泛征求意见,完善条款内容,争取列入省政府2010年立法调研计划。

【渔政执法】 一是扎实开展"护渔2009"行动。以规范海洋渔船管理、检查渔船安全设施和查处违法违规海洋捕捞作业为重点,精心组织,统一部署,大力开展宣传教育和港口、海上检查。陆上检查行动156次,海上检查行动178次。二是加强水产养殖业执法。按照农业部要求,对全省26家苗种生产企业和养殖企业进行了检查,重点对养殖企业的养殖证和苗种生产许可证以及用药记录、生产记录、销售记录进行了检查,对违法、违规企业下达了整改通知书,对情节比较严重的企业进行了处罚。三是加强专属经济区渔政巡航执法检查工作,全年共执行巡航任务5次。

【渔业通信管理】 一是加强渔业无线电管理,维护渔业无线电通信正常秩序。从2005年起开始组建海洋渔业安全通信网,目前,全省已经建成了1座短波网岸台,7座超短波网无人值守基站,9座超短波网通信值班岸站,海洋渔业CDMA移动通信系统覆盖了沿海岸线50公里范围内的海域,可以满足近海生产渔船的通信需求。渔业安全通信网的建设,为全省从事海洋渔业生产的渔船提供了更加稳定可靠的安全通信环境。二是大力建设"中国渔政管理指挥系统"。该系统是农业部和地方财政共同投资实施的项目,河北省的"中国渔政管理指挥系统"建设项目已基本完成,进入竣工验收阶段。为了使"中国渔政管理指挥系统"发挥应有的作用,开展了指挥系统应用培训工作,现阶段指挥系统的7项子软件省内培训工作基本完成。

【存在的问题】 一是受国际金融危机影响,水产品出口受阻,鱼价下跌,危机影响的长期效应仍有待于进一步的观察。二是大量的涉海工程建设占海和水域污染加剧,成为渔业发展的"硬伤"。河北省海洋渔业发展空间不断遭到挤压,大片的传统捕捞渔场和养殖滩涂被征用,渔民失海、失滩现象十分严重。渔业生产水域污染不断加重,渔业资源、生态损失补偿落实举步维艰。三是渔业基础服务体系建设严重滞后。渔业服务体系建设比农业其他产业相对滞后,特别是水产质检、病害防治体系和基层水产技术服务体系建设明显落后,极不适应当前加强食品质量监管、动物疫病防控的新要求。四是渔业生产风险保障机制亟待加强。渔业特别是海洋渔业风险保障机制建设尚未引起足够的重视,渔民因灾致贫、返贫的现象时有发生,影响了渔业可持续发展和渔区社会的和谐稳定。此外,还存在着科技力量弱,产业化程度低,执法队伍建设不健全等问题。这些都亟须引起重视和研究解决。

【重点渔业市(县)基本情况】

河北省重点渔业市(县、区)基本情况

市(县、区)	水产品总产量(吨)	其中				养殖面积(公顷)	其中	
		海洋捕捞	海水养殖	内陆捕捞	内陆养殖		海水	内陆
乐亭县	137 544	55 515	74 851	692	6 486	20 402	19 763	639
滦南县	116 592	61 225	31 304	1 177	22 886	20 754	19 041	1 713
昌黎县	113 292	11 000	101 939	24	329	44 550	44 350	200
黄骅	79 586	66 884	7 254		5 448	5 790	4 455	1 335
丰南区	70 034	25 005	8 720	5 538	30 771	11 481	8 393	3 088
抚宁县	63 294	7 966	52 912	968	1 448	10 831	9 117	1 714
唐海县	62 557		3 860	6 283	52 414	9 624	2 771	6 853
迁西县	31 000			1 900	29 100	1 128		1 128
磁县	29 995			8 955	21 040	655		655
安新	26 500			20 500	6 000	1 720		1 720

【大事记】

[1]2月2日,河北省农业厅厅长赵国岭到省水产局调研,并召开渔业专题座谈会。

[2]3月12日,《河北省水产局人工鱼礁管理办法(试行)》印发。

[3]3月26日,河北省“渔业科技服务年”启动仪式暨2009年渔业科技项目调度会在秦皇岛市举办。

[4]4月9—12日,农业部渔业局局长、渔政指挥中心主任李健华带队分别对河北省沧州黄骅市和唐山市唐海县水产苗种专项整治工作进行了督导检查。

[5]5月19日,河北省海洋伏季休渔管理工作会议在唐山市召开。

[6]8月30日,农业部渔业局局长李健华到水科院北戴河中心实验站调研。

[7]9月17日,中国水产科学研究院科技服务与推广工作会议在河北省召开。农业部副部长张桃林出席会议并讲话。河北省人民政府副秘书长曹振国,省财政厅、农业厅及沧州市有关负责同志,陕西、山西、山东、甘肃、河南、宁夏等沿黄地区渔业主管部门负责同志,以及与水科院开展科技合作的有关地区和企业代表出席了会议。

[8]9月18日,“全国渔业科技服务年”盐碱地渔业产业化现场会在河北省沧州市召开。农业部副部长张桃林、农业部科教司副司长石燕泉、渔业局副局长陈毅德、河北省水产局局长王进、沧州市人民政府常务副市长张宇,以及水科院东海所所长陈雪忠出席会议并讲话。

[9]9月23—24日,津巴布韦—中国友好协会会长、津巴布韦联合执政党民盟政治局委员、青年书记赛库萨纳先生(正部级)率津中友好协会代表团一行考察访问了河北省水产品质量检验检测站、河北省渔业环境监测站、河北省水产养殖病害防治监测总站、河北省水产良种场。省水产局局长王进陪同参观考察。

[10]10月17日—18日,河北省海湾扇贝养殖业可持续发展研讨会于在秦皇岛市召开。

[11]12月1日,河北省农业厅厅长赵国岭到省水产局调研指导工作。

[12]12月23日,中捷国家级罗非鱼良种场和上海水产大学合作选育的“吉丽”罗非鱼,通过全国水产原种和良种审定委员会审定。

[13]12月25日,河北省渔业互保协会在秦皇岛市正式成立。

(河北省水产局 王爱军 马志敏)

山西省渔业

【概况】 2009年全省渔业生产和经济形势总体呈现以下特点:一是水产品总产量持续平稳增长。2009年,全省水产品总产量31 000吨,同比增长0.98%。

二是养殖效益和渔农收入持续看好。2009年全省渔业经济总产值达到5.18亿元,其中渔业产值4.04亿元,分别同比增长0.38%和3.2%;全省渔民人均纯收入5 239.93元,同比增长2.52%。三是渔业专业合作社不断兴起。“基地+农户”、“协会(合作社)+农户”的养殖发展模式,促进了水产业的投入和发展,据统计,全省渔业专业合作社已发展到26家。四是名特优新品种的产量占水产品总产量的比重进一步加大,达到5 500吨,占水产品总产量的比重比上年提高1.3个百分点。鲈鱼、新吉富罗非鱼、鲟鱼、甲鱼、南美白对虾等名优品种养殖已渐成气候,开展了黄颡鱼、美国红点鲑、哲罗鲑、小龙虾等名优品种的试养,并取得成功。五是休闲渔业存在很大的发展空间。投资休闲渔业的民间资本和个体户有所增加,上规模、上档次的集休闲、观赏、垂钓、餐饮、住宿为一体的综合生态休闲渔业园不断涌现。

【水产健康养殖】 “水产健康养殖示范场”创建活动稳步推进。2009年,继续将开展“水产健康养殖示范场”创建活动作为推进水产健康养殖的有力抓手。在积极参与农业部“水产健康养殖示范场”创建活动的同时,结合山西水产养殖特点,制定并印发了池塘、流水、网箱3种养殖模式的省级“水产健康养殖示范场”创建标准,经考核验收,2009年向农业部推荐申报的3家创建单位全部被农业部授予“水产健康养殖示范场”称号。另有8家创建单位被省水利厅授予山西省“水产健康养殖示范场”的称号。

水产苗种专项整治行动不断深化。在总结和巩固上一年水产苗种专项整治行动经验和做法的基础上,继续深化水产苗种专项整治行动。通过对水产苗种场进行普查登记,对外购水产苗种进行了全面检查和登记,基本摸清了全省水产苗种场和外购苗种的底数。通过加强水产苗种生产许可管理,使苗种生产许可证持证率达到76.5%。通过赴邻近省份遴选水产苗种选购放心场(点),降低了外购水产苗种质量安全的风险。通过快速检测试剂盒普检筛查和实验室标准检测抽查相结合、相补充的方法,对水产苗种进行药物残留检测,基本做到了批批检、次次检,保证了水产苗种的质量安全,为商品鱼的质量安全奠定了良好基础。

开展了池塘标准化改造工程前期工作。将池塘标准化改造作为推进水产健康养殖行动的重要举措。对集中连片老旧养殖池塘基本情况进行了调查统计,初步摸清了老旧养殖池塘的分布和养殖基础条件。借省委、省政府提出利用黄河水发展山西经济之东风,编制了《山西省黄河水利用水产养殖发展规划》(2010—2020),将老旧池塘标准化改造工程作为《规划》的重要内容。

【水产品质量安全监管】 一是水产品药物残留抽检力度不断加大。按照农业部提高水产品质量安全抽检随机性、代表性、覆盖率的要求,建立了产地水产品质量安全监督抽查生产单位数据库,不断加大水产品药物残留抽检力度,增加抽检频次,扩大抽检范围。结合水产苗种专项整治活动的实施,将水产苗种纳入水产品药物残留抽检范围。在苗种生产和繁育季节,共对37个水产苗种样品进行了药物残留抽检,抽检合格率达到了100%。全年共开展了六批380个样(次)水产品药物残留监督抽查,抽检样品数量比上年增加63个,总体合格率为93.9%,比上年提高了4个百分点。二是监管能力进一步提高,监管手段进一步改善。向省政府和农业部提交了《关于尽快建设山西省水产品质量安全检验检测体系的请示》,请求省政府和农业部对进一步加强现有省级水产品质检中心和尽快建立市级水产品质量安全检验检测专业机构予以政策和资金支持。编制了《山西省水产品质量安全检验检测体系建设规划》(2010—2015)。针对当前水产品质量安全检验检测体系不健全、不完善、不配套的现状,投资100余万元,为全省11个地级市配备了孔雀石绿和氯霉素快速检测试剂盒,为已成立水产品质量安全检测机构的3个市和1个渔业主产市配备了硝基呋喃前处理试剂盒和快速检测实验室设备。初步建立了以省级水产品质检中心实验室标准抽检为主体,以各市快速检测筛选为补充的水产品质量安全检测网络体系。三是积极探索建立水产品市场准入制度的办法和途径。通过采取实地考察与函件调查相结合的方式,对周边几个内陆省份水产品市场准入制度建立和实施情况进行了调研,在充分调研考察的基础上,起草了《山西省水产品市场准入办法》(讨论稿),并于8月初上报省政府,向省政府提出了尽快建立山西省水产品市场准入制度的建议。四是无公害水产品产地认定和产品认证。2009年新认定无公害水产品产地13家,新增无公害水产品产地认定面积760多公顷。向农业部农产品质量安全中心推荐申报了20个产品的产品认证。全省已累计认定无公害水产品产地29家,认定面积2 150多公顷,累计通过农业部认证的无公害水产品19个,产量1 900吨。

【渔业资源与环境保护】 一是水生生物资源养护力

度进一步加大。完成了《山西省水生生物增殖放流规划(2010—2015年)》编制工作,争取农业部渔业局支持,在黄河、沁河3个重点河段和11个水库、组织开展了渔业资源增殖放流活动。并与吕梁市人民政府联合举办了较大的黄河碛口段渔业资源增殖放流仪式。全年投入资金389万元,增殖放流各种经济鱼类1 620万尾。圆满结束了第二阶段渔业可利用资源调查工作,初步完成了《山西省水生动植物彩色图谱》。组织申报的沁河特有鱼类国家级水产种质资源保护区项目顺利通过农业部评审。配合农业部黄河流域渔业资源管理委员会完成了黄河流域(山西段)渔业资源调研,落实渔业资源养护及修复课题2个。二是持续加强渔业水域生态环境保护和监测工作。对海河流域的漳泽水库、东榆林水库,黄河流域的汾河二库和圣天湖四个渔业主要生产基地、水生动物资源保护区和供水水源地,在渔业生产旺季的5月和8月实施了两次渔业水域生态环境监测。全年监测面积3 120公顷,监测检验了28个水质样品,检测项目达到532项(次)。为全省渔业生态环境监控和修复工作的进一步开展了积极的探索。

【渔政执法】 不断拓展渔政执法职能,将传统的渔政执法领域向水产养殖和质量安全执法方向延伸。按照农业部"2009年农产品质量安全整治暨农产品质量安全执法年活动"的安排部署,全省各级渔业行政主管部门及其所属的渔政管理机构密切配合,上下联动,以水产苗种生产合法性、"三项记录"和质控制度建立情况、投入品使用、贮存情况和阳性样品查处为重点,以水产健康养殖示范场、无公害水产品生产基地、水产苗种场等三类生产单位为重点监管对象,切实加大执法检查力度。共计出动渔政执法人员1 301人(次),检查水产养殖生产经营企业1 013家(次),责令整改35起,查处问题26起,取缔无证照企业8家。通过强化水产品质量安全执法,以上三类生产单位100%建立了生产记录、用药记录和销售记录,水产健康养殖示范场、无公害水产品生产基地100%建立了生产技术操作规程和质量管理制度。经农业部验收,垣曲县渔政监督管理站和长治市渔政监督管理站被农业部确定为"渔业文明执法窗口单位"。加强对水上非法作业渔船监管,实现了"渔船一般事故发生率为零"的目标。投入资金20万元,加强渔政、渔船管理系统建设。

【水产标准化】 山西省的渔业地方标准制(修)订工作一直比较滞后,自20世纪80年代末和90年代初起草制定了几项地方标准后,近20年来再没有制定和发布过新的地方标准。2008年,省渔业局落实了《淡水水产健康养殖管理规范》、《渔用微生物制剂使用技术规范》、《无公害食品·莲鱼生态养殖技术规范》和《无公害食品·温流水养鱼技术规范》4项渔业地方标准制定项目,由省水产技术推广站、省鱼病防治中心和省水产研究所分别承担了以上4项地方标准的起草和制定任务。2009年11月10日该4项地方标准经省质监局批准发布,从12月1日起开始实施。

【渔业科技与推广】 按照农业部开展"全国渔业科技服务年"活动的要求和《山西省2009年"渔业科技服务年"活动方案》的安排部署,圆满完成了既定的各项标志性活动。一是圆满完成各项培训任务。主要举办了全省水产品药物残留快速检测技术培训班、全省基层水产技术推广人员知识更新培训班、全省水产品质量安全法律法规暨水产健康养殖技术培训班。长治、晋城、晋中也相继举办了健康养殖、规范用药和水产品质量安全知识培训班。全省累计举办培训班15次,发放水产品质量安全知识小册子和技术资料23 930本(册),培训868人(次),创几年来最高培训纪录。二是开展了池塘微孔管道底部增氧新技术示范。在主产区运城市率先进行了微孔管道底部增氧试点和示范推广。三是开展了水产健康养殖专家指导活动。组织专家对盐碱地区、沿黄、沿汾地区水产养殖病害情况进行了摸底调查,并进行了技术指导,对水产养殖发展潜力和条件进行了调研和初步规划。

【存在的问题】 一是基础设施老化问题严重,科技创新和研发能力不强,渔业生态环境不断恶化,与现代渔业的要求相比还存在较大差距,渔业健康可持续发展的基础还不牢固。二是名优养殖品种的规模化程度不高、份额较小,苗种繁育和自给能力不强,传统养殖品种成本高、效益低,市场竞争力不强。三是相当一部分基层渔业部门及部分养殖单位的维权意识不强,申领水域滩涂养殖使用证的积极性不高,养殖水域滩涂规划的编制缓慢,发布率不高。四是市、县水产品质量安全检验检测体系建设滞后,专项经费不足甚至空白,部分基层单位和养殖户对水产品质量安全的认识仍然不足,甚至有抵触情绪,不能很好配合渔业主管部门组织的水产品质量安全监测和抽查。五是流通环节的水产品质量安全监管部门间的协调配合工作机制缺失,加之没有建立起切实可行的水产品市场准入制度,导致水产品市场的质量安全问题较为突出。

【重点渔业市(县)基本情况】

山西省重点渔业市(县、区)基本情况

市(县、区)	总人口(万人)	渔业总产值(万元)	水产品总产量(吨)	其中		养殖面积(公顷)
				内陆捕捞	内陆养殖	内陆
永济市	43	5 570	8 100		8 100	335
垣曲县	22	906	1 297	610	683	46
曲沃县	23.5	1 446	1 163		1 163	240
临汾市	76.9	2 177	1 075		1 075	178
晋源区	20.3	832	1 040		1 040	606
清徐县	30.9	1 005	1 005		1 005	380
襄汾县	49.7	1 462	870		870	170
芮城县	40	1 108	632	20	612	244
沁　县	17.7	350	608		608	522
盐湖区	60	280	558		558	1 289

【大事记】

[1]1月9日,省编办以晋编办字[2009]4号文件批复,在山西省水产科学试验场和山西省虹鳟鱼实验场基础上合并组建山西省水产育种养殖科学实验中心。两个实验场的原有人员和编制划入该中心,正处级建制,差额预算事业单位。

[2]3月13日,全省渔业工作会议在长治召开。会议通报了2008年全省渔业工作完成情况,研究确定了2009年全省渔业工作思路,对2009年全省渔业工作进行了安排部署,表彰了2008年度全省渔业先进单位和先进工作者,与各地市签订了2009年渔业安全目标责任书,并为"水产健康养殖示范场"授牌。

[3]4月8—9日,省渔业局和省水产技术推广总站联合举办了全省水产品药物残留快速检测技术培训班,并为各市及渔业重点县配备了384套水产品药物残留快速检测设备。

[4]4月16—18日,农业部"渔业文明执法窗口单位"考核验收组对山西省全国第一批"渔业文明执法窗口单位"垣曲县渔政监督管理站、全国第二批"渔业文明执法窗口单位"长治市渔政监督管理站进行考核验收。

[5]5月7日,山西省水产专业委员会在太原召开了换届工作会议。

[6]7月17—19日,省水利厅范晓兵副巡视员和省渔业局邢有太局长一行赴河北省就水产品市场准入制度实施情况进行考察。

[7]9月22日,省水利厅、吕梁市政府在吕梁碛口镇隆重举行渔业资源增殖放流活动。本次活动共向黄河放流30余万尾黄河鲤鱼鱼苗。

[8]10月15—17日,2009年全国渔业统计人员第二期培训班在山西举办。农业部渔业局、国家统计局、中国水产学会和省水利厅、省水利厅渔业局的有关领导出席了培训班开班仪式。

[9]10月26日,由山西省水利厅渔业局提出,山西省水产技术推广站、山西省鱼病防治中心和山西省水产科学研究所分别起草制定的《淡水水产健康养殖管理规范》、《渔用微生物制剂使用技术规范》、《无公害食品莲鱼生态养殖技术规范》和《无公害食品·温流水养鱼技术规范》4项渔业地方标准由山西省质量技术监督局以山西省地方标准公告(2009年第8号)批准发布,并从2009年12月1日起实施。

[10]12月5—6日,省水利厅渔业局在太原举办了全省水产品质量安全法律法规暨水产健康养殖技术培训班。培训班特地邀请农业部渔业局、全国水产技术推广总站、国家水产品质检中心和美国大豆协会的有关领导和专家分别就水产健康养殖的关键性问题、水产养殖的水处理及水质管理、水产品质量安全相关法律法规、水产品质量安全标准体系、膨化浮性饲料养鱼技术进行了专题讲解。

(山西省水利厅渔业局　邢有太　蓝天慧)

内蒙古自治区渔业

【概况】 2009年,全区各级渔业部门深入贯彻落实科学发展观,以渔业增产、增效和渔民增收为主要目标,围绕三个渔业产业带建设，切实转变渔业增长方式。推进水产健康养殖、发挥渔业生态功能、养护水生生物资源、建设平安渔业、强化水产品质量安全管理。积极抓好各项强农惠农政策的落实，进一步增加投入，强化基础设施建设。全区水产品总产量达到10.6万吨，比上年增长8.2%。其中，养殖产量7.7万吨，同比增长10%。渔业产值12.9亿元，同比增长9.3%。渔民人均纯收入6 536元，同比增长9.2%。

【落实强渔惠渔政策】 2009年，全区落实国家渔用燃油补贴资金112万元（1—6月份），受益渔船816艘；落实渔机补贴资金25.7万元，补贴增氧机、投饵机、清淤机等342台。落实渔政管理、水产品质量安全管理等基础设施建设资金136万元。落实水生生物资源增殖放流资金360万元，其中水生经济动物放流资金310万元，濒危、珍稀水生野生动物放流资金60万元。落实自治区水产补助费600万元，其中安排水产良种补贴资金120万元，渔业产业带建设资金192万元，水生生物资源增殖放流资金120万元，渔政管理、水产品质量安全管理资金168万元。各盟（市）在天然水面渔业开发、池塘养殖、渔业资源养护等方面出台了许多新的政策。在良种补贴、水产养殖、增殖放流、池塘改造等方面的投入达到7 440多万元。

【渔业产业带建设】 2009年，全区投放鱼苗7.5亿尾，投放鱼种10 781吨，同比分别增长15%和7%。其中向天然水域投放鱼种5 956.3吨，绿色、有机水产品产量分别达到2.5万吨和1.6万吨，占水产品总产量的39%，同比增长9%。池塘生态健康养殖面积达到4 000公顷，名优特水产品产量1.5万吨，占池塘总产量的32.6%。盐碱水域盐湖生物养殖加工产值7 800万元，同比增长21.1%。鄂尔多斯市鄂托克旗建成了全国最大的螺旋藻生产加工基地，巴彦淖尔市乌梁素海建设了乌鳢养殖基地，赤峰、鄂尔多斯建设了冷水鱼流水养殖基地。利用天然湖泊、水库建设了绿色、有机水产品生产基地、大银鱼移植增殖基地、河蟹养殖基地，在沿黄池塘连片养殖区建设了名优特水产品生态健康养殖基地。其中内蒙古螺旋藻产量已经占到全国螺旋藻总产量的1/3。

【渔业科技】 围绕渔业产业带建设，全区在天然水域推广了网箱、围栏养殖技术，小水面精养半精养技术，河蟹养殖技术，大银鱼移植增殖技术，冷水鱼养殖技术。在池塘推广了名优特水产品养殖技术，以渔改碱技术，虹鳟鱼养殖技术，规模套养技术，鱼畜禽、渔农牧综合养殖技术，生态健康养殖技术。在盐碱水域推广了螺旋藻生产加工技术。开展了"大宗淡水鱼类产业技术体系"、"呼伦湖渔业利用与水域环境治理和保护"、"居延海大鳍鼓鳔鳅人工繁殖"等项目的科学研究。完成了"内蒙古盐碱湖泊渔业开发"、"北方高寒地区高白鲑人工繁殖及增殖放流技术示范"、"达里诺尔瓦氏雅罗鱼和鲫鱼抗盐碱机理研究"等项目的成果鉴定。

【水产健康养殖】 水产健康养殖行动是2009年内蒙古自治区农牧业厅为农牧民办理的十件实事之一。全区各级渔业部门开展了送水产良种下乡活动，为12个盟（市）、55个旗（县）的358个养殖场（户）送水产良种鱼苗3 231万尾、鱼种236吨。2009年，经农业部批准，全区有3个水产养殖场晋升为国家级"水产健康养殖示范场"，全区"水产健康养殖示范场"总数达到37个，其中国家级15个。全区创建了487个渔业科技示范户，其中2户荣获中华农业科教基金会神内基金农技推广奖。全区推广天然水域健康养殖面积8万公顷，池塘健康养殖面积3 333公顷，同比分别增长12%、42%。

【水产品质量专项整治】 按照农业部渔业局和自治区农牧业厅的统一部署，自治区渔业局组织各盟（市）对全区1个国家级和4个自治区级水产良种场、20个水产苗种场、1 696个水产养殖场（户）的基本情况、人员设备、技术力量、生产能力等进行了普查登记，建立了数据库。在水产养殖业专项执法行动中，对全区86个旗（县）的991个水产养殖场进行了检查，查处问题单位41个。在水产品质量检测工作中，全区共抽检水产品样本80个，其中协助农业部抽检50个，组织有关盟（市）抽检30个，检测合格率全部达到100%。2009年对全区14个无公害水产品进行了复查换证，新认证无公害水产品15个、有机水产品16个。全区共认定无公害水产品产地165个，总面积37.7万公顷，占全区已利用面积的68%。认证无公害、绿色、有机水产品分别达162、35、60个。

【水生生物增殖放流】 全区筹集放流资金1 474.5万元（其中农业部下达放流资金360万元），比上年增长87.7%，向天然水域投入经济鱼类苗种14.3亿尾（粒），同比增长13.9%。其中经济鱼类苗种3.6亿尾，同比增长40.5%，大银鱼受精卵10.7亿粒，同比增长7%。水生生物增殖放流行动的开展，不仅有效遏制了渔业资源下降的趋势，保护了水生生物多样性，对于宣传渔业，增强全社会保护渔业资源和生态环境意识,推进渔业可持续发展具有重要作用。同时,在边境水域开展增殖放流活动,树立了我国作为负责任渔业大国的良好形象。

【渔政管理】 一是加强渔政队伍建设。全区渔政系统103个事业单位中,有7个盟(市)、23个旗(县)级渔政机构已经完成参公管理,占应参公机构的比例达到30%。完成了中国渔政管理指挥系统第一批推广应用的四个软件数据录入工作,录入有效信息2 379条。二是开展《渔业法》宣传。全区渔业系统集中开展了形式多样的宣传活动,共制作播放电视宣传节目21期、广播节目16期、刊登报纸宣传稿件31件,发放各类宣传材料近万份。并把渔业普法宣传贯穿于行政审批、渔政执法、水产技术推广等各项工作之中,与为渔民服务充分结合起来,提高了广大群众的法律意识。三是加大渔政执法力度。印发了《内蒙古自治区2009年禁渔期、禁渔区渔政管理通告》,对禁渔期、禁渔区渔政管理作了统一部署。在自治区渔政渔港监督管理局的统一组织下,开展了黄河内蒙古段渔政综合执法行动、边境水域额尔古纳河、贝尔湖渔业综合执法行动及重要湖泊水库渔业综合执法行动。在执法过程中,各级渔政部门克服渔政人员少、交通工具差、执法战线长、工作难度大等困难,统一行动、密切配合,取得明显成效。全区查处渔政案件224起、渔获物14.7吨。

【渔业合作社】 在内蒙古渔业协会的统一组织下,各地渔业协会按照《内蒙古自治区农村专业合作经济组织示范章程》的有关规定,在整合资金、保护品牌、采购渔需物资、苗种调配、技术指导与培训、病害防治、拓展流通渠道等方面,为广大会员提供了及时有效的服务,培养出一批优秀的渔业合作经济组织。达拉特旗大树湾养鱼合作社通过整合人力、财力、物力资源,发展休闲渔业,107户会员人均纯收入达到2.6万元,是全区渔民人均纯收入6 536元的4倍。2009年,大树湾养鱼合作社、准格尔旗巨合滩惠农养鱼合作社被自治区农牧业厅授予"自治区农牧民专业合作社示范社"称号。

【重点渔业市(县)基本情况】

内蒙古自治区重点渔业旗(区)基本情况

旗(区)	总人口(万人)	渔业总产值(万元)	水产品产量(吨)	其中		内陆养殖面积(公顷)
				内陆捕捞	内陆养殖	
呼和浩特市土左旗	35	7 136	3 926		3 926	
鄂尔多斯市达拉特旗	33.6	6 877	3 390	120	3 270	1 242
包头市九原区	27.7	6 199	4 020	175	3 845	491
鄂尔多斯市准格尔旗	27.1	4 506	2 072	100	1 972	1271
赤峰市克什克腾旗	25.6	5 200	2 130	600	1 530	4 075
巴彦淖尔市临河区	53.3	4 848	3 600	170	3 430	1 393
呼伦贝尔市新巴尔虎右旗	3.4	4 700	4 600	3 600	1 000	2 000
巴彦淖尔市杭锦后旗	31.2	4 670	3 375	255	3 120	1 846
鄂尔多斯市鄂托克旗	94.7	4 325	1 156	60	1 096	972
呼伦贝尔市莫旗	33.8	4 300	3 830	1 230	2 600	4 100

【大事记】

[1]2月18—20日,全区农牧业工作会议渔业专业会议在呼和浩特市召开。

[2]4月1—30日,自治区渔政渔港监督管理局组织全区开展"《渔业法》宣传月"活动。

[3]5月1日至7月31日,自治区渔政渔港监督管理局组织各盟(市)渔业主管部门及其所属的渔政执法机构,在黄河内蒙古段,贝尔湖、额尔古纳河等边界水域,自治区重要湖泊、水库开展禁渔期渔政综合执法行动。

[4]6月13日,自治区农牧业厅与阿拉善盟行政公署在居延海联合举办渔业资源增殖放流行动,扎木苏副巡视员和阿拉善盟行政公署龚家栋副盟长、渔业局局长孙晓文等出席行动仪式。

[5]6月29日,自治区人民政府与农业部黄河流域渔业资源管理委员会在巴彦淖尔市磴口县联合举

办“2009年黄河内蒙古巴彦淖尔段渔业资源增殖放流行动”。

[6]7月15日，自治区农牧业厅、呼和浩特市人民政府联合举办“黄河内蒙古呼和浩特段渔业资源增殖放流行动暨哈素海首届放鱼节”。

[7]8月28日，农业部副部长牛盾视察鄂尔多斯市达拉特旗大树湾池塘连片养殖和渔业合作社工作开展情况。农业部渔业局副局长崔利锋、自治区农牧业厅副厅长布仁、渔业局局长孙晓文，鄂尔多斯市副市长白玉岭、农牧业局局长杨明、达拉特旗副旗长白雪平等领导的陪同视察。

[8]8月29日，农业部和自治区人民政府联合举办“2009年黄河内蒙古巴彦淖尔段乌梁素海渔业资源增殖放流行动暨渔政船首航仪式”。

[9]9月18—22日，自治区农牧业厅渔业局和自治区水产学会、渔业协会组织各盟市水产站、重要渔业企业和厅属水产二级单位负责人、技术骨干等30多人，到黑龙江省参加中国水产科学研究院主持的国家大宗淡水鱼类产业技术体系——“松浦镜鲤”推介会，并考察镜泊湖渔业生产经营情况。

[10]11月29—30日，自治区农牧业厅渔业局、内蒙古水产学会在呼和浩特市召开全区渔业发展研讨会。对2009年和“十一五”全区渔业工作进行了总结，对2010年和“十二五”期间渔业发展思路和工作重点进行了研究、探讨。

（内蒙古自治区农牧业厅渔业局　孙晓文）

辽宁省渔业

【概况】 2009年，各级渔业部门以科学发展观为统领，紧紧围绕“保增长、保民生”，克服国际金融危机的不利影响，全省渔业产业实现了又好又快发展。

1. 渔业经济主要数据 全省渔业经济总产值实现913亿元，同比增长14.1%；渔业经济增加值462.2亿元，增长15.8%。渔业及水产品加工业增加值380.4亿元，增长20.1%。水产品总产量534.7万吨，同比增长8.1%。水产品出口创汇15.8亿美元，占全省农业出口创汇的51.5%，比上年提高3.5个百分点。渔民人均纯收入实现11 500元，同比增长9.5%。

2. 主要举措及取得成就、特点

（1）健康养殖示范区建设促进了增长方式转变。省财政补助资金7 000万元，拉动社会投资15亿元，建设水产健康养殖示范区287个，超计划47个。精品养殖27万多公顷，同比增长20%；产量145万吨，增长26%，比重达到27.1%，比上年提高4个百分点。

（2）水产品加工势头强劲。省财政补助资金3 000万元，拉动社会投资10.4亿元，新增水产品加工项目60个，产量175万吨，产值180亿元，同比分别增长10.4%和11.1%。精深加工比重达到48%，比上年提高7个百分点。

（3）海洋牧场建设力度加大。新建5处人工鱼礁区，面积602.6公顷。浅海底播增殖面积28万公顷，滩涂增殖面积12.6万公顷。海水网箱养殖水体240万立方米。

（4）增殖放流再创新高。全年向近海和内陆水域投放各种游动性品种79.7亿尾（头、粒）。争取中央增殖放流资金1 500万元，是上年的7.7倍。水产苗种生产能力大幅提高，育苗场达到1 756家。认定省级水产原（良）种场14家，已累计认定59家。引进名优品种35亿尾（粒）。

（5）远洋渔业恢复增长。外派远洋渔船280艘，比上年增加71艘，增长34%。作业区域到达16个国家、地区和三大洋公海海域。辽渔集团南极磷虾探捕开始实施。

（6）科技兴渔取得新成果。落实省以上海洋与渔业重点科研项目32项，资金3 420万元，同比增长35%。“渤海海洋牧场关键技术研究”被列为2010年“948”重大项目。半滑舌鳎种质资源保护及人工繁育技术取得突破，培育鱼苗53万尾。松江鲈、葛氏鲈、塘鳢首次人工繁殖成功。获省技术发明一等奖1项，获省科技进步三等奖2项，获省科技成果转化奖2项。

（7）“渔业科技服务年”活动取得新成效。解决生产和管理中问题200多个。被农业部专家确定的稻田种养新技术“盘山模式”得到有效示范、推广与辐射，同时还走向省外，先后在河南和宁夏的4个试点县安家落户。盘山县仅河蟹一项实现农民人均纯收入1 260元。

（8）渔业安全形势进一步好转。全年共发生各类渔业生产安全事故56起，死亡、失踪渔民79人，沉没渔船16艘，直接经济损失1 620万元，分别下降18.8%、10.2%、5.9%、0.8 %。成功救助渔船遇险104起，救助渔船106条，救助渔民533人，减少经济损失4 500多万元。水产品抽查检测合格率达98.7%，比上年提高2个百分点。筹措资金1 700万元，用于水产品质量检测能力建设。在第七届中国国际农产品交易会上，8种水产品获展会授予的“金奖”农产品称号，占全省获“金奖”农产品称号的57.1%。

（9）渔政管理进一步提高。伏季休渔不但延长了休渔期，而且实现了全面休渔，成为历史上最好的一年。主要特点是:党政军警渔、省市县乡村,全力抓休渔,确保不越界。海蜇连续7年实现了统一开捕。非法越界捕捞渔船同比下降12.3%。积极主动妥善处理了营口部分渔船与河北秦皇岛渔船海上纠纷。盘锦双台子河口海蜇中华绒螯蟹水产种质保护区被批准为国家级保护区。为沿海渔船配备了1 000台新型渔用对讲机。渔船互保展业5 100万元,承保渔船4 500艘。认真开展了“护渔”行动和伏休执法,全年投入管理经费2 897万元,查处各类违规渔船3 200多艘(次)。与省公安边防部门联合开展了制止越界捕捞联合执法行动。全省共登记“三无”渔船6 413艘,纳入管理5 747艘,拆解76艘。育苗场持证生产率达到98.6%。执法队伍建设不断加强。省大连渔政管理局海上检查大队编制转为全额拨款。葫芦岛市渔政管理处、大连市渔港监督局、葫芦岛市渔港监督处、中国渔政21101船、营口市渔港监督处和铁岭市渔政渔港监督站荣获农业部“渔业文明执法窗口单位”称号。

3. 存在的问题 主要是全省渔业发展还不平衡,渔业资源、环境保护压力很大,渔业安全监管、制止越界捕捞工作任重道远,渔业基础设施和队伍建设仍需加强。

【重点渔业市(县)基本情况】

辽宁省重点渔业市(县、区)基本情况

市(县、区)	渔业总人口(万人)	渔业总产值(万元)	水产品总产量(吨)	其中				养殖面积(公顷)	
				海洋捕捞	海水养殖	内陆捕捞	内陆养殖	海水	内陆
长海县	5	670 000	442 000	163 722	244 000			188 310	
庄河市	7.6	1 107 636	504 286	117 098	376 916		2 106	61 953	4 408
普兰店市	2	562 000	176 606	38 523	134 642		3 441	12 047	5 790
瓦房店市	3	362 103	177 310	82 960	92 900		1 450	17 011	1 400
金州区	3.7	452 171	252 400	76 094	175 306		1 000	20 131	347
旅顺口区	1.2	330 001	222 050	81 128	138 050			26 326	
甘井子区	0.9	362 180	124 200	93 467	29 163			4 596	
东港市	5.9	658 218	430 495	79 135	302 839	27 708	119 594	44 500	6 068
凌海市	0.6	200 454	179 820	26 100	145 690		8 030	61 769	641
大洼县	1.1	348 000	229 056	43 900	38 000	9 000	138 156	27 200	37 431

【大事记】

[1]2月1日,上报省政府2008年省水产健康养殖示范区和水产品加工业新增项目建设工作的报告。

[2]2月17日,辽宁省海洋与渔业厅组织制定的五项渔业辽宁省地方标准,经辽宁省质量技术监督局审批,2009年2月17日予以发布,2009年3月1日起正式实施。

[3]3月2日,下发《关于下达2008年度辽宁省水产健康养殖示范区和水产品加工业新增项目以奖代补项目明细的通知》。

[4]3月4日,组织召开全省捕捞渔民转产转业工作座谈会。

[5]3月6日,为进一步落实农业部办公厅文件精神,在沈阳召开全省水产品质量安全监管工作会议,标志全省“水产品专项整治执法年”活动正式展开。

[6]3月26日,在省渔业科技入户示范县辽阳市辽阳县举行省“渔业科技服务年”暨“科技入户春季行动”启动仪式,标志“渔业科技服务年”活动正式展开。

[7]6月6日,参与承办农业部和辽宁省政府在葫芦岛市联合主办的2009年辽东湾海洋生物增殖放流活动。

[8]7月4日,参与承办农业部和辽宁省政府在丹东市联合举办的鸭绿江渔业资源增殖放流行动启动仪式。

[9]7月15—30日,组织开展水产苗种联合执法检查活动。

[10]9月3日,下发《关于加强水生生物资源增殖放流管理工作的通知》。

[11]9月3—7日,第七届中国国际农产品交易会上,辽宁省海洋与渔业厅推荐的参展水产品“獐子岛牌”、“棒棰岛牌”、“晓芹牌”相关产品获展会授予的“金奖农产品”称号。

[12]9月15日,召开全省渔业生产工作会议。

[13]9月28日,辽宁省海洋与渔业“十二五”规划编制工作全面启动。

[14]11月26日,组织召开全省渔业资源增殖放流工作座谈会。

(辽宁省海洋与渔业厅 董泽江 张峻铭)

吉林省渔业

【概况】 2009年,全省渔业系统认真落实中央和省委、省政府“三农”工作部署,紧紧围绕渔业资源和水产品市场谋发展。优化品种结构和区域布局,加强资源养护和质量安全管理,全面推进经济增长方式转变,圆满完成了各项工作任务。实现了渔业增效、渔民增收和渔区发展的工作目标。

(1)渔业经济快速发展。受中央政策支持、内需市场扩大等积极因素的影响,以及“渔业重点突破行动”实施效果的拉动,全省渔业经济继续保持平稳发展,总量不断扩大、质量明显提高。总体呈现出水产增养殖业发展加快、水产加工业势头强劲、水产品市场流通活跃、水产龙头企业全面壮大、水产品出口保持增长的良好局面。全年共开展水产养殖面积23万多公顷,繁育水产良种8亿尾,完成水产品产量15.5万吨,实现渔业产值25亿元,较上年均有不同幅度增长。水产品价格平稳、市场购销两旺,交易总量突破30万吨,人均水产品占有量超过10千克。水产品出口创汇达到5 000万美元,占当年全省外贸出口总额的1.6%,连续8年排在全国内陆省份前3位。渔民人均纯收入达到5 629元,同比增长8%,高出农民收入180元。

(2)产业基础得到夯实。2009年,中央采取了“保增长、扩内需、调结构、重民生”等一系列政策,进一步加大了对“三农”工作的支持力度,为渔业发展提供了良好的政策环境。一年来,各级渔业主管部门认真贯彻执行各项支渔政策,在争取渔业资金、保护渔民权益等方面取得了显著成效。全年共落实中央及省级渔业投入2 700万元,其中基础设施建设资金1 240万元、养殖及资源养护资金860万元、燃油和渔机补贴资金300万元。科技经费300万元,重点加强了水产良种繁育、渔业病害防治、渔业资源养护、渔港、渔业执法装备等领域的建设,为提高渔业综合生产能力,增加渔民收入创造了有利条件。渔业生产的组织化程度进一步提高,在桦甸、扶余、梅河口等渔业主产区扶持成立了渔业专业合作社,通过把分散经营、单打独斗的农户组织成联合竞争主体,有效提高了渔民的组织化程度和参与市场的能力。世界银行农产品质量安全项目进展顺利,项目可行性研究报告通过省发展与改革委员会审批,批复水产行业总投资4 182万元,成为近年来投资最大的渔业项目。

(3)水产品质量迈上新台阶。围绕建立健全水产品质量安全管理长效机制,2009年,各级渔业主管部门宣传、抽检、整治等多举并进,组织渔业管理、科研推广、渔政执法等人员在全省开展了水产品质量专项整治行动。通过水产苗种专项治理、水产品药物残留例行抽检和水产健康养殖技术培训等,有效保障了水产品质量安全。全年共创建农业部“水产健康养殖示范场”5处,认证无公害水产品54个,实施水产养殖病害监测面积6 360公顷;累计出动检查人员2 289人(次),检查生产单位1 366家,重点对养殖证、苗种生产许可证和“三项记录”进行了监督检查,规范了苗种、饲料和渔药的使用和管理;先后组织省内自检、省际互检和与工商联检等多次抽检活动,累计抽检水产养殖场、批发市场、超市等水产品样品984个。检测结果显示,吉林省地产水产品合格率为100%,外进水产品合格率为95%。

(4)资源养护实现新突破。继续深入贯彻实施《中国水生生物资源养护行动纲要》,渔业资源养护工作扎实推进。完成了查干湖国家级自然保护区的筹建任务,新建1处国家级水产种质资源保护区。全省已累计建立7处国家级水产种质资源保护区,数量位居全国前列。实施了春季禁渔,强化了禁渔管理,开展了执法检查。编制完成了《吉林省水生生物增殖放流规划》,全省17条主要河流和10处大型湖泊水库被纳入全国规划。增殖放流工作大规模展开,呈现出投入资金多、放流规模大、公众参与度高、社会影响广的特点。先后在鸭绿江、松花江、图们江、牡丹江、东辽河、密江河、查干湖、云峰水库等重要水域组织增殖放流活动40余次,累计放流各类鱼苗4 500万尾,投入资金700余万元。顺利完成了第一次全省水产养殖业污染源普查工作,获得各类基础数据22 000个。

(5)科技兴渔成效显著。围绕渔业健康可持续发展目标,加快渔业科技创新,在水产科研、技术推广、科技服务等领域取得了较大成绩。全年完成渔业科技攻关重点项目4项,“黄颡鱼人工繁殖技术研究”成果被评为2009年吉林省科技进步三等奖。启动并实施了大宗淡水鱼产业技术体系建设,进行了市场需求和技术措施调研,开展了大宗养殖品种置换和饲料优化研究。组织了“渔业科技服务年”活动,广泛开展了送科技下乡、科技入户、技术咨询培训,累计培训农渔民4 000余人(次),发放各类技术资料8 000多份。渔业科技成果转化应用方面,实施水产技术推广及试验示范项目14项,推广面积8 000公顷。

(6)行政执法力度加大。以渔业资源保护管理为重点,实行专项执法与日常监管相结合,不断加大执法力度,有效维护了正常的渔业生产秩序。严格执行禁渔制度,根据全省主要自然水域鱼类繁殖特点,及时发布了2009年禁渔通告。开展了全省捕捞渔具调查和渔业执法检查,重点加强了松花江、嫩江、鸭绿江、图们江等主要江河及边境水域的渔业管理,严厉打击了各类破坏渔业资源的违法行为。建立健全了全省渔政指挥信息系统,培训渔政执法人员60人,创建全国"渔业文明执法窗口单位"3个。组织开展了水产养殖业专项执法行动,推动了以养殖证制度和水产苗种生产许可制度为核心的养殖业规范化管理。

(7)安全生产形势稳定。2009年,各级渔业主管部门严格贯彻执行安全生产的有关规定,狠抓渔业安全生产责任制的落实。坚持"安全第一、预防为主",认真开展渔业安全生产宣传检查,并针对存在的薄弱环节,重点落实整改措施。规范渔业安全生产行为,有效杜绝了渔业安全生产事故的发生。全年共培训渔业船员220人,检验渔业船舶4 769艘,为135艘渔船办理了渔业船舶互助保险。组织开展了冬季冰上捕鱼安全生产专项检查活动,督促生产单位从严落实从业人员安全知识培训、安全责任制度建立、安全预案制订和演练、生产区管理等工作措施,整个冬捕期实现安全生产无死亡事故。

【重点渔业市(县)基本情况】

吉林省重点渔业市(县)基本情况

市(县)	水产品总产量(万吨)	其中	
		养殖产量	捕捞产量
前郭尔罗斯蒙古族自治县	16 000	14 939	1 061
镇赉县	12 000	9 605	2 395
扶余县	11 050	8 226	2 824
舒兰市	6 911	6 596	315
磐石市	6 512	6 512	
蛟河市	6 412	6 412	
集安市	6 026	5 130	896
梅河市	5 900	5 677	223
大安市	5 680	4 530	1 150
农安县	5 170	4 615	555

(吉林省渔业局 李洪弟)

黑龙江省渔业

【概况】 2009年,全省各地紧紧围绕渔业增效、渔民增收这条主线,大力开发水域资源,不断加快渔业经济结构调整,着力抓好水产品质量安全,全面推进水产健康养殖和具有区域特色的集约化、规模化养殖,全省渔业呈现持续稳定的发展态势。全省放养面积达到34.7万公顷,比上年增加5.2万公顷,增长17.7%;水产品总产量达到42.58万吨,比上年增长15.1%;渔业经济总产值实现60亿元,比上年增长17.6%;渔民人均纯收入达到5 800元,比上年增长7.4%。在渔业经济保持健康稳定发展的同时,全省各级渔业行政主管部门指导和推动渔业经济发展的能力不断提高,渔业经济的发展质量有新的提升。

(1)深入贯彻落实省委、省政府的部署,重视和支持水产养殖业发展的良好局面逐渐形成。2009年6月份,胡锦涛总书记到黑龙江省视察工作时指出,要发挥资源优势,大力发展畜牧水产业。为落实胡锦涛的指示,省委第57次常委(扩大)会议研究了渔业发展问题,提出了进一步谋划水产养殖业发展方向和重点,积极推进水产健康养殖、规模养殖和特色养殖,提升水产养殖业发展水平。随后召开的省长办公会专题研究了渔业工作,科学定位渔业的发展方向为黑龙江特色渔业,明确了今后一个时期的工作重点和推进措施。在省委、省政府的大力推动下,各级党委、政府及有关部门对渔业的重视和支持程度明显提高，发展渔业的积极性不断高涨。伊春市人民政府出台了《关于进一步加快全市渔业发展的意见》。鸡西市、黑河市、密山市党政领导深入到渔业生产一线，研究推进水产养殖业发展的具体措施，对发展区域特色水产养殖业做出具体安排。

（2）大力普及集约化养殖方式，区域特色水产养殖业向规模化方向发展。一是加快了池塘驯化养鱼和网箱养鱼高产技术的推广应用。在绥化市北林区、肇东市、密山市和佳木斯市郊区等池塘养鱼先进地区，增氧机和投饵机等先进渔业机械设备应用十分普遍。绥化市北林区池塘驯化养鱼面积发展到0.47万公顷，使用投饵机7 500多台、增氧机5 000多台，设施渔业已初具雏形。全省应用颗粒饵料进行集约化养殖的高产驯化养鱼池塘面积已达3.04万公顷，比上年增加0.42万公顷，增长16%。网箱养鱼生产有新的发展。抚远县、海林市和856农场、勤得利农场等在湖泊、水库中设置网箱发展高产高效的集约化养鱼生产，经济效益可观。同江市、虎林市和双城市等地在黑龙江、乌苏里江、松花江的江汊或江水缓流处发展网箱养鱼，大大提高了水域资源利用率。全省网箱养鱼面积已发展到7万平方米，比上年增加1.6倍。二是名特优鱼类特别是本省地产名贵鱼类养殖向规模化方向发展。通过专项扶持，加大了黑龙江地产名贵优质鱼类的推广力度，加强了相关苗种繁育场建设，提升了生产能力，全省繁育鲟鳇鱼、兴凯湖大白鱼、怀头鲶、方正银鲫等地产名贵特产优质鱼类苗种2亿多尾，除了供应本省发展养殖生产外，还远销全国各地。哲罗鱼、细鳞鱼、东北雅罗鱼等冷水性鱼类的苗种繁育及人工养殖技术也已取得了突破性进展。鸡西市大力发展具有区域特色的兴凯湖大白鱼养殖，养殖面积已达1万公顷。肇东市涝洲镇养殖怀头鲶和黄颡鱼面积达到0.34万公顷，占养鱼水面的60%。以农业部、全国水产技术推广总站推荐的水产养殖主导品种和主推技术为导向，积极组织实施主导品种和主推技术联合推广行动，重点发展符合本省水域环境条件的方正银鲫、德国镜鲤选育系、黄颡鱼、怀头鲶、虹鳟、大白鱼等地方特色品种养殖。同时，名优水产养殖品种引进步伐加快，大银鱼、高白鲑、河蟹、彭泽鲫等品种的引进数量不断增加，区域化、规模化养殖快速推进。杜蒙、龙江等地从江苏、内蒙古引进大银鱼受精卵21亿粒，自繁大银鱼受精卵3亿多粒，放养水面达3.33万公顷，比上年增长42.9%。全省河蟹养殖面积达3.77万公顷，虎林、泰来、齐齐哈尔市郊区等地生产的河蟹因品质优良全部销往辽宁等外埠市场。2009年，全省名特优鱼类养殖面积已达15.6万公顷，比上年增加3.15万公顷，增长25.2%。

（3）加强水产健康养殖模式示范推广，水产品质量进一步提高。在抓好农业部批准认定的27处国家级"水产健康养殖示范区"建设的同时，创建省级"水产健康养殖示范区"55个，并相继建设了一批市（地）、县（市）级"水产健康养殖示范区"，省（部）级"水产健康养殖区"面积已达11.57万公顷。通过示范区的带动和引领，进一步推广普及了《无公害水产品养殖技术操作规程》和水产健康养殖技术，无公害（绿色）水产品养殖规模不断扩大。2009年，全省无公害水产品养殖面积已扩大到28.1万公顷，比上年增长18.9%，占放养面积的80.9%。全省无公害水产品产地认定面积已达16.1万公顷。绥化市北林区0.6万公顷水面全部按无公害技术标准养殖。水产品有机食品认证工作开始起步。继杜蒙石人沟渔场养殖的水产品率先通过有机食品认证以后，抚远县正阳水产罐头联营有限公司、大庆市连环湖渔业有限公司等单位的20种水产品，也相继通过了有机食品认证。在积极推广水产健康模式、标准化养殖技术的同时，在全省组织开展了水产苗种专项整治活动，加强了对投入品使用环节的监督管理，尤其是加大了对水产品药物残留的抽检力度。全年开展了3次产地水产品质量安全抽查检测，共抽检鲤、鲫鱼样品80个，检测结果全部合格；开展了3次水产品市场例行监测，共抽检样品（含海产品）90个，合格率为86.7%，检测出的不合格样品均来自外省。

（4）大力发展多元渔业，产业链条进一步延长。广大渔民打破单一养殖的渔业生产格局，大力发展多元渔业，做大做强渔业二、三产业，产业效益显著提高。一是发展休闲渔业。养鱼场户充分利用湖光水色、渔猎文化等资源，美化、绿化游钓环境，增加服务设施和项目，将垂钓、餐饮、娱乐、旅游有机结合在一起，促进休闲渔业提档升级，成为产业增效和渔民增收的重要途径。哈尔滨市游钓面积已经发展到0.52万公顷，游钓点1 383处，其中具有一定规模的旅游度假村604家，形成以垂钓、旅游观光为主要内容的六大休闲渔业区。2009年，全省游钓面积达3.75万公顷、游钓点5 551个，分别比上年增长23.2%和40.9%。二是发展综合养鱼。各地积极发展鱼畜结合、鱼禽结合的循环经济型综合养鱼生产，饲料喂畜禽，畜禽粪便肥水养鱼，一料多用，降本增效，良性循环。2009年，全省综合养鱼面积达5万公顷，比上年增长11.4%。三是发展水产品加工。各地依托本省淡水鱼类品种多的资源优势和毗邻俄罗斯的地缘优势，积极发展地产鱼类和俄罗斯进口鱼类加工。与台商合资建立的抚远县正阳水产罐头联营有限公司加工生产鲟鳇鱼和大麻哈鱼系列产品，品种达80余种，产品远销广东、福建、上海等地，并批量出口日本。

（5）切实加强渔政管理，依法规范渔民生产作业行为。各地在加强宣传教育、不断增强渔民守法意识的基础上，加大了渔政执法检查力度。组织力量在黑龙江、乌苏里江和松花江集中开展了两次检查，并在中俄渔政联检期间，对二九〇农场、同江市、勤得利农场、抚远县等江段的禁渔期管理情况进行了督察，全省特别是边境水域渔业生产秩序明显好转。

（6）加大资源保护力度，促进渔业可持续发展。一是切实加强保护区建设。在抓好国家已批复的水产种质保护区和自然保护区建设的同时，重点强化了保护与管理工作。为减少工程项目对渔业生态环境的影响，重点抓了中俄原油管道进入保护区的补偿工作，及时组织专家进行论证评审，科学合理地制定了补偿方案，生态补偿和保护措施得到落实。二是不断强化监管措施。在大力宣传贯彻执行《渔业法》、《水污染防治法》、《野生动物保护法》等法律法规的基础上，从促进渔业可持续发展出发，在鱼类资源保护上，采取了设定禁渔期、划定禁渔区、建设自然保护区、推进特许管理等措施，重点保护本省特有的有较高经济价值的鱼类种质资源。三是扎实推进增殖放流工作。全年共增殖放流各种鱼类苗种6 342.4万尾，其中体长8厘米以上的鲟鳇鱼34.2万尾，大麻哈鱼、哲罗鱼、滩头鱼、黑龙江野鲤等有较高经济价值鱼类苗种1 000万尾以上。珍稀濒危物种数量明显增加，增殖放流工作更加科学规范，渔业资源修复效果得以显现。

（7）强化渔业船舶管理，推进“平安渔业”建设。按照“安全第一、预防为主、综合治理”的方针，先后制定下发了《黑龙江省2009年“渔业安全生产年”活动方案》、《全省深入开展渔业安全生产“三项行动”实施方案》和《关于加强明水期渔业船舶管理的紧急通知》。全省各地按照“三项行动”的要求，开展了渔业船舶安全专项检查，对渔船超载、载客、载货和不按规定实施法定检验、未配备安全设施的渔船进行处罚。全省各级渔船检验机构加大了一年一度的法定检验力度，重点开展了小型渔船检验工作，使全省小型渔船受检率首次达到100%。各级渔业行政主管部门进一步落实了渔业安全生产责任制，主要领导负总责，分管领导具体负责，执法人员分段包片，并结合证件年审和渔民培训，与渔民签订渔业安全生产责任书，进一步规范了渔民的生产作业行为。建立和完善渔船安全管理有效机制，切实把渔船水上安全管理措施落到实处。

【存在的主要问题】

（1）养鱼经济效益有所下滑。市场商品鱼售价虽有小幅增长，但燃油、饲料和人工等成本的上升幅度更大，比较效益有所下降。加之渔业生产的优惠和扶持政策少，渔民发展渔业生产的积极性受挫。

（2）水域资源开发利用程度较低。一些大中型水面由于所有权与使用权权属不清，管理难度大，难以建立长期稳定和长效经营机制，影响了这部分水域的开发利用。一些已经开发利用的大中型水域由于投入不足，存在着利用率低的问题。

（3）水产技术推广体系薄弱。很多市、县的水产技术推广机构不健全，有的甚至连省编委下达的推广人员编制都已不知去向；市、县水产技术推广站的工作条件很差，大多与国家要求的“五有站”标准（有机构人员、有工作场所、有试验示范基地、有信息和交通服务手段、有经费保障）相去甚远；绝大多数乡镇站更是连最简单的仪器设备都没有。由于经费不足，技术推广、人员培训、项目实施等都不同程度受到影响。

【重点渔业市（县）基本情况】

黑龙江省重点渔业市（县、区）基本情况

市（县、区）	总人口（万人）	渔业总产值（万元）	水产品总产量（吨）	其中		内陆养殖面积（公顷）
				内陆捕捞	内陆养殖	
肇东市	90.6	25 590	24 426	300	24 126	11 667
密山市	43.9	23 000	21 000	2 000	19 000	16 801
绥化市北林区	87	15 000	20 036	64	19 972	6 333
肇源县	45.1	15 008	19 500	4 550	14 950	24 000
杜尔伯特蒙古族自治县	25	21 245	18 500	7 000	11 500	27 000
哈尔滨市区	398.6	15 630	16 520	629	15 891	4 310

（续）

市(县、区)	总人口（万人）	渔业总产值（万元）	水产品总产量（吨）	其中		内陆养殖面积（公顷）
				内陆捕捞	内陆养殖	
安达市	51.6	7 100	10 700	1 300	9 400	13 000
富锦市	45.1	7 500	10 410	200	10 210	1 900
齐齐哈尔市区	154	12 733	10 365	2 040	8 325	4 705
巴彦县	69.6	11 000	10 200	300	9 900	3 466

【大事记】

[1]3月10日,2008年度全省渔业工作会议在哈尔滨市召开。全省13个市(地)和70个县(市、区)的渔业行政主管部门、中国水科院黑龙江水产研究所、省水利厅、省农垦总局、省直属水产事业单位、省级水产良种场、部分渔场负责人近130人参加了会议。省农委副主任王建民作了重要讲话。省水产局局长陈志超作了《抓住机遇 乘势而上 推进黑龙江特色水产养殖业快速发展》的工作报告。报告总结了2008年全省渔业工作并部署了2009年渔业重点工作。

[2]3月23—29日,中俄黑龙江、乌苏里江边境水域渔政工作会议(渔业专家会议)在俄罗斯哈巴罗夫斯克召开。黑龙江省渔政渔港监督管理局局长陈志超等参加会议。

[3]4月2日,由黑龙江省水产局和黑龙江省渔业协会组织的首届渔业论坛在哈尔滨市举办。中国水科院黑龙江水产研究所有关专家、省直水产事业单位负责人、部分县(市、区)水产技术骨干、养殖大户、东北农业大学相关专家及江苏省吴江市水产养殖有限公司负责人共110人参加了会议。会上,专家及养殖户分别介绍了黑龙江省的鱼类病害防治技术、用药安全和各种名特优新鱼类的养殖技术。黑龙江省水产局局长陈志超、副局长刘振家出席会议,并作重要讲话。

[4]6月26—28日,中共中央总书记胡锦涛到黑龙江省视察工作时指出,要发挥资源优势,大力发展畜牧水产业。

[5]7月6日,中共黑龙江省委第57次常委(扩大)会议研究了全省渔业发展问题,提出了进一步谋划水产养殖业发展方向和重点,积极推进水产健康养殖、规模养殖和特色养殖,提升水产养殖业发展水平。

[6]7月7日,黑龙江省鲟鳇鱼、大麻哈鱼放流站在黑龙江萝北江段和逊克江段首次放流7~10厘米规格达氏鳇幼鱼17.2万尾,实现了增殖放流达氏鳇数量新突破。放流数量占当年全省鲟鳇鱼放流数量的50.3%。

[7]7月11日,主题为“增殖水生生物资源,促进和谐社会发展”的黑龙江省中俄边境水域黑龙江流域鲟鳇鱼苗种增殖放流启动仪式在黑河市举行。逊克县、萝北县、同江市、抚远县江段的增殖放流与黑河市同步进行。

[8]7月12日,2009年上半年全省渔业工作会议在五大连池自然保护区召开。13个市(地)渔业行政主管部门、省水利厅、省农垦总局、省直属水产事业单位负责人共50余人参加会议。各地汇报了上半年渔业工作开展情况。省水产局副局长刘振家讲话,总结分析了上半年全省渔业发展态势,部署了下半年重点工作。最后,省水产局局长陈志超作了重要指示。

[9]7月23日,全国农业厅(局)长座谈会议在黑龙江省哈尔滨市召开。各省渔业行政主管部门、中国水产科学研究院及各海区渔政局负责人参加会议。

[10]8月11—16日,农业部副部长牛盾、农业部渔业局局长李建华、渔业局计划处处长肖放来黑龙江省考察黑龙江边境渔业工作和边贸工作。黑龙江省人民政府副秘书长金济滨、黑龙江省农业委员会副主任王建民、黑龙江省水产局局长陈志超等全程陪同调研。

[11]8月27日,《黑龙江省机构编制委员会关于印发〈黑龙江省农业委员会主要职责内设机构和人员编制规定〉的通知》(黑编〔2009〕161号),将(黑编〔2000〕103号)确定的“黑龙江省水产局(中华人民共和国黑龙江省渔政渔港监督管理局)”更名为“渔业局(中华人民共和国黑龙江省渔政局)”。其内设机构暂不变。

[12]8月,黑龙江省人民政府组织省农委及相关单位在全省开展渔业发展情况调研,并形成《全省水

产养殖业发展情况》调研报告。

[13]9月21日,农业部全国渔业统计暨规划工作座谈会在哈尔滨市召开。

[14]10月30日,黑龙江省人民政府召开省长办公会议,专题研究了渔业工作,科学定位黑龙江省渔业的发展方向为黑龙江特色渔业,明确了今后一个时期的工作重点和推进措施。

[15]12月8—11日,黑龙江省渔政局在哈尔滨市举办拟上岗渔业行政执法人员培训班。聘请省法制办有关负责人讲授综合法,省渔政局的专业人员讲授专业法,有94人参加培训,经考试全部合格。

[16]12月21日,全省水产健康养殖技术研讨会在哈尔滨市召开。各市、县水产技术干部及养殖场(户)120人参加会议。会上聘请了中国水科院黑龙江水产研究所等单位专家讲授了水产健康养殖、相关法律法规等技术和知识。

[17]12月,黑龙江省"水产健康养殖示范场"创建工作经考核验收,13家单位被农业部授予第四批"农业部水产健康养殖示范场"称号。同时,26家单位被黑龙江省渔政局授予第二批"黑龙江省水产健康养殖示范场"称号。截至2009年底,全省有27家单位被授予"农业部水产健康养殖示范场"称号,有55家单位被授予"黑龙江省水产健康养殖示范场"称号。

(黑龙江省渔业局　郭政学)

上海市渔业

【概况】 2009年,上海市水产品总产量为33.9万吨。全市渔业总产值54.81亿元,同比减少7.33%。渔民人均纯收入达13 335元,同比增长5%。

(1)标准化水产养殖场建设有效推进。截至2009年底,共批复立项项目149个,总面积达4 611.45公顷,总投资63 269.62万元;共开工建设49个、总面积1 598.71公顷。其中已建成29个标准化养殖场,总面积1 026.72公顷。

(2)在2008年档案渔业(水产养殖)村级监管员试点工作的基础上,2009年分别在崇明、奉贤、青浦、金山4区6镇进行档案渔业(水产养殖)村级网络建设推广工作,覆盖水产养殖面积6 666.67公顷,遴选聘用了177名村级水产监管员,进一步扩大了村级监管员队伍。

(3)推出地产养殖水产品"准出"制度。上海水产行业协会共向31家养殖企业颁发了准出证明,覆盖养殖水面885.13公顷,上市7 042吨养殖水产品。

(4)全年对本市养殖水产品共组织抽检20次,抽检611份样品。其中上海自行抽检18次,抽检558份样品,仅检出1例不合格,合格率为99.8%,比2008年全市合格率提高了2.3个百分点;农业部组织抽检2次,抽检53份样品,合格率为100%。

(5)2009年全市共普查115家水产苗种生产单位,其中持证生产的74家,无证生产41家;全市共出动执法人员2 925人(次),检查1 298家水产养殖单位,抽检24份增殖放流水产苗种,取消1家鲢鱼苗种增殖放流资格,最大限度对水产养殖过程进行了有效监管。

(6)"渔业科技入户"活动有效开展。根据主导品种和主推技术,遴选出市、区两级63名技术指导员,240户渔业科技示范户,36家科技示范场,辐射带动1 962户水产养殖户。

(7)全年共培训养殖渔(农)民8 023人(次),培训捕捞渔民1 100人(次)。

(8)2009年本市渔业安全生产形势总体比较稳定,共发生渔业生产安全事故8起,伤残3人,直接经济损失55万元,无渔民死亡(失踪)事故。

(9)海洋捕捞渔船标准化更新改造进展顺利。8月20日,首批8艘标准化渔船交船仪式在浦东芦潮港客运码头举行并交付船东使用,投入了当年的渔业生产。

(10)2009年本市共有6艘渔船,总功率581.3千瓦列入海洋捕捞渔民减船转产项目。

(11)全年共完成渔业船舶检验1 051艘(次),船用产品检验13 229件(套),图纸审查9套,工厂认可3家。

(12)完成渔业行政审批清理工作。原有的33项行政审批事项经清理,保留行政审批事项18项,取消4项,将15项内容相近审批事项归并为4项。

(13)水生野生动物经营利用管理有序开展。全年共发放水生野生动物许可证19张,年审许可证77张,审核审批各类进出口手续15起,出具非《濒危野生动植物商品目录》物种证明7件。

(14)2009年本市共发放刀鲚捕捞许可证129张,凤鲚捕捞许可证65张,两证总数比上年减少28.8%。长江禁渔期共组织联合执法行动6次,查处违规案件188起,罚没款12万元。

(15)2009年伏季休渔时间作了调整,桁杆拖网休渔期提前到6月1日,沿海定置网休渔期延长半个月,从6月1日至8月16日。本市应休渔船共452艘,其中桁杆拖网渔船应休319艘,实休301艘,已经拆解、沉没或私自出售18艘;沿海定置作业渔船应休133

艘,实休132艘,自行报废1艘。

(16)渔业资源增殖放流工作规范有序开展。2009年本市市级渔业管理部门共筹集水生生物增殖放流资金876万元,其中市级财政资金500万元,涉渔工程修复款156万元,中央财政项目资金220万元。本市在长江上海段、淀山湖、黄浦江上游水域举行了26次增殖放流活动,共放流鱼种56吨。放流翘嘴红鲌、花鲭、黄颡、三角帆蚌、锯缘青蟹、暗纹东方鲀、菊黄东方鲀、长吻鮠等特色品种211.25万尾(只),鲢、鳙、鲤、鲫夏片4800万尾,鳜鱼夏片14万尾。

【重点渔业市(县)基本情况】

上海市重点渔业区(县)基本情况

区(县)	总人口(万人)	渔业总产值(万元)	水产品总产量(吨)	其中				养殖面积(公顷)	
				海洋捕捞	远洋捕捞	内陆捕捞	内陆养殖	内陆	市外基地养殖
崇明县	69.0	148 287.42	69 340	17 737		601	50 788	5 547.6	56 433.3
奉贤区	51.7	80 462.81	27 736	313		93	27 330	5 781.4	1 409.9
浦东新区	272.6	49 972.18	22 860	3 297		40	19 467	4 355.5	2 356.9
青浦区	45.9	43 676.10	25 024			1 789	23 235	4 166	286.4
金山区	51.87	39 036.9	20 821	518	5 173	859	14 271	2 068.3	
松江区	55.04	17 374.28	9 478			693	8 785	1 373.1	

【大事记】

[1]2月19日,中共中央政治局委员、上海市委书记俞正声前往崇明调研,了解渔民生产生活。

[2]7月8日,在市政府召开的推进农业旅游工作现场会上,松江区西部渔村等成为本市第一批38家"上海农业旅游推荐单位"。

[3]8月20日,8艘更新改造后的标准化渔船建成交付使用,此项惠民工程得到渔民的欢迎。

[4]9月16日,首届"淀山湖捕捞节"成功举行,上海市副市长胡延照参加启动仪式。

[5]11月19日,本市规模最大的一次水生生物增殖放流"上海市水生生物增殖放流暨长江口涉渔工程水生生态修复活动",在崇明县长江隧桥工作船码头隆重举行。这次放流活动由上海市农委主办,放流资金主要来自长江隧桥工程等建设单位。

(上海市水产管理办公室　梁伟泉)

江苏省渔业

【概况】 2009年,江苏省各级党委、政府大力支持高效设施渔业发展,渔业系统以渔业增效、渔民增收为中心,认真组织实施高效渔业规模化、渔业合作化、水产品质量提升、渔业"三新"、水生生物资源养护、平安渔业等"六大工程"。各地发展渔业生产的积极性不断提升,渔业经济运行形势继续向好。据统计,2009年全省水产品养殖面积725.37千公顷,比上年增长3.5%;全省水产品产量443.22万吨,比上年增长4.3%;实现渔业产值719亿元,渔民人均纯收入达9872元,分别比2008年增长8.12%和10.18%。全省实现渔业增加值399.33亿元,同比增长8%。内陆特种水产品养殖发展迅速,2009年养殖面积453千公顷,产量达102万吨,分别占全省渔业养殖面积的62.5%和养殖产量的28.8%。主要品种河蟹、青虾、淡水珍珠、文蛤、条斑紫菜等产量和产值均居全国首位。

(1)高效渔业规模化建设取得新进展。加大渔业结构调整力度,在继续做优做强河蟹等优势产业基础上,着力培育小龙虾产业,小龙虾养殖面积持续快速增加。河蟹生态高效养殖模式推广力度加大,养殖效益显著提升,出现了多个亩效益达万元的连片河蟹高效养殖区。全省渔机补贴1.37万多台,农业部和江苏省扶持江苏高效设施渔业建设资金近2亿元。渔业园区化开发蓬勃兴起,示范带动作用初显。加大渔业基础设施建设力度,组织实施了百万亩鱼池标准化改造工程,全省改造、新建鱼虾贝藻池面积近7.33万公顷,其中标准化池塘改造面积达5.25万公顷。全年新增高效渔业7.13万公顷(其中新增设施渔业2.35万公顷),高效渔业面积累计达30.5万公顷,占全省养殖面积的42.1%。

(2)渔业产业化经营水平有了新提高。大力发展新型渔民专业合作组织,全省经工商登记的渔民专业合作组织新增688个，总数达1 393个，入社渔民近7万户，占全省渔民总户数的18%。积极引导水产品加工业发展，培育壮大渔业龙头企业，新增省级渔业产业化龙头企业11家。加强市场开拓，积极参与江苏省农业国际合作洽谈会、第七届中国国际农产品长春交易会、江苏优质农产品（上海）交易会等推介活动，以节庆、展会等形式促进水产品市场贸易与流通。在国际市场紧缩、全国水产品出口严重下降的情况下，全省水产品出口额增长4%，首次突破2亿美元，达到2.02亿美元，创历史新高。

（3）渔业质量安全建设取得新成效。大力推进渔业标准化生产，下达20多项地方标准的制（修）订任务，新建成省级标准化示范区5个，新认证无公害水产品109个，通过地理标志登记2个。积极推广健康养殖模式，57个养殖单位获第4批农业部“水产健康养殖示范场”称号。水生动物防疫体系建设进一步加强，启动建设32个县级水生动物疫病防治站。实施了全省“水产品质量安全专项整治及执法年”活动，加大水产品质量例行监测和抽检力度，全年水产品监测合格率达98%，对检测不合格产品全部进行了查处。

（4）生态渔业建设取得显著进展。继续做好太湖流域水产养殖综合整治工作，太湖围网整治全面完成，滆湖、长荡湖围网整治有序推进，新实施池塘循环水养殖示范工程2 000公顷。农业部批复江苏新建5个国家级水产种质保护区，全省国家级水产种质资源保护区达16个。全省共发放水生野生动物驯养许可证和经营利用许可证33张。海洋伏休、长江春禁、湖泊禁渔等资源养护管理措施得到巩固，休渔禁渔秩序井然。加大了渔业资源放流力度，各级渔业主管部门共实施放流活动35批（次），投入资金3 500万元，放流各类苗种8.79亿尾（粒）。农业部和省政府共同举办了“2009年长江下游水生生物增殖放流活动”，产生了积极的社会影响。

（5）渔业科技创新与服务向纵深推进。加强了科技创新、成果转化、成果集成展示、科技服务等平台建设，认定了12个省级渔业重点实验室、16个研发中心、8个种质库和58家成果转化基地。2009年共安排省级财政资金5 300万元，立项实施65个省水产“三项工程”项目，促进渔业技术水平的提高。“太湖1号”青虾、河蟹、条斑紫菜、斑点叉尾鮰、文蛤等品种创新取得突破，刀鱼、美国鲥鱼、小龙虾、泥鳅、大竹蛏、四鼻须鲤鱼、鳡鱼等名特水产品种的驯养、人工繁殖、池塘养殖取得成功。以“渔业科技入户”工程、送科技下乡、“挂县强农富民工程”为主要抓手，在全省开展“渔业科技服务年”行动，其中渔业“科技入户工程”在45个渔业重点县、2 000个村、1.9万示范户全面展开，辐射带动26万多户，带动养殖面积27.2万公顷，实施面积占全省水产养殖面积的47.3%。

（6）渔业法制建设和执法管理取得新进展。《江苏省渔港和渔船管理条例》等法规、规章的立法工作有序推进。省政府办公厅批准印发了《江苏省国有渔业水域占用补偿暂行办法》。推进水域滩涂养殖证制度建设，县级以上水域滩涂养殖规划完成率达到80%以上。积极开展“护渔2009”、水产品质量安全等专项执法，加强了休渔禁渔、捕捞许可、涉外渔业管理，坚持文明执法，强化执法监督。

（7）渔业发展中存在的主要问题。表现为“四个薄弱”：传统渔业亟待向现代渔业升级，现代渔业的产业体系、组织体系、支撑体系等建设薄弱，池塘、渔港等基础设施建设薄弱，水产品质量安全监管力量与手段薄弱，现代渔业产业制度建设薄弱。渔民增收难度越来越大。

【小龙虾产业】 2009年，江苏省在继续做好河蟹、青虾等优势产业发展基础上，强势推进小龙虾产业发展。组建了小龙虾科技讲师团，开展以小龙虾高效养殖为主要内容的专题培训及技术服务活动，在全省40多个渔业重点县组织了近80场（次）的小龙虾养殖万人专项培训。全省小龙虾养殖面积达6.33万公顷，产量15万吨，产值约37亿元。

【原（良）种体系建设】 省级财政每年投入1 500万元，实施水产良种工程。组织实施了农业部首批水产原（良）种亲本更新补助试点项目。全省省级以上水产原（良）种场有17家，其中经农业部验收挂牌的国家级水产良种场9家。按照有关规定对全省各地省级水产良种繁育场进行了检查，取消了5家复查不合格单位资格，新认定了21家。全省省级水产良种繁育场为66家。突出抓好河蟹良种体系建设，制定了《江苏省省级中华绒螯蟹良种培育场建设规范（试行）》及《江苏省省级中华绒螯蟹良种培育场资格评审程序》，认定省级中华绒螯蟹良种培育场11家。

【渔业资源增殖放流】 2009年，全省投入资金3 500万元，大力组织实施各类水生生物资源增殖放流活动，共放流各种苗种8.79亿多尾（只、颗）。其中，海洋生物资源增殖放流投入资金1 045.55万元，放流黑鲷、海蜇、文蛤、中国对虾、半滑舌鳎、梭子蟹等苗种

48 386.07 万尾(粒、只);淡水生物资源增殖放流投入资金 2 391.9 万元,放流"四大家鱼"、银鱼卵、中华绒螯蟹蟹种等 39 717.2 万尾(粒);珍稀濒危水生野生动物增殖放流投入资金 7 万元,放流中华鲟 500 尾、胭脂鱼 500 尾。

【长江春季禁渔】 长江江苏段 2009 年春季禁渔时间为 4 月 1 日 12 时至 6 月 30 日 12 时。禁渔期间,全省共组织执法检查 608 次,出动检查车辆 626 辆(次),出动渔政船(艇)861 艘(次),渔政人员 4 892 人(次),查获违禁捕捞渔船 199 艘(次),取缔迷魂阵 7 365 米、深水张网 15 口,查处电捕器具 52 套(台),没收非法捕捞渔获物 658.5 千克,行政处罚 112 人(次)。

【海洋伏季休渔】 2009 年,全省应休渔船 6 359 艘,沿海各地全面落实各项伏休措施,基本做到了"船进港、人上岸、网入库、证集中"的休渔管理工作要求,稳定了渔业生产秩序,有效保护了海洋渔业资源。伏休期间,开展了"护渔 2009"行动,全省各级渔政机构组织海上执法 199 次,出动渔政船 16 艘,出海航次 254 次,检查渔船 4 916 艘(次),查处各类违规渔船 1 140 艘,处罚总额 954.76 万元,没收非法渔获物 8.2 万千克,扣港渔船 88 艘。组织港口检查 436 次,检查港口 52 个,检查渔船总数 4 068 艘,查出涉渔"三无"船舶 3 艘,暂扣渔船 9 艘,发出整改通知书 778 项,收缴罚款 20.89 万元。

【湖泊网围整治】 全面完成太湖网围整治任务,共拆除太湖围网面积 1.36 万公顷,全湖网围总面积压缩到 0.3 万公顷,专业渔民安置工作全面完成。滆湖网围整治工作基本完成,共拆除围网面积 0.58 万公顷,湖区现有网围面积 0.16 万公顷,超额完成了总面积压缩到 0.23 万公顷的整治任务。长荡湖网围养殖整治工作有序推进,养殖户围网拆除协议的签订全部完成。

【渔业科技成果】 水产品种创新取得重要突破,选育的"太湖 1 号"青虾通过全国原(良)种审定委员会审定,成为我国人工育成的第一个淡水虾蟹类新品种。河蟹育种成功构建了 20 个河蟹家系和大规格亲蟹繁殖技术,为河蟹家系选育提供了材料和技术支撑。条斑紫菜育种培育出了呈香味性状的条斑紫菜新种质 3 个。斑点叉尾鮰育种培育全同胞、半同胞家系 108 个,核心种群 5 450 尾,为进行多性状复合育种研究、准确选择优良家系奠定了基础。在国内首次成功突破刀鱼人工池塘养殖、全人工繁殖、活体运输等关键技术。建立了小龙虾可控化土池育苗和池塘主养、虾蟹混养及稻田和圩滩地养殖等技术模式。池塘生态修复及循环水养殖技术、管道增氧技术等得到大范围的推广应用。

【渔业政策性保险】 2009 年,江苏省人民政府金融工作办公室和省财政厅联合下发了《关于印发江苏省渔业保险试点工作方案的通知》(苏金融办发〔2009〕6 号),正式启动渔业保险试点工作。江苏渔业保险试点保险标的为从事海洋渔业生产经营的渔船、渔民以及从事内陆渔业生产经营的渔船,共分"渔船互助保险"和"雇主责任互助保险"两个险种。省财政对参加渔业保险试点的投保渔民(投保人)给予的补贴比例为 25%,各市、县级财政根据自身财力,自行确定是否给予补贴以及补贴比例。渔业保险试点工作由江苏省渔业互助保险协会及其代理机构负责实施。截至 2009 年底,全省渔业互保保费收入达到 3 086.23 万元,投保渔民 102 144 人、保费 2 040.36 元,投保渔船 5 404 艘,保费 1 045.87 万元。在政策性补贴方面,2009 年全省渔民享受中央财政补贴 193.1 万元,省级财政补贴 541.6 万元。为渔民提供了 54.7 亿元风险保障,为渔船提供了 5.1 亿元风险保障。

【渔业生态环境】 江苏省海洋与渔业局组织江苏省渔业生态环境监测站、江苏省淡水水产研究所、江苏省海洋水产研究所等单位对五个省管湖泊、长江干流江苏段、吕泗渔场、海州湾渔场、启东贝类增养殖区、如东紫菜增养殖区等重要渔业水域进行了渔业生态和资源监测,共设监测站位 362 个。监测项目主要是渔业资源和对水生生物的正常生长产生影响的环境因子以及污染物。监测结果表明,2009 年,全省渔业生态环境状况总体良好。

【渔业安全生产】 认真落实国务院办公厅和省政府办公厅关于加强渔业安全生产工作的通知精神。重点开展安全宣传教育,提高渔民安全意识。继续开展渔业安全生产专项整治,全省排查出各类渔业事故隐患 2 798 条,整改 2 677 条,整改率 95.6%;组织各类执法行动 2 000 多次,查处各类违法违规案件 3 078 起,有效地遏制了不安全生产行为。全省全年共发生渔业安全事故 7 起,死亡(失踪)31 人,其中较大以上事故 4 起。死亡人数占省安委会下达的年度控制指标的 77.5%,渔业安全生产形势基本平稳。

【重点渔业市(县)基本情况】

江苏省重点渔业市(县)基本情况

市、区(县)	总人口(万人)	渔业总产值(万元)	水产品总产量(吨)	其中				养殖面积(公顷)	
				海洋捕捞	海水养殖	内陆捕捞	内陆养殖	海水	内陆
赣榆县	109.95	357 856	359 560	113 989	176 442	1 080	68 049	14 697	5 014.85
启东市	111.41	456 251	329 198	199 889	97 214	5 124.40	26 971	24 274	11 744
如东县	105.67	264 445	248 436	54 506	140 483	6 882.52	46 564	45 000	8 000
兴化市	154.43	293 060	216 754			11 730	205 024		31 714
射阳县	96.64	298 952	166 726	36 329	53 251	7 095	70 051	5 026	8 848.75
东台市	114.6	163 298	161 765	28 164	63 048	14 004	56 549	26 092	7 484.60
高邮市	82.4	263 311	149 736.19			6 647.19	143 089		24 895.19
大丰市	72.45	208 014	146 222	14 004	53 841	15 105	63 272	15 476.4	8 927.53
宝应县	91.67	305 673	144 757.83			17 017.83	127 740		22 012.37
泗洪县	101.12	236 933	91 594			18 020	73 574		14 687.63

【大事记】

[1]1月5日,江苏省人民政府办公厅印发《关于加强全省渔业安全生产工作的通知》(苏政办发[2009]1号)。

[2]1月12日,江苏省海洋与渔业局局长唐庆宁在南京会见了哥伦比亚大西洋省省长贝拉诺一行,宾主就渔业交流与合作进行了洽谈。

[3]2月18日,主题为"美丽太湖·生态太湖·和谐太湖"的第一届太湖放鱼节启动,期间共投入放鱼经费740万元,投放各类鱼种1 000多万尾。

[4]2月25日,全省海洋与渔业工作会议在南京召开。江苏省委常委、副省长黄莉新出席会议并作重要讲话,省海洋与渔业局局长唐庆宁作主题报告。

[5]3月25日,"全国渔业科技服务年"暨"渔业科技入户"春季行动启动仪式在江苏宝应县举行,农业部副部长牛盾,江苏省委常委、副省长黄莉新参加仪式并作重要讲话。

[6]3月25—27日,农业部副部长牛盾率部国际合作司、渔业局的同志到江苏调研金融危机对农产品出口影响情况。江苏省海洋与渔业局、江苏省农林厅负责同志陪同调研。

[7]4月16—17日,在盐城市召开全省渔民专业合作经济组织发展推进会,研究部署新形势下加快发展渔民专业合作经济组织、提高渔业的组织化程度、促进现代渔业发展的具体任务。江苏省海洋与渔业局局长唐庆宁出席会议并作重要讲话。

[8]5月12日,农业部渔业局在江苏吕泗国家中心渔港举办以"送安全上船,保渔民平安"为主题的渔业安全生产宣传片首发仪式暨"防灾减灾日"活动。

[9]6月6日,农业部和江苏省政府联合举行2009年长江下游水生生物增殖放流活动。活动地点分别在南京、泰州、江阴、南通和洪泽湖、滆湖等地。农业部副部长张桃林,江苏省委常委、副省长黄莉新参加南京主会场放流活动并致辞。

[10]7月27日,江苏省海洋与渔业局召开各市主管局局长座谈会,总结交流上半年海洋与渔业发展情况,分析当前形势,研究部署下半年重点工作。

[11]8月25日,江苏省渔业互助保险协会与中国渔业互保协会在重庆签订业务合作协议。江苏省海洋与渔业局副局长丁承轩和中国渔业互保协会王朝华理事长代表双方在合作协议上签字。

[12]10月9日,江苏省海洋与渔业局正式对外发布2009—2012年水产养殖十大主推种类、十大主推技术和十大主推模式。

[13]12月25日,省政府办公厅印发《江苏省国有渔业水域占用补偿暂行办法》(苏政办发[2009]174号),对加强国有渔业水域使用管理,保护渔业生态环境,维护渔业生产者合法权益,规范国有渔业水域占用补偿工作,保障重点建设项目实施等,作出了有关规定。

(江苏省海洋与渔业局张建军 钱林峰)

浙江省渔业

【概况】 2009年,全省水产品产量498.7万吨,比上年下降1.1%。渔业经济总产值1 235.2亿元,比上年下降4.5%。其中渔业总产值490.1亿元,比上年增长6.2%;涉渔工业和建筑业443.4亿元,比上年下降19.9%(主要是水产珍珠加工总产值较上年减少177亿元);涉渔流通和服务业总产值301.7亿元,比上年增长8.7%;涉渔一、二、三产比例由上年的36∶43∶21调整为2009年的40∶36∶24。渔民人均纯收入12 022元,同比增长9%。

【水产养殖】 围绕高效生态渔业建设,制定出台了《关于大力推进我省生态渔业建设的若干工作意见》,组织编制了《生态强渔富民行动计划实施方案》、《渔业洁水保水行动计划实施方案》,指导全省养殖业发展。同时,积极争取、整合中央现代农业生产发展资金10 970万元、现代渔业发展专项840万元,用以扶持南美白对虾、甲鱼、青蟹、梭子蟹等主养品种和稻鱼共生、清水鱼、洁水渔业等特色养殖。针对产业发展的制约因素和关键环节,加大扶持力度,促进了产业要素集聚、规模扩大、素质提升,渔(农)民持续增收。

【渔业二、三产业】 包括以水产品精深加工和综合利用为重点的第二产业和以水产品市场流通及休闲渔业为重点的第三产业发展较快。全年水产加工品总量200.9万吨,其中罐制品和鱼油制品加工方面有大突破。2009年全省水产品出口数量43.6万吨,比上年增长0.6%,出口贸易额14.3亿美元,比上年减16.3%,成交量基本稳定但出口值大幅下降。规模以上水产品交易市场成交量345.5万吨,比上年增长10.8%,成交额384.6亿元,比上年增长8.2%,国内市场成交量、成交额同步增长。到年底,全省已有休闲渔业经营主体1 259个,比上年增长12.4%;从业人员13 579人,比上年增长15.4%;全年总投资21亿元,比上年增长21.4%;接待游客910.9万人,比上年增长16.6%;创造休闲渔业总产值11.2亿元,比上年增长24%,休闲渔业税后利润3.2亿元,比上年增长28.2%。

【标准渔港建设】 为了加快标准渔港建设进度,省政府召开了第三次全省标准渔港建设工作会议,茅临生副省长作重要讲话。省政府办公厅下发了《关于加快建设标准渔港的通知》,要求各市、县(市、区)政府切实加强对标准渔港建设工作的领导,加快在建项目的建设进度,加快推进前期工作。全面建立了标准渔港建设项目督察制度、通报制度和项目联系制度。按照“适度超前、交叉推进”的原则,沿海各地加快推进标准渔港建设进度。全年累计完成投资25 240万元,11个续建渔港项目进展顺利,新开工10个渔港建设项目,有40多个渔港建设项目开展了前期工作。

【鱼塘标准化改造】 通过实施专项资金政策扶持、加强省级示范项目引导等措施,“百万亩生态型水产养殖塘标准化建设工程”得到了快速推进,取得了显著成效。全年共完成标准鱼塘建设改造4万余公顷,共投入资金4.5亿元,其中省级财政投入0.375亿元。至此,全省标准鱼塘建设累计投入16.5亿元,建设改造面积5.8万多公顷。改造后的标准鱼塘,经济效益十分显著,促进了渔区社会主义新农村建设,成为全省社会主义新农村建设的一大亮点。浙江鱼塘标准化建设工作得到了农业部的高度肯定。

【渔船安全救助信息系统建设】 全省已有14 153艘130千瓦以上渔船上安装了卫星船位信息终端设备,有17 863艘40千瓦以上渔船上安装了AIS渔船防碰撞系统终端设备,合计共安装渔船终端设备32 000多台(套)。已在全省沿海建成20座AIS信号接收站,信号范围已可覆盖长江口到温州沿海的商船习惯航线。建成省、市、县(区)三级共30个监控指挥平台。省海洋渔业船舶安全救助信息中心已经省编委批复成立。各地根据各自实际需要,还将渔船安全管理信息服务指挥平台继续向重点渔业乡镇(街道)、重点村(社、公司)延伸,已在203个乡镇、村社建起了管理指挥平台。各地还举办了船用终端设备操作培训班,印发资料1万多份,共约1.2万名渔船船长、船员接受了培训。

【初级水产品质量管理】 2009年,全省认定无公害产地212家、申报认证无公害产品334个,累计达到1 044家和1 338个。同时,强化初级水产品质量安全监管,实施了初级水产品质量安全专项整治行动暨“执法年”活动,打击初级水产品生产中非法使用投入品专项整治行动和水产苗种专项整治行动。开展了3 301批(次)、11 133个样品的水产品药物残留监控工作,全年初级水产品药物残留抽检合格率达到

99.76%，养殖水产品质量安全水平逐年提升。

【捕捞许可管理】 认真做好渔船入渔中日、中韩双边渔业协定水域的入渔许可申请工作。全年共办理申请入渔日本管辖水域渔船 93 艘、韩方管辖水域渔船 354 艘和中日中韩暂定措施水域渔船 13 575 艘。全年共审批海洋捕捞渔船制造、更新改造和购置等 1 600 艘（次），办理捕捞许可证 3 000 本。根据农业部办公厅《关于做好新版海洋渔业捕捞许可证书证件换发有关工作的通知》（农办渔〔2008〕86 号）要求，积极组织全省开展新版海洋渔业捕捞许可证书换发工作，到年底，全省共换发新版海洋渔业捕捞许可证书 22 000 余本，换证率达到 88%。

【渔业执法管理】 针对新的伏休管理制度实施后的特点，在伏休期间组织开展 5 次海上联合执法行动，全省 3 万余艘各类伏休渔船，10 多万伏休渔民，在规定的时间内提前回港休渔、按时开捕生产，整个伏休期未发生明显渔船违规现象。积极开展护渔专项执法行动。4—9 月，共组织海上、港口检查各 6 次，参检渔政船 30 艘（次），参检人员 552 人（次），航时 828 小时，航程 11 037 海里，检查各类渔船 570 艘，查处违规渔船 149 艘。组织开展了雾季、冬汛渔船安全执法大检查，参加执法人员 198 人（次），航时 363.5 小时，航程 4 745 海里，海上登检各类渔船 280 艘（次），查获违规渔船 99 艘。按照"靠前配置、快速救援"的原则，在绿华、嵊山等 6 个点安排了 12 艘渔政船实施定点、定区域巡航值班、应急救援。1—11 月份，安全事故救助 77 起，救回遇险渔民 173 人，挽回经济损失 1 070 万元。继续开展浙北渔场专项整治，加强现场监管，组织渔政船对重点海区进行重点监管，依法打击无证捕捞等违法行为。内陆渔业执法重点突出，率先启动水产品质量安全"执法年"行动，全省累计检查水产养殖场和苗种场 8 412 家，检查保鲜剂使用渔船 1 680 条，责令整改生产记录不全等轻度违规单位 1 240 家，处罚各种违法案件 31 起。同时，分别于 6 月和 11 月份，组织开展内陆渔船安全检查和打击非法捕捞专项行动，累计登临渔船 9 116 条，处罚各类案件 200 余起。

【渔业科技与推广】 组织制（修）订并发布实施 11 项水产省级地方标准，建立 37 个（含宁波）省级水产标准化示范区，核心示范区面积 3 000 多公顷，涉及 20 个水产养殖品种。继续实施渔船节能降耗工程，完成 500 艘大功率渔船节能技术改造。在普陀区、三门县等 6 个示范县（区、市）继续实施渔业"科技入户"示范工程，共培育水产养殖科技示范户 1 280 户，示范养殖面积 4 300 多公顷。与上年相比，示范区主导品种单位面积产量和效益增长 10% 以上，示范户户均增收 8%。启动了 1 家国家级良种场（西伯利亚鲟）、3 家省级良种场（清溪乌鳖、三疣梭子蟹、珍珠蚌）和 7 家省级规模化优质水产种苗繁育基地建设，建成了 2 家省级良种场（中华鳖），育成清溪乌鳖良种并获得国家级新品种证书，两个水产养殖新品种罗氏沼虾"南太湖 2 号"和杂交鳢"杭鳢 1 号"通过全国水产原种和良种审定委员会审定。全省水产技术推广系统继续实施主导品种和主推技术推广联合行动，大力推广了 10 个主导品种和 18 项主推技术，并总结提炼了 35 个新型养殖模式和技术典型，在全省进行推广。全省共组织实施各类示范推广项目 645 项，共计推广总面积 8.84 万公顷，实现产量约 34 万吨，增加产量 4 万吨，实现产值 64 亿元，增加产值 6.3 亿元。

【渔民技能培训与技术服务】 全年累计举办各类培训班 924 期，共培训渔民 91 524 人（次），超年度计划 50% 多。其中举办双转渔民培训班 13 期，培训转产转业渔民 1 450 人；渔业实用新技术培训班 590 期，培训渔民 46 547 人（次）；渔业行业职业技能培训班 321 期，培训渔民 43 527 人（次），有 31 087 位渔民培训后取得了相关技术证书。启动实施"金蓝领"高技能人才培训工作，已开展了病害防治员、水产技术推广员、养殖质量管理员 3 期培训，受训人数 172 人。

【渔业政策性互助保险】 继续推动政策性渔业互助保险的发展。2009 年全省渔业互保费收入 2.22 亿元，比上年增长 16.16%，其中参保渔船 1.4 万余艘，占可保渔船总数 96% 以上；参保渔民 12.5 万余人，占下海渔民总数 97% 以上，人均保额 19.1 万元，承载风险保额 310 多亿元。全年处理理赔案件 6 609 起，为受灾渔民支付理赔款 8 455.62 万元，为渔业安全生产和恢复再生产、保障渔民利益做出了显著成绩。全年省财政拨出 3 397 万元专项补贴资金用于政策性渔业互助保险补贴；15 个市（县）配套补贴 1 321.61 万元；中央财政补贴 196 万元，使广大渔民真正享受到政府政策性补助的温暖。在推动政策性互助保险的同时，省渔业互保协会采取三项让利优惠措施服务于渔民：一是主动下调雇主责任互保附加医疗险和远洋渔船雇主责任互保费率，直接让利于渔民。二是继续推行无理赔奖励政策。三是进一步扩大渔民会员小额贷款范围，2009 年为舟山等地渔民会员新增发放小额贷款 1 010 万元。

【重点渔业市(县)基本情况】

浙江省重点渔业市(县、区)基本情况

市 (县、区)	总人口 (万人)	渔业总产值 (万元)	水产品总产量 (吨)	其　中					养殖面积(公顷)	
				海洋捕捞	海水养殖	内陆捕捞	内陆养殖	远洋渔业	海水	内陆
温岭市	117.58	450 096	489 176	420 543	61 039	465	7 129		5 381	1 895
象山县	53.51	475 384	573 491	447 779	114 615		10 926	171	10 908	2 768
普陀区	32.07	388 694	558 160	430 719	34 288		2 885	90 268	2 925	592
岱山县	19.2	250 759	309 167	299 057	9 336		774		1 523	182
玉环县	41.1	199 861	260 443	171 272	86 741	221	2 209		6 779	656
三门县	42.27	160 525	182 777	16 916	161 510	463	3 888		12 862	971
乐清市	120.91	108 730	79 515	9 357	65 559		4 599		8 520	2 477
苍南县	126.53	147 348	199 585	165 765	26 694	1 196	5 930		5 625	2 655
宁海县	60.07	144 735	137 227	8 533	123 962	227	4 505		15 307	2 073
嵊泗县	7.99	133 720	285 667	210 384	74 523			760	1 752	
临海市	114.66	101 913	109 963	88 783	12 763	2 884	5 533		2 187	2 814
慈溪市	103.12	97 429	42 618	4 840	14 812	1 691	21 275		5 074	7 109
瑞安市	117.52	64 496	105 455	97 849	4 892	732	1 982		1 544	1 102
洞头县	12.63	74 777	150 641	137 574	13 067				2 609	
定海区	37.51	66 876	84 825	57 578	9 255		4 771	13 221	1 778	1 307
奉化市	48.16	88 520	101 574	85 419	12 955	900	2 300		2 466	1 860
椒江区	49.98	79 322	207 750	205 522	1 837		391		615	154

说明:总人口系2008年底统计数。

【大事记】

[1]1月7日,中共浙江省委书记赵洪祝和省长吕祖善分别在《海洋与渔业专报信息》(67期)上对省渔船安全救助信息系统建设工作做出重要批示。

[2]3月5日,交通运输部印发《关于表彰2008年度全国海(水)上搜救先进单位先进集体和先进个人的决定》(交搜救发〔2009〕103号),对表现突出的全国30个先进单位、60个先进集体、100名先进个人进行了表彰,并颁发了奖牌和证书。浙江省海洋与渔业执法总队荣获"2008年度全国海(水)上搜救先进单位"称号;省海洋与渔业局潘建中、温岭市"浙岭渔运21320轮"船主郭文标被授予"2008年度全国海(水)上搜救先进个人"称号。

[3]4月27日,2009年浙江母亲河——钱塘江流域水生生物资源增殖放流活动在杭州富阳隆重举行。本次活动由农业部与浙江省人民政府主办,浙江省海洋与渔业局与杭州市人民政府承办。活动期间共放流三角鲂、中华鳖、中华绒螯蟹等11个种类、约1 100万尾(只)水产种苗,投入专项资金100万元。这是钱塘江流域组织开展的规模最大的一次增殖放流活动。农业部副部长牛盾、浙江省副省长茅临生等领导参加活动仪式并讲话。

[4]6月11日,"全国渔业安全生产暨防台风减灾现场会"在浙江省象山县召开。农业部渔业局局长李健华参加会议并讲话。

[5]7月1日,全国水产养殖池塘标准化改造现场会在杭州召开。农业部渔业局局长李健华、浙江省海洋与渔业局局长赵利民以及部分省级渔业部门及典型示范单位代表等共100余人参加现场会。

[6]7月15日,浙江省人民政府在舟山召开第三次全省标准渔港建设工作会议。茅临生副省长到会并作重要讲话。省海洋与渔业局赵利民局长代表省标准

渔港建设协调小组作了《明确任务,落实责任,齐抓共促,全力推进标准渔港建设》的发言。

[7]8月17—18日,浙江省委常委、省委副书记夏宝龙一行在省海洋与渔业局局长赵利民等陪同下,先后赴湖州、嘉兴、杭州地区,考察调研淡水渔业发展情况,并听取了全省海洋与渔业工作情况汇报,并就今后全省海洋与渔业工作作了重要指示。

[8]9月1日,浙江省人民政府发布《关于表彰2009年度浙江省有突出贡献中青年专家的决定》(浙政发〔2009〕58号),省淡水水产研究所所长叶金云被授予"2009年度浙江省有突出贡献中青年专家"荣誉称号。

[9]9月11日,浙江省编制委员会印发《关于设立省海洋渔业船舶安全救助信息中心的批复》(浙编〔2009〕35号),同意设立浙江省海洋渔业船舶安全救助信息中心,为省海洋与渔业局所属社会公益类纯公益性事业单位(处级)。暂定事业编制8名,其中处级领导职数2名。

[10]11月4—7日,农业部副部长牛盾在部渔业局副局长陈毅德、浙江省海洋与渔业局局长赵利民等陪同下,详细考察了宁波市渔船安全救助信息系统的运行情况。

[11]12月8日,浙江省副省长茅临生一行到浙江省海洋渔业船舶安全救助信息中心视察工作。

(浙江省海洋与渔业局 方康保
汤美玲 阮 峰)

安徽省渔业

【概况】 2009年,围绕省委、省政府"推进水产跨越工程,扶持水产大县,提升水产品加工水平"的总体部署,依靠科技,增加投入,调优发展方式;加强监管,强化服务,突出质量安全,扎实推进各项工作,渔业呈现蓬勃发展的良好态势。

(1)主要经济指标全面增长。全省水产养殖面积51万公顷,同比增长7.3%;全年水产品产量183.14万吨,同比增长2.9%;渔业经济总产值357.9亿元,同比增长13.9%;渔民人均纯收入7 468元,增长3.6%。

(2)名优品种养殖发展迅速。全省名特优水产品养殖5.67万公顷,同比增长30%;河蟹、克氏原螯虾、鳜鱼、黄鳝、泥鳅、龟鳖等特色优势区域板块扩大,科技增产增效明显,发展势头强劲,持续成为渔民增收的一大亮点。

(3)养殖方式转变加快。以生物修复技术为核心的生态健康养殖模式——"当涂模式"、"宿松泊湖模式"广泛推广。全省以河蟹为主导品种的生态健康养殖达33万公顷。创建了100个市级以上标准化健康养殖示范场(区),其中,46个已批准为国家级健康养殖示范场。建成无公害、绿色和有机水产品养殖基地15.3万公顷,认证无公害水产品204个,绿色水产品80个,认定有机水产品基地8个。

(4)苗种生产稳步提升。全省生产鱼苗270亿尾,较上年净增10亿尾。涌现出一批规模超10亿尾的骨干良种企业。特别是市场需求量大的主推品种,有了实质性突破。池州秋浦花鳜苗种产量达5 000万尾,斑鳜规模化人工繁育、养殖取得成功,成为华东地区最大的鳜鱼苗种繁育基地。克氏原螯虾土池繁育和网箱繁育技术广泛推广,有效缓解了苗种供应的紧张局面。此外,黄鳝、泥鳅、江黄颡、大口鲇、龟、鳖等规模化繁育技术取得很大进展,推进了特色养殖发展。

(5)优势区域日益壮大。各地抓住皖江城市带承接产业转移示范区建设的机遇,以水产大县为载体,以骨干企业为龙头,突出重点、整合资源,推进沿江、沿淮水产经济带和优势水产品板块建设,形成较为合理的水产优势区域布局。沿江沿淮湖泊生态渔业、江淮池塘高效渔业、皖西皖南水库特色渔业、皖北河沟沉陷区健康养殖和城郊都市休闲渔业等五大渔业经济板块日益壮大。有31个水产养殖专业村(乡、镇)被授予省级"一村一品"特色专业示范村(乡、镇),14个水产养殖场被认定为省级现代农业科技示范园,14个水产专业合作社被授予省级示范合作社。

(6)质量水平保持优良。认真开展水产苗种和水产品质量安全专项整治行动,对全省水产苗种场普查登记,摸清了家底,为苗种质量安全监管奠定了基础。加强水产品质量安全监督抽查。农业部和本省先后对17个市的水产品市场、养殖基地、良种场进行12批(次)质量安全例行监测,共检测样品1 004个,检测氯霉素、硝基呋喃类代谢物、孔雀石绿、磺胺类、喹诺酮类5种药物残留。市场检测合格率97.5%,养殖基地检测合格率100%,鱼种检测合格率99.2%。

(7)积极开拓水产品市场。省政府和农业部共同举办中国安徽(合肥)农业产业化交易会,各级渔业部门和水产龙头企业充分利用农交会平台,招商合作、推介对接。省农委分别与合肥市政府共同主办了第八届龙虾节、与马鞍山市政府共同主办石臼湖螃蟹节、与巢湖、宣城市政府在上海共同主办了水产品推介会等。这些活动有力地提升了"皖字号"水产品的影响力和知名度,促进了安徽与长三角地区的渔业合作,巩固和扩大了水产品市场。全年水产品货源充足,购销两旺。尤其是名特优水产品销量稳步增长,价格坚挺。河蟹品质优良,畅销江浙沪、北京等市场,大中规格河蟹价格同比提高30%。鳜鱼、河蟹、泥鳅、水库鳙鱼等水产品反季节养殖销售超10万吨,增效5亿元。

(8)谋划水产跨越工程。根据省委《关于贯彻〈中共中央关于推进农村改革发展若干重大问题的决定〉的实施意见》(皖发[2008]22号)文件精神,结合安徽省渔业实际,科学确定水产跨越工程总体思路、发展目标和关键措施,制定了《关于实施水产跨越工程的意见》,经省政府同意,省政府办公厅批转全省实施。

(9)推进渔业产业化经营。一是培育壮大龙头企业。一大批社会资本投资渔业,水产龙头企业由规模养殖、良种繁育不断向水产品流通贸易、加工出口和休闲服务等二、三产业延伸,企业规模扩大、经营领域拓展、产品质量和品牌效应提升。全省已有国家、省、市级水产龙头企业77家,其中国家级1家,省级22家。带动近50万农户从事水产品苗种生产、养殖、加工和销售。二是发展水产品加工流通业。全省年加工鲜活水产品突破10万吨,加工、流通产值近百亿元。明光永言水产集团淡水鱼糜加工取得突破性进展,出口贸易良好。三是休闲渔业蓬勃发展。全省渔业特色休闲、旅游场所千余家,总产值超10亿元。

(10)加强水生生物资源养护。省农委与长江渔业资源管理委员会、世界自然基金会在安庆共同主办了长江"四大家鱼"亲本人工增殖放流活动;在长江无为段放流15万尾胭脂鱼。全省共投入资金1 917万元,向长江、淮河、巢湖、新安江以及大型湖泊、河道、水库等水域,共放流鱼类1.59亿尾,较上年翻一番。增殖放流工作日趋规范化、制度化。制定了省级地方标准《安徽省水生动物增殖放流技术规范》并发布实施;制定了《安徽省水生生物资源增殖放流规划(2010—2015年)》,明确了今后6年全省放流工作的目标、原则、布局重点和保障措施。新建8处省级水产种质资源保护区,其中4个申报国家级获得成功。全省共建有省级水产种质资源保护区17处,其中国家级9处。

(11)强化依法管理。一是加强禁渔期管理。实施为期3个月的长江安徽段春季禁渔工作,在禁渔期间实行分段驻守执法管理、组织跨界联合执法等措施,取得良好效果。同时,在全省120多处、33.7万公顷湖泊、水库、河流实施禁渔期、禁渔区制度。二是加强捕捞管理。按照农业部《关于加强内陆捕捞渔船管理的通知》精神,结合本省现阶段渔船管理和捕捞实际,经省政府批准,决定自2010年1月1日起,在全省实施机动捕捞渔船数量和功率总量控制,分别为机动捕捞渔船21 866艘、功率284 330千瓦。三是加强养殖权建设。全省已有77个县(市、区)级人民政府出台了《养殖水域滩涂规划》,占所辖县(区)的81%;发放养殖证8 600多本,核发养殖水域滩涂面积达24.8万公顷。四是加强水产苗种管理。全省共核发《水产苗种生产许可证》413本。对全部省级水产良种场进行全面考核复查,重新认定省级水产良种场18家、限期整改的2家。

(12)加强调查研究。一是开展了"长三角"地区淡水产品市场专题调研,基本摸清了"长三角"地区主要城市淡水产品市场的主要品种与来源、近年来的价格趋势和销售变化等,提出了承接"长三角"产业转移和市场开拓的对策措施。二是启动内陆地区淡水渔业保险专题调研,探索内陆地区水产养殖保险模式,积极推进渔业政策性保险的实施。三是开展了全省"连家船"专业渔民生产生活现状专题调研,提出对策建议。

【主要问题】 一是渔业投入严重不足,造成基础设施、基础研究和科技水平跟不上现代渔业发展的需要,使渔业资源优势和潜力得不到很好发挥。水产养殖、加工、出口与先进省份差距拉大。二是淡水产品的深加工仍然是制约本省渔业突破的"瓶颈",一些龙头企业发展受阻,难以做大做强。三是渔政执法体制不顺,机制不健全,管理手段滞后,严重影响了水生生物资源养护、水产养殖业执法和水产品质量安全监管。大多数县(区)渔政机构未能实现参照《公务员法》管理,队伍不稳、经费不足、执法不力。四是渔业安全生产监管责任重大,受资金、装备制约以及利益驱使,存在监管死角,事故隐患较多。

【重点渔业市(县)基本情况】

安徽省重点渔业市(县、区)基本情况

市(县、区)	总人口(人)	渔业总产值(万元)	水产品总产量(吨)	其中		内陆养殖面积(公顷)
				养殖产量	捕捞产量	
枞阳县	967 177	212 225	74 217	67 617	6 600	24 000
当涂县	650 224	187 700	66 071	58 756	7 315	13 000
宿松县	821 063	181 570	73 081	66 341	6 740	54 485

（续）

市(县、区)	总人口（人）	渔业总产值（万元）	水产品总产量（吨）	其中		内陆养殖面积（公顷）
				养殖产量	捕捞产量	
明光市	628 463	140 962	68 317	53 412	14 905	16 350
无为县	1419 737	126 069	56 327	47 170	9 157	14 675
天长市	651 889	124 673	53 500	49 780	3 720	12 067
寿　县	1 355 010	116 351	83 340	63 840	19 500	25 000
望江县	621 834	108 879	57 000	47 311	9 689	23 000
宣州区	851 412	91 045	52 611	41 170	1 441	15 228
霍邱县	1 783 006	64 213	72 000	57 762	14 238	15 119

注：1. 以产量取前 10 位；
2. 渔业数据采集于 2009 年渔业统计年报；
3. 人口数(2008 年末数)由省统计局提供。

【大事记】

[1]1 月 3 日，省政府办公厅明电通知加强渔业安全生产工作。要求各级政府和有关部门要高度重视渔业安全生产工作，全面落实渔业安全生产责任制；加快渔船检验机构建设，推进渔船检验机构认可工作；加强安全生产基础建设，抓紧编制与安全生产和防灾减灾规划相衔接的平安渔业建设规划，将渔港等基础设施建设、安全信息系统建设等纳入基建投资范围，加大对渔船救生消防、水上紧急救助等安全设施配备的投入力度，切实提高渔业防灾减灾能力。

[2]2 月 4 日，首次在巢湖放流大规格胭脂鱼苗种 6 000尾。巢湖水域每年放流经济鱼类 200 万尾。

[3]2 月 9 日，省农委印发《关于开展水产苗种专项整治行动的通知》(皖农渔函〔2009〕56 号)。根据农业部统一部署，在全省开展水产苗种专项整治行动，进行水产苗种场普查登记、水产苗种场执法检查和水产苗种药物残留抽检。

[4]3 月 10 日，省政府办公厅发出《关于加强 2009 年长江禁渔期管理工作的通知》，要求强化领导，落实责任，确保长江禁渔期制度的顺利实施。

[5]3 月 19 日，安徽省渔业科技服务、质量安全执法年暨养殖规范用药科普下乡活动启动仪式在巢湖市举行。

[6]3 月 20 日，安徽省水产学会第七次会员代表大会召开，会员代表共 70 人参加了会议。会上选举了第七届省水产学会新的理事会，产生了新一届学会常务理事会、秘书长、副理事长和理事长。

[7]4 月 9 日，长江渔业资源管理委员会和世界自然基金会共同主办、安徽省农业委员会和安庆市政府承办的长江“四大家鱼”亲本人工增殖放流仪式在安徽省安庆市隆重举行。3 000 多尾大规格的“四大家鱼”亲本游入长江。

[8]4 月 13—17 日，淮南市渔政渔港监督管理处、安庆市泊湖渔政监督管理站、宁国市渔政监督管理站通过农业部“渔业文明执法窗口单位”验收组的复核验收。

[9]5 月 9 日，安徽省国家大宗淡水鱼类产业技术体系合肥综合试验站正式揭牌。这标志着安徽大宗淡水鱼类现代产业技术体系建设迈出重要一步。

[10]5 月 14—15 日，省农委在池州市召开全省鳜鱼、龙虾苗种繁育、规模养殖现场交流会。进一步推进养殖品种结构调优。

[11]6 月 8 日，由安徽省农业委员会、合肥市人民政府特别支持，合肥市委宣传部、市畜牧水产局与合肥晚报共同主办的第八届中国 · 合肥龙虾节隆重开幕。本届龙虾节各项活动持续一周。

[12]7 月 6—7 日，安徽省水产技术推广总站举办了全省重大水生动物疫病防治培训班。来自全省各地的 98 名水产技术人员参加了培训。

[13]9 月 1 日，省政府办公厅转发省农委《关于实施水产跨越工程意见》(皖政办〔2009〕108 号)，要求各地认真组织实施。

[14]9 月 21 日，原安徽省水产局局长赵乃刚被农业部授予“新中国成立六十周年‘三农’模范人物”荣誉称号。

[15]10 月 12 日，安徽省农委公布了第三批 90 个省级“特色专业示范村(乡、镇)”，其中 12 个水产养殖专业村在列。全省共有 31 个水产养殖专业村获得省级“特色专业示范村(乡、镇)”殊荣。

[16]10 月 21 日，省农委渔业局受到农业部渔业

局表彰,荣获2008—2009年度政务信息宣传工作二等奖。

[17]10月23日,农业部渔业局副局长崔利锋、中国渔政指挥中心副主任居礼检查指导巢湖渔政工作。

[18]11月12日,安徽省农委和巢湖市政府联合举办"第八届中国·巢湖水产品推介会"。

[19]11月28日,中国渔业协会会长齐景发将"中国生态养蟹第一县"牌匾授予当涂县政府。

[20]12月18日,安徽省农委下发了长江、淮河、新安江安徽段渔业资源监测方案,正式启动重要水域渔业资源监测工作。

[21]12月28日,国家质量监督检验检疫总局公告,安徽五河县"沱湖螃蟹"成为国家地理标志保护产品。

(安徽省农委渔业局 王建勋)

福建省渔业

【渔业经济】 2009年以来,全省渔业系统以科学发展观为指导,认真贯彻落实国务院《关于支持福建省加快建设海峡西岸经济区的若干意见》,积极调整渔业结构,切实提升渔业产业效益,促进渔民增收,扎实推动现代渔业建设。2009年全省渔业经济总产值达1 194.85亿元,比增4.14%;增加值636.29亿元,比增4.11%,占全省GDP 5.32%;渔民人均纯收入8 291元,比增6.86%,比全省农民人均收入高出1 611元;全省水产品总产量569.67万吨,比增2.79%。

【水产养殖】 开展标准化水产养殖池塘建设改造工作,2009年累计完成2 700多公顷池塘标准化改(扩)建工作,投入资金超过2亿元。积极创建"水产健康养殖示范区(场)",2009年新增农业部"水产健康养殖示范场"23个,并加强对已批准的26个示范场的指导和监督检查,增强示范场的辐射带动作用。开展全省水产技术推广体系运行机制创新试点,继续推进渔业"五新"推广工作,推广、指导面积近9万公顷。强化重大水生动物疫病监控,加强养殖病害防治指导工作。2009年处理重大水生动物病害事件13起,通过有针对性地进行病害防治技术的跟踪指导、咨询、培训以及科普宣传,维护了病发区的生产稳定。

【水产品加工】 2009年全省水产加工总量213.4万吨,实现产值276亿元,其中出口15.42亿美元。项目建设持续推进,通过现代渔业发展项目、海洋渔业重点项目等,扶持水产加工项目建设,部分新、改、扩建加工项目陆续投产,带动新增投资约15亿元。品牌建设卓有成效,评审确定2009—2010年度省级水产产业化龙头企业77家,31个水产品入选省名牌产品,14个水产品入选著名商标,4家水产加工企业获得省"品牌农业企业金奖"称号。渔业标准化工作扎实开展,2009年共下达省级渔业地方标准制(修)订任务12项,发布实施渔业地方标准13项。

【水产品质量监管】 加强水产品质量安全检验检测体系建设。获准筹建农业部渔业产品质量监督检验测试中心(东南沿海);投入420万元扶持7个设区(市)局建设水产品质量安全检测站;全省5个县级水产品质量安全检测站建设项目获得批准。加大执法检查力度。扎实开展全省"水产品质量安全整治暨执法年"活动,强化养殖执法监管,全年产地水产品质量安全监督抽检合格率为98.9%,7个设区(市)城区水产批发市场100%纳入质量安全例行监测。大力推进无公害水产品产地认定和产品认证。新认定无公害水产品产地76家、6 800多公顷,新认证无公害水产品80个、1.3万吨。加强海水贝类养殖区域划型和管理,全省已有12 600多公顷的海水贝类养殖区域完成划型工作,全年安排贝类有毒有害物质监控200批(次)。

【外向型渔业】 积极推动闽台渔业合作。成功举办"2009年海峡(福州)渔业周暨渔业博览会",参观渔业博览会的人流量超过8万人(次),参展和采购客商签约贸易订单达8亿元。2009年出口台湾省水产品4.18万吨、金额2.51亿美元,同比增幅分别高达62.65%和158.76%。努力拓展国际市场空间,构建多元化的市场体系,水产品出口逆势增长。全年水产品出口创汇额达15.42亿美元,比2008年增长37.56%。

【科技推广】 在科技产业化方面,实施"鲍种质改良优化及生态养殖工程技术"研究,进一步丰富鲍鱼养殖品种结构。在科技成果转化方面,充分利用"6·18"平台开展项目成果对接,共征集到国内外海洋与渔业科研成果200项,精选海洋与渔业关键技术难题48项和企业技术需求31项,实现对接87项,总投资共计15.3亿元。对接项目中,有30多项已落地实施,逐步转化为现实生产力。2009年共有18项成果通过省(部)级鉴定和验收,3项科技成果获2009年度省科学技术奖,其中二等奖1项,三等奖2项。深入开展渔业科技入户示范工程,全省6个县(市、区)共培育发展科技示范户1 146户,辐射带动渔户21 460户。

【防灾减灾】 扎实推进海洋与渔业防灾减灾"百千万工程"建设。加快"百个渔港"建设。晋江深沪、祥芝、连江黄岐中心渔港已建成;东山大澳中心渔港正在进行扫尾工作;惠安崇武中心渔港和莆田石城一级渔港项目正抓紧建设中;1个中心渔港、2个一级渔港、1个内陆渔港和1个渔政执法码头项目已获农业部批准立项。颁布实施国内首个地方性的《渔港建设标准》,编制完成全省渔港建设布局规划。着力防灾减灾,成立福建省海洋预报台,不断拓展和完善海洋灾害预警预报信息系统的建设。风暴潮漫滩预警辅助决策系统、赤潮预警系统、海面风浪流数值预报系统、海上突发事件应急辅助决策系统均已进入业务化运行。推进"万艘渔船应急系统"建设。全省捕捞渔船共完成终端推广29 957台,实施率已达94.5%。通过系统已经成功实施海上渔业安全救助16起,被救渔船16艘,获救渔民160多名,挽回直接经济损失数千万元。应急指挥系统在保障海上渔业安全生产方面发挥了重要作用。

【渔业安全管理】 认真组织"渔业安全生产年活动",深入开展渔业安全隐患排查治理和安全生产大检查,共登临检查渔船约2.5万艘(次),组织渔业安全应急演练20场。开展全省性渔业安全宣讲活动,成立渔业安全宣讲团开展大型渔业安全宣讲活动52场、各类渔业安全座谈会近350场、船东船长培训班60期、"四小证"培训班约90期,参加人数达5万多人(次)。全年共发生各类渔业船舶水上事故57起,同比下降了17.4%,事故造成死亡(失踪)35人,同比下降了22.2%,沉毁船25艘,同比下降了19.4%。

【渔业保险】 通过与省财政厅、人保财险福建省分公司联合下发通知,将政策性渔业保险工作任务层层分解到市、县(区),切实把为民办实事工作落到实处。全年沿海市、县(区)共办理政策性渔工保险121 675人,占应保渔工人数的93.27%,政策性渔工保险覆盖面达93.27%。办理政策性渔船保险7 647艘,占应保渔船的76.24%。政策性渔船保险覆盖面达76.24%。共办理政策性渔业保险理赔939起,赔付2 230.8万元。

【渔政执法】 扎实推动以"护渔2009"为重点的渔业执法行动,制定了量化指标,并要求各设区(市)建立常规化海上巡航机制。护渔行动期间,全省共出动执法船艇883航次、执法人员8 813人(次),登临检查渔船13 101艘(次),罚款165.36万元,维护了正常渔业生产秩序。加大非法捕捞作业打击力度,组织省、市、县三级在闽江和九龙江流域开展声势浩大的专项整治行动,共出动渔政执法船艇52艘(次)、执法人员800多人(次),查获没收电鱼工具32件,暂扣电鱼船4艘,拆除销毁违禁渔具376件,渔民自行拆除违法捕捞设施和渔具达236件。强化伏季休渔监管,确保调整后的伏季休渔制度顺利实施。

【重点渔业市(县)基本情况】

福建省重点渔业市(县、区)基本情况

市(县、区)	渔业产值(万元)	水产品总产量(吨)	其中				养殖面积(公顷)	
			海洋捕捞	海水养殖	内陆捕捞	内陆养殖	海水	内陆
连江县	916 224	640 189	275 013	357 789	927	6 460	12 903	527
秀屿区	245 000	395 170	75 120	318 832	527	691	9 335	322
石狮市	191 687	355 840	327 013	28 535		292	1 136	42
龙海市	253 900	338 551	109 237	144 816	5 102	79 396	4 507	4 472
平潭县	273 395	338 507	170 017	168 300		190	4 440	86
漳浦县	321 421	338 111	57 503	240 044	3 734	36 830	13 159	2 985
福清市	432 421	302 178	21 446	203 203		77 529	10 753	5 145
东山县	272 062	287 853	147 975	131 949		7 929	6 152	463
霞浦县	255 377	286 152	99 119	186 410	5	618	16 981	96
惠安县	200 172	266 133	122 794	140 250	1 058	2031	4 600	499

【大事记】

[1]3月30日,福建省水产技术推广总站正式开通以手机短信为主的福建省水产技术信息服务平台。

[2]7月27日,经省委编办研究同意,福建省水产

技术推广总站加挂福建省水生动物疫病预防控制中心牌子。

[3]8月18日,《福建省海洋与渔业厅关于促进渔民专业合作社发展的若干意见》出台。旨在支持、引导渔民专业合作社发展,规范渔民专业合作社的组织和行为,保护渔民专业合作社及其成员的合法权益。

[4]9月18日,海峡两岸首次联合举办以"共护海峡渔业资源、增进两岸同胞情谊"为主题的渔业增殖放流活动。分别在福州马尾闽江口海域和黄岐—马祖海域分会场投放乌鲻鱼鱼苗70万尾。

[5]9月19日,由农业部渔业局、省海洋与渔业厅、省政府台湾事务办公室、福州市政府和中国水产流通与加工协会共同主办的2009年海峡(福州)渔业周暨第四届中国(福州)渔业博览会在福州国际会展中心隆重开幕。

[6]11月13日,省政府决定授予在促进农业产业化和现代农业发展中做出突出业绩的20家企业"品牌农业企业金奖"称号,有4家水产加工企业榜上有名。全省累计已有11家水产加工企业获此称号。

[7]11月13—15日,由海峡两岸首度携手合作举办的2009年中国(厦门)国际休闲渔业博览会开幕。博览会以"合作、交流、分享、共赢"为宗旨,以"两岸休闲渔业产业合作与交流"为主题,充分展示了两岸休闲渔业行业发展的新产品、新技术、新模式。

[8]12月10日,福建省地方标准《DB35/T 964-2009 渔港建设标准》正式实施。

(福建省海洋与渔业厅 廖信宁 刘 颖)

江西省渔业

【概况】 2009年,江西省各级渔业主管部门努力克服国际金融风暴的影响,强化各项工作和服务措施,进一步加大资源开发和保护力度,全面推进水产健康养殖,主攻水产品加工业和外向型渔业,加强渔业安全生产监管,大力推进现代渔业建设,全省渔业经济继续保持良好的发展态势。一是总量持续增长。全省水产养殖面积达到41.71万公顷,同比扩大1.5万公顷;水产品总产量达到205.26万吨,同比增长7.8%。二是价格平稳运行。据对全省14个农贸市场的19种水产品市场零售价格的定点调查,全年水产品市场零售价格指数为100.71,同比略有上涨。三是出口逆势增长。在国际金融危机和农产品国际贸易壁垒的不利形势下,水产品自营出口实现了逆势增长,全年水产品自营出口量达到10 755.2吨,自营出口额达到13 357.2万美元,水产品自营出口额同比增长33.5%。四是渔业经济发展态势良好。全省渔业经济总产值达到605.06亿元,同比增加62.64亿元,增长11.6%,其中渔业产值251.20亿元(含苗种产值),同比增加19.37亿元,增长8.4%。五是渔民持续增收。全省渔民人均纯收入达7 046元,同比增加652元,增长10.2%。

【水产养殖】

(1)养殖证发放。2009年,江西省全面完成水域滩涂普查和养殖证核发工作。根据中国渔业政务网——渔政指挥中心养殖证数据库统计,全省水域滩涂养殖使用证发放面积达41.57万公顷,其中:池塘发证面积为13.79万公顷、湖泊发证面积为11.51万公顷、水库发证面积为14.85万公顷、河沟发证面积为1.01万公顷,其他发证面积为0.416万公顷。

(2)现代渔业项目建设。2009年,中央财政继续支持渔业项目资金4 000万元,在都昌等21个县(市)改造标准化池塘1 520公顷,改扩建年繁苗能力达5亿尾以上的规模化苗种繁殖场5个及淡水鱼供港中心1个。项目建设共整合地方财政各类支农配套资金2 430万元,项目建设单位自筹资金3 318万元。池塘通过清淤、护坡、进排水及道路整修等方面的改造后,基本达到"池成方、埂成型、路成条、树成行、渠成网、灌可进、排可出、入能通、出能畅"的要求。池塘改造后养殖效益显著,平均每1/15公顷产量增加330千克、增收节支1 705.5元。

(3)水产健康养殖。一是制订了《2009年江西省水产苗种专项整治方案》,对全省263个水产苗种生产单位、192个水产养殖单位进行了检查。重点检查饲料、渔药等投入品的使用情况。通过检查,没发生使用任何违禁药物情况。二是已建立"水产标准化养殖示范区"23个,示范面积达3.52万公顷,涉及示范点(户)1 343个。全省已有156个水产品获农业部"无公害农产品称号"、244个水产品获"绿色有机产品"称号、64个水产养殖场(基地)获农业部"水产健康养殖示范场"称号。三是针对水产养殖业的发展情况,加大了十大主推品种和十项主推技术的推广力度,组织有关技术人员编辑出版了《现代渔业系列丛书》6万册,专门用于水产养殖技术培训和现代渔业健康养殖示范区养殖户。四是严格控制使用化肥养鱼的行为,使化肥养殖模式退出水产养殖,限量使用粪肥和沼渣养鱼,减少面源污染。

【水产品流通与出口贸易】 2009年,全省水产品商品率达到94.8%，水产品市场流通活跃，水产价格平稳。据对南昌、九江、宜春、上饶、赣州等5个主要水产品批发市场以及20个主要水产养殖基地水产品流向的调查，2009年全省水产品省外销售量达76万吨，比2008增长了11.8%，占全年水产品总产量的37.1%；销售价格比省内的市场平均价格高12.1%，销售额达96亿元，占渔业总产值的41.6%，比在省内销售要增加货值9.2亿元。全年水产品自营出口额达1.3亿美元，占全省农产品出口额的近50%，比2008年增长32%。全省现已有通过江西出入境检验检疫局注册的水产品出口企业26家，与之配套的出口备案注册养殖基地100余个。已基本形成了较为完善的出口水产品产业发展体系。

【渔业产业化】 2009年，经过全球金融危机风暴的洗礼，全省水产加工企业虽有减少，但规模以上水产加工企业和水产企业集团却有所增加，产业化经营程度得到了有效的提高。一是加工企业抗风险能力明显增强，加工率稳步增长。全省水产品加工企业虽然减至160家，但水产企业集团的组建规模加大，已新组建水产企业集团3家，仍有3家企业集团在组建中。水产品加工量达21.11万吨，同比增加1.27万吨，增长6.4%。消耗鲜活水产品36.95万吨，同比增加3.15万吨，增长9.3%。水产品加工率达18%，比2008年增加2个百分点。二是水产龙头企业不断发展壮大，推动了渔业产业化经营步伐。全省有以江西鄱阳湖四海水产集团（省级农业“双十”龙头企业）和江西瑞金红都水产食品有限公司（国家农业重点龙头企业）为龙头的省级以上农业产业化龙头企业34家，其销售额达42亿元（其中销售产值5 000万元以上的企业15家），同比增长31%，辐射带动农户达到2.6万户，同比增长8.7%。市级龙头企业81家，销售额达10亿元，辐射带动农户6万余户。三是规模以上水产企业稳步增多。至2009年底，全省规模以上水产企业达350余家，产值达60亿元，带动农户近20万户，分别比2008年增长16.7%、7.6%和3.4%。四是渔业专业合作组织稳步发展和壮大。全省拥有渔业合作经济组织数量与上年基本持平，但销售和带动农户能力却有明显增强，联系农户8.5万户，比2009年增加2.9万户。五是渔业产业结构合理调整。主攻加工，搞活流通的产业结构调整，使第二、三产业产值继续提高，第二产业（包括：水产品加工、渔机制造、渔用饲料、建筑和其他）产值达83.48亿元，同比增加14.3亿元，增长20.6%。第三产业（包括：水产流通、水产仓储运输、休闲渔业和其他）产值达270.39亿元，同比增加28.99亿元，增长12%。

【水产品质量安全与监管】 2009年，全省水产品质量安全总体情况良好。一是省级渔业行政主管部门成立了由分管厅长为组长的江西省水产品专项整治工作小组，制定并下发了《2009年水产品质量专项整治实施方案》和《2009年水产苗种专项整治实施方案》。二是多次开展水产品产地和市场抽捡，共检测水产品样品530个批（次）（农业部产地抽检100个批（次）、农业部市场抽检30批（次）、省产地和市场抽检400批（次），检测产品有鳗鱼、鮰鱼、河蟹、鲫鱼、黄颡鱼、青鱼、草鱼、鲢鱼、鳙鱼等，合格率达97.17%，其中养殖示范基地、出口备案基地、水产原（良）种场合格率达100%。三是全省“五类”水产养殖企业均已建立水产养殖企业质量安全追溯制度，并重点查处了“五类”养殖场违法使用投入品行为，对苗种和产品实行“双管”齐下的监督抽检机制，实施水产种苗和养殖用药专项整治工程。四是对渔需物资供应市场进行2次大规模的检查和抽检监督。五是将省内100多家出口水产养殖备案场列为重点监管对象，对100家水产原（良）种场和规模化苗种扩繁场的苗种和用药过程进行严密的监管，对100家无公害、绿色和有机水产品生产基地的养殖环境和产品分别进行了年度监测和季度药物残留抽检的监管。

【外向型渔业】 2009年，在国际金融危机和农产品国际贸易壁垒的不利形势下，外向型渔业企业采取多种措施，迅速扭转第一季度出口量、额双双大幅下跌局面，从二季度开始出现大幅回升，自营出口实现逆势增长。主要呈现6个亮点：一是针对2008年下半年暴发的国际金融危机对水产品出口三大支柱产业的鳗鱼、小龙虾、鮰鱼等造成巨大冲击的严峻形势，联合省出入境检验检疫局、省外经贸厅在水产品出口大县建立水产品质量安全管理示范区，开展水产养殖备案基地GAP认证，从而有效应对了国际市场贸易技术壁垒，降低了经营风险，确保出口水产品质量安全。二是积极组织水产出口企业参加各种国际经贸活动，促成了江西四海鄱阳湖水产集团在美国本土组建了自己的销售公司，并赢得了输美小龙虾“零关税”，为江西小龙虾直接进入美国市场创造了有利条件，大大提升了小龙虾出口的竞争力。三是组织银企会商。积极向银行推荐优质水产企业，促进了银企合作，仅江西四海鄱阳湖水产集团就从农业银行、交通银行、招商银行获得了7 400万元的贷款，江西鄱阳湖农业综合开发有限公司从中国银行获得2 000万元贷款，较好地解决了水产品加工出口企业流动资金不足的难题。四是协调解决欧鳗及其加工产品出口退税问题。五是引导企业开发新产品、开拓新市场。通过向企业传递最新信息，帮助引进技术、引进人才，引导江西东海食品有限公司投资4 800万元，引进世界一流技术和一流设备在广丰县建设全球第一条标准化淡水鱼糜及其深加工生产线。与香港水产商会、广东顺德国通物流及深圳物流等密切合作，力促江西四海鄱阳湖水产集团在龙南县建设供港淡水鱼中转中心。六是在出入境检验检疫部门的支持下，大力培植了出口企业，扩大出口能力。

【渔业科技】 一是在省农业厅的支持下，省水产技术推广站牵头建立了4项技术及6个品种等10个现代水产产业技术体系，聘任了10位首席专家，增强了水产自主创新能力。二是由省水产技术推广站、南昌大学共同承担的农业部“948”计划项目“乌鳢（黄鳝）产业化技术引进与推广”通过部级验收和省级鉴定。三是省水产技术推广站参与的农业部公益性行业专项“河蟹规模化繁育及养殖”项目、国家大宗淡水鱼产业体系南昌综合试验站等科研项目获年度评比优秀。同时与全国水产技术推广总站合作开展的鮰鱼联合育种项目进展顺利。四是由南昌大学牵头，省水产技术推广站等8个单位联合承担了农业部公益性行业专项“珍珠行业专项研究”。经全体科技人员努力，已完成2项“948”项目鉴定，获省科技进步二等奖1项、三等奖3项，带动8项水产技术通过省级科技成果鉴定。这类技术大部分得到实际应用，已解决多项企业技术难题，为产业提供强有力的支撑。

【渔业科技服务】 一是结合现代渔业调研，派出5个专家组深入一线，强化科技指导，并带动全省1 000名水产技术人员送科技入户。二是结合“渔业科技入户春季行动”计划，启动科技培训。继续在7个渔业科技入户示范县开展工作，重点是抓好万安、余干等部级水产科技入户示范县的实施工作，加大水产专业技术培训力度，培训渔（农）民1 000人（次）。三是开展送科技下乡活动。全年共举办5次送科技下乡活动，培训400人（次），举办现场咨询活动2次，接受咨询人员300多人（次）。四是继续开通热线和参与《惠农直播室》工作。

【渔业资源与环境保护】 一是3月19日，省政府、省禁渔工作领导小组在南昌市秋水广场隆重举行了江西省2009年禁渔暨渔业资源增殖放流启动仪式，启动鄱阳湖及长江江西段第8次全面春季禁渔和全省渔业资源增殖放流工作。二是省农业厅下发《关于实行渔业资源增殖放鱼月制度的通知》，确定每年6月为全省“放鱼月”。三是省农业厅投入资金100多万元，与鄱阳湖、长江江西段和五河流域沿江滨湖的南昌市、九江市、鹰潭市、抚州市、余干县、新建县、赣县等14个地方政府联合开展渔业资源增殖放流活动，共放流“四大家鱼”1.4亿尾。四是8月4日，江西省水产种质资源保护区评审委员会召开评审会，审定通过了第二批8个省级水产种质资源保护区。五是12月25日，农业部第1308号公告公布了第三批国家级水产种质资源保护区名单。江西省万年河特有鱼类、信江特有鱼类、濊水河特有鱼类和萍水河特有鱼类4个省级水产种质资源保护区申报国家级水产种质资源保护区获得通过。至此，全省已经建立了10个国家级水产种质资源保护区。

【重点渔业市（县）基本情况】

江西重点渔业市（县）基本情况

市（县）	渔业人口（人）	水产品总产量（吨）	其中		养殖面积（公顷）
			内陆捕捞	内陆养殖	
鄱阳县	195 400	128 487	19 677	108 810	29 791
南昌县	55 194	120 230	17 210	103 020	10 839
余干县	61 850	112 686	13 288	99 398	25 982
进贤县	54 138	89 578	17 042	72 536	30 693
丰城市	39 020	86 019	5 825	80 194	15 933
新建县	13 900	73 590	11 595	61 995	8 016
都昌县	28 710	70 213	15 436	54 777	12 182
永修县	20 440	41 226	4 081	37 145	8 962
彭泽县	7 606	40 029	2 952	37 077	7 800
九江县	7 329	40 028	1 964	38 064	12 877

（江西省渔业局　于向阳）

山东省渔业

【概况】 2009年,山东渔业经济实现了持续健康发展。全省水产品总产量745.7万吨(不含远洋渔业),比上年增长3.5%。其中海洋捕捞产量237.1万吨,比上年下降0.5%;海水养殖产量381.4万吨,比上年增长5.5%;内陆产品127.2万吨,比上年增长5.3%。渔业经济总产值达2 130.6亿元,比上年增长12.5%,渔业经济增加值978.8亿元,比上年增长14.4%。其中水产品产值797.9亿元,比上年增长8.7 %;水产品增加值484.6亿元,比上年增长8.4%。全省实现水产品进出口量204.5万吨,金额52.4亿美元,同比下降8.6%和6.7%。其中,进口水产品112.7万吨,金额18.9亿美元,分别下降9%和11.3%;出口水产品91.8万吨,创汇33.6亿美元,分别下降8.2%和3.9%。渔民人均纯收入达9 565元,增长8.5%。

【渔业结构调整】 大力发展优势主导产业,积极开拓国内外市场,积极转变发展方式,现代渔业建设取得新进展。一是渔业健康养殖快速发展。全省有13个市、74个县编制完成了养殖水域滩涂规划,占应编制规划市、县的84.5%,养殖水域滩涂规划体系逐步完善。新批准23处国家级、34处省级"健康养殖示范区",全省"健康养殖示范区"面积达7万公顷。深入推进生态标准化池塘改造整理工程,完成省级以上项目18个,全省新改造整理养殖池塘2万多公顷。"十大品牌"品种健康养殖继续扩大,产量、产值分别占全省水产品总产量的17.5%和总产值的45.3%。其中海参养殖面积达到4万公顷,产量突破6万吨,产品产值保持100亿元以上。组织编制全省水产原(良)种场建设发展规划,全面规范和加强了水产苗种生产监督管理。二是渔业资源修复力度加大。农业部联合环渤海三省一市政府在莱州举行了2009年渤海生物资源增殖放流活动,发表了《渤海生物资源养护行动宣言》,产生了强烈的社会反响。全省用于渔业资源修复的总投资达3亿多元,其中省级以上财政投入7 300万元。全省增殖品种近30个,全年投放苗种总量达28亿单位。扶持了莱州湾鲈鱼、海州湾对虾等12处水产种质资源保护区。在南四湖、东平湖及大型水库增殖放流优质淡水苗种4 100万尾。全省回捕增殖水产品总量达到6万多吨,创产值14亿元,产量、产值分别比上年增长20%和34%以上,直接投入产出比平均达1∶19以上,渔民受益面进一步扩大。三是外向型渔业进一步拓展。赴韩国专属经济区作业渔船生产形势较好,产量同比增长10%以上。万吨级远洋渔轮落户山东,中国金枪鱼交易中心在烟台正式挂牌成立,全省超低温存贮能力占全国的55%,远洋渔业整体水平明显提高。全年在外作业渔船达204艘,实现产量13万吨,产值12亿元。四是休闲渔业发展水平不断提高,新认证"省级休闲渔业示范点"30处,占地总规模8.52万公顷,水域滩涂占97.8%。其中水面4.91万公顷、滩涂3.42万公顷。全省已累计建成示范点77处,通过示范点带动,有力地拓展了渔业功能,吸纳了渔民转产转业和农村剩余劳动力。

【水产品质量安全】 一是扎实开展水产品质量安全专项整治行动。重点加强对苗种、产地、市场产品监督抽检,共检测各类养殖苗种和产品1 270余个,苗种合格率为83.4%,产地水产品合格率为97.3%,分别比上年提高5个和2个百分点。依法向1 322家苗种场发放了苗种生产许可证,领证率达到100%;对2 600多家企业进行了检查,100%建立了生产记录、用药记录和销售记录,监管率达到100%。二是确保十一届运动会水产品安全供应。重点加强了定点水产品养殖基地的监管,详细制定"十一运"水产品的供应计划,共抽检样品280个,检测全部合格,顺利完成水产品供应任务。三是渔业标准化稳步推进。全年制(修)订渔业标准49项,建立省级标准化示范基地63处,示范面积占全省养殖总面积的40%以上。积极开展无公害水产品认证工作,全省已累计认证无公害水产品929个,认定产地545个,面积达25.8万公顷。四是品牌渔业建设取得新进展。在14届中国(青岛)国际渔业博览会期间,举办了近年来最大规模的水产品"十大品牌"展示推介活动,取得了较好成果。

【科技兴渔】 一是重大科研项目有新的突破。中草药、疫苗、免疫增强剂替代抗生素防治鱼病技术应用范围进一步拓展,并实现了无公害系列渔药的产业化开发;开发了微波增氧消毒设备,提高了工厂化养殖循环水利用效率;黄河三角洲海参池塘生态养殖模式初步建立。二是深入实施"科技入户工程"。开展了渔业"科技入户工程"、水产养殖规范用药科普下乡、新型渔民培训等活动,全年共举办各类培训班430余期,培训3.3万余人(次),统一编印健康养殖技术资料8 000余份,有效推动了渔业科技的应用和普及。三是加强病害测报与防治。努力提升测报精准度,为水产养殖业健康和可持续发展提供公益性服务。组织200多个测报点开展病害监测报告工作,测报品种涵盖鲤鱼、乌鳢、大菱鲆、刺参等26个优势养殖品种,测报面积近1

万公顷。设立50个省级直报点,对海参、南美白对虾、大菱鲆、日本对虾、梭子蟹和乌鳢等6大养殖品种的病害发生情况实施了监测快报,监测直报面积2 700公顷。继续组织进行了全省鲤春病毒血症(SVC)的定点监控报告。

【渔业基础建设】 标准化养殖池塘整理改造工程省级以上投入资金达到6 650万元,比上年增长33%。全省新改造整理海淡水养殖池塘2万公顷,其中新开发5 100公顷、整理改造1.5万公顷,共投入各类资金6.5亿元。整理改造后的生态标准化池塘平均单产提高。抢抓中央"拉内需、保增长"机遇,积极争取中央和省投资用于渔政渔港、渔业良种、疫病防治等公益性基础设施建设。全年为各地争取省级以上渔业基本建设项目42个,总投资2.58亿元,中央和省基本建设投资补助资金达到8 421万元。增强了产业发展后劲,改善了基层执法手段和支撑服务能力。

【渔政港监管理】 适应渔业管理新形势,着力抓好涉外渔业管理和渔业安全生产,维护了行业发展秩序。执法管理取得积极成效。完善工作机制,抓好重点渔船管理,加强增殖资源保护,新的伏季休渔制度得以顺利实施。伏休期间共查处违规渔船760艘(次),伏休秩序是历年来最好的一年。海洋捕捞渔船全面实行IC卡管理,全省渔船智能化管理实现新突破。坚决贯彻农业部和省政府部署,开展了为期半年多的整治朝韩敏感水域越界捕捞专项行动,维护了国家外交大局。参与专项行动的渔政船巡航128天,航程8 593.1海里,登临检查渔船130艘。各部门积极配合,积极开展水产品质量安全执法,查处了一批违规用药案件。注重系统行风政风建设,积极开展"渔业文明执法窗口"创新活动,进一步树立了渔业执法队伍的良好形象。加强全省渔船渔港安全检查,严把渔业船舶进出港关口。全年各级渔港监督机构检查渔港1 000余处(次),检查渔船2.58万余艘(次),查处违规渔船3 000余艘(次),责令配备各类安全设备9 800余台(件),较好地维护了渔业生产秩序。

【平安渔业】 狠抓船员培训、船舶检验、安全设施检查、通讯联系、抢险救助等关键环节,渔业安全管理进一步加强。认真开展安全生产责任落实年活动,坚持抓好基层和基础工作,开展重点领域、重点环节安全检查;加强渔业安全保障能力建设,为全省渔船配备的CDMA定位手机、AIS防避碰系统、90-C渔用对讲机等,全部配备到位。积极防范恶劣天气影响,全省渔业安全生产形势总体稳定。全年救助渔船144艘,救助渔民880人,挽回经济损失6 400多万元。大力推进渔业互保,减轻政府减灾工作压力,维护渔区的和谐稳定。全年共承保渔船5 593艘,承保渔民9.1万人,实现总收入1.13亿元,为2 508艘(次)受灾渔船(沉船14艘)和1 019名伤亡(死亡103人)渔民支付赔款3 333.9万元。

【存在的问题】 山东省近海渔业资源持续衰退,水域生产力严重下降的局面尚未得到有效遏制。在工业化、城镇化进程中,渔业水域被挤占、发展空间受挤压趋势明显,渔民"失海"、"失水"问题比较突出。水产品质量安全、渔业生产安全管理基础还不牢固。在渔业安全生产方面,灾害性天气多、威胁大,渔船违规操作、管理不到位的问题仍比较突出。

【重点渔业市(县)基本情况】

山东省重点渔业市(县、区)基本情况

市(区、县)	总人口(万人)	渔业总产值(万元)	水产品总产量(吨)	其中		养殖面积(公顷)	
				海洋捕捞	海水养殖	内陆	海水
荣成市	67.5	1 160 878	1 025 000	425 000	589 825	962	22 641
长岛县	4.4	410 123	333 633	100 430	233 203		10 227
环翠区	31.5	268 480	323 792	122 584	201 208		7 400
莱州市	85.9	260 125	323 750	130 000	192 749	1 228	32 448
海阳市	66.6	281 525	321 514	122 454	195 155	999	11 374

【大事记】

[1]2月24—26日,由中英两国共同主办、山东省海洋与渔业厅承办的水产品贸易问题研讨会在青岛召开。为打击非法、不报告、不管制(IUU)捕捞行为,欧盟理事会将于2010年1月1日起,对进入欧盟市场的海洋捕捞产品实行"合法性"认证。此次研讨会,旨在

促进我国企业和有关部门深入了解此规定,减少其对我国水产品出口的影响,促进两国水产品贸易的健康发展。此次研讨会,对欧盟下一步制定实施细则将提供必要的参考依据。

[2]2月26日,山东省首艘万吨远洋渔船"维多利亚"号赴东南太平洋作业起航。万吨渔船"维多利亚"号是威海荣玛渔业有限公司2006年8月从俄罗斯购买的大型拖网加工渔船,该船总吨位为9 814吨,主机功率4 963千瓦,是现今东半球最大的拖网加工渔船。该船的起航标志着山东远洋渔业发展迈上了一个新的台阶,对改善本省远洋渔业装备水平,提升远洋渔业的国际竞争力,树立山东省远洋渔业对外形象具有重要意义。

[3]4月21—22日,中共中央总书记胡锦涛在山东省考察期间指出:"要大力发展海洋经济,科学开发海洋资源,培育海洋优势产业,打造山东半岛蓝色经济区"。

[4]5月11日,由山东省海洋与渔业厅组织编制的《山东省海洋与渔业保护区发展规划》经山东省人民政府批准施行。规划分近期2009—2015年,中长期2016—2020年两个阶段,重点建设海洋自然保护区、海洋特别保护区、水生野生动物保护区、水产种质资源保护区四种类型的海洋与渔业保护区,共规划建设100处。

[5]6月16日,农业部联合环渤海山东、辽宁、河北和天津,在渤海莱州湾联合举办2009年渤海生物资源增殖放流活动。向渤海投放重要经济鱼类苗种1 300万尾。这是农业部首次联合环渤海地区4省级人民政府开展的渔业资源增殖活动。

[6]6月30日,省委、省政府出台了《关于打造山东半岛蓝色经济区的指导意见》。《意见》明确了蓝色经济区的内涵和当前以及今后一个时期加快推进山东半岛蓝色经济区建设的总体要求和基本思路。

[7]10月16—19日,胡锦涛总书记考察了东营现代生态渔业示范区。他指出,山东海域面积辽阔,海洋资源丰富,发展海洋经济大有可为。要充分利用这一优势,科学开发海洋资源,大力发展海洋产业,同时还要保护好海洋环境,使海洋经济真正成为山东经济的重要增长极。

[8]11月2日,东北亚地区地方政府联合会海洋与渔业专门委员会在青岛正式成立。这是东北亚地区地方政府联合会在山东设立的第一个专门委员会。山东省省长姜大明、东北亚地区地方政府联合会秘书长李海斗和农业部、国家海洋局的领导共同为东北亚地区地方政府联合会海洋与渔业专门委员会揭牌。

[9]11月23日,国务院正式批复《黄河三角洲高效生态经济区发展规划》。自此,黄河三角洲地区的发展上升为国家战略,成为国家区域协调发展战略的重要组成部分。《规划》明确了黄河三角洲高效生态经济区发展的近远期目标、战略定位和发展格局。这一规划的批复对于山东省大力发展黄河三角洲高效生态渔业经济板块,带动全省海洋渔业大发展具有重大战略意义。

(山东省海洋与渔业厅　高贤忠　尤　强)

河南省渔业

【概况】 2009年,在经受国际金融危机冲击的大背景下,河南省农业和农村经济遭遇到了自然灾害频发、农业生产受挫,民工大量返乡、农民增收困难等诸多困难和压力。面对严峻考验,全省渔业广大干部职工坚定信心、努力拼搏,渔业综合生产能力有所增强,渔业结构进一步优化,渔业经济发展取得了一定的成绩,较好地完成了年度目标任务。

(1)渔业生产再获丰收。水产养殖面积不断扩大,2009年达到25.18万公顷,比2008年增加2 800公顷;生产鱼苗63.2亿尾,同比增加4.8亿尾;培育鱼种44.4亿尾,同比增加2亿尾;新建鱼池2 500公顷,改造鱼池1.86万公顷,培训人员8.7万人(次)。水产品产量大幅度增加,2009年全省水产品总产量达到92.9万吨,比2008年增加7.3万吨,增长8.5%。

(2)渔业经济效益显著提高。2009年全省水产行业总产值达到145.5亿元,比2008年增加11.7亿元,增长8.7%,水产业总产值占农业总产值的比重进一步增加,成为全省农业和农村经济发展的一支生力军。水产品加工和出口创汇产业进一步发展成长,2009年全省水产品加工产量5万多吨,出口水产品9 000多吨,创汇5 000多万美元,已逐步成为重要的内陆渔业出口创汇省份。

(3)渔民收入持续增长。2009年全省渔民人均纯收入达到6 055元,比2008年增加340元,增长5.9%,比2009年全省农民人均纯收入高出1 248元。水产业为全省脱贫攻坚和增加农民收入发挥了积极作用。

【水产品质量监督管理】 2009年初召开了省辖市水产主管局长座谈会,深入研究分析了水产品质量安全形势和存在的问题,制定了《河南省水产品质量监督管理实施方案》和《河南省2009年水产品质量安全整治暨水产品质量安全执法年活动实施方案》。进一步加强宣传培训,强化养殖环节监管和产地、市场抽检工作。一是开展农产品专项整治工作。全省开展水产品专项整治的县(区)共139个,共检查养殖生产单位1 162个,出动执法人员3 310人(次),发放宣传材料65 345份,指导249场(次),印发水产养殖生产记录20 000份。二是举办水产品质量安全监管培训班。来自全省18个省辖市和6个扩权县的水产科长、渔政站长及全省省级水产原(良)种场、农业部健康养殖示范区(场)、省级水产龙头企业负责水产品质量安全监管的负责人共85人参加了培训。三是全面加强检查和督导工作。成立工作组,分赴全省18个省辖市和6个扩权县,开展包括水产品质量安全监督检查和督导在内的安全生产大检查活动。四是积极配合农业部水产品质量抽检工作。2009年农业部安排在郑州、开封、新乡、漯河、许昌等地开展了3次市场水产品药物残留抽检和1次水产苗种抽检,苗种抽检结果全部合格,两次水产品质量产地抽检合格率100%。

【水生生物资源养护】 相继在黄河、洛河、伊河、淮河、淇河、小浪底水库、丹江口水库、南湾水库等天然水域开展水生生物增殖放流活动。放流水域覆盖了本省黄河、淮河、海河和长江流域,使天然水域渔业资源得到有效恢复,水域生态环境得到明显改善。一是开展全省春季禁渔活动。根据《中华人民共和国渔业法》、《河南省实施〈中华人民共和国渔业法〉办法》的有关规定,下发了2009年春季禁渔通告和通知,决定于2009年4月1日12时至6月30日12时,对本省境内黄河、淇河、汉江干支流河道、水库等天然水域实施春季禁渔。二是开展增殖放流活动。2009年中央财政拨付增殖放流补助资金420万元,其中,经济物种放流资金300万元,放流经济鱼类苗种为2 700万尾;濒危物种放流资金120万元,放流大鲵数量为2 400尾。以增殖放流补助资金作为引导资金,根据各地实际情况,对放流水域、资源、品种和数量情况,进行深入的调查论证、统筹安排。联合下发《河南省财政厅河南省农业厅关于下达2009年渔业资源保护补助资金的通知》,对承担水生生物资源增殖放流任务的有关地市下达放流指标,对放流任务提出具体要求,并着重强调加强增殖放流水生生物的种质鉴定、检验检疫、标志放流和放流效果评估工作,确保放流质量和生态安全。7月由黄渤海区渔政局、河南省农业厅、洛阳市人民政府主办,沿黄9省渔业主管部门领导参加,在黄河小浪底水库举行了黄河流域增殖放流活动。共在小浪底水库、伊河、洛河投放黄河鲤鱼、鲢鱼、鳙鱼、黄河泥鳅、黄河鳖等各类苗种733.5万尾,放流活动共投入资金100万元。信阳市以单位、企业筹措资金为主,相继向大中型水库投放大规格鲢、鳙、草鱼等鱼种700万尾,投入资金537万元;驻马店市多渠道筹措资金,向4座大型水库投放鲢、鳙、草鱼、中华绒螯蟹等苗种500万尾,投入资金335万元;平顶山市在大中型水库共开展4次增殖放流活动,放流苗种203万尾,投入资金96.1万元;南阳市以增殖放流与春季禁渔相结合,在丹江口水库和白河水域进行了增殖放流,投放鱼种455万尾,投入资金52万元。2009年全省增殖放流活动开展35次,共放流经济鱼类4 399.48万尾(只),银鱼卵1.5亿粒,投入放流资金2 367.9万元,其中中央财政420万元、地方政府财政220万元、企业和民间投入1 727.9万元。

【渔业二、三产业】 2009年,水产二、三产业发展进一步加快,已成为拉动全省水产业整体实力提升的一大动力。全省水产品加工、休闲、观光、度假、垂钓企业3 000多家,生产基地及经营利用水面达到5.3万多公顷,直接安置就业人员10万多人,年接待游客2 000万人(次),年综合产值20多亿元。水产品加工企业克服金融危机带来的影响,积极开拓国际和国内市场,生产品种达50多种,加工能力达到5万吨,产值3亿多元,向欧美、日本、韩国及东南亚国家和地区出口小龙虾、银鱼等20多个品种、9 000多吨,创汇5 000多万美元。为进一步推进水产品加工快速发展,专门召开部分水产品加工负责人座谈会,邀请江南大学食品加工学院的教授讲课,围绕水产品加工展开专题研讨和交流,不仅拓宽了思路,也进一步增强了发展水产品加工业的信心。

【渔政船检工作】 一是继续督促各地尽快组建渔业船舶检验机构。郑州市、洛阳市、商丘市、信阳市、三门峡市、安阳市、固始县、嵩县六市二县渔船检验机构已通过农业部船检局资质认可,另有几个地市正积极申请成立渔船检验机构,准备报农业部船检局认可资质。二是加强渔业船舶验船师的培训。在农业部船检局的指导下,开展验船师的再培训,利用各种途径增强验船师的实际操作技能。全省共183人取得验船师资格,其中67人为助理验船师,具备了开展渔船检验工作应有的技术人员。2009年又派出9名验船师参加了在重庆举办的《船长大于或等于5米但小于12米内河渔业船舶法定检验规则》培训会。三是开展船用产品检验工作。已为燃油喷射有限公司的1 000支喷油器(1批产品)、西峡汽车水泵公司的1 932台船用水泵(13批产品)、河南柴油机重工有限责任公司的48台柴油机(1 批产品)发放了 91 份船用产品证书。同时开展了渔船造船厂的资质认可工作,组织考核组对申报渔业船舶设计制造维修的三门峡江海工程技术开发公司、开封江河船业有限公司进行了现场考核,两家公司成为首批具有渔船设计建造资质的企业。四是完成柴油补贴数据统计上报工作。2009 年上半年国家下达渔船的柴油补贴资金为 226 万元,共补贴渔船 4 427 艘,功率 73 939 千瓦,平均每艘船补贴 510 元,每千瓦补贴 31 元。五是开展对台湾渔工劳务输出工作。河南省是全国对台渔工培训输出 4 个试点省之一。河南国际合作集团有限公司是本省同时具有对台渔工劳务输出和培训资质的企业,但由于各种原因,培训的渔工没有顺利派出。2009 年海峡两岸通航后,积极与商务部门和对台劳务输出试点企业沟通,查找对台渔工输出中存在的问题,并与农业部渔业局和东海区渔政局进行协调,解决了对台渔工输出的瓶颈问题。2009 年河南国际合作集团有限公司已派出 3 批对台渔工 81 名。

【渔业安全生产】 为全面贯彻《国务院办公厅关于加强渔业安全生产工作的通知》,落实农业部 2009 年"安全生产年"活动方案,组织了多次全省范围的安全生产大检查。全省大部分地市都按要求建立了渔业安全生产责任制、制订了渔业"安全生产年"活动方案、印制了渔业安全生产宣传材料。并按照方案要求,宣传渔业安全生产知识,进行了认真的安全生产大检查。积极开展"安全生产月"活动。为贯彻全省安全生产工作会议精神,加强全省渔业安全生产工作,进一步增强渔民群众的安全生产意识,2009 年 6 月 10 日,参加了省政府在绿城广场统一组织的"安全生产月"宣传咨询日活动。通过张贴和悬挂渔业安全生产挂图、宣传画等形式进行安全生产教育。发放宣传纸、漫画册、监督卡,现场答复群众询问,树立了渔业部门的良好形象。

【渔业科技服务】 2009 年 2 月召开了全省渔业科技服务年活动专家座谈会,制定了全省"渔业科技服务年"活动实施方案,成立了河南省渔业科技服务工作领导小组。成立了河南省渔业科技服务专家组,由省水产技术推广站和省水产科学研究院的 8 位专家组成,专业涉及渔业资源环境、名特优养殖、水生动物疫病防治、水生动物营养及饲料、水产品质量安全、实验室建设与管理、休闲渔业等方面。4 月 30 日在荥阳举行了河南省"渔业科技服务年暨水产养殖规范用药科普下乡"活动启动仪式。重点在 5 个县实施了渔业"科技入户工程",其中虞城县为农业部渔业科技入户示范县,光山县、罗山县、延津县、荥阳市为省渔业科技入户示范县。通过"渔业科技示范工程",培育 1 000 多个渔业科技示范户,辐射带动 1 万多个养鱼户。先后组织 10 多批省内科研、技术推广专家,定期深入渔户进行技术指导和培训,实现专家与渔户、科学技术与生产实际的零距离对接。帮助其加快水产良种更新,提高养殖技术水平和渔业经济效益。通过宣传示范和引导,发挥以点带面的作用,辐射和带动了水产业加快发展。

【制订河南省现代渔业发展规划】 根据省人民政府《关于编制现代产业体系规划的通知》,在认真总结河南省渔业发展"十一五"规划实施情况的基础上,根据全国渔业发展"十一五"规划、中长期渔业科技发展规划、《河南省农业发展"十一五"规划》,结合水产业发展实际,省水产局、省水产科学研究院和信阳水产局等单位的专家编写了河南省现代渔业发展规划(2009—2020 年)。规划分 2012 年、2015 年和 2020 年三个阶段,提出现代渔业发展目标,按照现代农业产业体系要求,提出现代渔业的发展思路、方向和重点。

(河南省水产局 孙国勇)

湖北省渔业

【概况】 2009 年,湖北省水产生产克服国际金融危机等多种不利因素的影响,各项渔业经济指标逆势呈现全面增长的良好态势。全省实现养殖面积 65 万公顷,同比增加 6.67 万公顷,增长 11%。水产品产量 333 万吨,同比增加 20 万吨,增长 6.38%;水产加工能力 87 万吨,同比增加 12 万吨;出口创汇 2.1 亿美元;渔业产值 420 亿元,同比增加 50 亿元,增长 13%;全省渔民收入达到 7 200 元,同比增加 600 元,渔业为全省农民增收贡献的增幅约 18.66%。全年争取中央及省级财政投入 2.66 亿元。其中中央财政支持湖北现代水产业生产发展项目资金 8 000 万元;中央财政增殖放流专项资金 980 万元;水产板块、大县和苗种基地建设资金 5 000 万元,畜牧水产大户创建贴息贷款资金 2 000 万元。

【产业发展】

(1)大县创建和板块基地建设。继续贯彻"上规模,做特色,创品牌,抓龙头"的总体要求,坚持以"基地与基地连接,基地与企业连接,板块与品牌对接,产品与市场对接"为重点,努力把资源优势、特色优势转化为市场优势。26个水产大县建设稳步推进,省级板块项目达到41个,新增面积6.67万公顷,基地订单生产率提高11%。长阳、宜都、丹江口等山区库区着力发展名优高效养殖,名优养殖比例都在95%以上。洪湖、监利、鄂州、公安等一些水产大县"一村一品"、"一县一品"的发展格局初步形成。

(2)水产品加工。全省加工企业发展到205家,加工能力提升到87万吨。其中,产值超过亿元的加工企业近10家。这些加工企业通过努力开拓国内外市场,创新开发新产品,扭转了出口下滑趋势,呈现出逆市增长的态势。高附加值的精深水产品加工有了较大的突破。湖北振源生物科技有限公司开发出氨基酸胶囊、口服液、饮料系列等8个产品。华山公司利用加工龙虾虾壳生产虾壳素和高附加值的氨基葡萄糖盐酸盐,已生产800吨氨基葡萄糖盐酸盐,实现产值2亿元,第二期工程已于11月2日正式破土动工。第二期工程投产后,可望突破产值20亿元。天峡鲟鱼公司生产的鱼子酱及系列产品也畅销国外,发展前景良好。

(3)淡水渔业技术体系建设起步。武汉和石首综合试验站与相关研究室携手,瞄准产业发展中的关键技术难题,技术体系建设呈现出良好态势。确定了鄂州、洪湖、新洲、长阳、石首、公安、松滋为示范区,确定了7个繁育示范区及示范片单位。一年来,试验站经过选择亲鱼繁殖鱼苗总数量8.9亿余尾,多次进行养殖、病害、饲料、水质检测,培训渔业技术人员和渔民1 300多人(次)。

【水产品质量安全】

(1)生态健康养殖。全省生态健康养殖面积达到33.33万公顷,同比增加4.33万公顷,增长15%。2009年各地共申报省级以上健康养殖示范场160家,择优向农业部申报了部级健康养殖示范场65家。是湖北省首次开展省级"水产健康养殖示范场"建设,也是本省创建部级"水产健康养殖示范场"规模最大的一年。

(2)质量安全监管。在全省深入开展水产品质量安全专项整治活动,全省上下围绕水产苗种、投入品使用等重点环节,把苗种生产单位、无公害生产基地、健康养殖示范场、出口原料备案基地等重点生产基地,全面实行"三项记录"制度,100%纳入了监管范围。9月份召开了全省水产品质量安全暨标准化生产工作会议,进一步明确深入开展水产品质量安全专项整治的关键措施。组织201名生产单位技术和管理人员参加了农业部质量安全中心内检员培训,全省各级举办各类技术培训8万人(次)。新增无公害产品产地认定53个,新增认定产品331个,使全省无公害生产单位达到592个,无公害产品达到897个。

【渔政管理】

(1)禁渔工作。3月26日,省水产局召开2009年全省禁渔工作会议,总结部署长(汉)江禁渔工作。各市州水产局分管局长、渔政处长及部分县(市、区)水产局局长、渔政站长参加了会议。省水产局局长徐汉涛等出席会议并作重要讲话。继续开展"媒体看禁渔"的活动和"生命长江"宣传活动,网上发布禁渔信息130多条,各类电视台、电台报道360次,各类报纸报道263篇。禁渔前,各地实行"清江"行动,上游江段3月份开展了陆地巡回检查和重点水域的突击检查,4月初组织了交叉检查,5—6月,组织了6个组专项检查。

(2)渔政特编执法船队开始长江禁渔执法巡航。根据国家渔政局关于组织长江上游春季禁渔巡航检查的通知精神,由宜昌市渔政船检港监管理处及沿江渔政站组成的13人特编渔政执法船队在农业部东海渔政局执法总队张秉成主任的带领下,于2009年4月1—9日对长江三峡库区及重庆交界水域开展了长江上游春禁执法巡航检查。渔政执法船队巡航9天,航程近千公里,先后对宜昌市、夷陵区、秭归、巴东及重庆巫山、奉节长江水域进行了重点检查,同时也对通江支流大宁河、香溪河水域进行了执法巡航。在此次水上执法活动中,特编渔政执法船队通过巡航检查、渔船抽查、召开渔民座谈会等形式,圆满完成了巡航任务。

(3)停止从长江捕捞野生中华鲟亲鱼。已持续20多年的秋季野生中华鲟亲鱼捕捞工作于2009年停止,此举旨在使长江中野生中华鲟的自然产卵行为免受惊扰,从而更好地保护该濒危物种的野生亲鱼资源。被称为"水中熊猫"的中华鲟是中国现存最古老的物种之一,列为国家一级野生保护动物。它生在长江,长在大海,有每年夏秋溯河洄游进行繁殖的习性。自1982年以来,对中华鲟的保护主要依靠从长江中捕捞野生亲鱼进行人工繁殖放流。每年秋季,科研人员会按照农业部批复的指标在葛洲坝下江段对野生中华鲟亲鱼实施捕捞。由于捕捞会影响野生亲鱼的自然产卵行为,近几年来,逐渐控制捕捞数量,以便更好地保护野生中华鲟种群。

(4)规范水生野生动物管理。制定下发了《湖北省国家二级保护水生野生动物经营利用管理办法》(试行)、《湖北省大鲵经营利用管理办法》(试行),确立了大鲵经营利用率收费有关程序和标准。审批水生野生动物特许利用率证件65件。

【渔业资源保护】 农业部于12月批准建立57处国家级水产种质资源保护区(第三批),湖北省共有4个保护区上榜。分别为太白湖国家级水产种质资源保护区、长江监利段"四大家鱼"国家级水产种质资源保护区、丹江鲌类国家级水产种质资源保护区、皤河特有鱼类国家级水产种质资源保护区。至此,湖北省国家级水产种质资源保护区已上升为11个。

【渔业科技】

(1)中华鲟全人工繁殖取得世界性突破。经过中国长江三峡集团公司中华鲟研究所和水利部中国科学院水工程生态研究所4年的联合攻关,10月4日,世界上第一批两万尾全人工繁殖中华鲟在中国长江三峡集团公司中华鲟研究所三峡坝区子二代研究基地成功出苗。标志着中华鲟全人工繁殖取得成功,中华鲟人工繁殖可不再依赖稀有野生亲鱼,这对该物种的保护具有里程碑式的重大意义。

(2)人工饲养江豚获成功。4月24日,湖北长江天鹅洲豚类国家级自然保护区宣布,经对3岁的江豚"天天"和"洲洲"全面体检,其各项生理指标正常,浮式网箱人工饲养江豚取得初步成功。2008年初,天鹅洲长江故道被冰封住,不少江豚在破冰呼吸时受伤,有的甚至死亡。同年4月,受伤较轻的"天天"和"洲洲"获得救治,被放进浮式网箱由人工饲养。江豚俗称"江猪",是我国特有的珍稀动物,分布于长江中下游干流和洞庭湖、鄱阳湖中,目前仅存1 800头左右。

(3)"江豚迁地保护"获湖北省科技进步一等奖。由中科院水生生物研究所与湖北长江天鹅洲白鳍豚国家级自然保护区管理处共同完成的"长江江豚迁地保护"项目,被评为2008年度湖北省科技进步一等奖。该项目主要包括两个方面的核心工作:其一,在湖北石首天鹅洲长江故道建立了首个长江江豚迁地繁殖群体,通过对这一群体近20年的研究和保护,发展了包括种群监测、繁殖和遗传管理、生态环境规划等系列技术。至今,该群体已发展成为一个具有30余头江豚的有效繁殖种群,是世界上对一种鲸类动物在自然条件下进行迁地保护的唯一成功范例;其二,在中科院水生所白鳍豚馆建立首个长江江豚人工饲养群体,发展了包括营养调配、水质监控等人工饲养技术,同时结合生殖激素监测和遗传学研究,发展了人工繁殖技术,并使这一群体成功实现了在人工环境下的繁殖,这是世界上淡水鲸类动物在人工环境中的第一次繁殖成功。

(4)"克氏原螯虾苗种规模化繁育关键技术研究与示范"项目研究达到国际先进水平。"克氏原螯虾苗种规模化繁育关键技术研究与示范"项目由湖北省水产科学研究所、潜江莱克水产食品有限公司,孝感怡盛生态农业科技综合开发有限公司等单位经4年时间联合攻关,于2009年完成。2009年湖北省科学技术厅组织专家学者,在武汉市对湖北省水产科学研究所牵头完成的该项目进行了鉴定。与会专家认为:该项目丰富了克氏原螯虾的生物学和繁殖理论;提出并形成了操作性较强的克氏原螯虾人工诱导繁殖技术,亲虾抱卵率达80%以上;生产虾苗2 143万尾,为克氏原螯虾产业化发展提供了新的技术和方法,解决了克氏原螯虾规模化养殖中的苗种瓶颈问题;该项研究总体上达到国际同类研究先进水平,规模化繁殖技术达到国际领先水平,具有广阔的应用前景。

(5)"湖北省甲壳素工程技术研究中心"项目通过省科技厅评审。潜江市小龙虾加工出口已形成支柱产业,同时也产生大量废弃虾壳。为提升虾壳综合利用率,提升甲壳素加工产业的技术含量和形成产业化,2007年,潜江市以华山水产为依托,成立了甲壳素工程技术研究中心。华山公司每年以销售收入的5%～10%作为研发经费,与武汉大学开展了产学研合作。7月13日,华山水产食品有限公司的"湖北省甲壳素工程技术研究中心"项目通过省科技厅评审正式立项。

【重点渔业市(县)基本情况】

湖北省重点渔业市(县)基本情况

市(县)	总人口(万人)	渔业总产值(万元)	水产品总产量(吨)	其中		养殖面积(公顷)
				养殖产量	捕捞产量	
洪湖市	90.03	317 700	345 000	330 000	15 000	51 666
仙桃市	148.16	301 000	258 000	245 000	13 000	29 824
监利县	139.67	303 600	233 000	218 000	15 000	32 318

（续）

市(县)	总人口(万人)	渔业总产值（万元）	水产品总产量（吨）	其中		养殖面积（公顷）
				养殖产量	捕捞产量	
沙洋县	60.72	155 000	133 000	129 000	4 000	21 267
汉川市	109.09	126 000	130 000	118 000	12 000	19 545
公安县	102.20	149 000	113 000	102 000	11 000	18 010
钟祥市	102.80	121 000	110 000	98 000	12 000	17 867
天门市	162.14	136 000	103 000	101 000	2 000	13 073
石首市	62.62	88 500	103 000	93 000	10 000	14 501
潜江市	66.37	133 000	86 000	81 000	5 000	7 926

【大事记】

[1]1月19日，湖北省人民政府命名洪湖市、监利县、公安县、浠水县、武汉市江夏区为水产专业大县。

[2]2月10日，省水产局在应城市陈河镇隆重举行"2009年湖北省渔业科技拜大年主题活动"启动仪式。省水产局局长徐汉涛、副局长郑国蓉及应城市主要领导出席仪式并作重要讲话。

[3]2月12—14日，全省水产工作会议在武昌召开，各地水产(主管)局局长参加了会议。省水产局局长徐汉涛出席会议并作重要讲话。

[4]2月23日上午，省水产科学研究所主持召开了农业部大宗淡水鱼类产业技术体系武汉综合试验站启动工作会议。经过农业部、财政部及国家相关部门层层遴选，国家大宗淡水鱼产业技术体系综合试验站建设项目花落石首市老河原种场。

[5]2月26日，省委书记、省人大常委会主任罗清泉，省委常委、秘书长李明波，省政协副主席、农业厅厅长陈柏槐带领省直有关部门负责人在潜江市和汉南区专题调研水产发展情况。省科技厅厅长王延觉、省水产局局长徐汉涛等省直部门负责同志陪同参加了调研。

[6]3月5日，省委常委、副省长汤涛到鄂州就水产业发展进行调研。省政府副秘书长梅祖恩，省水产局局长徐汉涛陪同调研。

[7]3月26日上午，由省农业厅主办、省水产局承办的"2009年湖北省长江渔业资源增殖放流行动启动仪式"在汉阳门码头隆重举行。省委常委、副省长汤涛，省人大副主任罗辉，农业厅副厅长王敦胜，农业厅党组成员、省水产局局长徐汉涛等领导出席了仪式。

[8]3月26日，省水产局召开2009年全省禁渔工作会议，总结部署长(汉)江禁渔工作。

[9]4月15日，省政协就梁子湖生态保护与建设问题召开专题调研会，旨在听取梁子湖生态保护与建设情况，研究对策措施，为省委、省政府加强梁子湖生态保护与建设提供决策依据。

[10]4月22日，湖北省武汉、鄂州、黄石、咸宁沿湖4市和相关专家、学者举办了首届梁子湖环保论坛，签署了《保护梁子湖协议》。湖北诞生了第一个"跨域环保"的政府间协议。从此，这个4城交界的全国十大名湖，迈入一个环保新时期:4市联合决策、实施和监督沿湖排污、控污、治污，以及项目开发。

[11]5月7—8日，省委常委、副省长汤涛率省直相关部门到监利调研水产养殖和新农村建设情况。

[12]5月15—17日，首届潜江龙虾节开幕，10万人云集潜江。为期3天的龙虾节，举行了龙虾产业发展论坛、龙虾产品展示、龙虾美食街启动等活动。

[13]5月16日，由湖北省水产局、潜江市人民政府在潜江举办湖北小龙虾产业发展论坛，海内外近200余名专家、企业代表齐聚一堂，为湖北小龙虾产业快速健康发展出谋划策。

[14]6月12日，全国水产技术推广总站站长魏宝振一行深入湖北黄冈调研水产技术推广工作情况。

[15]6月16—17日，农业部东海区渔政局副局长马毅率长江禁渔检查组赴湖北咸宁检查长江禁渔工作。

[16]7月12—13日，由中国水产学会秘书长司徒建通，国家统计局农经司农村处处长韦革等人组成的全国淡水渔业统计抽样调查专家组赴潜江，就2009年上半年的统计抽样工作进行了专题调研。

[17]8月28日，中国水产科学研究院2009年渔业科技服务示范县揭牌仪式暨水产健康养殖技术培训会在长阳隆重举行。

[18]9月13日，中国水产学会秘书长司徒建通受

部渔业局委托,与国家统计局韦革处长一行奔赴仙桃,就该市淡水渔业抽样调查工作进行了检查。

[19]10月24—31日,配合全国水生野生动物保护分会成功,举办第六届世界鲟鱼大会和分会理事一届二次会议。国内外共500多人参加会议。农业部副部长牛盾、湖北省副省长赵斌出席开幕式并致词。

[20]10月26日,湖北省农业厅、荆州市人民政府、洪湖市人民政府在洪湖市隆重举行合作共建水产产业化示范园区签字仪式。三方共同签订了支持洪湖市水产产业化示范园区共建协议并授牌。省农业厅厅长祝金水、荆州市市长王祥喜、省水产局局长徐汉涛、洪湖市委书记幸敬华、洪湖市市长蒋鸿和省市农业部门有关负责人出席了签字和授牌仪式。

[21]12月11日,省政府召开全省小龙虾产业发展工作会,副省长赵斌出席会议并讲话。

(湖北省水产局 田厚孝 王小燕)

湖南省渔业

【概况】 2009年湖南省水产养殖面积383千公顷,水产品总产量达188.06万吨,渔业总产值188.53亿元,较上年分别增长5.8%,5.6%和11.2%。产业发展的主要特点是:

(1)良种繁育体系不断健全。全省加大对水产良种繁育体系建设投入力度,共组织实施水产种质资源保护项目30个,完成6个市级水产良种场的升级改造。按照农业部的统一部署,组织开展水产苗种生产专项整治行动,制定了《湖南省2009年水产苗种专项整治行动实施方案》,对全省水产苗种生产单位进行了全面的摸底调查,建立了普查登记电子档案。全省现有苗种生产单位494家,其中国家级苗种生产单位3家、省级13家,生产鱼苗398.3亿尾。

(2)水产健康养殖持续推进。继续加大"水产健康养殖示范场"创建工作,制定了《湖南省水产健康养殖示范场申报的基本条件》和实施方案,严格管理制度,强化健康养殖教育培训。经考核验收,合格的35个示范场共涵盖水面12 200公顷,涉及养殖户4 925户,16 290人,水产品产量5 1978.3吨,产值66 627.28万元,总利润20 520.98万元。示范场户均收入4 1667元,人均收入12 598元,比上年分别增收6 332元和1 918元,社会效益、生态效益显著。在创建"水产健康养殖示范区"的同时,大力实施水域滩涂规划和养殖证制度。全省已发放养殖证4.5万本,发证涵盖面积38.6万多公顷,占全省应发证面积的80%,有60多个县(市、区)发布了水域滩涂养殖规划。

(3)池塘升级改造全面启动。为改善养殖池塘环境,把池塘标准化改造作为推进水产健康养殖,提升渔业综合生产能力的重点工作。3月,组织开展全省老化池塘摸底调查,正式启动养殖池塘升级改造项目。5月,组织召开各地水产科(站)长会议,推广安乡县池塘标准化改造经验,积极引导和调动有条件的渔(农)民、养殖场所(单位)参与池塘改造,带动全省整个池塘标准化升级改造工作。10月,组织向农业部申报11个池塘生态环境修复项目,并得到农业部批复。到2009年底,全省已完成池塘改造8 260多公顷,新开挖池塘1 000公顷。

(4)产品质量监管能力得到加强。一是组织实施了水产品质量安全监控计划。全省共抽检样品600个,检测合格率100%。对"四大家鱼"、鲫鱼等主要养殖鱼类苗种进行药物残留抽检,共检测孔雀石绿、氯霉素等指标达330项(次),孔雀石绿、氯霉素的检出率为零。二是无公害水产品的建设与管理取得新突破。全省认定无公害水面37.9万公顷,认证无公害水产品222个,绿色水产品36个,有机水产品35个。三是水产养殖业执法行动效果明显。全省共出动执法人员1 848人(次),发放宣传资料29.58万份,对2 577家水产养殖场进行了检查,责令整改48起,立案查处15起。四是水生动物防疫检疫工作进一步加强。加强水生动物病害测报工作和水生动物疫病防治站基础设施建设,全省27个县级水生动物疫病防治站的建设基本完成,改造或扩建了县级水生动物疫病诊断、监测实验室,充实了水生动物疫病诊断、监测设施设备,完善了疫情信息网络体系建设,建立了疫病检测化验室。

(5)渔业资源养护成效显著。按照"以人为本,养护资源,和谐发展"的思路,推进渔业资源养护。一是全力推进了洞庭湖区捕捞渔民解困工作。省委、省政府下发了《关于切实解决洞庭湖区捕捞渔民生产生活困难的意见》(湘办发[2009]3号)。明确了渔民上岸定居的安置对象、安置标准、资金监管,实施了困难渔民危房改造工程,推进了解困工作提质扩面。2009年,全省共投入1.8亿元,解决了1.34万户4.5万渔民的生产生活困难问题。二是全力推进了渔政执法体系建设。将洞庭湖区渔政执法队伍的人员工资和工作经费纳入了财政预算,省财政对地方渔政执法工作安排了专项经费,渔政队伍建设取得了新的突破。全省加强渔政基础设施建设,新建了一批渔政船(艇)和渔港码头,启用了中国渔政管理指挥系统,提高了渔政执法工作效能。三是全力推进了流域性渔政综合执法。全省春季禁渔范围进一步扩大,洞庭湖和长江湖南段春季禁渔持续开展,湘江流域长沙段以及浏阳河、捞刀河部分水域实施了春季禁渔。加大对电、毒、炸等非法捕捞行为的打击力度,组织开展长、株、潭、岳、益、常六市联合整治专项行动和珠江流域湖南段打击非法捕捞统一行动。渔政管理由行政区域内执法向跨区域、全流域联合执法推进,全省渔政执法管理成效显著,渔业捕捞秩序明显好转。加强渔业安全管理,开展渔船渔港安全隐患排查,没有发生渔船安全事件。四是全力推进了鱼类人工增殖放流。先后有40多个市、县(区)累计放流鱼苗、鱼种、鱼卵2.3亿尾(颗),放流水域覆盖了洞庭湖区和湘、资、沅、澧“四水”流域,是全省鱼类人工增殖放流规模最大、放流面积最广、放流数量最多的一年。

2009年,湖南水产业发展总体平稳,态势良好,但也还存在一些不容忽视的问题:一是渔业基础设施和支撑保障能力建设滞后,改造任务重,难度大。二是养殖效益整体不高,部分名特优水产品还存在结构性、区域性短缺,渔民收入增长缓慢。三是水产品加工业档次不高,转化增殖率低,产业链条短。

【水产苗种专项整治】 一是开展水产苗种场普查。全省现有水产苗种生产单位494家,其中国家级水产苗种场3家、省级水产苗种场13家、市级水产苗种场19家、其他苗种场459家。现有养殖水面8 130多公顷,孵化设施14万平方米,亲本89万多组,年生产苗种能力480亿尾,2009年实际生产苗种401亿尾,较上年新增13.2亿尾。水产苗种场生产持证达454家,持证率达到91.9%。二是强化水产苗种质量安全监管。对岳阳、益阳、常德、长沙、株洲5个市25个苗种场的“四大家鱼”、鲫鱼等主要养殖鱼类的苗种进行了药物残留抽检,重点检查了水产苗种中氯霉素、孔雀石绿等药物残留。三是强化督促检查。省畜牧水产局下发了《关于开展2009年水产苗种专项整治督查活动的通知》,在全省开展水产苗种专项整治行动,共出动执法检查971人(次),重点检查了455家生产单位的苗种生产审批许可证、生产档案、用药记录、销售记录等,处理违法案件3起,行政处罚3人。

【全面停止征收涉渔行政事业性收费】 2009年,湖南省财政厅、省物价局联合下发《关于停止征收渔业资源增殖保护费等六项涉渔行政事业性收费的通知》,决定从2009年1月1日起,停止征收渔业资源增殖保护费、渔业船舶登记费、渔业船舶牌照工本费、捕捞许可证工本费、渔业船舶登记证工本费、渔业船舶检验费等6项涉渔行政事业性收费。并要求各级渔业船舶安全监督管理机构、渔业船舶渔政管理机构、渔业行政主管部门(渔政监督管理机构)、渔业船舶检验机构已经预征的2009年度的上述有关涉渔收费,要予以全额清退。除国家法律、行政法规和国务院规定外,湖南省不再设立新的涉渔行政事业性收费。对于各地停止征收上述涉渔收费项目造成的资金缺口,由同级财政统筹解决。

【水生野生动物保护】 2009年,湖南进一步加强了野生资源保护和驯养繁殖单位日常监管,审批发放水生野生动物特许证件355个(其中驯养证31个,经营利用证52个,运输证272个)。全省水生野生动物驯养繁殖单位增加到74家,其中大鲵驯繁单位67家,驯养大鲵亲本1.9万余尾,培育后备亲本3.4万余尾,人工繁殖幼鲵6.34万尾。湘华鲮人工繁殖技术研究取得实质性突破,已繁殖鱼苗5万尾。组织开展大鲵人工放流活动,先后在张家界、新化等地放流20~30厘米的大鲵1 850尾。

【大事记】

[1]2月3日,中共湖南省委办公厅、湖南省政府办公厅印发《关于解决洞庭湖区捕捞渔民生产生活困难的意见》。《意见》明确提出了要从实施专业捕捞渔民安居工程、实施就业援助计划、健全捕捞渔民社会保障制度、帮助解决捕捞渔民子女教育问题、支持捕捞渔民转产转业、清理涉渔收费、减轻渔民负担、加强洞庭湖渔业资源养护等7个方面解决洞庭湖区捕捞渔民最关心最现实最直接的利益问题。共投入渔民解困工程资金1.8亿元,2 332户无房户捕捞渔民全部上岸定居,3 096户困难户的危房得到全面改造,捕捞渔民的医保、社保、子女上学、转产转业等得到了较好解决。

[2]2月15日,全省养殖业工作会议在长沙召开。会议总结了2009年养殖业经济工作,分析了当前养殖业经济形势,对2010年工作进行了全面部署。

[3]2月24日,湖南省财政厅、省物价局联合下文,决定从2009年1月1日起,停止征收渔业资源增殖保护费、渔业船舶登记费、渔业船舶牌照工本费、捕捞许可证工本费、渔业船舶登记证工本费、渔业船舶检验费等6项涉渔行政事业性收费。

[4]4月1日,洞庭湖和长江湖南段全面启动春季禁渔工作。

[5]4月21日,湖南省委、省政府在长沙召开洞庭湖区专业捕捞渔民上岸定居和解困工作会议。会议要求2009年内,要确保洞庭湖区2 332户捕捞渔民无房户全部上岸定居,并尽快为渔民解决好户口、社会保障、转产转业等一系列问题。

[6]5月27日，省农业厅、财政厅，岳阳、益阳、长沙、株洲、湘潭市人民政府在岳阳市、益阳市、湘潭市同步启动水生生物增殖放流。

[7]6月22—23日，省畜牧水产局局长曹英华深入常德鼎城区、安乡县调研渔民解困和专业捕捞渔民上岸定居工作。

[8]7月31日，湖南省委书记、省人大常委会主任张春贤，与洞庭湖区3市、17个县(市、区)相关负责人座谈，研究部署如何进一步做好洞庭湖区捕捞渔民解困工作。

[9]10月，湖南岳阳县成功捣毁了横行于东洞庭湖水域的一涉恶团伙，有力打击了水匪渔霸的嚣张气焰，维护了东洞庭湖正常渔业生产经营秩序。

(湖南省畜牧水产局　林益平　徐飞良等)

广东省渔业

【概况】 2009年，全省渔业经济总产值1 400亿元，同比增长7.6%；其中水产品产值705亿元，同比增长5.4%；水产品总产量700万吨，同比增长2.9%；出口创汇约9.8亿美元，同比增长3.5%；渔民人均纯收入9 200元，同比增长3.4%。

【现代渔业建设】

(1)建设基础设施。一是制定现代标准鱼塘建设项目实施方案和项目申报指南，明确鱼塘整治的指导思想、方法步骤、整治标准、资金分配原则、项目实施与资金管理办法，推动鱼塘综合整治工作开展。二是省海洋与渔业局联合省发展改革委、财政厅出台《广东省标准化渔港建设实施方案》、《广东省标准化渔港建设专项补助资金使用管理办法》，明确一、二、三类标准渔港项目申报、审批和奖励办法。积极推动农业部加快全省一类渔港审批。到年底，全省规划"十一五"期间建设的9个中心渔港(不含深圳蛇口)和11个一级渔港，除潮州柘林渔港尚未开展前期工作外，其他19个项目已全面开展前期研究或组织实施。

(2)促进水产品进出口。协调广东出入境检验检疫局、农业厅等部门，签署《关于确保水产品质量安全、促进水产品扩大出口合作备忘录》。据海关提供的数据表明，2009年1~9月份，水产品出口量28.9万吨，出口额12.29亿美元，呈量稳值升态势；出口额比上年同期增长2.32%。水产品出口贸易已初步克服了金融危机带来的负面影响，重新步入稳步发展轨道。

(3)发展远洋渔业。在广泛征求意见和考察的基础上，省海洋与渔业局草拟《关于进一步加快发展远洋渔业的若干意见》，修改完善后拟以省政府名义实施。广东省与菲律宾、文莱等东南亚国家渔业合作进展顺利，如饶平金航公司、中大康乐公司已与文莱的公司达成合作建设深水网箱养殖基地的协议，双方已共同筹集资金成立合资公司。

(4)发展休闲渔业。积极协调省法制办等有关部门，争取对休闲渔业工作的支持。先后批复江门新会与广州增城制造休闲渔船、惠州建造休闲渔业救助艇。创新全省休闲渔船检验工作模式，率先对新型玻璃钢休闲渔船进行定型。与省旅游局联合制定《广东省滨海旅游休闲示范区评价标准》，提出广东省先行先试发展休闲渔业的意见。

【渔业综合管理】

(1)加强养殖管理。2009年，全省养殖水域滩涂规划颁布实施的地级以上市有13个、县(市、区)级有70个。共核发养殖证8.6万本，面积36万公顷，占应发证面积的78.6%。核发种苗生产许可证2 096本，持证生产率达98%。水产健康养殖示范区、现代化养殖园区发展迅速，全省已有17个养殖场(区)被农业部认定为水产健康养殖示范区，面积达7 000公顷。传统网箱改造升级加快，至年底共发展深水网箱50组。优势养殖品种区域结构进一步优化。工厂化养殖、大水体循环养殖、网箱养殖等设施渔业，成为渔业经济增长中一个新的"亮点"。全面开展水产种苗质量安全专项整治年活动，水产养殖苗种质量进一步提升。到年底，全省水产苗种场共有2 157个，占地面积近17万亩，其中国家级苗种场2个，省级苗种场27个。

(2)实施省人大议案。到2009年，省人大扶持沿海渔民转产转业议案已实施5年，取得显著的经济、生态和社会效益，得到沿海广大渔民群众的热烈拥护。根据实际，省海洋与渔业局积极调整转产转业第二阶段办理方案。到年底，第二阶段办理方案报告已由省政府修改后上报省人大。第二阶段的资金安排，由原来的重点扶持产业发展项目调整为重点扶持减船、安居，并新增了渔民专业合作社等渔民直接受益的项目。

(3)伏季休渔。提早部署，认真准备2009年伏季休渔工作。沿海各地大力宣传新的休渔政策，统计休渔对象，清理渔港航道，划分和安排渔船泊位，认真落实各项安全措施。截至5月16日12时，全省15 983艘休渔渔船全部按时回港，进入指定泊位停靠，渔船返港率达100%。全部休渔渔船按照"船进港、网封存、证集中"的要求，封存网具，上缴捕捞许可证，悬挂休渔旗。

【水产科研与推广】

(1)共建科研单位。与中国水产科学研究院南海水产研究所、珠江水产研究所签订了"院地共建广东省水产研究院备忘录",内容涵盖诸多领域,为建设广东水产科技研发平台打下基础。

(2)实施科技专项。修订完善《广东省海洋渔业科技推广专项申报指南》,严格规范项目的申报和评审。实施海洋与渔业科技专项项目,取得一批科研成果。如在良种选育方面,完善了三角鲂良种培育技术,年产优质三角鲂种苗达1 000万尾;提高鲤鱼种质和产量,年产丰鲤达3 000万尾。

(3)开展技术推广。广东省水产技术推广总站先后在肇庆、广州、珠海、佛山等地举办6场大型水产科技下乡活动。180家科研、企业等单位,3 020多名渔(农)民参加,赠发技术资料5 700多份。组织9个"渔业科技入户"示范县实施"渔业科技入户"示范工程,培育科技示范户900户以上,技术辐射18 000户以上。到年底,实施科技入户技术培训42期,培训技术人员、示范户2 556人,发放各种技术资料18 500份。

【水产品质量安全】

(1)开展专项整治。2009年为"水产品质量安全专项整治年",就此制定专项整治实施方案,成立领导小组,组织开展督察工作。通过近7个月专项整治,企业制度更加规范,生产过程中使用硝基呋喃类、孔雀石绿、氯霉素等违法行为基本得到遏制。生产者守法生产、守法经营意识明显增强,水产品质量安全水平进一步提高。

(2)标准化建设。全年共发布省级渔业地方标准56项,完成省级渔业地方标准制(修)订27项,建设省级渔业标准化示范区11个。全年认定202个无公害水产品产地;审核上报89个无公害水产品。到年底,全省获认定无公害水产品产地677个,面积约7.3万公顷;获农业部认证无公害水产品392个,在全国名列前茅。

【渔业资源与环境保护】

(1)渔业环境保护。《广东省实施〈中华人民共和国海洋环境保护法〉办法》经省人大审议通过,已于7月1日实施。该办法的实施为海洋环境保护工作的开展提供了法律依据。全年审核、核准海岸、海洋工程建设项目环境影响报告书30多项,办理倾废许可事项2起,基本完成全省水产养殖业污染源普查工作。

(2)人工鱼礁建设。在礁区科学选址、设计专家论证、礁体施工质量监督、资金管理使用、已建礁区效果监测等方面进行了改进和创新。开展礁区生态评估工作,跟踪调查每座人工鱼礁建设聚鱼效果。全省人工鱼礁有13个礁区施工建设,制作礁体6 406个,完成总空方约309 232立方米。中央电视台第七套《每日农经》栏目播出广东省人工鱼礁建设短片,收到良好社会宣传效果。

(3)休渔放生节。6月6日,第二届广东"休渔放生节"主题活动在全省21个地级市同时举行。据不完全统计,参加第二届广东"休渔放生节"活动的社会各界人士达到2万多人,仅广州主会场参加活动人数就有800多人。

(4)自然保护区。2009年全省新建5个市(县)级自然保护区,2个国家级水产种质资源保护区。到年底,全省已建保护区数量达到94个,其中国家级自然保护区4个,省级自然保护区9个,国家级水产种质资源保护区9个;保护区总面积达67.6万公顷。开展"珊瑚礁普查"、"世界环境日·畅想海洋"、"中国少年儿童手拉手地球村"等30次主题活动,吸引社会各界人士近20万人参加。

【渔政执法】

(1)渔船综合管理。2009年,渔船清理整治取得阶段性成果,已经清理问题渔船8 225艘(次)。IC卡管理系统试点建设目前已经进入试点地区的施工阶段,年底将建成并投入使用。6月正式实施渔船黑名单制度以来,全省有181艘渔船被列入黑名单。开发内陆渔船管理系统,将内陆渔船检验、登记、捕捞许可等三本证书合为一本,全省有10 786艘内陆渔船换发了新版船舶证书。渔船检验质量稳步提高,累计完成7万余艘渔船的检验工作以及13万台(件)船用产品的检验工作,全年渔船的受检率保持在100%。

(2)渔业专项执法。开展以"护渔2009"专项执法行动为主的多层次、高密度执法行动,1—9月共查处渔船违规案件11 293宗,罚款1 335万元。从严打击电鱼作业,查处电鱼案件600宗,没收电线3.5万米,没收电鱼机160部。粤港联合执法、休渔执法、水产品质量安全执法、野生动物保护执法行动取得实效。200海里专属经济区巡航任务圆满完成,得到省委、省政府的高度肯定。其中,5月16—30日,派出中国渔政44183船、中国渔政44061船赴西沙群岛专属经济区执行巡航任务,登临检查外国渔船2艘(次)、驱赶外国渔船5艘(次)。

【渔业安全生产】

(1)安全基础设施。广东省渔业安全生产通信指挥系统建设全面铺开。省指挥中心建设基本完成,全省管理指挥软件平台已初步开发完毕,各子系统功能模块已基本实现。各市(县)分中心建设进展顺利。

(2)“渔业安全生产年”活动。把“三项行动”(执法行动、治理行动、宣传行动)作为主要内容集中力量抓紧抓好。全省渔业安全生产总体形势较为稳定,安全生产主要指标均有所下降,其中死亡人数大幅下降。

(3)渔业互助保险。1—10 月,全省共有 11 483 艘渔船、11.1 万人(次)参加渔业互助保险,累计互保会费收入 4 476 万元,同比增长 65%,全年互保会费总收入达到 5 000 万元。共为 920 名出事渔民(其中死亡、失踪 85 人)、125 艘出事渔船支付互助补偿金共 1 182 万元。渔业保险已成为广东省保障渔业安全生产、发展地方渔业经济的重要载体。

【地级市渔业基本情况】

广东省地级市渔业基本情况

市	总人口(万人)	渔业总产值(亿元)	水产品总产量(万吨)	其中				养殖面积(万公顷)	
				海洋捕捞	海水养殖	内陆捕捞	内陆养殖	海水	内陆
广州	1 018.2	54.7	43.7	4.2	3.6	5.1	30.8	0.3	2.5
深圳	876.8	4.5	3.5	3	0.4		0.1	0.3	2.5
珠海	148.1	31.3	19.2	1.2	2.4	0.2	15.5	1.6	1.5
汕头	506.6	30.1	38.6	16.5	15.6	0.3	6.3	1.1	0.4
佛山	595.3	80.8	56.4			0.7	55.7		4.8
韶关	323.1	5.7	6.6			0.3	6.3		2
河源	346.6	3.2	3.7			0.2	3.5		0.6
梅州	505.3	7.5	8.6			0.8	7.8		1.4
惠州	387.5	15	14.1	2.5	4.9	0.1	6.6	0.4	1.6
汕尾	336	36.5	55	26	25	0.3	3.7	2	0.7
东莞	727.4	7.5	8	1.3	0.6	0.1	6	0.1	1
中山	251.1	45	33	0.3	2	0.2	30.5	0.2	2.1
江门	390	68.5	65.4	10.5	22.6	1.2	31.1	2.6	4.2
阳江	273.3	81.1	100.2	36.1	55	0.7	8.3	2.4	1.5
湛江	754	58.3	101.9	27.6	62	0.6	11.6	6.1	3.1
茂名	612.3	58.3	76.9	15.4	40	0.4	21.3	1.6	2.1
肇庆	410.2	30.6	32.8			0.5	32.3	0	2.9
清远	405.8	10.6	9.7			0.2	9.5	0	1.7
潮州	256.1	17.5	17.7	3.4	9.7	0.3	4.3	0.6	0.6
揭阳	641.2	12.1	14.2	5.6	1.8	0.4	6.4	0.2	0.8
云浮	272.7	9.3	9.1	0	0	0.1	9	0	0.9

注:人口数据来源于《广东年鉴 2009 年》,渔业数据来源于广东省海洋与渔业局编写《广东省 2009 年渔业统计年报》。

【大事记】

[1]3 月 10 日,中国渔政 311 船,在完成最后调试和试航后,正式开赴南海执行渔政管理任务。

[2]5 月,省海洋与渔业局发布《2008 年度广东省海洋环境质量公报》,公布超标排放污染物的企业名单和排污河名单,敦促有关单位采取整改措施。

[3]6 月 6 日,第二届广东“休渔放生节”主题活动在全省 21 个地级市同时举行。全省共投放水产种苗 1.46 亿尾,其中淡水类鱼苗 4 914 万尾、海水类鱼苗 835 万尾、海水虾苗 8 820 万尾、鲍鱼苗 5 万粒;放生珍稀水生保护动物中华鲟 466 尾、海龟 10 只、胭脂鱼 5 000 尾、中华鳖 1 000 多只。

[4]7 月 10 日,省海洋与渔业局在珠海成功组织了 2009 年南海生物增殖放流活动。农业部部长孙政

才、广东省省长黄华华等领导出席。

[5]7月18日，首届中国海洋博览会暨“海洋事业60年成就展”在珠海开幕。广东省委书记汪洋、全国人大常委会副委员长周铁农、全国政协副主席罗富和以及广东省省长黄华华、国家海洋局局长孙志辉等领导出席开幕式。

[6]9月1—8日，根据省纪委、省纠风办工作部署，结合民主评议政风行风工作实际，作为省直第四批上线单位的省海洋与渔业局，分两期参加了“民声热线”上线直播节目。

[7]9月下旬，省政府批准《广东省海洋与渔业局主要职责内设机构和人员编制规定》。省海洋与渔业局设9个内设机构。郑伟仪任广东省海洋与渔业局局长。

[8]10月28日，省海洋与渔业局“互保杯”趣味运动会在广东海洋工程技术职业学校隆重举行。局领导郑伟仪、张健生、屈家树、李磊、洪伟东、魏平英共同启动“迎亚运体育年”开启仪式。此届趣味运动会为省海洋与渔业系统20年来首次举办。推广联队、互保联队、海洋卫士队等12支运动队500余人参加。

[9]12月21日，广东省现代渔业工作会议在惠州市召开。会议由省政府副秘书长颜学亮主持，副省长李容根出席并作重要讲话，省海洋与渔业局局长郑伟仪作工作报告；惠州、湛江、清远、饶平等地代表作了典型发言；来自全省各地渔业干部和行业代表300人参加。

（广东省海洋与渔业局　姚国成　钟小庆）

广西壮族自治区渔业

【概况】 2009年，面对罕见的国际金融危机冲击以及自然灾害，广西各级渔业管理部门采取措施积极应对，突出抓好以罗非鱼、对虾、龟鳖等特色优势产品生产，渔业生产继续保持平稳较快增长。全区水产品总产量261.81万吨，同比增长4.7%。在全国总的水产品出口趋势放慢、出口价下滑的背景之下，广西罗非鱼、对虾等水产品出口却呈现出逆势增长的态势，水产品出口量达到41 846吨，同比增长34.1%；出口额1.33万美元，同比增长5.9%。

【科研推广和科技队伍建设】 一是水产名特优品种选育、繁育技术与疫病防控技术进一步熟化。选育出自主知识产权清晰的尼罗罗非鱼新品系2个；选育获得经济性能优良的吉富罗非鱼子一代家系15个，生长速度比家系群体均值提高12.7%以上；建立了不耐寒、中间组、耐寒和极耐寒等4种类型的罗非鱼家系种群；选育出南美白对虾高产、抗病新品系Ⅰ和新品系Ⅱ；掌握了光倒刺鲃人工繁殖、育苗和养成技术；建立了对虾白斑综合征病毒、桃拉病毒、对虾传染性皮下及造血组织坏死病毒及海豚链球菌、爱德华氏菌、嗜水气单胞菌3种常见弧菌等水产重要病原的快速诊断方法；解决了鉴别诊断罗非鱼主要病害防治的难题，研制了罗非鱼链球菌疫苗，实验室免疫保护率高达99.5%以上。二是加大水产名特优新品种及其养殖技术的推广应用力度。广西水产研究所通过对新品系杂交罗非鱼进行应用推广，共生产罗非鱼苗种1亿多尾，推广养殖面积近2 000公顷，总产值达10.23亿元，利税2.92亿元，出口创汇3 043.96万美元；生产杂交无节幼体23.5亿尾、虾苗1.44亿尾，建立了健康养殖示范基地2个，示范养殖460多公顷，辐射养殖面积1 300多公顷，有力地促进了广西名特优水产品的生产开发和农民增收；在广西、海南及云南等地21家罗非鱼养殖单位进行了较大规模的罗非鱼链球菌疫苗生产性应用，对980万尾罗非鱼实施注射或口服免疫预防，为用户减少因病害造成的经济损失达431万元。三是取得了一批技术含量较高的科技成果。全年取得的18项科技成果中，广西水产研究所参加的“罗非鱼产业良种化、规模化、加工现代化的关键技术创新及应用”获得国家“科技进步奖”二等奖；“罗非鱼良种选育及规模化健康养殖关键技术研究与示范”、“长臀鮠引进驯养与繁育技术研究”、“方格星虫规模化育苗技术研究”获广西“科技进步奖”二等奖；“广西禽畜、水产养殖产品质量监测与控制研究”成果获广西“科技进步奖”三等奖。这批成果的取得，提高了广西水产业科技含量，为行业发展提供了强有力的科技支撑。四是扎实组织开展了“科技入户”示范项目。在合浦县、钦南区、桂平市、田东县、铁山港区组织实施了水产业“科技入户示范工程”项目，推行以示范户能力建设为核心，建立科技人员直接到户、良种良法直接到塘、技术要领直接到人的科技成果转化机制。五是培养了一大批农民养殖技术骨干。通过培训，广大农（渔）民的水产养殖技术水平有了明显提高，推动了全区水产业的快速发展。六是加强了人才的引进与培养，推进了科技合作与交流。选送5名科技人员攻读硕士学位；选派2名科技人员到国外参加有关学科前沿课题的研究；有31人（次）参加国内外的科技培训和交流；引进国内外专家12名进行6个项目的技术合作；邀请国内外16名专家举办技术讲座和科技交流。

【水产养殖】

（1）以罗非鱼、对虾为主的优势水产品产业化开发持续发展。一是出台了继续按照质量安全管理要求、扶持罗非鱼出口养殖的新政策；二是协调金融部门帮助加工出口企业解决资金周转困难问题；三是鼓励加工出口企业扩规模降成本。这些措施很快发挥了作用，水产品加工出口很快走出低谷。

(2)名优品种养殖出现新的热潮。在部门引导、示范推广的作用下，全区庭院名优水产品养殖快速发展。特别是养殖原产地的广西拟水龟价格飚升，商品龟从上年每千克 600 元左右涨至 1 000 元以上，养殖积极性高涨，苗种由每只 120 元上升到 220 元，上涨了 80%。2009 年全区庭院名优水产品养殖户 8.7 万户，产量万吨，产值 20 亿元，产量、产值同比分别增长 25.4% 和 17.9%。

(3)大型深水抗风浪网箱养殖项目试投产成功。由防城港国利中农投资有限公司和防城港海世通食品有限公司投资 3 840 万元建设的抗风浪网箱养殖项目，共建设周长 40 米、深 6.5 ~ 7 米的深水抗风浪网箱 120 个，养殖总水体约 10 万立方米。2009 年 4 月 30 日正式投产，放养金鲳鱼 200 万尾、三刀鱼 10 万尾、军曹鱼 3 万尾。金鲳鱼经 180 天养殖，每个网箱产量约 10 吨，总产量约 1 200 多吨，按市场价格每千克 25 元计算，总产值约 3 000 多万元。防城港市深水抗风浪网箱养殖基地投产成功，实现了广西深海养殖"零"的突破，标志着广西海水养殖进入新的发展阶段。

(4)积极深入开展助农增收活动。认真贯彻落实《自治区党委办公厅、自治区人民政府办公厅关于组织十万工作队员深入农村开展秋冬季助农增收大行动实施方案的通知》精神，深入开展助农增收活动，取得了良好的工作成效。据统计，水产品产量 6.2 万吨，同比增长 5.44%。其中，网箱养鱼产量 8 500 吨，同比增长 39.34%。与上年同期相比，水产品新增产量 3 200 吨，增收 800 万元；养殖业为农民增收 5 066.04 万元。

(5)随着与东盟交流合作的深入，亚冷水性鱼类养殖正在兴起。与东盟各国对比，广西具有养殖亚冷水鱼优势。北京、湖北、辽宁、贵州、湖南、广东、福建等外地老板来广西投资养殖鲟鱼、娃娃鱼等亚冷水鱼类，投资规模超过 1 亿元，主要是面向东南亚市场或进行深加工开发。随着形势的发展，广西正成为娃娃鱼、鲟鱼的重要养殖基地和出口东南亚市场的集散地。

【渔业执法】

(1)加强渔业安全生产管理和海难救助。全区各级渔业行政主管部门扎实开展了安全生产宣传教育、安全生产执法、安全生产治理"三项行动"，加强安全生产体制机制、保障能力、监管队伍"三项建设"，努力构建"平安渔业"。至 12 月底，全区签订安全生产责任书的渔船达 28 758 艘，占全区渔船总数的 95.6%。深入开展安全生产治理行动。2009 年 3 月份，在全区集中组织开展了为期 1 个月的渔业安全生产大检查和隐患排查行动，共检查渔船 26 264 艘，排查出渔业安全隐患 1 725 项，发出整改通知书 1 520 份；1—12 月，全区共查处予以行政处罚的各类安全违法违规行为 680 起。加强对各级渔业安全突发事件应急预案制定的指导，全区共 125 个市、县、区中，已有 97 个市、县、区渔业主管局制定了渔业船舶水上突发事件应急预案和渔业防台风应急预案，有效的渔业突发事件应急处理预案体系基本形成；加强渔业应急值班制度的检查，各级渔业部门和渔业电台全部执行了 24 小时应急值班制度，保证了相关信息上传下达的畅通；加强横向合作，与广西海事局正式建立了渔船海(水)上遇险搜救联动机制，签订了联动合作协议，多次启动了两局联动机制，发挥了很好作用。积极开展海难救助工作。截至 2009 年 12 月底，全区渔船海难救助 15 起，救助遇险渔民 53 人，救助渔船 16 艘，调动救助船舶 48 艘，投入救助费用 59 万元，为渔民挽回直接经济损失 307 万元。

(2)稳妥有序处置渔业涉外事件。2009 年 6 月 20 日，桂北渔 10032 号等 8 艘渔船在南沙我国传统疆界线内从事正常生产作业时被外国无理抓扣，涉及渔民 75 人。事件发生后，积极采取了应对措施，全力配合外交部和自治区外事办做好外交争取工作，协助我国驻外使馆救援和看望被抓扣渔民。经过多方努力，被抓扣的 75 名渔民平安返回。

(3)加强渔业行政执法队伍建设。北海渔港监督和桂林市渔政站两个单位被农业部核定继续保留"渔业文明执法窗口单位"的称号，充分发挥了带头示范作用。截至 2009 年底，全区 101 个渔政机构已有 83 个渔政机构获批纳入参照《公务员法》管理，参公机构占全区渔政机构总数的 82%。利用自治区财政预算资金，组织采购了 98 台数码摄像机、98 台数码照相机、100 台台式电脑和 98 台激光打印机装备全区市、县(市、区)渔业执法机构，进一步提高了渔业执法机构的执法取证能力。

【渔政管理】 各级渔政机构共组织开展了 4 次全区查处非法捕捞专项联合行动，跨省联合检查行动 1 次，开展专项行动 318 次。共出动渔政船、艇 388 艘(次)，渔政人员 4 618 人(次)，检查渔船 1 978 艘，查处非法捕捞渔船 591 艘。核发《渔业船网工具指标批准书》

342份，核发《渔业捕捞许可证》830本，换发《渔业捕捞捕捞许可证》9 466本，海洋捕捞渔船《渔业捕捞许可证》换证率达99.2%。开展水生野生动物管理执法检查80多次，出动渔政人员330多人(次)，检查宾馆饭店260多家，农贸市场30多个，水族馆等展览场所4个，养殖场100多家(户)。查处违规收购、运输、驯养繁殖、经营利用水生野生动物案件30多起。派出5艘海洋渔政船参加农业部南海区渔政局组织的专属经济区巡航。累计执行巡航任务10航次，出航145天，航程4 110海里，圆满完成了上级部门下达的任务。加大查处非法捕捞行动力度。完成了对广西泗涧山大鲵、左江佛耳丽蚌自然保护区的建设，红水河来宾段珍稀鱼类自然保护区也正在建设当中；向农业部上报了凌云珍稀洞穴鱼类自然保护区建设项目，完成了西江梧州段国家级水产种质资源保护区和牛栏江大鲵自治区级水产种质资源保护区的建设规划。积极争取资金扩大人工增殖放流规模。全年共投入人工增殖放流资金1 246.4万元，已投放各类苗种1 206.36万尾。组织编制了《2009年广西增殖放流方案》和《广西2010—2015年增殖放流工作规划》。加强对渔业水域污染事故的调查处理。全年共处理结案的渔业污染事故有31起，结案率为51.66%；已获损失赔偿共119.19万元，占直接经济损失总额的17.36%。广西渔业行政主管部门共配合自治区环保部门、海洋部门、海事部门做好相关工程项目的(生态)环境影响评价评审60项(次)；参加政府、环保部门、海洋部门等环境保护(功能)区划评审及规划论证等6项(次)，参加政府、相关部门的环境保护执法联合检查等3次。

【水产品质量安全管理】 一是积极开展“水产品质量安全整治执法年”活动。2009年，各级渔业主管部门组织出动执法人员2 000多人(次)，检查养殖场2 000多家、水产育苗场800多家、渔药销售店(点)及鱼苗销售点等233个。通过加大执法力度，提高了广大水产养殖户依法养殖、持证生产的法律意识，提高了水产品经营户、渔药饲料经营业主依法经营的意识，水产品质量安全监控从源头得到了加强。二是组织实施标准化示范和产品认证。组织实施20个市(县)实施标准化技术示范推广项目，项目区共举办质量标准技术培训班301期(次)，培训养殖户和基层管理人员27 065人(次)，建立标准化示范区(场)521个，组织开展无公害标准化技术示范水产养殖面积3 600多公顷；举办无公害产品内检员培训班4期，培训人员639人。组织认定无公害水产品产地63家，申报获得无公害水产品认证56项。对获证无公害产地产品进行了全面检查，抽检水产畜牧样品276批(次)，药物残留检测全部合格。三是开展养殖水产品药物残留监测。抽样养殖产品和水产苗种1 090批(次)，其中水产品1 022批(次)，水产苗种68批(次)。四是实施贝类卫生监控和养殖区划型。2009年广西贝类养殖生产区划型区域3个，分别为钦州市近江牡蛎养殖区、防城港市近江牡蛎养殖区、北海市合浦文蛤养殖区，总面积1.2万公顷。设置监测点40个，采样150批(次)，主要监测海水水质、贝肉中重金属、贝毒素、菌落总数和大肠杆菌等。监测结果表明，2009年广西贝类养殖区以一类区为主，其中文蛤养殖区全部为一类区，近江牡蛎养殖区一类区占90%，二类区占10%，没有三类区。

【重点渔业市(县)基本情况】

广西壮族自治区重点渔业市(县、区)基本情况

市(县、区)	总人口(万人)	水产品总产量(吨)	其中				养殖面积(公顷)	
			海洋捕捞	海水养殖	内陆捕捞	内陆养殖	海水	内陆
海城区	28.12	209 106	148 351	57 146		3 609	1 567	320
银海区	14.48	189 780	127 800	54 960		7 020	2 200	400
铁山港区	16.8	153 624	76 014	71 840		5 770	8 276	866
合浦县	98.42	344 870	87 768	201 591	4 214	51 297	12 819	4 971
港口区	11.6	162 890	63 500	96 546		2 844	5 317	553
防城区	38.69	109 246	29 306	65 588	2 049	12 303	3 282	2 044
东兴市	11.98	97 213	31 815	58 578	80	6 740	3 778	873
钦南区	59.25	322 602	87 485	212 072	3 010	20 035	13 055	3 935
平南县	138.6	56 345			4 568	51 777		5 293
桂平市	179	52 524			4 120	48 404		6 406

说明：表中总人口数为2008年统计数，引自：《广西年鉴2009》

【大事记】

[1]4月9日,国家罗非鱼产业技术体系广西区启动会在广西水产研究所召开。会议介绍了国家罗非鱼产业技术体系建设情况,研究并部署广西罗非鱼产业技术体系建设的目标、内容和任务。

[2]4月13—14日,农业部水产苗种专项整治督察活动第五督察组到广西开展水产苗种专项整治督察。

[3]6月20日,广西桂北渔10032号等8艘渔船在南沙我国传统疆界线内从事正常生产作业时被外国无理抓扣,涉及渔民75人。事件发生后,广西水产畜牧兽医局积极采取了应对措施,迅速向自治区人民政府、农业部报告情况,全力配合外交部和自治区外事办做好外交争取工作,协助我国驻外使馆救援和看望被抓扣渔民。经过多方努力,被抓扣的75名渔民已分别于7月10日、7月28日和12月8日平安返回祖国与家人团聚。

[4]9月15日,广西壮族自治区水产畜牧兽医局局长梁雨祥、副局长卢兆发在南宁会见前来广西考察的印度尼西亚西加孔教华社统会李其麟总主席一行。双方就加强广西和印度尼西亚在海洋捕捞、水产养殖和加工等方面合作进行了磋商,并达成共识。

[5]9月15—18日,组织广西南宁百洋食品有限公司等12家企业(其中渔牧业企业7家)参加了2009莫斯科国际食品展。7家水产企业达成成交意向545万美元,当场成交142万美元。

[6]10月15日,广西崇左市与越南高平省在大新县硕龙风景区德天瀑布共同组织2009年中国—越南"水连水心连心、共创美好家园"渔业资源增殖放流活动。

[7]11月11日,防城港开展渔业生态保护修复工程启动仪式,4 160万尾红鳍笛鲷、紫红笛鲷、日本对虾等苗种放流到北部湾海域。农业部南海区渔政局局长吴壮和广西水产畜牧兽医局局长梁雨祥出席启动仪式并讲话。

[8]12月15日,围绕北部湾经济区规划,由广西水产畜牧兽医局协调、广西水产研究所组织实施的《北部湾生物产业开发2008—2020年发展规划》通过了专家和有关部门领导的审定,取得了重要的规划成果。

[9]12月26日,广西名特优农产品精品推介会在北京举行。百洋罗非鱼、桂林漓江鱼等广西35家企业组织的105种名特优农产品再度亮相首都北京。广西南宁百洋集团有限公司与美国NETUNO公司签订合同金额1 100万美元。

(广西壮族自治区水产畜牧兽医局　廖　毅　李　英)

海南省渔业

【概况】 2009年,海南省渔业经济呈现良好的发展态势,人民群众得到充足安全的水产品供给,渔民收入得到稳步提高,为海南省经济社会发展做出了积极贡献。主要有以下特点:

(1)渔业经济总量继续保持平稳增长。2009年海南省渔业产业全面发展,全年水产品产量达159.06万吨,比上年增长14.1%。全年渔业总产值228.39亿元,同比增长14.61%。渔业增加值140.52亿元,同比增长13.07%。

(2)渔业结构继续得以调整优化。渔业经济总产值中:渔业产值163.39亿元,比上年增长10.86%;渔业工业和建筑业完成56.1亿元,比上年增长23.74%;渔业流通和服务业完成8.9亿元,比上年增长34.44%。

(3)渔民收入明显提高。全省渔业人口47.5万人,渔业从业人数19.97万人,渔民人均纯收入8 824元,比上年增加654元,增长8%。

【渔业投入】 2009年海南省加大投资力度,大力推进渔港、现代渔业等项目建设,全年共完成项目投资17 171万元。其中,渔港项目完成投资14 807万元,现代渔业项目完成投资2 364万元,为扩大内需、有效应对金融危机做出了积极贡献。

【水产养殖】 海南省水产养殖业保持良好的发展态势,全省水产养殖产量51.9万吨,占水产品总产量的33%。其中,海水养殖产量19.9万吨,淡水养殖产量32万吨,同比分别增长3%和21%;全省水产养殖面积为5.3万公顷。其中,海水养殖面积为1.5万公顷,淡水养殖面积为3.8万公顷,同比分别增长16%和31%;全省水产养殖产值55.6亿元,占渔业总产值的39.8%。其中,海水养殖产值33.4亿元,淡水养殖产值22.2亿元,同比分别减少7%和增长9%。2009年水产养殖业主要呈现以下特点:

(1)水产苗种满足省内需求外还销往国外。2009年,海南省有水产苗种场542家,其中淡水苗种场51家,海水苗种场491家。在海水苗种场中,对虾苗种场382家,鲍鱼苗种场30家,东风螺苗种场79家。全省生产各种水产苗种510亿尾(粒),其中淡水鱼苗59亿尾,海水苗种451亿尾(粒)。海南省所产水产苗种除了满足本省养殖用苗外,还销往全国各地及越南、韩国等周边国家。

(2)罗非鱼养殖快速发展。继续执行《海南省罗非鱼产业化行动计划》,全省大部分市(县)的罗非鱼养殖面积都有较快增长,特别是水库大水面精养已形成一定规模。2009年全省新开挖池塘精养面积2 333公顷,低产池塘改造精养面积1 133公顷,新增山塘水库精养面积2 333公顷;水库大水面精养发展快,已形成规模。不论是文昌、琼海、临高、儋州等沿海市(县),还是屯昌、定安等中部地区,水库大水面罗非鱼精养都已形成规模。绝大部分中小型水库都被承包进行罗非鱼养殖。全省罗非鱼养殖产量26.9万吨,产值20亿元,同比分别增长24%和11%。

(3)对虾养殖业发展平稳。对虾一直是海南省海水养殖的主要品种。在稳定对虾养殖面积的基础上,虾农继续对部分虾池进行改造,改养石斑鱼或鱼虾蟹轮养、混养等,全省改造旧低位虾池770公顷。全省对虾养殖产量11.1万吨,产值28亿元,同比分别增长5%和60%。

(4)深水抗风浪网箱养殖稳步推进。2009年全省深水网箱新增50组200口,全省深水网箱共投放270组1 080口。其中,陵水新村基地45组180口,临高基地193组772口,三亚西岛基地28组112口,海口基地2组8口,昌江海尾基地2组8口。

【渔业安全生产】 2009年,全省渔船安全生产事故10起,渔民死亡11人,事故起数比上年同期减少6起,下降37%,渔民死亡人数减少5人,下降31%。全年无重大责任事故,实现了事故起数、死亡人数的"双下降"目标。渔业安全生产主要工作:

(1)开展安全生产宣传教育。利用广播、横幅、标语、图片展等形式广泛宣传,全省张贴标语3 569张、悬挂横幅275条、图片展15场。对渔民和船东船长进行《海南省海洋渔船安全生产管理规定》等法律法规、安全生产知识等内容培训。共举办各类培训113期,参加培训人数5 117人。

(2)开展渔业安全生产执法和治理行动。全年开展渔业安全生产执法行动51次,出动渔业执法人员595人(次),调度执法船(艇)56艘(次),检查渔船4 658艘。重点检查渔船超抗风力等级、渔船适航和安全生产设施情况,严厉打击违法违规作业行为。查出隐患561项,现场整改297项,到期整改264项,整改率100%。补配救生衣10 113件,救生圈837件,其他设备318件。

(3)抓好渔船安全防风工作。成立防风领导机构,制定了《海南省渔船安全防风工作程序》和《海南省海洋渔船海上突发事件应急处置工作程序》,逐级签订安全生产责任状,层层抓落实。加强渔港设施护养,2009年投入416万元对儋州市泊潮等7个渔港和30个渔业航标进行了维护和养护,提高了渔港功能,减少事故发生。

(4)抓好海上救助和自救工作。建立和完善与省搜救中心、海警和市(县)渔港监督的救助联动机制。海上救助75起,调派渔业执法船(艇)62艘(次),组织渔船参与自救互救51起,参与渔船193艘(次),成功救援救助渔民287人,挽回经济损失1 100万元。完成农业部下达渔船救生筏2 000只试点任务,其中儋州市900只、临高县500只、琼海市300只、洋浦200只、文昌市100只,已经按计划配备到渔船。

(5)推进渔业保险工作。全年政策性渔业保险取得显著成效,渔船参保5 212艘,渔民参加人身意外险90 930人(份),总保费1 733.8万元。理赔渔船和渔民人身意外保险,总共赔付438.7万元,为渔民灾后恢复生产,构建和谐社会发挥积极作用。

【水产品加工与进出口贸易】 2009年,全省拥有水产品加工出口企业43家,水产品年加工能力53万吨。全省有23家水产加工企业通过HACCP验证,18家企业获欧盟注册,28家获得韩国备案。全省2009年水产品出口量和出口额分别为12.9万吨和4.43亿美元,同比分别增长2.22%和-9.83%。出口的产品主要有冻罗非鱼片、面包罗非鱼、冻虾、冻虾仁、面包虾、熟虾、带鱼、鱿鱼、金鲳鱼、墨鱼、红线鱼等。出口市场主要有美国、欧盟、日本、韩国、俄罗斯和墨西哥等63个国家与地区,产品深受国内外市场青睐。

【水产品质量监管】 开展了切实有效的水产品质量安全管理工作,全省水产品质量保持了良好的水平。组织人员对全省16个市(县)开展水产品专项整治行动,共检查554家水产苗种场、水产养殖场、无公害水产品养殖基地。发放宣传资料8 312份,在媒体上宣传55次,举办各类水产健康养殖技术培训88场(次)。指导培训人数4 413人(次)。在全省10个市(县)开展专项执法行动,共对全省35家水产苗种场和养殖场进行现场专项执法检查。在海口市、文昌市等15个市(县)开展了6次水产品药物残留监督抽查,共抽取水产样品239个,检测项目为氯霉素、乙烯雌酚、硝基呋喃代谢物、孔雀石绿、甲基睾酮、磺胺类,经农业部指定的检验单位检测,检测合格率100%。

【渔船管理】 开展"护渔2009"海洋渔业执法行动。重点加强港口和海上执法检查,全省检查港口36个,占全省列入农业部公布渔港数的84%;参加港口行动人数 2 907 人(次),检查渔船 12 811 艘(次);悬挂宣传横幅 97 条,宣传标语 1 355 张,出动执法船(艇)、车辆宣传 95 次,召开各种座谈会 38 场(次);开展海上执法行动 245 次,出动渔政执法船(艇)335 艘(次),出动渔政人员4 251人(次),登船检查渔船 1 600 艘,共查获违规作业渔船 102 艘。其中,"三无"渔船 25 艘,"三证不齐"渔船 3 艘,违反伏季休渔规定渔船 32 艘,进一步规范了渔船管理,有效维护了渔业生产秩序和渔民合法权益。

【渔业资源与环境保护】

(1)向农业部申报《西沙东岛海域国家级水产种质资源保护区》获批准设立。完成并上报"海南省白蝶贝省级自然保护区"和"海南省麒麟菜省级自然保护区"机构的申报方案。省海洋渔业厅拨出专项经费 24 万元,组织对白蝶贝省级自然保护区和麒麟菜省级自然保护区保护物种资源量进行调查。其中,白蝶贝省级自然保护区资源调查已通过专家评审。

(2)严格伏季休渔制度。针对国家对南海伏季休渔时间延长和休渔作业类型扩大以及海南休渔渔船数量增多,港口停船舶位拥挤,防范工作难度大的特点,多形式、多渠道开展宣传,增强广大干部和渔民对伏季休渔的理解和支持。确保全省 10 475 艘应休渔船按时全部进港休渔,实现了"船进港、网封存"的休渔管理目标。通过"海上查、港口堵、陆地管"和 24 小时值班制度等多项措施,严格执法,严厉打击渔船的违规行为,确保伏季休渔各项工作顺利实施。

(3)组织开展 2009 年南海海洋生物增殖放流活动。联合农业部南海区渔政局、三亚市人民政府在三亚湾举行大规模以"建设南海生态文明,促进渔业科学发展"为主题的海洋生物增殖放流活动。共放生的国家重点保护或珍稀水生野生动物包括鲸鲨 3 只、海龟 19 只、鲎 32 只。并放流鱼苗红鳍笛鲷和紫红笛鲷、斑节对虾、珍珠贝、扇贝等 700 多万尾(粒)等珍贵苗种,价值达 140 万元。在临高县海域投放点斑篮子鱼苗 50 万尾和异枝麒麟菜 20 吨。放流鲸鲨,开展鲸鲨卫星跟踪研究,在国内尚属首次。

【水生野生动物保护】　开展以保护海龟为重点的水生野生动物专项执法行动。联合海南省交通运输厅、工商管理局、公安边防总队,海口市美兰国际机场、三亚凤凰国际机场等部门,开展以打击非法捕杀海龟为重点的水生野生动物行为的专项行动。打击和遏制捕杀、收购、贩卖、运输海龟等水生野生动物的违法行为。在琼海潭门镇举办 100 多人参加的渔民涉外培训班,利用世界自然保护联盟物种生存委员会海龟专家组在琼考察期间,专门邀请专家组成员为赴南沙生产渔民作了以"海龟的生存现状与保护"的专题报告。与农业部南海区渔政局、琼海市政府联合在琼海市潭门镇举办"珍爱海龟,保护海洋"启动仪式,开展南海保护海龟专项执法行动。组织海南省渔业监察总队和琼海市渔业行政主管部门,着重对潭门港及琼海市酒店、市场、旅游景点等场所进行检查,期间,共查获违规驯养海龟 10 只,并放生大海。

【渔政执法】　加强专属经济区渔政管理,开展南海维权护渔巡航监管。主要担负中越北部湾共同渔区、我国北部湾传统渔场海域和西沙海域巡航监管任务,全年共巡航 20 个航次,总航程 19 676 海里,总航行时间 2 076 小时。驱赶非法进入我国管辖海域进行侵渔活动的外国渔船 69 艘,抓扣外国侵渔(从事毒鱼和炸鱼作业)渔船 7 艘。加大对鳄鱼驯养的管理力度。对全省鳄鱼驯养繁殖现状进行全面的调查和鳄鱼数量进行全面的登记,重点检查鳄鱼驯养场所安全措施是否符合有关要求等情况。做好申请鳄鱼驯养场所的现场考察,全省共检查鳄鱼驯养场 10 家,其中,限期责令整改的有 2 家。督促 4 家持证单位及时年审。

【渔政通信指挥系统应用管理】　积极做好渔政管理指挥系统应用运行管理和服务工作。分别对乐东、东方、昌江、儋州、临高、澄迈等市(县)渔政管理指挥系统应用进行现场检查,对硬件设施是否配备、系统是否专人操作、联络员是否掌握软件使用方法等内容进行检查,确保该系统的全面应用。严格执行《中国渔政管理指挥系统管理办法》,遵循"分类管理,分工负责"的原则,完成了基础数据整理录入和对接工作,确保系统安全、稳定运行。全年共录入水生野生动物管理系统 97 条信息,水域滩涂养殖证管理系统 400 条信息,渔业执法检查与处罚信息管理系统 207 条信息,渔业辅助船管理系统 155 条信息;渔业执法证件、渔政基础设施等管理系统基础数据均已录入;全省渔业捕捞许可基础数据整理工作也已完成,等待导入系统。

【渔业执法队伍建设】　继续在各级渔政执法机构中组织开展创建"渔业文明执法窗口单位"活动。琼海渔政管理站,三亚市渔政渔港监督管理处,在开展"渔业文明执法窗口单位"创建活动中,大力弘扬严格执法、爱岗敬业、服务渔业的正气,渔业行政执法和服务成效显著,分别于 2005 年和 2006 年被命名为"渔业文明执法窗口单位"。抓好渔政执法业务培训。全省共举办渔政执法人员业务培训班23期,培训渔政执法人员481人(次)。对从事一线执法的业务骨干进行重点培训,主要学习《案件处理法律文书》的制作、水生野生动物相关法律法规及物种鉴别、中国渔政指挥系统相关业务等,进一步提高了渔政执法人员的业务素质和办案能力。

【重点渔业市(县)基本情况】

海南省重点渔业市(县)基本情况

市(县)	总人口(万人)	渔业总产值(万元)	水产品总产量(吨)	其中			养殖面积(公顷)	
				海洋捕捞	海水养殖	内陆捕捞	海水	内陆
临高县	70 057	329 200	413 703	363 322	35 728	13 076	2 742.2	1 960
儋州市	113 342	338 646	339 520	265 887	38 773	30 117	2 312	4 448
文昌市	62 935	251 682	179 198	30 034	26 912	122 252	2 086	6 304
陵水县	25 373	71 234	85 528	73 705	8 672	3 151	447	588
琼海市	20 478	115 846	77 995	41 734	6 185	30 076	771	2 619

【大事记】

[1]5月22—23日,农业部渔业局李健华局长、财务司司长邓庆海,南海区渔政局局长吴壮等到海南检查指导渔政巡航、渔业资源环境保护、增殖放流等工作。

[2]5月27日,乐东黎族自治县在莺歌海湾为刚建成的6艘180吨大型钢质渔船举行入海仪式。

[3]6月9—11日,农业部农业贸易促进会组织美国海洋集团公司等专家一行5人到海南开展生态可持续水产品质量体系考察活动。美国海洋集团在考察期间主持召开生态可持续水产品质量认证研讨会,本省13家规模较大的水产加工出口、罗非鱼养殖企业代表参加会议。美国渔业专家对本次考察活动表示非常满意,并对海南省水产养殖环境、罗非鱼养殖质量以及加工生产工艺技术和产品质量等表示称赞。

[4]6月29日,农业部渔业局、中国渔政指挥中心、农业部南海区渔政局、海南省海洋与渔业厅、三亚市政府,联合在三亚举行"建设南海生态文明,促进渔业科学发展"为主题的南海海洋生物资源增殖放流活动。放生鲸鲨3只、海龟19只、鲨32只。放流鱼苗红鳍笛鲷和紫红笛鲷、斑节对虾、珍珠贝、扇贝等700多万尾(粒)。其中3只鲸鲨是海南省水生野生动物救护中心救助的。

[5]7月29日,中央电视台一套节目《科技博览》栏目播出了2009年海南省对"南海海洋生物资源增殖放流活动"中放生的3条鲸鲨救助过程及放生全过程。

[6]8月18日,省渔业共保体在洋浦经济开发区召开理赔现场会。第一批紧急赔付洋浦13艘损失严重的渔船及儋州死亡的3名渔民,现场会上合计赔付364 960元。

[7]8月21日,由农业部南海区渔政局、海南省海洋与渔业厅、琼海市人民政府联合举办以"珍爱海龟 保护海洋"——2009年南海保护海龟专项行动动员大会暨启动仪式在琼海市潭门镇政府举行,正式拉开为期4个月的南海保护海龟专项行动的帷幕。

[8]9月11日,海南省海洋与渔业厅与中国农业发展银行海南省分行关于《农业政策性金融支持海南海洋经济发展战略合作框架协议的》签字仪式在寰岛泰得大酒店举行。省委副书记于迅、副省长陈成出席了签字仪式。

[9]10月30日,海南省海洋与渔业厅和中国电信海南公司在海口举行了《海洋渔业CDMA安全生产通信保障及监管监测系统建设合作协议》签字仪式。协议的签署标志着双方共同建设海洋渔业CDMA安全生产通信保障及监管监测系统项目正式启动。

[10]11月5日上午,由海南省海洋与渔业厅牵头组织、海口市人民政府和省三防办公室协办的"2009年海口市风暴潮预警和应急疏散演习"在海口市顺利举行。

[11]12月23日,海南省海洋与渔业厅组织专家对海南省水产研究所承担的中央财政现代农业生产发展资金项目"海南后水湾深水抗风浪网箱养殖基地建设"子项目"底播增殖放流"、"技术培训及生产标准化示范"、"优良苗种早繁生产配套设施建设"进行验收。

[12]12月23日,投资3 000多万元的乐东岭头国家一级渔港建设开工。

[13]12月24日,三亚市崖城镇保平村崖州湾内,海南省投资规模最大的渔港,即崖州中心渔港开工建设。

[14]12月28日,白马井中心渔港在儋州市白马井镇原白马井渔港基础上动工建设。

(海南省海洋与渔业厅 邓韶勇)

重庆市渔业

【概况】 2009年,全市渔业系统紧紧围绕重点任务——“五大工程”(吨鱼万元工程、稻鳅双千工程、资源养护工程、观赏鱼产业化工程和亲本换代工程)和“三大安全”(渔业资源安全、水产品质量安全和渔业生产安全),狠抓各项措施的落实,努力克服低温寡日照、暴雨洪涝等灾害性气候带来的不利影响,最终实现了“保供增效”的目标。全市水产品总产量完成20.4万吨,同比增长7.0%,其中名优水产品产量达到7.9万吨,占总产量的38.7%;淡水产品自给率达到49%;渔业总产值达到40.3亿元,同比增长8.9%;渔民人均纯收入达5 560元,同比增长6.6%,高出全市农民人均纯收入20.9%。

【淡水养殖业】 2009年淡水养殖产量19.40万吨,同比增长7.8%;养殖面积52 859公顷,同比增长7.0%。淡水养殖业的主要特点:一是池塘渔业发展迅速。全市新增池塘养殖面积1 700多公顷,改造老旧池塘面积600公顷,累计引进和收集国家级原(良)种场和本地亲本8吨。二是生态渔业开局良好。完成了《开县汉丰湖生态渔业发展规划》,建成了1个高质量、高标准的现代化水产良种场,库区生态池塘养鱼和生态渔业示范基地建设已启动;完成了三峡库区后续工作规划水库渔业发展规划的编制任务;启动了库区“生态渔业示范工程”项目。“稻鳅双千”工程试验示范取得了初步成效,建成了一批鳅苗繁殖基地,示范推广稻田养鳅面积276公顷。三是土著和特色渔业成效初显。实施了大巴山和武陵山区土著鱼养护开发项目,累计收集储备野生黄颡鱼、多鳞铲颌鲷、棘腹蛙等地方土著品种1.79吨,建立良种繁育基地6个。四是观赏休闲渔业稳步发展。实施了都市观光休闲渔业项目,引进高附加值观赏鱼品种30个,观赏鱼年产量达到4 000多万尾。

【水产品质量安全】 2009年新增无公害水产品产地认定2 000公顷,新增无公害产品认证10个,全市“三品”产地认定面积累计达到1.2万公顷,产地认定率达到24.5%,“三品”认证品种累计达到49个,产品认证率达到12.5%。农业部水产品质量产地抽检连续2年合格率为100%。在水产品质量安全方面,突出抓了以下5项工作:一是积极推行健康养殖方式。成功创建4个部级“水产健康养殖示范场”,全市部级示范场数量达到了12家。二是深入开展“标准化养殖示范区”建设。建成了鲫鱼标准化养殖示范基地300公顷、“四大家鱼”标准化养殖示范基地1 000公顷。三是扎实开展专项整治行动。组织实施了水产苗种专项整治和水产品质量专项整治行动,累计检查15个区(县),出动执法人员396人(次),责令整改39家苗种场和养殖场。四是加强水生动物防疫检疫工作。新建县级鱼病监测站10个,累计建成县级鱼病监测站30个,设监测点259个,监测面积达9 000公顷;水产品检疫工作扎实推进,组织编写的《重庆市水生动物检疫技术规范》地方标准已通过市质监局评审。全年开展检疫培训200人(次),检疫水产品5.1万吨,检疫水产苗种3.9亿尾,检出病例29例,销毁苗种3万余尾。五是切实加大水产品质量抽检力度。开展了市级市场例行抽检8个批(次)120个样品,抽检合格率为86%;配合农业部安徽、成都、青岛、北京等水产品质检中心对重庆市水产品进行产地和市场抽检7个批(次)175个样品,产地抽检合格率为100%。

【渔业资源养护】 一是切实加大了水生生物资源增殖放流力度。市政府与农业部联合举办了三峡库区增殖放流活动,达到了扩大影响、树立形象、推进生态文明建设的效果;编制了全市水生生物增殖放流规划,出台了贯彻农业部《水生生物增殖放流管理规定》的意见;组织渔业主管部门和社会单位开展了形式多样的增殖放流活动,全年投入各类增殖放流资金4 600余万元,放流水生生物8 433万尾。二是加强了禁渔管理和制度建设。在禁渔管理上,实行了渔船集中停靠制度,基本做到了“船入港,网入库,江中无渔船,市场无河鱼”的禁渔工作目标。全年累计开展禁渔检查行动1.2万人(次),出动渔政执法船620艘(次)、执法车762辆(次),查获违禁捕捞船只86艘,没收“三无”船只13艘,没收电捕鱼器具55台,取缔迷魂阵4 058米,没收并放生违禁渔获物1.5吨,行政处罚78人(次),罚款10.3万元。在制度建设上,出台了船网工具控制指标,渔业捕捞许可管理实施办法已进入了最后的论证阶段。三是保护区建设与管理工作卓有成效。北碚胭脂鱼自然保护区项目顺利通过了市农委的基建验收和农业部渔业局的专项检查;长江上游珍稀特有鱼类国家级自然保护区重庆段的建设与管理工作有序推进,基建任务基本完成,总投资700万元的保护区增殖放流站项目获农业部渔业局批准;组织江津中渡大桥等6个涉渔工程环境影响专题评价,生态补偿方案资金1 000余万元;长江(重庆段)“四大家鱼”国家级水产种质资源保护区和嘉陵江(合川段)大口鲶国家级水产种质资源保护区已得到农业部批准。四是强化了水生野生动物保护工作。进一步规范了水生野生动物审批程序,完成了行政许可上网资料的更新,依法办理了水生野生动物许可38件;进行了水生野生动物保护专项行动,检查餐馆813家,查处违法违规行为31起;加强了执法基础建设,组织专家编制了《重庆市主要经济鱼类养殖个体与野生个体鉴别手册》。五是库区网箱取缔工作取得阶段性成果。实际取缔网箱1.69万只、面积43.49万平方米,完成了目标任务的97%,涉及网箱养鱼户702户。

【渔业生产安全】 一是积极应对各类渔业自然灾害。制定了渔业防洪、抗旱、防冻等应对方案,最大限度降低了渔业自然灾害损失。二是加强渔船安全基础建设。重庆渔政执法码头建成并投入使用,涪陵渔港初步建成并通过验收,万州渔港建设已经启动;涪陵等区(县)推广标准船型渔船57艘,云阳等区(县)配置渔船安全设备870余套,丰都县建立了安全预警信息发布制度,向广大渔民发布安全生产警示信息1 000余条。三是开展渔业船舶安全专项整治行动。认真组织实施"安全执法年"的各项工作,全面完成了安全生产执法、安全生产治理、宣传教育等"三项行动"和安全生产大排查、大整治、大执法等"三大行动"的有关任务。累计开展执法行动621起,排查治理隐患单位8 087个,隐患整改率达95%;对3.5万人(次)开展了宣传教育,发放资料3万余份。四是加强渔业保险工作。研究形成了水产规模化养殖保险试点方案;捕捞渔民意外伤害保险工作再上新台阶,全市9 132人参保,同比增加近1 000人,参保率达78%。

【强渔惠渔政策】 一是积极争取各级财政资金支持。全年争取到了中央基建投资和财政专项资金近2 600万元,同比增长24.5%。市级农发资金安排用于渔业发展的资金1 000万元,比2008年翻了一番。二是认真落实渔业成品油价格补助政策。制定了渔业成品油价格补助常态化方案,兑现了2009年上半年的补助资金,维护了渔民的切身利益。在补助对象审核、资金发放等环节落实了"两公开"、"四公示"的措施。兑现2009年上半年油价补助359.2万元,补助功率5.9万千瓦,受益渔民6 444户,其中受益养殖户1 583户,涉及捕捞渔船5 028艘,户均补助557元。三是积极推进水域滩涂规划编制工作。切实指导督促重点区(县)开展规划编制工作,组织召开专题会议进行动员部署,水域滩涂规划编制工作有序开展。2009年,铜梁、垫江、黔江、渝北4个区(县)的规划已通过了区(县)政府审批,有6个区(县)的规划进入了审查程序,有5个区(县)完成了规划初稿。同时,养殖证制度建设也得以推进,全市新办理养殖使用证281本,涉及养殖面积1 200公顷,累计办理养殖使用证4 147本,涉及养殖面积1.68万公顷。

【重点渔业市(县)基本情况】

重庆市重点区渔业区(县)基本情况

区(县)	总人口(万人)	渔业总产值(万元)	水产品总产量(吨)	其中		养殖面积(公顷)
				内陆捕捞	内陆养殖	
合川区	128.17	26 845.34	14 837	259	14 578	2 769
长寿区	76.29	23 366.19	14 822	301	14 521	8 026
永川区	93.09	51 100.67	14 131	238	13 893	3 635
万州区	153.32	24 055.60	13 124	306	12 818	2 841
江津区	127.51	18 730.85	12 615	693	11 922	2 734
涪陵区	102.55	17 673.89	12 344	768	11 576	2 675
巴南区	89.54	19 080.02	10 566	790	9 776	1 644
铜梁县	62.65	13 672.64	9 231	904	8 327	2 018
璧山县	52.58	14 940.93	9 135	79	9 055	2 155
大足县	76.70	15 847.51	8 296	10	8 286	1 668

【大事记】

[1]1月12日,重庆市农委印发了《重庆市农业委员会关于做好2009年禁渔管理工作的通知》(渝农发〔2009〕18号)。对天然水域禁渔工作作了明确的规定,这标志着2009年春季禁渔工作全面启动。

[2]3月13日,重庆市农委渔业发展处、重庆市水

产技术推广站和重庆市水产学会联合在璧山县广普镇组织启动了全市"渔业科技服务年"主题活动。

[3]3月20日,重庆市渔业工作会议召开。会议明确了实施"五大工程"、抓好"三大安全"是全市渔业工作的重要抓手。

[4]3月24日,中国渔政指挥中心副主任李彦亮率农业部水生野生动植物保护办公室和长江渔业资源管理委员会相关人员就长江上游珍稀特有鱼类国家级自然保护区(重庆段)的建设和管理工作到重庆调研。调研组在重庆召开了长江上游珍稀特有鱼类国家级自然保护区建设和管理工作座谈会。

[5]4月22日,市政府与农业部在万州区联合举办的三峡库区增殖放流活动获得圆满成功,成为长江上游生态文明建设全面启动的标志。

[6]6月18—19日,重庆市农委组织召开了全市渔业统计培训会,对新开发并正式启用的渔业统计软件操作、使用进行了全面培训。

[7]8月3—4日,重庆发生暴雨洪涝灾害,潼南、铜梁、巴南、南川、江津、綦江、荣昌等15个区(县)不同程度地发生了塘坎垮塌、养殖水产品逃逸、渔船受损等情况。因灾损失水产品产量达1.3万吨,受灾面积26 600多公顷,经济损失2亿元。

[8]8月10—15日,重庆市农委副主任吴纯率农委渔业处、市水产站负责人等到湖北、浙江等地考察湖泊、水库生态渔业,探索三峡库区生态渔业发展模式。

[9]9月7—10日,由中国水产学会主办,西南大学及重庆市水产学会承办的水产健康养殖与质量安全研讨会(第十一届中国科协年会第27分会场)在重庆召开。

[10]11月11日,重庆市副市长马正其主持召开了全市渔业发展专题会议,研究了出台了抓紧完善渔业发展规划、加快发展生态渔业、积极推进商品鱼基地建设、努力探索实施"稻鳅双千"工程、大力强化渔业发展科技支撑以及切实加强对渔业发展的组织领导等措施。同时,会议商定大幅度提高对渔业发展的投入。

(重庆市农业委员会渔业发展处 程 渝 妙晓东)

四川省渔业

【概况】 2009年,全省水产经济保持了平稳较快发展的良好势头。全省水产品总产量再上新台阶,达到140.4万吨,比上年增产10.06万吨,增长7.72%。全省人均水产品占有量达到15.78千克,比上年增加0.99千克。渔业总产值达到238.46亿元,比上年增加21.03亿元,增长9.67%。全省农民人均水产业收入356元,比上年增长11.25%,人均增收36元。全省渔民人均实现纯收入6 931元,比上年增加567元,增长8.91%。

【水产养殖】

(1)水产养殖面积稳步增加。2009年,全省水产养殖面积达到21.96万公顷(不含稻田养鱼面积),比2008年增加0.34万公顷,增长1.57%。稻田养殖面积32.47万公顷,比2008年增加0.82万公顷,增长2.59%。

(2)各类水产养殖产量继续保持增长态势。全省水产养殖产量达到131.36万吨,比2008年增产9.98万吨,增长8.22%,占总产量的93.56%。

(3)传统常规养殖品种(青鱼、草鱼、鲢、鳙和鲤鱼)产量持续增长,占总产量的比重略有上升,名优鱼养殖和特色渔业平稳发展,比重略有下降。

(4)苗种生产能力稳步增强。2009年,全省生产水花鱼苗147.4亿尾,比上年增产5.32亿尾,增长3.74%。鱼苗鱼种的省际进出渠道畅通,从省外引进苗种约50亿尾,向省外输出苗种约20亿尾,保证了全省养殖生产需求。

【水产品质量安全】 一是以6月1日起实施的食品安全法为契机,与省农业厅、省畜牧食品局联合开展了多种形式的《食品安全法》宣传活动。二是按照农业部渔业产品质量监督检验测试中心(大连、广州、南宁)在四川省重点市开展了水产品产地抽检,合格率达到96%。对抽检中的少数不合格产品进行了认真追溯和查处。三是深入推进无公害水产品生产基地建设和无公害水产品认证,全省无公害水产品产地达到189个,无公害水产品达509个。

【水产产业化】 2009年,全省水产龙头企业达到267个,比上年增加71个。其中,国家级2个,省级4个,市(州)级45个,县(区)级216个。全省有水产学会、协会等各类专业合作经济组织413个,比2008年增加193个。水产新农村示范片302个。水产品加工和流通服务业获得新发展,全年流通服务业产值达到54.08亿元,比上年增长11.87%;水产品加工产值达到0.74亿元。

【渔业资源保护】 一是春季禁渔工作效果明显,组织领导、宣传教育、检查执法进一步加强,最大限度地降低了违规捕捞、销售和经营野生鱼现象。禁渔期内,全省参加执法检查行动2.8万人(次),查获违禁捕捞作业渔船822艘,取缔迷魂阵网1.54万张,查处电鱼器

390台,查处炸渔案件15起,查处毒鱼案件10起,没收违法捕捞渔获物4.9吨,查处违法销售渔获物3.5吨,没收非法捕捞作业渔船69艘;行政处罚649人,刑事处罚1人,罚款57.46万元。二是积极推进水产种质资源保护区建设。新建水产种质资源保护区国家级3个、省级6个。三是大力开展人工增殖放流,5月8日,由农业部、省人民政府主办的长江珍稀濒危水生动物增殖放流活动在宜宾举行。这次放流投入资金200万元,共向长江放流国家一级保护水生野生动物达氏鲟1 000尾,国家二级保护水生野生动物胭脂鱼2万尾,以及岩原鲤、中华倒刺鲃等共计17.5万尾。在这次活动的影响和带动下,全省掀起了新一轮鱼类人工增殖放流高潮,全年投入资金2 117多万元,累计向大小江河放流鱼苗鱼种1.47亿尾。四是水电建设项目及水下工程作业对渔业资源影响评价及补偿工作成效突出,落实补偿资金达4 000多万元。

【地震灾后重建】 "5·12"汶川特大地震灾后重建取得阶段性成果。截至2009年底,全省共完成灾后恢复重建投资3.8亿元,恢复水产养殖受灾面积3万公顷,占总受灾面积的90%,恢复生产及办公用房20.6万平方米,占受损面积的94%。都江堰、彭州等市在地震中遭受毁灭性灾难的冷水性鱼类养殖基地,通过采取积极有效措施,已恢复养殖面积超过50%。

【重点渔业市(县)基本情况】

四川省重点渔业市(县、区)基本情况

市(县、区)	总人口(万人)	渔业总产值(万元)	水产品总产量(吨)	其中		养殖面积(公顷)
				养殖产量	捕捞产量	
简阳市	145.1	47 851	43 900	2 258	41 642	5 542
泸县	107	37 540	36 095	1 460	34 635	3 089
仁寿县	157.8	86 867	35 200	45	35 155	7 303
眉山市东坡区	85	139 288	30 600	186	30 414	2 826
安岳县	158	34 634	29 818	4 256	25 562	6 263
武胜县	84.4	37 150	27 025	656	26 369	3 083
资中县	131.4	33 525	23 433	1 358	22 075	3 276
内江市东兴区	87.5	33 093	22 914	1 308	21 606	2 506
隆昌县	77.7	45 200	22 200	2 535	19 665	1 909
宣汉县	126.4	22 428	22 000	4 840	17 160	2 526

【大事记】

[1]1月8日,省水产局召开中层以上干部会议,传达学习中央农村工作会议、全国农业工作会议和渔业专业会议精神,分析面临的形势,研究并初步提出2009年全省水产工作思路、重点、措施和目标任务。

[2]1月9日,全省2009年春季禁渔动员大会在成都召开。省水利厅副厅长刘俊舫到会并讲话。

[3]1月24日,省委副书记李崇禧在仁寿县汪洋镇视察时指出,汪洋片区要大力恢复冬囤水田,增加有效蓄水量,同时利用冬囤水田发展特色水产业,推进"一村一品"建设。

[4]2月5日,省政府办公厅发出进一步加强渔业安全生产工作的通知,要求深入贯彻落实科学发展观,坚持"安全第一、预防为主、综合治理"方针,全面落实渔业安全生产责任制,加强安全监督管理。

[5]2月6日,省水利厅副厅长刘俊舫、省水产局局长卿足平、省渔政处处长宋明全到乐山市检查春季禁渔实施情况。

[6]2月19—21日,农业部东海区渔政局副局长、长渔委副主任马毅,长渔委办公室主任庄会柏等一行在省水产局党委书记、副局长陈方元等陪同下到广安、雅安市检查指导春季禁渔工作。

[7]3月3—5日,农业部渔业船舶检验局巡视员李小芬、体系处副处长李志平来川检查指导工作。

[8]3月10日,省水产局召开局安全生产领导小组会议,传达学习国务院、省安全生产工作会议精神,部署"渔业安全生产年"活动。

[9]3月26日,省水产局在大英县组织开展了"放心渔需物资及科技下乡活动"。

[10]3月28—30日,农业部农产品质量安全监管

局组织专家认定评审组对“农业部渔业环境及水产品质量监督检验测试中心(成都)”进行了国家计量认证和农业部机构考核与机构审查复评审。经现场评审考核,该中心各项指标全部合格,顺利通过复评审。

[11]4月2日,省委常委、副省长钟勉对全省新农村建设水产发展现场经验交流会作出重要批示:“大力发展现代水产业,对保障和改善城乡居民食品供给、调整和优化农业结构、拓宽农民增收渠道、促进社会主义新农村建设具有重要作用。全省水产业要紧紧围绕‘两个加快’战略目标,发挥资源优势,转变生产方式,深化改革创新,促进产业化经营,实现水产业又好又快发展,努力建设优势特色水产业大省,为推进全省农业和农村发展上台阶做出更大贡献。”

[12]4月7日,四川省人事厅下发《关于批准四川省蚕业管理总站等45个省属事业单位参照〈公务员法〉管理的通知》(川人发〔2009〕16号)。四川省水产局正式批准为参照《公务员法》管理的单位。

[13]4月24日,省水产局会同省财政厅在成都召开会议,布置2009年度省级财政水产健康养殖基地建设项目工作。该项目总金额1 750万元,分别在29个县(市、区)水源和渔业基础条件较好的水产养殖基地实施。

[14]4月26日,由农业部渔业局、中国水产科学研究院和四川省水产局共同主办,全国水产技术推广总站、中国水产科学研究院黑龙江水产研究所、长江水产研究所、绵阳市水务局、安县人民政府协办的“灾后恢复渔业生产科技服务活动”在绵阳市安县启动。

[15]5月8日,由农业部、四川省人民政府主办,四川省水利厅、宜宾市人民政府共同承办的长江珍稀濒危水生动物增殖放流活动仪式在长江宜宾市合江门段举行。农业部副部长牛盾,中共四川省委常委、副省长钟勉出席仪式并作重要讲话。农业部渔业局局长、渔政指挥中心主任李健华主持放流仪式。此次活动共向长江放流了国家一级保护水生野生动物达氏鲟1 000尾,国家二级保护水生野生动物胭脂鱼2万尾,长江上游特有鱼类岩原鲤、中华倒刺鲃等17.5万尾。

[16]5月9日,农业部副部长牛盾,农业部渔业局局长、渔政指挥中心主任李健华,渔政指挥中心副主任李彦亮,东海区渔政局副局长马毅等来川调研渔业灾后恢复重建工作。

[17]6月16日,省委常委、副省长钟勉在省水利厅副厅长刘俊舫的陪同下,视察了自贡市大安区团结镇土柱村在建的观赏鱼繁育基地。

[18]6月19日,省水产局局长卿足平前往新津县调研2009年池塘养殖渔情动态采集工作开展情况。

[19]6月26日,浙江省安排997万元资金,援建四川青川县6个渔业灾后重建项目,包括曲河大鲵养殖、白龙湖水产品储藏冻库、白龙湖水产公司鱼种场、大湖养鱼基地、万人水产养殖技术培训、白龙湖万亩水产园区等项目。

[20]7月10日,全省水产渔政工作会议在成都召开,省水利厅副厅长刘俊舫出席会议并讲话,省水产局局长卿足平总结了全省上半年水产渔政工作并部署了下半年工作重点。省水产局副局长张凯就水产业贯彻实施国家《食品安全法》、《省〈农产品质量安全法〉实施办法》提出了要求。会议由省水产局党委书记、副局长陈方元主持。

[21]7月15—17日,省水利厅副厅长刘俊舫在省水产局局长卿足平、副局长何强的陪同下,到武胜县水产健康养殖示范基地、美蛙养殖场、武胜渔港项目选址点和仪陇县双胜镇白鹤村千亩水产示范基地调研。

[22]7月29日,省水利厅副厅长刘俊舫在省水产局局长卿足平、副局长张凯的陪同下,到成都三友生物制剂有限公司调研。

[23]7月30日,省水产局召开全局中层以上干部会议,学习传达全国农业厅局长座谈会议精神。

[24]8月12日,省委常委、副省长钟勉在内江市隆昌县调研新农村建设时,充分肯定了水产业在促进新农村建设中的地位和作用。

[25]8月9—17日,省水利厅副厅长刘俊舫在省水产局副局长何强、攀枝花市水利农机局副局长苏自友的陪同下,到米易县湾丘乡热水村“水产健康养殖示范基地”、攀枝花跨越水产养殖公司水产基地、攀枝花通威饲料厂、胜利水库无公害水产养殖基地进行了实地调研。

[26]9月3日,农业部渔业局副局长陈毅德率市场与加工处处长刘新中、副处长郭云峰来川调研水产品质量安全工作。

[27]9月10日,省水产局在成都召开全省渔业行政执法督察工作暨督察员培训会。农业部东海区渔政局副局长张秋华,中国渔政指挥中心督导处调研员崔海燕,省水产局党委书记、副局长陈方元出席会议。

[28]9月22日,省委常委、副省长钟勉在省水产局《关于全省水产园区建设情况的汇报》上作重要批示:“潜力很大,加强规划,创新机制,加快发展。”

[29]10月13日,省水产局在成都召开各市(州)水产管理部门、水产科研院校、重点渔业企业负责人会议,研讨全省水产业“十二五”规划。会议就四川水产业发展现状、面临的挑战和制约因素,并就在此基础上,按照科学发展观的要求,谋划好“十二五”规划。

[30]10月16—19日，由农业部、四川省人民政府主办的“2009中国西部国际农产品交易会”在成都举办。展会期间，省委副书记、省长蒋巨峰，农业部副部长陈晓华，省委常委、副省长钟勉等领导先后到水产展馆参观指导。

[31]11月3日，省水利厅副厅长刘俊舫在省水产局局长卿足平的陪同下，先后到自贡市沿滩区仙市镇箭口村、大安区团结镇土柱村调研新农村建设水产发展情况。

[32]11月5日，省水产局在宜宾市召开全省水生生物自然保护区建设管理工作会。

[33]11月16日，中国西部国际农产品交易会执委会对“2009中国西部国际农产品交易会”中取得突出成绩的先进集体进行表彰，对参展产品进行了评奖。四川省水产行业荣获多项大奖。其中：省水产局获得最佳组织工作奖和展位设计金奖；成都凤凰饲料有限公司、成都三友生物有限公司等水产企业共11类产品分获展会最畅销产品奖和最受群众喜爱产品奖。

（四川省水产局　仁　青）

贵州省渔业

【概况】

1. 渔业经济发展情况　2009年，全省淡水养殖面积25 517公顷，水产品产量8.03万吨，分别比上年增长2.26%和2.95%。渔业产值110 616万元，其中，渔业二、三产业产值6 674万元，占渔业产值的6.38%；渔业增加值72 120.7万元。渔业经济规模稳步扩大，产业地位继续加强。

2. 产业发展的主要成就及特点

(1)渔业生产稳步发展，产业结构进一步调整。全省水产养殖面积、产量继续增长，特别是网箱养殖规模不断扩大。2009年网箱养殖面积为822 134平方米，比上年增加137 022平方米；立足资源特点，大力发展特色渔业，冷水鱼和土著鱼类养殖规模进一步扩大，名特优水产品产量增加，仅冷水鱼产值1 902万元；在29个县市建立了大鲵驯养繁殖基地，驯养大鲵10.934 4万尾，产值超过1.5亿元；休闲渔业特别是特色餐饮、垂钓、观赏鱼养殖等，经营规模扩大，经济效益不断提高。

(2)水产养殖管理进一步加强，生态健康养殖稳步推进。规范了水产苗种生产管理，全省苗种生产持证率达到95%；养殖证制度建设加快，全省已有87个市(县)完成了养殖水域规划编制，有56个县(市、区)已经政府批准发布，分别占全省所辖县(市)的98%和64.3%，比上年增长20.8%和36.6%，全省共发放养殖证3 602本，持证养殖面积7 295.22公顷；大力推进水产健康养殖行动，创建了8个部级“水产健康养殖示范区”。

(3)水产品质量安全工作稳步推进。广泛开展水产品质量安全宣传培训，加强水产养殖投入品管理，在“水产健康养殖示范区”、无公害水产品基地、省级水产良种场全面推行了生产、用药、销售“三项记录”制度；组织开展了水产苗种场普查登记、苗种生产检查、苗种药物残留抽检等工作。配合农业部水产品药物残留监督抽查，对贵阳、都匀、凯里等地的水产品批发市场、农贸市场和超市的水产品开展了兽药残留抽检，抽取样品90个，合格率达84%；完成了60个水产品产地药物残留样品抽检工作，合格率达100%。对生产经营劣质鱼苗、渔药、饲料、变质水产品和使用违禁渔药的，加大执法和处罚力度，药物残留抽检阳性案例的处罚结案率达到100%。

(4)水生生物资源养护进一步加强，渔业资源环境保护取得新进展。全省共有27个县51家企业获得了大鲵驯养繁殖许可证。2009年，办理水生野生动物运输许可证8个，水生野生动物经营利用许可证14个，水生野生动物驯养繁殖许可证37个，征收水生野生动物资源保护费25.5万元；举办人工增殖放流活动88次，投放鱼种4 147.45万尾，筹集资金453.84万元；经农业部审核批准，罗甸县蒙江坝河斑鳠、铜仁市锦江河黄颡鱼、鳜鱼被列为国家级水产种质资源保护区。

(5)不断巩固和完善禁渔期制度，进一步加大宣传和执法力度。禁渔期间，全省共出动执法检查人员10 044人(次)，执法船艇1 880艘(次)，执法车3 589辆(次)，制作宣传标语(横幅)6 700条幅，散发宣传资料10余万份。查获违禁捕捞船180艘，查处电、炸、毒鱼案300余起，拆除和销毁各种网具共2 375张，没收违法捕捞渔获物7.2吨，没收违法销售渔获物856千克，行政处罚150人，罚款27 085元。开展了文明执法窗口巩固和创建工作，福泉、紫云、都匀三县市经农业部重新考评，继续保留“渔业文明执法窗单位”称号。

(6)渔船检验工作取得新进展，渔业安全生产工作进一步加强。

3. 存在的主要问题　一是按照全国水产统计修正数，全省水产品产量调减较大，远低于实际产量，在一定程度上影响了产业地位。二是随着渔业管理职能的增强，各项监督管理工作任务繁重，监管面广量大，缺乏专项经费，工作难度较大。三是渔业机构和队伍建设还需进一步加强。

【重点渔业市(县)基本情况】

贵州省重点渔业市(县)基本情况

市(县)	渔业总产值(万元)	水产品总产量(吨)	其中		养殖面积(公顷)
			捕捞产量	养殖产量	
兴义市	16 705	14 432	1 991	12 441	8 243
安龙县	14 213	8 650	1 900	6 750	369
遵义县	12 277	12 277	682	11 595	1 662
息烽县	4 329	4 316	102	4 214	1 559
黎平县	4 257.8	3 336	129	3 207	175

【大事记】

[1]1月5—6日,全省畜牧渔业工作会议在贵阳召开,省农业厅副厅长熊文中出席会议并讲话;同期召开了渔业专业会议。

[2]4月15—20日,农业部全国"渔业文明执法窗口单位"检查验收组对本省福泉、紫云、都匀三县(市)渔业文明执法窗口进行检查验收。

[3]5月21日,贵州省委副书记王富玉率省委学习科学发展观调研组一行到贵定县岩下乡考察特色产业娃娃鱼养殖。

[4]6月5日,全省大鲵养殖规划工作布置会在贵阳召开,来自各市(州、地)农业(畜牧兽医、渔业)局分管局长、水产站站长40人参加了会议。省农委副主任吴承斌出席会议并讲话。

[5]6月8日,由省农委主办、罗甸县人民政府承办的贵州省渔业资源增值放流活动在罗甸县举行。农业部南海区渔政局副局长刘添荣、省农委副主任吴承斌出席活动并致辞。

[6]10月11日,贵州省大鲵养殖现场会在贵定县召开。省委副书记王富玉、副省长蒙启良出席会议并讲话。会议提出"在保护中开发,在开发中保护",大力发展大鲵产业。

[7]11月24日,经贵州省人民政府批准,省人力资源和社会保障厅黔人社厅通〔2009〕221号文同意贵州省渔业局列入参照公务员管理单位。

(贵州省渔业局 王 骥 杨湘菊)

云南省渔业

【概况】

1. 主要指标完成情况 2009年全省水产养殖面积达11.3万公顷,同比增长9%;全省水产品总产量43.07万吨,同比增长9.4%。全省水产品人均占有量达9.6千克,同比增长9%。渔业总产值68.2亿元,同比增加2.4亿元,增幅3.6%;渔业为全省农民人均增收约30元。2009年的全省渔业有以下几个亮点:

(1)各级党委、政府对渔业发展重视程度进一步提高。省委、省政府领导多次对渔业工作作出重要批示,就做好渔业发展规划、完善产业支撑政策、加大对水产品加工龙头企业的扶持等方面提出要求,为渔业发展创造了良好的政策环境。各州(市)、县(区、市)各级党委、政府也加大对渔业工作的重视程度,将渔业纳入社会经济发展规划,加大了对渔业的投入,全省州(市)及县级财政投入达1 586万元。

(2)渔业发展战略性前瞻性水平有所提升。通过深入调查和广泛征求意见,编制了《云南省渔业发展规划(2009—2020)》,从养殖业、加工业、服务业、资源养护、支撑体系等方面作了系统的规划,使全省渔业发展的长期性、指导性、战略性指导更加有力。经过多年的努力,《云南省渔业条例》已通过省政府法制办评审,并上报省人大。

(3)资源开发力度进一步扩大,形成一批独具特色的品牌渔业。各地结合自己的资源禀赋、市场需求和技术力量等生产要素,结合水生生物资源增殖放流,积极开发宜渔资源,努力发展各具特色的渔业产业。

(4)引进龙头企业工作有实质性进展。继云南新海丰食品有限公司在罗平建成投产,又引进4家水产品龙头加工企业,签署5项水产品加工合作事项(罗非鱼4项、鲟鱼1项),年加工能力可达20万吨,将提升水产品附加值,延长产业链,推进渔业产业化经营进程。

(5)渔业功能不断拓展。为解决修建电站造成群众失去土地带来生产生活困难的问题,电站库区立足资源优势,发展库区水产养殖业和加工业,有效解决了失地群众的生产生活出路。

(6)长期以来困扰渔业发展的渔业管理体制得以理顺。2008年6月全省渔业工作会议提出将渔业行政主管部门归口到农业部门的部署,结合即将进行的机构改革，全省5个州（市）的渔业管理体制得以理顺。

2. 主要工作措施

（1）大力引进水产品龙头加工企业，推进渔业产业化发展。云南新海丰食品有限公司分别与富宁县和墨江县政府正式签订了各6万吨罗非鱼加工厂的投资协议。广州鹭业水产有限公司在勐海县建设罗非鱼苗种场，与西双版纳州政府订立了5万吨罗非鱼加工厂和罗非鱼专用饲料加工厂的建设协议。云南思广正大投资有限公司在小湾库区注册成立了云南小湾生态渔业开发有限公司，已投资1 450多万元开展增殖放流，投放各类鱼苗3 180多万尾。伯林名特优水产品养殖公司在潞西建设3万吨罗非鱼加工厂项目已破土动工。云南阿穆尔鲟鱼养殖公司分别在华宁县、会泽县建设的鲟鱼子酱加工厂、鲟鱼苗种繁殖场正在紧张施工。向智利引进技术和良种、三文鱼产业化开发的合作项目也在进一步商谈。围绕为水产品龙头加工企业提供优质原料和为市场提供优质水产品，安排资金460万元建设20个出口创汇渔业基地县，安排资金100万元建设6个优质水产品基地县。

（2）推广标准化健康养殖，努力提高渔业综合生产能力。一是积极建设健康养殖示范场，培训标准化健康养殖技术，推广新品种、新模式，提高科学养殖水平。全年申报"水产健康养殖示范场"7家，面积240公顷。二是实施"科技入户"工程，在全省15个渔业科技入户试点县，共培育了850户渔业科技示范户，辐射带动了3 200户水产养殖户；举办渔业科技培训班30期。在科技入户试点县示范推广了电站库区网箱养鱼技术、池塘高产生态健康养殖技术、稻田养鱼示范工程技术，开展养殖水环境监控、营养与饲料、优质苗种生产、健康养殖、病害防治以及水产食品安全检测等6项关键技术试点，发放各类水产养殖技术资料4 500份。三是发展稻田养鱼。生态农业开发公司参与，指导稻农实行生态型种、养结合的产业化经营新模式。四是做好节能减排工作，渔业船舶单船能耗降低了1.35%，符合节能标准的渔船更新比重达到3.6%。

（3）推进水产品标准化和质量安全工作。一是加强水产品质量安全监管制度建设，做好养殖证制度、水产苗种生产许可证制度和水产养殖记录制度为主要内容的水产品质量安全监管制度建设。按照《养殖水域滩涂规划》编制大纲的基本要求，养殖水域规划进入准备阶段。二是加强水产品质量安全监管。按照农业部的部署，制定下发云南省水产品质量安全和水产苗种专项执法整治实施方案，组织省级水产单位对昆明、玉溪、红河、大理、保山、德宏等地整治行动的开展情况进行了督察。配合农业部（长沙、南京）水产品质检中心，搞好全省水产品质量监督抽查。三是组织开展水产苗种专项整治执法活动，共发放宣传材料约8 500份，通过广播、电视、报纸等媒体宣传12次。从3月开始，全省各级渔政执法部门共出动执法人员1 027人（次），车辆180多辆（次），共查处生产记录不完整的29起，用药记录不完整的15起，销售记录不完整的26起，其他违法行为7起。

（4）资源养护。组织开展长江禁渔，全省共召开禁渔动员会议83场，省渔政总队编发了4期禁渔宣传简报。省州（县）组织统一执法行动75次，出动执法人员2 900人，受理和查处群众举报案件133起，查缴非法捕捞和"三无"船只11艘，收缴违法渔具268台（套），取缔非法网具1 272米，没收违法捕捞和销售渔获物2吨，对102名违法人员进行了行政处罚。各级渔业行政主管部门加大增殖放流力度，积极筹措资金3 235.23万元，全省共投放各类鱼苗13 832.06万尾。

（5）渔政管理与渔业安全。下发了《关于开展"渔业安全生产年"活动的通知》，扎实抓好渔业安全生产隐患排查、执法检查、宣传教育"三项行动"和法制机制、保障能力、监管队伍"三项建设"。据统计，全省查处渔业安全生产违法行为661起（处）；排查治理安全隐患单位499个，排查出一般隐患299项，已整改282项，整改率94%；开展安全宣传教育149次，受到宣传教育的渔民群众3 364人（次）。通过"渔业安全生产年"活动，2009年全省渔业安全生产实现零事故。

（6）认真落实惠农政策。全年发放40万元渔业柴油补贴资金，发放渔船户731户，发放机动渔船802艘。

（7）加强自身建设，增强服务"三农"的能力。认真贯彻执行"重大决策听证、重要事项公示、重点工作通报、政策信息查询"四项制度，改进机关作风，加强自身建设。

3. 主要问题 一是资金投入不足，支撑体系不强，产业规模不大。长期以来，渔业发展基本上依靠财政投入，渠道单一，省级财政每年1 000万元左右，地方各级财政约800万～900万元，远远不能满足渔业发展的需要。二是全球金融危机对水产品出口贸易的不利影响较大，在一定程度上影响企业投资建设加工厂的积极性。三是由于投入不足造成池塘养殖病害隐患较大，对水产品质量监管责任越来越重。四是频繁的自然灾害，地震、洪涝、干旱等对渔业造成的经济损失约2亿元。五是渔业发展面临的环保压力在不断增加。一些生态修复工程、城市建设等使得部分传统高产水产养殖区域退出养殖。

【重点渔业市(县)基本情况】

云南省重点渔业市(县、区)基本情况

市(区、县)	总人口(万人)	渔业总产值(亿元)	水产品总产量(吨)	其中		养殖面积(公顷)
				捕捞产量	养殖产量	
罗平县	54.44	3.4	21 000	2 650	18 350	3 533
大理市	62.53	1.7	13 324	7 100	6 224	462
景洪市	47.68	1.6	13 093	262	12 831	1 913
勐海县	33.09	1.2	10 654	218	10 436	1 117
石屏县	29.38	1.5	10 203	56	10 147	4 105
思茅区	25.62	1.0	10 145	72	10 073	2 714
麒麟区	69.18	1.4	9 621	63	9 684	1 905
宜良县	41.84	1.2	9 300	225	9 075	2 198
嵩明县	34.72	1.2	9 103		9 103	1 848
富宁县	39.52	1.8	9 080	1 500	7 580	3 087

【大事记】

[1]2月1月12时到4月30日12时,按照"政府领导、统一组织、划区分时、分级负责"的原则,在长江(金沙江)干流,主要支流:龙川江、普渡河、牛栏江、横江及高原湖泊展开禁渔工作。除进行渔业资源监测进行的捕捞外,禁止一切捕捞作业。

[2]7月21日,云南省委副书记李纪恒对省农业厅上报的《关于加快我省渔业产业发展的报告》批示:"发展渔业,大有可为。市场有需求,农民有期盼,利国又利民。渔业产业作为新的经济增长点(特别是农村经济的增长点),花大力气加以培育、发展、壮大。希望省农业厅牵头,省发展与改革委员会、省委农办、省财政厅参与制订好全省渔业发展规划,完善产业支撑政策,帮助龙头企业发展,以促进全省渔业又好又快发展"。

(云南省农业厅渔业处　鲍　宏)

西藏自治区渔业

【概况】 2009年,全区各级渔业管理部门结合自治区实际,在加强水产品质量监管、扶持水产养殖、增殖保护鱼类资源等方面做了一定工作。全区水产品产量500吨,与上年持平,其中捕捞产量408吨、养殖产量92吨。渔业产值927万元。

【水产养殖】 继续开展黑斑原鮡人工驯化繁殖研究。在上年工作的基础上,2009年在确定鱼苗开口时间、开口饵料及鱼病防治上取得一定成果,为下阶段工作奠定一定基础。积极扶持水产养殖工作。亚东鲑是自治区二级水生野生保护鱼类,亚东县亚东鲑养殖场是重要水产养殖场,由于严重的洪水灾害,该场大部分鱼苗及商品鱼从养殖场逃逸。为扶持该场尽快恢复生产,在提供技术服务的同时,免除该场缴纳水生野生动物保护费。

【渔业资源保护】 开展鱼类增殖放流工作。异齿裂腹鱼是西藏重要的经济鱼类,在拉萨、山南、日喀则、林芝四地(市)有分布,近年来,随着利用强度的加大,在局部水域该鱼类资源存在衰退情况。为加强对该鱼类资源的保护,林芝地区充分发挥对口援藏部门——福建省海洋与渔业厅的资金和技术力量,建立了水产良种繁育场,开展异齿裂腹鱼人工繁殖。在雅鲁藏布江和尼洋河交汇处放流人工培育的3万余尾异齿裂腹鱼鱼苗,对增殖保护该鱼类资源发挥积极作用。开展鱼类资源调查工作。20世纪90年代,自治区开展过鱼类资源普查,为高原水产资源的保护和合理开发利用提供了可靠的依据。2009年,在渔业经费十分紧张的情况下,自治区下达专项经费23万元,用于5地(市)开展鱼类资源调查。

【渔政执法】 为树立和维护渔政执法人员的良好形象,按照中华人民共和国渔政局关于渔政着装的有关要求,对全区132名兼职渔政执法人员进行了统一着装。借助自治区环境监测中心站监测能力,对6处水产规模养殖场养殖用水实施监测，拉萨市一养殖场养殖用水氟化物超标，按照《西藏自治区实施〈中华人民共和国渔业法〉办法》有关规定，责令停止养殖生产，确保水产品质量安全。

西藏自治区渔业存在多年的问题依然没有得到解决，主要表现在：一是渔业管理力量仍然十分薄弱，此次自治区机构改革，自治区农牧厅没有设立单独的渔业管理处（室），由畜牧草原水产处履行渔业工作职责；二是缺乏渔业专业技术人员；三是渔业投入严重不足。

【大事记】 2009年10月13—19日，中国水产科学研究院黑龙江水产研究所陈儒贤书记带队的西藏渔业发展调研组一行5人到西藏拉萨、山南等地（市）调研。就开展冷水性鱼类人工繁殖、土著鱼类自然保护区建设事宜达成合作意向。

（西藏自治区农牧厅畜牧草原水产处　蔡　斌）

陕西省渔业

【概况】 2009年，陕西渔业经济总产值达到14.95亿元，比上年增加7 550万元，增长5.32%。其中渔业产值7.834亿元，比上年增加5 450万元，增长7.48%；渔业加工和建筑业产值为9 060万元，比上年增加了754万元，增长9.1%；流通和服务业产值为6.21亿元，比上年增加1 355万元，增长2.23%。全省水产品总量为8.911万吨，比上年增长5.19%，全省水产养殖面积（含稻田养殖面积）3.5632万公顷。渔民人均纯收入5 974.15元，劳均纯收入10 312.6元。

【基础设施建设】 贯彻落实省政府《实施七大工程促进农民增收水产养殖发展规划》，开展了水产养殖发展项目前期工作，多渠道争取渔业发展资金，下达完成年度燃油价格补贴、增殖放流、种质资源保护及省级渔业财政预算等专项资金，编制上报2010年24个渔业财政补助项目投资计划。根据农业部渔业基建项目投资指南，编制完成2009年全省渔业基建项目投资计划，新编制上报项目10个，有3个批准立项，3个列入项目储备，3艘渔政执法快艇投资建设，渔业基础设施建设步伐加快。加强在建项目督察与审计，审查批复了斑点叉尾鮰等3个基建项目初步设计，安康汉滨区渔政执法船建成投入使用。编制完成陕西渭河等流域渔业开发规划。开展了渔业在建项目自查检查及竣工验收督察，渔业在建项目管理得到加强。全省组织实施水产养殖发展规划项目，落实各类渔业到位资金2 409.2万元，其中中央1 278.7万元，省级1 130.5万元。全年固定资产投资5 118.5万元。

【水产苗种生产】 积极开展水产苗种专项整治行动，加强水产苗种药物残留抽检和执法监管，提高水产苗种质量，从源头上确保水产品质量安全。一是开展水产苗种场普查登记，全面摸清水产苗种场的基本情况；二是开展水产苗种场执法检查，检查苗种场是否持证生产，检查苗种场的生产记录、用药记录和销售记录是否完备，检查苗种场是否存在违法违规用药情况和违法销售行为；三是开展水产苗种药物残留抽检，认真落实《水产苗种管理办法》，加强苗种生产的全过程管理，从怀卵亲体选育、苗种孵化到育成等进行监督管理，确保优良苗种投放市场。全省共生产水花6.53亿尾，其中鲤、草鱼2.2亿尾。

【水产品质量安全】 做好水产品市场质量监督和抽检工作，完成部、省级水产品质量市场抽检9批（次），累计抽取水产品样品297个，确保了水产品质量和食用安全。全面推进水产养殖执法工作，加强水产品质量安全全程控制，开展养殖生产违法用药、苗种无证生产、假冒伪劣等监督检查。在重要养殖区域布设24个监测点实施病害测报，规范了水产养殖生产行为。围绕规模化养殖示范基地等建设，稳步推进无公害水产品生产基地认定和产品认证工作。从养殖用水，养殖生产苗种、饲料、药物使用到产品净化，层层把关，环环相扣，加强养殖鱼类的检验检疫和产地标识，确保养殖质量符合无公害产品要求。完成无公害水产品60个产地认定，上报农业部120个产品通过认证。组织推荐了第四批农业部“水产健康养殖示范场”9家。根据农业部要求，结合本省实际情况，制订了《陕西省无公害水产品产地认定与产品认证工作实施意见》，下发各地执行。

【渔业生态环境保护】 水生野生动物保护区建设步伐加快，陇县秦岭细鳞鲑自然保护区经国务院批准晋升为国家级，嘉陵江源头等2个国家级种质资源保护区经农业部批准设立。做好渔业水域生态环境建设，扩大重点水域污染监测范围，提高渔业水域污染防控能力，完成年度渔业水域生态环境及水产养殖病害防治公报新闻发布，确保了渔业水域生态环境及养殖安全。大力开展水生生物资源养护和增殖放流活动，累计投入580多万元，增殖放流经济鱼类1.6亿尾，增殖放流大鲵5 400尾。加大水生野生动物资源保护和开发利用，新许可大鲵驯养繁殖证6个，经营利用证3个，完成65个大鲵驯养繁殖场年度检验工作，4个大鲵驯养繁殖场经营利用通过国家濒危水生野生动物物种科学委员会专家评估。

【渔业技术推广】 根据《陕西省渔业“十一五”发展规划》和《陕西省2009年渔业工作要点》要求，积极组织开展“渔业科技服务年”活动，深入推进渔业“科技入户工程”，结合各地渔业生产实际，在全省继续组织实施无公害水产品养殖技术推广、工程化稻田养鱼技术示范、秦巴山区冷流水养鱼技术推广和陕北地区库坝生态养鱼技术推广等4个重点项目。共落实推广面积3 534公顷(其中无公害水产品养殖技术推广1 507公顷，工程化稻田养鱼技术示范533公顷，库坝生态养鱼技术推广1 493公顷，冷流水养鱼技术推广1万平方米)。通过加强合阳县、长安区等渔业科技示范县建设活动，全省各级技术人员下乡150余人(次)，指导科技示范村120个，抓科技示范户1 100余户。举办各类技术培训班108期，培训6 500余人(次)。发放各类技术资料、无公害养殖记录手册等2.86万份。通过开展科技服务，渔(农)民的科学养殖技术能力明显提高，效益显著。

【渔业船舶检验】 在全省范围首次统一组织渔业船舶登记发证工作，登记发证数量超过统计渔船总数的50%。全面开展业务授权范围渔业船舶的检验工作。在市(县)级的渔船检验机构尚未按规范建立的情况下，将承担渔政执法及渔业水上救助任务的全省渔政执法船(艇)全部纳入检验范围。完成70%以上渔政执法船(艇)的检验发证工作。与有关部门组成调研组，完成了《陕西省渔船监督检验管理办法》立法调研任务。200余艘渔业船舶已纳入监管范畴，登记、检验、渔业捕捞许可证发放和日常生产安全检查工作全面展开。与10个市水利局签订2009年度渔业船舶安全监管目标责任书，组织为期1月的渔船安全生产大检查活动，对6市20县的渔业及渔船生产安全工作进行实地检查；组织完成全省渔政执法船舶质量安全检查及隐患排查工作，整理下发国家有关渔船检验机构设立整套文件，积极促进渔船重点市(县)渔船检验机构建设工作；编印了6万多字的《渔业船舶安全须知》，普及渔船使用、水上航行、应急救助知识，加强了渔业法规宣传和渔船安全生产教育。

【平安渔业建设】 强化渔政执法队伍建设，大力开展渔政执法文明窗口单位创建，开展渔政执法人员新式制服换装，强化渔政人员培训，提升渔政队伍综合素质，带动了全省渔政执法工作向纵深发展。规范水生野生动物驯养繁殖及经营利用，推行大鲵等水生野生动物行政许可证年度审验制度，加大对水生野生动物经营利用情况的监督检查力度。严厉打击和查处各类渔事违法行为，累计查处渔业违法案件300多起，挽回直接经济损失近500多万元，为促进全省渔业持续发展提供了保障。强化渔业安全生产管理，对渔船界定、登记权限和工作程序等方面深入研究，组织开展了渔业船舶登记和发证工作。开展了渔业安全大检查活动，督导排查了渔业安全生产隐患。

【重点渔业市(县)基本情况】

陕西省重点渔业市基本情况

市	总人口(万人)	渔业产值(万元)	水产品产量(吨)	其中		养殖面积(公顷)
				捕捞	养殖	
西安	837.5	54 820	13 949		13 949	1 744
汉中	351.3	24 904	20 892	1 634	19 258	5 960
渭南	543	22 115	16 521	754	15 767	2 985
安康	265.7	15 702	11 826	4 368	7 458	4 617
宝鸡	376.25	12 838	6 806	10	6 796	2 938

【大事记】

[1]1月3日，陕西省人民政府印发《陕西省实施七大工程促进农民增收规划纲要(2008—2012年)》(陕政发[2009]1号文件)。其中的《水产养殖发展规划(2008—2012年)》纳入促进农民增收七大工程中的区域性特色产业发展工程，成为省政府2008—2012年促进农民增收专项规划之一，由省水利厅牵头，市、县(区)政府组织实施。

[2]3月13日，省水利厅直属水产单位渔业工作会在西安召开。水利厅副巡视员左占清出席会议，各水产单位主要领导汇报了2009年工作计划及工作思路。

[3]3月23日,全省渔业暨水产技术推广工作会议在渭南召开。会议总结回顾了2008年渔业工作,安排部署了2009年渔业及技术推广工作,表彰奖励了全省渔业及技术推广工作先进集体和先进工作者。省水利厅与10个市签订了渔业安全目标责任书。省水利厅副巡视员左占清出席会议并讲话,省渔业局局长刘兴连作总结讲话。

[4]4月13—16日,2008年全国渔业文明执法窗口检查组一行3人来陕对西安市渔政监督管理站、咸阳市渔政监督管理站、靖边县渔政监督管理站等3个候选单位进行检查验收。

[5]4月15—17日,"全国渔业科技服务年"水产健康养殖专家西部行活动启动暨全国水产养殖规范用药(师资)培训班开班仪式在西安举行。

[6]6月4日,陕西省副省长姚引良在省水利厅厅长谭策吾、省渔业局局长刘兴连、省渔船检验管理局局长管薇等陪同下,考察了安康市宁陕县龙泉大鲵仿生态繁育场。

[7]6月23日,由农业部水生野生动植物保护办公室主办、陕西省渔业局承办的人工驯养繁殖大鲵经营利用专家论证会在西安召开。

[8]6月28—30日,全省渔业政务信息和新闻宣传培训班在安康市举办。

[9]8月21日,全省渔业技术推广项目工作座谈会在西安召开。省水利厅副巡视员左占清、省渔业局副局长管薇、省水产总站主任张树明,10市水利(水务)局、水产站领导共40多人参加会议。

[10]9月26—28日,农业部副部长牛盾、农业部渔业局局长李健华等一行4人到本省考察调研渔业工作。

[11]11月13日,省水产学会第五次会员代表大会在西安召开。大会完成了第五届学会换届工作,选举产生了新一届学会理事、常务理事、秘书长、副理事长、理事长,管薇当选为第五届学会理事长。

[12]11月14日,省水利厅、省环保局在西安市联合召开新闻发布会,发布2009年度渔业生态环境暨水产养殖病害防治状况新闻公报。

(陕西省渔业局 余东勤 魏美乐)

甘肃省渔业

【概况】 2009年,以促进渔业增效、保护渔业环境为中心,大力发展高效渔业,全省渔业工作取得了新的成效。全省水产品总量达到1.2万吨,同比增加300吨,增长2.6%。渔业总产值达到1.81亿元,同比增加2 090万元,增长13.07%。

【水产养殖】 一是继续推广名特优新品种养殖。2009年全省名优特新品种产量达到3 600吨,同比增长7.9%,占到水产品总产量的比重由28.5%提高到30%。二是鱼种生产形势较好。年产鲑鳟鱼发眼卵1 000多万粒,生产鲑鳟鱼苗种1 000多万尾,产品远销广州、上海、武汉、西安等地。省鲑鳟鱼引种育种中心被批准为国家级水产良种场和省级鲑鳟鱼工程技术研究中心。自繁孵化鲤鲫苗种2 000多万尾,同时从湖北、四川等地调运鲢、鳙鱼、草鱼、团头鲂、加州鲈等10多个品种3 000多万尾鱼苗,全年苗种投放共计达到6 000多万尾,同比增长约30%。三是继续推进健康养殖。重点抓了4个"水产健康养殖示范场",检查督促其建立养殖档案,完善养殖制度。四是落实惠渔政策。鼓励和支持渔民使用先进适用的渔业机械,提高机械装备水平,为白银、永靖、临泽等地养殖户采购增氧机53台,投饲机57台,争取渔业机械补贴4万多元。

2009年底,鲑鳟鱼主要产地永昌、永登、临泽相继发生输入型鲑鳟鱼疫病,共有69个养殖场9公顷流水鳟鱼养殖池塘发生疫情,造成243.6吨各种规格鳟鱼死亡,直接经济损失达到861.3万元。

【渔业科技】 一是积极开展"渔业科技服务年"活动。全省举办科技下乡服务活动58次,参与的技术人员1 246人,接受养殖户咨询892人(次);举办技术培训56期,培训养殖户2 300人(次),发放各种技术资料15 000份。二是大力开展技术骨干培训。全年共举办2期高级技术骨干培训班,培训本省及青海部分技术人员150多人。三是编印《水产养殖用药指南》、《水产用兽药国家标准说明书》、《水产养殖科学用药宣传材料》、《新编渔药手册》等技术资料,利用科技下乡、科技赶场、科普宣传等形式发放给养殖用户。四是积极开展养殖病害监测和疫情预报服务,测报范围覆盖12个市(州),监测病害70多种,监测品种20多种。每月编辑发行《甘肃省渔业病害简报》,及时反馈渔业病害信息。五是开展水产品流通领域的防疫检疫,累计检疫水产品500多吨,检疫苗种800余万尾,品种涉及鲤鱼、草鱼、虹鳟等10多个品种。

【渔政管理】 一是继续强化禁渔管理。认真落实全省三大水系5年全面禁渔的决定,加大禁渔相关法律法规的宣传,开展了黄河干流,白龙江武都段、文县段,白水江、洮河、渭河流域的禁渔执法大检查。二是严肃查处2起工业污染事故和1起开发建设导致渔业损失事故,出具了损失评估报告,协调双方提出了补偿方案,为养殖户挽回经济损失70多万元。三是积极开展能力建设。完成了全省渔政机构和渔政人员基础数据调查,开展了渔政管理指挥系统推广应用,举办了1期全省操作员培训班,渔政船、水生野生动物保护管理、养殖证、执法证等基础数据全部录入完成。积极开展"渔业文明执法窗口单位"创建活动;推进渔政执法人员参照公务员管理;加大渔业行政执法督察。全省已有70%的县在渔业技术推广站加挂了渔政管理站的牌子,有20家渔政机构成功实现了参照公务员管理。

【资源保护】 一是渔业水域环境保护。开展了黄河刘家峡段和黑河张掖段进行水质监测,开展了水电站水生生物资源评估工作,提出了建设项目对渔业资源及其生存环境破坏的补救措施。二是积极开展水生生物资源增殖放流工作。2009年共投资350万元,在全省开展大规模、有组织的渔业资源增殖放流活动11次,共放各类水生生物801万尾(只)。三是加强保护区建设。永宁河特有鱼类水产种质资源保护区、白龙江特有鱼类水产种质资源保护区和洮河特有鱼类水产种质资源保护区被农业部批准为国家级水产种质资源保护区,康县大鲵保护区被省政府批准为省级自然保护区,渭源县水生野生动物湿地保护区、武山县秦岭细鳞鲑省级自然保护区已经省人民政府批转省环保厅承办之中。四是加强黄河特有鱼类的人工驯化繁殖。2009年首次培育极边扁咽齿鱼鱼苗获得成功。人工孵化出兰州鲶鱼苗20多万尾,在攻克兰州鲶苗种繁育方面取得了新进展。五是召开了全省渔业资源环境保护工作会议,交流经验,安排部署了下一阶段的资源环境工作。

【水产品质量安全】 一是加强日常督促检查。制定了《甘肃省水产品专项整治行动实施方案》和《2009年水产苗种专项整治实施方案》,主要负责人带队先后到河西、陇南、天水等渔业重点市(县)的良(苗)种场、水产品标准化示范区、规模养殖场等生产单位进行了检查。二是加强监测抽检。协助农业部完成了2次产地水产品质量安全抽检任务,组织技术单位开展了5次水产品质量随机抽检,7次抽检共抽检水产品样品100批(次),饲料样品3批(次)。三是开展水产品质量专项整治。组织渔业执法单位对临夏、永登、永昌等地的23家苗种生产单位、养殖场使用违禁药物情况进行了专项执法检查,对农业部抽检呈阳性的3家生产场督促处理,提出整改意见,并限制产品上市。四是召开全省水产品质量安全工作会议,通报了水产品质量安全抽检结果,安排部署了主要任务,提出了近期的工作措施和长期的对策办法。

【渔业产业化】 一是搞好引导服务。引进中国水科院东海水产研究所在肃州区、金塔县投入210多万元,引入西伯利亚鲟鱼、白斑狗鱼、南美白对虾等水产名优品种,发展设施养殖。引进四川省润兆渔业资源开发有限公司投入200万元、设置网箱200只,在文县翰坪嘴水库养殖鲟鱼和虹鳟。二是积极推进大鲵产业化,引导康县两家大鲵养殖大户注册成立产业开发公司,经过推荐被农业部确定为大鲵增殖放流苗种供应单位,提供放流幼鲵3 000尾。三是积极发展渔业专业合作社。利用国家扶持政策,先后在永昌、永登等地建起了鲑鳟鱼生产专业合作社3家,在武都建起了渔业生产合作社1家。这些合作社为养殖户统一供种、统一供药、统一销售,提高了农民的组织化水平和市场谈判能力。

【重点渔业市(县)基本情况】

甘肃省重点渔业市基本情况

市	总人口(万人)	水产养殖总产值(万元)	水产品总产量(吨)	养殖面积(公顷)
张掖市	128.81	2 550	1 540	1 257
酒泉市	101.88	1 348.43	1 450	1 500
白银市	175.72	1 511.78	1 452	160
临夏市	196.06	2 215.36	1 335	6 344
兰州市	332.18	2 045.26	1 277	133
天水市	343.07	1 750.22	970	114
陇南市	262.21	1 418	945	2 000
平凉市	220.15	989	937	103
金昌市	47.57	1 858.55	776	407
定西市	294.13	1 396	610	55

【大事记】

[1]3月1日，甘肃省"渔业科技服务年"活动正式启动。据统计，全年共举办科技下乡服务活动58次，参与下乡活动的技术人员达到1 246人，接受养殖户咨询892人(次)，解决养殖中存在的突出问题32个；举办技术培训56期，培训养殖户2 300人(次)；发放各种技术资料15 000份；建立以健康养殖为主要内容的养殖示范场(户)82个。科技服务年活动受惠农户达到2 500户。

[2]4月20—21日，中国水产科学院和酒泉市人民政府联合举办2009年农业部"全国渔业科技服务年"科技西部行暨金塔县红沙墩水库放牧式养殖投放和揭牌仪式。

[3]6月10日，甘肃省农牧厅、兰州市人民政府在兰州亲水平台隆重举行了黄河兰州段水生生物资源增殖放流活动启动仪式，共向黄河兰州段投放了黄河鲤200万尾。省人大副主任马尚英、省政协副主席侯生华出席了放流仪式，省农牧厅厅长武文斌作了重要讲话。

[4]6月11日，"甘肃临夏国家级鲑鳟鱼良种场暨甘肃省鲑鳟鱼工程技术研究中心"揭牌仪式在临夏刁祁举行。这是全省水产行业第一家由农业部批准的国家级水产良种场，第一家由省科技厅批准的工程技术研究中心。

[5]7月7日，全省特色渔业现场会议在金塔县召开。会议总结交流近年来特色渔业发展的成功经验，分析了面临的突出矛盾和问题，进一步明确了今后一个时期全省渔业重点工作任务。省农业厅王亨通副厅长到会作了重要讲话，中国水产科学院东海水产研究所党委书记樊强国，酒泉市市委常委、副市长王喜成等领导和各市州农牧、畜牧、水利部门分管渔业的负责同志、渔业站站长，重点渔业县区渔业站站长，重点渔业龙头企业负责人，厅属渔业事业单位负责人共84人参加了会议。

[6]7月11日，国家自然科学基金委主任陈宜瑜、甘肃省副省长郝远到甘肃省水产科学研究所科研基地——省鲑鳟鱼引种育种中心调研。

[7]8月1日，农业部渔业局、渔政指挥中心在兰州召开全国渔业行政执法督察工作会议。农业部渔业局局长、中国渔政指挥中心主任李健华在会上做了重要讲话。

[8]8月26日至9月2日，全省水产品质量安全专项执法检查活动全面展开。共检查29个生产单位，重点检查了生产企业的养殖证、苗种生产许可证持证情况；养殖生产纪录、用药记录和销售记录建立情况；养殖过程兽药使用的情况。

[9]10月13日，"白龙江上游迭部段重口裂腹鱼和洮河卓尼段厚唇重唇鱼省级水产种质资源保护区"通过了甘肃省水生动植物自然保护区评审委员会的评审。12月17日，农业部批准这两个保护区晋升为国家级水产种质资源保护区，并改名为"白龙江特有鱼类国家级水产种质资源保护区"和"洮河特有鱼类国家级水产种质资源保护区"，同时还批准了"永宁河特有鱼类国家级水产种质资源保护区"。

[10]10月21—23日，省渔业技术推广总站在兰州举办了全省大宗淡水鱼健康养殖技术高级培训班。

[11]10月30日，甘肃省人民政府批复同意建立甘肃康县大鲵省级自然保护区。这是甘肃省政府批准成立的第2个大鲵省级自然保护区，也是第4个省级水生生物自然保护区。

[12]11月10日，刘化集团热电厂和亿诚公司直接污水排放导致3家养殖户死鱼事件。在永靖县渔业部门历经两个多月的采样、检验、协调下，双方达成了赔偿协议，由刘化集团热电厂和亿诚公司一次性赔付养殖户经济损失总计3.5万元。

[13]12月10日，黄河上游濒危鱼类极边扁咽齿鱼人工驯养及人工繁殖技术研究成果鉴定会在兰州举行。中国科学院水生生物研究所、青海大学、兰州大学、西北师范大学、省科技厅等单位专家参加了鉴定会。

[14]12月10日，甘肃省渔业资源环境保护工作会议在兰州召开。全省14个市(州)及部分县(区)水产渔业部门主要负责人参加了会议。

[15]12月21日，全省水产品质量安全工作会议在兰州召开。全省14市(州)和28个县(区)主管水产工作的负责人参加了会议。

(甘肃省农牧厅渔业处 李 琦)

青海省渔业

【概况】 2009年，青海省渔业坚持"生态立省"原则，加快渔业生态基础设施建设，大力发展大水面冷水鱼类增养殖，努力开创高原特色养殖渔业新局面。通过渔业生产技术规范标准的实施和养殖结构的调整，全年水产品产量达到2 150吨，其中池沼公鱼1 400吨、虹鳟鱼35吨、河蟹50吨、其他鲤科鱼类580吨、卤虫40吨，养殖面积4万公顷。

【新品种推广与示范】 一是继续开展高白鲑繁育工作。从俄罗斯引进高白鲑发眼卵1 350万粒、齐尔白鲑和目笋白鲑各10万粒，经黑泉水库冷水鱼繁育车间孵化培育，至5月中旬共孵出高白鲑鱼苗1 200多万尾，齐尔白鲑和目笋白鲑共10余万尾。5—6月份陆续向人工可控黄河流域水库以及黑泉、盘道、云谷川、南门峡等水库投放鱼苗1 000余万尾。二是开展河蟹精养示范。从3月份开始,分三批从上海引进优质长江蟹种扣蟹30余万只、大眼幼体960万只投放到贵德县虎头崖养殖基地进行精养示范,带动贵德河滩地开展规模化河蟹人工精养。三是开展三倍体、全雌虹鳟鱼养殖示范。从北京引进三倍体和全雌虹鳟鱼卵各5万粒,孵化培育后,在水库进行网箱养殖。

【基层水产养殖服务】 一是制定2009年"渔业科技服务年"工作计划,主要渔业生产区由技术人员包点指导,建立科技人员深入渔业生产第一线工作机制。二是经调研先后编写了《关于建立健全省基层水生生物保护工作体系的构想》、《青海省渔业社会化服务体系建设规划》等水产技术推广和水生生物养护体系方案。基层渔业体系建设内容纳入了2009年全省封湖育鱼工作会议精神之中,积极宣传和鼓励基层单位建立相应的渔业社会化服务机构。

【渔业管理】 为了进一步加强渔业资源保护,全省各地和各有关部门认真贯彻落实省政府封湖育鱼《通告》和全省封湖育鱼工作会议精神,加大了渔业资源保护工作力度,全省封湖育鱼工作取得明显成效。通过各有关单位的共同努力,全年共查处涉渔案件23起,较2008年的93起减少70起。查获渔获物13吨。查处餐馆35家,依法行政拘留违法捕捞贩卖人员7人。查获网具2 700盘,暂扣汽车15辆,摩托车11辆,罚款11万元。

【增殖放流】 一是根据年初制定的青海湖裸鲤增殖放流创新工作思路,在放流710万尾青海湖裸鲤鱼苗的同时,配合刚察县"观鱼放生节"、海晏县"沙雕节"和青海湖景区管理局在"鸟岛"、"151"等旅游景点举行放流活动。截至8月底,全面完成了710万尾青海湖裸鲤鱼苗的放流任务。二是由苏只鱼类增殖站人工孵化繁育驯养的黄河裸裂尻鱼苗15万尾、鱼种1 000尾和花斑裸鲤种鱼100尾放归黄河,这是首次在黄河放流土著鱼类。

【水域生态监测和环境影响评估】

(1)开展全国渔业生态环境监测青海区工作。2009年4月底至5月中旬,承担了全国渔业生态环境常规监测,即黄河流域龙羊峡至积石峡段重要鱼类洄游通道、长江流域玛柯河段川陕哲罗鲑产卵繁殖场、黄河上游特有鱼类国家级水产种质资源保护区等3处水域监测。

(2)开展三江源区渔业生态环境常规监测。2009年5月下旬开展了三江源区长江通天河玉树段、黄河鄂陵湖至玛多段、澜沧江扎曲囊谦段的渔业生态环境常规监测。

(3)继续开展黄河拉西瓦水电站工程、积石峡水电站工程的水化学以及水生生物监测,并提交相关监测报告。

(4)首次对黄河重要支流河南县洮河流域规划建设的三个梯级电站工程开展水生生物监测和水生生态环境影响评价工作。

(5)继续开展引大济湟调水总干渠工程水生生态监测及水生生态环境影响评价工作。该项目期限为2008—2009年,项目范围为大通河和宝库河。已完成《引大济湟调水总干渠工程水生生物监测报告》及《青海省引大济湟调水总干渠工程水生生物现状调查评价与影响预测报告》。

(6)首次开展的渔业污染事故调查工作。受当地部门的委托,对果洛州德尔尼铜矿附近水域、乐都县上杏园和下杏园村池塘水质开展了检测工作,并出具检测报告。

【大事记】

[1]4月13日,青海省人民政府令(第70号)发布《青海省人民政府关于修改〈青海省卤虫资源保护暂行办法〉的决定》,该决定从即日起实施。

[2]4月24日,召开了全省封湖育鱼工作会议。省政府办公厅副秘书长毛占彪作了重要讲话。

[3]6月5日,2009年青海湖裸鲤增殖放流活动启动仪式在青海湖沙柳畔进行。省农牧厅曹宏厅长主持并做了重要讲话,邓本太副省长宣布放流活动开始。本次放流活动将陆续放流青海湖裸鲤大规格鱼种700万尾。

[4]7月24日,由长江渔业资源管理委员会与世界自然基金会组织,青海省农牧厅协办的长江源区水生生物资源与环境科学考察活动出发仪式在西宁举行。

(青海省水产局 赵依民 朱安福)

宁夏回族自治区渔业

【概况】

(1)主要渔业经济情况。2009年,宁夏渔业坚持科学发展观,全面推进现代渔业建设,全区渔业经济继续保持强劲的发展态势。全区水产养殖面积33.4千公顷,比上年增长18.2%。全区水产品产量10万吨,同比增长17.6%;渔业经济总产值16亿元以上;从渔农民人均纯收入5 950元;全区人均水产品占有量16千克。

(2)产业发展的主要举措、成就及特点。一是产业规模再上新台阶。2009年,宁夏以"提质、扩量、增效、生态、安全”为目标，加强适水产业基地建设，重点在灌区新建规模化适水产业示范基地35个。其中，33公顷以上的20个，67公顷以上的10个，133公顷以上的5个，渔业规模化、基地化、园区化水平不断提高。二是渔业结构调整取得新进展。沿黄生态渔业产业带水产养殖面积占全区的94%，水产品产量占全区的99%，形成了低洼盐碱荒地、湖泊湿地等多种资源合理开发利用，以渔改碱、以渔养水等多种养殖模式广泛推广的新格局。水产品种结构实现重大转变，乌克兰鳞鲤、草鱼、鲫鱼、团头鲂、黄河鲶、河蟹等特色及名优水产品比重占到全区养殖总量的50%以上。三是水产品质量安全有新提高。以水产品质量安全专项整治为抓手，切实加强鱼类病害预测预报和养殖投入品检测监管。自治区水产技术推广部门牵头，各市(县)密切配合，全区共设置水产养殖病害测报点56个，面积3千公顷；检测养殖环境水质样本190个，合格率100%；检测水产品样本252个，合格率99%；检测鱼苗样本23个，合格率100%；检测渔用饲料样本201个，合格率99.5%。这是多年来抽检范围最大、频率最高、数量最多的一年，也是结果最好的一年。特别是，农业部两次委托黑龙江检测机构对全区7个市、县(区)36个场点50个水产品样本进行抽检，药物残留合格率均为100%。截至2009年，全区共创建农业部“水产健康养殖示范场”31个，面积14.2千公顷，占全区养殖总面积的43.2%。全区认定无公害水产品基地21.3千公顷，占养殖总面积的64%，认证无公害水产品65个，认证“绿色食品”17个。四是水产品加工取得新突破。以提升产业发展层次为突破口，平罗县主动出击，抢先一步，通过招商引资，成功引进浙江省农业产业化龙头企业——杭州千岛湖野娇娇食品有限公司落户宁夏，计划投资1.2亿元，开展水产品及特色农产品加工，预计2010年8月份正式投产。自治区水产研究所引进山东客商成立宁夏佳美有限公司，开创了宁夏水产品加工之先河，标志着宁夏渔业开始突破以鲜活水产品外销为主的单一产业格局，产业发展进入了全面提升的新阶段。五是渔业科技工作有新成效。以自治区科研机构为主体，挂牌成立了国家大宗淡水鱼产业技术体系银川试验站和自治区渔业工程研究中心，为宁夏渔业跨越式发展搭建了很好的科技创新平台。组织实施了国家自然基金、自治区科技攻关、自治区自然基金等一批重大项目，开展了湖泊湿地渔业水域环境调控、适水产业生态模式、黄河鲶人工繁育及高效养殖等研究开发，取得了重要成效。“黄河鲶鱼繁育和基因工程育种”项目获得自治区科技进步一等奖，实现了宁夏渔业科技创新的重大突破。自治区及各市、县水产技术推广部门，以“渔业科技服务年”活动为契机，加强新品种、新技术集成、示范和推广，组织广大技术人员常年深入一线，进村入户，包场点、包池塘，开展全程技术服务和技术承包，确保了全区渔业技术入户率和到位率。2009年，全区共繁育各类水产苗种6亿尾，落实水产健康养殖技术大面积推广10.4千公顷，培育渔业科技示范户1 100户，培训技术人员、从渔农民1.4万人(次)。六是渔业资源养护有新举措。继续推行黄河宁夏段休渔期制度，进一步加大黄河休渔执法力度，加强水生生物资源养护。自治区人民政府与农业部联合在石嘴山星海湖成功举办了大型渔业增殖放流活动，发挥了重要的示范带动作用。2009年，全区累计在黄河及附属湖泊水域增殖放流黄河鲶、黄河鲤、鲢、鳙鱼等各类经济鱼类4 223万尾。渔业资源养护工作越来越得到各级政府的高度重视，越来越得到全社会的广泛关注，形成了政府主导、各界支持、社会参与的良好氛围，形成了经济效益、社会效益、生态效益协调发展的运行机制。

(3)存在的主要问题。一是产业基础比较薄弱。渔业投入不足，部分养殖池塘老化严重，渔业生产力下降。二是渔业科技创新能力不强。专业技术队伍老化，科技成果的储备及有效供给不足，苗种自给率低仍然是制约产业发展的瓶颈。三是投入品监管任务依然艰巨。从渔农民对水产品质量安全意识总体上不强，个别地方、个别场点还存在违规使用禁用药物的现象。四是水域生态修复工作还需加强。受水体环境、鱼类投放比例、养殖密度等综合因素影响，一些湖泊湿地不同程度地出现水域荒漠化、富营养化的趋势，有的还比较严重。

【重点渔业市(县)基本情况】

宁夏回族自治区重点渔业市(县、区)基本情况

市(县、区)	总人口(万人)	渔业总产值(万元)	水产品总产量(吨)	其中		内陆养殖面积(公顷)
				内陆捕捞	内陆养殖	
贺兰县	20.4	39 478.12	24 524	57	24 467	5 803
平罗县	30.0	31 516.15	22 718	55	22 663	8 140
青铜峡市	26.8	19 075.56	11 502	26	11 476	3 786

（续）

市(县、区)	总人口（万人）	渔业总产值（万元）	水产品总产量（吨）	其中		内陆养殖面积（公顷）
				内陆捕捞	内陆养殖	
永宁县	21.00	13 269.96	8 000	5	7 995	1 173
大武口区	25.9	10 947.71	6 660		6 660	3 293
金凤区	20.0	9 288.97	6 565		6 565	2 538
中卫市城区	39.44	8 890.87	5 373		5 373	1 472
兴庆区	48.39	7 514.11	4 545		4 545	1 622
灵武市	23.7	4 146.86	2 489		2 489	623
中宁县	30.81	3 317.48	2 301	20	12 281	1 711

【大事记】

[1]1月11日，宁夏农业工作会议渔业专业会议在银川召开。会议传达了全国农业工作会议渔业专业会议精神；表彰了2008年度全区渔业工作先进单位和先进个人；科学总结了改革开放30年全区渔业发展取得的成就和经验，分析了当前全区渔业经济面临的挑战和机遇，研究部署了2009年及今后一个时期全区渔业的工作思路和重点。自治区农牧厅厅长赵永彪、副厅长黄全福出席了会议。黄全福副厅长作了“把握形势，坚定信心，在新的起点上推进全区渔业再上新台阶”的重要讲话。

[2]4月7日，宁夏科技厅批复在自治区水产研究所成立“宁夏渔业工程技术研究中心”。

[3]4月11—20日，应台湾中华养殖渔业发展协会的邀请，宁夏农牧厅厅长赵永彪带领宁夏现代农业及渔业考察团一行，赴台进行了为期9天的考察。

[4]6月3日，宁夏回族自治区党委副书记于革胜在吴忠市委书记白雪山、农牧厅副厅长张柱等陪同下，调研青铜峡市适水产业。

[5]6月3日，宁夏回族自治区副主席郝林海在农牧厅厅长赵永彪、副厅长黄全福的陪同下，调研适水产业。

[6]6月11日，宁夏水产研究所牵头，在中卫市召开稻蟹种养新技术试验示范项目中期交流座谈会。

[7]6月17—18日，“全国渔业科技服务年”水产健康养殖专家组西部行活动在宁夏开展。专家组一行五人，深入自治区渔业环境与水产品质量监督检验中心、鱼病防治中心、部分县级水生动物防疫站等质量安全技术支撑单位考察。

[8]7月22日，宁夏水产研究所“黄河鲶鱼繁殖生物学和药物毒理与抗毒育种基因功能及良种规模化繁育研究与应用”获2008年度自治区科技进步一等奖。

[9]8月20日，按照农业部部署，宁夏编制完成《宁夏水生生物资源增殖放流总体规划(2010—2015年)》。

[10]8月24日，大宗淡水渔业产业可持续发展学术研讨暨工作交流会在银川召开。来自全国各地的淡水渔业专家140余人汇聚一堂，共谋大宗淡水渔业产业的发展。

[11]9月23日，宁夏回族自治区主席王正伟参加全区适水产业现场观摩会。王正伟强调，宁夏发展水产养殖具有巨大优势，自治区党委、政府把适水产业作为宁夏农业的一个支柱来抓，实践证明是完全正确的。今后还要加大力度，继续推进适水产业快速发展，力争在3年之内实现产量、效益翻一番，使全区水产养殖面积发展到6万公顷以上。一要完善规划，二要科学养殖，三要加大对农民的培训力度，四要注重培育品牌。

[12]9月23日，宁夏召开全区适水产业工作会议。

[13]9月23日，由农业部和宁夏人民政府主办，黄河流域渔业资源管理委员会、宁夏农牧厅、财政厅和石嘴山市人民政府共同承办的“2009年宁夏渔业资源增殖放流行动”，在石嘴山市星海湖隆重举行。活动由宁夏农牧厅副厅长黄全福主持。

[14]12月15日，银川市鸣翠湖生态旅游开发有限公司水产养殖场、贺兰吉顺水产养殖有限公司、贺兰茂功水产养殖有限公司、中卫兴渔水产养殖合作社、中卫市渔业合作社、石嘴山市星科农业科技有限公司、石嘴山全丰生态渔业养殖园区、平罗翰苑农业综合开发公司水产养殖场、平罗农牧场、平罗劲松水产养殖有限公司、平罗丰源渔业养殖有限公司、平罗华源生态水产业有限公司、平罗万达水产有限公司、宁夏农垦渠口(农场)有限公司水产养殖场等14家养殖场被评为农业部第四批“水产健康养殖示范场”。

（宁夏回族自治区农牧厅渔业局　王登科　刘　巍）

新疆维吾尔自治区渔业

【概况】 2009年,新疆水产品总产量95 037吨,同比增加3 837吨,增长4.2%,养殖面积73 433公顷,同比减少484公顷,降低0.65%。渔业经济总产值11.28亿元,同比增加0.32亿元,增长2.9%。渔民人均纯收入7 800元,同比增加300元,增长4.0%。但因百年不遇的大雪、强风天气,渔业灾害造成水产品损失3 219吨,直接经济损失达3 021.2万元。

【水产品质量安全】

(1)在3月份召开的自治区水产工作会议上,自治区水产局同各地、州(市)渔业行政主管部门签订了《水产品质量安全责任书》,强化管理、明确分工、层层落实责任。

(2)进一步做好无公害水产品产地认定和产品认证工作,各地、州(市)渔业主管部门高度重视此项工作,依托辖区内的各级政府、水产技术推广站和协会等组织按照具体要求逐一落实。对申报的材料通过认真审查,共有33个单位、企业、渔民专业合作社通过无公害水产品产地认定,136个产品通过无公害水产品认证。

(3)规范管理,继续加大"水产健康养殖示范场"的创建工作。对各地、州(市)具体实施健康养殖示范场的承担单位、面积、组织管理等进行了逐一核实,以点带面,增强示范场的辐射和带动作用。通过审定相关材料和现场考核,创建自治区级"水产健康养殖示范场"20个、国家级示范场10个,面积达2 600公顷。

(4)大力加强水产苗种管理工作。5—6月份联合新疆生产建设兵团水产局对乌鲁木齐市、昌吉市、石河子市、阿勒泰地区、阿克苏地区、农一师、农六师、农八师、农十师等地进行摸底调查,所到的苗种场全部办理了《苗种生产许可证》。对生产记录、用药记录、销售记录、防疫措施进行了检查,未发现违法违规行为。

(5)开展打击违法添加非食用物质和滥用食品添加剂专项整治行动。在全疆范围内开展水产品专项整治行动,各地、州渔业主管部门共出动执法人员120人(次),重点对养殖主产区、主要销售区进行重点检查,检查重点生产单位15个、养殖户70户、水产批发市场2个。检测水产品样品30组,检测项目包括氯霉素、孔雀石绿、硝基呋喃、喹乙醇、性激素等药物残留。在现场认真检查渔药及饲料添加剂的库存及使用情况。通过检测,没有发现滥用饲料添加剂和违规使用禁限渔药的违法行为。

【增殖放流】 2009年,累计投入放流经费2 260万元,放流高白鲑、凹目白鲑、虹鳟、丁鲹、白斑狗鱼、江鳕、河鲈、草鱼、鲢鳙、中华绒螯蟹等各类苗种1亿余尾(只)。其中,放流国家一级保护物种即新疆扁吻鱼33万尾。

【渔政管理】

(1)强化渔政管理力度,加强渔政队伍建设,严格执行禁渔区(期)制度,强化监督管理。在重大节日之前组织渔政执法人员对市场、酒店、流通环节进行执法检查,并发放宣传资料。全年举办渔政执法培训班5期,培训人员300人(次)。

(2)继续开展全国"渔业文明执法窗口单位"创建工作。乌鲁木齐市、阿勒泰地区、博湖县、福海县等四个渔政站获得全国"渔业文明执法窗口单位"光荣称号。第一批的乌鲁木齐市、福海县两个渔政站已通过复核验收。

(3)强化安全生产意识,渔业船舶安全管理工作进一步加强。积极开展渔业船舶检验、登记管理、渔业船舶验船师的培训工作。同时,渔船燃油补贴及时足额发放到渔民手中。

【渔业科技与推广】

(1)2009年,根据农业部渔业局的统一部署,及时制订了《新疆维吾尔自治区2009年"渔业科技服务年"活动方案》下发到各地、州(市)渔业行政主管部门,并举办自治区级水产健康养殖培训班4期,地、州级办培训班17期,累计培训渔民1 300人(次),发放各类技术资料、宣传手册3 500份。

(2)大力开展"渔业科技入户"活动,渔业科技人员深入渔民家庭提供技术咨询服务,解决水产养殖中存在的技术问题。总计培育科技示范户201户。

(3)自治区水产科研所、水产技术推广总站承担国家发展与改革委员会、科技部、环保部以及自治区科技厅、环保厅、农办等35个项目,其中科研推广类21项、技术服务类14项,为新疆渔业发展提供了强有力的技术支撑。

【养殖品种结构调整】 重点突出地方特色品种,土著经济鱼类品种繁育养殖快速发展。白斑狗鱼、东方欧鳊、贝加尔雅罗鱼、高体雅罗鱼、河鲈、额河银鲫、江鳕等人工繁殖技术研究取得突破性进展。如:阿勒泰地区充分发挥自身技术优势,利用现有设备,陆续开展了江鳕、白斑狗鱼、梭鲈的人工繁衍,共繁衍鱼苗450万尾,部分苗种向疆外推广。昌吉州养殖白斑狗鱼、河鲈、高体雅罗鱼,养殖面积近70公顷。罗非鱼、加州鲈、虹鳟、大口鲶、斑点叉尾鮰、中华绒鳌蟹、南美白对虾等从疆外引进的名优品种的养殖已在全疆大部分地区推广。伊犁州根据自己的资源优势,大力开展名特优养殖,积极引进和推广虹鳟、金鳟、鲟鱼、哲罗鲑、澳大利亚宝石鱼等名优新品种,养殖品种达30余种,既提高了养殖效益,同时也满足了人们对不同层次水产品的需求。总之,养殖品种不断得到优化,并逐步形成规模,质量和经济效益逐步提高,名优水产品产量已占总产量的32%。

【水库渔业】 全疆水库大部分已除险加固完毕,各级渔业行政主管部门已将水库渔业作为重点来抓,大力发展水库渔业。如昌吉州积极开展大中型水库增殖放流,投放新疆土著鱼类、特色冷水鱼类50万尾,投入资金70余万元。喀什地区莎车县鱼苗场根据自身的技术优势,以东方红水库为生产基地,形成了以孵化、苗种培育、生产、销售为一体的发展模式,收到了良好的社会和经济效益。巴音郭楞蒙古自治州西尼尔水库管理处依托水利基础设施建设,发展河鲈、河蟹的养殖,效益显著。水库水产品产量已占总产量的15%。

【养殖证制度建设】 截至2009年底,全疆共发放养殖证1 300本,发证面积16 000公顷,养殖证发放率达到应发数的90%。同时加快了水域滩涂养殖规划的编制工作,重点地、县"规划"编制工作基本完成并通过当地人民政府批准实施。

【存在的问题】

(1)水产品质量安全监管工作滞后,监管检测体系不健全,检测手段落后,技术人员缺少。

(2)渔业生产规模化、产业化程度不高,产业竞争力不强,优势资源转化进程缓慢。

(3)基础设施薄弱,池塘淤积严重,供电、供水设备严重老化,缺少必要的设施改造资金,发展后劲不足。

(4)用于行业管理、基础建设资金投入不足,具有带动作用的项目少。

【重点渔业市(县)基本情况】

新疆维吾尔自治区重点渔业市(县)基本情况

市(县、区)	渔业总产值(万元)	水产品总产量(吨)	其中		养殖面积(公顷)
			养殖	捕捞	
博湖县	6 990	8 908	3 436	5 472	2 166
昌吉市	7 395	8 700	8 700		943
伊宁县	7 650	7 286	7 286		485
乌鲁木齐县	3 125	3 610	3 610		330
呼图壁县	3 195	3 550	3 550		633
伊宁市	2 907	3 230	3 230		205
福海县	4 800	3 200	2 600	600	9 482
米东区	2 763	3 070	3 070		300
莎车县	2 705	2 576	2 541	35	3 100
拜城县	2 450	2 500	2 500		400

【大事记】

[1]3月25日,召开了自治区水产工作会议。自治区人民政府副主席钱智到会并做了重要讲话。

[2]4月,自治区水产局组织3个调研组,分赴南、北、东疆深入基层调查研究,重点了解养殖生产过程中存在的主要问题、无公害水产品产地认定基地的基本情况、养殖证发放情况、苗种生产的前期准备工作等。

[3]8月19日,自治区水产局组织疆内外水产专家对编写完成的《新疆维吾尔自治区特色经济鱼类产业发展规划》、《加快新疆特色经济鱼类产业发展的意见》进行了修改和补充。

[4]10月9—11日,农业部副部长牛盾、农业部渔业局局长李建华一行赴新疆参加省(部)级共建增殖放流活动。主会场在昌吉州的天池,伊犁州、阿勒泰地区、喀什地区、巴音郭楞州等地同步进行增殖放流活动。

(新疆维吾尔自治区水产局 杨小蕾)

大连市渔业

【概况】 2009年,大连市渔业经济运行质量和效益继续保持较好发展态势。全年完成水产品产量234.4万吨,比上年增长5.1%;实现渔业产值235.9亿元,同比增长15.6%;渔业经济总产值479亿元,同比增长13.5%;完成渔业经济增加值237亿元,同比增长13.9%;出口水产品39.6万吨,比上年下降7%,出口贸易额13.15亿美元,比上年下降2.6%;渔民人均纯收入增加1 200元,达到1.5万元,比上年增长8.7%。

【水产养殖】 海水增养殖业继续调整生产布局,优化品种结构,突出健康养殖和精品渔业。大力发展优势高效品种养殖,新开发海参、虾夷扇贝、杂色蛤等优势品种养殖面积6 667公顷,促进渔业增效,渔民增收。海水养殖面积36万公顷,比上年增长24.5%,完成海水养殖产量148.3万吨,比上年增长5.9%;实现产值147.5亿元,比上年增长17%;水产苗种实现产值28.9亿元,比上年增长20.4%。

【苗种生产】 水产育苗场1 064家,培育海淡水鱼、虾、贝、参、蟹、蜇等30多个品种苗种1 350亿尾(个)。育苗生产实现产值28.9亿元,比上年增长18.9%。继续强化苗种生产规范管理,在全市范围内组织开展了水产苗种专项整治行动,重点对较大规模的水产苗种场进行了抽检。抽检共涉及9个县(区),40家苗种场,296个抽检样品,对抽检不合格企业下《责令限期整改通知》,要求其查明原因、制定整改方案,并对该批苗种进行无害化处理和跟踪监测。通过专项整治工作的实施,从源头确保了水产养殖业的健康发展和水产品质量安全。继续加强水产原(良)种体系建设,经农业部批复建设国家级文蛤良种场1个,省级海参良种场1个、鲍鱼良种场2个。至年末,全市国家级良种场12个,省级18个。海参、鲍鱼、紫海胆、大菱鲆、河鲀、海湾扇贝、虾夷扇贝、太平洋牡蛎等11个水产养殖优势品种原(良)种场建设已得到国家批复。

【"两证"制度管理】 在养殖企业管理上,坚持产业引导和监管相结合,积极推行"两证"制度。2009年,全市新(换)发《辽宁省水产苗种生产许可证》286本,累计484本。新发《中华人民共和国水域滩涂养殖使用证》140本,新确认面积1万多公顷。全市累计达1 490本,确认面积10万公顷。

【海水健康养殖】 2009年,各级财政累计投入资金2 600万元,吸引社会各渠道投资15亿元,全市创建部级"水产健康养殖示范场"16家、省级示范场45家、市级示范场46家。累计部级57家,省级84家,市级77家。"水产健康养殖示范场"总面积近3.3万公顷,占全市海水养殖总面积10%。新建浅海浮筏900多公顷、海水池塘2 540多公顷、海水工厂化养殖面积6 600平方米、海水网箱3.84万立方米,海水池塘万亩连片区域16处,面积1.3万公顷,占全市海水池塘养殖面积50%。浅海滩涂厚养薄收的局面被打破,并成为抢手资源,精养底播增产高效先进养殖模式得到大面积推广,滩涂贝类产量年递增率达10%以上,当地渔民人均收入超过2万元。

【渔业资源增殖放流】 2009年,当年,资金投入和放流苗种数量大幅度增长,均接近和超过上年1倍。全市共放流中国对虾、海蜇、日本对虾、梭子蟹、鲫鱼9亿多尾(个)。参与省海洋与渔业厅在大连市直接实施增殖放流项目,放流中国对虾、海蜇等4.23亿尾(个)。大连市海洋与渔业局组织增殖放流项目,共放流日本对虾、三优梭子蟹、鲫鱼等4.8亿尾。全年投资1 055.9万元,其中省财政287.2元(含扶持鲫鱼放流60万元),市财政424.6万元,县区财政344.1万元。

【水产品加工】 2009年,大连市水产加工业以园区建设为基础,以龙头企业为牵动,大力发展水产品精深加工。积极应对国际金融危机,依托国内、外两个市场,推进水产品加工业稳步发展。全年,新增固定资产投资500万元以上、加工能力500吨以上的龙头企业30家,新增投资额3亿元,新增加工能力10万吨,龙头企业总数达到209家。全市水产加工企业虽比上年减少37家,但加工能力达到158万吨,比上年增长9%。完成水产品加工量135万吨,比上年增长19.5%,实现产值131亿元,比上年增长15%。全市出口水产品39.6万吨,比上年下降7%,出口贸易额13.15亿美元,比上年下降2.6%。

【水产品质量安全管理】 2009年,大连市新认定无公害水产品产地31个,新增规模4 500多公顷,累计194个,总生产规模11.3万公顷;新申报无公害水产品30个,累计达到163个。复查换证无公害产地72家,产品28个,产地产品按期复查换证率达到95%。全年组织6次水产品质量安全专项监督检查,查处违法违规企业19家,没收销毁氯霉素、呋喃唑酮、呋喃西林、喹乙醇等禁用渔药103千克。抽检扇贝、杂色蛤、海参、对虾、河鲀、牙鲆、大菱鲆、裙带菜、海带等源头产地样品757样(次),禁用渔药检测合格率98%;抽检水产品批发市场海参、对虾、牙鲆、扇贝等样品205样(次),检测合格率98%。监测主要养殖海域水样85个,合格率100%。

【渔政管理】 2009年休渔期间,全市所有捕捞渔船、所有网具全部休渔。全市休渔渔船12 135艘,其中在大连市休渔渔船11 747艘,在外省休渔渔船388艘,外省在大连市停靠渔船745艘。共组织渔业行政执法人员314人、车辆46辆、渔政执法船14艘参加休渔管理,投入管理经费630余万元。共查处违规渔船845艘,罚款811.48万元。护渔专项执法行动,检查港口285个,检查渔船11 877艘,查处不符合规定渔船2 628艘,罚款20.2万元。在海上检查中,检查渔船5 644艘,查处各类不符合规定渔船214艘,罚款157.7万元。共参加200海里专属经济区巡航11次,航行7 000余海里,检查渔船179艘,查获违规渔船20艘,圆满完成巡航任务。加大对违规作业"三无"渔船的查处力度,采取个人申报与实地检查相结合和海上查、港口堵、陆地找相结合的方法,全面摸清904艘"三无"渔船底数。结合大连地区实际,将648艘符合适航条件的"三无"渔船纳入特定专项管理,其余一律没收,并按相关程序进行拆解。

【渔业安全生产管理】 2009年,全市共组织以渔船安全适航性为重点的安全检查657次,检查渔船21 865艘(次),纠正违章869艘(次),配备船用救生、消防等安全设施备品899件(个),处罚渔船301艘,罚款26.2万元。组织、协调海上抢险救助56起,成功救助渔民220人、渔船40艘,挽回经济损失2 410万元。截至年末,全市共发生渔业船舶水上生产安全事故8起,死亡(失踪)17人,沉毁渔船6艘,直接经济损失352万元。上述4项指标同比分别下降55.6%、56.4%、45.5%和73.4%。全市渔业安全生产基本保持平稳态势。

【渔业基础设施建设】 2009年,完成长兴岛斑海豹救护中心建设,并挂牌运行;棉花岛综合执法码头建成投入使用;500吨级渔政船开工建造;完成"三山岛水产种质资源保护区"申报工作;大连市海珍品种苗管理站综合执法楼完成主体工程。大连市金州区杏树国家级中心渔港工程竣工并通过农业部渔业局验收,瓦房店市将军石中心渔港全面开工建设。同时,大连市积极落实2009年新农村建设办实事中的渔港维修项目。项目总投资8 930万元,市财政下拨专项资金近800万元。至年末,完成长海县塞里岛渔港、庄河市后滩渔港、旅顺口区铁山渔港等15座中小型渔港维修。

【重点渔业市(县)基本情况】

大连市重点渔业市(区、县)基本情况

市(区、县)	渔业总产值(万元)	水产品总产量(吨)	其中		养殖面积(公顷)	
			海洋捕捞	海水养殖	海水	内陆
庄河市	599 362	504 286	117 098	376 916	61 953	4 408
普兰店市	241 854	176 606	38 523	134 642	12 047	5 790
瓦房店市	229 803	177 310	82 960	92 900	17 011	1 400
金州区	174 965	25 240	76 094	175 306	20 131	347
旅顺口区	193 001	222 050	81 128	138 050	26 326	
甘井子区	121 010	124 200	93 467	29 163	4 596	
开发区	109 596	161 330	17 585	143 255	16 065	
中山区	63 029	89 351	18 364	54 240	4 544	
长兴岛	49 482	52 750	30 400	22 350	7 101	
高新园区	88 220	109 135	37 086	72 049	1 919	
长海县	45 800	442 000	163 722	244 000	188 310	

【大事记】

[1]5月10—14日,欧盟水产卫生管理体系考察团(FVO)在国家质检总局、农业部渔业局领导陪同下,对大连中联食品、旭和连洋、集祥食品、新中水产、

英杰食品等5家出口水产品加工企业和省检验检疫局食品检测中心的卫生管理体系进行了全面考察评估。考察范围涵盖水产养殖、捕捞(渔船)、渔港、水产交易市场、加工厂以及水产品检测中心。考察团专家对大连市出口欧盟水产品加工企业的卫生管理体系、公开透明的工作程序以及政府职能部门的日常监管等,予以充分肯定。

[2]7月5日,大连斑海豹国家级自然保护区管理局在长兴岛临港工业园区举行揭牌仪式。

[3]11月4日,大连市杏树中心渔港建设项目通过农业部渔业局验收。该渔港作为中国北方第一大渔港投入使用。

(大连市海洋与渔业局　王　宏　陈连宝)

青岛市渔业

【概况】 在宏观经济形势复杂多变、海洋灾害多发的情况下,青岛市渔业经济保持平稳发展,总体形势明显好于预期。全市共完成渔业经济总产值335.7亿元,同比增长6%;完成主要海洋产业总产值1 500亿元,比上年增长3.5%。水产品产量110万吨,同比增长4.1%。全市实现水产品产值104.7亿元,同比增长10.2%;渔民人均纯收入12 800元,同比增长9%。

【现代渔业建设】 制订《青岛市蓝色经济区现代海洋渔业专题发展规划》,研究制定了加快海洋渔业发展的实施意见和扶持办法。大力推进规模化、标准化健康养殖,扩大优势主导品种健康养殖规模。新规划建设胶南市刺参科技产业创新基地、胶南泊里海参生态养殖示范基地、城阳浅海造礁养参示范基地等5处水产健康养殖示范基地;开展了太平洋牡蛎、鲆鲽鱼等优良水产品种的苗种繁育工作,示范推广了"黄海1号"中国对虾健康养殖、刺参设施自动化池塘养殖等先进技术。全市省级以上水产名牌达到10个,绿色水产品8个,有机水产品23个,通过食品安全管理体系认证(HACCP)认证水产加工企业达到100家、欧盟认证企业达到70家。以省级休闲渔业示范点创建为抓手,加快发展休闲渔业,新建高档休闲垂钓园6处,申报3处省级休闲渔业示范点。

【水产品质量安全】 进一步完善青岛市水产品质量检测中心建设,加快区、市水产品质量检测站建设,确保对无公害水产品生产基地、出口备案基地、健康养殖示范基地和省级以上良种场、苗种场实现全程质量监管。加大水产品质量监督抽检力度,开展水产苗种专项整治,全年共完成水产品抽检406批(次),水产品综合合格率达到99.3%。积极组织产地认定和产品认证,新组织认定省级无公害水产品生产基地5个,新认证部级无公害水产品1个。联合农业部质检中心举办无公害农产品检查员培训班,加强本市无公害水产品认证队伍建设。

【渔业资源修复】 全年争取各级投入增殖资金900万元,比上年增长69%;投放中国对虾、日本对虾、梭子蟹、牙鲆等海洋增殖苗种突破5.7亿单位,同比增长39%。为增强渔业生态保护意识,首次开展放流苗种社会认购活动,通过引导市民积极认购,带动社会各界积极参与渔业资源放流工作。积极抓好人工鱼礁和海洋牧场建设,编制完成了《青岛市人工鱼礁和海洋牧场规划》,重点推进了即墨大管岛海域、黄岛石岭子人工鱼礁及崂山王哥庄等海洋牧场建设。全市共完成礁体投放30万空立方米,为扩大养殖规模、提高水产品质量打下坚实基础。

【渔政管理】 严格执行渔船准造、检验、登记、流转、报废和捕捞许可管理制度,完成年审渔船4 439艘、功率达12.4万千瓦,年审率实现100%。针对海洋伏季休渔提前半个月的实际,强化措施,落实责任,实施了市、县、镇、村四级监管,加大渔船管理力度,保证了伏季休渔稳定态势。加强渔港渔船设施建设,在全市开展争创"全国文明渔港"活动。建成了积米崖国家级中心渔港,开工建设沙子口国家级中心渔港和东营、薛家岛一级渔港,获批了红岛国家级中心渔港,5个渔港建设总投资2.18亿元,争取国家投资1.17亿元。实施了海上救生设施配备工程,投资312万元组织全市44千瓦以上渔船装配AIS防碰撞系统。严格落实燃油补贴标准,向渔民发放燃油补贴3 750万元,3年累计发放近3亿元。大力推进渔业政策性保险,积极做好渔船财产险保费补贴试点工作,全市入保渔民1.7万人,渔民人身险保费补贴比例达到70%。全市捕捞渔民入保率达85%,入保渔民人均投保额度达到14万元,实现保险总额25亿元。

【渔业执法】 围绕"环湾保护、拥湾发展"战略,研究修订了《青岛市海洋环境保护规定》,对保护胶州湾作出了特别规定,体现了保护海洋生态环境与开发利用海洋资源的有机统一,使胶州湾保护有法可依。建立并实施了海洋与渔业行政处罚裁量基准制度,对涉及海洋与渔业的200多项行政处罚确定具体的处罚标准,进一步规范了行政处罚裁量行为。大力开展海洋专项执法行动，集中开展了以查处非法围填海为重点的“海盾 2009”专项执法行动、以海洋环境保护为重点的“碧海 2009”专项执法行动。全市共计开展海洋执法检查 320 余次，查处海洋违法行为 94 起。相继开展了水产品质量安全专项执法检查和“三无”渔船专项整治活动。共进行水产品质量安全执法专项检查 120 次，检查养殖单位和苗种生产单位 1 000 多家。认真落实新的伏季休渔制度，全年查处违规渔船 420 多艘(次)。

【重点渔业市(县)基本情况】

青岛市重点渔业市(区)基本情况

市(区)	渔业总产值(万元)	水产品产值(万元)	水产品总产量(吨)	其中			养殖面积(公顷)	
				海洋捕捞	海水养殖	淡水养殖	海水	内陆
青岛市	3 357 494	1 046 745	1 101 432	254 853	803 324	43 255	37 098	16 057
市辖区	285 834							
黄岛区	65 799	27 070	28 860	4 549	24 191	120	3 103	95
崂山区	117 844	71 384	68 067	43 046	25 021		1 568	
城阳区	1 841 797	162 053	270 143	52 332	215 809	2 002	7 309	1 779
胶州市	131 917	104 868	125 058	30 027	86 019	9 012	3 681	2 295
即墨市	305 098	229 125	292 056	64 896	225 160	2 000	11 751	1 164
平度市	12 368	9 131	11 006			11 006		3 800
胶南市	577 830	433 307	295 132	60 003	227 124	8 005	9 686	2 230
莱西市	19 007	9 807	11 110			11 110		4 694

【大事记】

[1]5 月 1 日，为深入贯彻《中国水生生物资源养护行动纲要》，保障调整后的伏季休渔制度和双边渔业协定顺利实施，维护正常渔业生产秩序和养护海洋渔业资源，开展了“护渔 2009”海洋渔业执法行动。行动自 2009 年 5 月 1 日至 9 月 30 日。

[2]7 月 1 日开始，市海洋与渔业局在青岛电视台新闻频道每天播报《海洋预报》，及时准确向广大渔民提供海洋预警报信息。《海洋预报》节目的播出为渔业养殖、渔船出海作业提供了及时准确的海洋预警报信息，将进一步提高渔业的防灾、减灾和渔业安全水平。

[3]8 月 20 日，青岛市政府下发《关于清理整治非法侵占前海一线海域行为的通告》。要求前海一线非法侵占海域者在规定时间内清除非法养殖设施、养殖物和建筑(构筑)物，自行退出前海一线非法养殖海域，并从 9 月 1 日起，由市海洋与渔业局联合崂山区政府、市公安局、市城管执法局集中开展前海一线非法侵占海域清理整治行动。

[4]9 月 7 日，中国渔政“37608”执法船首航仪式在青岛红岛中心渔港举行。中国渔政“37608”执法船总投资 333.9 万元

(青岛市海洋与渔业局 孙云潭)

宁 波 市 渔 业

【概况】 2009 年，宁波市渔业生产总体平稳、健康发展。全年水产品总产量 93.95 万吨，比上年增长 0.09%；实现渔业经济总产值 218.83 亿元，比上年增长 3.26%，其中渔业总产值达 92.74 亿元，比上年增长 8.3 %；水产品出口 13.36 万吨，比上年增长 7.34%，创汇 3.43 亿美元，比上年下降 18%；渔民人均纯收入 14 845 元。

【海洋捕捞】 2009 年全市国内海洋捕捞产量 55.94 万吨，同比下降 0.68%。经济鱼类所占比例下降，主要渔获物以小黄鱼、梅子、虾蛄等见多，除鳗鱼和鲐鱼外，其他传统经济水产品产量普遍偏低，尤其是带鱼、鲳鱼、梭子蟹及经济虾类，降幅较大。资源继续向小型化、低值化方向改变，渔业资源未见明显恢复，继续呈衰退趋势。在国内海洋捕捞产量微减的同时，其产值却增长。国内海洋捕捞产值实现 38.89 亿元，比上年的 35.41 亿元增加 3.48 亿元，同比增长 9.83%。主要原因是在渔业资源无明显好转的情况下，捕捞产品的价格保持较高水平，捕捞渔获物的售价好于上年。另外，政府的柴油补助政策一定程度上降低了捕捞成本，

提高了渔民出海捕捞积极性，使捕捞生产作业比较正常。2009年，全市有6家远洋渔业公司31艘远洋渔船在外作业，捕获渔获物2.23万吨，同比下降25.6%，产值16 387万元，同比下降16.42%。产量和产值大幅下降的一个主要原因是鱿钓产量大幅减产。

【水产养殖】 推进中央财政支持水产养殖池塘标准化项目建设，安排中央财政2 500万专项资金开展1 200公顷标准化池塘改造。各地新完成300余艘渔船节能装置的安装；新增养殖大棚16公顷、底充式增氧养殖面积340公顷。开展淡水养殖水生经济动植物共生、渔业与畜牧轮作等复合生态养殖系统的试验推广，探索海水池塘蟹、虾、贝、藻复合生态养殖模式。

【种苗生产】 2009年，全市苗种生产企业共育出各类虾苗78.11亿尾、鱼苗1.18亿尾、河蟹苗2 475千克、梭子蟹苗18 255千克，慈溪、余姚等地育出甲鱼苗244万只、鲻鱼苗50万尾，鲫鱼苗4.32亿尾，为全市海淡水养殖苗种需求提供了保障。2009年安排种子种苗工程项目17个，专项资金180万元，鼓励苗种生产企业加大苗种厂基础设施投入。同时，注重养殖新品种的苗种繁育攻关，如大鲵引种和繁育，共有7尾种鲵产卵8 000粒，孵化102尾幼苗，幼鱼生长情况良好；岱衢族野生大黄鱼繁育工作进展顺利，驯养存活亲鱼7条，3尾亲鱼繁育，成活400多尾子一代并进行驯养，生长情况良好；各地还开展鲻鱼、非洲草虾、角螺和海马等新品种繁育试验。

【水产品质量安全】 2009年新通过认定无公害水产养殖基地39家、认证无公害水产品39个。2009年宁波市地产水产品质量安全总体状况良好。累计抽样1 252批(次)，7 508项(次)，抽检合格率99.0%。开展宁波市水产品质量安全专项整治行动，累计出动执法人员1 286人(次)，检查养殖场480家，苗种场27家，拖虾船15艘。查处案件3起，罚款1.65万元，责令整改单位72家。新建完成宁波鱼病诊断网，全年累计报道当地新闻113条，各类技术信息354条；开展病害服务系列活动，组织10场(次)科技巡回服务，通过短信服务平台发送短信158 700多条(次)，现场指导服务培训渔民近800人(次)。此外，还启动了宁波市水产养殖远程诊断网络系统建设。

【科技研究与应用推广】 2009年，“三疣梭子蟹人工育苗养殖与加工技术研究”成果获中国水产“范蠡科技”奖称号。另外，获浙江省农业科技成果转化推广奖1项、宁波市科技进步奖2项；推荐入选科技部农业成果转化项目评审专家2名、浙江省农业科技成果转化奖先进个人1名、宁波市突出贡献专家1名。2009年全市“渔业科技入户”示范工程得到继续推进，推广10项养殖关键技术，建立示范户256户，示范面积700公顷，辐射1 011户，辐射面积3 300多公顷。制定《大黄鱼人工育苗技术规范》、《水产养殖场管理规范》及《曼氏无针乌贼育苗技术规范》3个宁波渔业地方标准，并完成标准送审发布程序；启动渔业地方标准清理工作。全年新增省级“渔业标准化示范区”3家、市级6家。

【安全生产监管】 加强基层服务站建设，渔业安全社会化管理网络不断完善。重点渔业乡镇基本成立渔业安全管理服务站；开展渔船等级考核试点工作，研究出台《奉化市海洋渔船安全等级管理暂行办法》，对该市渔船实行等级考核，并与政府相关补助政策挂钩。逐步建立渔船管理档案，设定5个等级实行分类管理；进一步完善渔港渔船安全救助信息系统。已布置市、县两级监控中心及重点渔业乡(镇)渔港渔船安全救助信息平台用户41个，2座雷达站、5座AIS基站、23个渔船进出港身份识别基站、22座大中型视频装置等硬件建设和主控软件开发；在渔船上安装卫星信息终端设备600套，渔船避碰助航终端3 218套，渔船身份识别卡2 800个，电子船名牌2 439块；纳入渔船动态管理信息平台管理用户251个，开展24小时应急值班服务，通过信息平台接警3 071次，启动应急预案14次。全年发送防台风等安全短信45万余条，组织开展防台风模拟演练及海上(内陆)应急救助综合演练等5次；开展“千船万人”培训活动，全年共培训各类船东、船长、船员(家属)共14 826人(次)。

【主要问题】 一是渔业资源衰退、作业方式单一。海洋资源恢复不明显，海洋捕捞产品中低值鱼类产量比例呈上升趋势，底层经济鱼类被过度利用，出现渔船停港现象。二是2009年气候异常，雨水偏多，5—10月养殖季节赤潮频发，9—10月连续高温，养殖环境状况逐年恶化，养殖风险逐渐加大。三是镇乡渔技网络不健全，渔业科技滞后，养殖病害得不到有效遏制。四是渔业生产安全监管难度增加。渔船生产活动范围广，海上船舶密集，被大轮碰撞仍是渔业重大事故发生的主要隐患，监管难度较大。气候条件复杂，极端天气频频出现，客观上对渔船安全作业造成威胁，防灾减灾能力建设有待提高。

【重点渔业市(县)基本情况】

宁波市重点渔业市(县、区)基本情况

市(县、区)	渔业总产值(万元)	水产品总产量(吨)	其中			养殖面积(公顷)	
			海洋捕捞	海水养殖	淡水养殖	海水	内陆
象山县	475 384	573 491	447 779	114 615	10 926	10 908	2 768
宁海县	144 735	137 227	8 533	123 962	4 505	15 307	2 073
奉化县	88 520	101 574	85 419	12 955	2 300	2 466	1 860
慈溪市	97 429	42 618	4 840	14 812	21 275	5 074	7 109
余姚市	59 498	29 220	1 631	425	24 784	72	5 507
鄞州区	36 481	26 212	2 752	5 586	8 688	1 282	5 090

【大事记】

[1]3月20日,宁波千联远洋渔业有限公司所属的“千联2号”拖网渔船前往乌拉圭专属经济区进行拖网作业,需途经索马里海域。公司通过中国远洋渔业协会申请海军护航。“千联2号”于2009年4月13日17点到达指定的位置,编入西行护航编队,4月16日驶离索马里海域,结束海军护航。这是宁波市远洋渔船首次得到中国海军护航,也是我国远洋渔船首次得到海军护航。

[2]6月2日,为切实解决广大渔民和中小水产企业担保难的问题,宁波市海洋与渔业局与农业银行合作,在杭州签订了《渔业捕捞证质押贷款全面合作框架协议》,并于6月4日联合召开“破解渔业中小企业融资难”新闻发布会。协议规定,未来3年内农行宁波市分行将向4 000户渔民和中小规模的渔业企业提供总额20亿元的意向性信用额度。同时推出的还有渔业捕捞证质押贷款这一融资新品。

[3]6月11日,农业部在宁波市象山县召开全国渔业安全生产暨防台风减灾现场会。来自全国各地的渔业行政主管部门的代表参加了会议。

[4]6月11日,全国十万海洋渔船船东船长培训暨浙江省培训班”在宁波市象山开班。农业部渔业局局长李健华等出席了在石浦渔港举行的开班仪式。

[5]6月24日,由国家有关部门与中央电视台等媒体组成的“全国安全生产万里行”访问团到宁波市海洋与渔业局考察访问。中央电视台6月25日就宁波市的渔业安全工作专题采访,并予报道。

[6]11月7日,农业部副部长牛盾一行在浙江省海洋与渔业局局长赵利民、宁波市副市长陈炳水陪同下,来宁波考察了渔业救助信息系统。

(宁波市海洋与渔业局 殷建军 刘御芳)

厦门市渔业

【概况】 2009年,水产品生产量3.68万吨,比上年下降6.83%。水产品加工产量8.01万吨,加工产值11.88亿元,分别比增5.81%和13.25%;水产品出口量3.99万吨,出口额9 370万美元,分别比增26.67%和13.58%;水产品交易量9.61万吨,交易额32.69亿元,分别比降2.33%和0.49%。2009年水产业总产值35.26亿元,比增2.03%。全年渔民收入7 483元,同比增长9.46%。

【海洋捕捞】 2009年全市海洋捕捞产量0.58万吨,同比下降20.35%,全市机动渔船1 941艘,同比下降15.12%。渔船数减少原因:一是因海域整治建设,渔民转岗渔船退出拆解注销;二是因多年未检验经核实已无船的予以公告注销;三是因政策性暂停年检转入另册管理。捕捞产量减少的原因:一是渔船数量减少;二是2009年伏季休渔政策新调整,扩大了休渔作业类型和延长了休渔时间,特别是灯光围网列入伏休对象,对捕捞产量影响较大。

【水产品质量管理】 积极组织协调市水技站、研究所、支队、港管处以及各区渔业部门等职能单位,重点抓好水产品质量安全法律法规宣传、健康养殖技术培训、水产品质量检测、渔业环境监测、苗种专项整治、养殖专项督察、水产品批发市场监管等工作。全年抽检水产品263批(次),合格率为97%。另外,农业部例行监测90批(次),合格率为92.22%。

【闽台渔业合作交流】 一是精心组织成功举办2009海峡两岸(厦门)农渔业论坛暨产业对接会——海峡两岸渔业产业对接会。海峡两岸的专家、学者和渔业界同仁100余人齐聚一堂为两岸渔业产业的合作畅所欲言出谋划策。双方8位演讲嘉宾分别就远洋渔业、水产品物流、水产品加工和水产苗种等方面的交流合作提出新的思路和新的举措。双方共有14个项目在会上进行推介和对接,并签约2个项目合同资金3 060万元。二是双方合作项目取得实质性成果。厦门象屿集团有限公司与台湾高雄区渔会就闽台渔业合作交流及闽台中心渔港项目达成合作意向,签订了合作备忘录。并于2009年1月6日在闽台中心渔港迎来台湾渔轮首航。台轮"金宏兴"8号运载400箱台湾渔民自公海捕捞的冷冻秋刀鱼,顺利上岸入库;厦门水产集团公司与台湾屏东县水产合作社合作水产养殖和水产品销售已取得实质进展。首期合作规模为200个养殖池8 000平方米。已引进台湾鲜活青石斑、龙胆石斑5万尾共40吨销往厦门、福州等省内市场;源水公司引进台湾鱼凇加工设备,研发鱼凇产品已获成功。"新阳洲"与台湾圣祖合作开发"紫菜酥"产品投放市场以其香酥美味博得市场青睐。

【渔业安全生产】 一是加大投入,夯实安全生产基础。2009年共投入136.5万元,用于安全应急指挥系统建设、船管站建设、安全救助、渔业防台风、安全教育培训等内容。二是召开会议部署2009年渔业安全生产工作,明确目标责任。提出完善渔船手持定位终端配备,做好渔工渔船保险,加强高崎渔港防台风指挥中心的建设,完善防台风监控、照明等基础设施,制定与完善区级渔业防台风预案,做好防台风预案演练工作。加强从业人员上岗培训提高船员"四小证"持证率等5项措施。三是突出重点,保障生产安全。根据季节特点重点抓春运期间违法违规作业渔船的查处和冬季防风、防火、防雾、防碰撞为重点的安全检查。四是加强防灾减灾体系建设,切实做好渔业防台风抗灾工作。加大对《厦门高崎渔港港章》、《高崎渔港防台风应急预案》的学习宣传力度,明确职责;组织开展渔港消防、救生、防台风人员应急撤离等内容的全市渔业防台风预案演练;强调要求24小时安全值班制度,保障安全生产突发事件发生时能及时启动应急响应。五是进一步开展渔业安全生产"三项行动",落实各项工作部署。

【支渔惠民政策】 一是开展渔工和渔船政策性保险。2009年计划办理渔工保险3 596人,至12月实际办理渔工续保人数3 675人,政策覆盖面、投保率都达100%。渔工保险总保费约100万元。渔船应保32艘,已保32艘,投保率100%,总保费近14万元。省、市财政共补助34.2万元,其中省级财政22.8万元,市级财政11.4万元。二是继续为捕捞渔民配发手持定位终端手机,完善渔业安全应急指挥系统。三是继续发放渔业船舶燃油补贴。2009年上半年省财政下达渔业油价补贴资金共381.52万元,惠及渔船1 204艘。四是开展伏季休渔休渔渔民生活补助。2009年实施新的伏季休渔政策,休渔涉及面广时间延长,休渔渔船数量和休渔类型增多,争取为伏休渔民提供城市最低生活补助,市、区财政共补贴50多万元。

【存在的主要问题】

(1)水产加工原料紧缺问题更突出。由于厦门海上养殖基本退出,厦门城市化推进使淡水养殖面积减少,水产加工企业的原料紧缺也成了较大问题,导致一些企业不敢签订单,影响企业加工出口量增长幅度。

(2)渔民转产转业面临更大困难。尽管市、区各级对退养渔民转产转业十分重视,已采取多种措施加以解决,也取得一定的成效,但2010年全市海上养殖全部退出,渔民转产转业压力将更大,任务更艰巨。

(3)渔业经济发展缺乏有效空间。

【重点渔业市(县)基本情况】

厦门市(区)渔业基本情况

市(区)	渔业人口(万人)	渔业产值(万元)	水产品总产量(吨)	其中			养殖面积(公顷)	
				海洋捕捞	海水养殖	内陆养殖	海水养殖	内陆养殖
厦门市	72 944	52 368	36 826	5 801	16 418	14 607	3 789	1 812
同安区	2 500	10 144	4 322		407	3 915	70	287
翔安区	60 150	9 426	17 660	570	14 137	2 953	3 463	180
集美区	6 430	15 426	5 837	501	426	4 901	753	213
海沧区	2 990	6 742	4 418	141	1 448	2 829	592	111
思明区	874	10 630	4 589	4 589				

【大事记】

[1]1月20日,2009年厦门市渔业工作会议在驿缘酒店召开,蔺海清局长到会并作了重要讲话。

[2]1月21日,市海洋与渔业局召开全局2008年工作总结和2009年工作部署会议。

[3]2月27日,厦门市2009年水产品质量安全专项整治工作会议在海洋管理公务码头召开。

[4]3月24日,厦门市海洋与渔业局组织有关专家,对福建省水产研究所承担的"厦门海域人工鱼礁建设可行性研究"项目进行评审验收会,并通过了专家验收。

[5]4月16日,厦门市"渔业科技服务年"行动启动仪式在同安区莲花镇上陵村举行。

[6]4月21日,厦门市2009年伏季休渔工作会议在海洋管理公务码头召开。

[7]6月6日,"2009年厦门市水生生物增殖放流仪式"在轮渡海滨公园内举行。

[8]11月13—15日,由农业部渔业局特别支持,厦门市人民政府、福建省海洋与渔业厅、中国渔业协会主办,厦门市渔业协会承办的"2009中国(厦门)国际休闲渔业博览会"在厦门市国际会展中心举办。

[9]12月17—18日,"2009海峡两岸(厦门)农渔业论坛暨产业对接会"召开。

(厦门市海洋与渔业局　许金练)

深圳市渔业

【概况】 2009年,深圳市调整渔业发展策略,结合实际提出打造都市精品渔业的发展思路,以构建"生态、健康、安全、高效、平安"渔业为目标,重点开展渔业生态环境保护,水产品质量安全管理,全力推动无公害水产品基地建设、远洋渔业健康发展,推动资源节约、环境友好型渔业结构的调整,以创新的理念开展工作,取得了较好的成绩。2009年全市渔业经济总产值64 364万元,水产品总产量35 130吨,养殖水产品产量5 026吨,海洋捕捞产量30 104吨,渔民人均纯收入8 893元。

1. 全力推进远洋渔业发展,力争将深圳打造成华南地区重要的远洋水产品生产、加工和交易集散中心 一是制定《深圳市远洋渔业专项经费管理暂行办法》,为远洋渔业的健康发展奠定坚实基础。通过努力,深圳市农业和渔业局联合有关单位起草制定的《关于加快海洋产业发展建设海洋强市的若干意见》、《关于扶持远洋渔业发展若干规定》已正式出台。2009年6月,出台了《深圳市远洋渔业专项经费管理暂行办法》。全市具有资格的远洋渔业企业达5家,远洋渔船91艘。二是抢抓机遇,建设世界一流的远洋渔业基地。深圳市远洋渔业基地已完成初步规划选址,基地建设前期工作正在展开。深圳市远洋渔业基地建成后将为全市居民饮食结构的改善、升级提供坚实保障,甚至满足珠三角地区6 000万人口对高端海产品的需求。同时利用区位优势、消费市场优势和基础设施优势,力争在5—10年内升级为环太平洋重要的优质海产品集散平台。

2. 积极鼓励异地养殖,不断拓展渔业发展空间 为打造都市渔业,开辟一条适合深圳渔业发展的道路,深圳市农业和渔业局适时提出"走出去"的发展战略,鼓励、引导和支持深圳渔业企业向外发展,在深圳市外建立水产品生产基地。至2009年已在市外建立了水产品基地91个,面积1.46万多公顷,水产品回运深圳销售量达15万吨,占全市水产品供应量60%左右。市外水产品生产基地大规模的建设,不仅成功引导了深圳水产养殖业向无公害、专业化和产业化方向发展,而且通过从源头抓起,保质保量,有效地保证了深圳水产品质量的安全和水产品市场的稳定。

3. 扎实抓好水产品质量安全管理 虽然深圳是一个水产养殖面积很小的城市,却是水产品消费大市,产品质量安全管理涉及基地的源头、产品消费的终端。按照农业部渔业局和广东省海洋与渔业局关于开展水产品质量专项整治工作要求,制定深圳市水产品质量安全专项整治方案,明确整治目标,细化整治内容。以养殖证、种苗生产许可证持证情况,生产日志建立情况,水产养殖用药情况,水产品药物残留、基地回运产品质量监控等为整治重点,加大抽检力度,确保水产品质量消费安全。

4. 大力推进水生生物资源养护事业,促进渔业可持续发展 第一,加大水生生物资源增殖放流力度。2009年,深圳市进一步加大渔业资源增殖放流力度,由政府主导逐步转为"政府引导、市民参与"的群众活动。市民通过捐款或捐献放流苗的方式参与渔业资源增殖放流活动,全社会对海洋生态资源保护的热情和自觉爱护海洋环境的意识明显增强。截至2009年,全市各级财政、爱心企业及个人共投入渔业资源增殖放流资金356万元,组织投放各类海洋增殖苗种近5 564万尾(粒)。放流品种主要包括海水鱼苗、鲍鱼苗、虾苗、扇贝苗等,放流地点分布在大鹏湾海域、深圳湾海域、珠江口海域。第二,人工鱼礁建设工作走在全省前列。至2009年,2.65平方公里的杨梅坑人工鱼礁区已建设完成;广东省第一座开放型2.54平方公里的鹅公湾人工鱼礁区正在建设中;2.15平方公里的东冲—

西冲人工鱼礁区已完成项目立项工作。

5. 强化渔业安全生产监督管理 一是召开全市渔业安全生产会议，总结2008的经验和存在的不足，全面部署2009年工作，层层签订《渔业安全生产管理责任书》，落实安全责任，提高安全防范意识。二是制定《深圳市2009年“渔业安全生产年”活动工作方案》，扎实开展渔业安全生产执法、渔业安全生产治理和渔业安全生产宣传教育“三项行动”。结合深圳市渔业安全生产工作会议精神，重点对渔船通信、救生、消防、信号等安全设备配备及使用情况、船员配备及其安全技能实操情况、渔港安全基础设施配备及运行情况、安全生产责任制及突发事件应急值班和处置措施落实情况等，进行全面深入排查，及时治理。三是认真做好休渔期以及台风季节渔港渔船安全工作。

6. 积极落实渔船柴油补助政策 深圳市农业和渔业局成立了渔用柴油补贴工作领导小组，并积极与财政部门沟通制定补助方案；与渔政支队、各区渔政大队认真核算渔船数量、功率，并在报纸、渔港码头进行公示。2009上半年深圳市符合补助条件的近海捕捞渔船、养殖船共831艘，总功率19 667.3千瓦，补贴资金为360.824万元；远洋渔船柴油补助款326万元。

7. 渔政管理

(1)进一步加强水产品质量执法管理。深圳渔政支队找准水产品质量安全执法突破点，对生产记录不全的5个生产单位发出整改通知书，立案调查3家水产苗种检测结果超标的公司，并按规定给予处罚，水产品质量安全管理执法工作取得突破。

(2)休渔工作顺利实施。全市1 116艘渔船(其中港澳流动渔船717艘、本港渔船399艘)按要求安全、顺利地实施休渔。休渔期间加大打击违规捕捞行为，特别针对少数不法分子利用小竹排进行长笼网作业的现象，开展专项行动，查获各类违法船舶67艘，没收竹排14个、长笼网1 560张23 000多米，有效维护了正常的休渔秩序。

(3)进一步规范休闲渔船管理。按照《广东省休闲渔业管理试行细则》，对准备从事休闲渔业的39艘渔船加强现场检验，对“高龄、高危”且无法通过整改达标的渔船，明确禁止从事休闲渔业，逐步规范休闲渔船管理。开展一系列打击渔船非法载客专项行动，在广播电台滚动播出安全通告，有效遏制渔船非法载客的发展势头，保障游客安全。

(4)大力开展专项执法。2009年全市渔政船出航2 233天(次)，渔政快艇出航6 650小时，检查渔船9 692艘(次)，检查养殖渔排200处，查处违章渔排520平方米，查处“三无”船110艘，整改隐患14处。查处渔船违规案件455宗，罚款27.244万元。

(5)港澳流动渔民管理。2009年，深圳市港澳流动渔民工作以做好港澳流动渔民服务工作为中心，努力构建港澳流动渔民现代渔业。2009年在深圳市注册的港澳流动渔船有1 045艘，人口3 348人，渔船总数比上年增长0.8%。流动渔民在深圳市交售鱼货约3.4万吨，同比增长3.3%；全年缴交渔业资源增殖费、渔港建设费106.14万元，依法纳税3 000多万元；每月雇请渔工1 700多人(次)，为广东省渔区解决了部分闲散劳动力就业问题，也为全市水产品加工、流通环节提供了3 000个就业岗位；对生活困难的流动渔民拨出近5万元困难补助；处理流动渔民工伤保险48宗，及时将19万多元工伤保险赔偿金送到渔民手中；对依法休渔的渔船给予补助共106.8万元；对符合上半年渔业油价补贴的518艘捕捞船拨付补贴近1 987万元。体现了政府对港澳流动渔民的关心、关注。

【重点渔业市(县)基本情况】

深圳市重点渔业区基本情况

渔业区	总人口(万人)	渔业总产值(万元)	水产品总产量(吨)	其中		养殖面积(公顷)	
				海洋捕捞	海水养殖	内陆	海水
龙岗区	432.5	12 058.92	6 933	3 529	2 780	85	874
宝安区	317	9 726	840	840	827	360	843
南山区	100	3 950	11 584	6 310	5 274		20

【大事记】

[1]5月8日，深圳市政府与中国农业发展集团总公司签订《战略合作框架协议》，为深圳市远洋渔业基地的规划、建设，特别是引进国内远洋渔业大型龙头企业共同参与深圳市远洋渔业基地规划、建设及产业发展方面起到了重要作用。

[2]5月12日，召开全市渔业安全生产会议，总结2008年渔业安全生产工作的经验和存在的不足，全面部署2009年工作，层层签订《渔业安全生产管理责任书》，落实安全责任，提高安全防范意识。

[3]6月6日，2009年广东“休渔放生节”暨深圳市渔业资源增殖放流活动在龙岗区南澳街道办事处杨梅坑举行。

[4]6月22日，《深圳市远洋渔业专项经费管理暂行办法》，正式印发，为贯彻落实远洋渔业扶持政策，促进深圳市远洋渔业快速发展奠定了坚实基础。

[5]7月18日，“国际海洋日”暨深圳渔业资源增殖放流活动在蛇口举行。

[6]11月3日，深圳市副市长张思平主持召开会议，对深圳市远洋渔业基地选址问题进行了专题研究。

（深圳市农业和渔业局　甘伟民）

新疆生产建设兵团渔业

【概况】 2009年在兵团党委的正确领导下，深入学习实践科学发展观，认真贯彻落实有关渔业发展的各项方针政策，努力转变渔业经济增长方式，积极争取各方面支持。克服了鱼种渔需物资涨价，劳动力等生产成本大幅上升，严重干旱缺水及“7·5”事件造成的销售萎缩等影响。坚持以市场为导向，围绕“抓住水产品质量安全一条主线，发挥鱼类资源、水域环境、市场空间三个优势，突出特色鱼类、休闲渔业二个特色、实现渔业增效、职工增收一个目标”的发展思路，加快渔业基础设施和支撑保障体系建设，继续深化养殖品种结构调整，大力发展本地特色鱼类养殖和休闲渔业，开展水库渔业资源增殖放流，着力推进水产健康养殖行动，提高水产品质量安全水平，保持了渔业稳定发展的态势。2009年兵团养殖水面3.25万公顷，同比下降1.5%；水产品总量2.35万吨，增长4.9%；产值2.44亿元，增长7.96%；人均水产品占有量9.16千克，增长7.76%；繁育各类鱼苗8.42亿尾，生产各类鱼种2 756吨。

【水产品专项整治】 根据农业部要求，兵团分别制定下发了开展《2009年农产品质量安全整治暨农产品质量‘安全执法年’活动实施方案》和《2009年‘渔业科技服务年’活动实施方案》，并下发了水产品、水产苗种2个专项整治行动方案。为规范水产苗种生产管理，从源头上保障水产品质量安全，根据农业部水产苗种专项整治行动的要求，5月11日至6月13日，由兵团水产局和自治区水产局组成联合检查组，对重点苗种产地开展了专项执法检查。通过检查，全疆绝大部分苗种生产单位生产许可证齐备、“三项记录”较完整、规章制度基本健全和无违规用药现象，但个别单位还存在记录不全面和制度不完善等问题。

【水生生物资源增殖放流】 11月6日，2009年渔业资源增殖放流活动在农一、三、八、十师同步进行，主会场设在农八师大泉沟水库，并在农一师塔水处多浪水库、农三师小海子永安南坝水库、农十师推广站6号湖水库设3个分会场。此次活动分别向7个放流点投放鲢、鳙、草、鲤、鲫及河鲈、丁鲅等各类鱼种1 800万尾，投入资金300余万元，放流规模为兵团历史之最。

【健康养殖】 为促进水产健康养殖技术进一步推广、规范渔业生产行为，提高养殖水产品质量安全水平，在农八师石河子总场渔场、玛纳斯河流域管理处渔场已取得3个农业部“水产健康养殖示范场”基础上，石河子大学实验农场养殖场被命名为农业部第四批“水产健康养殖示范场”。

【苗种管理】 根据农业部渔业局《关于报送水产苗种场普查登记情况汇总表的通知》要求，对兵团所辖渔业水域的各类水产苗种生产单位进行了全面的调查。经统计：2009年兵团有水产苗种繁育单位177个，其养殖面积共6 164.49公顷，拥有淡水孵化设施16 420平方米，但总体上兵团水产苗种繁育单位基础设施薄弱，生产水平亟待规范提高。农八师（石河子）大泉沟水产苗种场已通过自治区水产良种审定委员会的审定，即将成为新疆第一家省级水产良种场。为规范珍稀濒危水生动物增殖放流工作，确保放流苗种质量，根据农业部有关要求，通过申报审定兵团水产技术推广总站、农十师特种鱼救护中心等3家单位被农业部列为兵团珍稀濒危水生动植物增殖放流苗种供应单位。

【品种结构调整】 根据兵团“十一五”渔业发展规划要求，各级渔业主管部门依据本地资源、技术及市场情况，因地制宜的对新品种养殖进行合理布局。在水产推广部门的积极配合下，加快水产新品种引进与试养步伐，重点引进“浦江1号”团头鲂、新吉富罗非鱼、金鳟、湘云鲫等新品种，加大河蟹、南美白对虾、团头鲂、彭泽鲫、鲈鱼、草鱼健康养殖示范推广力度，稳步推进额河特有鱼池塘养殖，逐步形成了以南疆农一师阿拉尔市、天山北坡农八师石河子市和北疆农十师北屯为中心的名优水产品养殖圈。有效保证了市场供给，取得了显著的社会和经济效益。

【重点渔业生产单位基本情况】

新疆生产建设兵团重点渔业生产单位基本情况

单 位	总人口（万人）	渔业产值（万元）	水产品总产量（吨）	其 中		养殖面积（公顷）
				捕捞	养殖	
农一师	29.1	3 930	3 100		3 100	8 529
农二师	19.9	2 794	2 708	355	2 353	568
农四师	22.4	3 206	3 400	78	3 322	671
农六师	30.2	2 078	2 443		2 443	2 609
农八师	58.4	3 298	4 551		4 010	2 645

（新疆生产建设兵团水利（水产）局 刘屹超）

全国渔业重点事业单位

农业部渔政指挥中心

【渔政执法】

（1）全力以赴抓好涉朝韩敏感水域渔船管控，继续开展专属经济区巡航。2009年5月，朝韩危机引发了朝鲜半岛紧张局势，农业部两次召开紧急会议，部署涉朝韩敏感水域的管理。5月30日，向山东、辽宁等6省级人民政府下发通知，并紧急派出督察组赴重点渔区开展督察，紧急召回了在该水域作业的所有渔船。指令黄渤海区渔政局迅速调集27艘渔政船构筑三道海上监控防线，坚持24小时不间断巡航，切断进入朝韩敏感水域的海上通道，确保了伏休期间管控局势平稳。9月6日至11月10日，农业部和公安部集结26艘渔政船、20艘海警船艇开展集中整治越界捕捞专项行动。整个管控期间，及时妥善处置了“6·26丹东156艘渔船强行出海作业”和“10·2辽宁籍近200艘渔船规模性进入朝韩敏感水域捕捞”事件。首次调整巡航任务下达方式，发挥海区渔政局的自主性和灵活性，根据巡航重点自行安排巡航航次，并通过船位监测系统加强对巡航渔政船执行情况的监管。2009年累计巡航308航次，航程24.5万海里，登临检查渔船4 971艘（次），驱赶外国侵渔渔船103艘（次），查处国内外各类违规渔船800艘（次）。

（2）继续做好北部湾和南海海域的渔业监管工作。渔政、海警部门联合开展了2次大规模监管行动，共出动12艘渔政船、海警艇。2009年在北部湾海域共查扣、处罚外国侵渔渔船7艘，罚款21万元。组织中国渔政308、309等17艘渔政船实施了11次西沙海域监管专项行动，共出海35艘（次）。全年在西沙海域驱赶102艘外国侵渔渔船，查扣、处罚外国侵渔渔船11艘，罚款38万元，没收大批渔具、渔获物、炸药、雷管等物品。组织中国渔政311等渔政船开展南沙巡航，维护国家海洋权益。

（3）组织实施伏季休渔、长江春禁等重大渔业执法行动。针对海洋伏季休渔制度做出的重大调整，组织成立督察组和检查组，对各海区伏季休渔工作进行交叉检查，确保伏休大局稳定。联合国家工商行政管理总局继续开展电脉冲捕捞作业专项整治，将整治行动的范围由东海区扩大到全国沿海地区，遏制了电脉冲捕捞作业的蔓延势头，保护海洋渔业资源和生态环境。创新长江禁渔期执法管理模式，抽调沿江具备较强执法能力的渔政船（艇）组建了长江特编船队，进一步加强对长江流域的渔政管理，圆满完成各项工作。根据“2009年农产品质量安全整治暨农产品质量安全执法年”活动的总体部署，组织各级渔政执法机构实施水产养殖与水产品质量安全的各项执法活动，并进行交叉执法督察，结案率达到100%，提高了养殖生产者的质量安全意识。

（4）扎实推进涉外渔业联合执法，完成相关对外谈判工作。首次与韩国海警部门建立违规渔船交接机制，并接收韩方移交的4艘越界捕捞渔船。在2009年中美渔业联合执法中查获1艘涉嫌从事大型流网作业的渔船。顺利举行了中美、中韩、中日、中俄渔业执法工作会谈，与俄方开展了黑龙江、乌苏里江联检任务。

【渔业安全生产】

（1）加强渔业应急管理，积极协调开展海难救助及海事仲裁工作。2009年共协调各级渔政渔港监督管理机构组织渔业力量参加海上救助877起，救助渔船851艘，商船等非渔业船舶13艘，救助渔民4 502人，救助其他遇险人员313人，挽回经济损失3.0亿元。

（2）加强渔业安全通信网建设，提高安全保障能力。认真落实《国务院办公厅关于加强渔业安全生产工作的通知》精神，加快信息技术在渔业安全生产方面的应用，推动渔业安全通信网建设，加强岸台维护。与中国电信共同签订《海洋渔业CDMA移动通信系统合作协议》，进一步推动海洋渔业安全通信网建设，在全国50多万艘小型近海渔船上推广使用渔业CDMA移动通信终端设备，推动解决近海小渔船的通信问题。

为3 000艘渔船配备渔用对讲机，推动渔船安全通信设备的配备。全国已经初步形成了以海洋渔业安全通信网“四网合一”为平台，融合传统短波、超短波通信及卫星、移动通信等现代通信方式，辅以船舶自动识别（AIS）、无线射频识别（RFID）、渔港视频监控、应急视频会议等技术手段的渔船监管和安全通信保障体系，成为国家突发公共事件应急体系和预警平台的重要组成部分。

【资源保护】 积极组织设立国家级自然保护区的申报工作。向国务院上报了四川诺水河等2个申报晋升为国家级自然保护区、重庆江段保护区范围及功能区调整和小南海水电站建设生态补偿等相关材料。努力做好水生生物自然保护区发展规划。关注长江上游珍稀特有鱼类国家级自然保护区建设管理工作，启动2009年三峡工程珍稀鱼类保护生态补偿项目增殖放流工作。编写《全国珍稀濒危水生动物增殖放流规划（2010—2015）》。组织开展全国珍稀濒危水生动物增殖放流苗种供应单位申报和论证工作。组织四川、安徽、黑龙江、湖北、广东、陕西、上海等地开展一系列珍稀濒危水生动物增殖放流活动。组织专家对重庆小南海水电站等8个工程项目对国家级自然保护区的影响进行评价论证，最大限度地降低工程对保护区的影响。

【渔政队伍建设】

（1）继续推进基层渔政机构纳入或参照《公务员法》管理，建立渔业执法督察制度。全国共有2 951个渔业行政执法机构，其中参照《公务员法》管理机构1 076个，占机构总数的36.5%。建立渔业执法督察制度，制定发布了《渔业执法督察规定（试行）》。

（2）加大渔政基础设施建设，提高渔政管理现代化水平。中国渔政管理指挥系统已在全国各级渔业部门广泛使用，目前，系统用户总数达1.6万多个，共录入数据近40万条，基本实现了海洋捕捞、养殖信息、渔政执法的实时动态管理。

（农业部渔政指挥中心 陈 杨）

农业部渔业船舶检验局

【机构管理和队伍建设】

（1）理顺事权关系，积极推进机构体系建设。一是科学核定检验业务。对《中华人民共和国渔业船舶检验机构认可与管理规定》进行修改。完成了《渔业船舶检验机构业务核定与管理规定》（征求意见稿）。二是积极推进机构认可工作。截至2009年底，已完成了云南、内蒙古、安徽、四川、辽宁和福建等11个省级所属的市、县级机构共59家新机构的建立，开展了黑龙江、重庆、内蒙古共28家机构的复核换证。三是积极推进全国渔业船舶检验机构纳入或参照《公务员法》管理工作。目前已核定认可的机构806个，其中：公务员管理的机构97个，占总数的12.03%；参照公务员管理的机构286个，占总数的35.48%；事业单位管理的423个，占总数的52.48%。

（2）加强验船师队伍建设，整体素质得到提升。一是加大检验人员上岗前资格培训考试工作力度，举办了6期验船人员上岗资格培训班，培训811人，通过考试取得资格证书的791人；举办了首批验船师渔业船舶船用产品检验资格培训班，全国共有54名验船师参加了培训，其中44人通过考试取得资格证书；指导各省组织实际操作业务培训班20期。二是为加强对注册验船师资格考试（认定）工作的组织领导、统筹协调和政策研究，指导和监督注册验船师资格考试认定、注册管理以及日常管理工作，成立了全国注册验船师（渔业船舶类）资格考试（认定）办公室，制定并颁布实施《注册验船师资格考试认定办法》。开展了注册验船师各级别和各专业考试内容编写的研究和调查工作，编写了考试大纲和考试复习指南并通过了专家委员会审定。

（3）渔业船舶检验档案管理和检验监督管理系统建设稳步推进。一是组织修订了《渔业船舶检验档案管理暂行规定》，明确了各级机构管理职能，健全了档案管理制度，落实了检查督促考核制度。二是按照渔船管理环环相扣的各项要求，对国内海船检验证书进行了改版，增加了二维条形码、渔船编码和主机总功率等内容，做好数据的清理、整合、导入和系统测试等工作。

【渔船检验管理】

（1）创新工作方法，远洋渔船检验管理机制进一步完善。一是远洋渔船检验计划管理进一步落实。2009年，除挂靠外国籍渔船外，应检远洋渔船总数为1 248艘，实际完成远洋渔船检验1 178艘，受检率达到94.4%。二是境外检验点作用进一步发挥。2009年共派出包括加蓬、斐济和塞内加尔3个短期检验点在内的出国检验团组31个，派出验船师62人（次），境外验船数669艘（次）。三是安全管理关口前移，引导企业开展船舶技术状况预检及自查。印发了《关于在申请远洋渔船境外检验的企业中开展船舶技术状况预检及自查工作的通知》，明确了各远洋企业的安全生产职责,提出了船舶保养、维修、管理等方面的具体要求。制订了《远洋渔船船舶技术状况预检及自查操作手册》,引导企业自觉注重安全生产,认真履行安全职责。四是进一步规范远洋渔船证书办理程序,完善管理机制。对现行远洋渔船证书办理流程进行了优化调整,取消了为远洋渔业项目进行的公证检验,不仅减少了不必要的办证环节,方便了渔民和企业,而且使多年来远洋渔船管理上存在的交叉和相互矛盾的问题基本得到解决。五是继续开展对浙江、辽宁、河北等三省的监督检验及发证试点工作。

(2)创新业务指导模式,验船师履责能力明显提升。不断加强检验业务工作指导的研究和探索,推进基层验船师的现场检验交流,搭建基层验船师沟通交流的平台。在福建省组织了沿海小型渔业船舶检验现场交流会,有98名验船师参加了交流会。以多媒体形式就沿海小型渔船检验要求、程序和方法等进行了讲解,并通过现场检验示范过程,使基层验船师有了相互切磋、交流的机会。在山东省组织举办了"南锋"号渔业资源与环境科学调查船检验现场交流会,有40名验船师参加了交流会。

(3)重点关注国家大型重点渔船建设项目工作的实施,严把检验质量和进度关。"南锋"号科考船和2 500吨级载机渔政船是经国家批准立项建造的重点渔业项目。为使这两艘项目船能按质按期顺利完成,早日列装投入使用,通过实地调研,掌握船舶建造及检验过程的相关情况,着力督促船厂、设计单位等各方的工作进度,促使现场验船师站在一个更高的位置来做好这项检验工作,为今后国家重点项目积累重要实际参考素材。

【船用产品检验】

(1)渔船用柴油机检验管理工作取得新进展。为规范渔船用柴油机检验管理工作,统一全国柴油机型谱审核工作,更好地指导验船师实施渔船用柴油机型谱审核工作,颁布了《渔船用柴油机型谱审核须知》。印发了《关于加强渔船用柴油机型谱审核检验管理工作的通知》的要求,对各省柴油机型谱审核验证工作进行了部署。

(2)救生设备专项监督抽查活动取得实效。对全国6家A型气胀式救生筏、4家静水压力释放器生产企业进行了一次集中质量抽查,召开了质量分析会,印发了《关于加强渔船用气胀式救生筏检验管理有关问题的通知》,以进一步规范全国渔船用气胀式救生筏检验管理工作。

(3)明确目标,扎实推进产品检验认可工作。下发了《关于加强渔业船舶船用产品认可工作的有关问题的通知》,指导各省落实全国船用产品检验认可率每年提高5个百分点分解考核目标的要求。连续三年公布了各省船用产品检验认可率,对未达到要求的开展业务专题指导,督促完成"船用产品检验监督管理"分解考核目标。

(4)理顺事权,加强对内陆产品检验工作指导。对河南渔业船舶检验局与山东渔业船舶检验局关于河南省辖区内产品检验业务的交接工作进行协调;对四川渔业船舶检验局与重庆渔业船舶检验局关于四川省辖区内产品检验业务的交接工作进行协调。通过开展以技术业务强省帮弱省的方式,四川、河南等省的产品检验工作取得了长足的进步,具备了独立开展产品检验的能力。

【资质管理】

(1)以质量源头为切入点,引导渔船修造水平不断提升。一是为从源头上保障渔业船舶的修造质量和安全,印发了《关于渔业船舶修造企业资质认可上报材料有关问题的通知》,明确要求新申请的渔业船舶建造企业的现场考核要按《船舶生产企业生产条件基本要求及评价方法》(CB/T 3000—2007)执行。2009年,全国已认可的渔业船舶修造企业1 254家,申请换证修造企业242家,新申请和升级企业65家,有7家设计单位取得资质。二是针对渔业船舶船体建造与机电安装企业分设审批形式的现状进行调整,印发了《关于加强对渔业船舶船体建造、机电安装企业质量安全责任监督管理的通知》,明确提出不再受理新申请的分项资质认可,并对已审批的分项资质企业提出了整改要求。力争在三年内实现企业间技术及设备资源的整合和提高,全面提升整体建造能力。三是按照《国务院关于印发船舶工业调整和振兴规划的通知》中有关"加快淘汰老旧船舶和单壳油轮"的要求,明确提出不再受理单壳油船的图纸审查。同时从技术上对渔业油船严格把关,以维护供油船建造市场管理秩序,保障国家船舶发展产业政策的顺利实施。

(2)着力推进渔船节能减排。一是根据2009年渔业节能减排项目工作安排,就我国玻璃钢渔船发展及推广应用进行调研,认真研究节能技术政策,组织专家学者研讨玻璃钢渔船发展策略和规划,并结合我国渔船的实际,完成了《我国玻璃钢渔船发展规划》初稿。二是完成了2008年农业生态环境保护项目《渔船船型研究与设计》的总结工作,对开发设计的船舶图纸进行认真审查,并积极组织和促进推广应用。

(农业部渔业船舶检验局 罗建军)

农业部黄渤海区渔政局

【渔业资源养护】 针对渤海“荒漠化”趋势日益严重的状况，提出了“拯救渤海”的战略设想，得到了农业部领导的肯定和环渤海各地的积极响应。为进一步推动渤海渔业资源修复工作，积极利用各种途径、在各种场合进行呼吁和宣传。与中央电视台联合制作的《拯救渤海》专题片在CCTV2、CCTV4连续播出，新华社记者采写的多篇有关“拯救渤海”的文章在新华社内参及各大新闻媒体广泛报道。6月16日，在山东省莱州市联合举办了“2009年渤海生物资源增殖放流活动”。全年共向渤海投入增殖放流资金3亿多元，在渤海增殖中国对虾、梭子蟹、海蜇、牙鲆、黑鲪、半滑舌鳎等经济品种111.7亿尾（粒）。通过大规模的增殖放流，渤海的渔业资源得到了一定程度的恢复。

【伏季休渔和涉外渔业管理】 2009年初，管理工作的重心转移到中韩交界水域，有计划地加强了交界水域的巡航力度。5月13日在辽宁省丹东市与公安边防总局举行了联合执法启动仪式。5月31日，朝韩矛盾升级后，制定了应急执法方案，抽调了26艘渔政船在海上设立了三道控制防线进行24小时不间断巡航管理，封堵拦截企图进入朝韩敏感水域的渔船。结合伏季休渔管理，抽调50名机关干部随船出海，同时，加强了港口管控。在5个多月的应急管理中，全海区各应急执法船累计巡航1 463天，航时9 844.7小时，航程106 276海里，登临检查渔船1 538艘（次），扣港违规渔船599艘，劝阻、拦截有越界捕捞企图的渔船8 000余艘（次）。

【北太平洋渔业管理】 7月25日至8月26日，中国渔政118船作为指挥船，同中国渔政202船组成巡航编队，共同执行了2009年北太平洋公海渔政巡航任务。中国渔政118船共巡航33天，航行711小时，航程7 515海里，观察渔船45艘（次），登临检查渔船55艘（次）。

【队伍建设】 建立了执法督察和群众监督相结合的执法监督机制。全区共建立了19个渔民联系点，聘请了95名执法监督员，并公开了监督举报电话。制定了《渔业案件上网公布办法》，并在省级以上渔政执法机构中实行处罚信息上网公布，让渔政执法在阳光下操作，接受社会监督。首次实行了全员定岗定编定职责，并对13名处级干部和30余名一般干部进行了岗位交流，提拔了26名处级干部，公开招录、选聘了12名年轻干部，13名符合条件的老同志提前离岗，6名符合条件的老同志提前退休。同时，为加大干部培养力度，还选派了4名年轻干部到农业部机关学习锻炼，组织全局50岁以下人员进行了为期一周的全封闭军事化训练，有效提升了干部职工的综合素质和执法水平。

（农业部黄渤海区渔政局 柳卫国 彭远松）

农业部东海区渔政局

【伏季休渔管理】 2009年，农业部对原有的伏季休渔制度进行了调整。针对调整后的伏休制度涉及地区增多、休渔渔船数量和作业类型增多、监管时间节点增多、休渔时间延长的状况，东海区局采取了一系列新的管理举措；一是首次与东海区三省一市渔业行政主管部门签订了伏季休渔管理责任状，督促各级渔业行政主管部门及其所属渔政渔港监督管理机构切实落实领导负责制和管理责任制，把各项休渔管理工作做细做实。二是全方位、多层次做好宣传发动和解释说明工作，印制了80 000份伏休宣传手册分发到渔民手中，确保一船一册，家喻户晓。三是首次将渔用柴油补贴发放与伏休管理相挂钩，通过政策的经济杠杆作用，促使渔民自觉遵守伏休规定。四是认真执行伏季休渔动态管理制度和休渔渔船首报制度，着力提高伏休管理的针对性。总体来说，2009年的伏休前期开局良好，中期大局稳定，后期开捕有序。

【“护渔2009”海洋渔业执法行动】 东海区采取了海区局提原则要求，各地方渔政机构结合本地实际，自行确定执法重点的做法，“护渔”行动的针对性更强，执法效率更高。东海区局全年共组织开展7次“护渔2009”海上联合执法行动，登临检查渔船509艘（次），处理违规渔船162艘（次）；同时组织3次陆上巡查，共派出检查组10个，检查33个区（县）、32个港口，推动各地“护渔”行动有序开展。

【专项整治电脉冲渔具作业】 制定下发了《关于东海区电脉冲捕捞作业专项整治长效管理的意见》，一方面明确要求各地继续保持高压态势，充分利用渔用柴油补贴等惠渔政策，持续深入有效地开展电脉冲捕捞作业专项整治工作；另一方面着手建立取缔电脉冲捕捞作业的长效机制，共建立举报奖励、处置程序、信息通报、专项督察、考核评价等5项工作制度，力争电脉冲捕捞作业不出现反弹，查禁工作持续深入、长期有效。同时要求各地进一步加强与工商部门协作，重点查处制造、销售、隐藏电脉冲窝点。据统计，东海区全年共查获违法使用电脉冲渔具从事桁杆拖虾作业渔船26艘（次），取缔电脉冲制造窝点5家、非法经销维修点3家。

【专属经济区渔政巡航】 东海区局以海区局为核心、地方为支撑，初步组建了一支由14艘战斗力较强的渔政船组成的东海区专属经济区渔政巡航专业队伍。同时，在提高专属经济区巡航的针对性和有效性上下工夫，一方面根据海上实际情况，合理安排巡航任务；另一方面派员随地方渔政船共同执法，不仅加强了海区与地方的执法交流，还提高了渔政巡航的机动性和灵活性，取得了较好的效果。据统计，2009年东海区专属经济区渔政巡航船队共执行专巡任务83航次，合计巡航692天，登临检查渔船1 100艘（次），查处违法渔船492艘（次）。

【北太平洋渔政巡航管理】 2009年7月28日至8月25日，东海区局中国渔政202船与黄渤海区局中国渔政118船共同圆满完成了第八次北太平洋公海渔政巡航任务。同时，东海区局还首次派遣渔政员随有关生产单位渔业运输船赴北太平洋公海执行观察任务，前后共历时55天，掌握到许多公务船了解不到的渔场信息和非法流网作业渔船动态。

【涉外渔业管理】 在继续加强涉外渔业培训教育，加大涉外违规案件查处力度的同时，着力从多方面积极推进双边渔业协定的顺利实施。一是在试点的基础上，结合实施中日渔业协定有关工作要求，在东海区全面开展中日暂定措施水域作业渔船电子标志牌标识工作。二是积极开展中韩、中日执法交流，推动双方互信、合作，在加强信息交流、完善沟通渠道等方面达成共识，为涉外生产创造和谐环境。三是根据《农业部办公厅关于召开涉朝韩水域管理工作会议的紧急通知》要求，认真做好涉朝韩水域管理工作，严禁渔船非法进入韩国水域及韩国“特定水域”、“特定禁区（朝韩交界水域）”，防止发生涉外渔业事件。

【涉外渔民自律组织建设】 继续积极培育、扶持各地涉外渔业协会进一步发展。全国首家省级涉外渔业协会——江苏省渔业协会涉外海洋渔业分会的成立，首次实现了省与市、县涉外渔业协会的联动发展，进一步扩大了涉外渔民自律组织的覆盖面和影响力。针对各地涉外渔业协会发展势头良好的状况，适时召开了东海区渔民自律组织建设推进会，要求各地在认真总结涉外渔业协会建设成效和经验的基础上，结合实际，以点带面，着力培育本地区行业自律、市场开拓、科技服务、渔民互助等类型的渔民自律组织，并将大力扶持和发展渔民自律组织，作为渔业发展“十二五”规划的重要组成部分，按照科学规划、合理布局、强化服务、注重规范的原则，逐步建成产加销衔接、渔工贸相联的渔民自律组织网络，真正实现渔业生产、经营、管理的组织创新和机制创新，切实推进现代渔业发展。

【渔业安全管理】 进一步加大了渔业安全管理的力度。一是以宣传贯彻落实《国务院办公厅关于加强渔业安全生产工作的通知》精神为抓手，切实加强对海区渔业安全工作的指导协调。督促各地认真学习领会《通知》精神，联系实际，研究制订出台本地落实《通知》的具体措施和实施意见，确保将党和国家有关安全生产的方针、政策切实贯彻落实到渔业安全生产工作中。二是以宣传教育培训为手段，着力提高渔民安全生产意识和素质。一方面协助完成渔业安全生产宣传教育片的制作发放工作，另一方面部署开展东海区海洋机动渔船船东船长安全管理培训工作，积极推进“平安渔业”建设。三是以“安全生产年”活动为主题，深入开展渔业安全生产监督管理和执法检查。重点检查渔业安全管理部门贯彻落实安全管理措施情况和渔船整改情况，督促各地切实加强、改进管理手段和方式，提高渔业安全监管的效果。四是以科技兴安为突破口，努力提升渔业安全生产监管水平。进一步加大了对渔船防碰撞系统（AIS）、射频身份识别系统（RFID）、北斗卫星通信等现代通信信息技术在渔业领域的推广应用力度。五是以实地调研为基础，积极协助开展“全国文明渔港”创建活动。

【渔业应急保障】 为保障东海区渔业应急值班通信网络通畅，提高东海区渔业应急值班工作质量，加强了对东海区渔业安全通信网和应急值班网的管理。通过对省、市、县三级百余家渔业部门和机构值守情况的抽查，促进了各地值守工作情况的改善，保障了网络通信畅通，应急突发事件处置工作质量和效率也有了较大提高。在加强渔业安全通信网和应急值班网管理，确保通信畅通的同时，在海上发生险情时，积极组织开展海难救助。据统计，2009年东海区三省一市共组织开展渔业海难救助420起，救助渔船428艘、渔民2 107人，挽回直接经济损失17 334.88万元。

【渔业捕捞许可管理】 继续严格按照《捕捞许可管理

规定》的要求，认真做好大型渔船买卖、更新、改造等渔业捕捞许可管理工作。同时，根据《农业部办公厅关于做好新版海洋渔业捕捞许可证书证件换发有关工作的通知》要求，组织制定了东海区换证工作实施方案，积极组织协调东海区新版捕捞许可证换发工作，及时研究解决各地换证工作中出现的问题。据统计，截至2009年底，东海区换证完成率76.4%。

【渔业资源、环境监测与保护】 2009年，进一步加强了渔业资源、环境监测与保护工作。一是认真做好海洋捕捞动态信息采集网络相关工作。定期召开季度数据分析研讨会，并将有关情况上报。二是积极开展东海区幼鱼损害调查工作，有关阶段性工作报告已上报。三是着手开展东海区捕捞渔具渔法调查工作，已完成《东海区海洋捕捞渔具渔法调查初步情况的报告》，并上报。四是进一步加强国家级水产种质资源保护区的建设及管理。“东海带鱼国家级水产种质资源保护区”和“吕泗渔场小黄鱼、银鲳国家级水产种质资源保护区”已相继由农业部公告设立。东海区局已组织保护区毗邻省、市渔业行政主管部门、执法机构和科研单位开展了东海区国家级水产种质资源保护区建设和管理的研讨工作。五是在积极参与做好涉渔环评工作的同时，及时跟踪东海区重大污染事故发生情况，并开展调查处理及索赔工作，努力维护渔业权益。

【生态修复工程】 2009年，继续着力深化生态修复工作。一是经专家论证，在前几年放流岱衢族大黄鱼、日本对虾、三疣梭子蟹、海蜇、黑鲷等品种的基础上，新增了曼氏无针乌贼受精卵、日本黄姑鱼等2个放流品种，全年共放流各类苗种1.67亿尾(只)。二是首次开展放流苗种检验检疫，确保放流苗种的质量和生态安全。三是创新生态修复社会宣传模式，进一步扩大生态修复工作的宣传面。开展了以“增殖水生生物资源，促进生态文明建设”为主题的生态修复宣传实践活动，首次举办了“海洋生态修复知识进社区巡展”活动。在海上放流活动中，还邀请部分渔民老大和渔业协会代表参与。四是委托相关科研单位完成2007—2009年三年洋山工程和上海LNG项目生态修复技术报告，并组织通过专家评审。

【长江渔业管理与生态环境保护】 为进一步加强长江渔业管理，推动流域协调持续发展，一是着力夯实长渔委工作机制建设。增设了长江水生生物资源养护专家咨询委员会，并确立了委员会决策、委员会办公室负责执行的机制，为今后更好地开展长江水生生物资源及生态环境保护工作奠定了组织基础。二是切实巩固长江禁渔期管理工作。专门组建了长江特编渔政执法船队，组织开展了2009年长江禁渔期同步执法行动。同时积极开展完善长江禁渔期制度的调研论证工作，为进一步调整完善禁渔期制度提供科学依据。三是继续加强长江渔业资源与环境监测、保护工作。一方面，积极推进长江渔业资源与环境监测系统的统一，最终形成由长渔委牵头、对各站点提供的监测数据进行会商，一个口径对外的工作机制。另一方面，首次在长江流域开展增殖放流生态修复活动。与安徽省农委、安庆市政府及世界自然基金会联合举办了长江“四大家鱼”亲本人工增殖放流活动，以改善长江流域渔业资源的种群结构。四是组织开展“生命长江”主题宣传活动。特别是2009年7月下旬组织开展了以“生命长江行”为主题的长江源区水生生物与环境科学考察活动，为了解长江源头水生生物现状和今后开展资源养护工作提供了珍贵的资料。

【渔业理论研究与执法制度建设】 渔业理论研究方面，组织完成了“新形势下我国渔民权益保障研究”、“渔业水域滩涂占用补偿机制研究”、“捕捞准入制度研究”、“涉外渔民协会的总结推广研究”、“海洋捕捞渔船双控制度研究”，以及“海上行政执法体制研究”、“东海区涉外渔业管理问题研究”等课题的研究。执法制度建设方面，施行了《农业部东海区渔政局专属经济区渔业行政处罚自由裁量标准(试行)》，要求东海区各执行专属经济区渔政巡航单位在专属经济区水域实施渔业行政处罚时，严格按此标准裁量，规范行使渔业行政处罚权，有效维护行政管理相对人的合法权益，确保公开、公平、公正执法。

【渔政干部培训】 2009年，主要在渔政干部培训机构建设和体系建设上下工夫。一是系统规划全国渔政干部培训工作，起草了《2010—2015年全国渔政干部培训规划》，对未来5年全国渔政干部培训的原则、目标、任务、师资队伍建设、教材体系建设等作了全面、系统的规划。二是努力构建渔政干部培训的教材体系，拟定了《全国渔政干部培训教材编写方案》。三是着力完善渔政分院的内部管理制度，起草了《渔政分院培训管理办法》、《渔政分院培训教学评估暂行办法》等制度。四是分别在上海、舟山设立了2个渔政分院的教学点，并开展培训工作。

【渔政队伍建设】 在队伍建设方面，注重围绕各项主题活动，强化全局干部职工的思想政治素质、业务能力,提高工作质量与效率。一是继续深入开展学习实践科学发展观活动。2009 年年初,在农业部、上海市学习实践活动指导组的指导下,完成了学习实践活动第三阶段各环节及总结提高环节的相关任务,学习实践活动基本达到了预期目标。二是深化创建"学习型、创新型、和谐型"机关,积极开展"东海局精神在我心中"主题实践活动,进一步倡导"依法行政、求真务实、团结协作、服务渔业"的东海局精神,加强队伍思想作风建设,营造和谐奋进的机关文化。三是继续开展"讲党性、重品行、作表率"主题教育活动,教育引导全体党员干部和公务员努力践行政治上的坚定性、品德上的纯洁性、行为上的先进性。

(农业部东海区渔政局　李永明　朱庆捷)

农业部南海区渔政局

【南海维权护渔】

(1)加强南海维权护渔工作,坚决维护国家主权与渔业权益。南海局势变得越来越复杂,维权护渔斗争态势越来越严峻。全年共执行维权护渔任务 76 航次、1 235 天,登临检查渔船 1 020 艘(次),驱赶外国渔船 147 艘(次),处罚外国渔船 19 艘(次),没收外国渔船 4 艘。

(2)拦截驱赶美国海军监测船"无瑕"号,维护国家主权和尊严。3 月,美国海军监测船"无瑕"号擅自进入海南岛附近海域,进行非法活动,破坏我国海洋生态环境和渔业资源。为维护国家主权和海洋权益,组织渔政船和渔船,成功将其拦截并驱赶出我国专属经济区。

(3)积极开展南沙巡航考察和探索维权护渔新路子。5 月中旬,经国家有关部门批准,组织中国渔政 311、302 船开展南沙渔政执法,监管渔船的生产活动,维护渔业生产秩序,行使国家行政管辖权力,庄严宣示南沙主权。12 月 10 日,经农业部批准,派出中国渔政 311、303 船开赴南沙进行护渔。

【南沙守礁及渔业管理】

(1)近年来,守卫美济礁的压力与复杂性日益增长。为确保美济礁的安全,南海区渔政局与守礁兄弟单位密切配合,对来犯嫌疑船只采取果断措施,有效地保卫了美济礁的安全。

(2)由于南海局势日益严峻,周边国家有组织、有预谋地在南沙海域大肆抓扣我国渔船渔民,对南沙渔业造成巨大打击,严重影响了南沙渔业的稳定发展。针对这一形势,一是进一步加强南沙渔业生产组织工作,积极支持渔船到南沙生产。二是妥善处理渔船渔民被无理抓扣事件。三是为进一步发挥南沙渔业维护海疆的"屯垦戍边"作用,继续组织恢复、扶持南沙美济礁网箱养殖生产性试养工作,目前养殖试养工作取得新的进展,部分鱼货在穗港澳市场上市,这将为开发南沙海域打下良好的基础。

【北部湾维权护渔及双边渔业合作协定实施】 根据中越北部湾渔业联合委会的共识,2009—2010 年度共同渔区各方进入对方一侧水域渔船的作业规模维持上年度不变,即渔船 1 543 艘,总功率155 477.8千瓦。2009 年是北部湾过渡性安排水域结束的第一年,北部湾渔政执法管理面临新的考验。为保障协定继续平稳实施和维持北部湾的稳定,一是加强渔政日常监管,防范中、越双方渔民违规作业。二是发挥北部湾联合监管机制的作用,加强联合监管。结合协定实施 5 周年,召开协定实施 5 周年座谈会,总结经验,交流情况,对今后加强北部湾联合监管工作提出了新的工作思路。三是开展中越北部湾渔业海上联合检查,中越双方执法人员分别登临了中国渔政 311 船和越南海警 4032 艇,首次进行海上互访交流。

【西沙监管】 针对外国渔船在西沙海域侵渔越来越多的严峻态势,加强了西沙打击侵渔的工作部署,派出中国渔政 308、309 船专职负责西沙监管,并多次组织西沙护渔专项行动。特别是派出中国渔政 311 船首航西沙海域进行维权护渔,在国内外都产生了较大的影响,对外国侵权侵渔船只产生了震慑作用。全年共开展护渔专项行动 11 次,出动渔政船 35 艘(次),巡航 533 天。

【南海伏季休渔】 2009 年南海伏季休渔制度作了较大的调整,延长了休渔时间,增加了休渔作业类型。全海区应休渔船 30 694 艘,比 2008 年增加 63.14%,其中广东 14 229 艘,广西 3 941 艘,海南 10 770 艘,港澳流动渔船 1 754 艘。南海区渔政局对休渔工作早动员、早部署、早准备,加强休渔工作领导,制订休渔方案和应急预案,加强宣传发动工作。休渔期间重点抓好渔船渔港安全管理和海上执法监督,派出休渔督察组分赴各地开展休渔督察,加强指导,与地方渔业部门共同努力,确保了 2009 年南海休渔工作的成功实施。

【珠江流域渔业管理】 组织专题研究、论证形成《珠江流域统一禁渔期制度方案》上报农业部。组织开展查处非法捕捞行动，以大型交界水域为重点，尝试在跨国水域开展相关工作。组织增殖放流，制定《2009年珠江流域渔业资源人工增殖放流方案》，组织协调全流域的渔业资源增殖放流活动，首次成功组织实施我国和越南交界水域界河德天瀑布人工增殖放流。加强流域内水产种质资源保护区建设与升级工作，2009年流域经农业部渔业局评审通过3个新的种质资源保护区。

【港澳流动渔船协调管理】 为港澳流动渔民办实事，积极做好流动渔民思想工作，维护流动渔民队伍稳定。积极向国家建议对流动渔民实施生产补贴。在农业部和有关部门重视下，国家决定从2009年起给予流动渔船柴油补贴。目前，流动渔民队伍相对稳定，生产正常，为维护港澳地区的稳定发挥了积极作用。

【渔业安全生产管理】

(1)抓好休渔期间渔船渔港安全管理工作。南海休渔制度调整后，休渔渔船增多，使本来已经拥挤的渔港出现"船满为患"，矛盾更加突出，安全隐患增多。针对这一情况，会同地方渔业部门加强休渔期间安全监督管理工作，实现了休渔期间无事故。

(2)抓好日常渔业安全生产管理。组织安全教育培训和开展安全生产检查，全海区共举办培训班634期，培训51 998人(次)，编印《渔业安全生产法规学习问答》1万册。坚持开展全海区安全生产专项检查，促进了渔业安全生产形势的好转。

(3)加强对台风等自然灾害的防范工作。2009年台风袭击南海频繁，对渔业生产安全造成威胁，会同地方部门积极应对防范自然灾害，有效地降低了台风等自然灾害造成的损失。

(4)积极开展渔业海难救助。全海区调动渔政船艇167艘(次)，组织渔船251艘(次)，参与141起海上渔业救助，救助渔船110艘、渔民2 813人，挽回经济损失1 433.4万元。

【渔业资源和生态环境保护】 根据农业部的部署，积极组织推动辖区各级地方政府和渔业管理部门参与、支持生态环境保护和增殖放流工作，并组织了南海海洋生物资源增殖放流、防城港海洋工程项目渔业生态保护修复工程及水生生物资源增殖放流等活动，首次在国内放流重点保护水生动物鲸鲨及开展卫星跟踪和标志放流研究。全年南海区共放流海龟、鲎以及虾、蟹、鱼等水生生物苗种4亿多尾。

(农业部南海区渔政局 黄作平)

中国水产科学研究院

【概况】 2009年是中国水产科学研究院中长期发展规划的贯彻落实年。全院在农业部党组的正确领导下，围绕院规划贯彻落实这一中心任务，按照"坚持产业导向，突出自主创新，加强推广应用，促进和谐发展"的工作方针，抓住机遇，系统谋划，着力创新，推进发展，促进和谐，全院各项事业继续呈良好发展态势，各项工作取得了新的成绩。

【科研项目与成果产出】 2009年，新增科研项目722项，合同总经费达3.09亿元。在水产生物技术、遗传育种和资源保护领域立项取得突破，牵头承担的行业科研专项"水产分子育种共性技术的建立与应用"、"鱼类性别控制和单性苗种培育共性技术的建立与推广应用"、"渔业资源放流增殖示范与效果评价体系建设"、"长江渔业资源增殖放流技术研究与示范"等4个项目获得立项支持。在有关项目支持下，正式启动了我国第一个鱼类全基因组测序计划——"鲤鱼基因组计划"，在渔业科技界产生了重要反响。一批重大科研计划项目获得重要进展。"973"重大基础性研究项目"我国近海生态系统食物产出的关键过程及其可持续机理研究"，从渔业生态学角度阐述了我国近海渔业资源的变动规律；自主研制成功国内首台深水网箱远程多路自动投饵系统，达到国际先进水平；大洋遥感渔场渔情信息获取、传输和分析技术研究达到应用水平，应用范围扩展到我国七大远洋捕捞渔场；大宗淡水鱼类产业技术体系建设，系统梳理出淡水鱼产业链的技术需求，推动科技创新服务生产实践取得成效；淡水鱼类出血性疾病综合防治技术集成与示范，提出了适用于全国范围的草鱼出血病病毒和致病性嗜水气单胞菌的标准检测方法；养殖对虾病毒病控制技术创新与集成示范，完成了我国养殖对虾病毒病流行情况调查，为构建水产养殖病防体系提供了有力支持。全院共获得63项各级科技成果奖励，其中省(部)级以上奖励达40项，比2008年增加近1倍。"鲟鱼繁育及养殖产业化技术与应用"和"罗非鱼产业良种化、规模化、加工现代化的关键技术创新及应用"两项成果荣获2009年度国家科技进步二等奖，是"十一五"以来连续第四年获得国家级成果奖励。全院有3个水产新品种通过了国家级审定；申报专利243项，授权72项，分别较2008年增长77%和24%；申报软件著作权13项，授权17项；发表学术论文969篇，其中SCI和EI收录论文109篇，中国科技核心期刊论文626篇；出版各类专著13部。

【科技支撑与公益服务】 发挥科技优势，为政府决策、行业管理提供了科技支撑。水科院科技特派团对口帮扶灾区恢复渔业生产，受到了四川省政府授旗表彰，被科技部评为“全国科技特派员工作先进集体”；全院专家近百人（次）参与省（部）级以上产业与科技发展规划的编制工作，有效开展决策咨询工作；牵头承担的水产养殖产排污系数测算工作圆满完成，为首次全国农业污染源普查提供了基础资料；国内渔业耗能与节能减排情况系统调查工作为政府制订渔业节能减排政策提供了科学依据；构建了全国海洋捕捞动态信息采集网络技术平台，提升了海洋渔业管理技术水平。扎实推进科技服务与推广工作。积极参加农业部组织的“全国渔业科技服务年”活动，广泛开展各项富有实效的渔业科技服务与推广活动；组建了科技服务百人专家团，编写了一批技术培训教材，建立了一批科技示范基地；利用渔业科技协作网编制发布了《主要养殖品种与养殖模式关键技术手册》。首次召开了全院科技服务与推广工作会议，系统总结了近年来全院科技服务与推广工作经验和成效，提出了今后加强科技服务与推广工作措施，并表彰了一批为科技服务与推广工作做出突出贡献的先进集体和标兵。

【开放办院与国际交流】 继续推进院地合作，与全国12个省、市保持密切的科技合作关系，院所两级共建立了16个科技示范县（市），共同推进地方渔业经济发展；与辽宁葫芦岛市政府、广西水产畜牧兽医局等签订了合作协议；与天津共建的渤海水产研究中心正式开工建设。在院企合作方面，与宁波天邦股份有限公司签署了全面开展科技合作协议，共建鱼类营养与饲料研究所，设立了天邦人才和谐成长奖励基金，用于奖励青年拔尖科技人才、优秀科技创新团队和引进高层次人才；在天津立达海水资源开发有限公司等3家企业设立了院士工作站。在国际交流合作方面，2009年全院共签订11个国际科技合作协议，在研国际科技合作项目18个，合同总经费1 000多万元，新上项目6个。积极响应国家“走出去”战略，开展对外渔业技术援助取得成绩。

【财政支持与条件建设】 全院新增基建项目8个，立项总投资7 961万元。东海所试验基地、黑龙江所所区建设项目获得支持；“海洋渔业生物种质资源库”项目进入国家发展与改革委员会评审阶段。全年有11个基建项目通过验收，基本建设预算执行率达58%，同比提高了38%。南海区渔业资源与环境科学调查船“南锋”号正式交付使用。2009年全院行政事业性财政拨款3.9亿，扣除住房补贴实际比上年增长16%；争取2010年财政拨款的预算资金规模有新突破，“一下”预算批复总计4.96亿元，比2009年预算批复增长24%。其中长江所、珠江所两个转事单位在预算基本支出、运转费和修购资金上比2009年预算批复增加1 040.9万元，增幅达35%。全院部门预算执行进度达83%，比上年提高13%，受到农业部的表扬。在全院范围内开展综合财务大检查，进一步促进了全院财务工作的规范化管理。

【人才队伍建设】 完成了全院岗位设置和首次分级聘用上岗工作。出台《院关于专业技术人员考核评价的指导意见（试行）》，促进实施专业技术人员分类评价工作。组织了新一轮院首席科学家选聘和首次院优秀科技创新团队评选工作。完成了四所、三站领导班子的考察工作，制定《院所（站）级后备干部管理规定》，推进领导班子和干部队伍建设。举办首期院系统中层干部培训和业务骨干英语培训，取得了良好效果。2009年，朱元鼎、钟麟、唐启升被评为新中国成立60周年“三农”模范人物；马爱军获第11届中国青年科技奖；庄平、危起伟、杨德国等3人入选2008年度享受政府特殊津贴专家；江世贵、程家骅、马爱军等3人入选2009年“新世纪百千万人才工程”国家级人选。

【科研平台建设】 围绕院重点学科领域的研究方向，全院评估命名了95个院级功能实验室。功能实验室作为科技创新活动的基本单元和构建创新团队的基础依托，进一步完善了水科院实验室体系的学科战略布局，形成省部级重点实验室、院级重点实验室和院功能实验室的三级结构。院水产生物应用基因组研究中心、长江生态与生物多样性保护研究中心正式挂牌启动。南海所被认定为国家水产品研发中心，东海所和黄海所分别被认定为贝类和海参分中心。

【黄海水产研究所】

（1）科研项目与成果。共主持、承担各类科研课题336项，其中国家级科技计划130项、省（部）级82项。包括“973”计划7项、“863”计划项目33项、“十一五”国家科技支撑计划项目21项、国家自然科学基金15项、农业部公益性行业科研专项10项、“948”引进计划4项、标准制（修）订项目39项、国际合作项目6项。在研课题合同总经费约3.3亿元，年度累计到位经费近8 000万元。新上项目133项,其中国家级科技计划28项,省部级科研计划45项,基本科研业务费35项,青岛市科技计划10项。

获各级科技成果奖励10项,其中国家海洋局创新成果一等奖1项、二等奖2项,山东省科技进步二等奖2项,青岛市科技进步一等奖1项,水科院科技进步一等奖1项、二等奖1项;中华农业科技奖一等奖1项、三等奖1项。发表各类科技论文198篇,其中SCI收录23篇,EI收录5篇,出版专著3部。

(2)学术交流与国际合作。共组(参)团14批(次)、19人(次)出国(境)开展学术交流和科技合作,出访国家主要有美国、韩国、日本、朝鲜等。近20多个国家、地区和国际组织的外宾42人(次)来访和学术交流。2009年新上国际合作项目2项,签订涉外合作协议3项,国外提供的合作经费折合人民币280万元;在研国际合作项目6项。主办、承办和协办大型学术会议10余次。

(3)成果转化与科技服务。组建了23位专家组成的科技服务专家队伍,建立了山东省日照市东港区、青岛市胶南市、天津立达集团和天津市汉沽区杨家泊镇等科技示范基地,新建挂牌基地4个、院士工作站1个。在河北、江苏、天津、辽宁等地广推中国对虾"黄海1号",产值超过10亿元,成为主要对虾养殖品种。编写教科书5本、技术培训资料8项,在新品种引进和选育、健康养殖、病害防治、设施渔业和加工等方面主办或参加了各种培训班50余场,培训基层技术人员6 000余人。2009年通过产业科技园规划、新品种及新技术引进、水产品标准化制定、品种选育技术和健康养殖等项日实现成果转化创收327.4万元。

(4)人才队伍建设。唐启升院士被评为新中国成立60周年"三农"模范人物,马爱军获第11届中国青年科技奖,黄倢获"山东省突出贡献中青年专家"称号,雷霁霖院士获"青岛市科学技术最高奖",王清印获"青岛市突出贡献人才奖",柳学周、陈松林、黄倢、王清印、金显仕获"青岛市拔尖人才"称号。在所实习研究生140人,其中博士20人;新招生83人,其中博士5人。有22名博士后在站工作,出站博士后7名,新招收博士后7名。

(5)科研条件建设。在建基本建设项目8项,海水养殖遗传育种中心、海洋渔业科学实验室改造、学术报告厅改造及环境配套工程3个项目通过了由农业部发展计划司、渔业局组织的全面综合竣工验收,共计完成国家拨付资金2 011万元。在执行的修缮项目5项、购置项目9项、改造类项目2项,共计国家拨付资金4 605万元,其中多数项目已完成。

【东海水产研究所】

(1)科研项目与成果。新上科研课题119项,项目合同总经费3 715.39万元,其中国家级1项、省(部)级43项、地方课题4项、横向课题51项。在研课题累计达250项,总经费达10 359.65万元,年度到位经费3 956.70万元。通过验收项目6项,成果鉴定1项,结题50项。获各级科技成果奖励7项(次),其中国家奖1项(第2完成单位)、省(部)级奖3项。申报专利63项,获专利授权34项。发表学术论文180篇,其中SCI和EI期刊论文24篇,国内核心期刊论文135篇。出版专著2部。

(2)科技服务与合作。派出科技人员50余人(次),组织开展渔业科技入户和新型渔民培训活动,举办技术讲座和培训活动10场(次),培训渔民千余人(次)。累计建立了11个示范乡(镇)、20个示范村,遴选300个示范户。与地方(或企业)签订科技合作协议7项;科技合作项目1项,项目经费165万元。

(3)学术交流与国际合作。有5人(次)出国开展学术交流和科研合作,接待44名外国专家来访考察交流。签订涉外合作协议2项,国外提供的合作经费合人民币103万元。在执行国际合作项目3项。主办学术活动3项,开展10余次所内学术讲座。

(4)人才队伍建设。朱元鼎被评为新中国成立60周年"三农"模范人物,陈雪忠获"上海科技精英"提名奖,庄平入选政府特殊津贴专家,王慧获上海市领军人才"地方队"称号,李圣法获上海市杨浦区"青年创新奖"。2009年新招收应届毕业生27人,其中博士11人、硕士13人。

(5)科技条件建设。在建基本建设项目3项。水生生物实验室和鱼类行为实验室通过验收,农业部贝类产品质量安全监督检验中心项目已建成。修缮购置项目7项,国家拨付资金925万元。

【南海水产研究所】

(1)科研项目与成果。共主持和承担各类科研项目318项,其中国家级科技计划111项、省(部)级119项、地方各类课题88项。在研课题累计合同经费11 772.17万元,到位经费3 371.24万元。通过验收项目75项,结题项目58项。作为主持单位获得各类科技成果奖励12项,其中省(部)级奖励8项。申请专利24项,获得授权专利8项。发表学术论文302篇,其中SCI收录17篇,核心期刊论文166篇。出版专著5部。

(2)学术交流。主办、承办国际学术会议2次、国内学术会议5次。共有81人(次)参加国际学术会议

11次,265人(次)参加国内学术活动35次。派出到国外参加学术交流12人(次);接待美国、日本、韩国等外国专家、学者97人(次);接待国内专家、学者和水产从业者交流咨询700多人(次)。主办的《南方水产》首次进入《中国科技期刊引证报告》核心版。

(3)科技支撑与服务。组织了科技下乡粤东行、科技下乡粤西行和珠三角科技下乡等活动,共派出专家120多人(次),培训水产从业者8 300多人,发放技术资料7 000多份。其中转产转业渔民培训30期,培训渔民2 135人、社会从业人员167人。完成了全国城市市场水产品药物残留例行监测、水产品质量安全监督抽查、水产种苗普查和贝类有毒有害物质残留监测等任务,共检测样品1 148个,提供数据约8 500个,出具检验报告1 148份。本年度实施"中越北部湾共同渔区渔业资源联合调查"项目第二阶段联合调查工作。新增"四技服务"项目41个,合同经费4 033万元,到位经费1 808.47万元,创历年最高水平。

(4)人才队伍建设。江世贵当选2009年"新世纪百千万人才工程"国家级人选。本年度新录用博士后1人、博士6人、硕士6人、本科2人。新招研究生43人,新到所研修毕业论文研究生43人。完成了深圳基地、花都基地和调查船基地工作机构的组建工作。南海所野外科学观测试验站被科技部评为"全国野外科技工作先进集体"。

(5)科研条件建设。完成基本建设项目4项、修缮购置项目10项。其中,南海区渔业资源与环境科学调查船"南锋"号、深圳基地新址一期工程和花都实验基地一期工程均竣工交付使用。在建基本建设项目9项,总投资16 232万元。申报2010年修购项目获批预算下达1 830万元。

【黑龙江水产研究所】

(1)科研项目与成果。承担在研课题108项,项目合同总经费首次突破4 000万元,达到4 060万元。获各级科技成果奖励13项,为建所以来获奖最多、层次最高的一年。其中,"鲟鱼繁育及养殖产业化技术与应用"荣获国家科技进步二等奖,实现了历史性突破。申请专利16项,获得授权4项。发表科技论文123篇,其中SCI论文10篇、核心期刊79篇。

(2)成果转化与科技服务。共派出50多人(次)深入四川、山东、辽宁、黑龙江、山西等地推广健康养殖及新品种养殖技术。科技特派团普查了四川重点灾区损失情况,并向重点养殖户赠送苗种、减免债务及进行技术指导。承担的农业科技成果转化项目执行进展良好,有1项通过验收,新增1项。与天津市天祥水产有限责任公司开展全面合作,获批项目经费400万元。与黑龙江省清河林业局合作启动"冷水性鱼类放牧式生态养殖"项目,总投资500万元。

(3)人才队伍建设。应国家科教结合的需要,博士后科研工作站经评审合格正式挂牌,并与中国海洋大学签订了联合培养博士后科研人员协议书,实现了人力资源和科技资源共享。制定了《选派科技人员出国进修实施办法(试行)》,鼓励青年科技人员出国深造。本年度公派2名科技人员赴美进修。

(4)科研条件建设。落实2010年基本建设项目2项,经费2 000余万元;修购基金项目4项,经费700余万元。完成了松浦科研基地异地重建的前期工作,确定了建设地点。

【长江水产研究所】

(1)科研项目与成果。新上科研课题37项,项目合同总经费1 345万元,其中国家级项目1项、省(部)级项目24项、地方项目4项和横向课题20项。主持、承担课题75项,其中国家级项目9项、省(部)级项目37项;合同经费达6 452.85万元,年度到位经费2 116.859万元。通过验收项目14项,成果鉴定4项,结题2项。获科技成果奖励5项(次),其中省(部)级3项。发表学术论文96篇,同比增长32%。申报专利10项,其中有1项发明专利获国家知识产权局授权。

(2)科技支撑与服务。立足公益服务,积极开展渔业资源与环境的监测与保护、珍稀濒危水生动物保护和水产标准化工作。开展渔业科技入户和新型渔民培训,共派出人员160人(次),举办技术培训活动9场(次),培训渔民900人(次),发放技术资料8 000余份;编写培训教材1本,技术手册12项;累计建立了6个示范乡(镇)、11个示范村,遴选33个示范户。指导苗种繁育生产和所-村科技对接共建30多次。

(3)国际合作与学术交流。成功承办了第六届国际鲟鱼大会、长江生态渔业研讨会等大型学术会议。组团参加水产科技论坛、内陆渔业会议等各类会议10余次,近400人(次)参加,提交论文、报告70余篇。有10余人分赴古巴、美国以及台湾地区开展学术交流和科研合作。其中,渔业技术援助古巴取得良好效果。《淡水渔业》期刊首次被录入CSCD中国科学引文数据库。

(4)人才队伍建设。危起伟、杨德国入选享受政府特殊津贴专家。有10名中青年科研人员在职攻读博士学位,8人在职攻读硕士学位。3人出国进修。新录用人员3人,其中博士1名,博士后1名。

(5)科研条件建设。在建基本建设项目5项,总投资计划5 742万元,到位资金2 788.5万元。

【珠江水产研究所】

(1)科研项目与成果。新上科研课题46项,项目合同总经费1 383万元,其中国家级3项、省(部)级23项、地方和横向课题20项。在研课题累计达165项,合同经费达6 993万元,到位经费2 220万元。通过验收项目12项,成果鉴定3项,结题6项。获省(部)级科技成果奖励2项,水科院科技进步奖2项。申报发明专利9项,获专利授权5项。申报软件著作权2项,获授权2项。发表学术论文118篇。出版专著1部。

(2)成果转化与科技服务。签订科技服务合同13项,合同经费167.29万元。开展渔业科技入户和新型渔民培训,共派出人员102人(次),举办技术讲座和培训活动58场(次),培训渔民5 500人(次);编写培训教材5本、技术手册14项;累计建立5个示范乡(镇)、10个示范村,遴选500个示范户。牵头组织"泛珠三角区域渔业病害防治协作网"。以科研基地为载体,支持高要市推进"一条鱼工程"战略的实施,加快罗非鱼产业化的发展。

(3)学术交流与国际合作。派出2个团组、4人(次)出国开展学术交流和科技合作。接待美国、韩国、巴基斯坦、突尼斯和墨西哥等外国专家89人来访考察交流。与3家国外科研单位签署了合作备忘录。主持、主办或承办学术活动22项。有21人(次)参加国际学术会议,参加国内学术会议124人(次)。

(4)人才队伍建设。获各级各类科技荣誉4项,共7人(次)。钟麟被评为农业部新中国成立60周年"三农"模范人物。新录用人员7人,其中博士2人、硕士5人。联合培养研究生的规模已接近60人,其中博士研究生2人。

(5)科研条件建设。新增基本建设项目2项,在建项目共5项;落实基建投资7 126万元,其中国家财政投资5 149万元,自筹1 977万元。

【淡水渔业研究中心】

(1)科研项目与成果。新上科研课题56项,项目合同总经费1 245.85万元,其中国家级1项、省(部)级38项、地方2项、横向和其他课题15项。在研课题累计182项,经费达9 206.95万元,年度到位经费2 424.26万元。通过验收项目4项,成果鉴定1项,结题28项。获各级科技成果奖励10项次,其中国家科技进步二等奖1项、省(部)级奖励1项、水科院奖3项。申报专利32项,获专利授权3项。发表学术论文107篇,其中SCI期刊论文4篇,国内核心期刊论文69篇。出版专著2部。

(2)成果转化与科技服务。承担各类科技开发项目48项,项目到位经费83.8万元。承担的3项农业科技成果转化基金项目进展情况良好,本年度新增1项。开展渔业科技入户和新型渔民培训,共派出人员30人(次),举办技术讲座和培训活动30场(次),培训渔民5 000人(次);累计建立了5个示范乡(镇)、10个示范村,遴选100个示范户。通过多方面、多层次的技术合作,与地方(企业)签订科技合作协议10项。

(3)学术交流。主办了水生动物应激与福利国际学术研讨会,承办了2009年度水科院内陆渔业学术研讨会。有29人(次)参加国际学术会议,参加国内学术会议20人(次)。出国开展合作研究和学术交流与进修43人(次)。共接待国外学者和代表团来访和学术交流、培训137人(次)。

(4)国际培训与国内教育。顺利通过FAO国际农业培训中心考察评审,国际渔业技术培训中心项目正式启动。举办了商务部援外培训项目"水产养殖技术培训班"、"孟加拉国渔业管理研修班"、"渔业发展和管理官员研修班"等3期援外人力资源开发培训班,首次承办"孟加拉国鱼类遗传育种培训班"。圆满完成院系统第一期业务骨干英语培训班。平稳有序推进南京农业大学无锡渔业学院的教务和学生管理工作。

(5)人才队伍建设。共招录各类人员10人,其中博士4人、硕士1人。有5名在职人员攻读博士学位,9人攻读硕士学位。与南京农业大学、上海海洋大学等高校招收联合培养博、硕士研究生18人。博士后流动站正式启动运行,招聘博士后研究人员1人。

(6)科研条件建设。在建基本建设项目5项,其中中央预算内投资项目4项,自筹投资项目1项。

【渔业机械仪器研究所】

(1)科研项目与成果。新上科研课题101项,项目合同总经费2 057万元,其中省(部)级9项、地方1项和横向课题91项。在研课题122项,合同经费4 071万元,年度到位经费2 388万元。通过验收项目3项,结题5项。获科技成果奖励3项,其中省(部)级2项。申报专利54项,获专利授权4项。发表学术论文36篇,其中EI期刊论文2篇,国内核心期刊论文30篇。

(2)科技支撑产业。瞄准国家和行业需求,积极开展全国渔业节能减排调研和标准化渔船设计实践。加强现代渔业设施装备的研发,为水产养殖业提供了科技支撑。推进池塘生态工程研究中心建设。建设"渔业装备与工程科技信息网",为渔业装备与工程学科提供信息支持。针对热点问题,积极为行业主管部门提供技术支持。

(3)学术交流。主办了2009年循环水养殖装备技术研讨会、渔业装备与高效生产技术学术交流会。有10多人(次)参加了各类学术交流活动。

(4)人才队伍建设。新录用硕士8人、博士1人。有3人被大连水产学院聘为硕士生导师,2人被聘为中国海洋大学兼职教授。

(5)科研条件建设。有8个2010年修购项目获得批准,财政部下达预算总计780万元。有8个修购项目通过验收,在执行的5个修购项目进度良好。

【渔业工程研究所】

(1)科研工作。新上科研课题4项。承担的"渔业科学数据共享平台建设"项目通过验收,并获得水科院科技进步二等奖。

(2)技术支撑与服务。受委托组织召开了农业部建设项目初步设计评审会7次,评审渔港渔政船项目25个。承担了农业部渔业局渔港项目信息收集工作。推进中国渔政管理指挥系统的应用,审查验收文档15份,共计20余万字,完成了软件系统验收的准备工作。参与农业部建设工程相关标准的制定和修订工作。

(3)学术交流与国际合作。受商务部委托,完成中国政府援埃及苏伊士运河大学渔业水产教室与培训中心项目的现场考察任务,并签署了项目对外设计合同及备忘录,合同金额3 500万元。在执行的国际合作项目2项,其中援南非项目已基本完成,援埃及项目派出了施工代表。

(4)咨询设计。承接各类咨询、工程设计项目40多项,其中承担项目可行性研究报告30多个、国家中心渔港、内陆渔港及育种中心等工程初设计及施工图工程项目设计15项,已签合同金额400多万元。

(5)人才队伍建设。新录用人员4名,其中硕士研究生4人、本科生1人。有4名在职人员攻读硕士学位,其中1人已取得硕士学位。

(中国水产科学研究院 孙慧武)

全国水产技术推广总站

【推广体系】 截至2009年底,全国水产技术推广机构12 962个,其中:水产独立机构3 906个,综合站9 056个;地(市)级站316个(水产独立站274个,综合站42个);县(市)级站2 099个(水产独立站1 559个,综合站540个);区域站357个(水产独立站150个,综合站207个);乡镇站10 153个(水产独立站1 887个,综合站8 266个)。全国水产技术推广机构实有人员数为36 947人,其中:省级站1 224人,地(市)级3 445人,县(市)级14 915人,区域站1 173人,乡镇站16 135人。全国水产技术推广机构中技术人员为26 435人,其中:高级职称2 111人,中级8 757人,初级14 095人。推广人员学历:大学本科以上6 820人,大专11 690人,中专9 988人。全国水产技术推广机构单位性质:行政性事业单位有96个,全额拨款事业性单位8 826个,差额拨款事业性单位2 667个,自收自支事业性单位1 373个。

【体系改革与建设】 一是全国水产技术推广总站联合河北、江苏、陕西、辽宁、新疆等省级站继续开展了落实国务院[2006]30号等文件精神专项调研,各省渔业行政主管部门和技术推广机构也结合本地实际开展了督导工作。广东省将部级试点海丰县的改革经验在全省推广,采取"倒计时"跟踪、局领导带队督导和出面向县委、县政府主要领导汇报等措施认真抓落实,使基层水产技术推广体系改革取得显著成效。二是加强推广机构公共服务条件建设。江苏省明确规定至2011年率先在全国建成"有先进服务手段、有优秀专业人员、有规模示范基地、有严格责任制度、有稳定财政保障"的乡镇农业技术推广综合服务中心。福建省海洋与渔业厅近3年对74个县级水产技术推广站的建设给予了经费补助。大连市借助水生动植物疫病防治站建设项目,全市6个县(区)建立了病害防治和水质监测实验室,检测能力有了质的提升。三是不断创新技术推广运行机制。全国水产技术推广总站继续开展了水产技术推广体系运行机制创新试点,试点县扩大到全国24个省26个县,组织召开了全国基层水产技术推广体系运行机制创新现场交流会,总结了运行机制创新试点县的经验。浙江省在总结余杭区、绍兴县机制创新试点工作经验的基础上,对县、乡水产技术推广站从推广责任渔技制度建设、内部管理制度建设、站容站貌建设,开展基层推广体系的规范管理,印发了加强基层水产技术推广体系规范管理的指导意见,确定了评分标准,制订了年度自评、考核、抽查办法,并将推广体系的规范管理列入省局对各市海洋与渔业主管部门的考核内容。四是探索多元化技术服务组织形式。重庆市涪陵、北碚、铜梁等区(县)确立了以水产技术推广机构为主导,科研院所为依托,渔业协会、示范基地、龙头企业、科技示范户为纽带,广大渔(农)民为对象的辐射型水产技术推广服务体系,形成"一户带十户,十户带一村,一村带一业"的发展格局,基本建成了一主多元的新型水产技术推广体系。

【科技入户】 2009年，全国水产技术推广总站制定了《渔业科技服务年活动方案》，协助做好“全国渔业科技服务年”启动仪式，并组织开展“水产健康养殖专家西部行”等系列活动。各级水产技术推广机构组织技术人员，带技术、带项目、带信息、带成果、带物资，深入生产一线开展科技服务活动。在科技服务年活动中，推广系统共举办培训班1 750多期，培训推广人员和渔民共23万多人(次)，发放各类资料达40万份，受益人数达31万人(次)。

【技术示范】 2009年，组织遴选了10个渔业主导品种和7项主推技术，并由农业部正式发布。山东、辽宁、江苏、浙江、安徽、天津、重庆、青岛等地结合当地实际，组织遴选、发布了一批主导品种和主推技术，并组织示范推广，初步构建了“专家组—技术指导员—科技示范户—辐射带动户”的科技成果转化快捷通道。继续组织开展了微孔管道底部增氧技术示范推广工作，召开经验交流会，组织技术指导专家组开展巡回指导。

【水产苗种】 2009年，各级水产技术推广机构在水产原(良)种体系建设、良种选育和示范推广、水产苗种专项整治、增殖放流苗种服务等水产养殖良种化方面做了大量具体工作。浙江省水产技术推广总站作为全省水产种子种苗工程建设的责任单位，组织实施了水产种苗项目70个，使该省良种生产能力不断加强；在强化基础设施建设的同时，加大了优良品种的选育与推广力度，全省推广中华鳖日本品系5 000余万只，罗氏沼虾“南太湖2号”10余亿尾，绍兴、萧山、平湖等地对引进南美白对虾优质苗种进行了补贴。针对我国引进的斑点叉尾鮰种质退化和引进新的种质资源受到限制的局面，为保障我国斑点叉尾鮰养殖业的可持续发展，培育具有我国自主知识产权的斑点叉尾鮰优良品种，联合黄海水产研究所、江苏省淡水水产研究所和江苏、四川、江西、安徽、湖北等5省水产技术推广站及斑点叉尾鮰良种场，启动了斑点叉尾鮰联合育种行动，建立了联合育种协作组。完成了预期的各项目标任务，取得了阶段性的成果，初步筛选获得了具有优良养殖性状的斑点叉尾鮰亲本组合。

【病害防治和防疫检疫】 2009年，水产技术推广系统积极开展了水产养殖病害监测工作，汇编了《水产养殖动植物病情月报》9期，完成了年度水产养殖病害监测总结分析。在17个省份开展了重大水生动物疫病专项监测工作，完善了由水产技术推广机构牵头，组织有关科研、检验检疫等单位的专家开展应急调查和处置的工作机制。福建省连江县8、9月份出现鲍鱼大量死亡，累计死亡鲍鱼4 200万只，福建省水产技术推广总站立即组织专家深入疫区开展发病原因调查、水质监测、鲍鱼病菌检测，及时指导病害防治工作。甘肃省永昌、永登两县发生虹鳟鱼大量死亡疫情，甘肃省渔业技术推广总站迅速应对，马上组织专家开展调查和诊断工作，安排初步防控措施，并第一时间向上级部门报告疫情，全国水产技术推广总站就此事件组织专家组开展流行病学调查，使疫情得到了快速妥善处理。山东省在12个市设立了50个直报点，对海参等6大养殖品种实施监测快报，建立了常规测报、直报点快报、疫情定点监控三个层面的测报机制，提升了测报精准度。

【用药指导】 2009年，有28个省(自治区、直辖市)共举办省级规范用药科普下乡技术培训班和讲座近100场，基层水产技术推广站共举办技术培训班和讲座、咨询2 000余场。全国水产技术推广总站举办了4期水产养殖规范用药技术指导师资培训班，共培训了420余名技术人员。编发了《水产养殖用药指南》、《国标渔药及其使用技术》等资料近30万册。动员全国60多家媒体跟踪宣传，推动了水产养殖规范用药知识和技术的普及。

【质量监控】 2009年，各级水产技术推广机构发挥体系优势，开展了一系列的试验示范工作，组织开展了“水产品养殖全程质量监控技术示范试点”工作。在山西、江苏、江西、湖北、广东等5省17个县(场)启动了“水产品养殖全程质量监控技术示范试点”。组织制定了适合本地情况的操作性强的实施方案，对苗种质量检测、疫病检测、投入品质量检测、养殖水质监测、养殖模式选定、规范用药、养殖容量控制、养殖日志记录、产品抽检等养殖关键环节的技术管理提出了严格要求。组织基层技术推广人员分片包干、层层落实责任制、量化考核指标，建立与渔民联系制度和技术指导关系。

【技术培训】 2009年全国水产技术推广机构共举办渔民技术培训35 978期，培训人数2 581 987人(次)；全国水产技术推广机构人员自身再教育和业务培训61 887人(次)，自身学历教育7 225人。同时，围绕农业部开展基层农技推广人员大培训活动，全国水产技术推广总站组织举办了省级水产技术推广站长培训班，委托河北、山西、辽宁、吉林、山东、湖北、湖南、新疆等地相继举办了基层推广人员知识更新专题培训班共培训800人(次)，其他省份也举办了形式多样的技术人员培训。

【养殖渔情采集】 全国水产技术推广系统于2009年开始进行淡水池塘养殖渔情动态信息采集试点工作，在湖南、广西、四川等10省(自治区)、100个县(市)，按标准选取了404个采集点开展淡水池塘养殖渔情信息采集，初步建立了池塘基础情况、苗种投放、生产投入、销售收入、病害情况等一系列信息的报送制度，并开展了县级测报点网络直报试验。

【信息服务】 全国水产技术推广总站以全国水产技术推广网为龙头，各省级推广机构推广信息和网站为纽带，各地县推广信息为基础的信息网络基本形成。福建全省建立了38个手机用户群组，已为5 000多个养殖户累计发送技术信息指导服务短信7万条，收效良好。江苏省已有32个县(市、区)建立水产手机信息网，根据水产行业的管理人员、渔技人员、养殖户、渔药经营户、水产品经纪人等不同对象，实行一对一发送服务，全年水产手机信息网发送各类信息65万条，开通60余部热线服务电话，接受群众咨询5万余次。全国水产技术推广系统拥有信息网站1 720个，提供手机信息服务用户428 727户。

【国际交流】 一是全国水产技术推广总站组织召开中欧水产养殖业环境可持续研讨会，研讨会上中外专家分别作了“技术创新与可持续水产养殖”、“欧洲在水产养殖业的质量安全与环境可持续性实践案例”、“中国水产健康养殖业”及“广东省水产健康养殖”等专题报告。此外，邀请了欧盟专家孔帝文先生、戴维·弗莱彻博士赴武汉为全国站长岗位培训班学员作了以欧盟在水产养殖业的环境可持续发展法律法规和最佳实践为主题的专题讲座。二是组织协调与NACA合作实施海水鱼人工配合饲料替代项目在广东湛江的实施。三是组团赴美国进行鱼类疾病分析与控制技术考察交流，并筹备组织召开一年一度的美国大豆协会试验项目总结研讨会。四是全国水产技术推广总站与北丹麦欧盟办公室开展水产节能环保方面合作进行了座谈交流。

【示范基地】 全国水产技术推广机构拥有示范基地5 601个，其中省级推广机构拥有51个，地级推广机构拥有279个，县级推广机构拥有1 770个，乡级推广机构拥有3 471个。全国水产技术推广机构拥有示范基地面积达257 769公顷，其中省级推广机构拥有面积1 813.8公顷，地级推广机构拥有面积59 253.4公顷，县级推广机构拥有面积102 181.9公顷，乡级推广机构拥有面积93 934.4公顷。全国水产技术推广机构拥有育苗水体1 024万立方米，其中省级推广机构拥有育苗水体201 936立方米，地级推广机构拥有育苗水体574 881立方米，县级推广机构拥有育苗水体7 788 432.5立方米，乡级推广机构拥有育苗水体1 786 690立方米。

（全国水产技术推广总站　张梅兰）

社　会　团　体

中国水产学会

【渔业贸易研究】　由于受国际金融危机影响，学会针对水产进出口贸易的热点重点问题，开展跟踪研究，设立8项课题，破解水产品贸易出现的热点难点问题，为行政主管领导和机关决策提供参考。一是对水产品出口贸易滑坡，组织专家赴山东省调研并提出应对建议；二是组织专家前往广东、江西和广西等地调研并形成调研报告。

【渔业统计】　渔业统计工作非常重要，但要做好非常难。统计工作的全部目标就是要及时准确地反映渔业生产实际和渔情运行态势。2009年4月14—16日，学会在北京召开了2008年度渔业统计会商会；4月28—29日又在湖南省长沙市召开了2008年度全国渔业统计年报汇总会，进行了统计制度与方法改革探索，加强渔业统计制度建设。举办两期渔业重点县统计人员统计培训班，对来自19个省（自治区、直辖市）的重点县的230多名统计人员进行培训。积极推进渔业统计信息化建设。一是建设统计人员信息库，目前已有8 000多人入库；二是建设专家库，已有140多人入库。

【水产市场信息】　一是完善水产品批发市场信息采集。4月份，召开采集系统品种指标专家研讨会。10月在重庆召开了全国渔业市场信息工作会议，同时，对2008年度优秀信息员进行了表彰。二是对价格信息网上采集系统升级改造。主要改造内容包括：价格采集基础信息库、价格信息报送系统、指数运算软件、信息分析挖掘系统、内部办公系统等。着重在简化报送操作、确保报送信息准确、完善指数运算和数据分析挖掘功能等方面对采集系统软件进行升级完善。

【安全用药科普下乡】　作为“全国渔业科技服务年”活动的承办单位之一，向广大水产养殖渔民宣传有关水产养殖病害防治知识和科学用药知识，宣传有关法律法规。同时，组织专家进行现场水产品质量安全和健康养殖知识咨询服务。在全国重点水产养殖省份组织开展了“规范用药科普下乡系列宣传活动”。启动了天津、安徽、河南、湖南4省的科普宣传活动，另外，北京、上海、河北等地也踊跃自行开展了相应的科普宣传活动。全国共举办省级规范用药科普下乡技术讲座和咨询50余场，市、县、乡三级技术讲座和咨询1 000余场，发放技术资料近30万册，受益人数达31万人（次）。

【学术会议与活动】

（1）成功组织基因资源与现代渔业新观点新学说学术沙龙。6月2—3日，由学会承办的中国科协第29期新观点新学说学术沙龙在青岛举办，沙龙的主题为“基因资源与现代渔业”。本期沙龙由中国水产科学研究院黄海水产研究所陈松林研究员等4位专家担任领衔科学家，来自全国水产生物技术领域13个单位的24位专家参加了本次沙龙。

（2）举办水产太空育种与健康养殖海峡两岸青年科学家学术研讨会。来自海峡两岸50多个科研院所和大学的150多位专家学者参加了会议，收到学术论文108篇。

（3）认真举办学术大会和青年学术年会。2009年学术大会在海南省海口市举行，与会代表540多人，近300人提交了学术论文，约200人在会上宣读论文或展示自己的科研成果。青年学术年会在上海海洋大学召开，近300名青年科技工作者和在校学生参加了会议。

（4）完成中国水产学会范蠡科技奖评审工作。组织专家对申报的40多项科研成果进行初评和终审，最后评出一等奖2项，二等奖6项。

（5）举办第一届海洋食品精深加工与质量控制技术国际研讨会。与中国海洋大学国家海洋科研中心联合，在青岛举办。来自中、美、加、日、俄、韩等国200多位专家与会。

（6）举办海参产业发展论坛。吸引了来自海参生产加工企业和研究单位的300多人参加。

(7)做好四川灾区水产科技帮扶工作。2008年10月至2009年4月,在都江堰灾后重建水产科技帮扶项目中,组织西南大学专家组与当地水产协会的技术人员多次到帮扶点进行指导,确保了鱼池重建符合相关的标准和规范要求。组织了《无公害鲑鳟鱼养殖技术》、《鲑鳟鱼养殖现行国家标准及行业标准》(选编)、《冷水鱼养殖实用技术》(录像资料)等鲑鳟鱼养殖的专业技术资料,以图说和音像等多种形式辅导渔民,推广先进适用技术。同时,还组织了挂图、技术丛书、科技明白纸等资料1 000多份,赠送给渔民和基层渔业技术人员。为了帮助灾区渔业尽快恢复生产,实施虹鳟鱼苗种援助,赠送苗种30 000尾。

(8)举办2009水产科技周活动。2009年5月16—21日,联合黄海水产研究所,举办了2009年水产科技周。科技周以渔业科技服务为主题,以水产健康养殖为重点,开展形式多样、内容丰富的技术服务活动。科技周活动期间,联合黄海水产研究所组织专家赴长岛、文登两地作海水健康养殖技术专题报告(培训)。当地政府行业主管部门的领导、养殖企业的技术人员及个体养殖业主等共180余人参加了此次培训。据统计,在本次水产科技周活动期间,报告团共做了6场报告,受众人数近千人。

(9)组织完成水产学科进展报告(2008—2009)。两年来水产学科取得了快速和显著的发展,为对此进行总结和梳理,按照中国科协总体要求,组织专家对9个分支学科领域在全面总结近两年来水产学科领域重要科技发展的基础上,重在体现学科发展内涵,包括理论创新、方法创新、技术创新和人才队伍建设等方面,完成了学科进展报告,并由中国科学技术出版社出版。

(10)完成了中国科协决策咨询课题。"中国水产品质量安全现状及对策研究"是学会申请到的最大决策咨询课题。学会对此十分重视,组织专门的研究队伍,从不同侧面不同层次深入开展研究,目前课题任务已基本完成,形成了一个总报告和4个分报告。

【分支机构活动】 10月30日至11月2日水产加工分会举办了以"健康、安全海洋食品"为主题的第一届海洋食品精深加工与质量控制技术国际研讨会。11月3—5日海水养殖分会在连云港召开了以"发展基于生态系统的海水养殖"为主题的年会,参会人数达300多人。11月6—9日鱼病分会在成都召开鱼病研究会第七次会员代表大会暨学术研讨会。11月11—12日淡水养殖分会和渔业经济与信息分会在学术年会期间举办了学术交流活动。其他分支机构如观赏鱼分会、渔业装备分会等结合各自专业特点,积极组织专家和技术骨干,为产业的健康发展献计献策,论证项目提供服务,帮助解决生产和管理工作中的技术问题,举办各种技术培训班,推广先进技术、普及科学知识,提高农(渔)民科学素质,为产业的健康发展作出贡献,发挥了各分支机构作为学科基层组织的作用。

【全方位为会员服务】

(1)完成网站升级工作。2009年上半年,开通运行了升级版学会网站,升级版网站更新了网站的主页,并增加了一些为会员服务功能,如网上科技信息阅览、网上会员注册、科普知识宣传等。随着网站的升级,认真做好会员重新注册工作,并为会员进行了建档登记,采用中国科协统一编码,发放了会员证。

(2)加强会员继续教育,提升会员的职业技能。利用网络媒介或发问卷,向会员征求技术需求意见,据此,举办相应的培训班,编辑出版实用技术资料发放会员。结合科技周活动,举办了多期实用技术培训班或技术讲座。

(3)大规模开展会员活动日活动。根据中国科协的有关要求,在全国5个城市组织开展会员活动日活动,天津主会场的活动丰富多彩,会员踊跃参加,"服务企业提升企业技术创新力"主题鲜明,会员科技成果展示吸引了观众。

(4)发展壮大学生会员工作站。2009年新发展3个学生会员工作站。学生会员工作站为团结水产青年学子,开展校际合作起到了积极的促进作用。

(中国水产学会　范玉华)

中国渔业协会

【品牌活动】 2009年5月,在广州成功举办了第二届亚洲锦鲤大赛,这是我国首次承办观赏鱼国际赛事。来自我国香港以及新加坡、日本、泰国等国家和地区的人士携1 000多尾锦鲤前来参赛。大赛期间开展了"亚洲锦鲤业杰出人士"和"亚洲锦鲤最佳渔场"评选。为普及观赏鱼文化,会后编译出版了漫画《锦鲤故事》。2009年5月,与威海市政府共同主办了2009中国(威海)现代渔业发展论坛,邀请陈君石院士等专家,就水产品质量安全的主题展开讨论,共有来自14个省、市的近300名代表与会。2009年11月,在江苏省淮安市举办"2009·洪泽湖中国湖泊渔业发展论坛",来自各地的湖泊与渔业方面的专家与30个湖泊管理部门的领导参加,交流湖泊渔业发展经验,就新时期如何发展湖泊渔业展开充分讨论,为中国湖泊渔业可持续发展"把脉"。会上还共同发表了《中国湖泊渔业发展宣言》。2009 年 5 月和 11 月，分别组织会员参加"第四届威海国际渔业博览会"和"厦门休闲渔业博览会"。在厦门展会上，组织了鱼缸造景大赛作品展示、金鱼展示、龙鱼展示等近 5 000 平方米的展位，展览效果和参观人数大大超出了预期。

【对外交流与合作】 2009 年 5 月 19 日，与农业部渔政指挥中心、黄渤海区渔政局、东海区渔政局以及浙江省海洋与渔业执法总队的代表组成中方代表团，在山东威海与韩国代表团就 5 起事故纠纷进行磋商并达成一致处理意见。2009 年 7 月 1 日，组织东海区渔政局相关人员赴韩国济州与韩国水产会就中韩遗留海事案件进行磋商。2009 年 7 月初，与韩国水产会、大日本水产会三方在韩国济州召开的"中日韩民间渔业协议会"上，就维护共同水域作业安全、加强资源管理、促进三国水产贸易合作等议题进行磋商。在"中日会长会议"上，中日两会会长就中日民间安全作业议定书、网具损害、慰问金、对日劳务输出等问题进行了商讨。2009 年 12 月 1 日，与韩国水产会在北京召开事故处理会，就 2 起案件进行商讨，并就清扫渔场等问题进行磋商。2009 年 9 月 15—18 日，组织会员单位赴俄罗斯进行了国际食品展会方面的考察，并考察了当地的食品和水产市场。

【推进品牌建设】 2009 年为宣传我国地方特色水产品，树立行业先进典型，在全国开展了"特色水产之乡"的命名。经地方申报、专家调研、评审，分别授予广东江门"锦鲤之乡"、浙江象山"梭子蟹之乡"和"海鲜之都"、安徽当涂"生态养蟹第一县"、浙江桐照"第一渔村" 5 个"特色水产之乡"称号。

【会员服务】 一是为了贯彻政府有关渔业发展的方针政策，更好地为会员服务，提高刊物质量，对会刊《渔业文摘》进行了全面改版。从版面到栏目设计都做了全新的调整。并根据社会热点和企业关心的问题设计栏目，及时向会员传递渔业信息、政策动态。全年共编印《渔业文摘》6 期。二是建设渔友商城（www. cfaclub. org），为会员企业搭建互联网销售平台，推广休闲垂钓、优质水产品等相关产品，并满足渔友的购物需求。

【分会工作】

（1）鳗鱼工作委员会。一是争取欧洲鳗有关优惠政策。多次与财政部、农业部、国家税务总局、海关总署等部门沟通、反映汇报情况，先后争取到"对欧洲鳗鲡及其产品免征水生野生动物资源保护费和野生动植物进出口管理费"的政策，以及"通过增列相应税则号办法恢复欧洲鳗出口退税"的政策，减轻了欧鳗列入 CITES 附录Ⅱ后的行政收费负担。并协助农业部水生野生动物保护办公室组织有关单位调研，使有关管理部门了解实施欧鳗濒危管理存在的问题，研究应对措施。二是起草"欧洲鳗进出口审批程序"和"欧洲进出口申请示范文本"，组织欧鳗进出口企业进行相关培训，协助管理部门审核进出口企业的申报材料，帮助企业尽快适应欧鳗纳入 CITES 后的管理。及时反映欧鳗进出口出现的问题，促进了鳗鱼出口贸易的顺利进行。三是认真做好进口鳗苗的审批和查验工作，保证鳗苗进口顺利进行，并及时组织召开座谈会，研究欧洲鳗列为濒危物种后的进口后续管理工作。跟踪了解农业部渔业局《关于建议推迟鳗苗开捕时间的函》下发后的实施情况，组织开展调研工作等。四是开展鳗鱼健康养殖试验示范工作。五是通过"中国鳗鱼网"和《中国鳗讯》向会员及广大从业者提供信息服务。六是组织召开鳗工委理事会。总结 2008 年鳗工委开展工作情况，交流分析了行业产销形势，提出 2009 年工作思路。

（2）远洋渔业分会。一是加强行业调研，全面了解远洋渔业发展和建设状况。2009 年初以来，开展了一系列的行业调研活动，并及时向行政部门提交有关促进行业发展的报告和建议，为渔业主管部门行政决策和国家有关扶持政策的出台提供了依据。二是协调促进和落实远洋渔业行业发展扶持政策。面对 2009 年远洋渔业发展中的各种困难挑战，秘书处全力以赴地做好关于各项远洋渔业行业发展扶持政策的协调促进和落实工作，努力争取有关专项资金补贴；组织协调远洋渔业船检工作调研，推动船检工作的改革；调研、收集、汇集、整理远洋渔业渔机渔具和船龄状况，提交关于国家在渔机渔具和渔船建造方面给予扶持的建议；积极引导企业进行节能科技创新，协调争取国家对远洋渔业的节能扶持；继续协助争取公海渔获物转载观察员费用专项补贴。三是努力提高行业组织化、规范化程度，进一步减少企业经营阻力。以远洋渔业信息网、会议磋商和交流、定期或不定期的技术信息通报、培训活动等多种方式，灵活、及时地传达行业技术支持信息，组织举办捕捞技术培训班，促进企业提高生产效益；促进和加速统一对外渔业合作机制建设，努力扩大渔业规模，帮助企业增产、增效。积极参与国际渔业各大洋区组织会议，主动表达我国企业利益要求，争取应得利益；注重国际决议、管理动态等信息的准确把握，并及时传达至国内各生产企业；根据各国际组织要求，积极协助企业做好国际规则执行工作，确保执行到位,依法生产,养护资源,树立形象。四是做好渔船国际注册、信息更新、船位监测工作,促进远洋管理的规范。

(3)河蟹分会。一是加强组织建设,认真做好换届改选工作。河蟹分会于2009年5月22日在山东省威海市召开了换届改选会议。会议对分会成立4年来的工作做了回顾、总结。表决通过了理事会选举办法、表决通过修改了《中国渔业协会河蟹分会管理办法》、《中国渔业协会河蟹分会会员管理办法》和《中国渔业协会河蟹分会经费管理办法》;选举会长、副会长、常务理事、理事及正副秘书长。并聘请了第二届顾问3名。讨论部署了分会今后的工作,提出新一届理事会的工作指导思想。二是树立河蟹产业先进典型,提升河蟹产业层次。通过开展评选"中国河蟹之乡"活动,树立河蟹产业先进典型。三是打好品牌战略,不断提高河蟹产业的市场影响力。11月中旬,由分会和江苏省兴化市人民政府承办了第三届中国生态河蟹文化节暨第二届中国名蟹大赛。

(4)鮰鱼分会。2009年,鮰鱼分会重新组建了秘书处,10月开始恢复工作。通过参加中国水产推广总站苗种处在成都和青岛召开的鮰鱼联合育种项目工作会,对四川、湖北等5个大省鮰鱼联合育种的情况进行了解,随后对眉山地区和通威鮰鱼加工厂以及江西几个鮰鱼养殖企业进行了调研,熟悉鮰鱼行业情况;重新建立鮰鱼分会网站,编辑印发了改版后的第一期鮰鱼资讯会刊。及时为企业提供信息做好服务,同时作好会员单位重新登记工作。

(5)河鲀鱼分会。一是积极应对金融危机,呼吁开放国内市场。2008年以来,日韩两国河鲀鱼需求大幅减少,河鲀鱼产业发展举步维艰。面对这种形势,河鲀鱼分会组织会员,采取各种有效的措施积极应对。在提倡搞好企业自身建设,保证质量安全的同时,搜集各方面数据,总结行业发展情况,向卫生部、农业部汇报河鲀鱼行业发展的现状,并提出具有可行性的合理化建议,呼吁开放国内市场。二是加强行业自律,规范行业发展。为促进和加强河鲀鱼安全利用工作的开展,由河鲀鱼分会会长单位牵头向卫生部提出了组建河鲀鱼安全利用研究协作组的申请,并制定《河鲀鱼安全利用研究协作组工作规范》及《养殖河鲀鱼安全利用研究工作规程》。在河鲀毒素快速检测方法研究以及可食用河鲀鱼鱼种的安全性评价研究方面也取得了一定的进展。同时还积极进行国家标准的制订以及国家地理标志产品的申请。三是举办活动,扩大宣传,提升河鲀鱼知名度。2009年7月30日由中国渔业协会河鲀鱼分会、江苏省餐饮行业协会、海安餐饮协会联合举办了"中洋杯"中国河鲀饮食文化研讨会、第六届江苏省创新菜烹饪技术比赛(河鲀美食专场)、中国河鲀烹饪名师大师认定会。2009年9月23日,在辽宁省盘锦市举办了国际河鲀鱼产业化发展论坛。论坛除了邀请国内的知名专家学者,还专门邀请了来自日本、韩国、法国的专家学者就制约我国河鲀鱼产业发展的关键问题作了专题演讲。

(6)龟鳖产业分会。龟鳖产业分会于2009年8月30日在杭州萧山正式成立。分会成立后主要作了以下工作:一是完善机构,积极开展各项基础性工作。组建分会秘书处,确定秘书处办公地点及人员,制定分会章程,建立健全秘书处财务管理制度,使分会秘书处的各项工作很快纳入了正轨。同时,积极发展会员,扩大分会的影响。二是积极筹备召开了分会首次常务理事会议,总结分会成立以来的工作,并就"中国名鳖"评选等工作提出了具体意见。三是积极开展调研活动,了解行业动态,并向上级部门提交考察报告,为上级部门决策提供依据。四是筹划举办了"中国名鳖"的评选活动。经过从北京、浙江、湖北等地邀请的业界专家、学者、营养美食专家进行综合评分,最后8家企业的产品从全国众多参评企业中脱颖而出,获得"中国名鳖"的称号。

(中国渔业协会 林 毅)

中国渔业互保协会

【业务发展】 2009年全行业共承保渔民773 601人、渔船63 532艘,收取互保费共计62 294.60万元,同比分别增长8.85%、15.65%和23.16%。互保费收入,沿海各省份大部分保持良好的发展势头,浙江省互保费收入达到2.2亿元,山东省超过1亿元,辽宁省超过5 000万元。

【基础工作】

(1)重视政策研究和数据分析工作。配合完成"中国渔业互助保险发展方向研究课题";组织验收辽宁省和山东省水产养殖保险研究课题;委托中国农科院农业经济和发展研究所开展"渔业互助保险组织制度研究课题";下达辽宁省和山东省开展"渔用航标保险研究课题";编写出版了《中国渔船安全分析报告(1999—2008)》、《中国渔船船员死亡分析报告》、《探索的足迹——中国渔业互助保险十五年理论和实践》。编写印刷了《政策法规汇编》、《课题报告汇编》、《理赔论文集汇编》等材料。

(2)加强队伍建设和业务培训工作。一是协会加大了人才引进的力度,2009年招聘全日制硕士研究生2名,大学本科生2名。二是出台《协会员工教育培训管理办法》,对员工参加在职学历教育和技能培训给予经费补助,2009年有3名员工取得研究生学历,员工的知识水平和工作能力显著提高。三是加强全系统业务培训工作,会同辽宁渔港监督局和山东渔港监督局在大连和烟台分别设立培训基地;举办政务信息员和承保理赔业务培训班,提高基层工作人员业务技能;联合大连水产学院首次开办"渔业保险"大专班,为渔业互保系统培养专业人员。四是拨出专项资金,加强基层互保机构基本建设,改善办公条件,提高工作效率。

(3)完善规章制度建设。一是新修订印发了《理事会工作规则》、《监事会工作规则》,建立了理事长办公扩大会议研究决策事项的工作机制,坚持重大问题集体决策,着力形成决策权、执行权、监督权既相互制约又相互协调的权力结构和运行机制。二是秘书处根据《理事会工作规则》,新制定了《秘书处工作规则》,并根据实际工作情况,新制定了《员工守则》、《党小组工作指南》和《党小组工作绩效评价办法》,同时着重对现行财务制度进行修订。

(4)理赔委员会较好履行职责开展工作。理赔委员会成立6年来,做了大量的理论研究和理赔实务的研讨工作,理赔委员发挥的作用愈加明显和突出。2009年8月,协会召开了年度理赔委员会会议,委员们均提交了研究论文,会上围绕防灾减损和提高理赔服务质量的主题进行了研讨,对《理赔案例编写大纲》进行了梳理和任务分解,对《协会重大海洋灾害事故处理规定》进行了集中研究和审议。

【工作成效】

(1)成功举办协会成立15周年庆祝活动。协会于12月7日在北京成功举办了成立15周年庆祝活动。全国人大农委副主任尹成杰、农业部副部长牛盾出席大会并作重要讲话。民政部民间组织管理局副局长李勇出席大会并致贺词。农业部相关司局和渔业系统各单位领导、各级渔业行政主管部门、渔港监督机构、渔业互保机构和渔民会员代表共230多人参加庆祝大会。协会为此次庆祝活动进行了周密细致的准备,同期举办了第二届中国渔业保险暨渔船安全论坛。编印了《协会15周年宣传画册》、《协会宣传录像片》,编印了一批涉及政策研究、探索实践和研究报告等方面书籍和资料。

(2)深入开展渔业互助保险中央财政保费补贴试点工作。为做好2008年中央财政保费补贴试点工作总结、部署2009年试点各项工作,协会于3月在北京召开了试点工作会议,会后形成了试点总结报告。为继续深入开展2009年试点各项工作,印发了《关于进一步做好2009年中央财政渔业互助保险保费补贴工作的通知》,要求各试点承担单位深入贯彻落实中央1号文件精神,进一步规范运作试点工作。截至2009年12月31日,各试点地区累计承保渔船17 247艘、渔民22 253人,共收取互保费7 270.15万元,落实补贴资金1 356.49万元。2009年,全国各级地方财政共落实渔业互助保险补贴资金11 653万元,同比增加2 973万元。

(3)"渔业互助保险中长期发展规划课题"已初步完成。协会近几年来的业务工作取得了长足发展,但是关系事业发展的重大问题——如协会的定位、管理体制、发展方向等并未明确,影响了事业的科学可持续发展。为此,协会根据牛盾副部长重要指示精神,集中人力、财力、物力,联合大连水产学院、首都经济贸易大学共同开展"渔业互助保险中长期发展规划研究"课题。协会领导利用出差机会赴基层开展调查研究,倾听渔民群众心声和基层渔业工作者的意见和建议,为科学拟定规划积累第一手资料。

(4)江苏省政策性渔业互助保险保费补贴工作正式启动。2009年4月,在中央财政保费补贴试点工作的有力推动下,经过江苏省海洋与渔业局的不断争取和协调,江苏省人民政府金融工作办公室和江苏省财政厅联合下发《关于印发江苏省渔业保险试点工作方案的通知》,省财政给予投保渔民25%的保费补贴。试点工作由江苏省渔业互助保险协会承担,标志着江苏省政策性渔业互助保险工作正式启动。

(5)海南政策性渔业保险共保体和福建省渔业保险共保业务顺利开展。协会不断加强与海南省农业保险试点领导小组有关政府组成部门、共保体各成员单位的沟通联络工作,巩固协会主承保人的地位。修订共保体操作规程,完善共保体业务流程,形成中央财政保费补贴资金缺口分摊机制,加强经办机构建设,提升业务能力。为保证福建共保业务的顺利开展,协会主导修订福建共保合作协议,并召开共保合作业务会议,完善共保合作机制和程序,保证了业务的顺利开展。

(6)水产养殖保险试点工作扎实推进。协会在2008年成功与獐子岛渔业签署海水增养殖产品保险协议的基础上,继续推动水产养殖保险的开展。经过3个月的艰苦和反复沟通,完成獐子岛项目保险及再保险协议的签署。对福建龙泽海产养殖有限公司进行续保回访,续签水产养殖保险及再保险协议,优化改造再保险业务流程。8月,会同山东省协会新签山东东营市水产养殖和养殖设施保险协议，并争取到市级财政20%保费补贴支持。完成辽宁、山东两省水产养殖保险课题评审，在安徽、海南两省开展养殖保险调研，其中海南省财政拨付10万元用于调研经费。应养殖业主要求，赴湖南、北京等地进行水产养殖保险承保查勘，提出初步承保建议。修订水产养殖保险条款，拟定渔业基础设施保险条款。

(7)香港流动渔船第三者风险保险有重大突破。为推动香港流动渔船第三者风险保险的广泛开展，2009年1月，协会会同南海区办事处专程到香港渔民互助社召开推介会，向香港各区渔民代表宣讲协会开办的香港渔船第三者强制险的优惠政策。同时与香港渔民互助社彭华根主席洽谈委托代办香港渔船第三者强制险的合作意向。2009年3月，与香港渔民互助社达成合作意向，并与南海区办事处、珠海分理处商定业务流程。在上述措施的有力推动下，2009年累计承保渔船666艘，收取保费60.8万元，分别比上年同期增长433%和309%。

(8)代理涉韩渔船交付担保金工作和渔业行政、执法和科研人员综合保障计划取得显著成效。以2008年底在韩国正式设立代表处为契机，继续开展为被韩方抓扣渔船交付担保金服务，保障我国渔民船东利益，同时拓展为涉韩渔船的服务范围。全年共为100艘渔船交付担保金，总额为1 040万元。在各级渔业行政主管部门的积极推动下，在各有关单位的大力支持下，通过协会的广泛宣传、深入动员，目前全国已有22个省份（新增四川、甘肃、山西）的438家渔业单位参保，同比增长28%；参保人员已达到13 700人，同比增长33%；保费收入达到226万元，同比增长36%。

(9)启动会员小额贷款服务，试点取得经验。针对中小型渔船船东贷款难的问题，根据《准备金使用管理办法补充规定》，协会决定启动会员小额贷款试点服务，并制定了业务操作规则。2009年下半年，协会会同有关地方协会在相关金融机构的支持下，拨付专项资金500万元，分别在山东、广西、海南启动小额贷款服务试点，得到了渔区当地政府的认可和广大渔民船东的欢迎。

(10)加强风险管控，做好风险管理。一是加强承保业务风险管控，为此各级机构加强了对大额标的核保力度，协会加大了对大额标的分保份额，力争将承保风险降到最低。二是加强理赔资金的管理，要求各级机构加强赔案审核力度和诈保骗赔案件查处力度，进一步规范赔款领取程序，将于2010年采取银行卡支付方式，保证赔付资金全额落到渔民船东手中。三是加强各项资金尤其是风险准备金的管控，为此提请三届四次常务理事会议审议通过了《准备金使用管理办法补充规定》，新设立了“资金管理服务中心”，进一步加强对风险准备金的使用和管理。四是增强渔民安全意识、提高生产技能。协会拨付专项资金18万元配合农业部渔业局印制了《渔业安全宣传录像片》3万套，免费发放给渔船船东。

(11)做好重特大案件勘验赔付工作。2009年“天鹅台风”造成海南沉没、受损50艘渔船，死亡（失踪）15名渔民，协会立即启动灾害理赔紧急预案，组成理赔调查小组，前往重点受灾地区进行勘验调查、配合救助，共赔付64万元。另外，赔付2008年被印度尼西亚非法抓扣广西8艘赴南沙作业渔船474万元；赔付因风灾造成渔船沉没、死亡（失踪）渔民8人的辽宁盘锦15020渔船160万元；赔付因公殉职南海区渔政局渔政人员张顺良同志家属41万元；赔付因意外事故造成渔船沉没、死亡（失踪）渔民7名的琼儋渔06086号渔船船东42.5万元。

(12)做好民政部社团评级工作。2009年8月底，农业部人事劳动司推荐协会（共推荐4家）参加民政部组织的第二批全国性社团评估工作，推荐评估等级为5A。为此，协会在有关互保机构的支持下，根据《全国性民间组织评估实施办法》的规定，经过紧张准备于9月底按要求向民政部报送了评估材料。11月30日，民政部行业协会商会评估考察小组对协会进行了实地评估考察，对协会工作给予了充分肯定。

（中国渔业互保协会　杨　斌）

中国水产流通与加工协会

2009年，中国水产流通与加工协会秘书处工作密切关注产业发展中的新问题、新情况和新特点。特别是国际金融危机暴发以来，全球经济环境急剧恶化，国际贸易形势严峻，渔业作为农业产业中开放程度最高的领域，水产品贸易面临巨大冲击。为帮助会员企业了解和分析金融危机对我国水产品贸易的影响，准确把握形势和趋势，协会充分发挥自身的特点和优势，积极探索，大胆创新，认真履行“提供服务、反映诉求、规范行为”的职能，为扎实推动水产流通与加工与渔业产业的和谐发展作了大量的服务工作。

(1)接受政府指导，强化服务企业，发挥桥梁和纽带作用。一是为有效应对金融危机对水产品出口的影响，协会完成了渔业局委托的《水产加工与流通业优惠政策落实情况调查》工作。在搜集整理了近两年各部委出台的30多个涉及水产品贸易的优惠政策后，转发给所有会员单位。通过调查，了解政策的落实情况，针对企业普遍关注的出口退税问题，及时将企业和地方行业协会反映的情况以报告形式及时上报业务主管部门，在各相关政府部门的大力支持下，一些产品的出口退税问题陆续得到解决，为水产品出口企业渡过危机提供了有效帮助。二是完成了水产品加工以及冷链物流环节的节能减排调查。通过协会会员单位的支持与配合，5月底完成了项目报告，基本了解和掌握了目前水产加工厂和冷链物流环节的能源消耗和排污的现状，对下一步流通与加工产业结构的调整，发展绿色环保产业，减少碳排放提出了切实可行的措施。三是建立了国内外关于我国水产品质量舆情监测预警机制。通过对国内外重要媒体和网站监测，实时了解和掌握国内外关于我国水产品质量安全方面的宣传和报道，每周向政府部门和协会常务理事进行通报。为政府、企业准确掌控形势，及时主动采取应对措施提供依据。四是开展了金融危机对我国水产出口贸易影响的调研。为了深入了解我国水产品主产区受金融危机影响的程度，协会配合渔业局进行了金融危机对水产品出口贸易影响的调研，赴广东地区深入企业了解其处境，为国家相关政策的制定提供参考。五是探讨水产品可追溯体系模式的建立。协会承担了2009年罗非鱼标准化养殖追溯系统示范项目，通过对罗非鱼可追溯体系及信息平台的建设，来进一步保障罗非鱼产品的安全，为国内外消费者提供优质的产品，促进中国罗非鱼质量安全体系机制的完善。该项目在水科院南海水产研究所等科研院所的人力支持下，在3家来自广东（恒兴）、海南（蔚蓝海洋）、广西（百洋）大型罗非鱼加工出口企业的大力配合下，项目已经完成了罗非鱼可追溯体系信息采集规范和罗非鱼追溯二维条形码编码规则的编制工作，并以此为基础构建了罗非鱼可追溯体系信息录入软件和网络平台，目前正在试运行。

（2）协助企业拓展国内外水产品市场，扩内需，稳出口。一是组织会员参加了29届美国波士顿国际海产品展览会。美国仍是我国水产品出口的主要市场，稳定并拓展美国水产品贸易市场十分重要。二是参加了东京国际海产品及技术博览会。由于日本消费市场萎缩，以及日本6月下旬暴发的H1N1流感等问题，一些企业失去了日本市场的兴趣，但协会仍组团前往参展，成为日本东京国际海产品展会的一大亮点。三是参加欧洲布鲁塞尔水产展。2009年的欧洲水产展组展工作，因国际经济危机，欧洲水产品市场萎缩且欧元贬值，企业参展积极性降低。协会克服了重重困难，最终争取到优势展位，组织9家企业参展，为参展企业搭起了一个良好的展示平台。四是组织参加台北国际食品展。应台北食品展组委会邀请，协会于6月23日—30日组织了部分企业代表参观了第17届台北国际食品展。此次的赴台观展，代表对台湾地区的水产贸易情况及加工方面的相关资讯得到了较好了解，对进一步加强两岸水产品贸易往来提供了基础。五是参加第三届迪拜国际水产博览会。近年来，中东国家水产品进口量快速增长，2008年我国水产品出口中东的总量较2005年增长了373.21%，总额增长了589.52%，已成为我国水产品出口贸易近年来增幅最大的地区。特别是金融危机暴发以来，发达国家由于消费萎缩，进口量明显减少，而中东地区的水产品进口仍大幅增加。因此，中东地区是一个极具潜力的水产品目标市场。另外，还组织会员单位参加了韩国首尔水产展、釜山水产展以及澳大利亚食品展等。六是参与组织第四届中国国际（福州）渔业博览会。协会于2009年4月下旬参与了“第四届中国国际（福州）渔业博览会”的筹备工作。作为主办单位之一，为了提升展会档次，增强展会规模，联合了浙江、上海、海南、广东等地水产协会共同参与，并于6月10日在福州召开了展会筹备会。在全体参与单位的共同努力下，2009年9月19—21日第四届中国国际（福州）渔博会在福州成功举办，参展企业达到371家，创历届最高，一举成为南方地区规模最大的水产专业展会。

（3）正确引导行业，指导产业良性发展。一是完成了中国罗非鱼产品出口指南。近几年，罗非鱼产业（养殖与加工）发展迅猛，出口连年大幅增长，即使2009年受金融危机的影响，出口仍然保持增长势头。为了准确定位产业的发展规模，了解国内外市场的容量与变化，防止产能过剩、产业大起大落的不利局面发生，协会按商务部要求，完成了《中国罗非鱼产品出口指南》。二是召开了两次关于输美对虾反倾销的企业座谈会。经与商务部公平贸易局会商，6月底在广州召开了输美对虾反倾销“日落复审”应对磋商会，回顾了对虾反倾销案的原审过程并通报了目前案情的进展，向相关对虾企业分析了应诉的必要性和紧迫性。8月又会同中国土畜商会在北京召开了我国输美对虾反倾销“日落复审”座谈会并公开对律师事务所进行择选，与会企业代表一致同意积极应诉“日落复审”，商协会也尽最大可能广泛动员行业企业参与。12月份，在对虾出口企业的建议下，在海口召集了几个对虾主要省份的碰头会议，参会者一致建议应该积极主动应对，并达成一致意见。经多方协商，最后我国有46家大型对虾企业参加了2010年的美国对虾“日落复审”一案。三是完成了《关于金融危机对我国农产品出口的影响分析及应对对策》。四是完成了鲜活水产品进入超市,各项收费情况的调研工作,就当前水产品进超市的收费现状及问题形成调研报告上报商务部。组织相关企业参加了商务部会同国家工商总局、发展与改革委员会以及相关行业协会组织的“鲜活农产品进超市收费问题座谈会”,就水产品进超市存在的问题进行了反映并提出了解决问题的建议。五是参加进出口食品安全局对俄政策应对研讨,反映了协会会员企业的意见。六是针对“食品安全监测能力建设”项目工作安排做了相关部署,从国债拿出部分资金对大型水产品出口、流通、加工企业进行食品安全监测能力建设争取扶持,扶助企业配置质量安全监控设备。发展与改革委员会委托协会就企业入选的条件,后备企业的选择提出建议,这是发展与改革委员会首次依托行业协会开展此项工作,明确将水产品加工列入轻工食品振兴计划并给予资金支持。七是承担了发展与改革委员会关于《我国“十二五”食品发展规划》中的我国水产加工产业战略研究的课题。

(4)以食品安全为重点,贯彻落实国家的相关政策。一是先后5次参加了卫生部食品添加剂专项整治工作会议,并完成其部署的有关任务。二是提出了4项水产品添加剂的申报和使用的标准修订。三是与卫生部食品安全局商讨,开放河鲀鱼市场。

(5)积极扩大内需,加强会员企业品牌宣传。举办水产品推介会。2009年1月9日,在人民大会堂授予了顺德“中国鳗鱼之乡”的称号。同日与佛山市顺德区人民政府共同在顺峰海鲜酒楼举办了“顺德鳗鱼北京推介会”。配合福建省水产加工流通协会在福州举办了“鱼丸”和鱼糜制品推介会。协会还分别在北京、重庆举办了以罗非鱼为主要产品的其他优质水产品迎新春水产品推介活动。命名“中国海带之乡”、“中国紫菜之乡”。为广州恒发、湛江国溢、三门青蟹、鄂州武昌鱼等理事单位出具行业证明,推荐其产品品牌申请省级或国家级驰名商标。

(6)推动区域交流,帮助企业招商。

(7)举办专业研讨会、交流会,研讨产业热点问题。2009年3月,在湛江召开了“中国对虾产业发展论坛”,来自政府渔业主管部门、有关水产科研机构和院校、对虾生产、加工、出口企业,泰国、越南及印度尼西亚对虾行业协会等近350位代表出席了论坛。针对罗非鱼国内外市场价格低迷的现状,6月底在广州召开了“全国罗非鱼出口协调会”。6月中旬召开了来进料加工企业座谈会,来自山东、辽宁地区30多家来进料加工企业的代表出席了会议。5月份、10月份与中国渔业协会远洋渔业分会在青岛、大连联合召开了中欧水产品贸易问题座谈会。12月,针对浙江省作为近海捕捞出口的大省,协会在杭州专门召开了输欧近海捕捞水产品的认证培训和宣传班。

(8)继续推进行业工作,健全完善行业指导。2009年6月,协会在青岛召开全国海参产业发展座谈会;2009年11月17日在北京召开了海参分会成立大会暨海参产品推介会;9月19—20日,在福州市召开了2009全国水产品市场流通研讨会;11月9—10日,在广西南宁举办第六届罗非鱼产业发展论坛,国内外行业专家及企业代表200多位代表共聚南宁,共同讨论国际罗非鱼市场及我国罗非鱼产业发展,提出罗非鱼产业发展的战略。

(9)加强协会网站建设,为强化会员信息服务质量,搭建交流平台,增强协会服务功能。协会会刊《中国水产贸易》2009年增设了质量安全栏目;国内主要水产品价格行情,在原来单一的鳗鱼出口海关统计的基础上增加了虾类、贝类、罗非鱼和叉尾鮰等大宗水产品出口海关统计数据,全面反映国内外大宗水产品价格走势和进出口情况;将原来的“热点关注”栏目调整为“行业交流”,立足于为会员企业服务,构建中国水产贸易健康发展的平台,促进国内外水产流通与加工企业交流与合作。

(中国水产流通与加工协会 崔 和)

政 策 法 规

中华人民共和国农业部令

第20号

（2009年3月24日）

水生生物增殖放流管理规定

第一条 为规范水生生物增殖放流活动，科学养护水生生物资源，维护生物多样性和水域生态安全，促进渔业可持续健康发展，根据《中华人民共和国渔业法》、《中华人民共和国野生动物保护法》等法律法规，制定本规定。

第二条 本规定所称水生生物增殖放流，是指采用放流、底播、移植等人工方式向海洋、江河、湖泊、水库等公共水域投放亲体、苗种等活体水生生物的活动。

第三条 在中华人民共和国管辖水域内进行水生生物增殖放流活动，应当遵守本规定。

第四条 农业部主管全国水生生物增殖放流工作。县级以上地方人民政府渔业行政主管部门负责本行政区域内水生生物增殖放流的组织、协调与监督管理。

第五条 各级渔业行政主管部门应当加大对水生生物增殖放流的投入，积极引导、鼓励社会资金支持水生生物资源养护和增殖放流事业。水生生物增殖放流专项资金应专款专用，并遵守有关管理规定。渔业行政主管部门使用社会资金用于增殖放流的，应当向社会、出资人公开资金使用情况。

第六条 县级以上人民政府渔业行政主管部门应当积极开展水生生物资源养护与增殖放流的宣传教育，提高公民养护水生生物资源、保护生态环境的意识。

第七条 县级以上人民政府渔业行政主管部门应当鼓励单位、个人及社会各界通过认购放流苗种、捐助资金、参加志愿者活动等多种途径和方式参与、开展水生生物增殖放流活动。对于贡献突出的单位和个人，应当采取适当方式给予宣传和鼓励。

第八条 县级以上地方人民政府渔业行政主管部门应当制定本行政区域内的水生生物增殖放流规划，并报上一级渔业行政主管部门备案。

第九条 用于增殖放流的人工繁殖的水生生物物种，应当来自有资质的生产单位。其中，属于经济物种的，应当来自持有《水产苗种生产许可证》的苗种生产单位；属于珍稀、濒危物种的，应当来自持有《水生野生动物驯养繁殖许可证》的苗种生产单位。渔业行政主管部门应当按照“公开、公平、公正”的原则，依法通过招标或者议标的方式采购用于放流的水生生物或者确定苗种生产单位。

第十条 用于增殖放流的亲体、苗种等水生生物应当是本地种。苗种应当是本地种的原种或者子一代，确需放流其他苗种的，应当通过省级以上渔业行政主管部门组织的专家论证。禁止使用外来种、杂交种、转基因种以及其他不符合生态要求的水生生物物种进行增殖放流。

第十一条 用于增殖放流的水生生物应当依法经检验检疫合格，确保健康无病害、无禁用药物残留。

第十二条 渔业行政主管部门组织开展增殖放流活动，应当公开进行，邀请渔民、有关科研单位和社会团体等方面的代表参加，并接受社会监督。增殖放流的水生生物的种类、数量、规格等，应当向社会公示。

第十三条 单位和个人自行开展规模性水生生物增殖放流活动的，应当提前15日向当地县级以上地方人民政府渔业行政主管部门报告增殖放流的种类、数量、规格、时间和地点等事项，接受监督检查。经审查符合本规定的增殖放流活动，县级以上地方人民政府渔业行政主管部门应当给予必要的支持和协助。应当报告并接受监督检查的增殖放流活动的规模标准，由县级以上地方人民政府渔业行政主管部门根据本地区水生生物增殖放流规划确定。

第十四条 增殖放流应当遵守省级以上人民政府渔业行政主管部门制定的水生生物增殖放流技术规范,采取适当的放流方式,防止或者减轻对放流水生生物的损害。

第十五条 渔业行政主管部门应当在增殖放流水域采取划定禁渔区、确定禁渔期等保护措施,加强增殖资源保护,确保增殖放流效果。

第十六条 渔业行政主管部门应当组织开展有关增殖放流的科研攻关和技术指导,并采取标志放流、跟踪监测和社会调查等措施对增殖放流效果进行评价。

第十七条 县级以上地方人民政府渔业行政主管部门应当将辖区内本年度水生生物增殖放流的种类、数量、规格、时间、地点、标志放流的数量及方法、资金来源及数量、放流活动等情况统计汇总,于11月底以前报上一级渔业行政主管部门备案。

第十八条 违反本规定的,依照《中华人民共和国渔业法》、《中华人民共和国野生动物保护法》等有关法律法规的规定处罚。

第十九条 本规定自2009年4月1日起施行。

农业部关于调整海洋伏季休渔制度的通告

(2009年2月27日)

海洋伏季休渔是依据《渔业法》建立的一项重要渔业资源养护制度,自1995年实施以来,取得了良好的生态、经济和社会效益,受到广大渔民群众和社会各界的普遍欢迎。为进一步贯彻落实《中国水生生物资源养护行动纲要》,更好地养护和合理利用海洋生物资源,农业部在认真听取渔民群众、渔业资源专家和渔业管理部门意见建议,开展调研论证的基础上,本着科学合理、统筹兼顾和切实可行的原则,决定对现行海洋伏季休渔制度进行调整完善。现将调整后的海洋伏季休渔有关规定通告如下:

一、休渔海域

渤海、黄海、东海及北纬12度以北的南海(含北部湾)海域。

二、休渔作业类型

除单层刺网和钓具外的所有作业类型。

三、休渔时间

1. 北纬35度以北的渤海和黄海海域为6月1日12时至9月1日12时。

2. 北纬35度至26度30分的黄海和东海海域为6月1日12时至9月16日12时;北纬26度30分至“闽粤海域交界线”的东海海域为5月16日12时至8月1日12时。其中:桁杆拖虾和笼壶类休渔时间为6月1日至8月1日,灯光围(敷)网休渔时间为5月1日至7月1日。

3. 北纬12度至“闽粤海域交界线”的南海海域(含北部湾)休渔时间为5月16日12时至8月1日12时。

4. 定置作业休渔时间不少于两个半月,具体时间由沿海各省、自治区、直辖市渔业行政主管部门确定,报农业部备案。

四、实施时间

上述调整后的伏季休渔规定,自2009年起施行。海洋伏季休渔制度是养护海洋生物资源、建设海洋生态文明、促进海洋渔业可持续发展的重要措施。沿海各级渔业行政主管部门及其所属的渔政渔港监督管理机构要在各级政府的领导下,加大宣传力度,强化执法管理。沿海有关渔业生产单位和渔民群众要严格遵守海洋伏季休渔的各项规定,共同维护正常渔业生产和伏季休渔秩序,确保伏季休渔制度顺利实施。

注:本通告所称“闽粤海域交界线”是指福建省和广东省间海域管理区域界线以及该线远岸端(117°31′37.40″E,23°09′42.60″N)与台湾岛南端鹅銮鼻灯塔(120°50′43″E,21°54′15″N)连线。

农业部关于全面推进水产健康养殖 加强水产品质量安全监管的意见

(2009年3月12日)

改革开放以来,我国水产养殖业取得了长足发展,但也面临水域环境恶化、养殖设施老化、养殖病害频发、质量安全隐患增多、质量安全事件时有发生等突出矛盾和问题。为了全面推进水产健康养殖,进一步强化监督管理,切实提高水产品质量安全水平,确保水产品有效供给,实现水产养殖业持续健康发展,现提出如下意见:

一、总体要求和工作目标

1. 总体要求 认真贯彻党的十七大和十七届三中全会精神，以科学发展观为指导，把确保水产品安全有效供给作为渔业发展的首要任务，全面推进水产健康养殖，完善养殖权制度，改善养殖设施条件，加强技术创新和推广应用，加快良种繁育和水生动物防疫体系建设，健全质量安全监管制度，落实监管责任和措施，强化养殖业执法管理，促进现代水产养殖业持续健康协调发展。

2. 工作目标 水域滩涂养殖权制度不断巩固和完善，到2010年全面完成全国养殖重点地区县级以上养殖水域滩涂规划的编制和颁布工作，养殖证发证率达到90%以上；标准化的水产生态健康养殖方式和技术得到广泛应用，创建部级"水产健康养殖示范场"1 000个以上，培育渔业科技示范户10万户以上；基础设施和体系建设明显加快，力争到"十二五"末完成130万公顷中低产池塘标准化改造，基本形成布局合理、设施完善、运转高效、保障有力的水产良种繁育和水生动物防疫体系；水产品质量安全标准体系更加完备，水产品质量监管制度更加完善，监测与执法机制更加健全，持证苗种生产单位、健康养殖示范场、出口原料备案基地、认证产品生产企业等全面推行生产、用药、销售记录制度，质量安全违规案件查处率达到100%；养殖水产品产地药物残留抽检合格率保持在98%以上，水产品质量安全预警及突发事件应急处置能力显著增强，重大水产品质量安全事件得到有效控制。

二、全面推进水产健康养殖

1. 加快养殖水域滩涂规划编制和养殖权制度建设 各级渔业主管部门要认真组织编制养殖水域滩涂规划，积极推动省、市、县各级政府尽快颁布，保护水产养殖业发展空间。实行养殖水域滩涂规划备案制度，各地规划颁布情况将作为农业部安排渔业投资项目的重要参考依据，市、县两级规划需报省级渔业主管部门备案，省级规划需报农业部备案。全面推进养殖权登记和养殖证核发工作，加强水域滩涂养殖权保护和救济政策研究，切实维护养殖渔民合法权益。启用全国养殖证信息管理系统，登记发证信息将全部录入系统，将养殖证作为单位和个人享受补贴等相关扶持政策和获得补偿的重要依据。

2. 全面实施中低产养殖池塘标准化改造工程 积极争取各级财政支持，多渠道筹措资金，以高产健康养殖和节能减排为目标，引导企业和养殖户对现有淤积严重、老化坍塌的中低产池塘进行标准化改造，配套完善水、电、路和养殖废水达标排放等公共服务设施，改善养殖环境和生产条件，提高水产养殖综合生产能力；加强和优化池塘标准化改造的区域布局，提升水产养殖集约化、规模化、标准化和产业化发展水平。要根据各地实际，完善承包责任制，建立池塘维护和改造的长效机制。

3. 加强"水产健康养殖示范场"创建工作 进一步扩大"水产健康养殖示范场"创建规模，提高创建质量，以增强示范场的示范带动作用。按照"生态、健康、循环、集约"的要求，扶持示范场开展排灌设施和水处理系统、渔业机械设施、池塘清淤护坡等基础设施改造和配套；指导和督促示范场建立生产记录、用药记录、销售记录和产品包装标签制度，完善内部质量安全管理机制；加快水产标准的转化与推广应用，示范推广生态健康养殖方式，积极倡导养殖用水循环利用，实现养殖废水达标排放；强化示范场监督管理，严格创建标准，完善考核验收管理机制，实行动态管理。

4. 加强水产良种繁育和水生动物防疫体系建设 继续组织实施水产良种工程建设项目，重点建设大宗品种和出口优势品种的遗传育种中心和原（良）种场，建立符合我国水产养殖生产实际的水产良种繁育体系，提高品种创新能力和供应能力。加大对原种保护、亲本更新、良种选育和推广的支持力度，提高水产苗种质量和良种覆盖率。继续实施水生动物防疫体系建设规划，加快国家级、省级、基层三级水生动物疫病防控技术支持机构的建设，完善水生动物防疫体系。加强重大水生动物疫病专项监测、疫病流行病学调查与实验室检测，科学指导重大水生动物疫病防控工作，提高水生动物疫病防控能力。

5. 不断规范养殖投入品使用管理 加强对水产用药物和饲料等投入品使用环节的监督管理，大力推广安全用药技术和方法，指导和培训水产养殖生产者科学防病，合理用药，严格执行休药期制度，加大对重点养殖区域、主要养殖品种和重点药物种类的水产品药物残留监控力度，各级渔业主管部门要做好从事水生动物疫病防治的乡村兽医登记管理工作，配合兽医主管部门推进渔业执业兽医队伍建设，尽快建立和完善用药处方制度。逐步推广使用水产疫苗。大力推广和鼓励使用高效、环保的配合饲料，提高配合饲料普及率，严格控制直接投喂冰鲜杂鱼行为，禁止在湖泊、水库、江河、海洋等天然开放性水域中施肥养鱼。

三、加强水产品质量安全监管

1. 改革和完善水产品产地抽检制度 从2009年

起，对农业部组织的水产品产地药物残留抽检方法进行改革，新方法试行后，抽检单位从数据库中随机确定，抽样工作由属地渔业主管部门负责组织，属地执法机构和异地承检机构共同参与，检测结果经认可或复检后公开。进一步规范抽检程序和抽检行为，力争通过改革，促进优胜劣汰、优质优价，使抽检工作真正起到保护合法生产者、惩罚违法者的作用。各级渔业主管部门要配合做好抽检制度改革工作，同时，逐步建立健全本辖区内水产品产地抽检制度。

2. 加强水产苗种质量管理工作 按照农业部2009年水产苗种专项整治实施方案，各地要按时完成水产苗种场普查登记工作，严格执行水产苗种生产许可证制度，指导和督促苗种场建立健全苗种生产和质量安全管理制度，规范水产苗种生产记录、用药记录和销售记录，加强水产苗种药物残留抽检，提高水产苗种质量安全水平。对于条件不具备、所生产苗种不合格、相关质量安全制度未建立、拒绝质量抽检或不接受监管的水产苗种场，要依法坚决整顿直至吊销水产苗种生产许可证。农业部将尽快出台水生生物资源增殖放流苗种管理办法，凡向天然水域增殖水生生物资源的，其放流苗种必须经过检测合格，并实行招投标制度。禁用药物检测记录不良的水产苗种场不得参与投标。

3. 全面推进水产养殖业执法监管 各级渔业主管部门及其渔政监督管理机构要切实履行法定职责，全面开展养殖水域生态环境、水产养殖生产、水产品质量安全等监督执法，推进执法工作制度化、规范化。加快建立渔业主管部门统一领导，以渔政机构为主，技术推广、质量检验检测和环境监测等机构协作配合的水产养殖业执法工作机制。要重点针对养殖证、水产苗种生产许可证、养殖投入品和企业各项管理记录档案建立情况，切实加大执法检查力度。建立健全执法档案制度和违法单位“黑名单”制度。对已经发现有问题的水产品，一律封塘禁售，严禁转移，坚决杜绝流入市场，对私自起捕出售的要依法从重处罚。已经查明属实的违法案件，要向社会公开曝光。加强执法人员的业务培训，加快建立执法监督检查机制和绩效考核制度。

4. 逐步推行禁止生产区域划分制度和水产品质量安全可追溯制度 各级渔业主管部门要贯彻落实《农产品产地安全管理办法》，加强水产品产地安全环境调查、监测与评价，根据监测结果，按照法定程序，建立水产养殖区环境质量预警机制，逐步推行水产养殖区调整或临时性关闭措施。加强水产品产地保护和环境修复，积极开展无公害水产品产地认定，继续实施并不断完善贝类养殖区划型制度。按照《农产品包装和标识管理办法》、《农产品产地证明管理规定》等规章要求，在无公害水产品生产企业、出口原料备案养殖场和健康养殖示范场等基础条件较完善的企业，开展产地准出、市场准入的区域性试点，实现产销对接。逐步试行水产品质量安全可追溯制度。

5. 增强水产品质量安全突发事件预警处置能力 各级渔业主管部门要按照“预防与善后并重”原则，建立并完善水产品质量安全重大突发事件预警应急处置预案。开展水产品质量安全隐患排查工作，对隐患及苗头性问题，要组织专家对其产生的主要原因、可能暴发的程度、对人体健康、市场供给和产业发展可能造成的影响进行深入分析评估，提出预警和处置意见。要严格执行水产品质量安全重大事件报告制度，不得瞒报、迟报。同时，加强正面宣传，引导科学理性食用水产品，保护消费者健康和合法生产者权益。

四、强化保障措施

1. 全面落实监管责任 各级渔业主管部门要认真贯彻实施《渔业法》、《农产品质量安全法》、《食品安全法》和《国务院关于加强食品等产品安全监督管理的特别规定》等法律法规，切实履行好推动水产健康养殖、加强水产品质量安全监管的职责。要加强领导、健全机构、配备专人、明确分工，组织协调好渔政执法、水产品质量检测、水产科研和推广等各方面力量，全面落实属地监管责任，严格执行责任追究制度。要积极争取各级政府对水产品质量安全监管体系建设的重视和支持，加强与兽药、饲料、工商和质检等主管部门的沟通配合，推动建立权责一致、分工合理、运行顺畅、监督有力的水产品质量安全监管长效机制。

2. 加大资金支持力度 要积极争取各级财政加大对水产养殖业的支持力度，提高水产养殖业在财政支持农业及渔业中的比重。大力推动养殖池塘标准化改造，扩大渔机购置补贴范围和数量，加快水产良种繁育和水生动物防疫体系建设。加强水产品质量安全检验检测体系和执法装备建设，大力支持水产品质量安全监测和执法工作。利用现代农业产业技术体系等财政专项，加强水产健康养殖和水产品质量安全等方面的科学研究，支持基层水产技术推广、水生动物疫病防控和水产品质量监管等公共服务机构的能力建设。

3. 健全法律法规和标准制度 进一步完善水域滩涂养殖权、水产种苗管理、水生动物防疫、水产品质量安全、养殖业执法和养殖水域生态保护等方面的法律法规和规章制度。加快制(修)订水产健康养殖技术、重大疫病防控、水产用药物安全使用、有害物质残留及检测等方面的标准和技术规范，进一步完善水产品质量安全标准体系和健康养殖操作规程，不断规范水产苗种繁育和养殖生产行为。

4. 推进水产养殖业科技进步 加强水产健康养殖和质量安全科技创新，加快建立“从生产中来、到生产中去”的渔业科技工作新机制，提升科技对产业持续健康发展的引领和支撑能力。要组织科技力量，加强水产育种工作，提高优良苗种生产能力和水产养殖良种化水平；开展池塘生态环境修复、湖泊水库和海洋生态增养殖以及节能型工厂化养殖等技术创新，加快实现养殖废水达标排放，保护和改善水域生态环境；开展水产用药物代谢规律研究，研发药物安全使用技术，推进水产养殖科学合理用药；研制能够替代禁用药物的新型渔药和水产疫苗，逐步降低化学药物使用量；加大水产配合饲料研发和推广力度，降低和消除养殖投饵对环境的影响；研究和完善水产品质量安全追溯技术，为加强水产品质量安全监管提供科学手段。

5. 加强技术培训和宣传教育 加强对养殖生产者、经营者的宣传教育，普及法律知识，增强质量意识，依法规范生产和经营行为。通过深入开展“科技入户”等工作，积极组织科研、教学和推广单位直接面向基层和养殖生产者，培训水产健康养殖知识，推广先进实用的新品种、新技术、新模式，提高科学养殖水平。积极推进基层水产技术推广体系改革，加强基层水产技术推广体系公益性职能和服务能力建设。充分发挥宣传舆论的导向作用，普及水产品食用营养知识和安全知识，正确引导水产品健康消费，努力扩大消费需求。

农业部 国家工商行政管理总局关于深入开展电脉冲捕捞作业专项整治工作的通知

（2009 年 4 月 10 日）

为深入贯彻落实科学发展观，保护海洋渔业资源和生态环境，促进我国渔业的可持续发展，农业部、国家工商行政管理总局 2008 年在东海区联合开展了电脉冲捕捞作业专项整治行动，对生产、销售和使用电脉冲渔具的违法行为进行了查处，使用电脉冲渔具捕捞作业的渔船大幅减少。为巩固整治行动成果，防止电脉冲渔具向其他地区转移和蔓延，杜绝电脉冲捕捞作业行为，现就进一步深入开展电脉冲捕捞作业专项整治工作（以下简称整治工作）通知如下：

一、开展整治工作的时间和范围

从 2009 至 2010 年继续开展整治工作。鉴于电脉冲捕捞作业在黄渤海区、南海区的部分市、县也有发现，因此将整治行动的范围由东海区扩大到全国沿海地区。

二、加强组织领导

各地要成立由渔业、工商行政管理部门组成的整治工作领导小组，加强领导和协调，并负责制定整治工作实施方案报各自上级主管部门备案。在开展整治工作的重点市、县，渔业主管部门要积极向地方政府汇报，争取由地方政府牵头组织实施。各海区渔政局负责督促指导本辖区的整治工作。各地要建立管理目标责任制，责任到人、管理到位，确保整治工作顺利开展。

三、重视分工协作

（1）各级渔业和工商行政管理部门要根据整治工作实施方案，各司其职、紧密配合，定期总结交流整治工作情况。要建立联络员、信息通报制度。在向各自上级主管部门上报相关信息的同时，同级渔政执法机构和工商行政管理部门也要相互通报、及时沟通，使市场、港口、海上的执法检查工作有机结合。

（2）开展联合执法检查。选择重要时段和重点区域开展联合执法检查，对制造、销售电脉冲渔具的违法行为，依照《渔业法》、《无照经营取缔查处办法》等相关法律法规处理。对无营业执照而从事生产、销售电脉冲渔具的，以工商行政管理部门查处为主，渔政执法机构配合；对有营业执照而从事生产、销售电脉冲渔具的，以渔政执法机构查处为主，工商行政管理部门配合。

（3）各地要积极探索建立取缔电脉冲捕捞作业的长效机制，巩固整治工作成效，防止死灰复燃。

四、深入宣传教育

各地要充分利用广播电视、报刊等大众媒体和发放宣传品的方式，广泛宣传整治工作的有关法律和政策。黄渤海、南海区作为首次开展此项工作的地区，要根据本海区的实际情况进行部署。各地要向渔民宣传电脉冲捕捞作业的危害性，教育引导渔民自觉放弃电脉冲作业方式，做到守法生产，为整治行动创造良好的社会舆论氛围。

五、加大执法力度

1. 查堵电脉冲渔具的源头，加强港口海上监管检查 积极查找制造、销售和使用电脉冲渔具的线索，查处制造、销售、隐藏电脉冲渔具的窝点；对从事过电脉冲捕捞作业但未上缴电脉冲渔具的，要查清电脉冲渔具的去向；在渔港要加强对拖虾作业渔船、辅助船出海前的检查，严禁任何渔船、辅助船携带电脉冲渔具离港出海；在海上要以拖虾作业渔船为重点检查对象，对查获的电脉冲捕捞作业渔船，一律扣押回港调查处理。

2. 加大处罚力度 即日起凡被查获使用电脉冲渔具非法作业的渔船，除按现有法律法规予以处罚外，同时取消其当年渔用柴油补贴。对安装有电脉冲渔具但未查实有使用证据的，也应没收其电脉冲渔具。

3. 各地渔政执法机构和工商行政管理部门要增强服务意识，坚持依法行政，文明、公正执法 妥善处理执法过程中出现的各种情况和问题，做好应急预案，防止出现群体、恶性事件。要向社会公开执法举报电话，重视并及时处理举报信息，不得对外泄露举报人的有关信息资料。各地要对每年的整治工作开展情况进行认真总结，2009 年和 2010 年的整治工作总结于每年 11 月 15 日前上报农业部和国家工商行政管理总局。2010 年以后的整治工作开展情况纳入年度工作总结上报。

农业部关于开展“全国文明渔港”创建活动的通知

（2009 年 5 月 20 日）

渔港是渔民生产生活的重要场所，是渔船避风停泊的重要基地，在渔船和渔业生产管理、“平安渔业”建设、渔业水域环境保护以及渔区经济社会发展中发挥着重要作用。近年来，中央和地方加大了渔港建设投入力度，我国的渔港建设管理水平和防灾减灾能力有较大提高。但受各种因素影响，我国渔港在建设和维护的投入、监督管理、环境卫生条件等方面都还存在比较大的差距。为此，农业部决定组织开展“全国文明渔港”创建活动，通过文明渔港创建，进一步提升渔港建设、管理和服务水平，改善渔港环境和整体面貌，强化渔港监督和安全生产管理工作。现将有关事项通知如下：

一、指导思想

以科学发展观为指导，深入贯彻《国务院办公厅关于加强渔业安全生产工作的通知》（国办发〔2008〕113 号）精神，以“全国文明渔港”创建活动为载体，充分调动各级政府、渔业行政主管部门及渔港监督管理机构和渔港经营单位的积极性，推动各地加大渔港基础设施建设和维护力度，加强渔港监督和渔业安全生产管理，改善渔港环境和整体面貌，提高管理和服务水平，充分发挥渔港在防灾减灾和渔区经济社会发展方面的辐射带动作用，促进渔业可持续健康发展和社会主义新农村建设。

二、参加创建活动的渔港

经农业部公布的渔港。

三、“全国文明渔港”创建的主要内容

文明渔港创建总体按照制度健全、管理规范、运行安全、环境整洁、服务优良的要求，重点包括以下几个方面：

（1）渔港建设符合相关规划，码头、防波堤、港池、航道等主体工程建设维护良好；管理用房、渔港航标及环保、消防、通信、监控等配套设施完备，运行良好，能较好满足防灾减灾和监督管理需要。

（2）港章及相关管理制度健全，渔港“三权”清晰；渔港监督机构及渔港管理维护机构健全，权责明确，履职情况良好；渔港管理规范，进出港和港内渔船依法有效监管，港内船舶停泊有序。

（3）港区生产经营单位安全责任明确，渔船安全设施齐全，船员持证情况良好；应急预案完备，定期开展安全检查和应急演练，无重大安全隐患，无重大安全责任事故。

（4）渔港卫生整洁，环境优美，渔港水域清洁，水质良好，无明显鱼腥异味；有专门机构和人员负责渔港水域和陆上防污清污及垃圾清理等工作；无违章搭建设施、障碍物，无严重污染源。

（5）港区道路畅通，渔货交易便捷，水、电、油、冰等供给便利；各项收费项目依法设置，标准公开，程序简明；服务热情周到，渔民群众满意度高。

四、工作安排和要求

文明渔港创建活动由农业部统一部署，各省级渔业行政主管厅（局）和渔港监督机构负责组织实施，渔港所在地基层政府、渔港监督机构和渔港经营管理单位具体开展创建工作，各海区渔政局负责对本海区的

文明渔港创建工作进行指导协调与监督。各级渔业行政主管部门及渔港监督管理机构要注意做好几方面工作：

一要提高认识，加强领导。要把文明渔港创建活动作为全面提升渔港建设和管理水平，提高渔港监督管理机构工作能力的重要手段，切实加强对文明渔港创建活动的组织领导，明确负责的领导和工作机构，认真制定本地区“全国文明渔港”创建活动的工作方案，细化工作内容，落实工作责任。要认真对照“全国文明渔港”创建内容，找差距，补不足，逐类逐项加以改进，力争通过创建活动全面提升渔港建设和管理水平。

二要争取政府重视，建立长效机制。要积极向当地政府汇报，争取得到当地人民政府和有关部门的支持，理顺管理体制，加强制度建设，加大渔港建设维护和管理的投入，确保创建工作持续深入开展。对基础条件较好、管理服务比较到位的渔港要加大工作力度，使之尽快达到文明渔港条件；对目前条件相对较差，但具备发展潜力的渔港，要列上议事日程，加大工作力度，力争通过创建活动使渔港面貌有较大改善。

三要发挥基层作用，夯实创建基础。要充分发挥基层政府在创建活动中的作用，通过政府协调渔业、环卫、消防以及生产经营组织和单位等各方面资源，确保基层推进文明渔港创建工作的深入、持久开展。充分调动基层政府、渔业部门、渔港监督机构和渔港经营主体的积极性，要注重文明渔港创建工作的实效，既要注重渔港硬件条件的改善，也要注重管理服务水平的提高，通过创建工作，切实提高我国渔港管理和服务水平。“全国文明渔港”创建活动自 2009 年 6 月启动。农业部拟于 2010 年上半年组织开展首批文明渔港的考核评定工作，对符合条件的渔港，授予“全国文明渔港”称号，并在其他方面给予优先支持。具体考核评定办法将另行通知。

渔业经济统计

一、经济核算

全国渔业经济总产值、增加值
（按当年价格计算）

单位：万元

指　标	2009 年		2008 年		2009 年比 2008 年增减（±）	
	产值	增加值	产值	增加值	产值	增加值
渔业经济总产值	**114 451 251.43**	**50 918 972.34**	**103 975 019.07**	**46 199 729.93**	**10 476 232.36**	**4 719 242.41**
1. 渔业	59 373 731.55	33 371 189.08	55 206 411.83	31 046 248.96	4 167 319.72	2 324 940.12
其中：海水养殖	14 003 860.72	8 424 715.49	12 633 659.52	7 621 670.66	1 370 201.20	803 044.83
淡水养殖	27 593 122.63	15 255 212.09	25 659 258.84	14 152 856.44	1 933 863.79	1 102 355.65
海洋捕捞	11 553 834.84	6 233 803.41	10 928 849.43	5 867 938.07	624 985.41	365 865.34
淡水捕捞	2 945 301.50	1 742 706.39	2 987 874.45	1 813 489.34	-42 572.95	-70 782.95
水产苗种	3 277 611.86	1 714 751.70	2 996 769.59	1 590 294.45	280 842.27	124 457.25
2. 渔业工业和建筑业	26 796 411.59	8 929 973.60	25 614 418.34	8 306 913.14	1 181 993.25	623 060.46
其中：水产品加工	20 265 994.15	6 641 285.35	19 713 704.17	6 363 129.76	552 289.98	278 155.59
渔用机具制造	1 137 598.45	368 117.08	1 042 748.14	309 268.30	94 850.31	58 848.78
其中：渔船渔机修造	676 445.64	205 711.06	609 419.81	171 768.10	67 025.83	33 942.96
渔用绳网制造	369 622.08	125 519.41	315 718.01	105 048.91	53 904.07	20 470.50
渔用饲料	2 897 865.65	1 006 219.04	2 675 423.52	888 913.80	222 442.13	117 305.24
渔用药物	108 650.61	45 690.93	109 824.38	32 027.72	-1 173.77	13 663.21
建筑业	962 053.92	358 486.98	849 669.44	304 879.76	112 384.48	53 607.22
其他	1 424 248.81	510 174.22	1 223 048.69	408 693.80	201 200.12	101 480.42
3. 渔业流通和服务业	28 281 108.29	8 617 809.66	23 154 188.90	6 846 567.83	5 126 919.39	1 771 241.83
其中：水产流通	22 918 413.73	6 356 709.96	18 620 898.92	4 931 947.96	4 297 514.81	1 424 762.00
水产（仓储）运输	1 659 458.36	610 079.03	1 247 578.45	457 922.70	411 879.91	152 156.33
休闲渔业	2 157 791.48	962 626.34	1 744 831.12	790 012.35	412 960.36	172 613.99
其他	1 545 444.72	688 394.33	1 540 880.41	666 684.82	4 564.31	21 709.51

各地区渔业经济总产值、渔业产值
（按当年价格计算）

单位：万元

指标	2009 年		2009 年比 2008 年增减（±）（绝对量）		渔业产值占农业产值比重（%）
	渔业经济总产值	其中：渔业产值	渔业经济总产值	渔业产值	
全国总计	**114 451 251.43**	**59 373 731.55**	**10 206 385.36**	**3 897 472.72**	**9.32**
北　京	188 823.26	115 660.40	3 391.52	552.85	3.27
天　津	624 529.00	489 739.00	162 301.71	39 511.71	16.86
河　北	1 386 099.85	1 137 666.22	83 872.62	47 684.90	2.98
山　西	51 834.97	40 343.36	198.82	1 184.21	0.58
内蒙古	167 130.08	128 601.23	19 543.93	10 813.00	0.81
辽　宁	9 129 982.00	4 897 771.00	1 125 592.00	701 472.00	16.34
吉　林	252 779.35	180 028.86	6 184.05	4 378.71	1.36
黑龙江	602 254.20	491 018.00	92 193.98	78 389.98	2.01
上　海	696 774.00	548 060.00	9 946.60	-43 324.55	18.89
江　苏	11 644 188.23	7 362 308.00	1 036 819.55	562 277.00	18.85
浙　江	11 952 384.00	4 500 807.00	-785 894.00	78 439.00	23.25
安　徽	3 578 873.58	2 591 413.74	435 621.32	295 239.36	10.03
福　建	11 948 501.47	5 897 771.83	1 114 530.79	180 131.88	28.26
江　西	6 052 419.00	2 513 804.00	628 182.00	195 456.00	13.33
山　东	21 306 066.57	7 979 102.24	2 359 777.57	635 676.24	12.45
河　南	1 374 448.00	734 888.00	136 402.00	64 840.00	1.33
湖　北	8 062 233.00	4 715 398.00	1 527 146.00	718 276.00	13.84
湖　南	1 988 956.00	1 885 300.00	195 664.56	189 700.00	5.88
广　东	14 463 332.16	6 795 167.46	1 446 941.32	109 253.63	19.81
广　西	3 011 708.43	2 272 278.71	454 137.45	62 788.20	9.12
海　南	2 284 037.00	1 633 900.00	291 359.00	160 021.00	21.91
重　庆	403 445.74	268 088.34	33 340.43	26 737.33	2.66
四　川	2 011 976.94	1 268 761.53	-162 325.29	-201 454.34	3.23
贵　州	110 616.00	103 942.00	5 748.90	5 425.60	1.27
云　南	485 295.54	315 287.22	-24 124.95	-26 665.28	2.46
西　藏	1 631.00	927.00	108.20	21.20	0.21
陕　西	146 758.00	75 340.00	26 749.00	25 392.00	0.49
甘　肃	15 844.60	12 172.60	-149.07	223.85	0.13
青　海	970.00	970.00	-699.00	-99.00	0.06
宁　夏	165 874.46	87 530.81	21 784.67	13 992.24	2.87
新　疆	112 700.00	100 900.00	3 101.68	2 200.00	0.86
中农发集团	228 785.00	228 785.00	-41 062.00	-41 062.00	

各地区渔业经济总产值(一)
(按当年价格计算)

单位:万元

地区	总计	一、渔业产值			
		合计	海水养殖	淡水养殖	海洋捕捞
全国总计	**114 451 251.43**	**59 373 731.55**	**14 003 860.72**	**27 593 122.63**	**11 553 834.84**
北京	188 823.26	115 660.40		93 701.45	5 200.00
天津	624 529.00	489 739.00	35 449.00	365 048.00	63 905.00
河北	1 386 099.85	1 137 666.22	347 142.39	357 516.14	292 570.61
山西	51 834.97	40 343.36		38 661.42	
内蒙古	167 130.08	128 601.23		90 102.77	
辽宁	9 129 982.00	4 897 771.00	2 301 167.00	1 016 843.00	1 064 626.00
吉林	252 779.35	180 028.86		143 522.00	
黑龙江	602 254.20	491 018.00		372 332.00	
上海	696 774.00	548 060.00		358 793.00	156 600.00
江苏	11 644 188.23	7 362 308.00	981 040.00	4 721 122.00	899 318.00
浙江	11 952 384.00	4 500 807.00	896 195.00	1 230 319.00	2 151 289.00
安徽	3 578 873.58	2 591 413.74		2 004 996.72	
福建	11 948 501.47	5 897 771.83	2 639 258.92	1 043 203.80	1 845 829.56
江西	6 052 419.00	2 513 804.00		1 905 841.00	
山东	21 306 066.57	7 979 102.24	3 833 126.82	1 365 959.90	2 164 668.17
河南	1 374 448.00	734 888.00		611 119.00	
湖北	8 062 233.00	4 715 398.00		3 862 260.00	
湖南	1 988 956.00	1 885 300.00		1 705 500.00	
广东	14 463 332.16	6 795 167.46	1 859 854.59	3 374 854.18	1 270 465.50
广西	3 011 708.43	2 272 278.71	693 627.00	833 106.00	557 078.00
海南	2 284 037.00	1 633 900.00	417 000.00	249 000.00	853 500.00
重庆	403 445.74	268 088.34		222 069.00	
四川	2 011 976.94	1 268 761.53		1 056 247.34	
贵州	110 616.00	103 942.00		78 237.00	
云南	485 295.54	315 287.22		263 525.69	
西藏	1 631.00	927.00		573.00	
陕西	146 758.00	75 340.00		66 015.00	
甘肃	15 844.60	12 172.60		11 365.00	
青海	970.00	970.00		970.00	
宁夏	165 874.46	87 530.81		70 289.22	
新疆	112 700.00	100 900.00		80 000.00	
中农发集团	228 785.00	228 785.00			228 785.00

各地区渔业经济总产值(二)
(按当年价格计算)

单位:万元

地区	一、渔业产值(续)		二、渔业工业和建筑业		
	淡水捕捞	水产苗种	合计	水产品加工	渔用机具制造
					小计
全国总计	**2 945 301.50**	**3 277 611.86**	**26 796 411.59**	**20 265 994.15**	**1 137 598.45**
北京	5 683.35	11 075.60	20 614.70	1 979.70	
天津	10 849.00	14 488.00	30 359.00	3 603.00	8 200.00
河北	86 530.86	53 906.22	166 220.33	139 659.33	7 955.00
山西	730.80	951.14	1 718.70		50.00
内蒙古	29 263.97	9 234.49	13 298.84	13 277.76	
辽宁	65 958.00	449 177.00	2 303 248.00	1 890 781.00	88 196.00
吉林	24 080.00	12 396.86	59 230.00	59 205.00	25.00
黑龙江	77 668.00	41 018.00	38 461.00	15 151.00	
上海	8 316.00	24 351.00	139 983.00	128 071.00	3 881.00
江苏	590 995.00	169 833.00	2 093 553.49	1 179 299.71	127 671.53
浙江	77 000.00	146 004.00	4 434 085.00	3 772 022.00	195 656.00
安徽	448 982.05	137 434.97	265 059.23	125 290.18	30 623.93
福建	127 543.55	241 936.00	3 567 028.10	2 760 878.20	120 046.00
江西	405 963.00	202 000.00	834 752.00	675 898.00	11 452.00
山东	111 594.99	503 752.36	7 469 791.76	5 839 323.45	464 390.54
河南	38 317.00	85 452.00	189 682.00	31 776.00	1 408.00
湖北	429 140.00	423 998.00	1 129 467.00	986 793.00	11 255.00
湖南	35 294.00	144 506.00	73 559.00	59 476.00	916.00
广东	107 144.44	182 848.75	2 850 195.49	1 919 262.00	42 603.15
广西	85 677.00	102 790.71	180 129.59	158 670.82	2 928.00
海南	15 400.00	99 000.00	551 019.00	482 674.00	18 858.00
重庆	20 630.00	25 389.34	58 534.50	810.00	1 315.30
四川	86 868.97	125 645.22	218 046.67	7 288.00	5.00
贵州	13 217.00	12 488.00	1 670.00	79.00	104.00
云南	24 946.33	26 815.20	73 952.00	14 436.00	
西藏	354.00				
陕西	3 987.00	5 338.00	9 313.00	290.00	59.00
甘肃		807.60	26.00		
青海					
宁夏	167.19	17 074.40	19 714.19		
新疆	13 000.00	7 900.00	3 700.00		
中农发集团					

各地区渔业经济总产值(三)
(按当年价格计算)

单位:万元

地区	二、渔业工业和建筑业(续)					
	渔用机具制造(续)		渔用饲料	渔用药物	建筑	其他
	渔船渔机修造	渔用绳网制造				
全国总计	**676 445.64**	**369 622.08**	**2 897 865.65**	**108 650.61**	**962 053.92**	**1 424 248.81**
北京			16 545.00	170.00	1 920.00	
天津		8 200.00	1 628.00	5 600.00		11 328.00
河北	3 826.00	1 613.00	18 236.00		100.00	270.00
山西	50.00		219.47	1 404.23	45.00	
内蒙古					21.08	
辽宁	61 121.00	20 449.00	130 030.00	4 995.00	160 948.00	28 298.00
吉林		25.00				
黑龙江			21 620.00	1 690.00		
上海	3 881.00					8 031.00
江苏	35 850.72	54 155.08	203 546.15	18 741.38	86 594.95	477 699.77
浙江	118 364.00	67 756.00	257 982.00	2 791.00	88 027.00	117 607.00
安徽	3 690.19	26 933.74	60 079.16	31 934.56	7 223.16	9 908.24
福建	86 705.00	33 341.00	447 906.00	1 655.00	47 742.00	188 800.90
江西	687.00	10 765.00	110 260.00	2 065.00	27 924.00	7 153.00
山东	319 077.48	118 990.06	147 874.35	4 524.22	469 908.12	543 771.08
河南	140.00	1 268.00	153 329.00	3 119.00	50.00	
湖北	2 921.00	8 334.00	76 721.00	6 066.00	45 257.00	3 375.00
湖南	336.00	580.00	8 978.00	2 633.00	994.00	562.00
广东	26 380.25	11 290.90	838 426.89	4 292.22	20 634.61	24 976.62
广西	494.00		16 054.77	960.00	633.00	883.00
海南	12 358.00	5 002.00	45 697.00	1 598.00	928.00	1 264.00
重庆	500.00	815.30	52 805.00	505.00	2 784.00	315.20
四川	5.00		198 482.67	11 971.00	300.00	
贵州		104.00	1 487.00			
云南			58 361.00	1 155.00		
西藏						
陕西	59.00		8 283.00	681.00		
甘肃					20.00	6.00
青海						
宁夏			19 714.19			
新疆			3 600.00	100.00		
中农发集团						

各地区渔业经济总产值(四)
(按当年价格计算)

单位:万元

地　区	三、渔业流通和服务业				
	合　计	水产流通	水产(仓储)运输	休闲渔业	其　他
全国总计	**28 281 108.29**	**22 918 413.73**	**1 659 458.36**	**2 157 791.48**	**1 545 444.72**
北　京	52 548.16	9 896.00	2 275.00	40 267.16	110.00
天　津	104 431.00	84 251.00	4 540.00	13 736.00	1 904.00
河　北	82 213.30	50 178.80	9 027.00	13 970.50	9 037.00
山　西	9 772.91	7 794.00	457.00	1 511.91	10.00
内蒙古	25 230.01	11 097.90	2 360.08	11 772.03	
辽　宁	1 928 963.00	1 548 793.00	131 734.00	201 735.00	46 701.00
吉　林	13 520.49	2 499.20	202.20	10 704.09	115.00
黑龙江	72 775.20	51 017.00	1 189.00	19 493.20	1 076.00
上　海	8 731.00	4 300.00	96.00	4 335.00	
江　苏	2 188 326.74	1 701 862.04	27 333.87	428 781.20	30 349.63
浙　江	3 017 492.00	2 613 637.00	141 459.00	105 963.00	156 433.00
安　徽	722 400.61	560 555.90	28 014.23	68 631.41	65 199.07
福　建	2 483 701.54	2 118 600.90	180 972.64	29 560.00	154 568.00
江　西	2 703 863.00	2 261 862.00	210 678.00	220 564.00	10 759.00
山　东	5 857 172.57	3 963 969.32	624 999.62	337 815.78	930 387.85
河　南	449 878.00	379 049.00	1 086.00	67 597.00	2 146.00
湖　北	2 217 368.00	1 878 285.00	78 878.00	250 753.00	9 452.00
湖　南	30 097.00	20 948.00	2 097.00	5 490.00	1 562.00
广　东	4 817 969.21	4 546 567.54	80 524.65	161 815.55	29 061.47
广　西	559 300.13	484 193.43	16 327.06	3 081.39	55 698.25
海　南	99 118.00	75 394.00	4 698.00	2 059.00	16 967.00
重　庆	76 822.90	49 130.50	3 852.43	17 153.68	6 686.29
四　川	525 168.74	320 128.32	81 560.17	110 419.45	13 060.80
贵　州	5 004.00	3 505.00	207.00	1 177.00	115.00
云　南	96 056.32	67 557.92	14 931.42	12 693.38	873.60
西　藏	704.00	312.00		392.00	
陕　西	62 105.00	49 396.00	1 012.00	9 051.00	2 646.00
甘　肃	3 646.00	1 391.00	445.00	1 780.00	30.00
青　海					
宁　夏	58 629.46	49 441.96	6 301.99	2 388.75	496.76
新　疆	8 100.00	2 800.00	2 200.00	3 100.00	
中农发集团					

各地区渔业经济增加值(一)
(按当年价格计算)

单位:万元

地区	总计	一、渔业增加值			
		合计	海水养殖	淡水养殖	海洋捕捞
全国总计	**50 918 972.34**	**33 371 189.08**	**8 424 715.49**	**15 255 212.09**	**6 233 803.41**
北京	60 739.92	38 354.49		32 638.41	700.00
天津	263 150.00	234 837.00	17 370.00	174 718.00	31 313.00
河北	764 897.30	686 849.30	212 138.80	218 478.20	178 789.97
山西	7 864.65	5 244.55		4 939.86	
内蒙古	88 704.55	71 057.26		46 271.88	
辽宁	4 622 777.00	3 114 858.00	1 486 812.00	620 116.00	683 162.00
吉林	60 036.13	50 510.48		38 315.58	
黑龙江	265 726.26	232 355.40		182 070.35	
上海	160 258.02	126 053.80		82 522.39	36 018.00
江苏	5 016 161.07	4 087 554.30	544 673.53	2 621 167.51	499 301.46
浙江	3 851 503.00	2 508 367.00	559 582.00	730 184.00	1 105 801.00
安徽	1 845 672.46	1 529 698.34		1 199 748.76	
福建	6 362 885.14	3 267 202.14	1 474 943.53	582 991.93	1 031 537.43
江西	2 728 101.05	1 759 662.80		1 334 088.70	
山东	9 788 241.05	4 845 890.61	2 739 666.01	703 976.56	1 096 336.40
河南	647 634.00	482 909.00		415 200.00	
湖北	4 067 137.00	2 904 327.00		2 413 890.00	
湖南	1 296 592.00	1 229 215.60		1 111 986.00	
广东	4 226 339.55	2 287 350.29	607 226.99	1 050 072.55	524 086.89
广西	1 870 365.56	1 529 269.59	478 602.63	569 511.26	373 242.26
海南	1 405 364.00	1 213 200.00	303 700.00	182 000.00	654 000.00
重庆	240 418.37	199 206.82		173 213.82	
四川	951 645.15	697 266.20		574 117.96	
贵州	72 120.70	68 497.00		51 558.00	
云南	131 242.65	99 364.27		75 287.59	
西藏	803.00	491.00		267.00	
陕西	16 419.00	11 632.00		9 128.00	
甘肃	5 545.99	5 022.77		4 658.41	
青海	540.00	540.00		540.00	
宁夏	46 762.77	34 617.07		27 553.37	
新疆	33 810.00	30 270.00		24 000.00	
中农发集团	19 515.00	19 515.00			19 515.00

各地区渔业经济增加值(二)
(按当年价格计算)

单位:万元

地　　区	一、渔业增加值(续)		二、渔业工业和建筑业		
	淡水捕捞	水产苗种	合　　计	水产品加工	渔用机具制造 小计
全国总计	**1 742 706.39**	**1 714 751.70**	**8 929 973.60**	**6 641 285.35**	**368 117.08**
北　京	1 877.19	3 138.89	4 272.13	445.13	
天　津	5 207.00	6 229.00	7 003.00	1 730.00	3 189.00
河　北	52 879.03	24 563.30	49 956.07	38 053.07	2 765.00
山　西	167.00	137.69	445.50		
内蒙古	19 845.80	4 939.58	6 609.45	6 602.40	
辽　宁	41 601.00	283 167.00	787 273.00	689 215.00	27 312.00
吉　林	8 665.40	3 529.50	7 197.50	7 182.50	15.00
黑龙江	37 979.65	12 305.40	11 538.30	4 545.30	
上　海	1 912.68	5 600.73	32 196.09	29 456.33	892.63
江　苏	328 120.50	94 291.30	523 388.37	294 824.93	31 917.88
浙　江	56 214.00	56 586.00	835 388.00	676 908.00	54 106.00
安　徽	251 903.74	78 045.84	125 272.70	50 248.66	20 848.96
福　建	71 277.41	106 451.84	1 908 017.09	1 490 874.23	51 619.78
江　西	284 174.10	141 400.00	248 854.00	202 769.00	4 008.00
山　东	58 255.36	247 656.28	2 495 744.07	1 855 980.36	140 716.64
河　南	27 205.00	40 504.00	45 931.00	13 900.00	573.00
湖　北	268 210.00	222 227.00	462 150.00	407 194.00	5 431.00
湖　南	23 011.69	94 217.91	47 813.35	38 659.40	595.40
广　东	38 127.62	67 836.24	998 990.32	615 328.54	19 515.74
广　西	58 260.36	49 653.08	78 286.02	74 389.40	758.00
海　南	11 500.00	62 000.00	155 164.00	135 350.00	3 586.00
重　庆	16 091.40	9 901.60	15 921.59	176.00	211.05
四　川	54 111.32	69 036.92	54 551.40	1 690.15	2.00
贵　州	8 710.00	8 229.00	834.50	39.50	52.00
云　南	11 411.94	12 664.74	16 959.05	5 695.45	
西　藏	224.00				
陕　西	1 800.00	704.00	904.00	28.00	2.00
甘　肃		364.36	2.00		
青　海					
宁　夏	63.20	7 000.50	8 201.10		
新　疆	3 900.00	2 370.00	1 110.00		
中农发集团					

各地区渔业经济增加值(三)
(按当年价格计算)

单位:万元

地　　区	二、渔业工业和建筑业(续)					
	渔用机具制造(续)		渔用饲料	渔用药物	建　　筑	其　　他
	渔船渔机修造	渔用绳网制造				
全国总计	**205 711.06**	**125 519.41**	**1 006 219.04**	**45 690.93**	**358 486.98**	**510 174.22**
北　京			3 239.00	68.00	520.00	
天　津		3 189.00	511.00	879.00		694.00
河　北	1 272.00	608.00	8 916.00		25.00	197.00
山　西			20.50	400.00	25.00	
内蒙古					7.05	
辽　宁	16 920.00	5 664.00	22 286.00	877.00	43 211.00	4 372.00
吉　林		15.00				
黑龙江			6 486.00	507.00		
上　海	892.63					1 847.13
江　苏	8 962.69	13 538.77	50 886.53	4 685.35	21 648.74	119 424.94
浙　江	32 452.00	18 501.00	57 083.00	617.00	21 666.00	25 008.00
安　徽	1 835.51	19 013.45	25 183.74	21 295.77	2 426.57	5 269.00
福　建	37 283.15	14 336.63	237 390.18	877.15	25 303.26	101 952.49
江　西	240.00	3 768.00	30 873.00	681.00	8 377.00	2 146.00
山　东	91 419.82	35 982.49	50 429.59	2 135.07	207 668.94	238 813.47
河　南	42.00	531.00	30 666.00	782.00	10.00	
湖　北	1 132.00	4 299.00	26 305.00	2 716.00	19 168.00	1 336.00
湖　南	218.40	377.00	5 835.70	1 711.45	646.10	365.30
广　东	10 182.86	5 207.52	345 111.64	4 196.39	6 660.07	8 177.94
广　西	285.00		2 212.72	304.90	447.00	174.00
海　南	2 492.00	318.00	15 297.00	534.00	82.00	315.00
重　庆	77.00	131.05	14 732.59	176.75	543.25	81.95
四　川	2.00		50 620.35	2 188.90	50.00	
贵　州		39.50	743.00			
云　南			11 256.40	7.20		
西　藏						
陕　西	2.00		853.00	21.00		
甘　肃					2.00	
青　海						
宁　夏			8 201.10			
新　疆			1 080.00	30.00		
中农发集团						

各地区渔业经济增加值(四)
(按当年价格计算)

单位:万元

地　区	三、渔业流通和服务业				
	合　计	水产流通	水产(仓储)运输	休闲渔业	其　他
全国总计	**8 617 809.66**	**6 356 709.96**	**610 079.03**	**962 626.34**	**688 394.33**
北　京	18 113.30	792.00	1 230.00	16 041.80	49.50
天　津	21 310.00	9 206.00	3 517.00	6 937.00	1 650.00
河　北	28 091.93	13 684.43	3 080.00	5 727.50	5 600.00
山　西	2 174.60	1 768.73	66.50	336.37	3.00
内蒙古	11 037.84	3 534.09	1 310.05	6 193.70	
辽　宁	720 646.00	559 782.00	47 274.00	86 668.00	26 922.00
吉　林	2 328.15	403.71	64.60	1 830.34	29.50
黑龙江	21 832.56	15 305.10	356.70	5 847.96	322.80
上　海	2 008.13	989.00	22.08	997.05	
江　苏	405 218.40	170 186.21	5 466.77	214 390.60	15 174.82
浙　江	507 748.00	375 590.00	33 650.00	37 802.00	60 706.00
安　徽	190 701.42	104 929.14	13 763.17	29 990.80	42 018.31
福　建	1 187 665.91	1 016 928.43	79 627.96	15 371.20	75 738.32
江　西	719 584.25	565 465.50	63 203.40	88 225.60	2 689.75
山　东	2 446 606.37	1 640 668.40	243 018.56	153 066.33	409 853.08
河　南	118 794.00	90 972.00	313.00	26 722.00	787.00
湖　北	700 660.00	541 261.00	25 711.00	130 093.00	3 595.00
湖　南	19 563.05	13 616.20	1 363.05	3 568.50	1 015.30
广　东	939 998.94	829 836.16	36 110.64	65 031.28	9 020.86
广　西	262 809.95	231 400.74	8 731.25	1 909.05	20 768.91
海　南	37 000.00	30 762.00	2 697.00	1 780.00	1 761.00
重　庆	25 289.96	13 265.23	1 151.49	6 861.47	4 011.77
四　川	199 827.55	112 507.15	33 417.00	47 828.64	6 074.76
贵　州	2 789.20	2 041.20	103.00	588.00	57.00
云　南	14 919.33	8 365.04	1 403.68	5 150.61	
西　藏	312.00	159.00		153.00	
陕　西	3 883.00	2 078.00	113.00	1 363.00	329.00
甘　肃	521.22	250.90	32.50	227.82	10.00
青　海					
宁　夏	3 944.60	122.60	2 621.63	993.72	206.65
新　疆	2 430.00	840.00	660.00	930.00	
中农发集团					

全国渔民人均纯收入

单位:元

地区	渔民人均纯收入			
	2009年	2008年	2009年比2008年增减(±)	
			绝对量	幅度(%)
全国总计	**8 165.66**	**7 574.66**	**591.00**	**7.80**
北京	11 260.92	22 510.78		
天津	13 188.94	12 780.34	408.60	3.20
河北	8 300.00	8 100.00	200.00	2.47
山西	5 239.93	5 110.74	129.19	2.53
内蒙古	6 535.62	5 985.13	550.49	9.20
辽宁	11 500.00	10 500.00	1 000.00	9.52
吉林	5 330.12	5 285.97	44.15	0.84
黑龙江	5 800.02	5 399.99	400.04	7.41
上海	13 335.00	12 700.01	634.99	5.00
江苏	9 872.00	9 020.00	852.00	9.45
浙江	12 022.00	10 938.00	1 084.00	9.91
安徽	7 467.93	7 211.95	255.98	3.55
福建	8 290.75	7 759.33	531.42	6.85
江西	7 046.00	6 394.00	652.00	10.20
山东	9 565.04	8 816.00	749.04	8.50
河南	6 055.00	5 715.00	340.00	5.95
湖北	7 200.00	6 600.00	600.00	9.09
湖南	5 500.00	5 480.00	19.99	0.36
广东	9 412.02	8 891.18	520.85	5.86
广西	7 613.29	6 973.72	639.57	9.17
海南	8 823.59	8 170.00	653.59	8.00
重庆	5 560.50	4 394.69	1 165.81	26.53
四川	6 931.44	6 364.37	567.07	8.91
贵州	1 689.40	1 429.65	259.74	18.17
云南	4 051.21	5 014.42	−963.21	−19.21
西藏				
陕西	7 355.26	6 452.78	902.48	13.99
甘肃	2 243.42	2 918.50	−675.08	−23.13
青海				
宁夏	5 950.00	5 505.00	445.00	8.08
新疆	7 803.26	7 724.84	78.42	1.02

注:北京市渔民家庭收支调查样本户轮换,数据不具可比性。

各地区渔民家庭收支调查(一)

单位:万元

地区	一、全年总收入	(一)家庭经营收入			(二)工资性收入		
			1. 出售水产品	2. 家庭其他经营		1. 渔业	2. 其他行业
全国总计	**197 635.71**	**173 851.53**	**158 546.47**	**15 305.06**	**12 023.12**	**7 589.31**	**4 433.81**
北京	352.66	342.93	319.38	23.55	8.20		8.20
天津	2 609.90	2 254.70	2 179.10	75.60	315.20	281.00	34.20
河北	2 522.21	2 321.52	2 182.02	139.50	61.92	31.80	30.12
山西	490.40	472.30	360.10	112.20			
内蒙古	248.64	243.16	226.82	16.34	2.20		2.20
辽宁	16 814.85	15 164.45	14 099.73	1 064.72	877.22	664.64	212.58
吉林	493.74	424.78	385.41	39.37	54.58	44.80	9.78
黑龙江	1 418.67	1 418.67	1 150.92	267.75			
上海	27 153.85	22 395.56	22 180.84	214.72	3 681.16	2 839.08	842.08
江苏	12 712.39	11 422.67	10 699.17	723.50	749.11	148.79	600.32
浙江	13 079.65	11 280.56	10 402.84	877.72	881.29	319.65	561.64
安徽	5 104.98	4 663.76	4 273.00	390.76	138.93	48.03	90.90
福建	12 864.10	10 707.64	9 942.89	764.75	1 047.11	549.02	498.09
江西	2 906.00	2 747.51	2 454.00	293.51	97.10	47.26	49.84
山东	21 102.91	19 239.05	17 909.02	1 330.03	957.07	537.96	419.11
河南	1 106.67	1 077.34	1 024.51	52.83	22.41		22.41
湖北	8 343.17	7 980.78	7 339.90	640.88	121.12	30.00	91.12
湖南	2 089.77	1 840.64	1 681.93	158.71	93.34	26.14	67.20
广东	40 858.74	35 528.71	29 909.59	5 619.12	1 783.11	1 118.19	664.92
广西	5 183.05	4 769.52	4 015.88	753.64	140.24	46.78	93.46
海南	9 068.00	7 620.10	7 559.00	61.10	302.01	257.00	45.01
重庆	1 270.00	1 227.00	1 119.00	108.00			
四川	1 483.38	1 379.52	1 264.01	115.51	66.96	1.56	65.40
贵州	150.65	134.20	123.50	10.70			
云南	693.82	676.93	609.78	67.15	8.52	1.07	7.45
西藏							
陕西	5 772.10	4 851.00	3 697.00	1 154.00	579.00	579.00	
甘肃	1 040.70	987.10	786.00	201.10	22.60	8.00	14.60
青海							
宁夏	294.61	288.33	271.93	16.40	4.18	1.00	3.18
新疆	406.10	391.10	379.20	11.90	8.54	8.54	

各地区渔民家庭收支调查(二)

单位:万元

地 区	一、全年总收入(续)							
	(三)财产性收入	1. 利息/股息/红利	2. 租金收入	3. 土地或水面转包收入	4. 土地征用补偿	5. 其他财产性收入	(四)转移性收入	1. 家庭非常住人口寄回或带回
全国总计	**2 495.31**	**614.11**	**531.72**	**460.93**	**434.80**	**453.75**	**6 382.28**	**1 190.50**
北 京	0.54	0.30		0.24			0.99	
天 津	16.80	3.60	9.20			4.00	12.20	1.00
河 北	4.82	1.31	0.80		0.71	2.00	112.35	
山 西	0.10	0.10					17.00	
内蒙古							1.40	1.00
辽 宁	216.01	44.85	35.65	108.51	5.23	21.77	285.80	38.98
吉 林	4.92	0.12	0.50	0.50	0.30	3.50	4.26	0.97
黑龙江								
上 海	120.66	8.40	28.08	74.30	5.78	4.10	318.72	8.00
江 苏	72.80	15.12	5.99	8.32	6.85	36.52	382.66	85.94
浙 江	209.09	82.98	46.79	36.19	39.32	3.81	572.57	63.14
安 徽	90.16	23.19	17.23	15.42	6.33	27.99	106.33	29.46
福 建	330.94	51.88	20.37	25.95	206.84	25.90	664.20	96.96
江 西	10.29	4.93	1.66	1.46	1.21	1.03	47.32	38.55
山 东	155.10	36.84	31.69	33.12	18.23	35.22	584.04	73.16
河 南	1.84			0.84		1.00	4.58	0.40
湖 北	40.59	8.19	0.30	20.68	0.22	11.20	156.99	119.86
湖 南	49.73	7.54	4.70	4.08	23.70	9.71	69.21	42.43
广 东	1 069.02	298.34	306.11	121.41	104.38	238.78	1 416.50	291.00
广 西	36.24	3.91	2.01	5.78	11.20	13.34	181.82	9.95
海 南	34.43	18.70	11.71			4.02	1 099.86	8.64
重 庆								
四 川	16.86	3.61	4.93	3.82	4.50		20.04	12.65
贵 州								
云 南	0.51	0.20		0.31			2.54	1.91
西 藏								
陕 西							312.90	261.50
甘 肃	13.00		4.00			9.00	8.00	5.00
青 海								
宁 夏								
新 疆	0.86					0.86		

各地区渔民家庭收支调查(三)

单位:万元

地区	一、全年总收入(续)					二、全年总支出		
	(四)转移性收入(续)				(五)其他收入		(一)生产费用支出	
	2. 亲友赠送	3. 救济金/救灾款/抚恤金	4. 生产补贴	5. 其他转移性收入				1. 家庭经营费用支出
全国总计	**119.97**	**202.07**	**4 304.14**	**565.60**	**2 883.47**	**154 952.79**	**128 353.77**	**122 902.22**
北京			0.25	0.74		309.30	272.30	259.82
天津			11.20		11.00	2 246.44	2 004.44	1 927.64
河北	4.00	2.20	106.15		21.60	2 035.64	1 694.36	1 641.63
山西			17.00		1.00	436.53	404.55	337.75
内蒙古	0.30		0.10		1.88	261.91	187.22	187.22
辽宁	16.76	4.60	180.46	45.00	271.37	14 216.14	12 652.79	12 402.21
吉林	0.85		1.69	0.75	5.20	377.27	317.49	304.87
黑龙江						1 042.62	906.11	896.11
上海	3.00		295.77	11.95	637.75	21 906.96	19 376.02	19 026.97
江苏	6.48	4.55	278.15	7.54	85.15	9 598.05	7 691.42	7 461.69
浙江	21.79	7.97	419.84	59.83	136.14	11 578.71	8 509.61	8 051.03
安徽	5.36	4.05	54.03	13.43	105.80	3 967.35	2 989.72	2 858.22
福建	2.57		500.19	64.48	114.21	11 496.35	8 779.64	8 247.66
江西	1.27	0.18	6.21	1.11	3.78	2 512.78	2 016.02	1 929.81
山东	23.09	1.22	431.16	55.41	167.65	17 519.51	14 987.21	14 196.02
河南			3.64	0.54	0.50	963.65	832.13	825.80
湖北	6.40	4.54	18.97	7.22	43.69	6 224.16	4 879.76	4 667.08
湖南	8.46	2.85	8.10	7.37	36.85	1 712.93	1 252.27	1 213.33
广东	10.83	165.37	753.48	195.82	1 061.40	27 219.49	23 190.97	21 935.82
广西	2.07	1.31	166.58	1.91	55.23	4 275.21	3 354.75	3 223.67
海南	3.49	0.23	995.00	92.50	11.60	6 528.50	5 631.27	5 271.27
重庆					43.00	1 012.00	719.00	719.00
四川	3.25		4.14			1 277.61	1 061.02	1 057.15
贵州					16.45	79.83	34.26	34.26
云南			0.63		5.32	578.95	493.10	486.97
西藏								
陕西			51.40		29.20	4 265.00	2 938.10	2 604.00
甘肃		3.00			10.00	685.56	615.30	585.00
青海								
宁夏					2.10	277.13	245.59	244.37
新疆					5.60	347.21	317.35	305.85

各地区渔民家庭收支调查(四)

单位:万元

地 区	二、全年总支出(续)							
	(一)生产费用支出(续)							
	1. 家庭经营费用支出(续)							
	(1)渔业生产支出	1. 燃料及冰费用	2. 雇工费用	3. 饲料及苗种费用	4. 其他生产支出	(2)固定资产折旧支出	其中:渔业固定资产折旧	(3)其他家庭经营费用支出
全国总计	**109 926.57**	**22 195.18**	**10 914.95**	**65 771.92**	**11 044.52**	**4 320.91**	**3 375.88**	**8 654.74**
北 京	248.98	11.63	21.40	194.55	21.40	3.12	2.42	7.72
天 津	1 867.16	69.50	136.46	1 503.90	157.30	42.58	37.08	17.90
河 北	1 565.45	361.46	171.35	889.56	143.08	54.84	46.11	21.34
山 西	225.05	7.10	11.52	175.20	31.23	12.20	8.20	100.50
内蒙古	160.44	12.78	11.50	110.72	25.44	13.88	13.78	12.90
辽 宁	10 764.77	2 389.67	1 832.07	5 782.44	760.59	463.40	333.33	1 174.04
吉 林	276.28	17.51	46.50	183.14	29.13	13.64	12.39	14.95
黑龙江	780.29			780.29				115.82
上 海	18 633.35	698.17	649.15	15 664.45	1 621.58	267.54	238.16	126.08
江 苏	6 833.58	834.13	499.47	4 797.06	702.92	248.09	208.00	380.02
浙 江	7 413.27	1 742.99	704.06	3 821.55	1 144.67	231.37	206.81	406.39
安 徽	2 480.05	144.11	1 187.94	799.85	348.15	122.08	109.73	256.09
福 建	7 116.83	3 509.86	952.08	1 227.64	1 427.25	517.25	377.76	613.58
江 西	1 627.92	80.90	49.16	1 158.57	339.29	80.18	52.99	221.71
山 东	13 101.63	3 818.55	1 480.21	6 748.68	1 054.19	558.39	412.30	536.00
河 南	806.12		12.80	734.94	58.38	2.31	2.20	17.37
湖 北	4 158.04	182.76	127.28	3 660.80	187.20	129.61	111.94	379.43
湖 南	1 149.60	34.09	29.55	1 040.16	45.80	19.60	13.46	44.13
广 东	17 766.92	3 990.74	1 609.71	10 282.07	1 884.40	871.77	581.33	3 297.13
广 西	2 779.40	1 106.07	201.21	1 310.03	162.09	127.26	98.21	317.01
海 南	5 052.50	2 881.10	945.00	875.40	351.00	215.10	205.40	3.67
重 庆	631.00			631.00		10.00	9.00	78.00
四 川	987.89	28.37	15.23	873.04	71.25	11.09	7.96	58.17
贵 州	34.26	6.32	2.90	22.27	2.77			
云 南	448.45	5.90	24.94	389.72	27.89	5.66	3.91	32.86
西 藏								
陕 西	1 952.00	179.00	149.00	1 253.00	371.00	281.00	269.00	371.00
甘 肃	532.00	76.20	11.80	392.00	52.00	12.00	9.00	41.00
青 海								
宁 夏	235.59	4.22	15.66	204.15	11.56	2.75	1.21	6.03
新 疆	297.75	2.05	17.00	265.74	12.96	4.20	4.20	3.90

各地区渔民家庭收支调查(五)

单位:万元

地　区	二、全年总支出(续)							
	(一)生产费用支出(续)	(二)税费支出		(三)财产性支出	(四)转移性支出	(五)生活支出		(六)其他支出
	2. 购置生产性固定资产支出		其中:渔业税费支出				其中:食物支出	
全国总计	**5 451.55**	**2 154.99**	**1 816.98**	**1 740.45**	**789.63**	**17 780.68**	**10 287.36**	**4 133.27**
北　京	12.48	7.42	6.32	1.70	2.20	19.65	13.95	6.03
天　津	76.80	14.00		8.00		183.40	102.10	36.60
河　北	52.73	32.74	32.58	29.10	2.30	258.26	133.02	18.88
山　西	66.80			15.50		14.28	7.68	2.20
内蒙古						21.73	16.36	52.96
辽　宁	250.58	274.72	254.73	29.75	26.72	1 035.30	665.13	196.86
吉　林	12.62	1.16	1.16	2.56	2.16	42.58	21.33	11.32
黑龙江	10.00	39.34	33.47			97.17		
上　海	349.05	47.81	47.81	47.70	17.40	1 601.86	749.86	816.17
江　苏	229.73	239.83	229.29	58.40	23.64	1 290.98	769.43	293.78
浙　江	458.58	130.10	87.20	528.52	73.86	1 993.03	969.48	343.59
安　徽	131.50	120.83	117.52	60.77	83.87	519.39	302.59	192.77
福　建	531.98	43.26	37.70	131.84	30.96	2 173.36	1 521.12	337.29
江　西	86.21	6.00	5.44	1.89	5.91	442.12	291.11	40.84
山　东	791.19	273.95	200.27	143.42	109.19	1 713.56	719.03	292.18
河　南	6.33	31.13	31.13		0.43	89.54	59.85	10.42
湖　北	212.68	259.82	239.49	123.36	95.34	675.74	533.39	190.14
湖　南	38.94	20.18	17.00	16.07	17.66	376.94	212.06	29.81
广　东	1 255.15	310.85	229.81	183.31	112.15	2 841.92	1 793.68	580.29
广　西	131.08	16.20	9.68	40.95	13.13	692.66	485.35	157.52
海　南	360.00	51.40	41.76	178.70	14.63	493.50	190.50	159.00
重　庆		81.00	60.00			175.00	118.00	37.00
四　川	3.87	0.66	0.66	1.20	7.28	203.24	121.65	4.21
贵　州		2.30	2.30	6.00		23.60	12.40	13.67
云　南	6.13	7.73	7.66	0.91		53.96	36.17	23.25
西　藏								
陕　西	334.10	131.50	114.00	121.60	146.00	671.30	387.00	256.50
甘　肃	30.30	11.06	10.00	8.00	4.00	22.20	18.00	25.00
青　海								
宁　夏	1.22			1.20	0.80	28.41	17.38	1.13
新　疆	11.50					26.00	19.74	3.86

各地区渔民家庭收支调查(六)

单位:万元

地　区	三、全年纯收入	其中:渔业纯收入	四、调查户数(户)	其中:养殖户数(户)	五、调查户家庭总人数(人)	六、调查户家庭专业从业人员(人)
全国总计	**72 578.50**	**51 016.35**	**14 008**	**10 760**	**53 885**	**29 923**
北　京	85.42	61.66	17	17	55	33
天　津	668.26	555.86	62	57	258	131
河　北	847.84	569.68	250	146	1 034	602
山　西	152.65	126.85	6	6	38	14
内蒙古	61.42	52.60	17	16	70	37
辽　宁	4 137.92	3 411.54	801	506	2 968	1 705
吉　林	187.71	140.38	23	22	100	67
黑龙江	483.22	337.16	156	156	612	349
上　海	8 079.07	6 100.60	1 376	1 248	4 235	2 312
江　苏	5 010.87	3 577.09	925	712	3 702	2 128
浙　江	4 898.52	3 015.21	830	523	3 044	1 849
安　徽	2 125.93	1 613.73	359	324	1 490	862
福　建	4 573.18	2 959.62	1 200	614	5 516	2 730
江　西	970.19	814.91	304	267	1 377	795
山　东	6 632.94	4 732.78	1 650	1 334	6 475	3 581
河　南	249.74	185.06	80	80	352	206
湖　北	3 416.27	2 860.43	627	627	2 699	1 651
湖　南	856.26	528.01	310	304	1 225	729
广　东	18 612.07	12 449.72	1 400	740	6 300	3 080
广　西	1 943.18	1 175.37	350	233	1 589	850
海　南	3 745.33	2 516.34	240	60	1 460	812
重　庆	470.00	419.00	288	228	845	570
四　川	425.57	269.06	162	162	614	359
贵　州	114.09	86.94	16	10	72	33
云　南	199.12	150.83	42	42	196	99
西　藏						
陕　西	3 036.60	1 941.00	1 987	1 832	5 419	3 704
甘　肃	444.64	243.00	507	471	2 022	554
青　海						
宁　夏	50.24	36.13	13	13	66	45
新　疆	100.25	85.79	10	10	52	36

二、生　　产

全国水产品总产量

单位:吨

指　　标	2009 年	2008 年	2009 年比 2008 年增减(±)	
			绝对量	幅度(%)
水产品总产量	**51 164 039**	**48 955 986**	**2 208 053**	**4.51**
海水产品	26 815 555	25 982 815	832 740	3.20
淡水产品	24 348 484	22 973 171	1 375 313	5.99
养殖产量	36 216 826	34 128 213	2 088 613	6.12
海水养殖	14 052 220	13 403 236	648 984	4.84
淡水养殖	22 164 606	20 724 977	1 439 629	6.95
捕捞产量	14 947 213	14 827 773	119 440	0.81
海洋捕捞	11 786 109	11 496 270	289 839	2.52
远洋渔业	977 226	1 083 309	-106 083	-9.79
淡水捕捞	2 183 878	2 248 194	-64 316	-2.86
养殖产品中:鱼类	20 340 641	19 116 746	1 223 895	6.40
甲壳类	2 977 446	2 713 293	264 153	9.74
贝类	10 765 706	10 313 533	452 173	4.38
藻类	1 463 558	1 392 254	71 304	5.12
其他类	669 475	592 387	77 088	13.01
捕捞产品中:鱼类	9 566 571	9 511 265	55 306	0.58
甲壳类	2 346 737	2 274 920	71 817	3.16
贝类	954 073	912 026	42 047	4.61
藻类	27 617	36 610	-8 993	-24.56
头足类	643 255	637 910	5 345	0.84
其他类	431 734	371 733	60 001	16.14

各地区水产品产量(一)

单位:吨

地区	2009年							
	总产量	1. 养殖产品小计	a. 海水养殖	b. 淡水养殖	2. 捕捞产品小计	a. 海洋捕捞	b. 远洋渔业	c. 淡水捕捞
全国总计	**51 164 039**	**36 216 826**	**14 052 220**	**22 164 606**	**14 947 213**	**11 786 109**	**977 226**	**2 183 878**
北　京	58 161	50 263		50 263	7 898		3 913	3 985
天　津	334 044	299 907	14 067	285 840	34 137	16 459	8 929	8 749
河　北	1 004 100	663 050	300 567	362 483	341 050	253 317		87 733
山　西	31 000	30 251		30 251	749			749
内蒙古	105 979	76 393		76 393	29 586			29 586
辽　宁	4 006 050	2 817 622	2 143 168	674 454	1 188 428	995 312	136 808	56 308
吉　林	165 184	145 998		145 998	19 186			19 186
黑龙江	380 700	337 551		337 551	43 149			43 149
上　海	308 986	147 867		147 867	161 119	21 865	134 486	4 768
江　苏	4 432 236	3 541 495	734 960	2 806 535	890 741	562 663	7 346	320 732
浙　江	4 403 134	1 539 281	764 565	774 716	2 863 853	2 666 376	107 134	90 343
安　徽	1 831 462	1 524 177		1 524 177	307 285			307 285
福　建	5 675 206	3 569 221	2 930 254	638 967	2 105 985	1 859 258	168 606	78 121
江　西	2 010 503	1 782 993		1 782 993	227 510			227 510
山　东	7 535 939	4 958 006	3 814 304	1 143 702	2 577 933	2 370 891	78 700	128 342
河　南	537 650	507 053		507 053	30 597			30 597
湖　北	3 338 896	3 076 742		3 076 742	262 154			262 154
湖　南	1 880 600	1 770 414		1 770 414	110 186			110 186
广　东	7 025 951	5 374 100	2 346 157	3 027 943	1 651 851	1 415 867	109 474	126 510
广　西	2 622 793	1 842 464	822 505	1 019 959	780 329	662 979	4 705	112 645
海　南	1 454 899	474 542	181 673	292 869	980 357	961 122		19 235
重　庆	203 900	194 020		194 020	9 880			9 880
四　川	1 001 317	943 638		943 638	57 679			57 679
贵　州	80 300	69 259		69 259	11 041			11 041
云　南	271 217	247 782		247 782	23 435			23 435
西　藏	500	92		92	408			408
陕　西	56 000	51 846		51 846	4 154			4 154
甘　肃	11 926	11 926		11 926				
青　海	1 400	1 360		1 360	40			40
宁　夏	81 844	81 650		81 650	194			194
新　疆	95 037	85 863		85 863	9 174			9 174
中农发集团	217 125				217 125		217 125	

各地区水产品产量(二)

单位:吨

地 区	2008 年							
	总产量	1. 养殖产品小计	a. 海水养殖	b. 淡水养殖	2. 捕捞产品小计	a. 海洋捕捞	b. 远洋渔业	b. 淡水捕捞
全国总计	**48 955 986**	**34 128 213**	**13 403 236**	**20 724 977**	**14 827 773**	**11 496 270**	**1 083 309**	**2 248 194**
北 京	60 761	49 550		49 550	11 211		7 150	4 061
天 津	322 500	289 296	14 082	275 214	33 204	18 777	5 717	8 710
河 北	966 400	631 976	295 950	336 026	334 424	253 300		81 124
山 西	30 700	29 810		29 810	890			890
内蒙古	98 212	70 283		70 283	27 929			27 929
辽 宁	3 776 505	2 598 771	2 020 980	577 791	1 177 734	1 028 217	112 136	37 381
吉 林	155 000	134 870		134 870	20 130			20 130
黑龙江	355 800	314 005		314 005	41 795			41 795
上 海	323 400	142 414		142 414	180 986	20 055	157 149	3 782
江 苏	4 250 005	3 350 031	674 414	2 675 617	899 974	566 308	11 781	321 885
浙 江	4 187 900	1 561 722	830 785	730 937	2 626 178	2 343 219	202 000	80 959
安 徽	1 722 849	1 412 736		1 412 736	310 113			310 113
福 建	5 420 000	3 360 929	2 777 821	583 108	2 059 071	1 833 728	149 000	76 343
江 西	1 903 862	1 662 508		1 662 508	241 354			241 354
山 东	7 303 005	4 692 149	3 613 510	1 078 639	2 610 856	2 383 213	98 000	129 643
河 南	505 760	476 150		476 150	29 610			29 610
湖 北	3 133 937	2 831 300		2 831 300	302 637			302 637
湖 南	1 785 899	1 626 374		1 626 374	159 525			159 525
广 东	6 804 121	5 140 916	2 229 773	2 911 143	1 663 205	1 454 640	83 670	124 895
广 西	2 499 838	1 729 448	775 866	953 582	770 390	656 024	8 706	105 660
海 南	1 394 000	435 337	170 055	265 282	958 663	938 789		19 874
重 庆	190 600	180 738		180 738	9 862			9 862
四 川	952 046	893 924		893 924	58 122			58 122
贵 州	78 000	66 609		66 609	11 391			11 391
云 南	254 629	230 932		230 932	23 697			23 697
西 藏	500	96		96	404			404
陕 西	52 200	48 136		48 136	4 064			4 064
甘 肃	11 770	11 011		11 011	759			759
青 海	1 450	1 420		1 420	30			30
宁 夏	75 137	74 955		74 955	182			182
新 疆	91 200	79 817		79 817	11 383			11 383
中农发集团	248 000				248 000		248 000	

各地区水产品产量(三)

单位:吨

地区	2009年比2008年增减(±)(绝对量)							
	总产量	1. 养殖产品小计	a. 海水养殖	b. 淡水养殖	2. 捕捞产品小计	a. 海洋捕捞	b. 远洋渔业	c. 淡水捕捞
全国总计	**2 208 053**	**2 088 613**	**648 984**	**1 439 629**	**119 440**	**289 839**	**-106 083**	**-64 316**
北　京	-2 600	713		713	-3 313		-3 237	-76
天　津	11 544	10 611	-15	10 626	933	-2 318	3 212	39
河　北	37 700	31 074	4 617	26 457	6 626	17		6 609
山　西	300	441		441	-141			-141
内蒙古	7 767	6 110		6 110	1 657			1 657
辽　宁	229 545	218 851	122 188	96 663	10 694	-32 905	24 672	18 927
吉　林	10 184	11 128		11 128	-944			-944
黑龙江	24 900	23 546		23 546	1 354			1 354
上　海	-14 414	5 453		5 453	-19 867	1 810	-22 663	986
江　苏	182 231	191 464	60 546	130 918	-9 233	-3 645	-4 435	-1 153
浙　江	215 234	-22 441	-66 220	43 779	237 675	323 157	-94 866	9 384
安　徽	108 613	111 441		111 441	-2 828			-2 828
福　建	255 206	208 292	152 433	55 859	46 914	25 530	19 606	1 778
江　西	106 641	120 485		120 485	-13 844			-13 844
山　东	232 934	265 857	200 794	65 063	-32 923	-12 322	-19 300	-1 301
河　南	31 890	30 903		30 903	987			987
湖　北	204 959	245 442		245 442	-40 483			-40 483
湖　南	94 701	144 040		144 040	-49 339			-49 339
广　东	221 830	233 184	116 384	116 800	-11 354	-38 773	25 804	1 615
广　西	122 955	113 016	46 639	66 377	9 939	6 955	-4 001	6 985
海　南	60 899	39 205	11 618	27 587	21 694	22 333		-639
重　庆	13 300	13 282		13 282	18			18
四　川	49 271	49 714		49 714	-443			-443
贵　州	2 300	2 650		2 650	-350			-350
云　南	16 588	16 850		16 850	-262			-262
西　藏		-4		-4	4			4
陕　西	3 800	3 710		3 710	90			90
甘　肃	156	915		915	-759			-759
青　海	-50	-60		-60	10			10
宁　夏	6 707	6 695		6 695	12			12
新　疆	3 837	6 046		6 046	-2 209			-2 209
中农发集团	-30 875				-30 875		-30 875	

全国水产养殖产量(按水域和养殖方式分)

单位:吨

指标		2009年	2008年	2009年比2008年增减(±)	
				绝对量	幅度(%)
总计		**36 216 826**	**34 128 213**	**2 088 613**	**6.12**
1. 海水养殖		14 052 220	13 403 236	648 984	4.84
按水域分	海上	7 398 170	6 737 688	660 482	9.80
	滩涂	5 117 752	5 166 516	-48 764	-0.94
	其他	1 536 298	1 499 032	37 266	2.49
养殖方式中	池塘	1 852 906	1 414 221	438 685	31.02
	普通网箱	324 606	269 937	54 669	20.25
	深水网箱	59 121	35 673	23 448	65.73
	筏式	3 880 306	3 823 441	56 865	1.49
	吊笼	523 294	444 663	78 631	17.68
	底播	3 870 594	2 982 620	887 974	29.77
	工厂化	102 804	83 250	19 554	23.49
2. 淡水养殖		22 164 606	20 724 977	1 439 629	6.95
按水域分	池塘	15 488 542	14 594 472	894 070	6.13
	湖泊	1 527 254	1 456 226	71 028	4.88
	水库	2 684 093	2 415 397	268 696	11.12
	河沟	697 123	558 668	138 455	24.78
	其他	604 927	530 246	74 681	14.08
	稻田养成鱼	1 162 667	1 169 968	-7 301	-0.62
养殖方式中	围栏	530 666	510 761	19 905	3.90
	网箱	1 069 605	883 823	185 782	21.02
	工厂化	158 946	133 680	25 266	18.90

全国海水养殖产量(一)

单位:吨

指　　标	2009 年	2008 年	2009 年比 2008 年增减(±)	
			绝对量	幅度(%)
海水养殖	**14 052 220**	**13 403 236**	**648 984**	**4.84**
1. 鱼类	767 938	747 504	20 434	2.73
其中:鲈鱼	101 971	95 747	6 224	6.50
鲆鱼	86 672	78 141	8 531	10.92
大黄鱼	66 021	65 977	44	0.07
军曹鱼	29 104	23 475	5 629	23.98
鰤鱼	19 404	19 511	-107	-0.55
鲷鱼	40 253	36 250	4 003	11.04
美国红鱼	49 118	50 947	-1 829	-3.59
河鲀	18 868	15 518	3 350	21.59
石斑鱼	44 155	45 213	-1 058	-2.34
鲽鱼	11 521	8 274	3 247	39.24
2. 甲壳类	1 016 939	941 791	75 148	7.98
虾	796 479	725 442	71 037	9.79
其中:南美白对虾	580 843	520 133	60 710	11.67
斑节对虾	60 210	60 899	-689	-1.13
中国对虾	44 388	42 552	1 836	4.31
日本对虾	50 407	47 721	2 686	5.63
蟹	220 460	216 349	4 111	1.90
其中:梭子蟹	95 788	83 803	11 985	14.30
青蟹	115 881	113 852	2 029	1.78

全国海水养殖产量(二)

单位:吨

指　标	2009 年	2008 年	2009 年比 2008 年增减(±)	
			绝对量	幅度(%)
3. 贝类	10 530 465	10 080 901	449 564	4.46
牡蛎	3 503 782	3 354 382	149 400	4.45
鲍	42 373	33 010	9 363	28.36
螺	203 795	224 967	-21 172	-9.41
蚶	276 742	290 177	-13 435	-4.63
贻贝	637 373	479 902	157 471	32.81
江珧	15 369	11 155	4 214	37.78
扇贝	1 276 770	1 137 039	139 731	12.29
蛤	3 192 461	3 058 073	134 388	4.39
蛏	683 806	742 084	-58 278	-7.85
4. 藻类	1 456 469	1 386 022	70 447	5.08
海带	827 965	797 751	30 214	3.79
裙带菜	132 417	132 021	396	0.30
紫菜	107 475	81 466	26 009	31.93
江蓠	125 352	114 446	10 906	9.53
麒麟菜	6 590	6 724	-134	-1.99
石花菜	120	120		
羊栖菜	7 949	8 748	-799	-9.13
苔菜	1 060	1 254	-194	-15.47
5. 其他类	280 409	247 018	33 391	13.52
海参	102 159	92 567	9 592	10.36
海胆(千克)	6 086 131	3 023 186	3 062 945	101.32
海水珍珠(千克)	22 713	15 392	7 321	47.56
海蜇	62 969	47 405	15 564	32.83

全国淡水养殖产量

单位:吨

指　　标	2009 年	2008 年	2009 年比 2008 年增减(±)	
			绝对量	幅度(%)
淡水养殖产量	**22 164 606**	**20 724 977**	**1 439 629**	**6.95**
1. 鱼类	19 572 703	18 369 242	1 203 461	6.55
2. 甲壳类	1 960 507	1 771 502	189 005	10.67
虾	1 386 272	1 253 145	133 127	10.62
其中:罗氏沼虾	144 467	127 788	16 679	13.05
青虾	209 401	205 010	4 391	2.14
克氏原螯虾	479 374	364 619	114 755	31.47
南美白对虾	537 299	542 632	-5 333	-0.98
蟹(河蟹)	574 235	518 357	55 878	10.78
3. 贝类	235 241	232 632	2 609	1.12
其中:河蚌	88 984	89 392	-408	-0.46
螺	99 080	93 629	5 451	5.82
蚬	20 125	18 980	1 145	6.03
4. 藻类(螺旋藻)	7 089	6 232	857	13.75
5. 其他类	389 066	345 369	43 697	12.65
其中:龟	22 449	20 028	2 421	12.09
鳖	230 219	204 139	26 080	12.78
蛙	91 907	81 871	10 036	12.26
珍珠(千克)	3 375 429	4 573 344	-1 197 915	-26.19
6. 观赏鱼(万尾)	221 902	329 330	-107 428	-32.62

全国淡水养殖主要鱼类产量

单位:吨

指　标	2009 年	2008 年	2009 年比 2008 年增减(±)	
			绝对量	幅度(%)
青鱼	387 623	359 804	27 819	7.73
草鱼	4 081 520	3 707 146	374 374	10.10
鲢鱼	3 484 442	3 193 270	291 172	9.12
鳙鱼	2 434 555	2 290 228	144 327	6.30
鲤鱼	2 462 346	2 350 691	111 655	4.75
鲫鱼	2 055 478	1 955 500	99 978	5.11
鳊鱼	625 789	599 623	26 166	4.36
泥鳅	176 405	153 257	23 148	15.10
鲶鱼	325 268	315 749	9 519	3.01
鮰鱼	223 233	224 471	-1 238	-0.55
黄颡鱼	163 556	134 448	29 108	21.65
鲑鱼	1 448	1 829	-381	-20.83
鳟鱼	16 357	16 776	-419	-2.50
河鲀	2 210	2 115	95	4.49
短盖巨脂鲤	85 706	77 462	8 244	10.64
长吻鮠	17 900	15 347	2 553	16.64
黄鳝	237 034	212 129	24 905	11.74
鳜鱼	235 514	229 269	6 245	2.72
池沼公鱼	14 814	10 962	3 852	35.14
银鱼	17 523	15 822	1 701	10.75
鲈鱼	174 471	166 601	7 870	4.72
乌鳢	358 502	324 131	34 371	10.60
罗非鱼	1 257 978	1 110 298	147 680	13.30
鲟鱼	28 723	21 396	7 327	34.24
鳗鲡	214 698	205 325	9 373	4.56

各地区海水养殖产量(按品种分)(一)

单位:吨

地　区	海水养殖产量	1. 鱼类	其　中					
			鲈鱼	鲆鱼	大黄鱼	军曹鱼	鲕鱼	鲷鱼
全国总计	**14 052 220**	**767 938**	**101 971**	**86 672**	**66 021**	**29 104**	**19 404**	**40 253**
天　津	14 067	2 142	11	1 398				
河　北	300 567	14 718	1 147	2 666				10
辽　宁	2 143 168	40 008	1 213	23 613				
上　海								
江　苏	734 960	43 135	1 318	1 967				29
浙　江	764 565	32 342	9 839	111	3 365		55	3 611
福　建	2 930 254	158 874	12 757	2 390	58 622	326	4 540	16 088
山　东	3 814 304	127 588	25 111	53 696	190			1 695
广　东	2 346 157	279 638	40 408	831	3 844	18 312	14 022	11 229
广　西	822 505	26 102	7 680			200		5 337
海　南	181 673	43 391	2 487			10 266	787	2 254

各地区海水养殖产量(按品种分)(二)

单位:吨

地　区	1. 鱼类(续)				2. 甲壳类	(1)虾	其　中	
	其中(续)							
	美国红鱼	河鲀	石斑鱼	鲽鱼			南美白对虾	斑节对虾
全国总计	**49 118**	**18 868**	**44 155**	**11 521**	**1 016 939**	**796 479**	**580 843**	**60 210**
天　津	30	18	165	79	11 925	11 922	11 843	
河　北	35	3 410	1 120	12	18 009	15 568	7 314	
辽　宁		4 989		395	25 828	24 997	10 126	
上　海								
江　苏	20	170		1 106	66 465	44 089	24 018	610
浙　江	6 802	10	73	58	79 527	34 405	21 894	924
福　建	10 978	1 073	9 790	505	88 460	48 749	30 437	5 317
山　东	3 510	5 318	110	8 777	120 902	85 789	44 392	1 629
广　东	22 969	3 833	18 025	589	335 501	285 703	215 366	36 425
广　西	2 791		2 251		168 561	155 935	135 945	13 353
海　南	1 983	47	12 621		101 761	89 322	79 508	1 952

各地区海水养殖产量(按品种分)(三)

单位:吨

地区	2. 甲壳类(续)					3. 贝类
	(1)虾(续)		(2)蟹	其中		
	其中(续)					
	中国对虾	日本对虾		梭子蟹	青蟹	
全国总计	**44 388**	**50 407**	**220 460**	**95 788**	**115 881**	**10 530 465**
天　津	6		3	3		
河　北	4 084	4 170	2 441	2 241	100	264 007
辽　宁	11 857	2 302	831	770		1 663 522
上　海						
江　苏	5 710	1 517	22 376	21 075	703	591 293
浙　江	2 959	3 057	45 122	22 489	22 403	611 602
福　建	3 384	7 048	39 711	13 372	24 322	2 125 848
山　东	10 842	27 268	35 113	33 967	140	2 964 656
广　东	5 546	4 867	49 798	1 801	43 219	1 665 006
广　西		178	12 626		12 626	625 093
海　南			12 439	70	12 368	19 438

各地区海水养殖产量(按品种分)(四)

单位:吨

地区	3. 贝类(续)								
	其中(续)								
	牡蛎	鲍	螺	蚶	贻贝	江珧	扇贝	蛤	蛏
全国总计	**3 503 782**	**42 373**	**203 795**	**276 742**	**637 373**	**15 369**	**1 276 770**	**3 192 461**	**683 806**
天　津									
河　北			20	8 390	250		174 114	80 983	65
辽　宁	130 715	879		29 751	35 135		312 599	771 596	22 441
上　海									
江　苏	10 988		55 437	15 361	54 329			365 989	87 835
浙　江	105 235	366	12 356	109 032	71 928		1 964	52 536	215 439
福　建	1 449 537	29 113	3 017	40 676	63 632		10 234	278 985	180 136
山　东	581 452	6 548	9 105	19 484	315 922		702 345	1 165 240	149 925
广　东	864 274	4 909	92 618	48 143	87 572	15 369	74 730	270 497	26 957
广　西	360 255		29 413	5 265	8 605		741	197 763	1 008
海　南	1 326	558	1 829	640			43	8 872	

各地区海水养殖产量(按品种分)(五)

单位:吨

地　区	4. 藻类	其中					
		海带	裙带菜	紫菜	江蓠	麒麟菜	石花菜
全国总计	**1 456 469**	**827 965**	**132 417**	**107 475**	**125 352**	**6 590**	**120**
天　津							
河　北							
辽　宁	248 235	138 812	103 062				
上　海							
江　苏	32 623	5 980	89	26 524	16		
浙　江	40 273	12 246		20 871	89		
福　建	554 313	431 631	662	49 447	67 066		
山　东	505 713	236 335	28 195	2 365	2 320		120
广　东	58 539	2 961	409	8 268	45 342	370	
广　西							
海　南	16 773				10 519	6 220	

各地区海水养殖产量(按品种分)(六)

单位:吨

地　区	4. 藻类(续) 其中(续)		5. 其他	其中			
	羊栖菜	苔菜		海参	海胆(千克)	海水珍珠(千克)	海蜇
全国总计	**7 949**	**1 060**	**280 409**	**102 159**	**6 086 131**	**22 713**	**62 969**
天　津							
河　北			3 833	1 508			
辽　宁			165 575	36 134	2 891 000		50 752
上　海							
江　苏	14		1 444	134			1 310
浙　江	6 065	740	821	68			4
福　建	1 870		2 759	1 338			412
山　东		320	95 445	62 792	3 112 003		8 290
广　东			7 473	185	83 128	13 791	1 561
广　西			2 749			7 222	640
海　南			310			1 700	

各地区海水养殖产量(按水域和养殖方式分)(一)

单位:吨

地区	海水养殖产量	按水域分			养殖方式中
		1. 海上	2. 滩涂	3. 其他	1. 池塘
全国总计	**14 052 220**	**7 398 170**	**5 117 752**	**1 536 298**	**1 852 906**
天　津	14 067			14 067	12 225
河　北	300 567	193 664	82 606	24 297	32 360
辽　宁	2 143 168	1 357 478	635 733	149 957	158 275
上　海					
江　苏	734 960	118 761	461 801	154 398	300 576
浙　江	764 565	226 288	325 568	212 709	221 478
福　建	2 930 254	1 795 806	941 586	192 862	175 456
山　东	3 814 304	2 467 737	1 184 403	162 164	280 967
广　东	2 346 157	978 702	958 704	408 751	389 847
广　西	822 505	223 537	432 485	166 483	174 378
海　南	181 673	36 197	94 866	50 610	107 344

各地区海水养殖产量(按水域和养殖方式分)(二)

单位:吨

地区	养殖方式中(续)					
	2. 普通网箱	3. 深水网箱	4. 筏式	5. 吊笼	6. 底播	7. 工厂化
全国总计	**324 606**	**59 121**	**3 880 306**	**523 294**	**3 870 594**	**102 804**
天　津						1 842
河　北			156 099	17 265	89 185	5 658
辽　宁	1 583	1 790	611 839	24 841	875 951	22 746
上　海						
江　苏			79 352	90	348 902	6 039
浙　江	25 217	2 764	174 876	807	257 884	59
福　建	123 549	5 542	765 068	26 353	292 907	6 772
山　东	32 543	33 420	1 667 437	349 472	1 324 866	54 596
广　东	121 792	3 807	239 368	103 686	484 940	2 717
广　西	6 182	1 000	186 267	741	187 923	
海　南	13 740	10 798		39	8 036	2 375

各地区淡水养殖产量(按品种分)(一)

单位:吨

地 区	淡水养殖产量	1. 鱼类	其 中				
			青鱼	草鱼	鲢鱼	鳙鱼	鲤鱼
全国总计	**22 164 606**	**19 572 703**	**387 623**	**4 081 520**	**3 484 442**	**2 434 555**	**2 462 346**
北 京	50 263	49 810	457	9 012	5 210	2 765	12 626
天 津	285 840	235 451		20 415	41 447	11 877	97 649
河 北	362 483	338 424	391	53 231	64 053	27 322	130 435
山 西	30 251	30 038	19	4 245	6 566	2 883	10 749
内蒙古	76 393	75 061		8 690	13 159	8 958	29 654
辽 宁	674 454	616 141	1 308	55 826	92 179	53 843	236 629
吉 林	145 998	145 599	838	13 395	40 171	27 990	38 352
黑龙江	337 551	333 248		23 369	64 616	27 692	146 873
上 海	147 867	87 392	2 666	22 945	17 172	8 946	1 032
江 苏	2 806 535	2 088 127	64 980	401 581	452 865	204 695	132 709
浙 江	774 716	518 663	29 926	73 060	115 107	72 985	31 527
安 徽	1 524 177	1 241 525	43 576	211 003	256 600	233 927	110 057
福 建	638 967	557 288	9 781	120 592	52 641	53 357	43 879
江 西	1 782 993	1 623 659	35 641	361 520	228 078	258 274	131 608
山 东	1 143 702	1 080 626	13 947	184 985	186 063	120 257	279 017
河 南	507 053	490 181	7 357	73 932	120 286	76 953	141 007
湖 北	3 076 742	2 698 171	81 812	765 346	592 316	345 661	160 774
湖 南	1 770 414	1 709 862	53 311	514 388	392 452	248 923	146 238
广 东	3 027 943	2 698 610	27 159	620 754	211 348	336 237	117 112
广 西	1 019 959	999 256	9 884	215 597	186 503	133 719	123 581
海 南	292 869	283 372	1 089	8 023	7 642	7 162	5 489
重 庆	194 020	193 546	570	39 560	52 215	19 129	22 757
四 川	943 638	931 220	1 148	164 569	214 263	107 217	115 883
贵 州	69 259	69 154	57	10 967	8 791	7 478	28 427
云 南	247 782	246 675	1 554	54 792	24 886	20 152	70 656
西 藏	92	92		20	2		20
陕 西	51 846	51 756	150	12 938	11 651	4 617	16 976
甘 肃	11 926	11 897		2 634	1 401	712	2 502
青 海	1 360	1 334		50	20		120
宁 夏	81 650	81 130	2	18 188	9 798	4 082	40 851
新 疆	85 863	85 395		15 893	14 941	6 742	37 157

各地区淡水养殖产量(按品种分)(二)

单位:吨

地 区	1. 鱼类(续)						
	其中(续)						
	鲫鱼	鳊鲂	泥鳅	鲶鱼	鮰鱼	黄颡鱼	鲑鱼
全国总计	**2 055 478**	**625 789**	**176 405**	**325 268**	**223 233**	**163 556**	**1 448**
北 京	6 858	3 814		836	333	128	
天 津	53 792	2 165	116	5 323		10	
河 北	32 042	557	86	396	114	8	51
山 西	1 389	986	4	440		5	
内蒙古	9 326	644	674	1 571	3	275	
辽 宁	94 248	8 657	14 920	30 809	259	13 486	140
吉 林	13 835	1 540	1 027	2 351	26	632	43
黑龙江	49 221	579	1 129	2 624	91	2 180	
上 海	24 193	3 975	37	76	482	26	
江 苏	456 654	168 443	40 204	10 834	25 283	14 825	20
浙 江	69 200	24 207	1 141	2 423	2 264	4 258	49
安 徽	145 116	74 620	14 266	10 974	21 111	16 320	
福 建	21 908	3 267	995	5 246	3 523	1 188	
江 西	175 440	55 033	51 212	41 246	27 770	27 848	267
山 东	124 181	7 920	6 801	21 381	1 490	1 247	8
河 南	37 466	11 442	3 090	7 505	3 660	646	2
湖 北	315 893	121 767	10 260	22 826	40 365	42 362	
湖 南	87 119	60 920	7 237	20 530	20 704	12 020	14
广 东	121 416	38 757	4 036	30 578	10 986	10 345	129
广 西	29 971	1 266	2 017	27 837	10 925	1 017	32
海 南	1 534	981	751	1 919		412	
重 庆	42 535	2 258	670	2 640	4 050	1 120	55
四 川	106 725	27 575	14 395	68 924	45 637	12 856	402
贵 州	2 902	432	196	2 273	3 895	241	3
云 南	17 882	157	1 049	1 714	128	75	31
西 藏	6						4
陕 西	2 289	386	27	422	45	14	
甘 肃	658	612	65	70	6		193
青 海	109						
宁 夏	5 673	1 371		932	20		
新 疆	5 897	1 458		568	63	12	5

各地区淡水养殖产量(按品种分)(三)

单位:吨

地 区	1. 鱼类(续)						
	其中(续)						
	鳟鱼	河鲀	短盖巨脂鲤	长吻鮠	黄鳝	鳜鱼	池沼公鱼
全国总计	**16 357**	**2 210**	**85 706**	**17 900**	**237 034**	**235 514**	**14 814**
北 京	2 580		30			220	
天 津					35	469	
河 北	1 483		35		17	112	4 311
山 西	758						
内蒙古	38						500
辽 宁	3 231					867	2 681
吉 林	149					19	3 567
黑龙江	108					110	21
上 海					40	212	
江 苏	96	1 232	4 917	192	8 026	24 856	1
浙 江	154	24	391	46	660	8 880	5
安 徽	21	4	2 614	108	29 593	30 391	138
福 建	9	195	3 195	136	641	1 647	3
江 西	7		21 659	387	56 544	34 034	
山 东	2 114		1 419		678	1 640	23
河 南	164		512	7	1 736	396	1
湖 北			55	778	99 620	18 743	2 042
湖 南	429		6	657	24 556	11 889	
广 东	81	536	22 914	7 766	2 049	96 497	1
广 西	114		26 078	745	1 348	183	
海 南			1 233		369		
重 庆	26		484	628	598	198	
四 川	1 139			5 791	9 866	4 011	
贵 州	66			606	139	38	
云 南	1 581		121	23	477	47	69
西 藏	14						
陕 西	125	219	43	30	42	38	
甘 肃	1 456					1	
青 海	35						1 000
宁 夏	20						
新 疆	359					16	451

各地区淡水养殖产量(按品种分)(四)

单位:吨

地 区	1. 鱼类(续)						2. 甲壳类
	其中(续)						
	银鱼	鲈鱼	乌鳢	罗非鱼	鲟鱼	鳗鲡	
全国总计	**17 523**	**174 471**	**358 502**	**1 257 978**	**28 723**	**214 698**	**1 960 507**
北 京		18	66	1 850	2 821		176
天 津			50	564			49 771
河 北	744	33	24	18 136	2 593		20 202
山 西	26	22		1 216	730		84
内蒙古	170		1 267	65			484
辽 宁	1 036	179	2 608	1 767	455		48 786
吉 林	1 003	255	374	26			399
黑龙江	486	5	73	235			4 278
上 海		372		56	55	208	59 276
江 苏	51	19 645	33 238	6 586	674	10 071	648 987
浙 江	197	14 241	38 646	1 917	1 526	3 528	120 661
安 徽	1 438	2 547	20 650	4 848	110	1 354	209 562
福 建	145	6 435	677	107 993	976	93 086	35 934
江 西	1 389	15 142	48 935	7 697	955	18 281	77 061
山 东	3 193	386	88 602	14 185	5 139		57 343
河 南	1 001	283	1 153	882	458		11 187
湖 北	1 446	2 042	25 903	8 406	3 230		336 907
湖 南	1 220	987	28 381	1 742	717		13 977
广 东	1 053	101 465	58 529	583 996	1 866	87 834	254 875
广 西	728	565	2 355	192 884	133	46	5 458
海 南			119	246 283	19	234	1 238
重 庆		333	267	3 052	351	50	198
四 川	1 319	8 308	6 392	3 690	5 060		2 025
贵 州	262	880	6	990	368	5	69
云 南	517	43	61	47 414	385	1	552
西 藏				19			
陕 西	78	76	96	388	34		62
甘 肃	18	5	1	40	41		25
青 海							26
宁 夏			5	82	2		520
新 疆	3	204	24	969	25		384

各地区淡水养殖产量(按品种分)(五)

单位:吨

地 区	2. 甲壳类(续)						3. 贝类	其中
	(1)虾	其中				(2)蟹(河蟹)		河蚌
		罗氏沼虾	青虾	克氏原螯虾	南美白对虾			
全国总计	**1 386 272**	**144 467**	**209 401**	**479 374**	**537 299**	**574 235**	**235 241**	**88 984**
北 京	150				150	26		
天 津	48 486		304		48 182	1 285		
河 北	14 132		786		13 325	6 070		
山 西	77	6			71	7		
内蒙古	144		104		40	340		
辽 宁	3 933				3 799	44 853	13	5
吉 林	90	12	68		10	309		
黑龙江	833				60	3 445		
上 海	44 618	7 614	805	18	36 181	14 658	210	210
江 苏	361 693	80 621	104 083	86 595	88 694	287 294	37 489	12 188
浙 江	111 055	12 203	20 313	5 017	71 093	9 606	9 432	3 552
安 徽	126 057	1 952	39 329	83 921	612	83 505	46 539	28 167
福 建	34 564	1 102	875	142	31 524	1 370	30 444	5 572
江 西	64 344	441	19 980	43 498	425	12 717	42 620	12 525
山 东	36 762	3 093	1 964	5 914	24 162	20 581	2 399	958
河 南	9 257	564	1 835	6 410	448	1 930	795	61
湖 北	261 286	1 409	12 427	244 579	2 871	75 621	18 062	15 027
湖 南	8 573	498	2 988	1 503	189	5 404	24 410	9 125
广 东	251 570	33 762	2 223	5	212 712	3 305	14 532	732
广 西	4 928	966	811	204	2 191	530	3 695	289
海 南	1 017				274	221	121	
重 庆	168	1		9	152	30	110	5
四 川	1 838	106	147	1 487	13	187	4 262	555
贵 州	51	3	47	1		18	30	13
云 南	470	111	274	71	14	82		
西 藏								
陕 西	59	3	31		3	3		
甘 肃	6					19		
青 海						26		
宁 夏						520		
新 疆	111		7		104	273	78	

各地区淡水养殖产量(按品种分)(六)

单位:吨

地区	3. 贝类(续)		4. 藻类(螺旋藻)	5. 其他类	其中				6. 观赏鱼(万尾)
	其中(续)								
	螺	蚬			龟	鳖	蛙	珍珠(千克)	
全国总计	**99 080**	**20 125**	**7 089**	**389 066**	**22 449**	**230 219**	**91 907**	**3 375 429**	**221 902**
北京				277	1	138			29 539
天津				618	372	35			50 177
河北				3 857	2	3 726			31 500
山西				129	113	16			2 552
内蒙古			848						37
辽宁				9 514	3		9 508		25
吉林									5
黑龙江				25			25		
上海				989	73	675			6 128
江苏	19 224	4 717	867	31 065	1 402	21 310	2 272	714 651	45 569
浙江	5 090	380	20	125 940	9 657	101 867	10 188	1 432	11 233
安徽	17 275	988		26 551	2 056	9 559	6 069	433 041	1 458
福建	4 072	8 309	375	14 926	335	5 966	6 484	25 000	2 459
江西	25 579	4 483	2 504	37 149	3 107	14 987	18 108	947 000	4
山东	958	120		3 334	16	3 176	12		6 131
河南	725	9	1 371	3 519	52	3 247	220		5 774
湖北	2 786	249		23 602	1 524	20 475	1 340	262 688	492
湖南	14 806	244		22 165	1 203	7 018	8 910	991 617	322
广东	3 070	456		59 926	1 507	26 766	17 032		14 589
广西	2 192	170	80	11 470	831	9 305	578		17
海南	121		548	7 590	100	1 032	6 458		
重庆	105			166	1	50	115		4 038
四川	2 982			6 131	93	793	4 548		6 060
贵州	17			6		4	2		
云南			476	79	1	38	36		3 309
西藏									
陕西				28		28			9
甘肃				4		2	2		
青海									
宁夏									360
新疆	78			6		6			114

各地区淡水养殖产量(按水域和养殖方式分)(一)

单位:吨

地区	淡水养殖产量	按水域分			
		1. 池塘	2. 湖泊	3. 水库	4. 河沟
全国总计	**22 164 606**	**15 488 542**	**1 527 254**	**2 684 093**	**697 123**
北　京	50 263	45 277	31	80	
天　津	285 840	268 604	9 293	1 400	1 389
河　北	362 483	245 135	13 374	93 425	3 824
山　西	30 251	18 289	849	10 846	196
内蒙古	76 393	45 277	13 609	15 400	1 705
辽　宁	674 454	516 013		81 603	4 299
吉　林	145 998	64 782	21 398	55 435	
黑龙江	337 551	261 338	26 590	24 288	10 687
上　海	147 867	114 411	263		4 468
江　苏	2 806 535	1 960 751	256 561	53 596	227 454
浙　江	774 716	347 717	7 873	73 057	73 048
安　徽	1 524 177	867 878	328 758	134 624	85 502
福　建	638 967	414 435	4 288	142 230	33 120
江　西	1 782 993	956 795	259 492	421 832	55 548
山　东	1 143 702	782 845	91 279	223 702	12 546
河　南	507 053	408 393	6 573	77 232	9 762
湖　北	3 076 742	2 329 180	331 921	197 333	20 967
湖　南	1 770 414	1 310 269	105 096	173 588	26 183
广　东	3 027 943	2 775 507	7 620	178 531	14 427
广　西	1 019 959	593 434		329 278	28 732
海　南	292 869	210 035	4 880	71 184	52
重　庆	194 020	141 649	3 300	26 694	7 933
四　川	943 638	473 323	789	200 122	67 982
贵　州	69 259	11 783	95	29 743	638
云　南	247 782	158 881	5 139	40 923	1 555
西　藏	92	92			
陕　西	51 846	37 184	1 042	12 953	65
甘　肃	11 926	8 708	70	2 154	40
青　海	1 360	140	220	1 000	
宁　夏	81 650	53 904	26 618	808	300
新　疆	85 863	66 513	233	11 032	4 701

各地区淡水养殖产量(按水域和养殖方式分)(二)

单位:吨

地　区	按水域分(续)		养殖方式中		
	5. 其他	6. 稻田	围栏	网箱	工厂化
全国总计	**604 927**	**1 162 667**	**530 666**	**1 069 605**	**158 946**
北　京	4 875				
天　津	5 089	65			5 000
河　北	3 365	3 360	2 420	66 142	928
山　西	71		70	774	119
内蒙古		402	629	819	878
辽　宁	21 275	51 264	2 453	33 392	872
吉　林	4 112	271	1 003	3 717	150
黑龙江	9 373	5 275		320	
上　海	26 835	1 890			56
江　苏	135 163	173 010	68 920	71 730	13 214
浙　江	57 200	215 821	24 312	10 796	74 363
安　徽	34 169	73 246	213 512	81 493	3 137
福　建	28 493	16 401	1 068	34 952	29 954
江　西	27 299	62 027	50 311	67 194	10 128
山　东	33 006	324	43 306	149 134	12 957
河　南	3 905	1 188	2 494	51 443	2 451
湖　北	13 934	183 407	81 533	154 300	958
湖　南	61 383	93 895	22 782	103 330	485
广　东	48 367	3 491	2 331	9 145	56
广　西	52 404	16 111	9 984	113 373	
海　南	6 718		2 133	2 101	567
重　庆	4 571	9 873	260	7 812	55
四　川	7 580	193 842		77 512	
贵　州	7 961	19 039	120	19 641	184
云　南	2 982	38 302	856	9 376	1 361
西　藏					
陕　西	460	142	159	1 003	131
甘　肃	953	1		41	
青　海					
宁　夏		20	10		85
新　疆	3 384			65	857

全国海洋捕捞产量

单位:吨

指　　标	2009 年	2008 年	2009 年比 2008 年增减(±)	
			绝对量	幅度(%)
海洋捕捞产量	**11 786 109**	**11 496 270**	**289 839**	**2.52**
1. 鱼类	8 040 286	7 895 926	144 360	1.83
2. 甲壳类	2 018 924	1 945 772	73 152	3.76
虾	1 475 426	1 396 991	78 435	5.61
其中:毛虾	588 698	543 190	45 508	8.38
对虾	107 618	89 678	17 940	20.00
鹰爪虾	282 554	312 272	−29 718	−9.52
虾蛄	303 002	279 873	23 129	8.26
蟹	543 498	548 781	−5 283	−0.96
其中:梭子蟹	332 825	350 199	−17 374	−4.96
青蟹	60 704	64 059	−3 355	−5.24
蟳	39 779	64 927	−25 148	−38.73
3. 贝类	669 742	643 759	25 983	4.04
4. 藻类	27 598	36 593	−8 995	−24.58
5. 头足类	643 255	637 910	5 345	0.84
其中:乌贼	119 681	116 587	3 094	2.65
鱿鱼	351 778	350 935	843	0.24
章鱼	118 345	120 602	−2 257	−1.87
6. 其他类	386 304	336 310	49 994	14.87
其中:海蜇	223 151	236 626	−13 475	−5.69

全国海洋捕捞主要鱼类产量

单位:吨

指　标	2009 年	2008 年	2009 年比 2008 年增减(±)	
			绝对量	幅度(%)
海鳗	340 564	320 968	19 596	6.11
鳓鱼	98 656	94 183	4 473	4.75
鳀鱼	521 897	658 721	-136 824	-20.77
沙丁鱼	134 377	157 074	-22 697	-14.45
鲱鱼	21 668	26 207	-4 539	-17.32
石斑鱼	86 021	80 007	6 014	7.52
鲷	153 316	131 330	21 986	16.74
蓝圆鲹	539 943	595 280	-55 337	-9.30
白姑鱼	126 470	125 645	825	0.66
黄姑鱼	94 409	81 322	13 087	16.09
鮸鱼	35 726	34 659	1 067	3.08
大黄鱼	62 807	55 922	6 885	12.31
小黄鱼	372 895	354 665	18 230	5.14
梅童鱼	219 652	221 435	-1 783	-0.81
方头鱼	40 437	40 795	-358	-0.88
玉筋鱼	146 525	128 684	17 841	13.86
带鱼	1 172 440	1 192 721	-20 281	-1.70
金线鱼	306 456	311 559	-5 103	-1.64
梭鱼	127 493	127 133	360	0.28
鲐鱼	397 010	592 637	-195 627	-33.01
鲅鱼	429 057	434 179	-5 122	-1.18
金枪鱼	31 369	37 745	-6 376	-16.89
鲳鱼	373 145	372 042	1 103	0.30
马面鲀	209 716	184 114	25 602	13.91
竹荚鱼	25 311	59 028	-33 717	-57.12
鲻鱼	90 160	74 758	15 402	20.60

全国海洋捕捞产量(按海区、渔具分)

单位:吨

指标		2009年	2008年	2009年比2008年增减(±)	
				绝对量	幅度(%)
合计		**11 786 109**	**11 496 270**	**289 839**	**2.52**
按捕捞海域分	渤海	1 059 564	1 022 043	37 521	3.67
	黄海	3 036 648	2 914 073	122 575	4.21
	东海	4 427 579	4 309 490	118 089	2.74
	南海	3 262 318	3 250 664	11 654	0.36
按捕捞渔具分	拖网	5 668 660	5 554 832	113 828	2.05
	围网	755 777	766 054	-10 277	-1.34
	刺网	2 581 583	2 396 017	185 566	7.74
	张网	1 698 996	1 640 169	58 827	3.59
	钓具	310 857	348 740	-37 883	-10.86
	其他渔具	770 236	790 458	-20 222	-2.56

全国淡水捕捞产量

单位:吨

指标	2009年	2008年	2009年比2008年增减(±)	
			绝对量	幅度(%)
淡水捕捞产量	**2 183 878**	**2 248 194**	**-64 316**	**-2.86**
1. 鱼类	1 526 285	1 615 339	-89 054	-5.51
2. 甲壳类	327 813	329 148	-1 335	-0.41
虾	275 318	282 825	-7 507	-2.65
蟹	52 495	46 323	6 172	13.32
3. 贝类	284 331	268 267	16 064	5.99
4. 藻类	19	17	2	11.76
5. 其他类	45 430	35 423	10 007	28.25
其中:丰年虫	647	639	8	1.25

各地区海洋捕捞产量(按品种分)(一)

单位:吨

地区	海洋捕捞产量	1. 鱼类	其中				
			海鳗	鳓鱼	鳀鱼	沙丁鱼	鲱鱼
全国总计	**11 786 109**	**8 040 286**	**340 564**	**98 656**	**521 897**	**134 377**	**21 668**
天津	16 459	8 572			891		
河北	253 317	136 802			31 860		
辽宁	995 312	554 477	435	188	71 827	1 751	63
上海	21 865	11 547	485	110			
江苏	562 663	347 348	9 412	12 026	1 713	3 493	10
浙江	2 666 376	1 843 858	83 998	11 252	5 604	20 907	4 846
福建	1 859 258	1 412 312	62 430	15 215	63 820	11 651	3 687
山东	2 370 891	1 514 489	18 449	989	299 031	11 885	576
广东	1 415 867	987 209	71 892	28 120	35 059	61 436	4 377
广西	662 979	399 580	14 150	23 536		13 968	1 586
海南	961 122	824 092	79 313	7 220	12 092	9 286	6 523

各地区海洋捕捞产量(按品种分)(二)

单位:吨

地区	1. 鱼类(续)							
	其中(续)							
	石斑鱼	鲷	蓝圆鲹	白姑鱼	黄姑鱼	鮸鱼	大黄鱼	小黄鱼
全国总计	**86 021**	**153 316**	**539 943**	**126 470**	**94 409**	**35 726**	**62 807**	**372 895**
天津	212							1 556
河北	45				385		3 121	7 637
辽宁	4 775	62		2 829	3 603	2 137	15 369	105 753
上海					50	20		209
江苏	19	99		4 447	5 773	1 232	1 042	31 552
浙江	1 304	4 115	100 097	59 000	41 867	19 066	447	89 623
福建	15 084	57 280	220 778	7 500	6 394	7 607	3 556	8 069
山东	47	70		17 128	15 435	726	6 980	87 802
广东	25 201	37 402	110 711	24 965	4 687	3 760	22 288	25 174
广西	6 006	25 612	69 025	1 771	205	802		
海南	33 328	28 676	39 332	8 830	16 010	376	10 004	15 520

各地区海洋捕捞产量(按品种分)(三)

单位:吨

地 区	1. 鱼类(续)							
	其中(续)							
	梅童鱼	方头鱼	玉筋鱼	带鱼	金线鱼	梭鱼	鲐鱼	鲅鱼
全国总计	**219 652**	**40 437**	**146 525**	**1 172 440**	**306 456**	**127 493**	**397 010**	**429 057**
天 津	40			24		340	1 594	403
河 北	403		73	5 735		13 251		8 257
辽 宁	2 957	370	10 679	23 262	236	16 285	40 998	62 342
上 海	421			395			37	
江 苏	63 616	95		73 643		6 722	25 851	7 311
浙 江	125 675	9 456	22 134	495 895	2 802	9 006	160 212	70 422
福 建	19 754	5 712	17 759	168 188	9 760	14 698	72 237	42 174
山 东	2 778		94 289	103 694		28 380	44 761	177 831
广 东	2 644	12 786	474	133 100	84 395	19 347	28 262	25 675
广 西	32	90	180	34 172	35 761	10 529	13 620	2 381
海 南	1 332	11 928	937	134 332	173 502	8 935	9 438	32 261

各地区海洋捕捞产量(按品种分)(四)

单位:吨

地 区	1. 鱼类(续)					2. 甲壳类	(1)虾	
	其中(续)							其中
	金枪鱼	鲳鱼	马面鲀	竹荚鱼	鲻鱼			毛虾
全国总计	**31 369**	**373 145**	**209 716**	**25 311**	**90 160**	**2 018 924**	**1 475 426**	**588 698**
天 津		17				2 766	1 903	86
河 北		970			1 314	54 908	43 859	11 959
辽 宁		5 484	210	286	4 563	194 008	155 051	49 395
上 海	18	393		18		9 908	3 957	
江 苏		35 070	3 916	7	10 968	114 120	52 667	26 346
浙 江	6 029	126 895	31 186	37	10 677	672 831	557 442	235 768
福 建	2 585	53 917	65 473	8 871	15 913	276 208	155 621	56 739
山 东	746	51 516	3 417	710	1 629	315 117	271 825	122 842
广 东	7 456	50 964	59 168	2 745	25 353	227 206	152 894	53 824
广 西		11 622	30 593	457	8 054	113 549	65 131	27 052
海 南	14 535	36 297	15 753	12 180	11 689	38 303	15 076	4 687

各地区海洋捕捞产量(按品种分)(五)

单位:吨

地　区	2. 甲壳类(续)						
	(1)虾(续)			(2)蟹	其中		
	其中(续)						
	对虾	鹰爪虾	虾蛄		梭子蟹	青蟹	蟳
全国总计	**107 618**	**282 554**	**303 002**	**543 498**	**332 825**	**60 704**	**39 779**
天　津	63		1 489	863	341	160	362
河　北	2 137	2 329	26 489	11 049	9 432	52	463
辽　宁	1 805	12 483	70 251	38 957	14 612	1 562	
上　海	82	1 183		5 951	2 810		
江　苏	2 825	8 178	8 336	61 453	49 203	1 324	5 871
浙　江	14 788	147 196	67 900	115 389	71 213	2 745	19 019
福　建	16 695	38 987	25 952	120 587	74 318	11 744	4 433
山　东	5 247	42 497	71 664	43 292	28 697	557	5 439
广　东	43 955	17 356	22 088	74 312	44 970	19 918	1 639
广　西	16 822	8 276	7 309	48 418	28 257	9 906	2 045
海　南	3 199	4 069	1 524	23 227	8 972	12 736	508

各地区海洋捕捞产量(按品种分)(六)

单位:吨

地　区	3. 贝类	4. 藻类	5. 头足类	其中			6. 其他类	其中
				乌贼	鱿鱼	章鱼		海蜇
全国总计	**669 742**	**27 598**	**643 255**	**119 681**	**351 778**	**118 345**	**386 304**	**223 151**
天　津	3 892		1 229					
河　北	18 866		12 805	3 408	725	7 486	29 936	21 995
辽　宁	119 881	148	49 978	2 074	28 449	7 117	76 820	50 534
上　海			247	56	111	80	163	131
江　苏	43 750	854	20 126	2 678	11 587	5 713	36 465	22 346
浙　江	13 254	1 896	114 378	22 413	64 774	24 479	20 159	2 979
福　建	50 927	1 122	97 569	28 460	53 301	11 449	21 120	13 000
山　东	260 478	1 777	157 260	8 474	95 422	33 569	121 770	61 424
广　东	70 222	10 222	76 630	20 378	33 409	17 697	44 378	21 725
广　西	63 451		52 296	19 787	22 375	5 923	34 103	28 185
海　南	25 021	11 579	60 737	11 953	41 625	4 832	1 390	832

各地区海洋捕捞产量(按海域分)

单位:吨

地　区	海洋捕捞产量	按捕捞海域分			
		1. 渤海	2. 黄海	3. 东海	4. 南海
全国总计	**11 786 109**	**1 059 564**	**3 036 648**	**4 427 579**	**3 262 318**
天　津	16 459	10 293	6 166		
河　北	253 317	214 501	38 816		
辽　宁	995 312	392 470	563 526	39 316	
上　海	21 865			21 865	
江　苏	562 663	275	494 182	68 206	
浙　江	2 666 376		193 690	2 454 986	17 700
福　建	1 859 258			1 673 948	185 310
山　东	2 370 891	442 025	1 740 268	169 258	19 340
广　东	1 415 867				1 415 867
广　西	662 979				662 979
海　南	961 122				961 122

各地区海洋捕捞产量(按渔具分)

单位:吨

地　区	海洋捕捞产量	按捕捞渔具分					
		1. 拖网	2. 围网	3. 刺网	4. 张网	5. 钓具	6. 其他
全国总计	**11 786 109**	**5 668 660**	**755 777**	**2 581 583**	**1 698 996**	**310 857**	**770 236**
天　津	16 459	1 730		10 574	196		3 959
河　北	253 317	45 951		139 673	64 218	369	3 106
辽　宁	995 312	380 812	10 858	431 878	91 088	10 301	70 375
上　海	21 865	17 935		370	3 549		11
江　苏	562 663	76 740	15 360	148 918	267 906	573	53 166
浙　江	2 666 376	1 652 196	149 876	205 441	553 794	4 918	100 151
福　建	1 859 258	727 878	190 608	244 582	439 221	39 403	217 566
山　东	2 370 891	1 372 487	37 858	513 605	225 972	81 031	139 938
广　东	1 415 867	740 594	128 496	383 461	21 502	88 707	53 107
广　西	662 979	468 615	38 499	84 218	204	6 806	64 637
海　南	961 122	183 722	184 222	418 863	31 346	78 749	64 220

各地区淡水捕捞产量（按品种分）

单位：吨

地区	淡水捕捞产量	1. 鱼类	2. 甲壳类	其中		3. 贝类	4. 藻类	5. 其他	其中：丰年虫
				虾	蟹				
全国总计	**2 183 878**	**1 526 285**	**327 813**	**275 318**	**52 495**	**284 331**	**19**	**45 430**	**647**
北京	3 985	3 920	65	38	27				
天津	8 749	5 127	1 261	1 243	18	1 017		1 344	
河北	87 733	77 559	6 263	5 479	784	3 120		791	
山西	749	743	6	5	1				
内蒙古	29 586	28 554	913	913				119	119
辽宁	56 308	43 954	9 707	6 481	3 226	982		1 665	
吉林	19 186	18 750	254	222	32	180		2	
黑龙江	43 149	42 106	665	665		377		1	
上海	4 768	4 565	138	124	14			65	
江苏	320 732	186 370	61 967	46 197	15 770	59 073		13 322	174
浙江	90 343	45 504	7 121	6 064	1 057	36 190		1 528	
安徽	307 285	197 541	64 154	55 699	8 455	35 617		9 973	
福建	78 121	51 076	6 675	5 075	1 600	19 306	3	1 061	
江西	227 510	145 381	45 249	42 935	2 314	33 283	9	3 588	
山东	128 342	108 091	13 422	7 723	5 699	6 208	3	618	
河南	30 597	23 061	6 702	6 097	605	756		78	
湖北	262 154	180 603	63 317	55 835	7 482	13 918		4 316	
湖南	110 186	89 502	12 856	11 561	1 295	6 126		1 702	
广东	126 510	63 908	8 658	6 605	2 053	51 548	1	2 395	
广西	112 645	90 985	7 341	6 324	1 017	12 947		1 372	
海南	19 235	16 568	695	488	207	1 748		224	
重庆	9 880	8 768	590	495	95	342		180	
四川	57 679	52 210	4 144	3 583	561	784		541	
贵州	11 041	9 274	1 415	1 319	96	324		28	
云南	23 435	18 986	4 009	3 971	38	308	3	129	
西藏	408	338						70	70
陕西	4 154	4 068	52	50	2			34	
甘肃									
青海	40							40	40
宁夏	194	194							
新疆	9 174	8 579	174	127	47	177		244	244

各地区远洋渔业

单位:吨、万元

地　区	远洋捕捞产量	运回国内量	境外出售量	远洋渔业总产值	2009 年比 2008 年增减(±)			
					远洋捕捞产量	运回国内量	境外出售量	远洋渔业总产值
全国总计	**977 226**	**479 413**	**.497 813**	**917 114. 00**	**-106 083**	**-146 656**	**40 573**	**-94 492**
北　京	3 913	3 415	498	5 200. 00	-3 237	-2 584	-653	-1 000
天　津	8 929	3 516	5 413	12 329. 00	3 212	-826	4 038	-372
河　北								
辽　宁	136 808	54 806	82 002	134 254. 00	24 672	-5 767	30 439	10 516
上　海	134 486	27 835	106 651	107 834. 00	-22 663	-8 130	-14 533	-40 987
江　苏	7 346	4 545	2 801	9 866. 00	-4 435	-2 156	-2 279	1 040
浙　江	107 134	82 888	24 246	112 073. 00	-94 866	-92 595	-2 271	-51 569
福　建	168 606	134 346	34 260	134 145. 00	19 606	14 875	4 731	21 142
山　东	78 700	26 778	51 922	84 002. 00	-19 300	-16 020	-3 280	-10 784
广　东	109 474	66 524	42 950	84 980. 00	25 804	23 845	1 959	16 145
广　西	4 705		4 705	3 646. 00	-4 001		-4 001	2 439
海　南								
中农发集团	217 125	74 760	142 365	228 785. 00	-30 875	-57 298	26 423	-41 062

各地区远洋渔业主要品种产量

单位:吨

地区	远洋捕捞产量	其　中	
		金枪鱼	鱿鱼
全国总计	**977 226**	**164 710**	**171 792**
北　京	3 913		
天　津	8 929	3 611	1 617
河　北			
辽　宁	136 808	9 390	9 406
上　海	134 486	40 798	12 615
江　苏	7 346		
浙　江	107 134	24 956	68 935
福　建	168 606	12 653	
山　东	78 700	31 460	20 754
广　东	109 474	10 204	
广　西	4 705	184	
海　南			
中农发集团	217 125	31 454	58 465

三、生产要素

全国水产养殖面积(按水域和养殖方式分)

单位:公顷

	指　　标	2009 年	2008 年	2009 年比 2008 年增减(±)	
				绝对量	幅度(%)
	总　　计	**7 283 138**	**6 549 932**	**733 206**	**11.19**
	1. 海水养殖	1 859 313	1 578 909	280 404	17.76
按水域分	海上	925 336	694 668	230 668	33.21
	滩涂	648 415	641 429	6 986	1.09
	其他	285 562	242 812	42 750	17.61
养殖方式中	池塘	416 383	350 829	65 554	18.69
	普通网箱(m^2)	15 328 794	18 989 719	−3 660 925	19.28
	深水网箱(m^3)	4 508 916	2 942 056	1 566 860	53.26
	筏式	285 284	1 042 119	−756 835	−72.62
	吊笼	49 574	45 307	4 267	9.42
	底播	772 258	573 812	198 446	34.58
	工厂化(m^3)	12 356 762	9 744 375	2 612 387	26.81
	2. 淡水养殖	5 423 825	4 971 023	452 802	9.11
按水域分	池塘	2 331 900	2 144 715	187 185	8.73
	湖泊	998 232	961 335	36 897	3.84
	水库	1 726 407	1 549 612	176 795	11.41
	河沟	249 674	202 183	47 491	23.49
	其他	117 612	113 178	4 434	3.92
	稻田养成鱼	1 339 714	1 477 501	−137 787	−9.33
养殖方式中	围栏(m^2)	2 584 140 703	2 687 007 861	−102 867 158	−3.83
	网箱(m^2)	131 415 103	222 431 829	−91 016 726	−40.92
	工厂化(m^3)	20 614 950	19 302 030	1 312 920	6.80

全国海水养殖面积(按品种分)

单位:公顷

指　　标	2009 年	2008 年	2009 年比 2008 年增减(±)	
			绝对量	幅度(%)
海水养殖	**1 859 313**	**1 578 909**	**280 404**	**17.76**
1. 鱼类	83 213	70 282	12 931	18.40
2. 甲壳类	302 900	293 463	9 437	3.22
虾	235 990	219 458	16 532	7.53
其中:南美白对虾	127 564	126 224	1 340	1.06
斑节对虾	19 440	19 330	110	0.57
中国对虾	26 296	25 528	768	3.01
日本对虾	36 723	33 347	3 376	10.12
蟹	66 910	74 005	-7 095	-9.59
其中:梭子蟹	31 817	39 325	-7 508	-19.09
青蟹	30 719	32 648	-1 929	-5.91
3. 贝类	1 153 923	966 760	187 163	19.36
牡蛎	112 878	105 207	7 671	7.29
鲍	12 181	6 954	5 227	75.17
螺	39 484	41 641	-2 157	-5.18
蚶	68 799	71 727	-2 928	-4.08
贻贝	38 729	31 537	7 192	22.80
江珧	1 352	1 231	121	9.83
扇贝	274 590	208 153	66 437	31.92
蛤	400 465	392 924	7 541	1.92
蛏	59 417	61 652	-2 235	-3.63
4. 藻类	110 603	87 175	23 428	26.87
海带	37 625	33 522	4 103	12.24
裙带菜	8 198	5 053	3 145	62.24
紫菜	54 700	39 150	15 550	39.72
江蓠	5 144	5 541	-397	-7.16
麒麟菜	521	505	16	3.17
石花菜	7	7		
羊栖菜	959	1 212	-253	-20.87
苔菜	156	160	-4	-2.50
5. 其他	208 674	161 229	47 445	29.43
其中:海参	155 288	112 468	42 820	38.07
海胆	7 026	7 771	-745	-9.59
海水珍珠	5 173	5 427	-254	-4.68
海蜇	13 864	9 650	4 214	43.67

各地区水产养殖面积

单位:公顷

地区	2009年			2008年			2009年比2008年增减(±)		
	总面积	海水养殖面积	淡水养殖面积	总面积	海水养殖面积	淡水养殖面积	总面积	海水养殖面积	淡水养殖面积
全国总计	**7 283 138**	**1 859 313**	**5 423 825**	**6 549 932**	**1 578 909**	**4 971 023**	**733 206**	**280 404**	**452 802**
北京	5 077		5 077	4 785		4 785	292		292
天津	41 894	4 304	37 590	40 811	4 369	36 442	1 083	-65	1 148
河北	192 908	121 013	71 895	182 119	109 755	72 364	10 789	11 258	-469
山西	14 361		14 361	14 266		14 266	95		95
内蒙古	105 944		105 944	100 188		100 188	5 756		5 756
辽宁	832 605	630 700	201 905	565 972	411 556	154 416	266 633	219 144	47 489
吉林	230 210		230 210	226 230		226 230	3 980		3 980
黑龙江	285 980		285 980	264 134		264 134	21 846		21 846
上海	26 271		26 271	29 175		29 175	-2 904		-2 904
江苏	725 375	172 754	552 621	703 470	160 089	543 381	21 905	12 665	9 240
浙江	313 968	94 514	219 454	308 155	96 139	212 016	5 813	-1 625	7 438
安徽	509 814		509 814	475 212		475 212	34 602		34 602
福建	223 967	133 942	90 025	206 978	120 704	86 274	16 989	13 238	3 751
江西	417 056		417 056	365 874		365 874	51 182		51 182
山东	686 203	441 403	244 800	662 301	426 217	236 084	23 902	15 186	8 716
河南	204 126		204 126	146 640		146 640	57 486		57 486
湖北	649 729		649 729	583 351		583 351	66 378		66 378
湖南	383 000		383 000	361 692		361 692	21 308		21 308
广东	562 158	194 766	367 392	544 251	189 717	354 534	17 907	5 049	12 858
广西	217 827	50 670	167 157	209 394	47 380	162 014	8 433	3 290	5 143
海南	53 464	15 247	38 217	42 086	12 983	29 103	11 378	2 264	9 114
重庆	52 859		52 859	49 386		49 386	3 473		3 473
四川	179 028		179 028	169 403		169 403	9 625		9 625
贵州	25 517		25 517	24 856		24 856	661		661
云南	75 286		75 286	37 072		37 072	38 214		38 214
西藏	54		54	51		51	3		3
陕西	115 663		115 663	113 293		113 293	2 370		2 370
甘肃	12 564		12 564	12 424		12 424	140		140
青海	33 500		33 500	4 266		4 266	29 234		29 234
宁夏	33 297		33 297	28 180		28 180	5 117		5 117
新疆	73 433		73 433	73 917		73 917	-484		-484

各地区海水养殖面积(按品种分)(一)

单位:公顷

地区	海水养殖面积	1. 鱼类	2. 甲壳类					
				虾	其中			
					南美白对虾	斑节对虾	中国对虾	日本对虾
全国总计	**1 859 313**	**83 213**	**302 900**	**235 990**	**127 564**	**19 440**	**26 296**	**36 723**
天津	4 304	32	4 272		4 252		16	
河北	121 013	6 438	21 701	19 632	8 061		5 239	6 332
辽宁	630 700	7 896	21 856	19 539	1 089		7 302	4 537
上海								
江苏	172 754	2 134	21 259	12 551	4 332	343	3 579	1 071
浙江	94 514	5 436	31 670	15 387	6 103	321	1 453	1 247
福建	133 942	11 454	21 602	13 691	6 945	1 950	1 616	2 576
山东	441 403	17 652	79 426	65 645	34 668	3 069	4 709	19 455
广东	194 766	28 593	71 677	57 856	39 686	11 327	2 382	1 207
广西	50 670	933	19 737	18 702	15 374	2 140		298
海南	15 247	2 645	9 700	8 719	7 054	290		

各地区海水养殖面积(按品种分)(二)

单位:公顷

地区	2. 甲壳类(续)			3. 贝类					
	蟹	其中			其中				
		梭子蟹	青蟹		牡蛎	鲍	螺	蚶	贻贝
全国总计	**66 910**	**31 817**	**30 719**	**1 153 923**	**112 878**	**12 181**	**39 484**	**68 799**	**38 729**
天津	4	4							
河北	2 069	1 803	133	89 836			100	2 676	381
辽宁	2 317	1 172		461 326	11 505	6 635		45 412	1 620
上海									
江苏	8 708	8 240	248	112 081	556		13 559	2 056	4 152
浙江	16 283	3 903	11 266	47 071	4 877	59	4 965	9 696	1 873
福建	7 911	3 411	4 407	69 378	35 324	2 049	233	2 964	1 306
山东	13 781	13 113	103	260 982	15 078	1 849	12 145	2 608	23 230
广东	13 821	166	12 907	85 118	29 981	1 529	5 846	2 906	6 007
广西	1 035		1 035	26 556	15 257		2 525	365	160
海南	981	5	620	1 575	300	60	111	116	

各地区海水养殖面积(按品种分)(三)

单位:公顷

地 区	3. 贝类(续)				4. 藻类	其 中			
	其中(续)								
	江珧	扇贝	蛤	蛏		海带	裙带菜	紫菜	江蓠
全国总计	**1 352**	**274 590**	**400 465**	**59 417**	**110 603**	**37 625**	**8 198**	**54 700**	**5 144**
天 津									
河 北		52 024	34 474	100					
辽 宁		146 175	122 030	3 545	13 719	6 750	6 929		
上 海									
江 苏			81 665	9 727	34 805	1 904		32 557	15
浙 江		303	6 163	17 073	9 285	836		7 455	13
福 建		370	12 904	12 105	31 195	14 703	134	12 929	2 860
山 东		70 379	117 791	15 073	16 775	13 367	1 125	1 242	13
广 东	1 352	5 216	18 530	1 695	3 652	65	10	517	1 679
广 西		118	6 310	99					
海 南		5	598		1 172				564

各地区海水养殖面积(按品种分)(四)

单位:公顷

地 区	4. 藻类(续)				5. 其他	其 中			
	其中(续)								
	麒麟菜	石花菜	羊栖菜	苔菜		海参	海胆	海水珍珠	海蜇
全国总计	**521**	**7**	**959**	**156**	**208 674**	**155 288**	**7 026**	**5 173**	**13 864**
天 津									
河 北					3 038	2 582			
辽 宁					125 903	109 449	5 944		9 292
上 海									
江 苏			19		2 475	61			2 413
浙 江			771	148	1 052	1			1
福 建			169		313	164			43
山 东		7		8	66 568	43 011	322		1 750
广 东	13				5 726	20	760	2 408	56
广 西					3 444			2 660	309
海 南	508				155			105	

各地区海水养殖面积(按水域和养殖方式分)(一)

单位:公顷

地区	海水养殖面积	按养殖水域分			养殖方式中	
		1. 海上	2. 滩涂	3. 其他	池塘	普通网箱(m^2)
全国总计	**1 859 313**	**925 336**	**648 415**	**285 562**	**416 383**	**15 328 794**
天　津	4 304			4 304	4 304	
河　北	121 013	72 561	29 345	19 107	26 937	
辽　宁	630 700	412 215	141 255	77 230	78 548	1 562 615
上　海						
江　苏	172 754	31 754	112 499	28 501	31 241	
浙　江	94 514	16 919	44 658	32 937	28 489	1 462 442
福　建	133 942	60 291	52 159	21 492	20 483	7 286 203
山　东	441 403	257 271	159 375	24 757	136 539	1 194 750
广　东	194 766	57 176	78 261	59 329	60 651	2 390 132
广　西	50 670	14 357	21 165	15 148	19 203	114 290
海　南	15 247	2 792	9 698	2 757	9 988	1 318 362

各地区海水养殖面积(按水域和养殖方式分)(二)

单位:公顷

地区	养殖方式中(续)				
	深水网箱(m^3 水体)	筏式	吊笼	底播	工厂化(m^3 水体)
全国总计	**4 508 916**	**285 284**	**49 574**	**772 258**	**12 356 762**
天　津					279 300
河　北		48 845	2 727	39 152	813 073
辽　宁	480 000	71 548	2 126	401 077	2 311 302
上　海					
江　苏		28 789		80 911	177 427
浙　江	916 268	8 680	112	21 841	15 420
福　建	398 144	23 451	1 456	15 374	3 646 923
山　东	2 345 058	85 517	39 178	166 764	4 406 232
广　东	208 102	12 579	3 600	35 908	339 470
广　西	96 363	5 875	92	10 457	
海　南	64 981		283	774	367 615

各地区淡水养殖面积(按水域和养殖方式分)(一)

单位:公顷

地区	淡水养殖面积	按水域			
		1. 池塘	2. 湖泊	3. 水库	4. 河沟
全国总计	**5 423 825**	**2 331 900**	**998 232**	**1 726 407**	**249 674**
北京	5 077	4 739	100	160	
天津	37 590	29 806	2 751	4 212	801
河北	71 895	27 428	4 219	38 341	1 350
山西	14 361	1 712	2 168	10 211	89
内蒙古	105 944	15 780	40 972	45 731	3 461
辽宁	201 905	59 580		111 703	1 837
吉林	230 210	26 148	67 342	126 683	
黑龙江	285 980	73 491	101 169	88 291	14 826
上海	26 271	20 881	283		4 210
江苏	552 621	350 226	98 979	23 385	62 073
浙江	219 454	71 898	5 995	98 352	38 466
安徽	509 814	174 920	206 029	77 949	39 764
福建	90 025	33 363	828	48 223	4 947
江西	417 056	147 199	107 269	145 368	13 508
山东	244 800	115 677	16 402	103 507	6 051
河南	204 126	76 452	2 527	118 859	6 256
湖北	649 729	333 214	196 168	110 772	5 713
湖南	383 000	181 037	88 660	111 368	743
广东	367 392	276 055	2 201	76 737	2 427
广西	167 157	75 556		82 952	6 562
海南	38 217	22 203	278	15 546	1
重庆	52 859	28 673	5 200	16 311	2 048
四川	179 028	96 598	4 078	63 162	15 125
贵州	25 517	2 978	118	21 081	965
云南	75 286	24 204	12 395	38 211	456
西藏	54	54			
陕西	115 663	40 101	2 842	68 172	3 568
甘肃	12 564	951	27	5 880	5 611
青海	33 500	300	4 200	29 000	
宁夏	33 297	12 102	20 119	1 009	67
新疆	73 433	8 574	4 913	45 231	8 749

各地区淡水养殖面积(按水域和养殖方式分)(二)

单位:公顷

地 区	按水域(续)		养殖方式中		
	5. 其他	6. 稻田	围栏 (m^2)	网箱 (m^2)	工厂化 (m^3 水体)
全国总计	**117 612**	**1 339 714**	**2 584 140 703**	**131 415 103**	**20 614 950**
北 京	78				
天 津	20				158 000
河 北	557	5 512	7 404 468	3 164 965	294 209
山 西	181		50 000	17 724	23 506
内蒙古		1 761	11 633 600	13 869	236 868
辽 宁	28 785	102 926	2 645 000	522 786	664 837
吉 林	10 037		189 880	29 050	1 300 000
黑龙江	8 203	21 205		57 554	
上 海	897	1 486			16 000
江 苏	17 958	165 311	131 526 116	10 153 428	3 277 243
浙 江	4 743	86 932	3 648 998	11 998 766	4 367 232
安 徽	11 152	49 798	1 397 896 345	13 417 123	178 693
福 建	2 664	20 779	103 796	1 718 052	6 013 068
江 西	3 712	78 480	191 468 903	5 186 958	2 025 780
山 东	3 163	305	52 067 832	31 685 305	927 640
河 南	32	1 175	79 166 161	1 712 842	140 438
湖 北	3 862	161 565	507 900 000	35 873 000	134 000
湖 南	1 192		116 579 348	6 322 250	1 260
广 东	9 972	6 604	467 934	457 553	2 867
广 西	2 087	43 989	66 341 162	6 478 219	
海 南	189		431 150	27 803	565 000
重 庆	627	42 705	3 196 800	120 970	3 040
四 川	65	314 414		1 314 441	
贵 州	375	116 128	693 753	822 134	8 535
云 南	20	118 252	9 712 650	249 008	139 749
西 藏					
陕 西	980	320	996 807	69 803	46 493
甘 肃	95			200	
青 海					
宁 夏		67	20 000		2 700
新 疆	5 966			1 300	87 792

全国水产苗种数量

指　标	计量单位	2009 年	2008 年	2009 年比 2008 年增减(±)	
				绝对量	幅度(%)
淡水鱼苗产量	**亿尾**	**9 816**	**6 873**	**2 943**	**42.81**
其中:罗非鱼	亿尾	308	324	-16	-5.00
淡水鱼种产量	吨	2 973 360	2 723 703	249 657	9.17
投放鱼种产量	吨	3 200 911	3 021 397	179 514	5.94
河蟹育苗量	千克	787 521	732 155	55 366	7.56
扣蟹	千克	42 625 849	35 428 408	7 197 441	20.32
稚鳖数量	万只	51 144	38 608	12 536	32.47
稚龟数量	万只	5 480	3 467	2 013	58.06
鳗苗捕捞量	千克	24 559	31 732	-7 173	-22.60
海水鱼苗产量	**万尾**	**387 441**	**328 804**	**58 637**	**17.83**
其中:大黄鱼	万尾	211 951	128 049	83 902	65.52
鲆鱼	万尾	30 373	26 695	3 678	13.78
虾类育苗量	亿尾	6 597	7 752	-1 156	-14.91
其中:南美白对虾	亿尾	4 484	3 770	713	18.92
贝类育苗量	万粒	123 551 127	126 222 816	-2 671 689	-2.12
其中:鲍鱼育苗量	万粒	347 595	309 301	38 294	12.38
海带育苗量	亿株	262	256	6	2.46
紫菜育苗量	亿贝壳	14	28	-14	-51.50
海参	亿头	518	273	245	89.58

各地区水产苗种数量(一)

地 区	淡水鱼苗(亿尾)	其中:罗非鱼(亿尾)	淡水鱼种(吨)	投放鱼种(吨)	河蟹育苗(千克)	扣蟹(千克)
全国总计	**9 815.65**	**307.58**	**2 973 360**	**3 200 911**	**787 521**	**42 625 849**
北 京	6.44	0.01	12 638	12 122		
天 津	29.69		9 923	27 732	398	113 720
河 北	30.84	0.45	23 123	37 445		9 445
山 西	107.00	0.02	1	1		
内蒙古	6.47	0.21	10 157	9 976		
辽 宁	79.00	12.00	71 900	65 673	90 950	18 632 879
吉 林	7.80		11 957	14 084		
黑龙江	10.76		41 018	38 700		
上 海	22.00		11 394	22 202	58 500	3 150 000
江 苏	406.34	1.75	270 914	377 755	626 611	12 701 245
浙 江	109.32	0.84	50 048	88 248	4 455	93 647
安 徽	309.19	0.69	240 968	284 560	4 165	5 126 757
福 建	24.60	7.40	14 512	24 976		6
江 西	245.39	2.24	210 468	287 430		302 910
山 东	61.79	2.34	79 677	115 269	2 442	347 592
河 南	63.19	0.17	174 822	90 131		80 000
湖 北	690.00	7.00	774 709	757 684		2 046 978
湖 南	263.15		307 606	280 627		16 300
广 东	6 706.00	193.00	278 327	216 165		
广 西	222.51	20.68	95 698	106 488		
海 南	58.58	47.81	6 663	8 103		
重 庆	46.42	0.86	49 738	54 442		
四 川	145.69	1.03	131 745	165 584		
贵 州	62.97	0.07	7 106	10 423		200
云 南	68.53	8.24	42 521	54 427		2 030
西 藏	0.04		13	13		
陕 西	8.80	0.28	7 653	12 065		
甘 肃	1.46	0.09	1 920	2 010		2 040
青 海	0.15			85		100
宁 夏	6.73		21 343	21 090		
新 疆	14.80	0.40	14 798	15 401		

各地区水产苗种数量(二)

地区	稚鳖(万只)	稚龟(万只)	鳗苗捕捞(千克)	海水鱼苗(万尾)	其中:大黄鱼(万尾)	其中:鲆鱼(万尾)
全国总计	**51 143.91**	**5 480.43**	**24 559**	**837 441.05**	**211 951.00**	**30 373.00**
北京	9.00					
天津	280.00			1 490.50		10.00
河北	1 329.70	191.00		3 120.00	1 332.00	420.00
山西	7.00					
内蒙古						
辽宁	1.00			2 467.00		1 787.00
吉林						
黑龙江						
上海	137.00	50.00	2 346			
江苏	14 838.00	1 114.00	6 824	2 700.00		280.00
浙江	13 602.25	1 513.35	5 602	3 704.00	2 892.00	
安徽	1 792.73	281.11				
福建	162.00	51.00	7 850	272 270.00	207 360.00	455.00
江西	2 384.00	349.00				
山东	340.00	8.00	800	30 392.00		26 992.00
河南	354.83	16.40				
湖北	4 259.00	720.00				
湖南	2 487.62	503.55				
广东	5 546.00	415.00	1 035	56 437.00	367.00	429.00
广西	3 339.78	254.11	102	5.71		
海南	94.90	0.50		14 854.84		
重庆	62.46	3.20				
四川	96.27	8.21				
贵州						
云南	0.43					
西藏						
陕西	19.90	2.00				
甘肃	0.04					
青海						
宁夏						
新疆						

各地区水产苗种数量(三)

地 区	虾类育苗（亿尾）	其中:南美白对虾(亿尾)	贝类育苗（万粒）	其中:鲍鱼（万粒）	海带（亿株）	紫菜（亿贝壳）	海参（亿头）
全国总计	**6 596.64**	**4 483.74**	**123 551 127**	**347 595**	**261.85**	**13.61**	**518.22**
北 京							
天 津	107.30	101.40					
河 北	305.24	262.17	200 000				11.30
山 西	1.20	1.20					
内蒙古							
辽 宁	1 057.00	23.00	6 628 640	18 540			205.00
吉 林							
黑龙江							
上 海	51.59	27.76					
江 苏	101.90	89.59	1 219 816			2.14	
浙 江	422.77	225.48	8 310 702	5	0.35	1.90	
安 徽	136.42	0.42	108 753				
福 建	3 187.65	2 965.33	83 429 235	201 390	178.50	9.57	
江 西	2.00		4 910				
山 东	201.00	116.00	22 783 755	49 896	82.00		301.92
河 南	5.25						
湖 北	225.00		75 832				
湖 南							
广 东	161.21	151.91	740 155	70 919	1.00		
广 西	183.13	176.01	24 830	1 420			
海 南	447.81	343.41	24 500	5 425			
重 庆							
四 川	0.04						
贵 州							
云 南	0.13	0.06					
西 藏							
陕 西							
甘 肃							
青 海							
宁 夏							
新 疆							

全国渔船年末拥有量

指标	2009年			2008年			2009年比2008年增减(±)		
	艘	总吨	千瓦	艘	总吨	千瓦	艘	总吨	千瓦
渔船合计	**1 042 395**	**9 181 446**	**20 567 968**	**1 039 359**	**8 967 912**	**19 507 314**	**3 036**	**213 534**	**1 060 654**
机动渔船合计	672 633	8 595 260	20 567 968	630 619	8 284 092	19 507 314	42 014	311 168	1 060 654
1. 生产渔船	637 298	7 806 653	18 860 336	597 342	7 507 872	17 875 162	39 956	298 781	985 174
(1)捕捞渔船	430 835	6 866 099	16 440 831	416 520	6 713 246	15 859 354	14 315	152 853	581 477
441千瓦及以上	1 570	458 991	895 932	1 541	512 177	936 693	29	-53 186	-40 761
44.1 ~ 441千瓦	68 538	4 699 935	10 068 379	67 653	4 564 044	10 072 235	885	135 891	-3 856
44.1千瓦及以下	360 727	1 707 173	5 476 520	347 326	1 637 025	4 850 426	13 401	70 148	626 094
(2)养殖渔船	206 463	940 554	2 419 505	180 822	794 626	2 015 808	25 641	145 928	403 697
2. 辅助渔船	35 335	788 607	1 707 632	33 277	776 220	1 632 152	2 058	12 387	75 480
(1)捕捞辅助船	22 791	634 354	1 189 403	22 360	604 427	1 192 723	431	29 927	-3 320
(2)渔业执法船	2 165	55 453	315 962	2 309	58 811	298 830	-144	-3 358	17 132
机动渔船按船长分：24米(含)以上	32 346	3 838 741	7 562 393	35 715	3 757 197	7 446 045	-3 369	81 544	116 348
机动渔船按船长分：12(含)~24米	103 791	2 577 367	5 825 409	96 747	2 478 694	6 058 416	7 044	98 673	-233 007
机动渔船按船长分：12米以下	536 496	2 179 152	7 180 166	498 157	2 048 201	6 002 853	38 339	130 951	1 177 313
非机动渔船合计	369 762	586 186		408 740	683 820		-38 978	-97 634	

各地区机动渔船年末拥有量

地 区	2009 年			2008 年			2009 年比 2008 年增减（±）		
	艘	总吨	千瓦	艘	总吨	千瓦	艘	总吨	千瓦
全国总计	**672 633**	**8 595 260**	**20 567 968**	**630 619**	**8 284 092**	**19 507 314**	**42 014**	**311 168**	**1 060 654**
北 京	30	3 921	6 327	26	2 309	4 614	4	1 612	1 713
天 津	2 645	28 165	83 076	1 916	26 057	67 001	729	2 108	16 075
河 北	13 817	263 462	508 857	13 908	265 140	521 931	-91	-1 678	-13 074
山 西	139	394	2 617	134	389	2 404	5	5	213
内蒙古	1 175	2 604	16 416	1 139	2 226	14 375	36	378	2 041
辽 宁	44 302	744 621	1 565 360	42 886	723 975	1 502 184	1 416	20 646	63 176
吉 林	4 070	5 782	40 776	3 520	5 349	32 044	550	433	8 732
黑龙江	11 620	15 713	106 716	10 980	13 279	97 312	640	2 434	9 404
上 海	1 869	116 728	186 001	1 403	112 204	175 093	466	4 524	10 908
江 苏	131 104	968 877	2 923 031	103 322	800 732	2 154 668	27 782	168 145	768 363
浙 江	51 773	2 346 712	4 401 298	50 204	2 263 461	4 367 023	1 569	83 251	34 275
安 徽	30 297	325 897	416 663	29 116	329 150	388 935	1 181	-3 253	27 728
福 建	64 895	828 096	2 294 779	65 680	809 890	2 302 757	-785	18 206	-7 978
江 西	30 960	157 468	333 572	30 968	152 623	305 378	-8	4 845	28 194
山 东	70 358	927 259	2 135 002	68 812	942 580	2 059 981	1 546	-15 321	75 021
河 南	4 972	21 073	78 197	4 848	19 444	79 471	124	1 629	-1 274
湖 北	50 582	114 097	417 717	45 195	105 263	411 471	5 387	8 834	6 246
湖 南	13 144	32 167	89 800	13 044	31 900	89 120	100	267	680
广 东	70 320	807 263	2 396 068	69 761	815 405	2 400 511	559	-8 142	-4 443
广 西	28 921	317 013	978 417	28 530	345 709	1 012 851	391	-28 696	-34 434
海 南	25 762	399 731	1 107 434	25 634	338 683	1 078 170	128	61 048	29 264
重 庆	5 617	13 364	43 514	5 582	13 637	40 139	35	-273	3 375
四 川	7 396	10 192	66 818	7 377	10 290	66 087	19	-98	731
贵 州	3 469	8 134	57 718	3 469	8 134	57 700			18
云 南	1 258	3 379	30 807	1 018	2 407	19 258	240	972	11 549
西 藏	23	19	227	19	15	154	4	4	73
陕 西	770	1 921	6 727	806	1 750	5 603	-36	171	1 124
甘 肃	8	23	85	9	22	88	-1	1	-3
青 海	170	524	5 945	170	524	5 945			
宁 夏	12	64	1 134	10	50	945	2	14	189
新 疆	827	2 871	13 795	787	2 434	12 882	40	437	913
中农发集团	328	127 726	253 074	346	139 061	231 219	-18	-11 335	21 855

四、加工与贸易

全国水产加工情况

指　　标	计量单位	2009 年	2008 年	2009 年比 2008 年增减(±)	
				绝对量	幅度(%)
1. 水产加工企业	个	9 635	9 971	-336	-3.37
水产品加工能力	吨/年	22 091 650	21 974 753	116 897	0.53
其中:规模以上加工企业	个	2 558	2 428	130	5.35
2. 水产冷库	座	7 548	7 439	109	1.47
冻结能力	吨/日	499 686	430 849	68 837	15.98
冷藏能力	吨/次	3 603 577	3 356 768	246 809	7.35
制冰能力	吨/日	212 662	232 237	-19 575	-8.43
3. 水产加工品总量	吨	14 773 334	13 677 581	1 095 753	8.01
淡水加工产品	吨	2 279 306	2 008 122	271 184	13.50
海水加工产品	吨	12 494 028	11 669 459	824 569	7.07
(1)水产冷冻品	吨	9 411 169	8 509 581	901 588	10.59
其中:冷冻品	吨	4 896 807	4 262 366	634 441	14.88
冷冻加工品	吨	4 514 362	4 247 215	267 147	6.29
(2)鱼糜制品及干腌制品	吨	2 235 389	1 934 979	300 410	15.53
其中:鱼糜制品	吨	847 929	819 122	28 807	3.52
干腌制品	吨	1 387 460	1 115 857	271 603	24.34
(3)藻类加工品	吨	904 623	816 911	87 712	10.74
(4)罐制品	吨	220 823	220 212	611	0.28
(5)水产饲料(鱼粉)	吨	1 364 600	1 479 961	-115 361	-7.79
(6)鱼油制品	吨	24 724	92 345	-67 621	-73.23
(7)其他水产加工品	吨	612 006	623 592	-11 586	-1.86
其中:助剂和添加剂	吨	70 722	54 338	16 384	30.15
珍珠	千克	700 363	390 114	310 249	79.53
4. 用于加工的水产品总量	吨	18 221 834	16 374 277	1 847 557	11.28
其中:淡水产品	吨	3 936 376	3 233 437	702 939	21.74
海水产品	吨	14 285 458	13 140 840	1 144 618	8.71
5. 部分水产品年加工量	吨	1 362 740	1 069 191	293 549	27.46
其中:对虾	吨	430 321	319 472	110 849	34.70
克氏原螯虾	吨	150 747	130 896	19 851	15.17
罗非鱼	吨	591 870	470 741	121 129	25.73
鳗鱼	吨	113 723	81 522	32 201	39.50
斑点叉尾鮰	吨	76 079	66 560	9 519	14.30

各地区水产加工品总量

单位:吨

指标	2009年		2008年		2009年比2008年增减(±)			
					绝对量		幅度(%)	
	水产加工品总量	其中:淡水加工产品	水产加工品总量	其中:淡水加工产品	水产加工品总量	其中:淡水加工产品	水产加工品总量	其中:淡水加工产品
全国总计	**14 773 334**	**2 279 306**	**13 677 581**	**2 008 122**	**1 095 753**	**271 184**	**8.01**	**13.50**
北　京	2 907	783	2 756	756	151	27	5.48	3.57
天　津	1 503	613	1 588	113	-85	500	-5.35	442.48
河　北	139 002	13 165	140 968	13 496	-1 966	-331	-1.39	-2.45
山　西								
内蒙古	5 531	5 531	4 965	4 965	566	566	11.40	11.40
辽　宁	1 860 367	27 772	1 585 319	24 441	275 048	3 331	17.35	13.63
吉　林	10 208	10 208	8 907	8 907	1 301	1 301	14.61	14.61
黑龙江	6 614	6 614	5 066	5 066	1 548	1 548	30.56	30.56
上　海	154 167	8 533	19 819	10 566	134 348	-2 033	677.87	-19.24
江　苏	777 752	269 502	722 573	247 595	55 179	21 907	7.64	8.85
浙　江	2 009 115	127 448	2 017 655	124 705	-8 540	2 743	-0.42	2.20
安　徽	94 492	94 492	85 168	85 168	9 324	9 324	10.95	10.95
福　建	2 133 931	156 912	1 971 947	156 587	161 984	325	8.21	0.21
江　西	211 190	211 190	198 387	198 387	12 803	12 803	6.45	6.45
山　东	4 366 389	114 178	4 354 929	127 643	11 460	-13 465	0.26	-10.55
河　南	17 319	17 319	14 337	14 337	2 982	2 982	20.80	20.80
湖　北	525 690	525 690	447 620	447 620	78 070	78 070	17.44	17.44
湖　南	60 814	60 814	56 566	56 566	4 248	4 248	7.51	7.51
广　东	1 417 646	390 274	1 391 565	329 829	26 081	60 445	1.87	18.33
广　西	486 942	95 128	165 489	17 196	321 453	77 932	194.24	453.20
海　南	464 117	115 502	448 899	101 121	15 218	14 381	3.39	14.22
重　庆	193	193	180	180	13	13	7.22	7.22
四　川	2 614	2 614	4 876	4 876	-2 262	-2 262	-46.39	-46.39
贵　州	1 641	1 641	1 563	1 563	78	78	4.99	4.99
云　南	14 115	14 115	16 507	16 507	-2 392	-2 392	-14.49	-14.49
西　藏								
陕　西	6 280	6 280	6 160	6 160	120	120	1.95	1.95
甘　肃								
青　海	1 000	1 000	1 000	1 000				
宁　夏								
新　疆	1 795	1 795	2 772	2 772	-977	-977	-35.25	-35.25

各地区水产加工品总量(按品种分)(一)

单位:吨

地 区	水产加工品总量	其中		1. 水产冷冻品		
		淡水加工产品	海水加工产品		冷冻品	冷冻加工品
全国总计	**14 773 334**	**2 279 306**	**12 494 028**	**9 411 169**	**4 896 807**	**4 514 362**
北 京	2 907	783	2 124	2 744	2 475	269
天 津	1 503	613	890	1 478	1 065	413
河 北	139 002	13 165	125 837	58 735	18 846	39 889
山 西						
内蒙古	5 531	5 531		4 231	3 831	400
辽 宁	1 860 367	27 772	1 832 595	1 205 616	332 544	873 072
吉 林	10 208	10 208		740	220	520
黑龙江	6 614	6 614		3 014	3 014	
上 海	154 167	8 533	145 634	153 967	150 129	3 838
江 苏	777 752	269 502	508 250	499 697	306 492	193 205
浙 江	2 009 115	127 448	1 881 667	1 538 577	1 115 713	422 864
安 徽	94 492	94 492		52 393	29 775	22 618
福 建	2 133 931	156 912	1 977 019	781 182	452 854	328 328
江 西	211 190	211 190		61 512	26 208	35 304
山 东	4 366 389	114 178	4 252 211	2 964 064	1 641 558	1 322 506
河 南	17 319	17 319		15 770	8 214	7 556
湖 北	525 690	525 690		221 224	71 468	149 756
湖 南	60 814	60 814		23 789	18 407	5 382
广 东	1 417 646	390 274	1 027 372	955 958	328 115	627 843
广 西	486 942	95 128	391 814	451 927	108 833	343 094
海 南	464 117	115 502	348 615	396 263	270 254	126 009
重 庆	193	193				
四 川	2 614	2 614		2 409	197	2 212
贵 州	1 641	1 641		525	525	
云 南	14 115	14 115		12 989	3 775	9 214
西 藏						
陕 西	6 280	6 280		395	395	
甘 肃						
青 海	1 000	1 000		600	600	
宁 夏						
新 疆	1 795	1 795		1 370	1 300	70

各地区水产加工品总量(按品种分)(二)

单位:吨

地 区	2. 鱼糜制品及干腌制品			3. 藻类加工品	4. 罐制品	5. 水产饲料(鱼粉)
		鱼糜制品	干腌制品			
全国总计	**2 235 389**	**847 929**	**1 387 460**	**904 623**	**220 823**	**1 364 600**
北 京						140
天 津						
河 北	14 255	470	13 785		5 955	58 016
山 西						
内蒙古	142		142	848	310	
辽 宁	155 684	52 772	102 912	289 348	15 659	60 080
吉 林	9 440	860	8 580		8	
黑龙江	3 200		3 200			
上 海						
江 苏	36 452	16 258	20 194	14 813	13 648	195 898
浙 江	246 949	77 079	169 870	14 006	29 903	137 386
安 徽	10 197	6 324	3 873		2 350	28 398
福 建	441 225	223 424	217 801	329 495	26 687	440 660
江 西	120 453	47 837	72 616	1 202	3 973	15 901
山 东	608 140	206 287	401 853	242 902	35 643	292 642
河 南	936	82	854	180	233	200
湖 北	279 978	98 645	181 333		23 428	
湖 南	32 180	5 773	26 407	235	1 533	2 772
广 东	223 140	97 348	125 792	3 033	60 609	112 318
广 西	24 447	12 868	11 579		154	327
海 南	26 392	930	25 462	8 085		13 977
重 庆	113		113			
四 川	205		205			
贵 州	1 116	972	144			
云 南	72		72	476	578	
西 藏						
陕 西						5 885
甘 肃						
青 海	400		400			
宁 夏						
新 疆	273		273		152	

各地区水产加工品总量(按品种分)(三)

单位:吨

地　区	6. 鱼油制品	7. 其他水产加工品	助剂和添加剂	珍珠(千克)
全国总计	**24 724**	**612 006**	**70 722**	**700 363**
北　京		23	23	
天　津		25		
河　北	35	2 006		
山　西				
内蒙古				
辽　宁	1 960	132 020	2 000	
吉　林	20			
黑龙江		400		
上　海		200		
江　苏		17 244	150	458 350
浙　江	1 635	40 659	7 685	509
安　徽		1 154	30	15 022
福　建	3 200	111 482	3 818	
江　西	400	7 749	1 810	577
山　东	16 950	206 048	50 251	3 500
河　南				
湖　北		1 060	105	4 800
湖　南		305		212 700
广　东	524	62 064	330	4 905
广　西		10 087	4 520	
海　南		19 400		
重　庆		80		
四　川				
贵　州				
云　南				
西　藏				
陕　西				
甘　肃				
青　海				
宁　夏				
新　疆				

各地区用于加工的水产品量

单位:吨

地 区	用于加工的水产品量	其 中	
		淡水产品	海水产品
全国总计	**18 221 834**	**3 936 376**	**14 285 458**
北 京	3 072	948	2 124
天 津	1 503	613	890
河 北	423 632	14 529	409 103
山 西			
内蒙古	6 246	6 246	
辽 宁	3 452 136	42 208	3 409 928
吉 林	27 990	27 990	
黑龙江	10 214	10 214	
上 海	157 453	10 225	147 228
江 苏	1 129 554	504 798	624 756
浙 江	2 365 094	149 634	2 215 460
安 徽	104 454	104 454	
福 建	2 516 210	242 765	2 273 445
江 西	374 185	374 185	
山 东	3 111 564	93 486	3 018 078
河 南	39 961	39 961	
湖 北	957 467	957 467	
湖 南	98 917	98 917	
广 东	2 152 601	714 112	1 438 489
广 西	515 289	119 481	395 808
海 南	735 808	385 659	350 149
重 庆	780	780	
四 川	6 202	6 202	
贵 州	2 063	2 063	
云 南	27 144	27 144	
西 藏			
陕 西			
甘 肃			
青 海			
宁 夏			
新 疆	2 295	2 295	

各地区水产加工企业、冷库基本情况

地　区	水产加工企业			水产冷库			
	小计（个）	水产加工能力（吨/年）	其中:规模以上加工企业（个）	数量（座）	冻结能力（吨/日）	冷藏能力（吨/次）	制冰能力（吨/日）
全国总计	**9 635**	**22 091 650**	**2 558**	**7 548**	**499 686**	**3 603 577**	**212 662**
北　京	5	5 545		218	59	26 620	129
天　津	5	1 965		17	232	200 945	42
河　北	266	490 848	24	238	5 998	55 107	4 512
山　西							
内蒙古	27	4 910	17	28	354	2 364	251
辽　宁	833	2 416 698	343	654	106 369	601 023	17 070
吉　林	19	22 307		27	155	1 130	2
黑龙江	27	4 400		20	320	2 980	66
上　海	30	49 450	6	52	1 031	21 527	434
江　苏	947	1 130 159	267	907	27 637	145 566	19 403
浙　江	2 133	2 457 284	359	1 340	33 173	708 655	30 265
安　徽	93	122 099	52	318	7 835	19 099	1 358
福　建	1 202	2 190 939	425	667	13 971	284 155	15 550
江　西	137	163 520	43	136	1 333	5 390	730
山　东	1 881	6 474 838	616	1 751	209 922	1 100 717	79 520
河　南	33	42 459	6	58	741	7 285	110
湖　北	205	876 520	118	231	46 904	58 413	14 081
湖　南	97	68 749	35	80	4 977	36 775	1 672
广　东	1 173	4 270 394	139	550	20 381	245 625	14 219
广　西	212	325 592	47	51	2 041	38 883	2 665
海　南	237	880 078	52	130	3 639	30 686	10 451
重　庆	3	280	1	7	12 015	5 010	26
四　川	6	28 800	3	5	90	460	13
贵　州	7	640		7	23	370	21
云　南	33	37 096	3	24	241	2 560	22
西　藏							
陕　西	16	23 800		2	35	32	50
甘　肃							
青　海	3	330		1			
宁　夏							
新　疆	5	1 950	2	29	210	2 200	

各地区水产品(进出口)贸易情况(一)

地区	2009年进出口		2008年进出口		2009年比2008年增减(±)			
					绝对量		幅度(%)	
	金额(万美元)	数量(吨)	金额(万美元)	数量(吨)	金额(万美元)	数量(吨)	金额	数量
全国总计	**1 605 991.05**	**6 705 449**	**1 608 020.61**	**6 875 485**	**-2 029.56**	**-170 036**	**-0.13**	**-2.47**
北京	14 382.61	97 241	12625.38	102 436	1 757.23	-5 194	13.92	-5.07
天津	21 506.81	144 289	21457.26	166 120	49.55	-21 831	0.23	-13.14
河北	10 737.29	26 308	9844.14	21 983	893.14	4 325	9.07	19.68
山西	0.74	5	7.55	25	-6.81	-20	-90.18	-79.89
内蒙古	32.81	105	204.24	671	-171.43	-566	-83.94	-84.34
辽宁	265 653.85	1 238 279	261598.66	1 257 821	4 055.19	-19 542	1.55	-1.55
吉林	13 801.39	91 758	12981.88	73 685	819.52	18 073	6.31	24.53
黑龙江	294.79	539	439.96	942	-145.17	-403	-33.00	-42.82
上海	38 392.74	149 439	40430.60	187 406	-2 037.85	-37 967	-5.04	-20.26
江苏	30 517.18	96 597	31996.18	96 950	-1 478.99	-352	-4.62	-0.36
浙江	143 162.06	558 623	166803.11	666 676	-23 641.05	-108 053	-14.17	-16.21
安徽	5 073.94	38 557	5947.25	43 812	-873.31	-5 255	-14.68	-11.99
福建	198 448.55	837 222	163753.41	783 424	34 695.14	53 799	21.19	6.87
江西	13 480.66	15 576	9489.66	11 920	3 990.99	3 656	42.06	30.67
山东	529 606.09	2 077 040	566547.29	2 276 822	-36 941.21	-199 782	-6.52	-8.77
河南	680.36	1 073	445.73	744	234.63	330	52.64	44.36
湖北	12 862.55	24 039	9836.72	21 038	3 025.83	3 000	30.76	14.26
湖南	2 204.30	11 655	2656.77	18 195	-452.47	-6 540	-17.03	-35.94
广东	237 839.37	992 972	222083.80	870 243	15 755.57	122 729	7.09	14.10
广西	16 128.05	56 673	15831.89	55 746	296.16	927	1.87	1.66
海南	37 694.89	116 045	42181.10	111 866	-4 486.21	4 180	-10.64	3.74
重庆	548.62	6 457	168.19	2 071	380.43	4 386	226.18	211.73
四川	4 144.28	41 954	4041.15	40 388	103.13	1 565	2.55	3.88
贵州			0.95		-0.95		-100.00	-100.00
云南	7 982.33	77 910	5668.57	58 729	2 313.76	19 180	40.82	32.66
西藏	3.13	13			3.13	13		
陕西	471.31	3 668	756.46	4 713	-285.15	-1 045	-37.70	-22.17
甘肃			0.04		-0.04		-100.00	-100.00
青海	66.65	107	63.88	167	2.77	-60	4.34	-35.88
宁夏	30.86	206	4.62	46	26.23	159	567.28	344.85
新疆	242.84	1 098	154.16	845	88.67	253	57.52	30.00

各地区水产品(出口)贸易情况(二)

地区	2009年出口		2008年出口		2009年比2008年增减(±)			
					绝对量		幅度(%)	
	金额(万美元)	数量(吨)	金额(万美元)	数量(吨)	金额(万美元)	数量(吨)	金额	数量
全国总计	**1 079 543.17**	**2 965 139**	**1 067 432.14**	**2 985 590**	**12 111.03**	**-20 451**	**1.13**	**-0.68**
北京	257.85	337	236.58	382	21.27	-46	8.99	-11.94
天津	3 653.00	5 968	4 042.79	6 939	-389.80	-971	-9.64	-13.99
河北	10 412.30	25 523	9 601.89	20 498	810.40	5 025	8.44	24.52
山西	0.74	5	2.54	5	-1.80		-70.84	0.70
内蒙古	13.30	14			13.30	14		
辽宁	158 592.28	515 497	162 503.13	558 231	-3 910.84	-42 734	-2.41	-7.66
吉林	5 010.92	10 317	5 800.04	11 676	-789.12	-1 359	-13.61	-11.64
黑龙江	60.91	243	66.34	142	-5.43	100	-8.18	70.41
上海	9 235.69	13 720	12 724.77	26 018	-3 489.08	-12 298	-27.42	-47.27
江苏	23 932.45	54 028	23 574.15	54 767	358.31	-740	1.52	-1.35
浙江	127 576.13	419 027	142 648.23	445 511	-15 072.10	-26 483	-10.57	-5.94
安徽	1 755.67	3 218	2 084.46	3 616	-328.80	-398	-15.77	-11.02
福建	152 838.69	399 088	116 445.54	293 219	36 393.15	105 869	31.25	36.11
江西	12 894.11	10 741	8 972.08	10 282	3 922.02	459	43.71	4.46
山东	337 418.66	923 045	349 618.61	1 004 790	-12 199.94	-81 744	-3.49	-8.14
河南	668.36	912	444.48	742	223.89	169	50.37	22.81
湖北	12 743.25	23 122	9 643.37	19 372	3 099.88	3 750	32.15	19.36
湖南	1 383.98	2 910	1 391.35	3 828	-7.37	-917	-0.53	-23.97
广东	169 507.04	396 405	162 269.00	380 635	7 238.05	15 770	4.46	4.14
广西	15 226.09	48 165	14 217.65	35 098	1 008.44	13 068	7.09	37.23
海南	35 998.08	111 695	40 881.16	109 255	-4 883.09	2 440	-11.94	2.23
重庆	1.13	1	21.28	207	-20.15	-207	-94.70	-99.72
四川	77.69	267	76.35	39	1.34	227	1.75	578.33
贵州								
云南	176.28	687	81.75	203	94.53	483	115.63	238.02
西藏								
陕西	0.13		18.82	11	-18.70	-11	-99.34	-99.07
甘肃								
青海	65.79	68	61.18	83	4.61	-15	7.53	-18.19
宁夏								
新疆	42.66	138	4.59	42	38.07	96	829.47	229.28

各地区水产品(进口)贸易情况(三)

地 区	2009年进口		2008年进口		2009年比2008年增减(±)			
					绝对量		幅度(%)	
	金额(万美元)	数量(吨)	金额(万美元)	数量(吨)	金额(万美元)	数量(吨)	金额	数量
全国总计	**526 447.88**	**3 740 310**	**540 588.47**	**3 889 895**	**-14 140.59**	**-149 585**	**-2.62**	**-3.85**
北 京	14 124.76	96 904	12 388.80	102 053	1 735.97	-5 149	14.01	-5.05
天 津	17 853.81	138 321	17 414.47	159 181	439.35	-20 861	2.52	-13.10
河 北	324.99	785	242.25	1 485	82.74	-700	34.15	-47.12
山 西			5.01	20	-5.01	-20	-100.00	-100.00
内蒙古	19.51	91	204.24	671	-184.73	-580	-90.45	-86.42
辽 宁	107 061.57	722 781	99 095.54	699 590	7 966.03	23 192	8.04	3.32
吉 林	8 790.47	81 442	7 181.84	62 010	1 608.64	19 432	22.40	31.34
黑龙江	233.88	296	373.63	800	-139.74	-504	-37.40	-62.98
上 海	29 157.05	135 719	27 705.83	161 388	1 451.23	-25 669	5.24	-15.91
江 苏	6 584.73	42 570	8 422.03	42 182	-1 837.30	387	-21.82	0.92
浙 江	15 585.93	139 596	24 154.88	221 166	-8 568.95	-81 570	-35.48	-36.88
安 徽	3 318.27	35 340	3 862.78	40 196	-544.51	-4 856	-14.10	-12.08
福 建	45 609.87	438 134	47 307.87	490 205	-1 698.00	-52 071	-3.59	-10.62
江 西	586.55	4 836	517.58	1 638	68.97	3 198	13.33	195.22
山 东	192 187.42	1 153 995	216 928.68	1 272 033	-24 741.26	-118 038	-11.41	-9.28
河 南	11.99	162	1.25	1	10.74	161	858.53	14 229.96
湖 北	119.30	916	193.35	1 667	-74.04	-750	-38.30	-45.03
湖 南	820.32	8 745	1 265.42	14 367	-445.10	-5 622	-35.17	-39.13
广 东	68 332.32	596 567	59 814.80	489 608	8 517.52	106 959	14.24	21.85
广 西	901.96	8 508	1 614.24	20 648	-712.28	-12 141	-44.12	-58.80
海 南	1 696.81	4 351	1 299.94	2 611	396.87	1 740	30.53	66.66
重 庆	547.49	6 457	146.91	1 864	400.58	4 593	272.66	246.37
四 川	4 066.59	41 687	3 964.80	40 349	101.80	1 338	2.57	3.32
贵 州			0.95		-0.95		-100.00	-100.00
云 南	7 806.05	77 223	5 586.82	58 526	2 219.23	18 697	39.72	31.95
西 藏	3.13	13			3.13	13		
陕 西	471.19	3 667	737.64	4 702	-266.45	-1 034	-36.12	-22.00
甘 肃			0.04		-0.04		-100.00	-100.00
青 海	0.86	39	2.70	84	-1.84	-45	-68.17	-53.36
宁 夏	30.86	206	4.62	46	26.23	159	567.28	344.85
新 疆	200.17	960	149.57	803	50.60	157	33.83	19.58

五、渔政管理

各地区渔政管理机构情况（按机构性质分）

单位：个

地 区	渔业执法机构	其 中				
		行政单位	参照《公务员法》管理单位	依照公务员制度管理单位	事业单位	其他性质单位
全国总计	**2 896**	**483**	**497**	**203**	**1 691**	**22**
部直属	5		5			
北 京	15	4	1		10	
天 津	14	2	5	6	1	
河 北	103	20	6	5	72	
山 西	68	34			34	
内蒙古	106	6	29	1	69	1
辽 宁	92	11	22	8	49	2
吉 林	62	1	4	4	52	1
黑龙江	109	24	24	31	30	
上 海	12		1		11	
江 苏	123	6	12	20	85	
浙 江	110	3	11	17	79	
安 徽	133	31	6	4	92	
福 建	85		61		24	
江 西	118	7	24		85	2
山 东	180	30	31	2	117	
河 南	178	72	4	6	96	
湖 北	118	9	18	6	85	
湖 南	130	2	40	33	54	1
广 东	102	78	10	6	8	
广 西	99	3	74		21	1
海 南	36	1	3	1	30	1
重 庆	40	2	19	2	17	
四 川	207	36	23	8	139	1
贵 州	99	10	5		83	1
云 南	157	19	10	6	122	
西 藏	8	8				
陕 西	101	12	8		78	3
甘 肃	80	10	11	6	53	
青 海	23	3	5	5	10	
宁 夏	22	17			4	1
新 疆	47	2	13	23	8	1
大 连	38	1	3		34	
青 岛	15	2	2		11	
宁 波	12		1	1	10	
厦 门	6	1	4		1	
深 圳	4	4				
新疆兵团	39	12	2	2	17	6

各地区渔政管理机构情况(按执法业务类型分)

单位:个

地　区	渔政	渔监	船检	渔政渔监船检综合执法	渔政与农业执法单位合署	渔政与水产研究或推广单位合署	渔政与渔业生产单位合署
全国总计	**1 394**	**26**	**41**	**822**	**105**	**462**	**46**
部直属	1		1	3			
北　京	14			1			
天　津	11			3			
河　北	51		1	18	15	18	
山　西	57			6		5	
内蒙古	26		1	36	7	35	1
辽　宁	53	8	5	1		24	1
吉　林	3			46		13	
黑龙江	69		2	33		5	
上　海	7			2	2	1	
江　苏	44		1	64	1	11	2
浙　江	35		13	47	7	7	1
安　徽	45	1	3	56	1	27	
福　建	52			20	2	10	1
江　西	47	1		24	18	26	2
山　东	128	1		35	2	13	1
河　南	123	2		30		22	1
湖　北	19			94	4	1	
湖　南	98	1		21		8	2
广　东	30			68	2	1	1
广　西	31			46		18	4
海　南	19		4	12	1		
重　庆	4			25	5	6	
四　川	125	1	1	45	9	24	2
贵　州	32			22	1	44	
云　南	44			24	10	66	13
西　藏	8						
陕　西	43			4	3	46	5
甘　肃	50	1		3	4	21	1
青　海	11			5	6		1
宁　夏	18					3	1
新　疆	42			2	1	2	
大　连	9	9	8	10		2	
青　岛	8	1		6			
宁　波	3		1	6	2		
厦　门	3			1	2		
深　圳	1			3			
新疆兵团	30					3	6

各地区渔政管理人员情况

单位:人

地　区	现有人数合计	按教育水平分				持渔业行政执法证人数
		大学本科以上	大学本科	大学专科	大学专科以下	
全国总计	**35 093**	**333**	**8 301**	**15 022**	**11 437**	**25 429**
部直属	865	40	278	251	296	517
北　京	152	6	75	55	16	147
天　津	215	2	81	72	60	133
河　北	995	7	263	447	278	928
山　西	400	2	81	175	142	204
内蒙古	1 180	5	290	537	348	746
辽　宁	1 605	31	414	759	401	1 349
吉　林	668	11	179	324	154	581
黑龙江	1 059	9	343	506	201	706
上　海	311	11	111	108	81	273
江　苏	2 280	18	545	955	762	1 674
浙　江	2 024	16	539	924	545	1 601
安　徽	1 344	8	247	588	501	850
福　建	1 052	2	272	355	423	785
江　西	1 024	16	213	416	379	838
山　东	2 667	14	760	1 070	823	2 161
河　南	1 662	11	287	729	635	972
湖　北	2 031	9	241	1 059	722	1 359
湖　南	1 250	9	190	575	476	832
广　东	2 096	23	525	762	786	1 551
广　西	893	1	186	413	293	733
海　南	745	4	101	221	419	415
重　庆	386	7	120	171	88	298
四　川	1 650	9	354	811	476	1 311
贵　州	586	2	110	345	129	446
云　南	1 288	7	268	613	400	1 077
西　藏	25	1	13	6	5	15
陕　西	1 628	4	220	540	864	905
甘　肃	678	10	191	281	196	319
青　海	212	3	70	91	48	199
宁　夏	172	4	81	73	14	118
新　疆	321	2	80	144	95	269
大　连	614	7	195	363	49	557
青　岛	281	2	126	74	79	130
宁　波	227	6	97	69	55	86
厦　门	209	5	65	54	85	200
深　圳	125	8	48	34	35	68
新疆兵团	173	1	42	52	78	76

六、科技与推广

全国渔业科技基本情况

1. 渔业科研机构个数	108
2. 渔业科研机构从业人员(人)	6 751
(1)科技活动人员	4 713
按职称分:高级职称	1 376
中级职称	1 372
初级职称	1 270
其他	695
按学位分:博士	203
硕士	745
按学历分:研究生	891
大学	1 852
大专	1 051
其他	919
(2)生产经营活动人员	1 076
(3)其他人员	962
3. 本年度收入(千元)	1 245 197
(1)科技活动收入	1 057 614
政府资金	969 047
财政补助收入	572 856
承担政府项目	355 313
其他	40 878
非政府资金小计	88 567
技术性收入	83 310
(2)生产经营收入	41 894
(3)其他收入	145 680
4. 科研机构资产负债情况(千元)	
(1)资产合计	3 224 163
流动资产	1 618 229
固定资产	1 398 426
科研房屋建筑	576 542
科研仪器设备图书	556 212
其他	265 672
无形资产	60 283
对外投资	147 225
(2)负债合计	1 204 884
5. 科技著述和专利申请情况	
发表科技论文(篇)	1 934
国外发表	89
出版科技著作(种)	52
专利受理数(件)	219
专利授权(件)	78
发明专利	44
拥有发明专利总数	277

各地区水产技术推广机构情况

单位:个

地区	数量	其中		地(市)级站		县(市)级站		区域站		乡(镇)站	
		水产站	综合站	水产站	综合站	水产站	综合站	水产站	综合站	水产站	综合站
全国总计	**12 962**	**3 906**	**9 056**	**274**	**42**	**1 559**	**540**	**150**	**207**	**1 887**	**8 266**
北　京	28	10	18			9	1				17
天　津	61	19	42			12		6			42
河　北	215	90	125	11		69	72	7	19	1	34
山　西	106	67	39	9	1	31	4			26	34
内蒙古	105	81	24	10	2	48	22			22	
辽　宁	365	140	225	13		53	6	7		66	219
吉　林	60	27	33	7	2	19	31				
黑龙江	562	130	432	11		44	15	4	6	70	411
上　海	60	18	42			9	1			8	41
江　苏	1 031	153	878	13		64	12	7		68	866
浙　江	495	110	385	10		57	11	4	22	38	352
安　徽	644	156	488	13	4	71	14	7		64	470
福　建	798	200	598	8	1	75	3		[illegible]	116	594
江　西	1 002	260	742	10		90	6	34		125	736
山　东	951	388	563	15	1	112	15	2	6	258	541
河　南	251	113	138	17	1	78	43			17	94
湖　北	704	704		15		65		51		572	
湖　南	1 514	206	1 308	13	2	92	29		15	100	1 262
广　东	1 053	246	807	17	3	84	20	9	19	135	765
广　西	551	86	465	13	1	67	34			5	430
海　南	67	61	6	2		16				42	6
重　庆	361	36	325			24	15	11	2		308
四　川	827	133	694	11	7	76	50		115	45	522
贵　州	319	87	232	8	2	50	31			28	199
云　南	283	151	132	13	3	91	33			46	96
陕　西	150	79	71	10		68	22		3		46
甘　肃	80	42	38	5	8	35	27			1	3
青　海	16	6	10	1	3	4	7				
宁　夏	33	11	22	4	1	6	7				14
新　疆	29	29		9		17		1		1	
大　连	43	20	23			5	4			15	18
青　岛	98	16	82			8	1			7	81
宁　波	81	18	63			6	1			11	62
深　圳	4	3	1			2	1				
厦　门	8	3	5			2	2				3
新疆兵团	7	7		6							

七、灾　害

各地区渔业灾情造成的经济损失(一)

单位:万元

地区	1. 水产品损失					
	小计	台风、洪涝	病害	干旱	污染	其他
全国总计	**1 267 503.82**	**450 388.77**	**344 751.59**	**176 848.85**	**99 558.99**	**195 955.62**
北　京	87.00		61.00	26.00		
天　津	1 461.00		1 081.00		380.00	
河　北	15 073.59	19.20	1 923.23	1 936.30	621.50	10 573.36
山　西	1 030.00	10.00	204.00	65.00	18.00	733.00
内蒙古	5 531.80	393.00	55.00	5 083.80		
辽　宁	51 794.00	13 306.00	28 652.00	6 372.00	2 429.00	1 035.00
吉　林	2 095.46		74.70	1 658.70	74.70	287.36
黑龙江	364.00					364.00
上　海	2 436.00		2 344.00		92.00	
江　苏	60 794.00	12 056.00	31 741.00	3 315.00	11 977.00	1 705.00
浙　江	78 724.00	36 629.00	34 119.00	85.00	2 642.00	5 249.00
安　徽	82 716.98	43 972.76	9 836.46	3 575.93	7 490.76	17 841.07
福　建	119 985.00	28 806.00	39 222.00	21 840.00	14 970.00	15 147.00
江　西	118 617.00	16 915.00	26 744.00	40 919.00	2 462.00	31 577.00
山　东	64 457.20	6 386.00	13 505.38	4 424.82	38 776.00	1 365.00
河　南	6 490.00	257.00	2 603.00	2 748.00	287.00	595.00
湖　北	102 590.00	24 522.00	47 777.00	8 101.00	5 701.00	16 489.00
湖　南	102 786.41	26 842.20	12 447.18	48 361.13	984.40	14 151.50
广　东	260 356.46	117 195.03	70 345.82	10 982.56	6 273.37	55 559.68
广　西	42 741.42	22 724.08	4 437.75	4 052.16	1 910.91	9 616.52
海　南	81 839.11	75 195.60	4 090.51	107.00	220.00	2 226.00
重　庆	17 444.47	10 622.10	5 128.09	710.78	346.50	637.00
四　川	30 031.50	12 570.20	2 464.10	7 529.22	547.52	6 920.46
贵　州	2 120.00	125.00	195.00	791.00	78.00	931.00
云　南	10 513.98	1 722.60	4 582.90	2 479.70	645.78	1 083.00
西　藏	120.00	120.00				
陕　西	1 268.25		277.60	107.00	290.00	593.65
甘　肃	219.47		183.62	1.65	14.20	20.00
青　海						
宁　夏	794.52		312.60			481.92
新　疆	3 021.20		343.65	1 576.10	327.35	774.10

各地区渔业灾情造成的经济损失(二)

单位:万元

地　区	2.（台风、洪涝）损毁渔业设施							
	小计	池塘	网箱(鱼排)	围栏	沉船	船损	堤坝	泵站
全国总计	**255 212.44**	**111 606.89**	**32 993.55**	**11 461.56**	**6 687.50**	**4 095.66**	**41 183.10**	**805.07**
北　京								
天　津								
河　北	1 552.56	754.56	10.00		646.00			
山　西	227.30		100.00					
内蒙古	121.50						74.50	
辽　宁	11 372.00	2 582.00			850.00	128.00	373.00	
吉　林								
黑龙江								
上　海	110.00				30.00	10.00		
江　苏	8 415.00	2 437.00	250.00	983.00	49.00	58.00	711.00	45.00
浙　江	8 656.00	2 148.00	371.00	10.00	1 846.00	732.00	146.00	
安　徽	21 322.36	7 503.07	2 402.94	5 150.56	155.80	252.56	1 856.46	68.37
福　建	14 260.00	3 933.00	4 379.00	2.00	730.00	582.00	603.00	1.00
江　西	15 971.00	6 652.00	1 211.00	753.00	1.00	132.00	2 423.00	150.00
山　东	5 002.30	2 123.20	260.00	82.00	78.00	79.00	95.60	
河　南	103.00	82.00		21.00				
湖　北	30 451.00	14 158.00	4 897.00	2 892.00	3.00	153.00	3 401.00	342.00
湖　南	16 083.70	6 760.50	2 478.60	1 405.00	8.20	72.40	1 478.60	156.00
广　东	97 158.71	48 392.16	13 591.08	132.00	1 055.00	934.00	28 613.84	
广　西	5 761.53	3 866.23	791.93	6.00	1.00	11.00	850.37	
海　南	4 081.10	766.10	183.00		1 201.00	883.00	49.00	
重　庆	4 169.36	3 525.17	90.00	25.00	26.50	24.70	91.11	1.20
四　川	8 573.52	4 642.20	1 959.00			23.00	239.62	
贵　州								
云　南	1 169.20	759.20	19.00		7.00	21.00	151.00	40.00
西　藏	30.00							
陕　西	96.00	32.50					25.00	1.50
甘　肃	493.00	490.00					1.00	
青　海								
宁　夏								
新　疆	32.30							

各地区渔业灾情造成的经济损失(三)

单位:万元

地区	2. (台风、洪涝)损毁渔业设施(续)							直接经济损失合计
	涵闸	码头	护岸	防波堤	工厂化养殖	苗种繁育场	其他	
全国总计	**3 283.14**	**4 020.00**	**6 730.86**	**6 266.00**	**2 412.80**	**8 209.27**	**15 457.04**	**1 522 716.26**
北　京								87.00
天　津								1 461.00
河　北						65.00	77.00	16 626.15
山　西					15.80		111.50	1 257.30
内蒙古				47.00				5 653.30
辽　宁	24.00	1 700.00	870.00	3 640.00		1 205.00		63 166.00
吉　林								2 095.46
黑龙江								364.00
上　海						70.00		2 546.00
江　苏	43.00		748.00	75.00		152.00	2 864.00	69 209.00
浙　江	2.00	499.00	472.00	195.00	40.00	121.00	2 074.00	87 380.00
安　徽	511.64		520.36	25.00	210.00	490.60	2 175.00	104 039.34
福　建	38.00	418.00	660.00	577.00	1 650.00	234.00	453.00	134 245.00
江　西	269.00	55.00	903.00	556.00	285.00	893.00	1 688.00	134 588.00
山　东		610.00	210.00	10.00	142.00	442.00	870.50	69 459.50
河　南								6 593.00
湖　北	937.00	459.00	1 203.00	287.00		1 719.00		133 041.00
湖　南	306.00	29.00	216.00	99.00		301.40	2 773.00	118 870.11
广　东	1 079.00	235.00	755.50	667.00		1 396.97	307.16	357 515.17
广　西			31.00	20.00		50.00	134.00	48 502.95
海　南	16.00	15.00	61.00	54.00		20.00	833.00	85 920.21
重　庆	18.00		30.00	12.00	70.00	48.00	207.68	21 613.83
四　川	1.50		46.00			969.00	693.20	38 605.02
贵　州								2 120.00
云　南	38.00		5.00				129.00	11 683.18
西　藏							30.00	150.00
陕　西							37.00	1 364.25
甘　肃				2.00				712.47
青　海								
宁　夏								794.45
新　疆						32.30		3 053.50

各地区渔业灾情造成的数量损失(一)

地区	1. 养殖受灾面积(公顷)						2. 水产品损失(吨)		
	小计	台风、洪涝	病害	干旱	污染	其他	小计	台风、洪涝	病害
全国总计	**863 743**	**212 603**	**249 306**	**153 131**	**54 379**	**194 324**	**1 160 973**	**403 146**	**292 819**
北　京	7		3	4			79		55
天　津							996		836
河　北	13 876	5	1 414	968	177	11 312	32 950	19	1 241
山　西	363			33		330	1 120	6	205
内蒙古	24 522	620	126	23 776			2 668	230	35
辽　宁	7 856	1 139	2 509	2 086	787	1 335	32 165	1 554	17 234
吉　林	59 369		14 564	18 330	3 006	23 469	1 881		244
黑龙江	36					36	152		
上　海	1 427		1 348		79		1 452		1 255
江　苏	51 403	10 746	30 994	2 296	5 496	1 871	67 432	11 136	37 558
浙　江	39 202	19 957	15 932	57	1 441	1 815	48 344	22 007	19 124
安　徽	130 421	69 621	12 506	2 427	14 285	31 582	78 953	38 092	10 440
福　建	15 485	7 946	2 451	1 635	1 561	1 892	74 108	35 398	19 530
江　西	75 238	7 172	27 113	28 019	1 202	11 732	131 625	16 211	30 428
山　东	17 120	2 573	4 781	1 941	7 344	481	77 248	35 484	16 171
河　南	3 979	209	1 256	1 882	138	494	7 384	360	2 611
湖　北	138 731	21 252	70 900	6 775	13 742	26 062	113 880	27 796	49 200
湖　南	117 998	13 069	30 846	33 588	417	40 078	99 305	22 779	13 958
广　东	83 318	32 269	15 860	9 165	1 763	24 261	269 593	141 797	51 037
广　西	31 379	10 251	7 459	5 054	382	8 233	45 039	23 055	5 065
海　南	2 568	1 528	464	28	2	546	11 647	6 059	3 132
重　庆	7 485	4 150	2 784	261	92	198	16 541	10 056	4 550
四　川	18 742	8 697	1 872	4 454	333	3 386	28 828	10 120	2 449
贵　州	6 515	31	241	6 116	17	110	2 120	125	195
云　南	6 232	1 367	2 334	1 753	540	238	9 751	852	5 152
西　藏	1	1					10	10	
陕　西	535		105	12	210	208	1 545		261
甘　肃	18		11	3	4		157		126
青　海									
宁　夏	508		206			302	781		338
新　疆	9 409		1 227	2 468	1 361	4 353	3 219		389

各地区渔业灾情造成的数量损失(二)

地区	2. 水产品损失(吨)(续)			3.（台风、洪涝）损毁渔业设施					
	干旱	污染	其他	池塘（公顷）	网箱(鱼排)（箱）	围栏（千米）	沉船（艘）	船损（艘）	堤坝（米）
全国总计	**174 610**	**82 031**	**208 367**	**68 656**	**122 033**	**173 540**	**486**	**3 647**	**504 172**
北　京	24								
天　津		160							
河　北	3 293	377	28 020	24	50		9		
山　西	100	30	779		300				
内蒙古	2 403								340
辽　宁	6 574	6 187	616	1 655			22	20	1 294
吉　林	1 243	88	306						
黑龙江			152						
上　海		197					1	4	
江　苏	2 620	13 491	2 627	2 227	2 281	10 170	52	74	9 339
浙　江	87	2 893	4 233	2 766	4 946	5	46	230	7 031
安　徽	4 136	8 536	17 749	8 285	37 732	2 691	72	189	72 156
福　建	6 720	7 430	5 030	2 111	10 105	1	100	456	7 949
江　西	49 770	2 557	32 659	9 027	8 558	129 310	1	167	147 348
山　东	2 785	21 139	1 669	1 517	1 122	21	14	77	2 150
河　南	3 274	397	742	40		150			
湖　北	11 011	6 229	19 644	12 146	20 662	30 812	1	237	93 122
湖　南	49 171	1 028	12 369	7 316	16 280	352	8	81	51 093
广　东	13 044	6 435	57 280	5 862	12 583	15	81	456	73 126
广　西	5 446	2 321	9 152	4 780	3 271	1	1	5	12 629
海　南	160	136	2 160	335	3 175		73	225	200
重　庆	708	370	857	1 547	82	12	4	16	11 506
四　川	7 848	594	7 817	4 148	860			20	8 624
贵　州	791	78	931	50					
云　南	1 924	683	1 140	4 798	26		1	1 390	6 020
西　藏									
陕　西	238	314	732	17					125
甘　肃	3	16	12	5					120
青　海									
宁　夏			443						
新　疆	1 237	345	1 248						

各地区渔业灾情造成的数量损失(三)

地区	3.(台风、洪涝)损毁渔业设施(续)							4.人员损失			
	泵站(座)	涵闸(座)	码头(米)	护岸(米)	防波堤(米)	工厂化养殖(座)	苗种繁育场(个)	小计	失踪(人)	死亡(人)	重伤(人)
全国总计	**355**	**1 630**	**8 290**	**152 344**	**77 382**	**177**	**284**	**240**	**58**	**115**	**64**
北京											
天津											
河北							1	7	3	4	
山西						3					
内蒙古					1 042						
辽宁		4	1 900	3 270	10 290		18	68	26	42	
吉林											
黑龙江											
上海							1				
江苏	27	75	1	8 020	2 662		6	17			16
浙江		6	1 507	4 121	835	22	23	33	7	25	1
安徽	43	118		16 466	8 200	9	22				
福建	2	29	732	2 480	2 232	110	12	23	3	17	3
江西	61	738	1 608	53 503	13 960	13	42	36			36
山东			220	296	70	18	9	11	9	2	
河南											
湖北	90	357	1 145	35 767	9 858		41				
湖南	67	140	954	14 240	19 040		32				
广东		83	173	4 345	2 737		25	13	2	8	3
广西				468	5 100		17				
海南	30		50	168	145		2	25	7	13	5
重庆	3	18		300	1 200	2	7	1		1	
四川		3		6 900			24	2		2	
贵州											
云南	29	59		2 000				3	1		
西藏								1		1	
陕西	3										
甘肃					11						
青海											
宁夏											
新疆							2				

附录

调整后历年水产品产量对照表

单位:万吨

年份	调整前	调整后	其　中				
			海洋捕捞	远洋渔业	海水养殖	淡水捕捞	淡水养殖
1986	935.76	935.76	430.22	1.99	150.08	58.32	295.15
1987	1 091.93	1 091.93	479.91	6.39	192.61	64.61	348.41
1988	1 225.32	1 225.32	504.66	9.64	249.29	71.98	389.75
1989	1 332.58	1 332.58	548.33	10.71	275.73	80.78	417.03
1990	1 427.26	1 427.26	594.40	17.09	284.22	85.64	445.91
1991	1 572.99	1 572.99	644.35	32.35	333.31	100.39	462.59
1992	1 824.46	1 824.46	720.84	46.43	424.31	99.09	533.79
1993	2 152.31	2 152.31	795.53	56.22	540.23	112.07	648.26
1994	2 515.69	2 515.69	925.61	68.83	604.80	126.79	789.66
1995	2 953.04	2 953.04	1 054.07	85.68	721.51	151.02	940.76
1996	3 280.72	3 280.72	1 152.99	92.65	765.89	175.43	1 093.76
1997	3 601.78	3 118.59	1 092.73	103.70	691.66	163.45	1 067.04
1998	3 906.65	3 382.66	1 201.25	91.31	751.99	197.51	1 140.60
1999	4 122.43	3 570.15	1 203.46	89.91	851.89	197.95	1 226.94
2000	4 278.99	3 706.23	1 189.43	86.52	927.96	193.44	1 308.88
2001	4 382.09	3 795.92	1 155.64	88.49	989.38	186.23	1 376.20
2002	4 565.18	3 954.86	1 128.34	109.64	1 060.47	194.71	1 461.69
2003	4 706.11	4 077.02	1 121.20	115.77	1 095.86	213.28	1 530.92
2004	4 901.77	4 246.57	1 108.08	145.11	1 151.29	209.60	1 632.49
2005	5 101.65	4 419.86	1 111.28	143.81	1 210.81	220.97	1 733.00
2006	5 290.40	4 583.60	1 136.40	109.07	1 264.16	220.38	1 853.59
2007		4 747.52	1 136.03	107.52	1 307.34	225.64	1 970.99
2008		4 895.59	1 149.63	108.33	1 340.32	224.82	2 072.49
2009		5 116.40	1 178.16	97.72	1 405.22	218.39	2 216.46

领 导 讲 话

农业部部长韩长赋在全国渔业工作会议上的讲话

（2009 年 12 月 29 日）

渔业是我国农业、农村经济的重要组成部分。新中国成立 60 年来，尤其是在改革开放的大潮中，渔业不断开拓进取，在大农业中率先走向市场、走向世界，成功实现了从“以捕为主”向“以养为主”的转变，走出了一条中国特色的渔业发展道路，成为位居世界前列的水产品生产大国、贸易大国和重要的远洋渔业国家。渔业的持续快速发展在繁荣农村经济、保障食物安全、稳定市场供给、增加农（渔）民收入、服务外交大局等方面做出了积极和重要的贡献。2009 年，我国渔业经受住了国际金融危机的冲击和考验，渔业经济保持稳定发展，水产品供应充足、价格平稳，各项工作顺利开展，为我国农业农村经济健康发展发挥了重要作用。

当前和今后一个时期，是我国经济社会发展重要的战略机遇期，是我国现代农业建设的关键阶段，也是渔业转变发展方式、提高发展质量和效益的重要时期。渔业是很有特色、很有活力、很具发展潜力的重要产业，也是受自然资源和生态环境影响比较大的产业，还受到国际渔业管理和贸易等因素的影响。如何在农业、农村经济发展的大格局中谋划好渔业工作，使渔业在 60 年辉煌成就的基础上取得更大发展，为促进我国农业、农村经济和国民经济社会发展发挥更重要的作用，是一项十分重要而艰巨的任务。希望同志们认真总结经验，深入研究渔业发展中的新情况和新问题，进一步理清发展思路，把渔业做大做强，扎实推进渔业又好又快发展。

一要坚持转变发展方式，把加快现代渔业建设作为“十二五”渔业发展的主要任务和主攻方向，着力推进渔业经济发展方式转变和结构调整，着力构建生产安全、质量安全、生态安全的和谐发展秩序，形成结构合理、科学完善、充满活力的现代渔业产业体系，确保水产品安全有效供给和渔民稳定增收。

二要坚持以人为本，始终把维护渔民合法权益，解决渔民民生问题作为工作的出发点和落脚点，积极推动建立健全渔业安全生产和社会保障体系，切实提高渔业防灾减灾和安全保障能力。

三要坚持可持续发展，大力推进水生生物资源养护，严格执行休渔禁渔制度，扩大增殖放流规模，加强水生生物保护区和人工鱼礁建设，积极开展渔船节能减排。大力加强渔港建设。

四要坚持“走出去”，大力开展渔业对外交流与合作，积极参与国际渔业资源开发利用和国际规则的制定，提高在渔业国际事务中的话语权和影响力，切实维护我国渔业利益和海洋权益。

五要不断强化渔业系统能力建设和作风建设，加强渔政装备建设和渔政队伍规范化管理，为渔业又好又快发展提供坚强有力的保障。

农业部始终高度重视渔业工作、十分关心渔业发展。农业部有关司（局）要大力支持渔业工作，积极为渔业发展创造更好的环境和条件，为大家的工作提供必要的服务和帮助。通过大家的共同努力，我国渔业一定能取得更大成就，为农业、农村经济发展和全面建设小康社会作出更大贡献。

农业部副部长牛盾在全国渔业工作会议上的讲话

（2009 年 12 月 29 日）

一、认真总结 60 年渔业发展经验和 2009 年渔业工作

2009 年是新中国成立 60 周年。60 年来，特别是改革开放以来，我国渔业率先引入市场机制，不断开拓

创新,成为大农业中发展速度快、效益高、优势明显的重要产业之一,取得了举世瞩目的发展成就。

——渔业经济总量60年提升了108倍,渔业产值在大农业中的份额提高了50倍,水产品总产量连续20年位居世界第一,并且品种应有尽有,使得人民群众从过去的"吃鱼难"到现在的品种丰富、供应充足。在满足国内市场供应的同时,水产品出口连续9年位居国内大宗农产品出口首位,成为世界第一水产品贸易大国。

——渔业生产方式由"以捕捞为主"向"以养殖为主"转变,我国水产养殖产量实现占国内水产品总产量和世界水产养殖总产量的两个70%,从这个意义上讲,中国引领了世界渔业的发展方向。

——初步形成了养殖、捕捞、加工、流通、休闲渔业全面发展,渔政管理、科研、教育、推广相互配套的完整产业体系,基础设施和生产条件明显改善,优势产业区域布局更加突出,科技支撑和综合生产能力大幅提升。

——渔业发展解决了约1 500万人的就业问题,渔民人均纯收入30年提高了81倍,大量农村家庭通过渔业走上富裕之路。渔业发展还带动了渔船和渔机渔具制造、水产品加工、物流、餐饮旅游等相关产业的发展,在解决就业、休闲娱乐、养护生态、促进社会和谐等方面的功能日益显现。

60年的发展,走出了一条具有中国特色的渔业发展道路,为保障我国农产品有效供给和食物安全、促进农民持续稳定增收和小康社会建设做出了积极贡献,为未来我国渔业发展积累了重要经验。2009年全国渔业系统通过各种形式对60年渔业发展成就和经验进行了认真总结,其中有几点经验十分重要:

一是必须坚持发挥市场机制的作用,以改革的精神和开放的态度,不断创新体制机制,引导生产要素合理流动,调动各方面的积极性和创造性,充分利用"两种资源,两个市场",促进渔业经济持续稳定发展。

二是必须坚持"以养为主"的发展方针,遵循生物资源和渔业发展规律,转变依赖捕捞天然资源的传统增长方式,大力发展水产养殖和增殖渔业,推进生态健康养殖,走适合我国国情具有中国特色的渔业发展道路。

三是必须坚持科技兴渔,不断推进科技创新和科技成果转化推广,提高渔业发展的科技含量,依靠科技进步引领渔业又好又快发展。

四是必须坚持可持续发展理念,处理好开发与保护的关系,坚持资源养护与合理开发利用相结合,加强水生生物资源和生态环境养护,促进资源与生态环境、人与自然和谐发展。

五是必须坚持以渔民利益为重,始终把维护渔民长远利益和合法权益放在突出位置,促进渔业增效渔民增收,保护渔民生命财产安全。

六是必须坚持依法治渔,加强渔业法制建设和渔政执法队伍建设,维护渔业生产秩序和公平正义,为渔业稳定健康发展提供坚强保障。

这些经验是在长期实践中取得的宝贵财富,对于继续做好新时期渔业工作具有重要指导意义,必须长期坚持并不断完善。

2009年是新世纪以来我国经济发展最为困难的一年。面对严峻复杂的国内外经济环境,全国上下认真贯彻落实中央决策部署,迎难而上,扎实工作,保持了农业、农村经济的良好发展势头。从渔业情况看,全国渔业经济总体保持平稳较快发展。全年水产品总产量可达5 120万吨,同比增长4.5%左右;国内市场供应和价格基本平稳,没有出现大起大落;水产品质量安全水平稳步提高,全年综合产地和市场检测合格率达97%以上,同比增长1.5个百分点;渔民收入稳定增加,全年人均纯收入可超8 000元,同比增长6%左右。在经受严重的国际金融危机冲击和各种自然灾害的不利影响下,取得这样的成绩十分不易。这是各级渔业部门、广大渔民和渔业企业、渔业科研推广单位及有关方面克服困难、努力奋斗的结果。2009年的渔业工作有几个方面比较突出:

一是水产健康养殖和质量安全监管工作深入推进。农业部印发了《关于全面推进水产健康养殖加强水产品质量安全监管的意见》,并召开全国渔业标准化工作会议及养殖池塘标准化改造现场会,积极推进水产健康养殖和水产品质量安全监管工作。各地加大了池塘标准化改造和健康养殖示范场建设力度,全年共改造池塘23万多公顷,建设健康养殖示范场500家,有效提升了池塘养殖水域容量和质量。开展了以水产健康养殖技术推广为主题的"全国渔业科技服务年"活动,共培训推广人员和渔民50万人(次)。组织开展了水产品质量安全专项整治,着力加强水产品质量安全工作基础,创新工作机制,强化了水产养殖执法和苗种质量监督检查,水产品质量安全状况总体良好。全国水产养殖面积保持稳定,养殖品种结构进一步优化,实现水产养殖产量和效益双增长,实现了全国水产品市场安全有效供给且价格平稳。

二是水生生物资源养护事业蓬勃发展。全年各地用于水生生物增殖放流的资金近5亿元,其中中央财政达到2.2亿元。农业部先后与13个省级人民政府联合举办了大规模增殖放流活动,各地举办不同层次、不同形式的放流活动近千次,放流各类水产苗种245亿尾,放流水域涵盖了近海海域及内陆重要江河湖泊,形成了政府主导、各界支持、群众参与的社会氛围。农业部还在认真研究论证和广泛征求意见的基础上，对海洋伏季休渔制度进行了调整完善，延长了休渔时间，扩大了休渔对象，在沿海各地有关方面的共同努力下，新的伏季休渔制度实施顺利。此外，水生生物保护区工作稳步推进，2009年新设立1个国家级自然保护区、57个国家级水产种质资源保护区。涉渔工程渔业生态补偿工作取得新进展，补偿方案资金规模超过10亿元。

三是各级财政支持渔业的力度进一步加大。各级渔业部门紧紧抓住中央保增长、扩内需、调结构、重民生的政策机遇，积极争取各级财政加大对渔业的扶持力度。2009年中央基本建设资金和财政专项资金用于渔业12.3亿元，比上年增长近70%。渔业油价补贴资金超过100亿元，上半年已发放34.5亿元。地方各级财政也进一步加大了渔业投入。各地财政用于养殖池塘标准化改造的资金就达10亿元，浙江省池塘标准化建设累计已投入4.5亿多元。山东省用于渔业资源修复的资金3亿多元，全省在建渔业基本建设项目总投资10亿多元。广东、上海、福建、江苏、湖北、江西等地也都明显加大了财政支持力度。

四是渔业安全生产与涉外管理空前加强。按照国务院确定的“安全生产年”活动各项要求，各级渔业部门下大力气狠抓渔业安全生产管理，防范应对台风、低温雨雪、风暴潮等自然灾害袭击，积极开展渔业海难救助。组织开展渔船船东船长培训工作，加强渔业安全信息服务和设施装备系统建设。全国渔业安全生产形势总体保持稳定，1—11月，全国渔业船舶水上生产事故起数和死亡(失踪)人数都有下降。2009年，涉外渔业出现新情况，农业部和有关地方渔业部门坚决贯彻中央领导指示精神，会同有关方面开展了集中整治朝韩敏感水域越界捕捞专项行动，多次处置渔船大规模违规作业等突发事件，工作力度前所未有，取得了预期效果。此外，继续组织开展专属经济区渔政巡航、“护渔”专项行动，以及伏季休渔和长江禁渔管理等重要执法工作，为维护正常渔业生产秩序发挥了积极作用。

二、谋划“十二五”发展，加快推进新时期现代渔业建设

2010年是实施“十一五”规划的最后一年，也是应对国际金融危机，谋划“十二五”发展的关键之年。要认真做好2010年的各项工作，力争圆满完成“十一五”的各项发展目标和任务，同时也要认真谋划好“十二五”乃至今后一段时期的渔业发展。

应当看到，当前我国渔业发展有着良好的机遇和扎实的基础。党中央、国务院高度重视“三农”工作，中央经济工作会议、农村工作会议都强调要完善强农惠农政策，夯实“三农”发展基础，加大“三农”投入力度，这为渔业发展创造了有利的政策环境。经过60年特别是改革开放30年的持续快速发展，我国渔业的综合生产能力、抵御风险能力和应对市场变化能力显著提高，渔业发展的理念更加科学，体系更加完善，为促进渔业持续健康发展提供了强有力的保障。同时也注意到，在经济全球化、市场化和国内外环境日益复杂的大背景下，渔业发展仍面临不少困难和挑战。基础设施、科技水平、资源环境等生产条件与现代渔业的要求相比还存在较大差距，渔业稳定健康发展的基础还不牢固；气候变化和极端灾害增多以及国际形势的变化对渔业安全生产的威胁不断增加；国际金融危机的影响尚未消除，对国际市场和资源依存度较高的养殖、加工和远洋渔业面临诸多困难。对此，应该有更加清醒的认识，既要充分认识渔业发展的有利条件，增强信心、抢抓机遇、加快发展，同时也要冷静看待困难和挑战，充分准备、沉着应对、战胜困难。

当前，各地都在开展“十二五”规划的前期研究工作，对2010年和今后一段时期的渔业发展都有了一些思考。2009年10月底，农业部渔业局组织召开了全国渔业发展“十二五”规划战略研讨会，就“十二五”渔业发展的基本思路和主要问题进行了研究。这里，再强调几个问题，供大家参考。

1. 明确发展思路和主要任务，把加快现代渔业建设作为新时期渔业发展的主攻方向 最近召开的中央经济工作会议、中央农村工作会议和全国农业工作会议，对2010年的经济工作和农业农村工作作出了安排部署，对于研究工作、理清思路具有很强的指导作用。

当前，我国渔业正处在传统渔业向现代渔业转型的重要时期，渔业经济发展和渔业工作都到了上水平、上档次的时候。因此，要把加快现代渔业建设作为“十二五”渔业发展的主要任务和主攻方向，注重提高渔业经济增长质量和效益，注重转变渔业发展方式和产业结构调整，注重增强渔业经济增长活力和动力，注重增加渔民收入和维护渔民权益，注重利用“两种资源，两个市场”促进发展。要坚持遵循资源节约、环境友好和可持续发展理念，运用先进的生产方式、科学技术、设施装备、组织形式和管理方法，构建渔工贸配套、产加销完整的产业体系，向社会提供充足、优质、安全的产品和服务，努力实现渔业经济、生态和社会效益和谐共赢。

“十二五”渔业发展，应该有更加开阔的视野，既立足于渔业产业的发展，又要超越传统产业局限，开拓

更广阔的发展空间。在推进水产健康养殖、水生生物资源养护、科技创新与推广应用、"平安渔业"和渔业基础设施建设等重点工作的同时，还要把渔业节能减排、休闲渔业发展、渔业信息化管理以及渔业的多功能性拓展等摆在更加突出的位置，采取切实有效的政策措施加以推进。

2. 努力促进渔业持续健康发展，把确保水产品安全有效供给和渔民增收作为渔业工作的首要任务 保障农产品安全有效供给和农民稳定增收事关国家战略大局。我国耕地、草原和淡水等主要农业资源人均占有量少，且分布不平衡，农业发展的资源约束不断加大。同时，粮食总产量经过连续6年增产，进一步提升的难度在不断增加，而随着人口增长和经济发展，粮食和主要农产品需求还将进一步增加。渔业作为提供优质动植物蛋白的重要产业，作为农业产业结构调整和农民增收的重要途径，应当也必须为保障国家食物安全做出更大贡献。在"十二五"乃至未来一段时期，渔业工作仍要把确保水产品安全有效供给和渔民稳定增收作为首要任务。

3. 高度关注民生问题，把维护渔民根本利益和合法权益作为渔业部门工作的根本要求 近年来，坚持"多予少取放活"的方针，把维护渔民的根本利益和合法权益放到突出位置，积极争取和落实了一系列支渔惠渔政策，尤其是渔用柴油补贴、渔民转产转业政策，得到了广大渔民群众的衷心拥护，促进了渔业的平稳发展和渔区和谐稳定。一些地方在维护渔民合法权益，关注民生，解决渔民生产生活困难方面做了大量工作，取得了突出成效。如湖南省地方财政拿出1.5亿元，解决了洞庭湖区常年生活在水上的2 300多户捕捞渔民上岸定居和3 000多户渔民危房改造问题，力度大、效果好，得到渔民的高度赞誉。但是也看到，渔民民生和权益保障工作还面临不少困难，比如，渔业投入力度还不适应落实"三农"政策建设现代渔业的要求，渔业安全基础设施建设还不适应应对自然灾害多发的要求，渔民权益和社会保障制度体系还不适应构建和谐社会的要求。

各级渔业部门要始终把维护渔民合法权益，解决渔民民生问题作为工作的出发点和落脚点，多为渔民群众办实事、办好事。要积极争取各级财政对渔港等基础设施的投入，提高渔业防灾减灾和安全保障能力，同时加强灾害监测预警，为广大渔民提供充分及时的灾害预警和避险信息服务。要研究建立适合我国国情的渔业权制度，从制度上切实保障广大渔民群众的水域滩涂使用权，坚决制止非法侵占渔业水域和滩涂、破坏渔业资源和生态环境的行为，保障渔民合法权益。要积极推动建立健全渔业安全生产和社会保障体系，特别是积极争取扩大渔业政策性保险试点，加快推进渔业保险制度建设。

4. 大力推进资源养护和节能减排，把实现渔业可持续发展作为渔业发展的基本目标 前不久召开的哥本哈根气候变化大会，对应对气候变化和减少温室气体排放做出了安排。我国政府从本国国情和长远利益出发，制定了控制温室气体排放行动目标和一系列政策措施，做出了减排承诺。作为一个人口众多，经济发展水平相对较低的发展中国家，中国控制温室气体排放面临着巨大压力和特殊困难，需要全社会的共同努力。

渔业是个高耗能产业，渔船多老旧落后，渔船废气排放和传统养殖方式的污染问题日益凸现，渔业资源环境保护与节能减排的任务相当艰巨。因此，强化水生生物资源养护事业，保护水域生态环境，促进渔业节能减排和渔业可持续发展，是一项长期而紧迫的任务。另一方面，水生生物在缓解温室效应和改善水域生态环境等方面有着特殊的作用，渔业可以在这方面作出更多的贡献。据专家研究，浅海藻类和贝类养殖每年可从海水中移出大量的碳，从而间接吸收大气中的二氧化碳；天然水域放养鲢鳙鱼可抑制有害藻类暴发，减除水中的氮、磷、碳等，降低水体富营养化。这是水生生物和水产养殖非常独特的功能和作用，要深入研究并加强宣传。

今后一段时期，必须要从促进国家生态文明建设的大局出发，全面推进和不断强化水生生物资源养护和节能减排工作。要切实树立可持续发展理念，继续加强渔船和渔具规范管理，控制海洋和内陆水域捕捞强度，不断完善休渔禁渔制度。加大资源养护力度，扩大增殖放流规模，加强水生生物保护区和人工鱼礁建设。积极开展渔船节能减排工作，大力推进水产健康养殖，提高水产品加工综合利用效率，减少温室气体和污染物排放，为实现我国减排行动目标做出贡献。

5. 统筹国内发展和对外开放，把利用"两种资源，两个市场"作为促进渔业发展和拓展空间的重要途径 多年来，我国渔业积极开展对外交流合作，在国内生产快速发展的同时，积极发展水产品加工和对外贸易，扩大远洋渔业开发，奠定了我国世界渔业大国的地位。尽管当前全球经济形势复杂多变，国际金融危机影响尚未消除，国际渔业管理日益严格，但从自身发展的需要，仍然要坚持统筹国内发展和对外开放，充分利用"两种资源"、"两个市场"，不断拓展渔业发展空间。

坚持对外开放战略，既是促进农(渔)民就业和增收的需要，也是参与国际渔业事务、维护国家海洋权益的需要。多年来，通过积极发展外向型水产养殖业、加工业和远洋渔业，带动了大量劳动力就业。随着全球经济一体化发展，我国参与全球经济贸易的程度不断加深，同时，以争夺海洋权益为目的的国际斗争日益加剧，海洋生物资源开发利用竞争日趋激烈，国际社会对海洋生物资源的管理不断加强。我国远洋渔业已遍及世界三大洋公海和30多个国家管辖水域。最近，南极海洋生物资源养护委员会批准了我国的磷虾探捕申请，项目准备工作正在抓紧进行。这都要求必须更加深入地开展对外交流合作，准确把握国际渔业发展趋势，积极参与国际规则的制定，提高在渔业国际事务中的话语权和影响力，维护我国渔业利益。当前，统筹国内发展和对外开放，既要充分估计到国际环境变化带来的影响和挑战，又要充分利用多年发展奠定的良好基础，在立足国内发展，拓展国内市场的同时，更加科学、合理地实施"走出去"战略，进一步拓展发展空间，提高渔业国际竞争力。

最后，强调一下能力建设问题。多年来，各级渔业部门坚持全面加强自身建设，加快职能转变，推进依法行政，为渔业持续快速发展提供了重要保障。面对"十二五"的新形势和新任务、新要求，渔业部门要更加自觉地加强自身能力建设，坚持深入贯彻落实科学发展观，切实增强全局意识和责任意识，树立良好政风行风，不断提高科学判断形势的能力、把握发展规律的能力、解决突出问题的能力、突发事件应急处置能力和政策措施执行落实能力。要进一步加强渔政队伍能力和作风建设，牢固树立服务渔业、服务渔民的观念，推进渔政执法机构规范化管理，深入开展渔业文明执法"窗口单位"创建活动，建立健全渔政执法督察机制，努力建设一支政治可靠、业务过硬、装备精良、执法严明、与现代渔业建设相适应的渔政执法队伍，为渔业经济又好又快发展提供更有力的保障。

农业部副部长牛盾在中国渔业互保协会成立15周年庆祝大会上的讲话

(2009年12月7日)

我国是世界渔业大国，渔业是一个高风险的行业，受气候变化、灾害、病害等因素影响的程度高。近年来，极端天气和气象灾害频繁发生，给渔民的生命财产构成了严重的威胁，已成为影响渔业健康发展和社会稳定的重要因素。为了提高渔业风险保障能力，促进渔业健康发展，1994年在各部门、各单位的大力支持下，农业部成立了中国渔船船东互保协会，依托各地渔业行政主管部门组织渔民群众开展渔业互助保险。2007年，中国渔船船东互保协会更名为中国渔业互保协会。经过15年的发展，渔业互助保险队伍不断地发展壮大，机构日益健全，目前，基层机构已近500个，遍布所有沿海省、自治区、直辖市和主要的内陆省，业务范围涵盖了香港、澳门特别行政区，初步形成了覆盖全国的服务体系。同时，业务领域也不断拓宽，由传统的渔船、船员互保，向养殖渔业互保、渔用设施财产互保、渔用产品责任互保和渔民小额贷款服务等领域扩展，为渔业产业发展的服务能力日益增强。15年来，中国渔业互保协会累计为渔民承保470万人(次)、渔船28万艘(次)，为渔民提供风险保障达1 400亿元，赔付渔民经济补偿金8.4亿元，为降低灾害损失，保障渔业发展和社会稳定做出了重要的贡献。尤其是近几年，"云娜"、"珍珠"、"桑美"等超强台风的灾害救助中，各级渔业互保机构充分发挥深入基层、接近渔民的优势，迅速做好定损理赔工作，稳定了渔民的生产生活，在一定程度上减轻了政府在灾害救助方面的压力。同时，在各级部门、各级政府的大力支持下，农业部和各级渔业主管部门积极探索开展政策性渔业保险的试点，逐步形成了以互助保险为主导，以商业保险为补充，政府扶持并提供资金补助的渔业保险体系，走出了一条有中国特色的渔业保险的新路子。

首先，渔业互助保险事业的发展得益于国家支农惠农政策。近年来，中央高度重视"三农"问题，重视农业农村保障体系的建设。从2004年起连续6年下发的中央1号文件中均提出要加快建立政策性的农业保险制度，推进和扩大政策性的农业保险试点范围。为渔业互助保险事业的发展提供了难得的发展机遇和政策环境。

其次，渔业互助保险事业的发展是各级政府和有关部门重视和大力支持的结果。多年来，民政部高度重视协会规范化的管理，帮助支持协会加强基层机构的组织建设。全国人大农业与农村委员会、财政部和保监会也在互保协会发展过程中给予了许多的指导和支持。特别是2008年，在财政部的支持下，农业部启动政策性渔业保险试点工作，设立了渔业互助保险保费补贴专项资金，带动地方政府财政补贴政策的出台，取得了明显的示范推动作用。

其三，渔业互助保险事业的发展离不开各级渔业行政主管部门和互保工作者的辛勤工作，离不开广大渔民群众的拥护支持。长期以来，各级渔业行政主管部门将渔业互助保险与安全生产紧密地结合，加强组织领导。广大渔业互保工作人员认真开展渔业灾害赔付、抢险救助补助工作，赢得广大渔民群众的信任。当前，我国正处于由传统农业向现代农业转型的关键阶段，建立健全渔业风险保障体系是发展现代渔业的必然要求，也是保持渔业健康发展，促进社会稳定的现实的选择。特别是随着全球气候变化日趋剧烈，极端的天气和灾害性的天气事件不断地增多，给渔业和渔民生命财产造成严重的威胁，渔业安全生产形势严峻。充分发挥渔业互助保险的作用，提高渔业风险的保障能力，具有更加重要的意义。

为进一步做好渔业互助保险工作，提出几点要求：

一是要抓住机遇，积极推动政策性渔业保险进程。要抓住当前中央高度重视"三农"工作，特别是重视政策性农业保险，不断出台支农惠农政策的机遇，积极围绕中央加强农业农村保障体系建设的要求，积极争取有关部门和地方政府的重视和支持。努力争取将渔业保险纳入政策性农业保险范畴。要切实抓好近年来启动的政策性渔业保险试点工作，用好管好专项资金，确保试点工作取得实效。要从本地渔业互助保险的实际出发，进一步拓宽和完善业务覆盖范围，引导更多的渔民群众参加渔业互助保险，使政府优惠政策惠及更多的渔民和渔业企业。

二是坚持全国一盘棋的思想，共同促进渔业互助保险事业的发展。各级渔业行政主管部门要切实加强对渔业互助保险工作的领导，要从落实科学发展观，构建和谐社会的高度，充分支持做好渔业互助保险的重要性，将渔业互助保险作为现代渔业建设和安全生产环节的重要工作抓紧抓好。要加强对渔业互助保险机构工作的指导和监督管理，提供政策支持和服务，要继续坚持全国一盘棋的思想，进一步完善渔业互助保险体制，建立健全统筹规划、统分结合、共同发展的机制，密切配合、相互支持，做大做强渔业互助保险事业。

三是要切实加强队伍建设，提高管理和服务水平。各级渔业互保机构要牢牢把握渔业生产的特点和发展方向，发展和丰富有中国特色的渔业互助保险理论，指导、推进渔业互助保险又好又快地发展。要进一步加强队伍建设，完善各项制度，加强行业自律，强化内部管理，深化改革用人机制，善于引进人才、培养人才、用好人才。要进一步提高服务质量，充分发挥互助保险扎根基层、面向渔民、服务渔业的优势，协助政府开展防灾减灾和安全生产工作。要强化服务意识，灾害事件发生后，要迅速地深入渔区做好定损理赔工作，将赔付资金尽快发放到受灾渔民的手中，帮助渔民尽快地恢复生产，帮助地方政府维护好社会的稳定。

扎实做好 2010 年工作
加快推进现代渔业建设

——农业部渔业局局长李健华在全国渔业工作会议上的讲话

（2009 年 12 月 29 日）

一、积极争取支渔惠渔政策，加大投入，为现代渔业建设创造有利条件

近几年，全国渔业基础设施和综合生产能力建设步伐加快，各项投入、补贴明显增加。中央和地方财政对渔政渔港建设、养殖池塘改造、水产原（良）种工程等渔业基础设施以及增殖放流、海洋牧场建设等资源养护资金投入都有较大幅度提高，对提高渔业综合生产能力和推进现代渔业建设发挥了重要作用。但也要看到，与建设现代渔业的要求相比，我国渔业现有的基础设施、生产条件、管理手段、科技支撑能力等都还有较大差距，薄弱环节不少。中央经济工作会议提出，2010 年要继续实施积极的财政政策和适度宽松的货币政策，加大对"三农"的支持力度，完善强农惠农政策，夯实"三农"发展基础。中央农村工作会议和全国农业工作会议又进一步作了部署。要紧紧抓住有利时机，积极争取和落实支渔惠渔政策，进一步加大投入，为加快推进现代渔业建设创造有利条件。

首先，要进一步争取扩大已有政策的扶持范围和投入规模。农业部将继续争取发展与改革委员会、财政部的支持，增加渔政渔港、池塘标准化改造、增殖放流、海洋牧场建设等方面的资金投入，各地渔业部门也要继续积极争取地方财政的支持。有的农业补贴涵盖了大农业，要做好工作争取扩大渔业的份额，比如农机补贴 2009 年达到 130 亿元，渔机仅占 0.57%。农业部农机化司对提出加大渔机补贴的建议非常支持，目前关键在于要提出可行的渔机补贴名录。要抓紧研究提出可行方案，积极配合农机部门做好相关工作，加大渔机补贴力度，加快渔业机械装备的更新升级。

其次，要认真研究和积极争取新的支渔惠渔政策，更好地解决渔民民生问题。关心渔民生产生活，促进和谐发展，是各级渔业部门的职责所在。近些年，各地

在这方面都做了不少工作，比如湖南、广东等省采取措施解决“连家船”渔民生活安置问题，让那些祖祖辈辈漂泊水上、居无定所的渔民感受到了党和政府的关怀，深得民心。“连家船”问题与中央经济工作会议提出的“棚户区改造”和中央农村工作会议提出的“游牧民定居”问题类似，这部分渔民人数估计不会太多，要认真研究并积极向各级政府反映争取扶持政策，力争在“十二五”期间基本解决这一问题，让他们也能平等分享经济社会发展和文明进步的成果。渔业是高风险行业，要在近两年试点的基础上，积极争取将渔业互助保险纳入国家政策性农业保险范围，加快建立有国家财政支持的稳定的渔业风险保障机制。此外，困难渔民的最低生活保障、远洋渔船更新改造扶持政策等，都需要积极争取。

在此要强调一点，各级渔业主管部门要切实加强项目资金管理，确保财政资金使用效果。在应对金融危机的背景下，基础设施建设是扩内需、保增长的重要途径。中央有关部门高度关注项目建设进度问题，多次开展专项督察。渔业项目特别是渔政渔港项目由于前期工作复杂，加之地方资金配套问题，项目进度往往较慢。这个问题各地要高度重视，在资金配套、建设监管等方面要有更有力的措施，确保建设进度和工程质量。柴油补贴是当前最大的一项渔业补贴政策，实施4年来总体执行不错，取得了很好效果，得到广大渔民的衷心拥护，但个别地方也出现了一些问题。为此，农业部和财政部联合制定了《渔业油价补贴资金管理暂行办法》，明确规定了补贴申请、核定的程序，以及相关标准和管理制度，各地要严格执行，并且要通过柴油补贴的核准发放，进一步加强和规范渔船管理。增殖放流等其他财政专项资金的使用，各地渔业厅（局）同样要高度重视，切实加强监督管理，确保专款专用。

二、全面推进水产健康养殖，巩固提高水产品质量安全水平

第一，要突出抓好养殖池塘标准化改造。养殖池塘标准化改造，可以有效增加养殖容量，改善养殖水质环境，提高产品质量安全水平，是增强发展后劲的重要措施。近年来，各地积极争取池塘标准化改造的财政支持，取得明显进展，据初步统计，全国已累计改造养殖池塘46万多公顷。但是，目前全国亟需改造的老旧池塘仍有100多万公顷，已改造的也有不少标准偏低，改造的任务仍然很重。2010年将实施标准化养殖示范建设工程，继续推进以水产健康养殖示范场为主体的养殖生态环境修复项目，各地要把这类项目抓好，不断扩大成果，提高示范场的标准和辐射带动作用。要把池塘标准化改造和示范场建设结合起来，力争用5年左右的时间，在全国基本完成池塘标准化改造任务，建成一批起点较高、集中连片、减排环保、优质高效的标准化健康养殖示范场（区），使中国水产养殖业跃上新台阶。

第二，要继续把质量安全监管放在突出位置。这些年，坚持不懈抓水产品质量安全，取得了很大成效。2009年，重点加强基础性工作，制订了《产地水产品质量安全监督抽查工作暂行规定》，建立了产地水产品质量安全监督抽查数据库，首次随机抽取被检单位，并公开发布抽检结果，发挥社会和市场监督作用，取得比较好的效果。但这项工作基础还不牢固，隐患依然较多，思想丝毫不能放松。2010年将出台《动物检疫管理办法》，其中明确规定水产苗种的产地检验工作由渔业部门承担。各地要以此为契机，认真落实水产苗种生产许可和产地检验制度，抓好养殖场和苗种场数据库管理及水产苗种质量安全记录等，切实做到水产苗种生产和管理规范化。同时，还要继续探索建立重点养殖水产品质量安全可追溯系统，推动产地准出、市场准入制度建设。虽然这项工作很复杂、难度大，但还应努力探索创新。继续开展主要养殖水产品风险隐患分析排查，提高水产品质量安全预警及突发事件应急处置能力，完善水产品质量安全监管长效机制。

第三，要全面完成养殖水域滩涂规划。做好养殖水域滩涂规划是推进水产健康养殖的基础。目前，全国已有9个省、174个市和1 178个县出台了养殖水域滩涂规划，核发养殖证37万多本，面积448万公顷，发证率达67%。2010年将颁布有关养殖权登记发证的管理办法，并出台完善养殖水域滩涂规划和养殖权制度的指导性意见。各级渔业主管部门要认真贯彻执行，尽快将养殖区域全部纳入政府规划，严格依照规划核发养殖证，加快养殖证核发进度，东、中部养殖重点省和西部养殖重点县要全面完成养殖水域滩涂规划编制和养殖证核发。针对目前海洋和内陆水域生态环境污染加重和一些地方超范围、超容量盲目发展水域滩涂养殖的情况，各级渔业主管部门要深入调查研究，采取有力措施，合理调整养殖布局，科学控制养殖容量，切实保护好养殖水域生态环境。

三、加快科技创新与成果转化，着力推进渔业节能减排

科技进步在建设现代渔业过程中起着支撑与引领作用，中国渔业的发展史充分证明了这一点。这几年，为解决好科研与产业“两张皮”的问题，农业部通过实施“产业

技术体系”、“行业专项”以及“科技入户”等项目，统筹中央与地方科研力量，在健康养殖、资源养护等方面出了一批成果，并得到推广应用。2010年要重点抓三个方面工作：

1. 加强健康养殖科技支撑和服务 要紧密围绕水产健康养殖推进行动，在水产苗种、养殖模式和疫病防控等研究领域力争取得新进展。一是培育水产养殖良种，开发优势苗种规模化生产技术，提高良种覆盖率；二是加快健康养殖模式和标准化养殖技术的集成创新，研究开发池塘水质调控技术与生态养殖技术，积极开发和推广循环水工厂化养殖技术与设备；三是加快新型替代药物、疫苗、病害检测技术的研发，提升疫病防控能力。在加强科技攻关的同时，要加快成果转化，通过渔业“科技入户”、健康养殖示范场等平台，扩大成果运用的覆盖面，提高科技服务质量和水平，推动基层水产技术推广体系的改革与建设。

2. 积极开展标准化工作 2000年9月农业部组织召开了全国渔业标准化工作会议，就渔业标准化工作进行了部署。各地和有关单位要根据会议精神，抓紧制（修）订产业发展急需的国家、行业和地方标准，构建结构合理、先进适用的渔业标准体系。2010年，拟开展养殖业生产标准化创建活动，并争取中央财政支持。各地要注意发挥龙头企业和农民专业合作组织的示范作用，引导和带动广大渔民按照标准组织生产经营，有效提高产品质量水平和竞争能力。

3. 努力推进节能减排工作 举世瞩目的哥本哈根世界气候变化大会刚刚结束，我国提出的减排目标，不但在国际社会产生强烈反响，在国内也备受关注。渔业作为对能源和资源高度依赖、与生态环境密切关联的产业，各级渔业主管部门应高度重视节能减排工作。应树立绿色经济、低碳经济和循环经济的理念，使渔业发展减少对资源和能源的消耗，增加对废弃物的循环利用，降低对气候和环境的不利影响。现阶段渔业节能减排，一是要做“减法”，重点开展渔船节能减排，减少渔船燃油消耗和废气、废油、废水排放；进行池塘改造，发展循环水养殖，减少养殖废水排放和水资源消耗。二是要做“加法”，加大水生生物增殖放流力度，发展生态增养殖和贝藻类养殖，增强水域生态功能，吸收二氧化碳，降低水体富营养化；提高水产品加工废弃物综合利用水平，实现资源再利用。这两年，开展了渔业耗能与节能减排情况调研，进行了渔船和养殖节能减排试点，取得了一些进展。但总的来看，渔业节能减排从哪个环节入手、采取什么样的政策措施全面推动等，思路还不够清晰，认识还不太统一。按照“集中试点、加强宣传、总结经验、争取支持”的思路，准备在浙江省集中开展渔船节能试点，在山东、福建等地开展鲆鲽类、对虾、鳗鲡养殖节能减排试点。各地都要深入研究对策措施，力争有所突破、有所推进。

四、强化措施规范管理，大力推动资源养护事业发展

一要全面加强增殖放流规范管理。增殖放流工作，要在继续扩大规模、加强宣传、组织好重大活动的同时，将工作重心转移到规范管理上来，认真贯彻落实《水生生物增殖放流管理规定》，巩固并扩大增殖放流成效。各地要认真制定增殖放流规划，按照规划和相关管理规定开展增殖放流。要加强苗种亲体的选择和种质鉴定，加强检验检疫，确保放流苗种质量和水域生态安全；要科学确定放流时间、地点和苗种规格，在各环节注意减轻苗种损害。切实加强放流增殖后的保护工作，提高存活率。同时，还要加强对增殖放流理论、技术和效果的研究，通过标志放流、调查监测及可行的技术手段，加强跟踪评价工作，科学评价增殖放流效果。

二要健全渔具渔法管理和休渔禁渔等资源管理制度。渔具渔法管理是控制捕捞强度的重要手段。2009年开展了捕捞渔具渔法调查工作，在此基础上，要研究制定渔具渔法准用目录，完善重要鱼类品种最小可捕标准和最小网目尺寸，研究渔具数量和规格限制等管理措施，这项工作到了该认真抓的时候了。2009年，根据各地的要求和建议，对海洋伏季休渔制度进行了调整，并顺利实施。长江禁渔期制度调整和珠江实施禁渔期问题已经研究论证多年，长江渔业委员会和珠江渔业委员会分别提出了建议方案，主要内容是长江禁渔期延长一个月，珠江流域实施两个月的禁渔期。最近农业部已经发函向有关省级人民政府征求意见，争取早日确定下来。

三要积极推进保护区和海洋牧场建设。水生生物保护区在保护水生生物资源、水域生态环境和生物多样性方面具有重要意义，各地要十分重视保护区建设和管理工作。一些地方在设立自然保护区条件暂不成熟的情况下，可以先设立水产种质资源保护区。已建成的保护区要落实管理机构，加强监管，对涉保护区工程建设生态补偿措施及经费落实情况要进行评估和检查。农业部将出台《水产种质资源保护区管理办法》，各地要结合这一办法的贯彻实施，进一步重视水产种质资源保护区的建设和管理。特别是沿海各地渔业厅（局）要重视海洋水产种质资源保护区的建设。各地要根据实际情况，最好将水产种质资源保护区和人工鱼礁建设、海洋牧场、增殖放流相结合，统筹考虑，更

好地推进水生生物资源与生态养护体系建设。对渔业水域污染和涉渔工程建设项目的监督管理力度要加大，对涉渔污染案件要依法查处，严格进行涉渔工程环境影响评价，监督责任单位落实生态补偿项目和措施。

五、高度重视渔业安全生产管理，增强突发事件应急处置能力

全国渔业安全生产管理工作近年来力度不断加大，渔业船舶水上事故发生起数和死亡人数连续保持“双下降”趋势。但渔业安全生产形势依然严峻，要继续认真贯彻落实《国务院办公厅关于加强渔业安全生产工作的通知》精神，扎扎实实抓好各项工作。

1. 切实抓好渔业安全生产基层和基础工作 农业部将组织开展两项活动，一是会同国家安监总局组织开展“平安渔业”示范县创建活动，推动基层政府进一步加强对渔业安全生产的重视和领导，充分发挥基层政府和组织在渔业安全生产应急管理和日常监管中的重要作用。二是组织开展“全国文明渔港”考核工作，评选出第一批“全国文明渔港”，各地要对照创建标准认真组织开展创建、考核工作，选出一批建设水平较高、管理规范、服务优良和安全生产工作做得好的文明渔港，为全国渔港的建设管理和安全生产工作发挥示范带动作用。安全生产宣传教育面向广大渔民群众，是一项长期性、基础性的工作，这些年各地都比较重视，还要继续抓好落实，使渔民的安全生产意识和技能普遍得到提高。

2. 尽快提升渔业安全监管信息化水平 经过多年推动和积极实践，浙江、福建、山东等省把现代信息技术与渔业安全生产管理紧密结合，高度重视，加大投入，建立了船位监控系统、渔船自动识别系统、渔港视频监视系统等渔船安全和管理信息系统，有效提高了渔船监管能力和水平。其他地区也要采取得力措施，增加投入，加快建设。2010 年将推进朝韩敏感海域和其他重点水域渔船和渔港监控系统建设，继续为渔船配备新型对讲机和安全通信网岸台维护提供补贴，促进渔船通讯、生产管理、安全监控、防灾减灾等信息化管理目标的实现。在工作推进中，各地要注意系统的互联互通，避免各搞一套和重复开发，农业部渔政指挥中心将加强这方面的统筹协调，抓紧制订渔船船位监控设备标准、自动识别系统设备标准以及渔港监控和渔船安全监管信息系统建设规范。

3. 抓好渔业安全事故防范和应急处置工作 当前，渔业安全生产工作有两项突出任务，一是防台风，二是防碰撞。近几年台风多发且不少台风变化诡异难测，对渔业安全威胁很大。针对近年来海上渔船碰撞事故多发的情况，农业部与交通运输部签订了《水上安全管理合作备忘录》，双方将加强协调配合，建立健全事故防范、应急救援及调查处理等方面的合作机制，力争最大限度减少商船与渔船碰撞事故的发生。渔船检验机构要强化对老旧渔船的跟踪管理，切实保障渔船检验质量。渔政渔港监督机构要加强渔业安全应急监管和隐患排查治理，确保出海渔船安全适航。

六、积极开发国际市场和资源，提高我国渔业国际竞争力

在水产品贸易方面，要恢复和巩固国际市场。国际金融危机对我国水产品出口贸易造成严重影响，目前出口量和出口额还是双下降，明年水产品出口前景也不明朗。水产品加工出口在延伸产业链、带动养殖生产和促进渔民就业增收等方面有十分显著的作用，因此要积极会同有关部门落实好各项扶持政策，努力恢复水产品出口贸易，稳定和开拓国际市场。自 2010 年 1 月起，欧盟将实施新法令，要求各国政府对出口到该地区的大部分捕捞产品提供合法性证明。农业部已发文明确了相关办理程序，并正在与质检总局等有关部门沟通协调，做好有关管理措施之间的衔接。各地渔业主管部门要抓紧开展相关人员的培训，加强对辖区内在欧盟注册企业情况调查和日常监管，提高办证效率，最大限度降低该制度对我国水产品出口欧盟的不利影响。同时要继续关注美国变更鲴鱼监管机构及新近颁布的食品加强法案等进展情况，指导行业协会和企业做好应对工作。这里要特别强调一下国内市场开拓问题。我国水产品绝大部分是在国内消费的，扩大内需对拉动产业发展的作用更具根本性。这些年，形成了辽参、大连鲍、阳澄湖大闸蟹等一批叫得响的水产品牌，做出了很大的市场，对这些品牌要特别珍惜，好好保护。各地在这方面都要创新工作思路和方法，一方面注重开发适销对路产品，一方面有针对性地开展宣传推介活动，不断促进国内市场开发。开拓国内国际市场，行业协会要充分发挥作用。

在远洋渔业方面，要巩固提升远洋渔业发展水平。我国远洋渔业当前正处在巩固、调整和提高的重要时期。2010 年，要在大洋性和过洋性“两个轮子一起转”的基础上，重点开拓大洋性渔业。前不久南极磷虾探捕项目已正式启动，将派出辽宁和上海远洋渔业公司两艘大型拖网加工船前往南极海域探捕，中国水产科学研究院东海水产研究所、黄海水产研究所和上海海洋大学、中国海洋大学提供技术支持。实施好这一项

目意义重大，各有关单位要精心组织、通力协作、确保安全，力争取得好的成绩。要顺应国际海洋管理趋势要求，抓好管理手段建设，主要是将远洋渔船船位监测系统覆盖至所有公海作业渔船，逐步提高国家观察员覆盖率，健全生产数据报告和捕捞日志制度等。针对过洋性渔船挂靠代理方式存在的责任难划分、管理难到位等突出问题，要研究替代方式，逐步取消挂靠代理。

与此同时，要继续加强国际交流合作。积极组织参加9个国际渔业管理公约的多边谈判工作；配合有关部门参加WTO规范渔业补贴谈判，巩固和扩大我国在世界各大洋公海的资源配额；参与相关国际规则制定，积极营造有利的国际发展环境。

七、提高渔政执法水平，建设和谐健康的渔业生产秩序

一是继续大力推进执法队伍建设。建设现代渔业对我国渔政管理工作和队伍建设提出了更高要求。这些年各地越来越重视渔政队伍建设，渔政执法机构、装备水平和执法能力都有了较大改善。农业部组织编制了《2009—2015年全国渔政基础设施建设规划》，向有关部门做了专门汇报，争取通过规划的编制增加渔政装备建设投入，各地也要继续积极争取地方财政的配套支持。近几年渔政机构参照《公务员法》管理取得很大进展，但存在各地进展不平衡以及市、县两级进度较慢等问题。据统计，目前县级渔政机构的“参公”比例仅为32%。2011年开始，对“参公”管理不落实、执法经费无保障的渔政机构，暂停其执法资格，其执法职能暂由上一级渔政机构承担，直至相关问题整改落实到位。各地渔业主管厅（局）要加强对这项工作的指导，帮助、督促基层解决渔政执法队伍建设中的困难和问题。各级渔业主管部门和执法机构要严格按照农业部《渔业行政执法督察规定》要求，建立健全权责明确、上下联动的督察协调工作机制；按照渔政标志和服装使用规定，规范使用渔政标志，规范着装，树立中国渔政的良好形象；重视中国渔政管理指挥系统的运行维护和安全管理，推进数据集中和信息共享，提高信息化水平，提升管理效率；继续深入开展“渔业文明执法窗口单位”创建活动，不断提高执法服务水平。

二是加强涉外渔业管理。朝韩敏感水域和南海，这“一北一南”海域仍是今后涉外渔业管理的重点。朝韩敏感水域渔业问题，中央领导高度关注，有关省、市、县要进一步细化责任，规范涉朝民间渔业合作项目管理，配合公安边防部门完善涉朝韩敏感水域管控机制，落实好重点地区、重点企业和重点渔船的动态监管措施，坚决制止和严肃查处有组织、成规模的越界捕捞行为。黄渤海区渔政局要完善与韩方建立的违规渔船海上移交机制，加大对违规越界捕捞行为的处罚力度。在南沙海域，南海区渔政局和有关地方管理部门要根据南海形势的发展变化，适时调整南沙渔业开发管理工作思路，提高生产组织化程度，在重点海域定期开展巡航护渔，在“体现存在”的同时最大限度避免或减少涉外事件发生。在北部湾和西沙海域，南海三省（自治区）今后要更多承担渔政巡航任务。要继续保持对北太平洋公海非法流网查处的高压态势，维护好北太平洋渔场的正常作业秩序。同时，要认真执行好中韩、中日、中越北部湾、中俄等双边渔业协定，确保顺利实施，为维护周边稳定做出贡献。

三是组织实施好各项专项执法行动。“护渔行动”、海洋专属经济区和协定水域巡航、海洋伏季休渔和长江禁渔、整治电脉冲作业、水产养殖执法等都是当前渔业管理非常重要、针对性很强的专项执法行动，要继续共同组织实施好。近几年渔船标识不规范、不标识、涂改标识、假标识等现象比较普遍，已成为严重影响正常渔业生产秩序的突出问题，2010年统一开展专项整治。各地要加强组织领导，渔政、港监、船检机构要协同配合，对涂改、造假、套牌等违法违规行为依法严肃查处，使渔船标识混乱的现象得到有效治理。水产养殖执法是近几年形势发展对我们提出的新要求，总体还处于起步阶段。各地要紧紧围绕养殖规划、养殖证、生产记录、养殖用药、水质环境、污染排放等重点环节，不断改善执法手段、增强执法能力，尽快实现养殖业执法管理的制度化、规范化和常态化，推进建设和谐健康的水产养殖生产秩序。

2010年是中国渔政指挥中心成立10周年，计划结合有关纪念活动，召开加强中国渔政能力建设专题研讨会。希望各地提前就有关问题开展调研，为中国渔政建设和渔政事业发展建言献策。

八、加强渔业基础及战略研究，提高行业科学决策水平

做好渔业基础性工作和重大问题研究，对于渔业主管部门的科学决策和高效管理至关重要，是加强自身能力建设的重要内容，要予以高度重视。

一是组织编制好渔业“十二五”规划。农业部“十二五”农业和农村经济发展规划编制工作已经全面启动，“十二五”渔业发展规划编制工作正在进行之中。

各地渔业主管厅(局)要按照科学发展观的要求,紧密结合本地经济社会综合发展规划和渔业实际,编制好渔业的"十二五"规划。同时,农业部渔业局还要在各地的支持配合下同步推进渔港、良种工程、水生动物防疫、水生生物资源养护及渔政基础设施建设等几个专项规划的编制,力求形成一个质量较高、完整配套的"十二五"渔业规划体系。

二是加强渔业基础信息采集和统计工作。2009年,农业部建立并启动了淡水池塘养殖和海洋捕捞两套渔情动态信息采集网,首次开展了大规模基层渔业统计员培训,修订出台了《水产品批发市场信息采集管理暂行办法》,建立了省—部共建水产品批发市场信息采集研判的工作机制,各项措施都已初见成效。但是,由于渔业统计在体制、机制方面存在的根本性问题尚未解决,大家在思想认识上也尚未统一,尤其是水产品产量统计还存在比较突出的问题。2010年将重点加强渔业统计制度建设和队伍建设,颁布《全国渔业统计工作规定》,下发《渔业统计工作考核办法》,完善《全国渔业统计人员数据库》,加大基层统计队伍人员培训,努力提高基层渔业统计队伍素质。为了支持做好统计工作,将安排2 000万元专项经费,并为两套渔情信息采集网配备必要的设备,加强渔业统计工作的条件保障。要通过几年的努力,使我国渔业统计工作机制实现转变。

三是开展对重大课题的研究。加快推进现代渔业建设有很多问题需要深入系统研究。最近,农业部根据国家编制"十二五"发展规划设定的有关重大研究课题,正在就海洋生物资源开发问题开展研究。课题要从保障国家食物安全、维护国家生态安全、拓展民族发展空间等战略高度出发,对"十二五"期间我国海洋生物资源开发的总体思路、战略目标、基本原则、重点工程和保障措施等进行系统深入研究,提出建议,为中央决策服务。另外,2010年是国务院批准实施的2003—2010年海洋捕捞渔船"双控"制度的最后一年。"双控"制度的实施,对规范渔船管理、控制捕捞渔船的盲目增长发挥了历史性的作用。但目前渔船管理仍存在一些突出问题,下阶段渔船控制制度如何完善,是一个重大课题。2009年已经开展了调研,初步形成了一些思路,2010年准备召开一次高层次研讨会进行专题研究,请各地渔业主管厅(局)就有关问题先行调研。对于其他一些事关行业发展的重要课题,比如,现代渔业的内涵如何更加科学界定、在我国国情下如何建立渔业权制度、如何促进休闲渔业健康发展,等等,希望大家多做研究,提出思路、建议,以提高工作的前瞻性、科学性、针对性和可行性。

把握机遇　科学组织
积极推进水生生物增殖
放流事业健康发展

——农业部渔业局局长李健华在2009年水生生物增殖放流工作会议上的讲话

(2009年3月27日)

最近几年,水生生物增殖放流在全国范围蓬勃开展,越来越得到各级领导的高度重视、社会各界的广泛关注、广大渔民群众的衷心拥护和各级财政的大力支持,增殖放流工作迎来了前所未有的大好局面。这次会议的中心任务就是研究如何抓住当前难得的发展机遇和有利条件,切实执行好中央财政下达的增殖放流项目,继续争取各级财政增加投入,顺势而为地推动增殖放流事业发展,将增殖放流各项工作提升到一个新高度。围绕这个中心任务,结合2008年的工作情况和2009年工作部署,谈几点意见。

一、2008年水生生物增殖放流各项工作取得明显进展

2008年,农业部将开展水生生物增殖放流作为贯彻落实《中国水生生物资源养护行动纲要》的一项重要举措和为农民办理的21件实事之一大力推进。各级地方政府和渔业主管部门积极行动,使增殖放流工作得到了更大规模和更为全面深入的开展。据不完全统计,2008年全国投入的增殖放流资金达3.11亿元,放流各类水生生物苗种197亿尾,其中水生野生动物苗种达1 000万尾以上,是历年来放流规模最大、投入资金最多的一年。从目前情况看,全国除西藏外的其他省各地均开展了增殖放流活动,放流水域覆盖了四大海区及内陆四大主要流域,增殖品种有105种,其中经济品种96种,珍稀濒危物种9种。

随着这些年增殖放流的持续开展以及放流规模的不断扩大,其所产生的生态、经济和社会效益也逐步显现,日益成为当前渔业增效和渔民增收的重要措施。根据有关专家研究,按照2008年的放流数量和放流资金规模测算,可增加捕捞产量12万吨、产值15亿元以上,使广大捕捞渔民得到实惠。增殖放流在改善水域

生态环境、提高群众和社会各界资源环境保护意识等方面也发挥了重要作用。

2008年以来，为积极推进增殖放流事业发展，农业部及地方各级渔业主管部门重点开展了以下几项工作：

1. 组织开展大规模的增殖放流活动 加大宣传力度、扩大社会影响、积极争取各方面支持是推进水生生物增殖放流事业发展的重要前提。2008年间，全国各级渔业主管部门积极组织，累计举办各种形式的增殖放流活动达800多次。农业部先后与浙江、广西、吉林、湖南等地人民政府共同主办了水生生物资源增殖放流活动。这些活动的开展，得到了各级党委、政府领导的高度重视，引起社会各界的广泛关注和支持，提高了增殖放流的知名度，产生了积极的社会反响，为推进增殖放流事业的发展创造了有利的社会氛围。

2. 积极做好增殖放流节日研究论证和申报工作 为了引起全社会对水生生物资源养护工作的重视，有的同志提出，希望参照"植树节"设立有关水生生物增殖放流的节日，以进一步推进增殖放流事业的发展。2008年11月和12月，13位院士专家、民盟中央领导分别致信中央领导，提出设立增殖放流节日的建议。为了推动增殖放流节日的申报，农业部组织召开了增殖放流专题研讨会，在系统总结我国增殖放流工作开展情况、收集整理国内外有关节日设立情况以及充分听取社会各界意见的基础上，编制完成了设立增殖放流节日的研究报告。同时，就设立增殖放流节日问题征求了国家发展与改革委员会、民政部、环保部等相关部门意见，并向国务院法制办做了专门汇报。目前，农业部已向国务院正式上报了关于设立增殖放流节日的请示。

3. 加强增殖放流规范管理和制度建设 实现对增殖放流工作的规范管理、确保增殖放流各项工作科学有序开展是当前推进增殖放流事业健康发展的重要措施。2008年以来，重点做了以下几项工作：一是在现有管理制度的基础上，组织制定了《水生生物增殖放流管理规定》，在明确增殖放流管理主体、放流苗种质量保护、放流环节监管以及效果评价等方面进行了规定。目前该规定已经农业部常务会议审议通过，并以农业部令形式发布，将于2009年4月1日起施行。二是在2008年中央财政下达的增殖放流相关项目资金有所增加的情况下，为加强项目管理，专门下发了《2008年水生生物资源增殖放流示范工作任务书》，对项目执行的各环节提出了明确要求。并通过召开项目工作会、定期上报材料等形式，检查督促项目实施进度和执行情况。从掌握的情况看，2008年增殖放流项目执行情况总体良好。各项目实施单位利用项目资金放流的各类水生生物苗种接近12亿尾，超额完成了项目要求的任务。三是制定了相关的技术规范。增殖放流工作环节多、技术要求高。在实际操作过程中，单纯依靠有关的管理规定和工作规范还是不够的。为此，农业部渔业局组织有关科研力量，针对中国对虾、日本对虾、三疣梭子蟹、海蜇等主要放流品种分别制定了有关放流技术规范。上述规范已几次征求了各方面意见，争取以行业标准的形式尽早对外发布。

二、积极做好2009年增殖放流各项工作

为进一步推动增殖放流事业发展，农业部计划在积极争取设立增殖放流节日的同时，继续组织一系列声势较大的增殖放流活动，中央财政也加大了增殖放流的支持力度。从一定程度上讲，2009年是增殖放流事业发展的关键一年，是目前为止发展形势最好、支持力度最大的一年，也是工作任务最重、工作要求最高和工作责任最大的一年，对各级渔业部门的工作能力和水平都是一个考验。要重点抓好以下几方面工作：

1. 进一步提高认识，努力把增殖放流事业推向新的高度 党的十七届三中全会明确提出要"加强水生生物资源保护，加大增殖放流力度"，将增殖放流工作写进了党的决议。农业部部领导多次就增殖放流问题进行研究，作出批示，提出要将增殖放流作为一项社会事业来推进。

一是要从实践科学发展观的高度来认识增殖放流工作。水生生物资源养护是贯彻落实科学发展观在渔业领域最集中、最重要的体现。在目前水生生物资源已经严重衰退的情况下，必须在强化各项保护措施的同时，积极主动地采取各种修复手段，努力恢复衰退中的水生生物资源，这也是当前水生生物资源养护工作的完整内涵。以往在资源保护方面已经采取了一系列管理措施，目前进一步加大增殖放流力度，是在资源修复方面采取的又一个重要举措，也是全面实践科学发展观的具体体现。

二是要从为渔民谋利益的高度来认识增殖放流工作。针对当前由于资源衰退造成部分渔民收入增长缓慢甚至生活发生困难的情况下，积极采取各种有效手段，促进渔民增收是渔业部门的重要职责。近年来实行的燃油补贴、政策性保险、增殖放流等政策措施，之所以得到了渔民的衷心拥护，其根本原因是广大渔民从中得到了实惠。只有把维护好、实现好、发展好广大渔民群众的根本利益作为工作的出发点和落脚点，我们的事业才能顺利发展，各项资源养护措施才能得到广大群众的真诚拥护。

三是要从社会公益性事业的高度来认识增殖放流工作。增殖放流具有多种功能,能够体现经济、社会和生态等多方面效益,渔业部门开展增殖放流活动,不仅是自身产业发展需要,还承担着保护生物多样性、维护国家生态安全等重要社会责任。近年来开展的增殖放流活动,之所以得到各方面的重视,其重要的原因是增殖放流是政府行为,是一项社会公益性事业。要充分利用好这个平台,通过积极推进增殖放流工作,进一步提高渔业部门的地位和社会影响力,推动渔业各项工作的全面开展。

2. 精心安排,认真组织好各类增殖放流重大活动 农业部决定与部分地方人民政府联合举办一系列增殖放流活动。经前期协商沟通,目前已经确定与北京、重庆、广东、四川、浙江、江苏、福建、新疆、辽宁等9地人民政府联合举办增殖放流活动。联合举办省份之多、活动次数之多、规格之高,都是过去没有的。承担联合举办增殖放流活动相关省级渔业主管厅(局),一定要高度重视,加强领导,精心组织,确保各项活动圆满成功。另外要特别注意,按照农业部领导要求,增殖放流活动仪式要本着"隆重热烈、简朴庄重、讲求实效"的原则,要节约,不要铺张浪费,不搞花架子。希望没有承担联合举办任务地方渔业主管厅(局),也应积极争取以当地政府举办或渔业部门举办的形式组织开展活动,同时,还要充分利用各种媒介和途径,加大增殖放流工作的宣传力度,广泛吸收公众参与,扩大增殖放流工作的社会影响力,增强社会各界的资源环境保护意识。

3. 严格管理,切实执行好中央财政下达的增殖放流项目 《水生生物增殖放流管理规定》将于4月1日起实施。各地渔业主管部门一定要认真学习贯彻,严格按照管理规定,切实加强增殖放流工作的规范管理。

经过农业部的努力争取,中央财政将较大幅度增加增殖放流、人工鱼礁、海洋牧场建设的资金投入。与转产转业和燃油补贴两个专项不同的是,增殖放流项目的组织实施单位是各级渔业主管部门,这既为开展工作提供了更为有力的抓手,同时也承担着更大的责任。各地要做好准备,待农业部通知下达后尽快上报方案。各地也要积极争取扩大地方财政支持并动员社会资金投入。由于转移支付项目内容的调整,将配合财政部对原来的转产转业项目资金管理办法进行修订。在项目组织实施中,各地要重点建立起几项管理制度:

一是建立专家评审制度。农业部将建立国家级水生生物资源养护专家委员会,对增殖放流方面的重大技术问题进行咨询和把关。各地渔业主管厅(局)在制定增殖放流项目实施方案时,也要充分听取有关科研单位和专家的意见,要在充分研究论证的基础上,科学确定放流区域、时间、品种、规格、数量。

二是建立苗种供应单位招标制度。放流苗种供应单位应在信誉良好、科研力量雄厚、技术水平高,且具有种苗生产资质的苗种生产单位中,按照"公开、公平、公正"的原则,通过招标或议标形式加以确定,同等条件下,应优先选择国家级和省级水产原(良)种场、资源增殖站以及驯养繁殖基地作为放流苗种供应单位。

三是建立苗种质量管理制度。在放流苗种培育阶段,各地渔业主管厅(局),要加强对放流苗种供应单位的技术指导和监督检查,在放流苗种的亲体选择、种质鉴定、检验检疫等方面严格把关,确保健康优质的水生生物苗种用于增殖放流,确保放流水域生态安全。

四是建立公示公证制度。要在精心组织有关单位和个人认真做好放流苗种的规格测量、计数、验收等工作的基础上,将放流情况向社会公示。具备条件的地方,应委托相关公证机构公证,以提高项目执行情况的透明度,接受社会监督。

五是建立项目督察制度。初步考虑,委托三大海区渔政局及三大流域渔业资源管理委员会,通过组织开展联合检查、交叉检查等形式,对各地的增殖放流项目执行情况进行监督检查。

最近,唐启升院士向农业部领导提出了《关于拯救渤海渔业资源的建议》,农业部领导高度重视,分别作了重要批示。决定把渤海作为重点海域加以治理、养护。黄渤海区渔政局要组织协调三省一市做好工作方案,协调好渤海生物资源增殖放流的相关活动,加强增殖放流水域监管工作,认真组织好环渤海三省一市相关增殖放流项目的督察工作,切实履行好在渤海生物资源养护方面的职责任务。

4. 加强研究,为增殖放流提供有力的技术保障 我国大规模的增殖放流才刚刚起步,工作基础、科研基础还比较薄弱,需要研究的问题很多,许多工作环节和放流技术方面问题还没有解决,这与当前增殖放流事业发展的要求还很不相适应,为此要重点从以下几个方面加大工作力度:

一是要组织有关科研力量,认真开展增殖放流跟踪调查和分析研究,全面科学地评价增殖放流实际效果,为下一步相关工作的深入开展奠定基础。

二是加紧编制增殖放流规划。请各省级渔业主管部门,在充分考虑当地资源环境状况以及增殖放流工作需要的基础上,组织有关力量尽快制定增殖放流规划,并请于年底前报农业部渔业局。

三是加快技术规范制定工作。农业部渔业局已组织力量针对全国有代表性的几个放流品种制定了技术规范,并将继续制定其他品种的技术规范。请各地根据本地放流工作需要以及本地主要放流品种，加紧制定相关放流技术规范，确保放流工作科学规范进行。

四是要充分组织有关科研力量，加强增殖放流有关基础理论研究，并针对当前增殖放流工作亟待解决的突出问题开展科研攻关，为增殖放流工作提供更为有力的技术保障。

农业部渔业局局长李健华在2009年度中国水产科学研究院工作会议上的讲话

（2009年2月16日）

一、加强产业技术创新研究与推广应用

中国水产科学研究院作为水产科研的国家队，要与产业发展紧密结合，提高科研的针对性，围绕制约渔业发展的关键技术开展研究，培育大宗和优势出口水产品新品种，研究开发湖泊、水库和浅海生态增养殖技术，开发淡水鱼出血病等重大疫病疫苗，研制和开发孔雀石绿等禁用渔药替代药物，研究水产品质量可追溯关键技术和监管措施，为产业及行业发展提供强有力的技术支撑。要配合做好“十一五”科技支撑计划、农业行业科研专项渔业项目管理工作，积极推进现代农业产业技术体系建设。还希望水科院配合做好“全国渔业科技服务年”活动和“科技入户”工作，积极落实好“灾后恢复渔业生产科技服务”标志性活动，促进渔业科技成果转化。

二、配合做好水产品质量安全监管工作

近期，农业部将出台《关于全面推进水产健康养殖切实提高水产品质量安全水平的意见》，进一步明确今后一段时期水产品质量安全管理工作重点和目标。6月份还要召开全国渔业标准化工作会议。水科院作为水产品质量安全管理工作的一支重要技术力量，要积极做好水产品质量安全检测体系、标准体系和认证体系建设工作，配合农业部渔业局做好水产品质量监督抽检制度改革。同时，要增强质量安全监管工作的预见性，开展水产品质量安全风险排查和评估研究工作。

三、配合做好水生生物资源养护工作

近两年，农业部党组对水生生物资源养护和增殖放流工作高度重视，财政部和农业部财务司也非常支持，增殖放流经费会有较大幅度的增加。农业部提出要把资源养护和增殖放流作为一项社会性事业来办，有大量的基础性工作要做，特别希望水科院能配合做好增殖放流品种研究和效果评估等工作，为规范增殖放流提供科技支持，确保增殖放流事业的健康发展。农业部还将新建一批国家级水产种质资源保护区，加强重要渔业水域生态环境监测，建立和完善水生生物资源生态补偿制度，这些工作都需要水科院的大力支持。

四、推进渔业节能减排工作

渔业是一个高耗能产业，针对节能减排现状，2009年要加快做好渔业节能减排降耗的推进工作，除了做好宣传、推广、培训工作外，还要加强基础性研究，计划2009年内完成渔业耗能与节能减排报告、循环水养殖和玻璃钢渔船推广节能减排项目建议书编写工作。要明确我国渔业节能减排的思路和措施，把渔业节能减排组装成一个大项目，争取国家的政策支持。希望水科院发挥自身优势，配合做好相关工作，力争此项工作有所突破。

五、切实加强我国渔业战略规划、政策的研究

这是长期以来渔业系统的一个薄弱环节。农业的科研机构基本上不研究渔业经济问题，曾经考虑在中国水产学会和上海水产大学设立机构开展研究，但一直未落实好。希望水科院除了加强制约渔业发展的关键技术研究与攻关外，承担起渔业发展战略、规划和政策研究等软科学研究工作的重任，以利于提高主管部门决策的科学化水平。

农业部渔业局局长李健华在2009年海区渔政局工作会议上的讲话

（2009年2月27日）

一、开拓创新，全面提升水生生物资源养护管理水平

近年来，随着国务院《中国水生生物资源养护行动纲要》的发布以及党的十七届三中全会、中央1

号文件提出的明确要求，水生生物资源养护管理工作得到了前所未有的重视，特别是农业部党组的高度重视，使工作力度进一步加大，面临很好的机遇。要有所作为，大踏步的把这项事业向前推进。

1. 大力推动水生生物增殖放流事业发展 首次明确提出要把增殖放流从过去渔业部门的工作提升为一项公益性的社会事业来办、来推动、来发展。重点抓了两件工作。一是争取加大投入，中央财政增殖放流资金将有大幅度的增加。二是积极推进设立增殖放流节日。

为推动水生生物资源增殖放流活动的全面深入开展，并为增殖放流节日申报营造良好社会氛围，农业部将掀起一个增殖放流活动的高潮。经与有关省份沟通，目前已有9个省级人民政府表示希望联合开展增殖放流活动。届时各海区渔政局要配合，同时，三大流域渔业资源管理委员会要充分发挥作用，精心组织落实好几个规模较大的仪式，在全国形成声势。

2. 不断巩固提高休渔禁渔效果 休渔禁渔是养护资源的重要措施。统筹考虑资源保护效果、渔民接受程度、经济社会影响及管理能力等各方面因素，农业部渔业局提出了“延长休渔时间和扩大休渔作业类型”的调整建议，并且已经报送部领导。

3. 加强渔具渔法规范管理 长期以来，在渔船控制、休渔禁渔等方面下了很大力量，但对直接影响捕捞强度大小、影响渔业资源合理利用的渔具渔法的管理重视不够，基本是放任不管。如流刺网作业，原来网具长度最多几公里，而目前达到几十公里，有的甚至上百公里，而且多使用三重刺网。又如帆张网渔船，原来规定一艘船携带网具不能超过3顶，但目前都至少有5顶，多的有十几顶。还有蟹笼作业渔船，一艘船携带的蟹笼数量越来越多，不但捕捞强度大大增加，还直接影响航行安全。还有网目尺寸问题，目前还有不少网具没有规定最小网目尺寸标准，有规定的也没有很好执行。因此，渔政工作要像重视渔船控制和休渔禁渔一样，高度重视对渔具渔法的管理。针对这方面的突出问题，经过调查研究提出，一是从2009年起研究制定渔具渔法的审查认定和准入制度，制订渔具渔法准用目录，其他未经审查认定的渔具渔法一律不得使用。二是尽快完善各种网目标准，规定最小网目尺寸。三是要尽快制定各种渔具的限制使用措施，如流刺网的长度和高度限制、帆张网的数量限制、笼捕数量限制、三重刺网限制、灯光围网和钓业的灯光强度限制。

4. 加强涉渔工程环境影响评价监督管理 近年来，各类水利水电、海洋海岸工程、水域滩涂围垦、海洋倾废区等涉渔工程建设项目大量增加，依据《中国水生生物资源养护行动纲要》和相关法律法规，加强了监督管理，仅近两年就争取到了10多亿元生态补偿资金列入项目环保投资，用于开展资源增殖放流等补偿措施。同时，积极探索建立工程建设占用渔业资源生态补偿机制，出台了《工程建设对海洋生物资源影响评价规范》，并将商国家发展与改革委员会、财政部提出工程占用损害水生生物资源生态补偿费用收取和使用管理办法，争取将涉渔工程建设项目生态补偿资金的征收和使用纳入规范化管理。希望各海区渔政局配合认真审查涉渔工程建设环境影响评价，跟踪项目补偿措施落实情况，督促项目补偿措施落实到位。

同时，要提升水产种质资源保护区管理工作。经过近两年的积极推动，国家级水产种质保护区的数量已经达到103个，要在此基础上，继续从强化养护能力、规范化管理和扩大保护区数量三个方面入手，进一步推进水产种质资源保护区建设。水产种质资源保护区相关保护管理设施的建设内容将被纳入正在编制的《全国水生生物资源养护工程建设规划》；起草《水产种质资源保护区管理办法》，规范水产种质资源保护区管理工作；继续组织申报国家级水产种质资源保护区，争取年底前再批准发布一批。各海区渔政局和流域渔业资源管理委员会要在协调做好已建种质资源保护区建设管理的基础上，继续组织做好申报工作，把种质资源保护区工作抓实抓好。

二、积极探索和推动渔船管理的改革创新

为了规范渔船管理，控制捕捞强度，自20世纪70年代末开始，我国实施捕捞许可证制度，“八五”期间开始实施海洋捕捞渔船“双控”制度。由于经济、社会和管理等方面的原因，违规造船屡禁不止，捕捞强度盲目扩大的趋势尚未得到有效控制，是长期困扰我们的老大难问题。如何破解难题，化解矛盾，需要以科学发展观为指导，不断推进管理制度和工作方法的改革创新，有两个方面的考虑：

1. 推进渔船动态管理系统建设，提高渔船管理水平 渔船管理包括船网工具指标审批、渔船检验、登记和捕捞许可证发放，分别由渔政、渔港监督和渔船检验部门负责，由于机构设置分离，管理手段落后，制度建设相互脱节，致使渔船管理数据混乱，底数不清，大机小标、“三无”和“三证不齐”现象普遍存在。解决这些问题，提高渔船管理水平，动态管理系统建设是基础。近年来，在海区渔政局支持配合下，加大了管理系统建设力度，开发了新的渔船管理软件，统一了渔船编

码，开发了条形码，并在换发新捕捞许可证时启用了该系统，初步实现了渔船建造审批和捕捞许可证发放相互衔接的目标。此项工作涉及面广、政策性强，关系渔民群众切身利益，希望各海区渔政局，精心组织、周密部署，认真做好大型渔船数据库建设和捕捞许可证换发工作。同时还要加强有各地间协调、监督指导，妥善解决数据库建设和换证工作中出现的矛盾和问题，确保系统正常运行和捕捞许可证换发工作顺利进行。

2. 加强调查研究，推进渔船管理改革创新 我国现行的捕捞许可和渔船“双控”制度已经实施了 20 多年，今后的制度如何完善、调整，是摆在我们面前的紧迫任务。光靠老制度、老办法，很难化解矛盾、破解难题。在学习实践科学发展观活动中，我们作了调研，在解放思想大讨论中作为重点问题广泛听取各方面的意见，初步提出了一些破解渔船“管理难”的思路和办法。比如：能否调整渔船分类标准，将以功率指标为主的分类标准，改为以船长为主，同时参考吨位、功率指标的综合分类标准，解决过去完全依赖主机功率管理带来的一系列矛盾和问题；能否对捕捞渔船实行分级管理，大中型渔船由国家制定控制指标，小型渔船由地方制定控制指标和管理，明确和强化地方政府的管理责任；通过建立渔船交易市场，为渔船交易提供服务平台规范渔船交易行为的方式是否可行，等等。对相关问题，下一步还要深化研究，提出方案，希望海区渔政局加强这些方面的调查研究，积极提出意见建议，共同推动渔船管理制度的改革创新。

三、完善专属经济区渔政巡航体制，提高执法能力和水平

海洋专属经济区渔政执法，维护国家海洋权益的重要职能，是三大海区渔政局的重要任务。在深入学习实践科学发展活动中，专门组织进行了调研，和海区渔政局进行了沟通，在此，也向农业部有关司（局）提出一些建议。

首先，完善体制，加大执法能力建设。海洋专属经济区渔政执法是中央事权，是农业部的重要职责。但在当前和今后比较长的一个时期，仍然需要调动地方渔政力量配合做好这项工作，中央全部包起来不现实也不必要。要进一步完善“中央保障投资、农业部组织实施、地方配合执行”的模式，中央财政负责专属经济区装备建设、资金投入和运转经费保障，加大指挥中心和海区渔政局的执法能力建设，对地方建造参加巡航渔政船予以建设和运行经费的补助，力争用 5 年左右时间，集中为海区渔政局建造一批 3 000 吨级、1 000 吨级和500 吨级渔政船和配套的渔政码头，也支持地方建造一批大中型渔船，建立一支总规模由 60 艘左右大中型渔政船组成、设备先进的海洋专属经济区渔政执法船队，设想海区渔政局的船占到一半，是否可行，请大家讨论。从中长期考虑，中国渔政应该配置直升机参加海上巡航执法，构建陆地、海上、空中三位一体的渔政执法模式，提高效率，节约执法成本。

其二，完善集中统一的专属经济区渔政执法调度机制。对参加渔政巡航的地方渔政机构争取统一冠以“中国渔政”名称，如省渔政机构冠以“中国渔政某某总队”，以规范专属经济区渔政执法机构名称，形成统一的调度机制。对地方渔政的执法任务和经费补贴建立严格的挂钩制度，加强对巡航任务执行情况的监管，对不能在“中国渔政管理指挥系统”中监测到船位信息或违反《专属经济区渔政巡航管理规定》且整改不力的渔政船，将取消其参加巡航执法资格。

四、涉外渔业管理要常抓不懈决不放松

涉外渔业管理的任务重、难度大。海区渔政局抓这项工作的力度很大，也取得了很好的成效，涉外渔业事件和涉外违规案件总体上有所下降。但是，管理形势依然严峻，涉外事件发生的隐患较大，局部海域还相当严重。

黄渤海区渔政局要高度重视制止渔船在朝韩交界水域违规越界捕捞，特别要避免以越界捕捞为由引发冲突。要积极争取地方政府支持，与公安边防、外事等部门加强沟通配合，采取果断措施坚决制止越界捕捞。要有些硬措施，要建立违规渔船黑名单制度，对越界捕捞渔船要按照《渔业成品油价税补助支持资金管理办法》的规定，扣减直至取消其柴油补贴。今后将根据非法越界进入朝韩交界水域作业案件发生情况，核减相关地区下一年度的韩国专属经济区入渔配额。

在北部湾海域，南海区渔政局要继续加强与边防海警等部门的沟通协调，做好北部湾渔业海上联合监管工作。外国渔船在我国西沙海域和三亚外海的侵渔活动有增多的趋势，南海区渔政局要密切关注，适时调整和加强海上巡航。有的国家通过立法将黄岩岛和南沙群岛部分海域划为领土，这个问题请南海区渔政局密切关注，加强维权护渔工作。

近年，我们对北太平洋非法流网作业一直保持高压态势，连续查处了一批违法案件，没收处理了一批

渔船,对非法作业起到了震慑作用,公海流网作业现象得到有效遏制。东海区渔政局和黄渤海区渔政局仍要密切配合,形成合力,加强对重点卸货港口的监管和对重点监管责任单位的指导,继续保持对北太平洋公海流网作业的高压态势,坚决防止公海流网非法作业回潮。

五、高度重视对地方渔政队伍建设的指导和支持

首先要积极推进落实渔政队伍参照《中华人民共和国公务员法》管理。目前中央和省级渔政队伍纳入或参公管理已基本解决,重点难点在基层。基层渔政机构承担着大部分的渔政执法任务,参公问题直接关系到基层执法队伍的稳定和执法人员的切身利益,基层渔政队伍最需要稳定、最需要加强,这项工作应当引起高度重视并积极推动解决。为此,要树立"执法重心下移"的队伍建设思路,加大工作力度,推动地(市)级渔政机构的参公管理。按照经费纳入财政预算的参公要求,今后对自收自支的渔政机构,不得换发新的渔业执法证,暂停执法资格,在整改之前其执法工作由上一级渔政机构代为统筹安排,这项工作主要由各省级渔业主管部门抓好落实,指挥中心和海区局主要是督促和推动。渔政执法机构名称不规范的情况比较突出,2007 年的全国渔政工作会议对这个问题已经有明确的指导意见。下一步要以文明执法窗口创建活动为切入点,首先要求窗口单位实现参公目标和名称规范统一,并且要在全国分片、逐省进行队伍建设调研督导,进一步推进基层名称规范和参公工作。海区局要配合指挥中心做好督促指导,共同推进这项工作。

再是要加强渔政人员的培训工作。目前渔政执法人员的整体素质与管理的客观需要和依法行政的要求还不相适应,要适应新形势、满足新要求、全面履行职责,必须要加强全面、系统、有组织的培训和管理。为此,将抓紧编制全国渔政队伍培训规划,逐步建立以渔政分院为中心、各省布点的培训体系。

正在编制的《2009—2015 年全国渔政基础设施建设规划》,在加强农业部渔政指挥中心和三个海区渔政局装备和基础设施建设的同时,还要积极争取加大对地方渔政队伍执法能力建设的支持力度,推动地方财政增加渔政执法能力建设的投入。

最后,再强调一下安全生产工作。按照中央的部署,2009 年是"安全生产年",最近农业部已经下发了工作方案,希望海区渔政局继续配合渔业局和指挥中心抓好各项措施的落实,共同推进平安渔业建设。

完善监督机制　推进行风建设　打造一支高素质专业化的中国渔政队伍

——农业部渔业局局长李健华在全国渔业执法督察工作会上的讲话

(2009 年 8 月 1 日)

一、全面总结渔政队伍建设成果,充分认识加强队伍建设的重要性和紧迫性

新中国的渔政迄今为止,走过了半个世纪的风雨历程。最近,农业部将中国渔政的成立日确定为 1958 年 4 月 3 日,这是中国渔政发展史上的一件大事。改革开放的 30 年,是中国渔政事业快速发展的重要时期。特别是近 10 年来,各级渔业主管部门及其渔政机构重视加强队伍建设,执法能力显著增强,中国渔政成为国家一支重要的行政执法力量。

1. 执法装备建设明显加快　1998—2008 年,中央和地方共投资 18.53 亿元,其中中央投资 14.63 亿元,地方投入 3.9 亿元。建造了 6 艘千吨级、13 艘 500 吨级、32 艘 300 吨级、28 艘 100 吨级海洋渔政船和 101 艘沿海渔政快艇;建造购置了 103 艘内陆渔政船、485 艘内陆渔政快艇和 550 辆渔政执法车。建设了一批渔政专用码头,建设了渔业安全救助通信网、渔政管理指挥系统、南沙渔船船位监测系统等基础设施。这是新中国成立以来,中国渔政建设力度最大、装备配备最快最多的时期。

2. 渔政队伍履行职责的能力不断提升　全国有渔业行政执法机构 2 700 多个,执法人员 3 万余人。各级渔政机构紧扣渔业经济发展主题,在执行海洋伏季休渔,长江春季禁渔等制度,保护和合理利用渔业资源,养护渔业水域生态环境;实施渔业捕捞许可管理,严格实行双控制度,努力维护渔业生产秩序;执行中俄、中日、中韩、中越等渔业协定,维护国家权益;积极开展渔业安全生产管理,保护渔民生命财产安全等方面都发挥了重要作用。为促进渔业稳定发展、渔民持续增收、渔区社会和谐做出了重要贡献。近年来,根据形势发展的需要,各地渔政机构积极拓展执法范围,又

相继开展了水产品质量安全和水产养殖执法行动，并取得了明显的成效。同时，通过建立重大案件会商制度，开展交叉执法检查、执法文书评比等活动，逐步推进实现统一渔业执法证管理、统一渔业执法文书格式、统一规范渔政机构名称、统一渔政执法装备标识、统一着装规范的目标，不断提升渔政队伍履行职责的能力。

3. 加强行风建设，查处违法违纪案件 为加强行风建设，树立渔政队伍的良好形象，2004年农业部发布了“渔业行政执法六条禁令”，明令禁止了渔政人员易出现的作风问题和违规行为，同时开展“六条禁令”执行情况的检查，起到了积极作用。总的来看，执行“六条禁令”对促进渔政队伍作风建设收到了一定效果。对一些影响恶劣的重大的渔政人员违法违纪案件，农业部渔政指挥中心高度重视，做到及时严肃查处，对相关责任人进行了处分，对单位进行了通报批评，对违法违纪行为起到震慑作用。2005年以来，农业部渔政指挥中心共接到群众举报渔政人员违规的案件50余件，办结49件，做到有举报，必核实，有重要线索，立即调查处理。从掌握的情况看，举报案件呈现逐年减少的趋势，说明加强队伍建设的各项措施取得了一定成效。

4. “渔业文明执法窗口”创建活动成效显著 为加强队伍建设，在加强队伍违规违纪案件查处的同时，也注重建立内部激励机制。自2005年起，开展了“渔业文明执法窗口”创建活动，始终坚持把加强队伍建设的具体要求融入窗口创建之中，3年多来共树立窗口单位114个。通过创建活动，窗口单位能自觉严格内部管理，规范执法行为，妥善处理执法监管与发展生产的关系，维护执法的公正性和权威性，并结合地方特点，在帮助渔民办证、提供信息、解决生产生活困难等方面扎实工作，努力创新，取得实效，赢得广大渔民群众的拥护。通过创建活动，可以引导更多基层渔业执法单位注重队伍建设，实现渔政队伍执法能力和服务水平的整体提升。

5. 逐级推进，渔政队伍纳入或参照《公务员法》管理工作取得进展 自1999年农业部推进渔业统一综合执法开始，就不断争取和推动渔政执法机构纳入或参照《公务员法》管理，多次向国务院和有关部门汇报提出将渔政队伍纳入或参照《公务员法》管理，并在国办文件中体现。根据农业部领导在2007年全国渔政工作会上提出的力争用3~5年时间，基本解决渔政队伍纳入或参照《公务员法》管理的目标要求，近两年，各地高度重视，积极推进，逐级突破，进程加快。目前，全国省级渔政机构已经全部纳入或参照《公务员法》管理，地市级机构纳入或参公管理的接近60%，县级单位有30%。

6. 加强培训教育，切实提高执法人员素质和学历水平 近年来，非常注重加强对渔政执法人员的岗位和技能培训。渔政指挥中心根据不同执法业务类型，每年组织近10期的培训班，重点对执法骨干进行岗位和技能培训，年培训人员500余人(次)，涵盖了水产品质量安全执法、专属经济区巡航、渔业船舶水上安全应急管理、无线电通讯、水生野生动植物保护等内容。2006年起，还组织执法人员学历教育培训，举办了针对渔政人员的法律大专班，并争取中央财政给予一定的补助，3年共有近300名渔政人员通过了相关考试，获得大专学历。

渔政队伍建设是一项长期的任务。虽然近年来取得了很大成效，但仍存在着管理体制不顺、经费不落实、装备落后、人员素质偏低与依法行政的要求不相适应等问题，在一定程度上影响了渔政队伍执法职能的有效履行。尤其是有的渔政人员管理能力和办案水平还不能达到依法行政的要求，有的甚至有法不依、执法不严、违规执法。从近年来查处的案件和群众反映的情况看，渔业执法违规行为都是渔政执法人员为了得到经济上的好处，与管理相对人达成默契，在管理相对人违规出海作业前先行以罚款形式违规收取费用，随后默许其违规出海作业；还有少数基层渔政部门违规办理倒卖渔船准造批文，从中牟利；有的渔政人员弄虚作假，贪污国家下拨的渔业柴油补助款；有的将国家所有的水面发包给个人，非法获利，致使很多传统渔民失去赖以生存的水面，等等，这些违法违纪行为都严重损害了中国渔政的形象。以上问题的存在，有社会大气候、大环境的因素，也有渔政队伍建设和监督制度的不足与缺陷的原因，体系内部的层级监督、同级监督都不到位的原因，应引起高度重视。

二、实施渔业执法督察制度的重要意义

管行业必须管行风，这是中央的要求。农业部党组高度重视，最近又专门做了部署。要把行风建设作为自己的重要职责，高度重视，认真抓好。要坚持文明执法、公平执法，防止发生滥用权力和不作为的现象；要切实加强和改进思想作风、学风、工作作风和领导作风，营造风气正、思上进、干事业、求发展的良好氛围，建设服务创新、和谐效能、务实清廉的系统。抓行风就要强化和完善监督制度，2004年国务院发布的《全面推进依法行政实施纲要》中指出：“要完善行政执法机关的内部监督制约机制，建立权责明确、行为规范、监督有效、保障有力的行政执法体制”。从国家的层面

上强调了开展执法督察的重要性和必要性。如何落实监督,怎样做到监督关口前移,实现"惩防并举,注重预防",始终是各级渔业行政主管部门和渔政执法机构要认真探索的重要课题。农业部《渔业行政执法督察规定》的颁布,执法督察制度的建立,就是要全面落实执法责任制,加大执法责任追究力度,使执法人员按照法定权限和程序行使权力,履行职责的新举措,其意义深远而重要。

首先,实行执法督察制度,是推进依法行政和文明执法的必然选择。渔政的基本活动是执法活动,渔政人员的职业行为是执法行为。建立执法督察制度,加强对渔政队伍依法履行职责、行使职权和遵守纪律情况的监督检查,对于保证执法主体的具体行为做到公正合法,是十分必要的。其次,实行执法督察制度,是新形势下加强渔政管理和渔政队伍建设的迫切需要。实践反复证明,没有或缺乏有效监督,终究会导致权力失控、决策失误和行为失范。加强对渔政机构及执法人员的监督,不仅要进行事后监督,严肃查处违纪违法案件,而且要通过日常的各种监督活动进行事前和事中的监督,确保严格依法行使职权。第三,实行执法督察制度,是建立健全惩防体系,从源头上预防和治理腐败的制度创新。农业部根据新形势下渔政队伍在履行职责、行使职权过程中出现的新情况、新特点,适时颁布了《督察规定》,这也是落实党风廉政建设责任制,扎实推进惩治和预防腐败体系建设的一个重要举措。对于从制度上、机制上预防和减少违纪违法行为的发生,不断加大治本力度,是一种积极的探索。

近年来,一些地方在健全、完善渔政系统内部督察制度方面做出了很多探索,如内蒙古在各盟(市)渔业主管部门成立了渔政执法监督办公室,对渔政执法的全过程进行监督;江苏省滆湖渔政支队专门成立了监督检查科,负责支队的内部监督检查工作;山东省通过实行执法责任制、执法考评制、执法过错追究制等制度,使日常工作的程序化、目标量化、工作标准化,提高了执法效率和工作水平;广东省于2007年出台了《渔业执法督察暂行规定》,并组建了省、市、县三级渔政队伍督察机构,充分发挥"防范、督促、查纠、保护"四大功能,在强化领导班子建设、确保队伍依法行政、查处违法乱纪行为、提升队伍形象等方面做了大量富有成效的工作,实现了全省渔政队伍精神面貌明显改观、工作作风明显改进、执法行为明显规范、服务态度明显改善、廉洁意识明显增强、工作效率明显提高等"六个明显"的成效。要在探讨和总结各地相关工作经验的基础上,继续开拓创新,做好督察工作。同时,督察机构作为渔政内部监督部门之一,要与纪检监察部门密切配合,或者说,要积极配合纪检监察部门,实现资源有效整合,要为渔政执法人员设置"不敢为、不能为、不想为"的高压线,共同构建内部监督体系,更好地为渔业工作大局服务。

三、落实行政执法责任制,强化渔政执法督察工作

1. 切实加强对执法督察工作的领导 农业部《督察规定》指出,农业部主管全国渔业行政执法督察工作;农业部渔政指挥中心负责实施全国渔业行政执法督察工作;各海区渔政局负责实施本海区渔业行政执法督察工作;省、地(市)级渔业行政主管部门负责对辖区内渔业行政执法单位及其执法人员的渔业行政执法行为进行督察,具体实施单位由本级渔业行政主管部门确定。这次会议提交大家征求意见的《督察规定实施办法》将进一步明确督察工作的具体工作机制。我们设想建立督察工作会议制度,从全国来讲,每年召开督察工作会议,研究部署全国渔业执法督察工作,总结交流重大工作事项和督察工作经验,定期通报全国渔业执法督察工作的情况,各地也应建立相应的制度,并逐步规范化。

各级渔业行政主管部门要支持和帮助执法机构贯彻落实好农业部《督察规定》精神,建立健全督察工作机制,协调好、管理好、组织好执法督察工作。要根据执法督察工作的性质和特点,建立统一指挥、政令畅通、反应迅速、运转高效、责权明确、上下联动的指挥协调工作机制。各级渔业主管部门的主要负责人要切实负起责任,经常过问执法督察工作,直接指挥督察事项,注意发挥督察作用。

2. 要选派优秀的干部到执法督察岗位 督察工作涉及渔业执法的各个方面,涉及执法的各个环节,督察范围广,执法要求高,工作任务重。我们要把那些政治强、作风正、熟悉渔政管理工作的人充实到督察工作岗位。要把督察人员培养成为"政治坚定、公正清廉、纪律严明、业务精通、作风优良"的优秀干部,使之成为关口前移、内部监督的重要力量。

按照《督察规定》要求,近期渔政指挥中心将统一制作督察证件、督察标志,并计划用2~3年时间将全国渔政督察人员轮训一遍,提高执法督察人员的履职能力。全体督察员要做到忠于职守,认真履行职责:

一是要深入一线和基层。督察工作一定要深入一线,深入基层主动了解情况,广泛收集信息,对督察的一些重点问题,包括渔民群众反映的热点问题,要深入跟踪督察,把问题弄清弄准。要善于抓住关键性、苗头性、倾向性问题,查找个别违规行为背后的共性问题,

看是否有作风不实的问题，是否有领导责任的问题，甚至是否有腐败问题。

二是要采取行之有效的方式方法。督察工作要有一定的密度和强度，特别是对渔民群众反映强烈的热点问题要加大督察力度。在方法上要坚持明察与暗访相结合，充分听取各方意见，确保督察工作的严肃性和公正性。

三是督察工作要严字当头。在督察过程中，要不讲情面，不徇私情，要使政令畅通、有令则行、有禁则止成为渔政执法人员的行为准则。凡发现违法违纪情况，要做到严格按照《督察规定》，对相关责任人予以相应的处分和处理，对负有领导责任的领导干部，要按照《党政领导干部问责暂行规定》及时予以责任追究。

3. 要共同推进执法督察制度顺利实施 执法督察是新时期渔政工作的重要组成部分，是加强队伍建设的重要举措。当前，要把握好以下几点：

(1)加大对审批、发证、补助发放、罚没、收费等执法过程中易出现问题的部位和环节的监督力度。要深入基层渔政单位、渔港，开展现场督察和明察暗访，对重点时段、重点部位、重点人员和重要执法环节进行督察。及时发现和纠正基层渔政执法过程中存在的突出问题。

(2)加强对渔政队伍纳入或参公管理工作的督促检查。渔政队伍纳入或参照《公务员法》管理是破解渔政队伍规范化建设和长远发展问题的基础性工作。推进这项工作的重点在市(县)级，难点也在市(县)级，要抓住地方事业单位分类改革的有利时机，争取突破。2008年，我们就提出从2010年起，凡自收自支的渔政机构不能再执法，在整改之前农业部将停发其执法人员执法证，执法职能由上一级渔政机构暂时承担。这是一项很重要的工作，目的是为了促进基层政府重视渔政工作，为加快推进渔政队伍规范化建设，各地渔业主管厅(局)要将此作为今明两年的工作重点，认真抓好落实。

(3)加强对队伍建设各项规定贯彻落实的监督。主要有以下几方面：首先要加强对“渔业行政执法六条禁令”贯彻执行情况的督察，维护渔政队伍的良好形象，真正做到令行禁止。其次要加强对执法装备和渔政标志使用情况的监督检查，近期拟以农业部的名义发布《中国渔政标志使用管理办法》，对相关建筑物，以及车、船、艇等执法装备上的渔政标志使用标准及要求做出规定。请各地按要求规范执法装备和渔政标志的使用，从2010年起，全国将一律使用统一规范的中国渔政标志。再次，要加强对规范着装的监督检查，2008年在渔政制服上增加了胸徽、胸号和臂章，各地要按新的要求着装并佩戴标识，不能随意改变和“创新”，着装时要整齐，标识要佩戴完整，穿着规范。

4. 要做好执法督察的宣传和信息交流 农业部渔政指挥中心将在相关媒体开辟专栏，宣传渔政执法督察工作，定期发布《渔业执法督察通报》，通报各地渔政执法督察情况，组织督察经验交流。各地也要重视督察的教育警示作用，注重在政务信息和媒体上加大这方面的宣传。

建立渔业执法督察体系是落实执法责任制、促进渔政队伍建设的一项重要举措。这项工作才刚刚开始，需要做的工作还很多。要紧密联系渔政队伍建设实际，总结经验，创新方法，规范执法行为，改善执法作风，提高办案质量。要从贯彻落实科学发展观、提高依法行政能力、构建和谐社会的高度，做好督察工作，全面提高执法水平和服务能力，为打造一支“纪律严明、装备精良、严格执法、作风过硬”的中国渔政队伍而努力。

农业部渔业局局长李健华在全国渔业安全生产暨防台风减灾现场会上的讲话

(2009年6月11日)

2009年是国务院确定的“安全生产年”，6月是每年的“安全生产月”，目前正值全国海洋伏季休渔期及台风季节到来之际，我们召开渔业安全生产暨防台风减灾现场会，专题研究部署安全生产和防台风工作，非常必要。

全面推进平安渔业建设，是近年来我们的工作理念和奋斗目标，它涉及千百万渔民的生命财产安全，任务艰巨、责任重大。为了实现这个目标，各地扎扎实实地开展工作，也取得了实实在在的成效。今天上午，我们参加了“10万海洋机动渔船船东船长培训”启动仪式，现场参观了宁波市渔船安全管理及监控系统建设、基层渔业安全管理体系建设等方面情况，很受启发、很受鼓舞，也很受感动。我们看到，浙江省各级政府和渔业部门高度重视渔业安全生产工作，投入力度很大，实施标准渔港建设、加快渔业船舶安全管理和监控系统建设、大力推动渔业安全社会化管理，成效明显，很多做法、经验值得学习借鉴。从浙江省一级到宁波市和象山县，从渔民培训和渔船管理抓起，充分发挥乡镇和村级基层组织的组织、协调和监督管理作用，实施渔业安全生产社会化管理，抓得实、抓得好，抓出了成效；同时，利用现代科技建设的省、市、县、村以及渔船渔港的渔业安全管理系统，展示了全新的管理方式、管理模式，表明渔船安全管理正在悄悄地发生变革，让我们看到了渔业安全生产管理、渔船管理的发展方向。

刚才国家安监总局、防汛办、海事局等部门的同志介绍了安全生产和防台防汛工作的情况，提出了很好的意见建议。气象专家也对今年的台风趋势作了概要的预测。9个省级厅（局）和东海区渔政局的同志就渔业安全生产管理工作进行了交流，也谈了一些很好的意见建议，介绍了各地的做法。总体来讲，近年来各地认真贯彻落实党中央、国务院和农业部关于安全生产工作的指示精神和工作部署，采取有力措施，扎实推进平安渔业建设，渔业安全生产形势继续保持平稳态势。各地在工作中都有一些好的经验和做法，值得学习借鉴。比如，辽宁省注重加强渔业安全监管队伍建设，山东省不断加强"双基"建设，江苏省扎实推进"三化五覆盖"活动，福建省积极开展"百千万"工程，广东省切实强化高危渔船专项整治，沿海各地防台风减灾机制进一步健全并发挥重要作用。

据气象专家的预测分析看，2009年我国的气象年景总体偏差，可能有7~9个台风将登陆我国沿海，较常年偏多，并可能有台风北上影响我国长江以北沿海地区。由于全球气候变化，各类自然灾害风险加大，热带气旋、龙卷风、寒潮、海雾等气象性灾害以及风暴潮等海洋性灾害呈频率增多、强度增加、影响增大趋势，对渔业船舶水上航行和生产安全造成直接影响和威胁。而且我们注意到，这几年连续在每年四五月间多次发生渔船与商船碰撞事故，在这种形势下，对渔业的安全生产工作丝毫不敢懈怠。渔业是高风险行业，在现阶段，渔港等基础设施建设仍然滞后，还难以有效满足渔船和渔民安全避风需要；渔船技术装备和预警能力仍然薄弱，还难以有效应对频繁发生的极端灾害性天气；渔民和有关的船东、船主安全责任意识和能力仍然较低，还难以有效避免和减少各类事故的发生。面对这些问题，从事这方面工作的同志要始终保持清醒头脑，时刻警惕，扎扎实实地做好各项工作。

2008年10月，国务院办公厅下发了《关于加强渔业安全生产工作的通知》，就如何应对渔业安全生产面临的严峻形势，全面推进渔业安全生产和防台风减灾工作，努力构建平安渔业，提出了明确要求。农业部召开了专题会议，年初又印发了《渔业安全生产年活动工作方案》，对有关工作进行了部署。这里，重点就做好2009年下半年的渔业安全生产和防台风减灾工作讲几点意见：

一、坚持不懈地扎实推进渔业安全生产管理，提高防灾减灾能力

《国务院办公厅关于加强渔业安全生产工作的通知》是指导今后一个时期渔业安全生产工作的重要文件，也是渔业部门履行职能、加强管理、争取投入的重要依据。目前《通知》已经出台八九个月了，各地都非常重视，比如，浙江省政府办公厅下发了《关于进一步加强渔业安全生产工作的通知》，着重从全面落实责任制、推进社会化管理机制、把好渔船及从业人员准入关、切实提高防灾减灾能力等方面提出了要求；宁波市政府也出台了通知，市财政大力支持渔业安全生产工作，2009年的专项经费达1 900万元，渔业安全生产管理走在了全国前列。辽宁、江苏、安徽、四川、重庆等地也以省级政府办公厅的名义下发了有关通知，天津、大连等地也正在积极争取下发有关文件。但也要看到，各地贯彻实施工作进展还不平衡，有的地方工作力度还不够大，措施还不够到位。在这里，希望各级渔业主管部门和海区渔政局要把贯彻落实《通知》精神作为当前和今后一段时期的重要任务，要开拓创新，有所作为。还没有以政府名义出台贯彻落实意见和措施的渔业主管厅（局）要将其作为一项硬任务，争取尽快出台相关文件。

国务院办公厅下发了通知，要求在全国范围内开展安全生产"三项行动、三项建设"，农业部也制订了《渔业"安全生产年"活动工作方案》。近期还将结合伏季休渔和"护渔2009"，组织开展一次检查行动，希望各地按国务院和农业部部署，落实渔业"安全生产年"各项工作，确保全年渔业安全生产形势稳定好转。

这里，再强调一下渔船检验工作。渔船检验工作是安全生产管理的重要内容，上个月农业部在沈阳召开了渔船检验工作会议，牛盾副部长出席会议并做了重要讲话，各地要按照农业部部署和要求，加大渔船和船用产品的检验力度，把检验工作的各个环节抓到位，提高船舶检验质量和受检率，同时切实加强渔船修造企业的监督管理，认真把好渔船管理的第一关。

二、完善机制，落实责任，突出抓好渔业防台风减灾工作

近年来，各地在防灾减灾实践中不断探索规律，积累了一些成功的做法和经验，提高了处理突发事件的应急反应能力。比如，浙江的"避、抗、抢"策略，福建的"预警到乡、预案到村、责任到人"及广东省的两个"百分之百"要求，宁波市从实际出发，分不同海域和

锚地对全县渔船防御超强台风作出具体安排。各地要认真总结近年来渔业防台风经验教训,按照农业部办公厅《关于做好汛期渔业安全生产工作的通知》要求,针对2009年台风可能较常年偏多、灾害影响较严重的情况,按照"提前介入、靠前指挥、重心下移、关口前移"的原则,因地制宜制订相应预案,在当地政府统一领导下抓好渔船回港避风、人员安全撤离、养殖设施防护和信息上报等各项工作,保障渔船、渔港、鱼排等设施和渔民生命财产安全。根据气象部门预测,2009年可能有北上台风影响我国长江以北沿海地区,另外,风暴潮和寒潮大风等灾害天气也不容忽视。对此,北方沿海渔业厅(局)和黄渤海区渔政局要高度重视,提前谋划,制订预案,完善工作机制,做到未雨绸缪,防患于未然。要在坚持全国一盘棋的基础上,积极争取各级财政支持,扩大政策性保险的覆盖面。灾害和事故发生后,尽快做好定损理赔工作,把赔付资金及时发放到渔民手中,协助做好善后处理工作。应对灾害和突发事故,信息工作十分重要。各地要特别注意做好信息传递和应急值班工作,及时将灾害气象预警信息传递给渔区、渔船和渔民,及时将有关信息上报到有关部门,确保信息畅通。关于汛期信息报送工作,最近农业部渔业局下发了一个通知,要求建立健全灾情报告制度,其中6—8月主汛期要每周上报一次灾情和防灾救灾工作信息。

三、把握规律,查找薄弱环节,有效遏制碰撞事故多发态势

近年来渔业安全生产事故发生率和死亡(失踪)人数较大幅度下降,但渔船与商船碰撞事故多发,已成为当前主要的渔业安全生产事故,给渔民的生命财产造成重大损失。根据对近3年的事故分析,碰撞事故发生有一定的规律,每年的3—6月和9—12月是碰撞事故的多发期,特别是每年的3—6月碰撞事故明显增多;东南沿海特别是舟山渔场、长江口渔场、渤海海峡和琼州海峡等附近海域是事故多发海域;碰撞事故中渔船与商船尤其是与外籍商船碰撞事故占较大比例,是造成重、特大人员死亡(失踪)事故的最主要原因。为指导做好渔船与商船防碰撞工作,农业部于4月15日召开了紧急电话会议,会后农业部渔业局与交通运输部海事局进行了专题研讨,双方议定要进一步加强协调配合,共同推动建立涵盖事前、事中和事后全过程的防碰撞协调机制,减少事故发生。各地要根据农业部4月份紧急电话会议要求,认真分析事故原因,有针对性地采取防范措施,坚决遏制渔船碰撞事故多发势头。要探索建立渔船船东船长防碰撞专项安全责任制,保证渔船严格遵守值班瞭望等安全操作规程。协调有关部门及时发布航行通告和预警信息,防止碰撞事故的发生。要结合海上渔政执法行动,重点加强舟山渔场、长江口渔场、渤海海峡、琼州海峡等渔船与客货轮交叉航线较多海域的巡航检查,指导渔船避开航道密集区域。要加强对渔船安全设备的监督检查,对不按规定配备号灯号型、救生设备等安全设备或安全设备达不到规定标准的,要限期整改。

四、抓好教育,巩固基础,确保船东船长培训取得成效

国际海事界的统计分析表明,"海上事故的80%是人为因素造成",从渔业安全管理情况分析也可以看出,现代化的装备和系统当然非常重要,但人始终是决定性的因素。渔业安全生产的决定因素是渔民,关键在船东船长。所以,培训教育是提高渔业船员综合素质、保障渔业船舶安全和船员生命财产安全的基础,也是一项长期性工作,必须持之以恒抓紧抓好。针对船东船长责任不落实、安全防范意识差造成事故多发的情况,农业部会同各地组织启动了"10万海洋机动渔船船东船长安全管理培训"工作,力争用两年时间对44千瓦以上渔船的船东船长轮训一遍。希望各地精心组织,落实培训经费、师资、时间、场地等,保质保量完成培训任务。

五、强化管理,动员群众,积极开展"全国文明渔港"创建活动

渔港是渔民和渔船的"家",建设好、维护好渔港是渔业部门和渔港监督机构的重要职责。近年来,中央和地方不断加大渔港建设投入,渔港建设管理水平和防灾减灾能力有了较大提高。但由于建设起步晚、基础薄弱,我国渔港在建设和维护投入、监督管理、环境卫生条件等方面与其他重要渔业国家相比都还存在较大的差距。尤其是环境方面,港池水域污染、乱扔垃圾、卫生条件差的问题比较突出,整体面貌相对落后。一些地方渔港所有权、管理权不明晰,渔港监督管理不到位,有的渔港甚至存在有人建无人管的状况。为推进现代渔业建设,全面提升我国渔港建设维护和管理水平,农业部决定开展"全国文明渔港"创建活动,希望各地按照有关要求,对比创建内容和条件,加大渔港建设维护和管理力度,广泛动员渔民群众积极参与,力争通过创建活动全面提升渔港建设和管理水平。各地的渔港监督机构要把创建活动作为履行职能、提升能力的重要抓手,具体组织实施好相关工作。这些年,渔港监督工作有些弱化,原因是多方面的。当前在各级

政府高度重视渔业安全的背景下，渔港监督要有所作为。一是要坚持以渔业安全监管为中心不动摇，扎实做好渔船渔港安全监管、渔民培训教育、海事调查处理等工作。二是作为大渔政的重要组成部分，要充分发挥港口监督管理的特点，配合做好伏季休渔等渔政执法，把好渔港这个关口。要严格渔船登记管理，与渔政、船检密切配合，形成合力，促进渔船的规范化管理。三是在渔港管理上要适应新形势，创新工作方法，拓展工作领域。

六、发挥基层组织作用，加强渔业安全管理体系建设

渔业安全生产管理的重心在基层，支撑也在基层。基层“面对面”服务渔民群众，直接负责各项工作部署的落实，基层服务管理水平如何，直接关系到渔业安全生产措施能否真正落到实处。改革开放以来，随着经济发展和时代变迁，我国海洋捕捞经营体制发生了重大变化，原有乡镇、村级管理组织的渔业管理能力，尤其是对渔船的控制能力明显减弱，一些基层组织没有起到桥梁纽带作用，渔业安全监管体系出现脱节断档，这也是渔船安全事故多发的重要原因之一。因此，渔业安全管理要特别注重发挥基层政府和组织的作用，要为基层多争取各种政策和财政支持，提高基层的管理能力和手段，促进渔业安全生产社会化管理。山东的“双基”建设、福建的乡镇安全协管员等等，都是各地根据实际探索的好路子，形式上不一定要统一，但方向是要强化乡镇、村社、公司、合作社、协会等基层组织的渔业安全服务和管理职能，实现以服务促管理、以服务保安全，为渔业安全监管奠定坚实的基础。各地可结合实际开展“平安渔业”建设示范县、示范乡镇和示范村等创建活动，大力推进渔业安全社会化管理，构建渔业安全生产管理的长效机制。

专 题 论 坛

加强水生生物资源养护
推进生态文明建设

农业部部长　孙政才

加强水生生物资源养护意义重大

水生生物资源，是海洋、江河、湖泊等水域生态的重要组成部分，是渔业发展不可或缺的物质基础。加强水生生物资源养护，意义重大，要求紧迫。

首先，是保护和合理利用渔业资源、促进渔业可持续发展的需要。我国是世界渔业生产大国，渔船数量、渔民人数、渔业产量都居世界首位。但多年来，捕捞强度过大与水域生态环境恶化的矛盾十分突出，渔业资源可持续利用面临重大挑战。实现渔业可持续发展和渔区经济社会又好又快发展，迫切要求加大资源养护力度，合理利用渔业资源。

第二，是保障国家食物安全、提高人民健康水平的需要。改革开放以来，我国渔业快速发展，提供了近1/3的国民动物蛋白消费量，成为国家食物安全的重要组成部分。合理利用水域滩涂发展水产养殖业，具有不占耕地、饲料转化率高的优势，有较大的潜力和空间。加强水生生物资源养护，促进水产养殖业发展，有利于优化农业产业结构，保障国家食物安全和提高人民健康水平。

第三，是改善水域生态环境、推进节能减排的需要。地球上70%的面积为海洋所覆盖，加之内陆江河湖泊，浩瀚的水域生态系统同森林生态、草原生态等一起，构成了人类生存与发展的自然生态环境。以水生生物为主体的水生生态系统，对维系自然界物质循环、净化环境、涵养水源、缓解温室效应等发挥着重要作用。海洋是地球最大的碳库，人类每年产生的二氧化碳有1/3被海洋吸收。据专家研究，海洋大型藻类和贝类可以通过自身的固碳作用，提高大气中二氧化碳向海洋的扩散速率，从而对减少空气中二氧化碳起到重要作用。

第四，是履行相关国际义务、树立良好国际形象的需要。近年来，资源环境保护日益成为国际社会普遍关注的重大问题。我国作为世界主要的渔业国家，重视和加强水生生物资源养护，既是保护水域生态环境的客观要求，又是履行相关国际义务、树立负责任大国形象的需要。

加强水生生物资源养护任重道远

多年来，围绕推进渔业可持续发展和国家生态文明建设，我国切实加强了水生生物资源养护各项工作，特别是实行了海洋伏季休渔、长江禁渔期、海洋捕捞渔船船数和功率“双控制”、海洋捕捞产量“负增长”、海洋捕捞渔民转产转业、水生生物增殖放流和保护区建设等一系列政策措施，取得了显著成效，使渔业资源衰退的趋势在一定程度上得到了缓解。但是也清醒地看到，水域生态环境恶化的势头尚未得到根本遏制，水生生物资源仍然处于严重衰退的状态，部分水域甚至呈现生态“荒漠化”。据监测，渤海海域的生产力水平已经不足20世纪80年代的1/5，长江流域年捕捞产量已从50年代的40多万吨下降到目前的10万吨左右，享有“长江女神”美誉的白鳍豚已难觅踪迹，中华鲟、江豚等珍稀水生野生动物濒危程度加剧。

造成水生生物资源衰退及水域生态环境下降的因素很多，主要有三个方面：一是水域污染导致水域生态环境持续恶化。二是捕捞强度大大超过资源再生能力。2007年全国渔业劳动力比1980年增长3.5倍，机动渔船数量增长8.5倍，据专家评估，我国现有海洋捕捞能力超过资源可承受能力30%以上。三是一些水上工程建设对水生生物栖息繁衍造成严重损害。

水生生物资源养护工作也面临难得的历史机遇。贯彻落实科学发展观和国家强农惠农政策，为推进水生生物资源养护事业创造了良好的政策环境；公共财政投入农业和资源环境保护的力度持续加大，为推进水生生物资源养护事业提供了必要的物质保障；社会各界参与资源环境保护的积极性不断提高,为推进水生生物资源养护事业营造了良好的社会氛围。要抓住历史机遇,深入贯彻落实科学发展观,高度重视并大力推进水生生物资源养护事业,促进渔业可持续发展和生态文明建设。

加强水生生物资源养护要多管齐下

当前和今后一个时期,做好水生生物资源养护工作,要不断提高资源养护效果和依法管护水平。力争至本世纪中叶,实现水域生态环境得到明显改善、水生生物资源实现良性和高效循环利用、濒危水生野生动植物和水生生物多样性得到有效保护、水生生态系统处于整体良好状态的奋斗目标。近期,要重点做好几方面工作:

一是严格治理水域污染,保护水域生态环境。采取切实有效的措施,大幅度减少生活污水、工业污水和其他陆源污染物排放,严格控制水上、海上污水、垃圾和油污染,有效改善水域污染状况。

二是科学规划水上工程建设,建立和完善资源生态补偿措施。

三是完善渔业资源保护措施,严格控制捕捞强度。进一步完善休渔禁渔制度,延长海洋伏季休渔和长江禁渔期的时间,扩大休渔禁渔范围,研究在其他重要江河湖泊实施休渔禁渔制度,同时采取措施妥善解决困难渔民休渔期间的生活问题。

四是大力增殖水生生物资源,修复水域生态环境。大力开展以增殖生物资源、改善和修复水域生态环境为目的的养护行动,通过建设海洋牧场、投放人工鱼礁、开展水生生物增殖放流、底播增殖和海藻种植等方式,积极推进水生生物资源养护工作。

大力开展水生生物资源增殖放流活动

增殖放流作为加强水生生物资源养护的重要手段,是国内外在水生生物资源养护和水域生态修复方面普遍采用的行之有效的做法。我国有组织的水生生物资源增殖放流始于20世纪80年代初,但规模较小。2006年国务院印发《中国水生生物资源养护行动纲要》,把开展水生生物资源增殖放流列为水生生物资源养护的一项重要措施。在各级党委和政府的推动以及广大群众的参与下,增殖放流规模逐年扩大,成效日益明显。增殖放流已经成为一项重要的生态修复措施和促进渔业增效、渔民增收的重要手段,越来越得到各级党委和政府的重视,得到广大渔民的拥护和社会各界的广泛支持,产生了良好的社会影响。

但总体上看,目前增殖放流的规模还不够大,投入也明显不足,与水生生物资源养护和水域生态环境修复的要求相比还有很大差距。近两年来,很多渔民、专家、人大代表和基层渔业工作者纷纷呼吁,要进一步加大增殖放流的投入和工作力度,并倡议设立一个全国性的增殖放流节日,以推动增殖放流事业发展,取得更大更好的效果。这些呼吁、倡议值得认真研究、积极实践。很有必要将水生生物增殖放流作为一项事业来办,充分调动全社会支持、参与的积极性,组织开展形式多样的增殖放流活动,继续加大投入力度,加强规范管理,力争增殖放流事业有一个大的发展。

负责任的中国渔业

农业部副部长　牛　盾

伴随新中国60年的发展历程,我国渔业取得辉煌成就,从一个可有可无、拾遗补缺性质的副食产业,成为大农业中增长最快、最具活力、贡献较大的产业之一,成为农村经济的重要产业。尤其是改革开放的30年,通过政策指引、科技支撑和市场拉动,走出一条“以养为主”的中国特色渔业发展道路,水产品总产量和出口量雄居世界首位。我国渔业积极探索并自觉实践科学发展观,率先引入并成功构建市场经济机制,赶超世界先进水平并引领世界渔业发展方向,逐步树立“负责任的渔业产业”地位和“负责任的渔业大国”形象。

一、负责任的渔业产业,为国家粮食安全提供重要支撑

20世纪50年代,毛泽东主席曾经提出“三山六水一分田,渔业大有可为”。我国有浅海、滩涂1 300多万公顷(2亿亩),内陆水域1 700多万公顷(2.6亿亩),还拥有辽阔的海洋资源,发展渔业的自然条件十分优越。渔业具有不与人争粮、不与粮争地的特点,是解决食品供给、改善饮食结构、提高营养水平的潜在产业。新中国成立后,用3年时间将生产能力恢复并超越抗日战争前的最高水平,1952年全国水产品产量达166万吨。到1978年全国水产品总量达500万吨,是建国初期的10倍。前30年的徘徊曲折发展,成就仍不容忽视,渔业产业的增长速度高于大农业中的其他产业。

改革开放初期,随着经济社会发展及消费需求的提升,要求解决“吃鱼难”的呼声日益高涨。党的十一届三中全会召开不久,国家水产总局于1979年2月召

开全国水产工作会议，国务院在批转这个会议的报告（国发［1979］119号）中指出，水产是国民经济中不可缺少的一个重要组成部分，要求各有关部门积极支持渔业生产。此后几年鱼塘承包和捕捞业的生产责任制逐步推广，大大激发了渔民的生产积极性。1985年3月，中共中央、国务院发布《关于放宽政策、加速发展水产业的指示》（中发［1985］5号文件），是新中国成立后第一个指导水产工作的全面性、纲领性文件，提出“以养殖为主，养殖、捕捞、加工并重，因地制宜，各有侧重”的方针，要求像重视耕地一样重视水域的开发利用。这个文件的贯彻执行，对我国渔业的可持续发展具有重要而深远的影响，从此步入“以养殖为主”的快速发展轨道。

2008年我国水产品产量4 896万吨，是1949年的108倍；人均水产品占有量36千克，是世界人均水平的1.6倍；全国人均动物蛋白食物摄入量，有1/3来自于水产品；渔业产值在大农业中的份额由新中国成立初期的0.3%提高至10%左右；渔业吸纳近1 500万劳动力，人均年收入达7 500多元。渔业发展带动了渔业机械、渔船修造、水产品加工、运输及旅游、餐饮等相关产业的快速发展，为一大批农村劳动力提供了长期稳定的就业岗位。

渔业产业的快速稳定发展，不仅很快解决了“吃鱼难”问题，极大的丰富了城乡居民的“菜篮子”，而且已经成为保障国家粮食安全的重要支撑，成为稳定市场供应、平衡农产品价格的重要环节。渔业经济的贡献，可能超出一些人的想象。20世纪80年代，曾经担心《谁来养活中国?》的美国生态经济学家莱斯特·布朗，2008年接受中国媒体专访时认为：中国改革开放30年来，水产养殖业的发展是对世界的一大贡献。可以做一个大胆的假设：如果缺少了这近5 000万吨的水产品供应，东南沿海以水产品为主要动物蛋白消费的居民，将如何做出消费选择，改吃肉食将需要多少饲料转化？大中城市的餐饮企业又将面临怎样的打击？率先推行市场化改革，完善的水产品市场体系建设，以及水产品的长期安全有效供给，保持了供求关系的基本平衡，保持了水产品综合价格的长期稳定。水产品价格从未出现过大起大落，这对平抑农副产品价格、稳定市场发挥了积极作用。

民以食为天，食以安为要，水产品质量安全事关人民群众的身体健康和生命安全。进入21世纪以来，农业部按照党中央、国务院的有关部署，认真贯彻《农产品质量安全法》，高度重视农产品质量安全工作。全国渔业系统扎实推进水产健康养殖，全面强化水产品质量管理，积极构建标准化生产体系、产品检验检测体系、质量安全监管体系，连续多年开展“科技入户”、科学用药、科技下乡和创建“水产健康养殖示范场”活动，推进渔业增长方式由数量型向质量效益型转变。总体来看，全国水产品质量安全的可信度较高，农业部及相关部（委）每年组织的产地或市场水产品质量检测，合格率都在95%以上，水产品消费从未发生影响面较广、后果较严重的消费事件。

二、负责任的蓝色农业，以维护生态文明为立业之本

渔业产业是以天然水域和天然水生生物资源为依托的产业，具有资源依赖性，被喻为“蓝色农业”。养护生物资源，保护水域环境，维护水域生态文明，是这一产业的立业之本。发展渔业经济，必须坚持以科学发展观为指导，必须坚持资源节约、环境友好、质量优先的原则，必须坚持资源开发利用与养护相结合的方针，必须坚持和谐发展、可持续发展的道路，必须坚持以促进和维护生态文明为前提。

随着天然水域的生物资源日趋衰退，压缩捕捞强度、加强捕捞管理成为工作重点。1995年，国务院批准首次在东海、黄海实行休渔制度；1999年休渔范围扩大到渤海、黄海、东海、南海等我国管辖的海区，涉及沿海11个省（自治区、直辖市）和香港、澳门特别行政区，每年有11万多艘渔船、上百万渔民，实行为期两个半月至3个月的伏季休渔。从2002年起开始实施长江禁渔期制度，又有数万艘渔船在3个月的禁渔期内，禁止在长江干流、主要支流和通江湖泊捕捞作业。上述两项制度，是我国在渔业资源管理方面覆盖最广、影响面最大、管理任务最重的保护管理措施，取得了良好的社会、经济和生态效益，在国际社会产生了积极反响和高度评价。国内其他重要河流和湖泊也纷纷设立休渔、禁渔制度。

我国还严格实行渔船“双控”制度，控制并逐步压缩捕捞渔船数量和渔船功率总数，引导部分渔民群众转产转业、退出捕捞。1999年提出实施海洋捕捞“零增长”计划，2002年确立“十五”期间“负增长”目标，使各地真正树立保护渔业资源、保护生态环境、保持可持续发展的理念，摆脱长期以来“以产量论英雄”的思维模式，注重渔业经济与资源环境协调发展。

另一项重大举措，是大规模开展增殖放流活动，使得限捕与增殖“双管齐下”。进入21世纪以来，每年增殖放流各类鱼苗超过100亿尾（粒）。2006年2月颁布的《中国水生生物资源养护行动纲要》，从国家层面和战略高度提出了水生生物资源养护工作的重要

性,全国各地随之掀起增殖放流的热潮。2008年共增殖放流197亿尾(粒),2009年超过250亿尾(粒),尤其是放流中华鲟、海龟等珍稀水生野生动物的行动,引起广泛关注。许多社会力量参与到水生生物和水域环境保护行动中来。全国建有各级、各类自然保护区140多个,有效实施水生生物物种资源的保护。

在水产养殖领域,养殖自身污染是制约产业健康发展的因素之一,必须高度重视。我国积极推广生态健康的水产养殖模式,加强养殖投入品的规范使用和管理,逐步减少直接使用小杂鱼等生物饵料,在港湾和湖泊水库等敏感水域减少网围网箱投饵养殖,发展生态型、环保型、节水型渔业。通过水域滩涂养殖规划,科学确定养殖区域、发展规模、生态布局和养殖容量,真正实现"又好又快"发展。水可以养鱼,鱼也能养水,蓝色农业建立在鱼水共欢、人与自然和谐的基础之上。当然,外源污染导致鱼类死亡、渔民养殖受损的事件时有发生;工程建设侵害水域环境的现象普遍存在,希望引起有关方面的重视。

渔业是高风险行业,安全生产意义重大。近些年加大了渔港等基础设施建设投入,农业部广泛组织开展"平安渔业"建设,提高应对自然灾害和水上突发事件的能力,支持渔业互助保险事业的发展。可以说,与30年、60年前相比,我国已经构建了比较完善的海滩救助和灾害防御体系,渔民群众的生命财产安全系数大大提升,保持了渔区社会的和谐稳定。

三、负责任的渔业大国,引领世界渔业的发展方向

我国是世界上最早从事渔业生产的国家,传说七千多年前伏羲氏部落已经结网捕鱼,范蠡所著《养鱼经》距今已有2 500年历史。我国农民所创造的桑基鱼塘、稻田养鱼等传统养殖模式,以及沿海渔村丰富的渔业文化,都对世界渔业文明做出了历史贡献。但是长期以来,我国并不是世界捕捞大国,水产养殖也一直停留在天然苗种放养阶段,直到新中国成立以后,经过我国几代渔业科学家的艰苦努力,相继攻克了"四大家鱼"及多种海、淡水养殖品种的人工苗种繁育技术,实现了由传统捕捞和天然养殖向人工养殖、耕海牧渔的历史性巨变,完成了其他农业产业千百年才完成的生产方式变革。

可以说,新中国农业取得的重大成就中,袁隆平的杂交水稻"用一粒种子改变了世界",而渔业科学家群体"用几十项人工繁育技术改变了世界渔业史",当可相提并论。这些科研成果的推广应用,使得"以养殖为主"的方针真正落到实处,1988年我国水产养殖产量首次超过捕捞产量,成为世界上唯一养殖产量超过捕捞产量的国家,目前养殖产量占水产品总产量的70%。近30年来全世界水产品增量中有一半来自中国。最近几年,世界渔业大会,世界水产养殖大会,世界鲟鱼大会,世界对虾大会等一系列的国际会议在中国召开,世界各国高度关注中国渔业,学习引进中国的养殖技术。我国还为发展中国家培训了大批水产养殖技术人员。

我国丰富的水产品以及现代化的加工水平,为全球消费者提供越来越多的优质水产品,自2002年起成为世界第一水产品贸易大国,每年输出数百万吨水产品。2008年水产品出口额106亿美元,是1978年的40倍,水产品出口额多年位居大宗农产品出口额首位。我国还是世界水产品来(进)料加工贸易的主要基地,在国际市场分工中占据重要地位。每年一度的"中国国际渔业博览会"已成功举办14届,成为全球渔业贸易与合作的盛会。

中国较早签署《联合国海洋法公约》,先后与有关国家签署13个双边政府间国际渔业合作协定、6个部门间渔业合作协议,加入8个政府间国际渔业组织,参与13个多边国际组织有关渔业的活动,在国际渔业事务中的作用和影响力显著增强。我国3万多名渔政人员,不仅肩负着沿海与内陆水域繁重的执法管理任务,而且把认真履行中外渔业合作协定、专属经济区管理、涉外渔业管理、维权护渔等作为重要使命。我国还先后与美国、俄罗斯、韩国、越南等国开展渔业联合执法,有效维护了区域渔业生产秩序,树立起负责任渔业大国形象。

新时期发展水产养殖业的新思考

农业部渔业局副局长　陈毅德

一、以新的视角看待经济社会发展对水产养殖业提出的新任务和新要求

1. 粮食安全保障体系需要水产养殖发挥重要的补充替代作用　在全球粮食短缺、食品价格一度飙升的背景下,曾有专家预测,未来人类面临的危机不是能源危机,也不是金融危机,而是粮食危机。从长远看,我国经济社会的持续发展和人口增加与土地、水资源约束的矛盾将长期存在。要确保我国粮食安全,实现

95%的自给目标，仅靠守住18亿亩耕地是不够的，必须"水陆并进"解决我国的粮食安全问题。多年实践证明，水产养殖业不仅具有不与人争粮、不与粮争地的优势，而且现代养殖技术的发展，还使其具有循环利用水资源、减少对天然水域排放污染的特点。因此，在当前我国耕地日益减少、粮食供求紧平衡常态化和世界粮食价格高位运行的形势下，占全球养殖产量70%、占我国优质动物蛋白食物1/3的我国水产养殖业，对于确保我国粮食安全无疑需要发挥更为重要的补充替代作用。曾经在14年前以《谁来养活中国》一书轰动世界的美国生态经济学家布朗接受采访时认为，淡水渔业与计划生育是中国对世界的两大贡献，主要就是指淡水渔业提供了高效率的优质蛋白食物。因此，立足我国国情，考虑长远需求，同时拓展耕地与水域两方面的食物供应渠道，将是我国确保粮食安全的现实选择，也是水产养殖业肩负的神圣职责。

2. 生态建设需要以水生生物为对象的水产养殖发挥独特的节能减排作用 加强生态建设是突破我国经济社会发展环境制约的重大举措。我国水产养殖面积575万公顷，其中淡水养殖面积441万公顷，占除江河之外的全国内陆水域总面积的45%；134万公顷的海水养殖面积也主要分布在沿海发达地区和人口稠密地区。因此，发展环境友好型的水产养殖业，对于改善生态环境具有不可忽视的重大意义。科学研究和现实表明，水产养殖构建的水生生态系统在吸收二氧化碳和氮、磷等营养物质，减轻水体富营养化和改善生态环境方面发挥了重要作用。按照我国海水养殖贝藻类产量及其固碳能力计算，海藻和贝类每年至少可以移出120多万吨碳，同时还吸收了1万吨以上的氮，相当于对7亿吨陆源排海污水中的氨氮进行了治理。此外，根据淡水养殖的滤食性和草食性鱼类产量及其氮、磷、碳含量计算，淡水养殖每年约可从内陆水体中消除氮18万吨、磷0.9万吨、碳73万吨，其净化水质的生态功能效果明显。另外，目前广泛开展的人工鱼礁建设和水生生物资源增殖放流，为保护和修复水生生态环境，促进国家生态建设，实现人与自然和谐都发挥着重要作用。

3. 确保农民持续增收、提高人民生活质量需要发挥水产养殖的比较优势 2007年渔业总产值达4 956亿元，占大农业比重超过10%，渔民人均纯收入6 937元，是农民人均纯收入的1.7倍。另据测算，水产养殖单位面积产值是种植业的2～3倍，此外，水产养殖业的发展还带动了加工、储运、销售和苗种繁育、渔用饲料、渔药等相关行业的发展，大批农民通过从事水产养殖脱贫致富，进入小康生活。同时，水产品是优质蛋白食物，脂肪含量低，且多为不饱和脂肪酸，是人体摄入蛋白质、无机盐和维生素等营养物质的来源之一，不仅味道鲜美，而且氨基酸组成与人体相似，易于为人体消化吸收。可以预见，随着经济社会发展，人民生活水平提高，对水产品需求将不再仅仅停留在量的满足上，还将对养殖产品的花色品种、质量安全、营养程度等提出更高要求，人们不仅要吃饱、吃好、吃精，还要吃得营养和健康。

二、确立现代水产养殖体系及其分类，规划未来养殖业的发展方向

在新的历史时期，如何更新理念，转变过去发展中存在的一些不合时宜的方式方法，按照科学发展观的要求，努力构建资源节约、环境友好、质量安全的可持续发展的现代水产养殖体系，从战略的角度思考，我以为应当涵盖这些内容：

一是大力改善生产条件，提高技术装备水平，增强综合生产能力。按照"园林化环境、工业化装备、规模化生产、社会化服务，企业化管理"的标准，规划养殖区域，建设现代养殖场和养殖小区，逐步实现养殖条件和技术装备现代化。

二是全面推进水产健康养殖，大力发展生态型、环保型、节约型养殖业。按照节约资源、循环利用、改善环境、确保安全的标准，推广节地、节水、节能、节粮养殖模式，普及标准化养殖技术，提高良种覆盖率，加强水生动物防疫和病害防治，全面加强质量安全监管。

三是建立现代水产养殖科技创新工程。以水产养殖发展需求为导向，重点围绕良种培育、健康养殖、疫病防控、资源养护、加工利用等领域开展科技攻关和现代产业技术体系研究，增强科技创新与应用能力，通过健全的社会化服务体系，促进成果转化，提高科技贡献率。

四是建立水产养殖现代管理系统，保障现代水产养殖业发展。按照市场经济规律和依法行政的要求，进一步健全管理的法律法规，完善水域滩涂养殖权制度，创新管理体制和机制，提高水产养殖业管理的科学化水平。

从规划管理的角度讲，由于我国养殖水产品种类繁多，产品特性差异很大，消费对象层次不同，产品既有食用药用功能，也有娱乐观赏、文化传承方面的特点。因此，从多样化的目标要求出发，考虑不同消费群体、国内外不同市场以及满足人民群众日益增长的物质文化需求，可以考虑针对各养殖种类所具有的不同

特性和用途,将现代水产养殖体系划分为四个产业类型,即大众产品生产类型、名优珍品生产类型、出口优势产品生产类型和都市渔业生产类型。根据各类型的定位并按"一条鱼一个大产业"的理念分类指导,重点推进、全面发展,形成"产、加、销"一体化的现代产业链。

1. 大众产品生产类型 发展大众化水产品养殖,其主要目的是丰富"菜篮子"、保障市场有效供给和价格基本稳定。这类产品数量众多,包括传统养殖的青、草、鲢、鳙、鲤、鲫、鳊等大宗鱼类以及一些虾、蟹、贝、藻类和开发、引进多年并形成规模养殖的新品种。这类产品是食物构成中主要的动物蛋白质来源之一,在我国人民的食物结构中占有重要位置,是水产养殖生产的重中之重。其最大特点是供给量和需求量都比较大,但经济效益一般;养殖分布面广,除高寒、极度干旱地区外,全国各地都具有发展生产的资源条件。

保证大众水产品的稳定生产,也是对保障粮食安全的重要贡献。其发展方向和着力点应当是:实施标准化生产条件升级改造,配套技术装备,增强抵御自然灾害能力,提高综合生产能力;加强原种保护和良种选育,提高苗种质量,保证良种供应;开展养殖生态环境工程化控制系统关键设备研究,建立资源节约、环境友好的养殖新模式,提高现代化水产养殖水平;构建水产养殖病害预警体系,增强综合防控能力,研究保障水产品质量安全的病害防治新技术;扶持养殖和加工龙头企业,突破淡水鱼加工瓶颈,提高养殖加工比例与产业化水平。

2. 名优珍品生产类型 作为特色产品或高档珍品养殖,主要是满足国民日益增长的多样化消费需求。这类产品主要是某些地方特色种类、名贵种类(如海参、优质鲍鱼、珍珠等)和开发、引进时间较短尚未形成规模生产的一些新品种。随着我国人民生活水平的日益提高,名优珍品越来越受到市场的青睐,成为水产养殖新的增长点。这类产品的最大特点是产量不是很大,消费群体有局限性,市场价格高,经济效益好,但生产区域或产品生长对自然条件有特殊要求,且投入大,风险高。加大对名优珍品的研发力度,提升产业化水平,不仅可以提供更多的优质水产品,而且在调整品种结构、提高养殖效益、增加农民收入等方面具有重要作用。

各地在发展名优珍品养殖时,必须根据当地自然条件,分析市场需求,选择合适的种类,合理规划布局,避免大起大落。其发展方向和着力点应当是:加强苗种繁育与养殖技术研究,提高产品品质;实施标准化养殖,建设安全生产基地,形成规模效益;合理控制养殖规模与密度,改善养殖生态环境;提高相关病害监测、防控水平,确保水产品食用安全。

3. 出口优势产品生产类型 十几年来,具有出口优势的养殖品种的生产快速发展,使我国很快成为全球第一大水产品贸易大国,其有利于拓展我国水产养殖的发展空间,提高养殖效益,促进农民增收;有利于优化产业结构,提升产业化水平,加快我国渔业现代化进程;有利于学习国际先进技术和管理经验,提高产品质量安全水平,提升我国水产品竞争力;有利于拉动相关产业的一体化发展,创造更多的就业机会。

由于消费习惯的差别,我国养殖水产品只有部分品种适宜出口,且出口产品在规格、形态上有特殊要求,其突出特点是养殖产品和生产规模必须适应加工业要求。因此,科学进行区域布局,形成规模化的生产基地,满足出口加工需求更显重要。其发展方向和着力点应当是:加快良种体系建设,提高良种覆盖率,加强苗种管理,提高苗种质量,完善优良品种繁育技术;发展集约化生产,推进标准化养殖,强化加工产品的卫生条件管理和加工过程质量控制,完善产品质量检测体系;尽快突破病害诊断防治技术,开发推广实用的病毒快速检测技术和疫苗预防技术,建立病害预警技术体系;建立可追溯的质量安全管理体系,加强出口养殖基地的认证和管理;积极开发新产品,推进品牌战略,实施多元化营销策略,不断提高国际市场份额。当然,除个别种类外,大部分出口优势产品同时也是国内大众消费的产品,所以应当采取灵活多样的应变措施,既要扩大出口,也要拉动内需,以规避市场风险,缓解金融危机对我国出口贸易的冲击。

4. 都市渔业生产类型 作为观赏休闲和传承渔文化的载体,主要是满足人民群众对精神文化生活的追求。都市渔业包括水族馆渔业、观赏渔业、游钓渔业、"农家乐"等众多形式。其正在迅速发展成为世界渔业产业中的第四大产业(即海洋捕捞业、水产养殖业、水产品加工流通业和都市渔业)。在一些发达国家,如美国都市渔业(游钓渔业和观赏渔业)的产值在渔业总产值中已占到首位。随着我国经济发展、社会稳定和人民生活水平不断提高,都市渔业从20世纪90年代起步发展,目前已经形成一定规模,在全国主要大中城市具有广泛的市场。特别是伴随观赏鱼养殖的发展,水族装潢已进入居民社区和普通百姓家庭。

水产养殖为发展都市渔业提供了物质基础。今后,在有条件的大中城市和具有传统习惯的县(市)及郊区,建设观赏鱼养殖基地、水族市场,或利用水产养殖基地建设集生态、旅游、观光、餐饮等为一体的休闲渔业场所将成为一个"热点"甚至一种趋势。其发展方向和着力点是加强景观生态学、水族工程学、观赏水族繁殖生态研究；开展对本土观赏水族种质资源收集与保护，重要观赏水族新品种的培育；加强繁育饲养技术与设备的研究，制定各种观赏水族养殖技术标准；重点发展生态环境优美、交通便利、服务设施配套、安全与卫生管理规范的休闲渔业基地。

无论发展何种类型的养殖生产，都应注重现代产业的"产、加、销"一体化，大力发展水产品加工业和现代物流业。要高度重视水产品市场开拓与流通工作，既要注重国际市场的开发，更要注重国内需求的拉动，做到既有多元化的产品，又有多元化的市场。要创新营销理念，加快发展现代物流业，鼓励和引导企业发展电子商务、连锁、专卖、配送等现代物流业态，扩大产品销售。加快水产品销地批发交易市场和产地专业市场建设，完善市场检验检测和信息网络、电子结算网络等系统，加快建设水产品网上展示购销平台，完善水产品从产地到销区的营销网络。

完善制度推进渔船管理再上新台阶

农业部渔船检验局　信德利　陶　新　陈　龙

经过30年的努力，渔业在农业发展和国民经济建设中的作用日益增强，成果显著。在回顾30年重大成果的同时，更要清醒地分析、探究渔船管理方面的经验和启发，重视探讨现阶段渔船管理难点及热点问题的政策研究。

渔船基本情况及管理制度

1. 渔船基本情况　据统计，截至2007年底，全国渔业船舶总数99.84万艘，其中海洋机动渔船28.88万艘，总功率1 470万千瓦；内陆机动渔船28.82万艘，总功率295万千瓦。回顾近几年的统计情况，2006年底，全国渔业船舶总数96.05万艘，其中海洋机动渔船28.36万艘，总功率1 420万千瓦；内陆机动渔船26.46万艘，总功率256万千瓦。2005年底，全国渔业船舶总数95.84万艘，其中海洋机动渔船27.79万艘，总功率1 385万千瓦；内陆机动渔船23.6万艘，总功率201万千瓦。

受"双控"制度管理的海洋机动捕捞渔船，2006年21.13万艘，总功率1 243万千瓦，分别比2005年减少1.54%和增加0.56%；2007年19.59万艘，总功率1 146万千瓦，分别比上年减少7.29%和7.8%。尽管如此，近几年来全国机动渔船数和主机总功率仍呈上升趋势，尤其是内陆机动捕捞渔船增幅较大，使2006年的全国机动捕捞渔船总数达到36.9万艘，总功率1 394万千瓦，分别比上年增加4.2%和2.8%；2007年达到38万艘，总功率1 433万千瓦，分别比上年增加3%和2.7%。

2. 渔船管理基本制度　我国在渔业捕捞管理方面根据联合国《海洋法公约》及海洋渔业国家对200海里专属经济区渔业资源管理需要，推出了具有中国特色的捕捞许可管理制度。2000年10月31日全国人大对《渔业法》进行了修订，进一步对捕捞业的管理作出了明确规定，即国家对捕捞业实行捕捞许可证制度的同时，还强调指出了捕捞许可证不得买卖、出租和以其他形式转让等。但发放捕捞许可证的前提是，国家根据渔业资源的可捕量，安排内水和近海捕捞力量；根据捕捞量低于渔业增长量的原则，确定渔业资源的总可捕量，实行捕捞限额制度；批准发放海洋作业的捕捞许可证不得超过国家下达的船网工具控制指标。从此，船网工具指标控制制度成为国家控制海洋捕捞强度的主要措施和各级渔业部门管理海洋渔船的总抓手，并以此为基础推进了渔业捕捞许可和渔船管理制度的建设。

存在的问题

1. 渔船管理难，捕捞许可证制度落实难　一是国家对海洋捕捞渔船实行船网工具指标控制的政策还难以落到实处，大机小标、小机大标多年沉淀的管理问题正在部分地区形成潜在的社会矛盾。原来为降低船上船员配备等级或减少国家根据主机功率收取各种税费而将大机小标的渔船船东，看到燃油补贴这一惠渔政策的实施后，又纷纷要求恢复主机原功率值；出于本区域利益或在规避上一级别审批新造渔船船网工具指标权限时，将大功率主机核定在本级管理权限以下审批的海洋渔船也为数不少。二是"三无"、"三证不齐"船舶还大量存在，扰乱了渔船管理秩序，增大了执法工作量和管理成本。三是内陆捕捞渔船随着国家燃油补贴政策的实施有迅速增加的势头。四是海水养殖船随着海洋牧场的发展也在迅速增加，也存在主机功率增加的趋势。五是休闲渔船作为新兴产业，没有规范化的管理，船舶安全系数参差不齐。六是近30年来大量社会剩余劳动力和社会资金进入捕捞业，尤其是进入了海洋捕捞业，使压减难度日益加大。七是捕捞许可证制度有待进一步改进和完善，八是渔船安全风险越来越大，提升渔船安全装备水平迫在眉睫。上述问题的集中点是船。主要反映在我国捕捞渔船设备陈旧、严重老化、安全系数逐年降低,以及沿岸渔业资源匮乏,渔船超航区作业现象普遍,加之受恶劣气候影响,渔船安全生产难以掌控。

2. 渔船安全形势严峻,船舶检验履责难以到位 鉴于我国渔船现状,渔船检验机构只能千方百计地去提高自身的能力与水平,尽可能地使渔船维持着安全技术要求的底线,深受渔船落后装备水平这一客观条件的制约。仅从陆用主机上船发证一事来看,就说明了基层众多检验机构在履行法定职责难以到位的情况下,又不得不为渔船核发证书的行为,存在着巨大行政风险。

渔船管理工作在农业部里属于渔港监督管理中的船、港、人三大环节中的一个环节。渔业船舶检验工作是与渔船管理工作密切相关的一部分。将渔船检验监督管理工作分立,成立一个专门检验管理机构,如果仅仅站在本部门或本单位的角度来做渔船检验工作是远远不够的。

破解渔船管理难点问题

面对渔业基础设施仍然薄弱,渔船装备水平仍然滞后,捕捞业渔民增收越来越困难的形势,如何破解捕捞渔船安全生产管理难点问题,做了以下几方面的初步研究和探讨。

1. 应从建立和完善渔村的基本经营制度入手 农村自从有了以家庭承包经营为基础、统分结合的双层经营体制以后,逐步形成了适应社会主义市场经济体制、符合农业生产特点的农村基本经营制度,奠定了党在农村政策上的基石。如果把渔业、渔村和渔民问题放在大农业的背景下去研究,是否可考虑从建立和完善渔业基本经营制度,尤其是建立一种区分以盈利为目的的商业性捕捞群体和以捕捞为谋生手段的传统渔民的基本经营制度。笔者认为,有这样一种符合生计捕捞群体的基本经营制度,就能严格界定以自身生存为主的捕捞业群体的渔民身份问题。对于这部分没有土地、有房基地或没有房基地的渔民,他们所赖以生存的海洋或渔场就应相当于农民的土地,其拥有和使用的渔船就相当于农民种田的机械设备。有了渔业生产的基本经营制度,才可以确立和维护好生计捕捞渔民基本生存权益的用海权制度,才能固化这部分群体的生存保障权,传统意义上的渔民才能回归到大“三农”的大家庭之中,才会更广泛地享受国家对“三农”的各种扶持政策。譬如:渔业部门就可以争取将农业实行农机化补贴的政策用在传统生计渔民的老旧渔业船舶的更新改造上,提高其装备水平或安全作业航行的等级,免除对这部分群体的各种税费等,增加他们的收入。同时,对从事商业性捕捞或一部分先富裕起来的渔民(拥有多艘渔船依靠雇工实现最大利益的)或以投资造船进入捕捞业的群体应该实施一种什么样的基本经营制度更需要研究论证。更要引起高度重视的是商业性捕捞群体与生计捕捞群体相比是强势,他们的船是越造越大,捕捞能力也越来越强。如果能有一种区分不同性质捕捞群体的基本经营制度,就可以通过一段时间的努力将传统意义上的生计捕捞群体控制在一定的规模和作业范围内,他们所持有的捕捞许可证应该视同于农民所持有的土地承包证受国家法律保护。同时,对商业性捕捞群体应严加限制和控制其发展,并应收取相当额度的资源补偿费,他们所持有的捕捞许可证应该是临时的,是要逐渐退出捕捞业的。

2. 应确立和发挥捕捞许可证的应有地位和作用 渔业捕捞许可应作为渔船管理的总抓手,应健全严格规范的渔业捕捞许可管理制度。首先要对我国发放的渔业捕捞许可证有个科学规范的定义。渔业捕捞许可证应是从业渔民持有的从事捕捞业准入的最基本的法律授权的文本,应等同于农民所持有的土地承包证受国家法律保护,享有对水域或对渔业资源合理开发和利用的基本权利。如果还原于我国渔业捕捞许可证最原始的功能,就不难得出这样的结论,即国家对传统生计渔民发放捕捞的证件主要用于对他们生产权益的确权,承认其合法性和自然属性,也就是说从事捕捞业的这一群体有其特殊的社会属性,即依赖海洋或水域而生存。渔船作为他们的生产工具同时具有两种功能,即生产功能和居住生活的功能。随着社会的进步,大多数传统生计渔民在岸上有了居住地,但是没有土地,海洋或水域就成了他们的“牧场”。因此,渔业捕捞许可证发放的对象或主体应是以水域为生或以渔为生的渔民,捕捞许可证应是对渔民生存权的基本确权的法律文书。如果为传统渔村或渔民建立起一种符合我国经济社会发展的基本经营制度,就能使渔业捕捞许可证还原其原有地位和发挥其基本功能。其次,应将现有的渔业捕捞许可证分为两大类,即长期(或永久性)许可证和临时性许可证,传统渔民持有前一类,商业性捕捞群体持有后一种。

3. 应正确界定传统生计渔民和商业渔民的身份 在准确界定传统生计渔民身份的基础上,就可以对他们使用水域的权益通过颁发长期捕捞许可证进行确权和登记。同时,应进一步研究长期捕捞许可证的捕捞权益可否进入流转市场等深层次管理问题。因此,研究传统生计渔民所持有长期捕捞许可证与商业性捕捞群体所持有临时捕捞许可证在管理上进行严格的政策区分很有必要。传统生计渔民所持有的捕捞许可证应该通过立法的程序使其可以传宗接代、可以流转,待我国经济社会进入更高层次的发展阶段后,传统生计渔民的绝对数量会自然减少,也会像农业一样,一家一户的渔船作业形式会向专业大户方面转化等;商业性捕捞群体所持有的临时捕捞许可证随着船舶船龄的到期或船舶报废而终止其临时捕捞权。

4. 应把科学制定捕捞强度管控制度摆上议事日程 众所周知,作为国家渔业行政管理部门,首先应根据天然水域生物资源的总量和总允许捕捞量来核发捕捞许可证,并对每个捕捞许可证的捕捞总量进行控制。但是,这一通行的国际做法目前还不适应我国国情或还不完全符合我国渔业、渔村、渔民经济社会发展实际情况。在这种情况下,一方面要严格实施"休渔、禁渔"制度;另一方面对传统大宗的捕捞品种争取能早日实现许可加配额的管理办法。

5. 应进一步修订和完善《渔业法》 近年来,渔民"失海"问题引发了社会的广泛关注和争论。要从根本上解决生计捕捞渔民"失海"问题,也必须从立法上确立传统生计渔民的渔业基本经营制度。确立渔业的基本经营制度,才可能使渔业和渔船管理中的难点问题得到简化。渔业资源的再生性、流动性、共有性决定了其为国家所拥有的资源特性,仅靠市场调节解决不了现有捕捞能力过剩问题。因此,应对捕捞业吸收大量内地农民工上船出海作业利弊进行审慎的研究和评估。国家不仅应对渔民转产转业予以强有力的政策扶持,而且针对性还要强。城镇化建设和农民工进城解决了土地资源短缺问题,传统生计渔民的转产转业同样能够缓解捕捞强度过大和渔业资源承载力过大的问题。因此,作为渔业生产经营的重要工具——渔船的控制管理问题的根子在于压减从业人员数量,进而达到压减船舶数量的目的。从理论上讲,从长远来看,只有传统生计渔民的减少才可能使渔船总量得以减少。

6. 应出台相应扶持政策引导老旧渔船的更新淘汰 渔船报废没有上位法,致使实施近5年的渔业船舶报废政策被迫调整,目前加快老旧渔船更新淘汰还停留在《安全生产"十一五"规划》的层面。如果对渔船发展没有强有力的政策扶持和导向,不加快更新淘汰老旧渔船装备,不系统化地推进标准化船型的推广和应用,不争取将渔船更新改造纳入到农机具补贴范畴,恐难以落实国家《安全生产"十一五"规划》的有关要求,也不可能使我国渔船的总体装备水平上一个新台阶,渔船检验质量的提升难上加难,更会使安全生产监管的难度越来越大。

为现代渔业提供强大的技术支撑

——改革开放30周年全国水产技术推广体系成就回顾

全国水产技术推广总站站长 魏宝振

回顾改革开放以来我国渔业发展的历程,水产技术推广体系始终是一支不可缺少的重要技术支撑力量,在保障水产品供给、促进渔业增效、渔民增收,推进现代渔业建设等方面发挥了不可替代的作用。

水产技术推广体系的发展历程

新中国成立以来,特别是改革开放以后,我国水产技术推广体系经历了从无到有、从弱到强的发展过程。这一历程总体上可分为三个阶段。

1. 实践探索和机构成立阶段(这一阶段从新中国成立到1985年以前) 20世纪50年代起,中央就开始组织各级水产行政、科研推广、生产单位联合开展了重点项目推广示范,如50年代中期的"海带南移"推广养殖大会战;60年代初的"四大家鱼"人工繁殖技术的生产性推广。这些重大推广项目的实施,加速了关键技术普及到基层,推进了我国渔业的发展。同时,也促进了各地建立推广机构的尝试。党的十一届三中全会以后,随着农民生产积极性的迅速提高,学科学、用科学的热情不断高涨,各地政府加强了对水产技术推广工作的支持,水产技术推广机构得到恢复和建立,推广队伍得到充实,推广条件有所改善。据不完全统计,1983年,全国建成水产技术推广站811个,职工6 576人。这些推广机构和队伍的建立,为推进全国水产技术推广体系建设提供了宝贵的经验。

2. 事业发展和体系健全阶段(这一阶段从1985年中发5号文件出台到2002年五部委启动农技推广体系改革试点工作) 1985年,为解决"吃鱼难"问题,中共中央、国务院发布《关于放宽政策、加速发展水产业的指示》(中发[1985]5号),明确了"以养为主"的渔业发展方针,并在农副产品中率先放开水产品价格,实行市场调节。中发5号文件的出台,为我国渔业,尤其是水产养殖业发展注入了强大生机与活力,养殖品种和模式趋于多元化,大量的渔业新技术、新工艺、新品种、新成果亟须推广。1990年6月,农业部成立了全国水产技术推广总站,加强了对全国水产技术推广业务和体系建设的指导,着力组织实施重大关键技术推广示范项目。1993 年,出台了《中华人民共和国农业技术推广法》,进一步明确了农业技术推广的职能、内容和保障措施,为水产技术推广体系建设提供了法律依据,各级水产技术推广机构抓住这一历史机遇,认真抓好"三定"(定编、定性、定员)工作,推进县、乡基层站建设,促进了水产技术推广基层体系的全面建立。1999 年,《国务院办公厅转发农业部等部门关于稳定基层农业技术推广体系意见的通知》(国办发[1999]79 号),进一步稳定了推广队伍。从此,由国家、省、地、县、乡五级水产技术推广体系得到了建立,并初具规模。2001 年,全国共建成水产技术推广站 16 456 个,其中水产站 6 783 个,综合站 9 673 个,核定编制人数 53 638 人,实有人数 42 925 人。

3. 机制创新和体系改革阶段(这一阶段从 2002 年五部委启动农技推广体系改革试点工作至今) 随着我国"吃鱼难"问题的逐步解决和市场经济改革的深入,计划经济条件下,以增产为主要目标的水产技术推广方式不再适应新形势下渔业发展要求。2002 年,农业部、中编办、科技部、财政部、人事部等五部(办)启动了基层农技推广体系改革试点工作,拉开了农技改革的序幕。2006 年,国务院出台了《国务院关于深化改革加强基层农业技术推广体系建设的意见》(国发[2006]30 号),明确了农技推广机构的公益性职能,对基层农技推广体系改革和建设工作做了全面部署。在中央一系列农技体系改革政策指导下,各级水产技术推广体系通过明确职能、理顺体制、优化布局、精简人员、充实一线和创新机制等一系列改革措施,进一步明确了体系公益性职能,强化了服务能力和手段,夯实了体系的发展基础。目前,水产技术推广体系正朝着机构精简、运行高效、分工协作、服务到位、充满活力的"一主多元"新型农技推广体系的目标迈进。

改革开放 30 年水产技术推广工作取得的主要成效

1. 水产技术推广体系改革与建设步入新阶段,为现代渔业建设提供技术支撑的能力显著提升 水产技术推广体系逐步健全。改革开放 30 年来,通过不断加强基层水产技术推广机构建设,稳步推进体系改革,全国五级水产技术推广体系已形成规模。2007 年底,全国已建五级站 13 163 个,其中单独站 3 925 个,综合站 9 238 个;已建机构中全额拨款站 8 273 个,差额拨款站 2 778 个,自收自支站 2 014 个;核定编制人数 37 885 人,实有人数 36 021 人;其中技术人员 24 699 人,占实有人数的 68.6%;在技术人员中高级职称人数 1 732 人,占 7%;中级职称人数 8 201 人,占 33.2%;初级职称人数 14 766 人,占 59.8%。

水产技术推广机构职能不断明确。经过多年的实践和探索,水产技术推广机构的职能逐步清晰,并得到社会的广泛认可。目前,各级水产技术推广机构的职能主要包括以下 7 个方面:重大关键技术、优良品种的引进、试验、示范和推广;水产养殖病害及疫情的监测、预报、防治和处置;水产品生产过程中的质量安全检测、监测;渔业资源、渔业生态环境和渔业投入品的使用与监测;渔业公共信息服务;渔民的公共教育培训;天然水域渔业种质资源保护、渔业资源的增殖放流等;法律法规或渔业主管部门授权和委托的职能。

技术服务设施手段不断完善。一是试验示范基地建设速度加快,并发挥越来越重要的作用。目前,各级水产技术推广机构共有试验示范基地 6 800 多个,而且这些基地,较好发挥了技术推广示范、优良品种保种繁育、渔民教育培训的功能。二是病害防治、水质监测和水产品质量检测手段得到加强。目前由国家投资列项的省级推广机构已建的"三合一"中心已达 31 个,县级水生动物疫病防治站 400 多个,这些机构,充分发挥了水产技术推广网络的技术支撑作用。

2. 重大关键技术试验示范推广成效显著,为贯彻落实"以养为主"发展战略作出了重要贡献 关键技术的试验示范促进了水产养殖业的全面发展。20 世纪 60 年代初,国家通过组织"四大家鱼"人工繁殖技术的推广行动,使"四大家鱼"苗种产量迅速增长,摆脱了淡水养殖依靠天然苗种的被动局面,奠定了我国淡水养殖发展的基础。20 世纪 90 年代水产养殖业大发展的 10 年间,全国水产技术推广总站针对限制水产养殖发展的瓶颈问题,组织实施了 12 个水产技术推广专项,这些技术推广项目的实施,对迅速提高我国水产养殖产品、优化养殖结构、全面推进我国水产养殖业发展发挥了关键作用。

关键技术试验示范促进了水产养殖业逐步升级。进入新世纪后,针对水产养殖业发展的新要求,水产技术推广体系围绕渔业中心工作,加大了质量安全、健康养殖和休闲渔业等方面的技术推广示范,促进产业升级。HACCP 质量管理技术、无公害水产品标准化养殖技术的示范推广,提高了我国养殖水产品的质量控制水平;抗风浪海水网箱养殖技术、海参健康养殖技术等,开拓了沿海渔民的就业途径,为保障海洋捕捞渔民的转产转业、渔区的社会稳定做出了贡献。生态养殖技术、设施渔业技术和休闲渔业技术等新型渔业发展模式的探索,拓展了水产养殖业的发展空间。

3. 良种良法示范推广和新品种引进成效显著，在推进我国渔业结构战略性调整中发挥重要作用 改革开放30年来，水产技术推广体系配合管理部门积极做好养殖品种的审定、种质资源保护、原（良）种体系建设的技术支持工作。近年来，又组织开展了水产动物多性状育种技术的引进、试验、示范。河北、浙江、广东、天津、江西、上海、福建等地推广部门积极参与到国家级、省级原（良）种场的建设和管理，组织开展了选育繁育技术指导和咨询工作，充分发挥了良种良法的示范推广作用，推动了我国水产养殖良种化进程。

水产新品种引进发挥了积极作用。良种是养殖生产中最活跃的生产因素。1996年起，利用农业部"948"项目等经费渠道，先后组织引进了美国斑点叉尾鮰、杂交条纹鲈，日本的条斑紫菜，挪威的欧洲大扇贝，加拿大的红大马哈鱼，新加坡的罗氏沼虾，俄罗斯的鲟鱼、高白鲑，以色列的红罗非鱼等优良品种，通过消化吸收，推广示范，这些品种在促进我国水产养殖结构优化中发挥了显著作用。

4. 水产养殖病害防治和用药指导工作全面展开，为推广健康养殖、提升水产品质量提供了重要保障 水产养殖病情监测体系初步建立。1999年起，国家依托水产技术推广体系，开展水产养殖病情测报工作。现已建成国家、省、地、县、点五级测报体系，形成了定点监测、逐级上报、分级汇总、统一发布的工作机制。目前，全国共建成监测点3 000多个，能对100多个养殖品种的200多种病害进行有效监测。各级水产技术推广机构以月报、年报、快报等形式向有关部门报送病害信息，为渔业生产、管理决策提供了重要依据。全国水产技术推广总站还与相关国际组织开展了病害情报的国际交流，提升了我国负责任渔业大国的形象。另外，在农业部渔业局领导下，各级水产技术推广体系还开展了水生动物重大疫病的监控和流行病学调查，摸清了疫病分布和流行情况，为制定防控措施提供了依据。

水生动物防疫职能建设取得新进展。为推进水生动物防疫工作的开展，各级水产技术推广机构加强了水生动物防疫检疫职能的建设。目前，通过培训考核，水产技术推广机构中5 000余人获得了水生动物防疫检疫员资格。江苏省依托省水产技术推广站成立了"江苏省水生动物疫病预防控制中心"，广东、四川、吉林、贵州、山东和浙江等省在市、县两级成立了水生动物防疫检疫机构。据初步统计，全国各级水产技术推广机构已挂牌的水生动物防疫检疫机构近80个，在编人员约1 500人。

水产养殖用药技术指导全面启动。水产养殖用药技术指导是水产品质量安全管理中的一项重要职责。2005年，经农业部批准，全国水产技术推广总站成立了用药指导处，开展水产养殖规范用药的指导工作。近几年，在全国组织开展了全国渔药地方标准升为国家标准工作，开展了处方药与非处方药的分类工作，为试点中的执业渔医制度实施提供了条件。在10个省（直辖市）启动了"水产养殖用药可追溯制度"的试点工作。组织编发了《渔药药剂学》、《渔药制药工艺学》，促进了相关学科建设。编印了《水产养殖用药指南》，及时跟踪和宣传国内外水产品质量安全管理情况。在7个省（直辖市）开展了水产养殖规范用药科技下乡活动，为普及水产养殖科学规范用药，提高养殖水产品质量安全水平做出了积极贡献。

5. 渔业新技术培训和职业技能开发全面开展，提高了渔民素质，促进了社会主义新农村建设 技术推广岗位培训和新技术培训全面展开。全国水产技术推广总站举办了省级水产技术推广站站长岗位轮训班，各级水产技术推广部门也举办了市、县级站长岗位培训班，共培训各级站长近万人，大大提高了各级站长的领导能力和业务水平。同时，结合水产养殖发展重点，配合重大推广项目的实施，开展了对虾、河蟹、甲鱼健康养殖和丰收计划稻田养鱼培训工程等技术培训，培训人数达百万人（次），有力地推动了水产新技术、新品种、新成果的普及和开发，促进了水产养殖业的持续健康发展。经过多年的努力和探索，目前，已形成分级培训各有侧重的培训机制。

渔业行业职业技能开发取得新的进展。1997年渔业行业职业技能鉴定指导站成立，10年来，全国渔业系统职业技能鉴定站和工作站已达49个，形成了三级职业技能鉴定体系，并组建了一支国家职业标准、教材编写、题库开发的专家队伍和考评师资队伍。制定了水生动物病害防治、水产质量管理等12个国家职业标准，建立了水生动物养殖和苗种繁育等6个职业的国家试题库。编写了水生动物病害防治、海淡水水生动物苗种繁育等6个职业的培训教材。

6. 渔业公共信息服务和合作交流工作呈现新亮点，为提高综合服务能力发挥了积极作用 近年来，各级水产技术推广机构渔业公共信息服务工作迈出了新步伐。以《中国水产》杂志和全国水产技术推广网为龙头，各省级推广机构推广信息和网站为纽带，各地县推广机构推广信息为基础的信息网络基本形成。各地充分利用信息网络平台，紧紧围绕渔业工作重点，及时收集和发布渔业重点信息，渔业公共信息服务手段不断丰富，信息服务水平不断提升。另外，全国水产技术推广总站还加强了与美国大豆协会、亚太水产养殖中心网(NACA)、北丹麦欧盟办公室等国际组织的交流与合作,构建起了良好的国际交流平台。

明确现代渔业管理目标 加快推进我国现代渔业发展

农业部东海区渔政局局长　李富荣

党的十七大报告更是明确提出,要坚持把发展现代农业作为社会主义新农村建设的首要任务。要用现代物质条件装备农业,用现代科学技术改造农业,用现代产业体系提升农业,用现代经营形式推进农业,用现代发展理念引领农业,用培养新型农民发展农业,提高农业水利化、机械化和信息化水平,提高土地产出率、资源利用率和农业劳动生产率,提高农业素质、效益和竞争力。简而言之,建设现代农业的过程,就是改造传统农业、不断发展农村生产力的过程,就是转变农业增长方式、促进农业又好又快发展的过程。

渔业是我国农业农村经济的重要组成部分。渔业现代化是农业现代化的重要方面,建设现代渔业是建设现代农业的重要内容。什么是现代渔业呢？现代渔业是相对传统渔业而言,遵循资源节约、环境友好和可持续发展理念,以完备的法律法规体系和有效的管理为保障,以现代科学技术和设施装备为支撑,运用先进的生产方式和经营管理手段,形成农工贸、产加销一体化的产业体系,实现经济、生态和社会效益和谐共赢的渔业产业形态。

建设现代渔业,转变渔业发展方式,提升产业发展质量和水平,是实现渔业持续健康发展的需要,是确保水产品安全供给和渔民持续增收的需要,是实现渔业资源可持续利用和建设良好生态环境的需要,是建设社会主义新农村和构建和谐社会的需要。当前,我国渔业正处在从传统渔业向现代渔业过渡的转型期,而原有的传统渔业管理模式已逐渐显现出不适应现代渔业建设需要的态势,构建新的现代渔业管理模式已刻不容缓。这里主要有二层意思:其一,为了更好地促进现代渔业建设,传统渔业管理模式必须向现代渔业管理转变;其二,也只有真正实现了现代渔业管理,才能切实为现代渔业建设提供保障和支撑。可以说,现代渔业管理是促进转变渔业发展方式,提升渔业产业发展质量和水平,实现渔业资源可持续利用和建设良好生态环境、推进现代渔业建设的需要。

纵观国际上公认的几个渔业管理较好的国家,如美国、澳大利亚、挪威、日本等国,其渔业管理都具有完备的法律法规、明确的管理目标、先进的管理手段以及一支专业化、高素质的管理队伍。反观我国渔业管理,虽拥有世界上人数最多的渔业管理队伍和数量最多的渔业执法船艇,却依然属于粗放型管理模式,在体制机制、法制建设、渔业权属关系、产业规模和结构、执法监管、社会化公共服务等方面均存在亟须转变、强化和完善的方面和薄弱环节。因此,我国要实现现代渔业管理,必须先从建立适应现代渔业发展需要的渔业管理目标着手。这些目标包括:

一、科学的决策机制

(1)要建立多元决策主体结构,重视非政府代表在决策中的地位和作用。公共决策覆盖和惠及的是公众和社会的利益,要体现其公共效力,就必须分散决策权,扩大决策主体,构建多元决策主体结构。如美国和日本都由渔业管理委员会体系承担渔业管理政策、计划制定和渔业法规起草的职能,其性质都是非政府组织,人员构成包括渔业官员、渔业生产者代表、渔业专家以及相关利益者代表。目前我国政府有关渔业方面的决策已十分注重专家的参与,但尚不具备法定性和强制性;而渔民和渔业相关利益方的参与则相对缺乏,导致决策主体仍比较单一。单一决策主体结构易使决策权分配失衡,因此我国应加快建立多元决策主体结构,突出专家在决策过程中的主体地位,并逐步吸纳渔民代表和渔业相关利益方的参与。在这一多元决策主体结构中,专家应在决策的制定过程中起主导作用。现代渔业管理的目的之一是实现渔业资源可持续利用和建设良好生态环境,而专家提出的意见往往是从渔业资源和生态环境可持续发展的角度出发,具备充分的科学依据和技术支撑,最大程度地反映了资源、环境保护需要,应作为决策的首要基础。但专家意见有时仅反映了自然客观规律,与社会发展实际结合不够紧密。这时,渔民代表和渔业相关利益方的意见就可以反映广大渔民群众和相关利益方的诉求,使决策更符合实际,更易于为各方所接受,更具有可操作性,实施更为顺利。而政府部门则应避免决策过程中的“喧宾夺主”,只需起到牵头组织、综合平衡的作用即可。统筹协调专家、渔民代表和渔业相关利益方的意见,最终形成既有利于保护资源、环境,又考虑到渔民群众和相关利益方诉求的最佳方案,使“决策”切实可行,行之有效。

(2)要建立科学规范的决策程序。决策程序是决策的命脉,科学规范的决策程序包括公正的决策规则、一致的决策标准和民主的决策过程。在这方面应特别注重以下两点，一是对专业性、技术性较强的重大渔业管理事项，应通过建立健全专家论证、技术咨询、决策评估等制度，以保障专家能够全程参与决策并发挥积极作用。二是对与渔民群众和相关利益主体密切相关的重大渔业管理事项，应通过建立健全决策公示、听证、答辩等制度，优化政府与社会各方的利益对话机制，充分保障渔民群众和渔业相关利益主体的知情权、参与权和监督权，使渔民群众的根本利益能够在重大决策中得以实现。

(3)要建立决策颁布前的评估机制。渔业管理特别是渔业资源管理具有高度的不确定性，因此必须依赖可靠的数据信息和谨慎的分析判断来降低这种不确定性，为渔业决策提供可靠预判。美国、挪威、日本等渔业发达国家的渔业决策都依靠强有力的基础科学机制为支撑。目前我国渔业决策的科学支撑主要依靠由中国水产科学研究院及各海区、流域水产研究所和省级水产研究所形成的科研调查体系，但在作为决策重要支撑的渔业统计数据方面，数据来源主要依靠行政逐级上报，数据的系统性、完整性和可靠性缺乏有效的保障，渔业统计数据信息对决策的支撑力明显不足。要改善渔业决策科学支撑机制，就必须改革现行渔业数据统计制度，特别是要改变渔业统计数据的来源途径，并建立统计数据的可靠性监督机制，确保渔业决策建立在对科学、客观、可信的基础数据的研判之上。

二、良好的法制管理环境

(1)首先，政府应充分履行渔业法制建设职能。市场经济条件下，对各种经济社会关系真正发挥作用和进行调节的是法律体系，政府职能的价值取向应是“法治”。而法律制度正是“法治”的前提和基础。在渔业行政管理中，政府应充分履行渔业法制建设职能，建立渔业法律法规废、改、立机制，不断健全并完善渔业法律法规。改革开放以来，我国渔业法制建设得到了较大发展。但30年来大部分渔业法律法规的废、改、立主要围绕3个方面进行：为了适应国家新出台的重大基本法律作修改；为了解决渔业管理中暴露出的重大问题而事后补缺；为了适应国际管理形势变化作调整。渔业法制建设大多以被动性修补为主，前瞻性、预见性、主动性的创建工作显得不足；目前所形成的渔业法制体系及相关制度，还不能有效解决渔业发展存在的诸多问题。如当前需要建立的法律法规有《渔业水域生态环境监督管理条例》、《渔港监督管理条例》、《渔业船舶管理条例》等；需要调整、完善的法律法规有《渔业法》、《渔业法实施细则》、《水产资源繁殖保护条例》等；对于一些已不合时宜的法律法规则应及时予以废除。同时，还应加快建立渔业标准化体系，为渔业的健康、可持续发展提供公共产品。如捕捞方面的网具标准、渔法标准、渔获物可捕标准及各种作业配额标准等，养殖方面的用药规范、药物残留标准和污染控制规范等。这些标准的制定也是渔业政府部门的重要职责。

(2)要强化法律、法规、标准的宣传与培训。我国传统文化中历来有“不知者不为罪”的说法。虽不准确，但也有一定的道理。法律、法规、标准如不为人所共知，其效力必将大打折扣。而法律、法规、标准一旦出台后能否为大众所熟知并接受，关键在于宣传培训的力度。对于已经制定或新修订出台的渔业法律、法规及相关标准，应及时面向渔民群众和相关利益主体开展广泛宣传和培训教育，以避免法律、法规及相关标准实施后却起不到指导实践、规范渔业经济运行作用的尴尬局面。只有切实加强宣传、培训和教育，才能提高广大渔民群众和相关利益主体的法治意识和遵守法律法规的自觉性，确保渔业法律、法规及相关标准的顺利贯彻和有效施行。

(3)要强化执法监督和违法惩处。维护法律法规的严肃性和权威性，主要依靠执法监督和违法惩处这两个重点环节。在执法监督的层面上，讲的是有法必依、执法必严。反观目前我国渔业监督执法，有法不依、执法不严，甚至违规执法等现象还一定程度地存在，特别是在基层渔业监督执法中，“依法行政”仍未得到全面落实。加强渔业执法队伍建设，强化渔业执法监督作为当前摆在我们面前的首要任务之一，依然任重而道远。同样，在违法惩处的层面上，讲的则是违法必究。长期以来，我国行政执法领域对于违法行为一直存在重批评教育、轻行政处罚的倾向，违法成本太低，这在一定程度上不利于震慑违法者和遏止违法势头的蔓延。对于那些违法情节严重、性质恶劣、社会危害性大的违法行为必须加大惩处力度，让那些敢于以身试法者承担较高的违法成本，才能以儆效尤，确保法律法规真正落到实处。

三、明确的渔业权属关系

自2007年10月1日起正式施行的我国《物权法》在“用益物权编”中规定，依法取得的“使用水域、滩涂从事养殖、捕捞的权利”受法律保护(《物权法》第一百二十三条)。这是我国民事基本法律首次明确渔业养殖权和捕捞权(以下统称渔业权)为用益物权，对促进我国渔业持续健康发展、维护渔业生产者合法权益具有重大意义。但是，《物权法》有关渔业权的规定十分原则、笼统和抽象。就现阶段来看，无论在立法上，还是理论研究上，我国的渔业权制度均处在初创阶段。其中，最典型的莫过于我国至今尚未明晰划分渔业权属关系。而明确的渔业权属关系，正是渔业实现分类管理，有效进行宏观调控、保障渔民合法权益的必然选择。

（1）必须区分商业渔业与生计渔业的不同性质，制定生计渔业确权标准，并明确生产者商业渔业权与生计渔业权的份额。历史上，我国渔业多以渔民生计渔业为主。但随着近年来商业资本逐步进入渔业行业，目前我国渔业已分化为商业渔业与生计渔业两大不同性质的生产关系。生计渔业是传统渔民自给自足、赖以维生的渔业生产活动，其目的是维持基本生计；而商业渔业则是商业资本投资渔业行业进行的渔业生产活动，其目的是投资获取利益回报。两者的目的有着显著的区别，因此理应加以明确区分。这里必须强调的是，区分商业渔业与生计渔业应以其性质作为标准，而非简单以生产主体来划分。举例来说，现今的传统渔民许多已非全部属于生计渔业的范畴。传统渔民为了改善生活，在维持生计的基础上，也会进一步扩大生产以获取更大的收益。这部分生产的目的并非为了维持生计，而是为了获取更大的利益回报，因此属于商业渔业的范畴。要准确区分生计渔业与商业渔业，就必须制定生计渔业确权标准，以明确生产者商业渔业权与生计渔业权的份额。生计渔业确权标准的制定，必须统筹考虑传统渔民维持个人、家庭生计所必需的渔业权的份额，并与商业渔业权进行定量切割，为今后有针对性的管理奠定基础。

（2）要制定针对不同渔业权的管理政策。在明确区分商业渔业与生计渔业权属后，自然应针对不同渔业权制定符合其各自特点的不同的管理政策。在这方面，日本、韩国等国均有着较为成熟的做法。简而言之，就是针对生计渔业（日、韩称其为渔业权渔业）和商业渔业（日、韩称其为许可渔业）分别实施不同的管理制度。一方面通过渔业权渔业制度保障传统渔民在一定的公共水域从事特定渔业生产的独占和专有的权利；另一方面通过许可渔业制度限制商业资本任意进入渔业行业，控制捕捞强度，保护渔业资源。这应该也是我国今后制定不同渔业权管理政策的立足点和发展方向。如在当前阶段，可考虑在税费政策、渔用柴油补贴政策等方面向生计渔业倾斜。

（3）要研究制定不同的权益保障制度。对于商业渔业与生计渔业应分别研究制定不同的权益保障制度，既要保障商业渔业权益，更要大力扶持保障生计渔业，因为这部分渔民在社会中属弱势群体。这里就重点围绕生计渔业权益保障问题作一阐述。渔业权是渔民生存和发展的基本权益。但随着我国市场经济的发展、各种建设规划的实施、海洋资源的开发，以及其他种种原因，渔民的渔业权益受到越来越多的侵害和威胁。就捕捞权益而言，面临捕捞作业场所被挤占、渔业资源和环境恶化等威胁；就养殖权益而言，则存在水域滩涂养殖规划不尽完善、养殖水域滩涂征用不够合理等矛盾。保护渔民渔业权益，已成为保障渔民群众生存、发展的迫切要求和政府工作面临的一项重大课题。当渔民权益受损时，就需要得到救济和保障。一是要健全渔业权益损害补偿制度。权益补偿是对权益受损者最直接有效的救济。健全渔业权益损害补偿制度与渔区社会稳定问题密切相关，因此应按照“谁开发、谁补偿”的原则，因地制宜地合理确定补偿标准。二是要建立以政府为主导的社会保障制度。要结合渔区实际，筹建渔民基本生活、医疗、养老等社会保障制度，对困难渔民生活给予必要保障，并根据经济社会的发展，不断改进、提高和完善。三是要引导失渔渔民实现再就业。在帮助转产渔民提高文化和劳动技能素质的同时，有计划地发展以转产渔民为主体的水产加工、海陆运输、渔文化旅游等产业，或组织渔民劳务输出、发展过境渔业等，从根本上解决转产渔民的出路问题。

四、适度的渔业发展规模

过去几十年的实践告诉我们，渔业发展规模并非越大越好，盲目扩大规模导致的酷渔滥捕，将给资源、环境造成近乎不可逆的不利影响。渔业作为一项资源、环境利用型产业，其发展必须实行规模（总量）控制，才能实现可持续发展。

（1）海洋捕捞规模应控制在渔业捕捞能力与资源再生能力相协调的水平。在这方面，美国、日本、澳大利亚等渔业发达国家都有着较为一致的认识。如美国《渔业保护和管理法》明确规定，美国渔业管理的总体目标即是使每一种渔业持续达到最佳产量，同时又防止捕捞过度，促进渔业的可持续发展。简而言之，就是既不破坏资源，又最大限度地利用资源。我国渔业发展要实现这一目标，一是应继续深化实施国家减船转产政策，重点控制商业性渔业生产。一方面要进一步严格捕捞许可制度，严把准入关；另一方面国家应重点针对商业渔业，加大政策性赎买力度，尽力控制并压减捕捞强度。二是通过税费调节控制并调整不合理的作业方式，逐步建立合理的渔业结构。事实上，各种作业方式对资源的影响不一。如拖网、张网等作业方式对资源的选择性差、破坏较大，但由于其技术含量低、易操作或成本低、见效快、收益大而被渔民广泛采用；而刺网、钓具等作业方式虽对资源影响较小，但其因劳动强度大、技术要求高或因效益差而较少被渔民采用。针对这种情况，可通过税费政策加以引导和调节。对拖网、张网等作业方式，可适当增加税费征收；对刺网、钓具等作业方式，则可通过培训、减免其税费，鼓励渔民掌握和发展这些对资源保护更为有利的作业方式。三是按照先易后难的顺序，逐步实现以投入控制为主向产出控制的转变，推进实施配额捕捞制度。现今，世界上大多数渔业发达国家的渔业管理均以产出控制为主。而我国目前实施的“双控”制度仍属投入控制，在具体管理中，其效果并不理想。因此，由投入控制为主向产出控制转变是大势所趋，更是科学发展的必然要求。当务之急，是要抓紧摸清我国渔业资源本底数据，如资源总量、单一品种可捕量等，为下一步探索实行总可捕量制度（TAC）、个体配额制度（IQ）奠定基础。同时应规范渔获物销售行为，建立指定、规范的水产品拍卖交易市场。拍卖的交易方式有利于保障渔民利益的最大化，而交易市场定点则有利于国家了解、掌握和统计产量数据，为总量控制、配额控制提供数据支撑，也从根本上为改革我国现行渔业产量统计制度创造条件。

（2）渔业养殖规模应与生态环境相协调。与海洋捕捞一样，渔业养殖也有其自身应该遵循的客观规律，即养殖规模不应超出生态环境所能承载的范围，不能危及周边的生态系统。为此，必须建立标准化养殖规范体系和环境监测预警机制。通过标准的制定来科学规范养殖模式，明确合理的养殖方式，摒弃落后的养殖行为。同时，建立环境监测预警机制，加强对养殖环境的动态监测，在渔业养殖可能对周边生态环境产生不利影响前提前发出预警信息，使各方能及时加以干预，将隐患排除在萌芽阶段，确保渔业养殖走环境友好型的可持续发展之路。

五、严格的监管机制

（1）要突出政府依法监管职能，维护公平正义和渔业生产秩序。依法监管是政府职能的重要组成部分，其目的是为了维护社会公平正义。如缺乏严格、有效的监管，社会个体、群体行为必将走向无序和“失范”。在这一点上，渔业监督管理也不例外。具体而言，一是要通过监督管理保护渔业资源和水域生态环境；二是要通过监督管理维护渔业生产秩序，并保障渔业生产安全；三是要通过监督管理保障水产品的质量安全。这三个方面都直接体现了对渔业内部和外部公共利益的维护，是渔业监督管理的重中之重。

（2）要强化监管手段，综合运用海查、陆查及各种现代化监管方式。过去，渔业监管手段较为单一，主要依靠海上登临检查，在执法管理上有一定的局限性。其实，海上执法检查与陆上港口检查应各有侧重、互为补充。如查处“三无”、“三证不齐”渔船和“克隆船”，就应作为港口检查的重点，而海上执法检查的重点则应是查处违规作业的渔船。因为渔政船在海上识别、查处“三无”、“三证不齐”渔船和“克隆船”，必须逐船登临，难度很大，而在港口检查中核实渔船身份相对容易。海上执法检查与陆上港口检查相结合，有利于提高执法效率，降低执法成本。同时，要积极创新监管模式，加快引入先进科技手段。先进科技手段在某些方面能够发挥传统监管方式所无法替代的作用。对于经试点建设、推广应用条件已基本成熟且行之有效的渔船身份识别、渔船防碰撞、渔港动态监控等先进技术，要加速推广普及应用，以进一步丰富渔业监管手段，提高监管效率。

（3）要探索建立重大违规案件转入司法程序的途径。目前，渔业行政执法难的问题相当突出。逃避检查、阻碍执法的现象较为普遍，暴力抗法事件时有发生且屡禁不止。渔业行政执法的权威面临极大的挑战。加之渔业部门自查自处的监管体制，容易在渔业管理内部产生地方保护主义、渔业监督执法受行政干预、管理上各自为政、自由裁量权过大等诸多弊端。要解决这些问题，就必须引入司法途径解决的渠道。一方面，对于那些性质超出行政执法管辖范畴的重大案件应提交司法途径解决，不能以行政法替代民法甚至刑法、以行政处罚替代民事赔偿和刑事责任。另一方面，对于渔业管理内部涉嫌渎职、滥用职权等重大案件的，也应提交司法机关处理，不能存有“护短”思想，更不能一味地“大事化小、小事化了”。只有打通重大案件转入司法程序的途径，才能真正实行对外维护渔业行政执法的权威性，对内维护渔业执法队伍的纯洁性。

（4）要加强对渔业行政执法人员的道德建设和能力培养。一切工作最后还是要依靠人来干，队伍的好坏决定事业的成败。现代渔业管理对渔业行政执法人员依法管理的能力和水平也提出了更高的要求。提高渔政队伍综合素质，增强渔政队伍执法能力，加强渔政队伍建设已刻不容缓。应尽快明确渔业行政执法人员的基本素质要求、行为规范要求，并通过完善考核机制、建立并强化督察制度等方式，增强渔业行政执法人员的大局意识、法治意识、责任意识和服务意识，提高依法行政、科学管理、服务渔业的能力和水平，努力打造一支有觉悟、懂政策、会管理的渔业行政管理队伍。

六、完善的社会化服务体系

(1)必须进一步转变政府职能。改革开放以来，我国行政管理体制经过多次改革，取得了很大成绩，突出的标志就是政府职能转变取得了积极进展。自进入新世纪以来，党中央、国务院明确将政府的主要职能定位于“经济调节、市场监管、社会管理和公共服务”，要求加快推进政企分开、政资分开、政事分开、政府与市场中介组织分开，把不该由政府管理的事项转移出去，把该由政府管理的事项切实管好，从制度上更好地发挥市场在资源配置中的基础性作用，更好地发挥公民和社会组织在社会公共事务管理中的作用，更加有效地提供公共产品。政府职能要实现向创造良好发展环境、提供优质公共服务、维护社会公平正义的根本转变。同样，新形势下我国政府渔业管理职能主要包括渔业法制建设、渔业经济调节、渔业公共服务、渔业监督管理等四大内容。如何进一步提高认识，转变观念，加强渔业法制建设，改善渔业经济调节，提升渔业公共服务，强化渔业监督执法，着力打造法治型、指导型、服务型渔业管理部门，这些问题都是我们必须去面对、思考、研究和解决的。

(2)要大力培育渔业组织，增强渔民自我管理能力。加快政府渔业管理职能转变，一个重要的途径就是借助于政府之外的社会力量，使其承担从政府剥离出来的部分职能，特别是应将渔业微观管理事项、技术性管理事项，放权于社会渔业组织，培育、发展和强化其管理和服务功能，实现政府与社会分工共管，让政府将有限的行政资源致力于最关键的管理领域，促进政府渔业管理职能转变和提升。渔民组织参与渔业管理，对转化渔业微观管理具有重要作用，并可降低政府监督管理成本，提高管理效果和效率，这在美国、挪威、日本等渔业发达国家有着广泛的实践，尤其以日本最为突出。在日本，渔业权制度和许可制度主要依靠渔业管理委员会、渔业协同组合等非官方组织实施，渔业法令的解释权和实施监督权实质性地赋予了渔业管理委员会，渔业管理委员可对任何与渔业管理有关的事项做出指示，对象不仅限于渔民，必要时可对任何有关人员做出劝告；渔业协同组合是渔业权制度的具体执行者，并在法律框架下规定和实施对渔业作业的具体管理。目前，我国一些涉外渔业重点地区也已相继成立涉外渔民协会，并在入渔指标分配、渔民维权、涉外渔业知识与安全生产技能培训、海上互助互救等方面做了大量富有成效的工作。由此可见，只要正确界定政府与渔民组织的关系，合理分配权利，给予渔民组织适当的自主权，就能够充分发挥渔民自我管理、自我服务的主观能动性，提高管理效果。

(3)要积极发挥社会组织对渔业的服务保障作用，合理分担政府职能转变以后由社会承担的责任。许多具体的渔业管理和服务事项既具有微观性又有很强的专业要求，政府包揽式的管理必然导致机构膨胀、效率降低和缺乏监管。如果将这些管理服务事项转移到社会中介组织，既可降低政府行政成本，又可提高监管、服务的效率和效果，还有利于促进管理的公平公正。如渔业船舶检验、渔业水域环境监测、水产苗种质量检验、水产品检验检疫、水产品拍卖交易、渔业船舶交易等管理服务事项，应充分利用社会资源，授权社会专业机构，以提高服务与管理的专业性。而政府渔业管理职能部门则应通过建立资质认证与监督制度，加强对社会中介组织的监管，对管理的公平性与合法性予以监督和保障。

新中国成立后，尤其是改革开放以来，我国渔业发展取得了举世瞩目的成就。这与各级渔业管理部门的不懈努力和扎实工作是分不开的。但同时应该看到，当前我国渔业管理模式与新形势下现代渔业管理的要求还相距甚远，渔业管理工作依然存在许多薄弱环节。这就要求广大渔业管理部门切实按照党中央、国务院的统一部署，以科学发展观为指导，以上述现代渔业管理目标为努力方向，自觉增强使命感、责任感和紧迫感，为全面推进现代渔业建设，促进渔业又好又快发展做出应有的贡献！

深入落实科学发展观
实现广东现代渔业新跨越

广东省海洋与渔业局局长　郑伟仪

近十年来，在广东省委、省政府的高度重视和正确领导下，全省渔业系统乘着改革开放的东风，解放思想、改革创新，积极转变发展方式，全面加强渔业管理，渔业综合生产能力稳步提升，渔民生活和渔区面貌不断改善。

十年来，广东省渔业主动融入大农业乃至经济社会发展大局，抢抓工业反哺农业、城市支持农村的发展机遇，认真贯彻国家支农惠农政策，结合渔业开放程度高、外向型突出的实际情况，鼓励渔业企业走出去，极大地推动了渔(农)民增收、渔业增效、渔区经济发展。

渔业已经成为农业农村经济中的重要产业。近十年水产品出口占全省农产品出口份额的1/3，渔业给农业和农村经济发展注入了新的活力，已成为大农业中的支柱产业。渔业生产稳步发展，产量、质量不断提高。预计2009年全省水产养殖面积56万公顷、产量532万吨、产值600亿元，全省渔民人均纯收入9 200元。对虾、罗非鱼养殖每年创造财富近150亿元，2009年水产品总量可达700万吨，比2000年增加了107万吨。大量鲜活、优质的水产品极大丰富了农产品市场，保障了水产品消费需求。

同时，渔业也成为"走出去"战略的重要力量。逐步建立起与东南亚等国政府和企业交流的平台，并启动了与文莱、菲律宾两个养殖合作项目。目前，广东省12家远洋渔业企业、26个远洋渔业项目，遍及三大洲两大洋共12个国家，远洋渔业年产量约8万吨。

多年来，广东省积极贯彻实施农业部优势水产品发展布局规划，努力推动产业结构调整，扶持发展水产品加工出口业，大力改善渔业基础设施，渔业经济竞争力明显增强。

渔业生产条件明显改善，水产品加工出口业也在快速发展。目前，全省拥有水产品加工企业已达1 151家，年产值5 000万元以上的水产品加工出口企业60多家，其中年产值1亿元以上的38家，有8家国家级重点龙头企业，19家省级重点龙头企业。

依托科技才能使渔业不断取得新成绩。2000年至今，全省累计投入海洋与渔业科技专项资金达2.26亿元，培育出一批具有自主知识产权的优良品种，科技入户下乡培育科技示范户4 400户，辐射带动7.9万余户，示范户养殖产量、效益年增长10%以上。

随着水产技术推广体系日益加强。目前，基本形成了行业主管部门、技术推广机构、龙头企业、行业协会、渔农共同参与的渔业技术推广新模式。近年来，渔业应急救援体系不断健全。启动了渔业安全生产通信指挥救助系统建设。

在执法监督方面，广东省强化了渔船渔港管理。通过开展普查和清理整顿工作，建立全省统一的渔船数据库，实现了渔船动态管理。推行渔船IC卡管理试点建设，用科技手段提高渔船管理水平。并且规范了渔业管理秩序。制订了《广东省渔业管理条例》，建立了养殖水域滩涂确权发证、捕捞许可、种苗生产许可等一系列管理制度。建立了粤港地区联合打击非法捕捞合作机制，加强了粤闽交界水域联合执法管理。严格执行南海伏季休渔制度，严厉打击电、炸、毒鱼等严重破坏资源的违法行为。

为了积极应对国际贸易壁垒，满足国内外消费者对水产品质量的要求，积极转变管理职能，全面加强水产品质量安全监管体系建设，先后组织多次专项整治行动，推动了水产品质量安全水平大幅度提高。

水产品质量安全监管体系不断健全。在检验检测体系建设方面，重点建设了湛江、汕头、珠海、肇庆4个区域性检验检测中心及7个沿海水产品质量安全检验检测站。密切配合检验检疫等部门，多次顺利完成了欧盟和美国FDA水产品药物残留考察迎检任务，为扩大全省水产品出口赢得了主动。

近年来，广东省大力实施渔民安居工程。为解决水上渔民、特困渔民的住房问题，按照"政府引导，渔民自愿"的原则，组织实施了渔民安居工程。

虽然广东省渔业工作取得了一定的成绩，但是还存在一些不容忽视的问题。

今后一段时期，广东省渔业发展的总体思路是：深入落实科学发展观，围绕加快发展现代渔业的重大战略任务，进一步解放思想，坚持改革创新，以加快转变渔业发展方式为主题，以渔业科技创新、体制机制创新为动力，以渔业生态、生产和水产品质量安全为重点，以渔业防灾减灾、水生动物疫病防控、水产技术推广、渔政执法四大体系为支撑，全面提升渔业发展整体素质，建设更加充满生机活力、具有较强竞争力的现代渔业产业体系，为促进渔民增收、渔区稳定和市场繁荣发挥更大的作用，努力争当全国现代渔业发展的排头兵。主要目标：一是渔业经济贡献率显著提升。二是渔业综合实力显著增强。三是渔业科技应用水平显著提升。四是渔业可持续发展能力显著增强。

为实现上述目标，我们必须注重以下四个方面：

一是注重拓宽视野，把建设现代渔业放在经济社会发展大局中去谋划。二是注重统筹兼顾，推进渔业经济协调发展。三是注重科技创新，提高渔业科学发展水平。四是注重改善民生，解决渔业发展的突出问题。

围绕建设现代渔业的总体思路和主要目标，今后一段时期，要重点抓好以下几项工作：

1. 优化结构，努力提升渔业综合竞争力 加快发展水产养殖业。抓好水产健康养殖，以建设具有较强国际竞争力的优势水产品产业带为目标，力争创建15～20个国家级健康养殖示范场。抓好内陆山区渔业开发，重点扶持鱼塘整治、水产良种场建设、良种推广应用、水产品加工业等。按照"政府引导、部门规划、财政补助、群众参与"的原则，采用"省补助一点、市(县)、镇配套一点、养殖户投入一点"的办法，力争扶持粤东、粤西、内陆山区建设标准鱼塘5 000公顷。抓好水产良种体系建设，大力推动优质种苗普及力度，提高名优水产品良种养殖覆盖率。抓好设施渔业建设，大力发展以工厂化养殖、循环水养殖、深水抗风浪网箱养殖为主要形式的设施渔业。

积极发展远洋渔业。建设一支装备先进、生产力水平较高的现代化远洋渔业船队。积极推动远洋渔业省部共建项目,重点抓好菲律宾、文莱以及南太平洋、印度洋渔业合作项目。

大力调整捕捞产业结构。实施海洋捕捞渔船更新改造工程,推广应用新型节能减排渔船动力装置,鼓励引导海洋捕捞渔船进行更新改造。

加快发展水产品加工流通业。拓展优化加工流通出口渠道,推动建立我省与港澳的渔业经贸合作平台,积极开拓非洲、拉美等新兴市场。按照国际标准,加强出口水产品原料基地建设,为水产品出口提供质量优良、货源充足的加工原料。

2. 积极探索,大力推进科技和体制机制创新 加快科技体系创新。一是继续实施"科技兴渔"战略,加大科技攻关力度。二是加快科技创新体系建设。三是加速科技成果转化。四是完善科技人才培养机制。充分发挥现有渔业科技力量作用,采取多种形式引进和培养高端渔业科技人才。

加快产业经营体制机制创新。贯彻落实《农业部关于推进农村经营体制机制创新的意见》,制订《广东省加快发展渔民专业合作组织指导性意见》,开展渔业专业合作组织示范建设行动,培育一批经营规模大、服务能力强、产品质量优、民主管理好的渔民专业合作组织,发挥其典型引路、示范带动作用。

3. 构建三大安全屏障,促进渔业可持续发展 大力推进水产品质量安全监管。强化水产品质量安全执法,将水产品质量安全执法日常化、制度化。完善渔业标准体系,引导、扶持渔业龙头企业加强质量标准管理工作。加快建设水产品质量安全溯源管理体系,构建全省水产品质量安全监管和信息咨询网络平台。试行水产品质量安全抽检公告制度和黑名单制度,出台《广东省水产品标识管理办法》,实行水产品市场准入制度。

大力推进渔业生态安全。一是加强渔业资源养护。积极开展以人工鱼礁建设为主要内容的海洋牧场建设。继续推动开放型人工鱼礁建设,对投资建设开放型人工鱼礁的大型用海项目企业,从减免海域使用金、资源补偿金等方面给予政策优惠。出台《广东省水生生物增殖放流管理细则》,促进增殖放流活动规范化。二是加快水生生物保护区建设。积极推动保护区"一区一法",加强保护区执法监管。三是加强水域生态环境修复。加强重要渔业水域的生态环境监测,积极开展生态环境损害评估,做好工程建设项目污染损害等生态补偿工作。加快重点海湾的整治与生态修复,编制《珠江口及邻近海域环境生态修复规划》,重点实施红树林、海草场种植等人工生态系统修复工程。

大力推进渔业生产安全。加大渔业安全监管力度,全面整改渔港、码头、渔船以及船舶修造厂的安全隐患。抓好休闲渔船、南沙渔船以及琼州海峡地区作业渔船等安全监管工作,严防重特大渔业安全事故发生。重点做好防台风以及休渔期间渔船停泊安全工作,保障在港渔船的停泊安全。加快建设广东省渔业安全生产通信指挥系统,力争2010年完成项目建设并进行验收。

4. 完善渔业四大服务保障体系,为现代渔业发展提供有力支撑 加快渔业防灾减灾体系建设。一是加强渔港建设。要加快国家中心渔港、一级渔港建设步伐。对列入培育对象而尚未立项的,要争取在"十一五"期间完成立项工作;对已经批复立项的,要采取有力措施,加快工程进度。认真做好二类渔港的申报工作,对二类渔港建设资金实行竞争性安排,各地要抓好规划和配套资金的落实。做好三类渔港的奖励工作,各地要加快三类渔港建设,积极创造条件,将每年奖励十个先进县(市、区)的任务落到实处。

二是稳步推进渔业保险工作。各地要积极配合政策性渔业保险方案的制订与实施。同时要努力扩大渔船投保的覆盖面,积极探讨广东省渔业养殖保险工作。

加快水产技术推广体系建设。要继续深化基层水产技术推广机构改革,争取地方政府和编制、财政部门的支持,早日落实工作和人员经费。加大全省水产技术推广体系建设力度,在全省建立一批水产技术推广机制创新试点。建立渔业技术服务"直通车"制度,分批筛选实用科技成果进行转化推广。继续实施渔业"科技入户工程",分批逐年扶持示范县,辐射带动示范户。

加快水生动物疫病防控体系建设。建立一批水生动物疫病监测点,完善水生动物疫病监测网络。

加快渔政执法体系建设。全面开展渔船IC卡管理系统建设,继续推进渔船信息化管理。提升渔船检验工作整体水平,积极推动船型标准化工作。继续坚持政治建队、军事建队和科技建队,推进全省新一轮渔政执法机构改革工作。

5. 加强队伍建设,为建设现代渔业提供有力的组织保障 队伍是干事业的基础,是壮大事业的关键。要结合局党组决定的创建"学习型、务实型、创新型、服务型、廉政型"的"五型"机关活动,全面提升海洋与渔业干部队伍的五种能力:一是提高开拓创新的能力。提高开拓创新的能力,必须树立忧患意识和危机意识,以世界眼光、战略思维谋划我省渔业发展。二是提高抓落实的执行力。只有抓落实才能见成效，只有抓落实才能促发展。要围绕大局抓落实，以中央和省委省政府关于促进渔业发展的一系列战略部署为重点，进一步完善政务督办制度，形成层层抓落实的良好工作局面。三是提高依法行政的能力。依法行政是行政管理部门遵循的基本原则。要加强政治理论和法律法规的学习，增强法律意识，提高依法行政水平。四是提高学习能力。鼓励干部加强政治、业务、管理、法律、廉政等知识学习，切实推动机关学习制度化、规范化。五是提高应急管理的能力。要结合海洋与渔业的实际，切实加强应急管理知识的培训和应急预案的学习，提高应对自然灾害、突发事件、质量安全事故等公共突发事件的能力。

2009年渔业大事记

1月

6日 农业部副部长牛盾在广州市向农业部南海区渔政局等驻穗渔业系统干部作了学习实践科学发展观活动主题报告，并考察了中国水产科学研究院南海所和珠江所。

6日 第四届全国水产原种和良种审定委员会第一次全体委员会议在北京召开。杨坚总经济师出席，陈毅德副局长主持会议。

14日 农业部2009年第1次常务会审议通过了《中国水产科学研究院中长期发展规划》(2009—2020年)。

16日 农业部下发《关于加强2009年长江禁渔期管理工作的通知》(农渔发[2009]1号)。

16日 农业部办公厅下发《关于印发〈2009年水产苗种专项整治实施方案〉的通知》(农办渔[2009]3号)。

19日 农业部部长孙政才和危朝安、牛盾副部长以及杨坚、陈萌山总经济师等通过渔政指挥中心通讯系统慰问春节期间仍坚持作业的远洋渔业职工、南沙守礁渔政人员以及三个海区渔政局全体干部职工。农业部渔业局局长李健华主持活动。

24日 农业部办公厅下发《关于印发〈渔业科技服务年活动方案〉的通知》(农办渔[2009]6号)。

2月

4日 农业部办公厅下发《关于开展2009年专属经济区渔政巡航工作的通知》(农办渔[2009]8号)。

8日 被索马里海盗劫持的"天裕8号"渔船和24名船员安全获救。"天裕8号"属天津远洋渔业公司，于2008年11月14日在肯尼亚沿海渔场作业时被劫持。

10日 杨坚总经济师出席在广州中国渔政南海总队基地码头举行的我国最大渔政船——"中国渔政311"南海巡航入列仪式。

12日 李健华局长率团与日方在日本东京举行第十次中日渔业联合委员会会议，农业部渔业局副局长陈毅德一同出席。

23日 农业部渔业局副局长柳正率团与英国代表团在京举行中英海洋渔业可持续发展磋商会，随后双方于25—26日出席在青岛举行的中英水产品贸易问题研讨会。

23日 农业部下发《关于印发〈建设项目对水生生物国家级自然保护区影响专题评价管理规范〉的通知》(农渔发[2009]4号)。

23日 农业部办公厅下发《关于印发〈2009年渔业安全生产年活动工作方案〉的通知》(农办渔[2009]11号)。

24日 农业部向国务院上报《农业部关于设立水生生物增殖放流节日的请示》(农请[2010]6号)。

25日 全国水产原种和良种审定委员会审定通过松浦镜鲤、中国对虾"黄海2号"、清溪乌鳖、湘云鲫2号、杂交青虾"太湖1号"和匙吻鲟等6个适宜推广养殖的新品种(农业部公告第1169号)。

27日 牛盾副部长、李健华局长出席在京召开的海区渔政局工作会议并讲话，农业部渔业局副局长崔利锋主持会议。

27日 农业部发布《关于调整海洋伏季休渔制度的通告》(农业部通告[2009]1号)。调整后的海洋伏季休渔制度延长了休渔时间，增加了休渔作业类型。

3月

3—4日 牛盾副部长出席在广西南宁召开的全国水产技术推广工作会议并讲话，李健华局长主持会议，陈毅德副局长一同出席。会前，牛盾副部长一行考察了广西崇左市扶绥县、凭祥市和百色市龟鳖养殖示范点、中越边境渔牧产品交易边贸点和右江河渔港码头等。

4日 农业部办公厅下发《关于做好2009年中国渔政管理指挥系统推广应用工作的通知》(农办渔[2009]14号)。

4日 农业部办公厅下发《关于加强2009年海洋伏季休渔管理工作的通知》(农办渔[2009]15号)。

12日 农业部下发《关于全面推进水产健康养殖加强水产品质量安全监管的意见》(农渔发[2009]5号)。

12 日 柳正副局长在京会见挪威农业与食品部副司长斯特恩尔·斯瓦安麦尔一行。

13 日 农业部办公厅下发《关于举行 2009 年水产苗种专项整治及督察活动启动仪式的通知》(农办渔[2009]16 号)。

16 日 农业部办公厅下发《关于加强 2009 年长江禁渔期渔政执法检查的通知》(农办渔[2009]17 号)。

17 日 牛盾副部长在京接见中越北部湾专属经济区入渔谈判越方代表团。李健华局长、柳正副局长参加接见。17—19 日柳正副局长率团与越方代表团举行会谈并签署会议纪要。

18 日 农业部办公厅下发《关于印发〈产地水产品质量安全监督抽查工作暂行规定〉的通知》(农办渔[2009]18 号)。

24 日 农业部审议通过《水生生物增殖放流管理规定》(农业部令第 20 号),《规定》自 2009 年 4 月 1 日起施行。

25 日 牛盾副部长出席由农业部和江苏省人民政府在江苏省宝应县举办的"全国渔业科技服务年"暨科技入户春季行动启动仪式并讲话,李健华局长主持仪式,陈毅德副局长一同出席。牛盾副部长一行随后在江苏调研金融危机对农产品国际贸易影响情况。

27 日 2009 年水生生物增殖放流工作会议在南京召开,李健华局长出席并讲话,崔利锋副局长主持会议。

31 日 农业部办公厅下发《关于开展海洋机动渔船船东船长安全管理培训工作的通知》(农办渔[2009]25 号)。

31 日 农业部办公厅下发《关于开展水产苗种药物残留监督抽查的通知》(农办渔[2009]24 号),决定 2009 年4—6月对广东省等 10 个省份开展水产苗种药物残留专项监督抽查。

4 月

1 日 农业部下发《关于转发〈濒危野生动植物种国际贸易公约〉附录水生野生物种目录的通知》(农渔发[2009]9 号)。

8 日 牛盾副部长出席在北京召开的 2009 年农业部水产苗种专项整治及督察活动启动仪式并作了动员讲话,随后由李健华局长、陈毅德副局长等带队的 6 个督察组分赴 18 个省(自治区、直辖市),对水产苗种开展专项督察。

10 日 农业部、国家工商行政管理总局联合下发《关于深入开展电脉冲捕捞作业专项整治工作的通知》(农渔发[2009]8 号)。

14 日 李健华局长出席在青岛召开的 2009 年黄河流域渔业资源管理委员会会议并讲话。

15 日 农业部召开海洋渔船安全管理紧急电话会议,李健华局长部署有关工作,崔利锋副局长主持会议。

21—25 日 孙政才部长出席农业部与重庆市人民政府联合举办的三峡库区水生生物增殖放流活动,考察调研重庆市和湖北省农业工作,李健华局长陪同。

23 日 《水产苗种违禁药物抽检技术规范》批准为中华人民共和国国家标准。

23 日 农业部批准浙江杭州中华鳖良种场为国家级良种场(农渔发[2009]13 号)。

23—24 日 2009 年全国水产品质量安全监测及执法工作部署会在广西南宁召开,陈毅德副局长出席并讲话,渔政指挥中心副主任居礼主持会议。

24 日 牛盾副部长出席天津市"渔业科技服务年"暨水产养殖规范用药科普下乡活动,柳正副局长一同出席。

26 日 "全国渔业科技服务年——灾后恢复渔业生产科技服务活动"在四川省举办,陈毅德副局长出席并讲话。

27—28 日 牛盾副部长出席农业部与浙江省人民政府联合举办的钱塘江水生生物增殖放流活动和杭州国家级中华鳖(日本品系)良种场授牌仪式,并考察千岛湖渔业工作,崔利锋副局长陪同。

28 日 2009 年度北部湾渔业海上监管协调小组会议在安徽合肥召开,李健华局长出席。

5 月

4 日 农业部下发《关于加强内陆捕捞渔船管理的通知》(农渔发[2009]15 号),要求各地对内陆渔船数量和功率数实行总量控制,将捕捞强度控制到合理水平。

8 日 农业部办公厅下发《关于加强水产养殖病害监测与防控工作的通知》(农办渔[2009]38 号)。

8 日 牛盾副部长出席由农业部与四川省人民政府共同举办的 2009 四川长江珍稀濒危水生动物增殖放流活动并讲话,李健华局长主持活动。次日,牛盾副部长一行调研四川渔业灾后恢复重建工作。

12 日 我国首个"防灾减灾日"。农业部渔业局和东海区渔政局等在江苏省吕泗渔港联合举办"送安全上船、保渔民平安——渔业安全生产宣传教育片首发式",崔利锋副局长出席。

13 日 李健华局长、渔政指挥中心副主任胡学东在辽宁省丹东市出席由农业部黄渤海区渔政局与公安部边防管理局联合举办的中韩渔业协定水域渔政、边防联合执法启动仪式。

14—16 日 牛盾副部长在沈阳市出席全国渔业船舶

检验工作会议,李健华局长一同出席。牛盾副部长一行还考察了鞍山市观赏鱼基地市场和淡水渔业发展情况。

15日 农业部副部长陈晓华出席在广东省举行的第二届亚洲锦鲤大赛,并考察了该省水产健康养殖和水科院珠江所水产疫苗及质量检验等工作,柳正副局长一同出席。

16日 当日12时,北纬26度30分以南海域开始为期两个半月的2009年伏季休渔。

19日 牛盾副部长出席由水科院在北京举办的"2009年中国渔业经济专家论坛"并作重要讲话,李健华局长作报告。本次论坛的主题是"现代渔业建设及全球金融危机对我国渔业影响"。

20日 农业部下发《关于开展"全国文明渔港"创建活动的通知》(农渔发[2009]18号)。

20日 农业部办公厅下发《关于申报第三批国家级水产种质资源保护区的通知》(农办渔[2009]39号)。

22日 农业部下发《关于印发〈渔业行政执法督察规定〉(试行)的通知》(农渔发[2009]16号)。

23日 中国渔政311、302船编队历时11天,圆满完成南沙、中沙、西沙海域渔政巡航任务,顺利返抵三亚渔政基地,李健华局长到基地迎接并慰问渔政人员。

26日 农业部办公厅下发《关于做好汛期渔业安全生产工作的通知》(农办渔[2009]42号)。

26日 农业部办公厅下发《关于做好渔业行政执法机构基础数据调查工作的通知》(农办渔[2009]41号)。

6月

1日 根据农业部海洋伏季休渔制度调整方案,从6月1日12时起,我国北纬26度30分以北的黄渤海和东海海域休渔正式开始。连同5月16日12时起开始实施的北纬26度30分以南海域休渔,至此,我国2009年海洋伏季休渔全面实施。

4日 农业部办公厅下发《关于开展"护渔2009"海洋渔业执法行动督察检查活动的通知》(农办渔[2009]43号)。

4日 农业部下发《关于开展2009年海水贝类产品卫生监测和生产区域划型工作的通知》(农渔发[2009]20号)。

6日 国务院副总理回良玉在农业部向国务院呈报的《农业部关于设立水生生物增殖放流节日的请示》上作出重要批示。

6日 农业部副部长危朝安、张桃林、高鸿宾、陈晓华分别出席农业部与北京、江苏、福建、辽宁等省级人民政府联合举办的主题为"增殖水生生物资源、促进生态文明建设"全国同步水生生物增殖放流活动。李健华局长,柳正、陈毅德、崔利锋副局长,刘美华副巡视员分别陪同。同日,内蒙古、黑龙江、吉林、湖北、广东、云南和青海等地也都开展了形式多样的增殖放流活动,全国增殖放流活动超过百场。

9—11日 全国渔业安全生产暨防台风减灾现场会在浙江宁波召开。会议期间还举行了十万海洋机动渔船船东船长培训暨浙江省培训班开班式和渔业安全生产宣传活动。李健华局长、崔利锋副局长出席活动,并指导、调研了浙江省伏季休渔、水产苗种专项整治等工作。

16日 农业部联合环渤海四省级人民政府在渤海莱州湾举办水生生物资源增殖放流活动,并发表《渤海生物资源养护行动宣言》。孙政才部长出席活动,牛盾副部长主持,陈萌山总经济师、李健华局长、崔利锋副局长一同出席。孙政才部长一行还检查指导了黄渤海区海洋伏季休渔和渔政工作。

23日 农业部批准确定1958年4月23日为"中国渔政"成立日。

23日 牛盾副部长出席在北京举行的中华人民共和国渔政局和中国电信有限公司《海洋渔业CDMA移动通信系统合作协议》签字仪式,李健华局长出席并签字。

23—24日 柳正副局长出席浙江省远洋渔业工作座谈会并讲话。

24日 农业部办公厅下发《关于开展全国捕捞业渔具渔法调查工作的通知》(农办渔[2009]50号)。

25—27日 农业部副部长兼农业部港澳流动渔民工作协调小组组长牛盾率团出席香港渔民庆祝香港回归祖国12周年暨香港渔民团体联会成立11周年庆典大会。牛盾副部长在会上宣布,中央政府决定适当给予港澳流动渔船燃油政策性补贴,陈毅德副局长陪同。

6月29日—7月1日 农业部在海南三亚开展北部湾渔业海上联合监管机制建立5周年纪念活动,举行渔政、海警联合巡航启动仪式、海上突发事件应急演练和增殖放流活动。

7月

1日 全国水产养殖池塘标准化改造现场会在浙江省杭州市召开,李健华局长出席并讲话,陈毅德副局长主持会议。

3日 农业部办公厅下发《关于做好2009年渔业节能减排项目实施工作的通知》(农办渔[2009]54号)。

4日 牛盾副部长出席由农业部和辽宁省人民政府在辽宁省丹东市联合主办的鸭绿江渔业资源增殖放流活

动并讲话。

7—8 日 农业部渔业局在山西省太原市召开主要养殖水产品质量安全风险隐患分析工作会，陈毅德副局长出席，并考察了太原市鱼种场、山西省鱼病防治中心。

10 日 孙政才部长，牛盾副部长，陈萌山、杨绍品总经济师出席由农业部和广东省政府在广东省珠海市举行的南海生物资源增殖放流活动启动仪式。李健华局长、崔利锋副局长陪同。

13 日 农业部下发《关于成立国家水生生物资源养护专家委员会的通知》（农渔发[2009]26 号）。

15—16 日 柳正副局长与美国商务部海洋渔业署人员在北京举行会谈，双方就打击非法捕鱼、中美水产品贸易、国际渔业管理组织、世界贸易组织渔业补贴谈判以及水产品质量安全等议题交换了意见。

16 日 农业部办公厅下发《关于印发〈中国渔政管理指挥系统管理办法〉的通知》（农办渔[2009]63 号）。

17 日 农业部办公厅下发《关于开展水生生物资源增殖放流规划编制工作的通知》（农办渔[2009]71 号）。

21 日 陈毅德副局长赴大连市就要求欧盟重新开放贝类进口一事进行调研。

20—24 日 崔利锋副局长率农业部督察组对广东省东莞市、汕尾市和广西北海市的海洋伏季休渔管理情况、护渔行动方案落实情况、渔业安全生产“三项行动”隐患排查治理情况、渔业安全生产及防灾减灾管理等工作进行督察。

24 日 农业部下发《关于下达 2008 年渔业海难救助补助项目资金的通知》（农财发[2009]86 号）。

31 日 农业部下发《关于 2009 年水产苗种药物残留专项抽检情况的通报》（农渔发[2009]29 号）。

8 月

1 日 全国渔业行政执法督察工作会议在甘肃省兰州市召开，李健华局长出席。

1 日 北纬 26 度 30 分以南海域（含北部湾）为期两个半月的伏季休渔结束。

3 日 农业部办公厅下发《关于确保国庆期间水产品安全有效供给的通知》（农办渔[2009]77 号）。

7—10 日 第 8 号强台风“莫拉克”在东南沿海登陆，农业部大力开展渔业防抗台风工作。由崔利锋副局长和东海区渔政局副局长宋志俊带队的防台风工作组分别赴受灾严重的福建省和浙江省指导抗防台风工作。

10 日 牛盾副部长出席 2009 中国青岛蓝色经济发展国际高峰论坛。柳正副局长一同出席。

11—16 日 牛盾副部长赴黑龙江省调研渔业资源养护和渔政管理工作，李健华局长陪同。

13—19 日 中越北部湾渔委会第六届年会第一次筹备会议及专属经济区入渔谈判第二次会议在越南举行，柳正副局长率团参加。

24 日 巴基斯坦总统阿西夫 · 阿里 · 扎尔达里应邀访华期间，访问了水科院南海所和珠江所，中巴双方就海洋渔业、海水养殖及相关技术合作签订了合作谅解备忘录。

25 日 农业部和环境保护部联合发布 2008 年度《中国渔业生态环境状况公报》。公报显示中国渔业生态环境状况总体保持稳定，局部渔业水域污染仍比较严重，主要污染物为氮、磷、石油类和铜。

26 日 农业部办公厅下发《关于切实加强国庆期间和秋冬季渔业安全生产工作的通知》（农办渔[2009]87 号）。

28 日 应农业部邀请，蒙古国首次派员参加我国在中蒙界湖贝尔湖举行的渔业资源增殖放流活动。

9 月

1 日 北纬 35 度以北的黄渤海海域为期 3 个月的伏季休渔结束。

1—20 日 农业部渔业局陆续派出 6 个督导组赴北京、天津、辽宁、河北、山东、江苏、湖北、福建、重庆、四川等 10 个省（直辖市）、30 余个市（县）开展水产品质量安全交叉督察，深入推进水产品质量安全专项整治，确保国庆期间水产品消费安全。

2 日 农业部办公厅下发《关于进一步规范远洋渔船证书和远洋渔业项目办理程序有关事项的通知》（农办渔[2009]90 号）。

4 日 牛盾副部长出席 2009 年国家海上搜救部际联席会议第五次会议，并观摩海上搜救演习，崔利锋副局长陪同。

4 日 农业部渔业局和公安部边防管理局联合召开集中整治越界捕捞专项行动电视电话会议，决定组织朝韩敏感水域集中整治专项行动，防范、打击越界捕捞行为。李健华局长、柳正副局长和渔政指挥中心副主任胡学东出席。

4 日 2009 年度水产品质量安全中期形势会商会在四川省成都市召开，陈毅德副局长出席并讲话。

6—11 日 李健华局长率团赴台湾省，与台湾渔业部门就建立两岸渔业部门间海难救助联系渠道、海上渔事纠纷调解机制和执法信息交换机制，建立以全面开展渔业交流为目标的两岸渔业主管部门沟通联系机制等共同关心的问题达成了广泛共识，两岸渔业交流合作进入新的阶段。

11日 全国渔业政策法规工作会议在黑龙江省哈尔滨市召开。柳正副局长出席并讲话。

10日 陈毅德副局长率督导组检查天津市水产品质量安全情况。

12日 崔利锋副局长出席在山东省召开的泰山赤鳞鱼国家级水产种质资源保护区揭牌暨增殖放流活动。

13—16日 崔利锋副局长在上海市指导检查渔业安全生产工作,并出席"2009'上海国际海事论坛"和第三批国家级水产种质资源保护区评审会议。

14日 农业部办公厅下发《关于开展渔业"十二五"规划编制工作的通知》(农办渔[2009]98号)。

16日 北纬35度至26度30分的黄海和东海海域为期三个半月的伏季休渔结束。至此,我国渤海、黄海、东海和南海四大海域今年的伏季休渔全部结束。

17日 李健华局长出席在上海市召开的2009年长江渔业资源管理委员会工作会议并讲话。崔利锋副局长一同出席。

18日 李健华局长率团与越方在上海市举行中越北部湾渔业联合委员会第六届年会。柳正副局长一同参加。

19日 李健华局长出席由福建省海洋与渔业厅等单位主办的2009'海峡(福州)渔业周暨第四届中国(福州)渔业博览会并讲话。

21日 在北京渔业系统纪念新中国成立60周年座谈会召开,原农业部副部长张延喜、齐景发及多位渔业系统老干部出席座谈会。李健华局长系统总结了中国渔业发展60年成就。

21—25日 崔利锋副局长率团与韩方在韩国釜山举行第九届中韩渔业联合委员会第一次筹备会议。

22日 农业部办公厅下发《关于确定全国水产品批发市场信息采集定点单位信息员和市场信息分析专家的通知》,进一步加强对水产品市场信息的监测、分析和预测。

23日 农业部和宁夏回族自治区人民政府在星海湖等内陆水域联合举行大型增殖放流活动。柳正副局长出席并讲话。

23日 农业部批准湖南鳜鱼原种场为国家级原种场,有效期5年(农渔发[2009]35号)。至此,农业部批准的国家级水产原(良)种场已达53家。

24—25日 牛盾副部长出席在郑州召开的全国渔业标准化工作会议暨第四届全国水产标准化技术委员会成立大会并讲话,会后视察调研了河南新渔村建设和渔业生产情况。李健华局长、陈毅德副局长陪同。

29日 牛盾副部长出席农业部和内蒙古自治区人民政府联合举办的乌梁素海渔业资源增殖放流活动,并考察调研内蒙古渔业工作。崔利锋副局长陪同。

10月

1日 中国长江三峡集团公司中华鲟研究所宣布,被誉为"水中熊猫"的古老物种——中华鲟全人工繁殖获得成功,中华鲟人工繁殖将不再仅依赖稀有野生亲鱼,这对该物种的保护具有里程碑意义。

10日 牛盾副部长出席农业部与新疆维吾尔自治区人民政府联合举办的水生生物增殖放流活动。李健华局长陪同。

10日 柳正副局长率团在上海与智利代表团进行双边渔业合作磋商。

14—15日 陈毅德副局长出席在京召开的2009年中国观赏鱼发展论坛并讲话。

16日 牛盾副部长出席在上海举行的"世界粮食日"有关活动,并到东海区渔政局和上海海洋大学考察工作。

19日 中共中央总书记胡锦涛在山东省省委书记姜异康、省长姜大明的陪同下,考察了东营市现代生态渔业示范区。胡锦涛指出,山东海洋资源丰富,要充分利用这一优势,科学开发海洋资源,大力发展海洋产业,同时还要保护好海洋环境,使海洋经济真正成为山东经济的重要增长点。

21—25日 牛盾副部长考察调研江西现代渔业建设及长江、鄱阳湖禁渔管理和鄱阳湖生态经济区湖控工程。

22—23日 李健华局长出席在重庆市召开的全国水产品批发市场信息工作会议并讲话。

22日 全国渔业政务信息与宣传工作会议在安徽省合肥市召开,大会宣布成立"全国渔业影像资料协作网"。崔利锋副局长、渔政指挥中心副主任居礼出席。崔利锋副局长一行还考察了巢湖渔业工作。

26日 牛盾副部长在湖北省武汉市出席由全国水生野生动物保护分会、世界鲟鱼保护学会主办的第六届国际鲟鱼养护大会。陈毅德副局长主持会议。

27—28日 全国渔业发展"十二五"规划战略研讨会在浙江省召开,李健华局长主持会议,并考察调研了浙江省杭州市渔业经济发展形势和"渔业文明执法窗口单位"建设等工作。

29日 中国渔业发展战略研究中心第三届渔业论坛暨鱿钓20周年纪念大会在上海海洋大学举行,柳正副局长出席并讲话。

30日 农业部办公厅下发《关于渔业文明执法窗口单

位考评情况的通报》(农办渔[2009]118 号)。

11 月

2 日 东北亚地方政府联合会在青岛市召开海洋与渔业专门委员会成立大会。与会会员政府共同发表了促进海洋与渔业共同发展的《青岛宣言》。东北亚地区地方政府联合会秘书长、农业部副部长牛盾出席大会并讲话。

3 日 牛盾副部长出席在青岛召开的第十四届中国国际渔业博览会并讲话,考察了水科院黄海所即墨鳌山实验基地。李健华局长、陈毅德副局长陪同。

4—7 日 牛盾副部长赴浙江省衢州、金华、丽水和宁波考察水产健康养殖和渔业安全生产等情况。

6 日 李健华局长率团与韩方在大连市举行中韩渔业联合委员会第九届年会。此前,崔利锋副局长率团与韩方举行了两次筹备会议。

8—14 日 南极海洋生物资源养护和管理委员会(CCAMLR)第 28 届年会在澳大利亚举行。会议通过了我国关于 2010 年派 2 艘渔船赴南极海域开展磷虾捕捞的申请,标志着我国南极海洋生物资源开发利用项目进入探捕实施阶段。

9—13 日 陈毅德副局长率团与日方在日本东京举行第十一次中日渔委会第一次筹备会。

13 日 农业部向国务院报送了《关于海洋伏季休渔制度执行情况的报告》(农报[2009]31 号)。

14 日 在新西兰举行的"建立南太平洋区域渔业管理机制"第八次谈判会议通过了《南太平洋公海渔业资源养护和管理公约》,制定了 2010 年至公约生效前南太平洋公海竹荚鱼资源养护和管理临时措施。柳正副局长出席会议并代表我国在会议最后文件上签字。

17 日 陈毅德副局长出席在北京举办的中国水产流通与加工协会海参分会成立大会暨海参产品推介会。

20 日 农业部第 1288 号公告公布的新修订港澳流动渔船捕捞许可管理程序及相关证书样式自 2009 年 11 月 20 日开始实施。

20 日 农业部办公厅下发《关于启用网上渔业水上安全事故和海难救助管理系统做好信息报送工作的通知》(农办渔[2009]124 号)。决定自 2010 年 1 月 1 日启用渔业水上安全事故和海难救助管理系统软件。

26 日 农业部办公厅发出《关于为输欧海洋捕捞产品办理合法捕捞证明的通知》(农办渔[2009]126 号),就欧盟要求我国 2010 年 1 月 1 日起对进入其市场的海洋捕捞产品实行合法性认证的规定,明确了我方有关办理要求及程序。

12 月

1 日 全国渔业科技工作座谈会暨渔业"科技服务年"总结会在辽宁省大连市召开,陈毅德副局长出席并讲话。

3 日 南极海洋生物资源开发动员项目培训会在大连市举行,李健华局长出席并作动员讲话。

3 日 全国水产品加工产业发展座谈会在海南省海口市召开,陈毅德副局长出席并讲话。

4 日 中国渔政管理指挥系统推广应用座谈会在京举行,中国渔政指挥中心巡视员张铭羽出席并讲话。

7 日 全国人大农委副主任尹成杰、农业部副部长牛盾出席在北京召开的中国渔业互保协会成立 15 周年庆祝大会并作重要讲话。

9 日 全国"渔业文明执法窗口单位"创建活动工作座谈会在广州市召开。会议对 3 年来创建的 117 家窗口单位进行复核,最终确定 114 家单位继续保留"渔业文明执法窗口单位"称号。渔政指挥中心副主任居礼出席会议并讲话。

9 日 由水科院组织的"鲤鱼基因组计划"论证会在北京召开。这是我国继水稻、家蚕、黄瓜、牡蛎等基因组计划之后启动的又一项重要经济物种全基因组计划。

11 日 海洋生物资源开发战略研讨会在青岛市召开,中国科协副主席、中国工程院院士唐启升和柳正副局长主持会议。

13 日 黄渤海区伏季休渔及制止越界捕捞管理工作总结会在山东济南召开,崔利锋副局长出席并讲话。

15 日 农业部办公厅发文公布第四批 475 家农业部"水产健康养殖示范场"名单(农办渔[2009]137 号)。

16 日 农业部副部长牛盾、交通运输部副部长徐祖远在北京签署两部《水上安全管理合作备忘录》。李健华局长、崔利锋副局长和渔政指挥中心副主任居礼出席签字仪式。

16—18 日 柳正副局长率团与俄方在大连市举行中俄渔业合作混合委员会第 19 次会议,双方签署了会谈纪要。

17 日 农业部办公厅下发《关于确保元旦和春节期间水产品安全有效供给的通知》(农办渔[2009]140 号)。要求各地渔业部门和有关单位做好相关工作,科学引导生产和销售,加强渔业生产技术指导和服务,确保水产品市场供应和消费安全。

17 日 农业部第 1308 号公告公布第三批 57 个国家级水产种质资源保护区。

18 日 崔利锋副局长在北京会见越南农业与农村发

展部水产资源开发和保护局副局长陶洪德先生一行。

18 日 李健华局长率团与日方在北京举行中日渔业联合委员会第十一次会议,双方签署了会议纪要。此前,陈毅德副局长率团与日方代表团举行了两次筹备会议。

21—23 日 第四届全国水产原种和良种审定委员会第二次会议在江西省南昌市召开。陈毅德副局长出席并讲话。

28 日 在农业部召开的全国农业粮食生产标兵"中华农业英才奖"和"中华农业科技奖"表彰大会上,水科院共有 8 项成果获 2009 年度"中华农业科技奖"。国务院副总理回良玉以及农业部部长韩长赋等领导出席大会并为获奖代表颁发了奖励证书。

29 日 农业部部长韩长赋、副部长牛盾、农业部渔业局局长李健华出席在京召开的全国渔业工作会议并作重要讲话。会议总结了新中国成立 60 年渔业发展成就、经验和 2009 年的渔业工作,研究部署了 2010 年的渔业工作重点。

索　引

说　明

一、本索引采用分析索引方法，按汉语拼音顺序排列，同音字按声调排列。
二、"政策法规"、"渔业经济统计"、"领导讲话"、"专题论坛"栏目中的具体内容未做索引。"各地渔业"栏目中的条目按正文照列，不参与排序。
三、索引词条后的数字表示内容所在的正文页码。

H

J

L

N

Q

S

T

X

新中国成立六十周年

中国渔业发展成就展

目录

农业部东海区渔政局

2009年大事记

2009年10月，农业部副部长牛盾(左)为在沪的农业部东海区渔政局、东海水产研究所、渔业机械研究所等三家单位的党员干部作“三农”基本问题的专题辅导报告。农业部东海区渔政局局长李富荣(右)主持了报告会。

2009年12月，东海区渔政局在连云港召开了东海区渔民自律组织建设推进会，总结了东海区涉外渔业协会建设的成效和经验，要求各地结合实际，以点带面，着力培育本地区行业自律、市场开拓、科技服务、渔民互助等类型的渔民自律组织，真正实现渔业生产、经营、管理的组织创新和机制创新，推进现代渔业发展。

2009年实行了新海洋伏季休渔制度。针对调整后的伏休制度涉及地区增多、休渔渔船数量和作业类型增多、监管时间节点增多、休渔时间延长的状况，东海区渔政局采取多项有效措施加强伏季休渔管理。张秋华副局长(左)在苍南检查伏季休渔工作。

2009年7月下旬，农业部东海区渔政局组织开展了以“生命长江行”为主题的长江源区水生生物与环境科学考察活动。马毅副局长(前排左三)参加长江源区水生生物与环境科学考察活动启动仪式。

2009年9月，东海区渔政局在江苏如东召开东海区渔业安全管理暨“文明渔港”创建活动推进现场会。宋志俊副局长(右二)一行检查如东滩涂运输拖拉机安全监管台账。

2009年东海区渔政局首次举办了“海洋生态修复知识进社区巡展”活动。钟小金副局长(右)在海上放流时接受记者采访。

2009年长江禁渔期同步执法检查行动暨长江特编渔政执法船队启动仪式于4月1日在长江口管理站码头举行。

2009年4月，长江渔业资源管理委员会副主任委员、农业部东海区渔政局局长李富荣(右)在安徽省安庆市会见了世界自然基金会(wwf)中国区首席代表欧达梦(左)一行。双方围绕加强交流合作、保护长江水生生物资源进行了有好的会谈。

在新中国60华诞之际，农业部东海区渔政局全体干部职工齐声唱响“革命红歌”，品味红色经典，重温红色历史，以“东海区局精神”为指引，进一步加强机关文化建设，不断推动各项工作的更大的发展。

辽宁省海洋与渔业厅

厅长　赵兴武

2009年，在辽宁省委、省政府的领导下，各级渔业部门紧紧围绕“保增长、保民生”，大力发展健康生态渔业、增殖渔业、精品渔业、加工渔业、远洋渔业，全省渔业产业实现了又好又快发展。

全省渔业经济总产值实现913亿元，同比增长14.1%；渔业经济增加值462.2亿元，增长15.8%。水产品总产量534.7万吨，同比增长8.1%。水产品出口创汇15.8亿美元，占全省农业出口创汇的51.5%，比上年提高3.5个百分点。渔民人均纯收入实现11500元，同比增长9.5%。

全年建设水产健康养殖示范区287个，促进了渔业增长方式转变。水产品加工势头强劲，新增水产品加工项目60个，精深加工比重达到48%。海洋牧场建设力度加大，增殖放流再创新高。全年向近海和内陆水域投放各种游动性品种79.7亿尾(头、粒)。远洋渔业恢复增长，外派远洋渔船增加34%。科技兴渔取得新成果，落实省以上重点项目32项。渔业安全形势进一步好转。伏季休渔实施，成为历史上最好的一年。

赵兴武厅长与农业部渔业局局长李健华深入渔港检查伏季休渔管理情况

农业部和辽宁省政府共同举办增殖放流活动

远洋捕捞生产

山东省海洋与渔业厅

山东渔业60年铸就蓝色辉煌

山东省海洋与渔业厅厅长侯英民调研现代渔业发展

实施渔业资源修复行动计划，开展渤海生物资源增殖放流

转变渔业发展方式，打造山东十大渔业品牌

山东是渔业大省，发展渔业经济具有突出的资源、区位和科技优势。新中国成立以来，特别是改革开放以来，山东通过实施建设“海上山东”战略，转变渔业发展方式，大力发展生态、高效、品牌渔业，建设山东半岛现代渔业经济区，渔业发展取得了辉煌成就。2009年全省水产品总产量765万吨，是1949年的70倍；水产养殖面积68万公顷，是1978年的6倍；机动渔船7万艘，总功率达到213万千瓦；渔业人口157万，渔民人均纯收入9565元，高于全省农民人均纯收入3446元；渔业经济总产值2130亿元，渔业增加值459亿元，占全省农业增加值的比重由1978年的3%提高到14.2%。出口水产品91.8万吨，创汇33.6亿美元，创汇额占全国水产品出口总额的32%、占全省农业出口总额的34.4%。渔业已成为山东国民经济重要的支柱产业之一。山东水产品产量、渔业产值、出口贸易连续多年保持全国首位。新的时期，山东省委、省政府将渔业列为山东半岛蓝色经济区建设的主导产业，山东渔业将全面进入现代化建设的新时期。

山东水产品加工达国际先进水平，成为全国主要加工出口基地

加强环境保护，生态优良的海上牧场面积达600多万亩

现代化水产养殖车间

胶东鲍

胶东刺参

福建省海洋与渔业厅

新中国成立后，福建渔业发展迅速。特别是改革开放以后，福建省提出“以养为主”的渔业发展方针，从实行包干到船、以船核算，突破统购统销、放开水产品价格入手，改革生产经营、流通体制；凭借中央确定的率先对外开放省份的优势，大力拓展国内国外两种资源、两个市场，构建了全面对外开放的渔业新格局。这一系列改革开放举措，极大地激发了广大渔民发展渔业生产的积极性，极大地拓展了渔业的发展空间，极大地提升了渔业的产业素质。2009年，全省渔业经济总产值直逼1200亿元，达到1194.9亿元，是1978年的603倍；渔业经济增加值636.3亿元，占全省GDP比重达5.32%。渔业在大农业产值中的份额，从1952年的5.06%提高到28.3%，渔民人均纯收入超过8000元，高于全国平均水平，是1978年的115倍，渔业经济真正成为福建经济的重要支柱和新的增长点。

回首60年，福建渔业发展取得辉煌成就；放眼未来，福建现代渔业发展前景无限美好。福建省正以贯彻《国务院关于支持福建省加快建设海峡西岸经济区的若干意见》为契机，切实把解决渔业、渔区、渔民问题放到统筹城乡发展和建设社会主义新农村的大格局中去谋划，把确保水产品安全有效供给放到保障食品安全的大战略中高度重视，把加强水生生物资源养护作为我省生态文明建设的重要方面积极推进。继续解放思想，真抓实干，推动全省现代渔业又好又快发展，使渔业在海峡西岸经济区建设中发挥更加重要的作用。

省领导参观海洋与渔业展览

首届海峡（福州）渔业周暨渔业博览会成为闽台渔业合作新平台

渔民、志愿者参加放流

引进的台湾省水产加工生产线

上海市农业委员会

上海市水产办公室

上海市标准化水产养殖场建设取得重大进展

农业部渔业局局长李健华在上海市水产办主任梁伟泉等陪同下视察松江浦南标准化水产养殖场

中共上海市委农办、市农委主任孙雷、副主任邵林初在市水产办主任梁伟泉等陪同下视察崇明瀛东村标准化水产养殖基地

标准化水产养殖场建设是上海渔业结合实际创新发展的典范，体现了市委、市政府高度重视渔业、支渔惠渔的政策举措。2009年中央农村工作会议强调要进一步夯实农业农村发展基础。在当前上海城市化进程加快，渔业水域和养殖面积不断缩减的形势下，大力推进标准化水产养殖场建设对于保障上海地产水产品最低保有量，夯实上海都市现代渔业发展基础具有极为重要的意义。近年来，按照市农委《关于推进本市标准化水产养殖场建设意见》的要求，市水产办积极推进标准化水产养殖场建设。截至2009年底，共批复立项项目149个，总面积达4611.45公顷，总投资63269.62万元；共开工建设49个、总面积 1598.71公顷，其中已建成29个、总面积 1026.72公顷。2010年将进一步加大工作力度，争取再建设100个、2666.67公顷标准化水产养殖场。

长江总公司珍品标准化水产养殖场(休闲垂钓基地)

江苏省海洋与渔业局

全省海洋与渔业工作会议

江苏省海洋与渔业局局长唐庆宁(左二)考察水产科研机构

增殖放流

江苏省是闻名于世的“鱼米之乡”，有173万公顷内陆水域，海岸线长954公里，管辖海域3.75万平方公里，渔业资源丰富，渔业历史悠久。多年来，江苏充分依托区位资源、经济和科技文化优势，积极调整渔业产业结构，着力推动传统渔业向现代渔业转型升级，形成了独具特色的产业经济和行业文化。

回顾新中国成立60年，江苏渔业历经了三次大的改革，实现了三次飞跃。第一次是渔业生产方式的改革，由过去以捕捞自然资源为主，逐步调整渔业生产结构，将发展的重点转移到水产养殖上，1985年全省水产品产量首次超过了捕捞产量，实现了养大于捕的历史性转变。第二次是产业结构的改革，使渔业生产的目的由单纯的追求产量、速度转变为面向市场、讲求经济效益，渔业生产要素按市场原则科学配置，渔业突破了捕捞和养殖生产的限制，逐步向加工和市场流通拓展，形成了饲料—养殖—加工—流通—观赏旅游等产业群体，产业链不断完整，促进了大渔业格局的建立。第三次是发展理念的变革，不断改进生产方式，使渔业发展从原来过多地依赖自然资源转变为主要依靠科学技术，由追求经济效益向兼顾经济、社会、生态三个效益转变，由发展生产向注重环境友好、生态文明转变，努力体现经济与生态、人和自然的和谐统一，促进了渔业的全面、协调、可持续发展。

当前和今后一个时期，江苏的渔业工作将以科学发展观为指导，以现代高效渔业建设为目标，以渔(农)民增收为中心，以科技创新和体制创新为动力，加快渔业发展方式转变。大力推进渔业高效规模化、经营产业化、组织合作化，不断提高水产品综合竞争力、水面产出率、劳动生产率。加强渔业基础设施和公共支撑服务体系建设，全面提升水产品质量安全、渔业生态安全、生产安全水平和可持续发展能力，促进江苏渔业又好又快发展，为实现江苏“两个率先”奋斗目标多做贡献。

湖北省水产局

领导班子成员

小龙虾虾仁加工车间

湖北省水产局是农业厅所属副厅级参公管理单位。内设7个处室，人员编制56人。直属单位8家，其中正处级6家。全系统现有人员782人，在职532人。

湖北是千湖之省、水产大省，发展水产具有得天独厚的资源优势、科技优势、产业优势、市场优势，历来在全省国民经济和社会发展以及大农业中占有十分重要的地位。水产品产量、淡水产品人均占有量、内陆养殖面积、池塘养殖面积、苗种产值、淡水水产品加工和出口创汇等多项指标迄今连续保持全国的领先地位。2009年，全省水产养殖面积达到65万公顷；水产品产量333万吨；渔业产值413亿元；渔民纯收入达到7200元；全省水产加工企业发展到214家，年加工能力达到87万吨，加工量52万吨，产值80亿元，出口创汇2.1亿美元。

湖南省畜牧水产局

湖南省委书记张春贤在省畜牧水产局局长曹英华陪同下，登上渔民“连家船”，了解洞庭湖区渔民生产生活情况。

党组书记、局长　曹英华

农业部副部长牛盾，湖南省副省长徐明华等出席洞庭湖生物增殖放流活动。

农业部副部长牛盾在湖南省农业厅厅长田家贵、省畜牧水产局局长曹英华的陪同下，走进洞庭湖区渔民新居，与渔民亲切交谈。

湖南渔业资源丰富，有鱼类资源160多种，水域面积2040万亩，素有“鱼米之乡”美称。新中国成立以来，湖南渔业取得了跨越式发展，排全国渔业十强。2009年全省水产养殖面积574.5万亩，水产品产量188.06万吨，淡水水产品产量居全国第5位，养殖面积与水产品产量分别较新中国成立初增长了7.48倍、42.74倍。渔业产值188.53亿元，占农业总产值的5.6%。水产品已成为湖南农业中居粮食、生猪之后的第三大宗农产品，渔业已成为湖南农业、农村经济中最具活力的支柱产业和经济增长点。全省名特优水产发展迅速，初步建成了珍珠、河蟹、青鱼、甲鱼、乌鳢、鳝鱼、斑点叉尾鮰、湘莲8大名特优水产品养殖基地。斑点叉尾鮰出口欧美市场，是全国最大的淡水产品加工出口基地之一。湖南高度重视渔业资源保护和渔民解困工作，2009年投入资金1.8亿元实施渔民解困工程，惠及1.34万户渔民家庭4.5万渔民，2332户无房户捕捞渔民全部上岸定居，3096户困难户的危房得到全面改造，捕捞渔民的医保、社保、子女上学、转产转业等得到较好解决。在全国率先停止一切涉渔行政事业性收费项目，实现了渔民零收费、零负担，得到了各级领导和社会各界的充分肯定。

黑龙江省农业委员会渔业局
（中华人民共和国黑龙江省渔政局）

牛盾副部长、李健华局长在黑龙江省政府副秘书长金济滨等陪同下视察抚远县鲟鳇鱼养殖基地。

农业部渔业局副局长柳正、省领导、中俄渔政官员和渔业专家共同向黑龙江放流鲟鳇鱼。

深入市场，抽样检查，严把市场准入关。

黑龙江省农业委员会渔业局（中华人民共和国黑龙江省渔政局）隶属于黑龙江省农业委员会，负责全省的渔业生产和渔政管理工作。

黑龙江省渔业资源丰富，宜渔面积65.4万公顷；有鲟鳇鱼、大麻哈鱼、细鳞鱼和哲罗鱼等多种名贵特产鱼类，是我国重要的淡水鱼类尤其是鲟科鱼类和冷水性鱼类的种质资源库；边境水域长达2723公里，居内陆省份之首。新中国成立60年来，黑龙江省渔业取得了飞跃式发展，养鱼生产从无到有，2009年已发展到34.7万公顷；水产品总产量达到42.6万吨，是1949年的22.8倍；渔业在大农业中的份额，从1949年的0.3%提高到2009年的2.6%，是大农业中发展最快的产业之一。

水产健康养殖全面推进。已创建27处国家级、55个省级水产健康养殖示范区，省(部)级示范区面积已达11.6万公顷。无公害水产品产地认定面积已达16.1万公顷，无公害水产品养殖面积已扩大到28.1万亩，占放养面积的80.9%。

资源增殖保护效果显著。2009年放流各种鱼类苗种6342.4万尾。通过多年来的资源增殖，主产区捕捞鲟鳇鱼、大麻哈鱼数量明显增多，大麻哈鱼捕捞量由近10年平均年产3万尾恢复到近3年平均年产20万尾，增加6.7倍。

江西省渔业局

2001年5月30日，原中共中央总书记江泽民视察婺源荷包红鲤良种场。

改革开放30年来，江西渔业持续快速健康发展，成就辉煌，不仅是大农业中增长最快、发展最稳定的产业之一，而且是市场经济特征最为明显、发展潜力最大的新型产业。经过30年的风雨洗礼和渔业人的不懈努力，江西渔业已成为大农业中的支柱产业、农村经济发展的重要产业和农产品出口的主导产业，特别是在确保农产品市场有效供给、保障粮食安全、增加农民收入、扩大出口创汇、促进农业结构调整和平抑市场物价等方面发挥了重要作用，作出了积极的贡献。

水产养殖面积 从1978年的14.42万公顷扩大到2008年的40.26万公顷，扩大了1.78倍。

水产品产量 从1978年的5.93万吨增加至2008年的204.6万吨，增加了33.5倍。

水产品人均占有量 从1978年的1.9公斤提高到2008年的46.5公斤，提高了23.47倍。

特种水产品产量 从有统计记录的1993年的0.6万吨增加到2008年的59.07万吨，增长了97.45倍。

渔业产值及占农业总产值的比重 渔业产值从1978年的0.71亿元增加至2008年的211.6亿元，增加了297倍；渔业产值占农业总产值的比重由1978年1.1%提升至2008年的12.6%，提高了11.5个百分点。

水产加工品总量 从有统计记录的1987年的0.54万吨增加至2008年的19.84万吨，增加了35.74倍。

渔民人均纯收入 从1978年的106元增加至2008年的6394元，增加了59.3倍。

渔业就业人员 从1978年的8.23万人增加至2008年的155.57万人，增加了17.9倍。

2008年10月13日，国家领导人在赣县洋塘渔业新村视察。

2009年10月24日，农业部副部长牛盾视察都昌县现代渔业建设项目。

2007年11月28日，农业部渔业局局长李健华在彭泽县察看养殖生产日志。

2009年3月19日，江西省委常委、副省长陈达恒向赣江放流鱼苗。

烤鳗加工

河北省水产局

农业部副部长张桃林现场参观河北盐碱地渔业

河北省委原副书记张毅、副省长宋恩华视察河北渔业

农业部渔业局局长李健华在河北沧州市检查苗种整治工作

河北省东临渤海、内环京津，有大陆海岸线487公里、岛屿海岸线199公里，地方管理的海域及依托陆域总面积100万公顷，其中滩涂12万公顷、20米等深线以内浅海65万公顷；内陆有各类水域105万公顷，其中基本渔业水面18万公顷，湖泊、水库、池塘、稻田、冷泉、地热以及低洼盐碱地等宜渔资源丰富、类型齐全，渔业发展基础条件优越。

改革开放以来，河北省认真贯彻党的各项方针政策，渔业经济持续发展、生产结构不断优化，呈现出近海捕捞合理压缩、水产增养殖业蓬勃发展的局面。2009年水产品总量突破100万吨，水产养捕比例达到68:32，渔业总产值达到139亿元。并初步构建起沿海出口型、山坝区生态型、城市周边休闲型“三大”水产养殖带的优势布局。形成了中国对虾、海湾扇贝、红鳍东方鲀、梭子蟹、鲆鲽鱼、中华鳖、鲟鳇鱼、观赏鱼等特色主导品种和产业；河北盐碱地渔业开发在全国独树一帜，成为“以渔改碱”的一个典范；工厂化设施养鱼等现代生产模式得以推广；渔业资源增殖保护、渔业标准化生产、水产品质量监管、渔船安全生产管理等工作不断加强。河北正朝着现代渔业的发展目标稳步迈进。

河北省召开全省渔业工作会议

《河北省渔业“四百工程战略”实施意见》论证会

四川省水产局

局长　卿足平

渔政人员执法检查

广元市水产良种场

四川省水产局是全省水产渔政管理机关，内设行政办、党委办、渔政船检港监、人事、计财、生产、水库(市场与加工)、科教(水产质量安全办)、技术推广、质量监测、渔饲料渔药(水产学会办)、安全生产办共12个处(室)，直属国家级原(良)种场1个。

负责全省水产经济计划的制订，水产种苗的繁育推广，水产生产及水产基建项目的行业管理，水产技术指导，水产质量、渔药、渔饲料的监测，渔业有关法律法规的监督实施,渔政、渔船、渔港的执法监督和管理，水产加工、市场销售网络的建立和开发，水生野生珍稀动植物的保护，全省水产社团组织的指导等工作。

2009年，全省水产行业深入贯彻落实科学发展观，紧紧围绕发展现代渔业、推进新农村建设，深入实施渔业“转变、拓展、提升”三大战略，大力推进水产优势产业带、龙头企业、市场加工和质量安全执法保障建设四大工程，努力营造水产发展良好氛围，着力推进支撑保障体系建设，扎实抓好灾后恢复重建和各项措施的落实，圆满完成了水产渔政工作的各项任务。水产养殖面积、苗种生产、良种推广、健康养殖、水产新品种新技术推广、无公害水产品基地建设、水产品质量安全、水产养殖结构调整、特色水产、水产品加工与市场建设、招商引资、水产龙头企业和经合组织、产业化经营、水产科技工作、水产资源保护、惠民行动、安全生产等都取得了显著的成绩和新的发展。

全省渔业经济平稳较快发展，总产值达到238.46亿元，比上年增加21.03亿元，增长9.6%。全省农民人均水产业收入356元，人均增收36元。全省渔民人均实现纯收入6931元，比上年增加567元，增长8.91%。

鲁班水库大库捕捞

富顺县种苗繁育基地

彭州冷水鱼养殖——虹鳟

新疆维吾尔

新中国成立60年来，经过全区几代渔业工作者的艰苦奋斗和不懈努力，自治区渔业得到了全面、快速发展。经历了“从无到有，由小到大，由依靠天然捕捞到人工集约化养殖为主，由大宗品种养殖到名特优新”的发展历程。特别是改革开放以来，中国农村经济改革的强劲脉搏为新疆渔业的发展注入了勃勃生机，得到了长足发展。2008年，全区水产品总量达到9.34万吨，渔业人均纯收入达7500元。水产品产量由1949年的172吨增加到93386吨，增加542倍，年均增长率达11%，部分特有土著品种丁鱥、白斑狗鱼等向全国各地推广，池沼公鱼、高白鲑等产品实现出口创汇，农(渔)民通过发展渔业走向致富道路。新疆渔业的快速、健康发展为促进自治区农村经济繁荣、农(渔)民增收，做出了积极贡献。

回顾过去的发展历史，新疆渔业发生了翻天覆地的变化，渔业增长方式积极转变，养殖业、水库渔业、休闲渔业等得到长足发展，实现了从传统渔业迈向现代渔业的历史跨越。

中央关于西部开发战略的确立及积极财政政策的实施，使新疆渔业的发展、渔业基础设施的建设进入了前所未有的历史时期。截止2008年，全区共承建农业部基本建设项目25个，总投资6114万元，大部分项目已竣工并交付使用。

积极配合自治区人大、政府法制局开展立法调研，结合新疆实际制定了《限制渔获物捕捞网具规格的规定》、《新疆大头鱼保护条例》、《新疆维吾尔自治区渔业资源增殖保护暂行规定》，《新疆维吾尔自治区实施<渔业法>办法》、《伊犁河、额尔齐斯河渔业资源管理条例》、《新疆维吾尔自治区水生野生动物保护名录》并相继颁布实施。

农业部牛盾副部长（右五）视察新疆渔业养殖现场

农业部渔业局李健华局长视察加工企业

自治区水产局局长古力就增殖放流工作做重要指示

农业部“水产健康养殖示范场”授牌仪式

新疆水产学会2009年“科技活动周”下乡仪式

渔政员巡湖检查

自治区水产局

依法强化渔业资源增殖保护工作。在农业部统一部署下，自治区渔政站组织开展天然水域资源增殖放流行动，安排专项资金，加大向大型水域苗种投放力度，共放流各类鱼苗1.2亿尾，投入资金3500万元。国家一级保护水生野生动物新疆扁吻鱼，首次依靠本地科研力量人工繁殖成功，并向水库投放鱼苗40余万尾。

依法对自治区境内重点经营利用水生野生动物的地(市)开展许可制度，组织渔业行政执法人员不定期及重大节日期间对市场、酒店、流通环节进行联合执法大检查，起到很好宣传教育作用，规范了市场行为。

无公害水产品及产地的认证认定工作有力开展，博斯腾湖、赛里木湖、乌伦古湖三大天然水域均通过国家有机食品生产基地认定，养殖主产区共计8个产地，33个品种通过无公害初步认定。

积极创建“健康养殖示范区(场)”，创国家级“健康养殖示范区(场)”11个，自治区级12个。

积极开展“全国渔业文明执法窗口”创建工作，有四个单位被评为“全国渔业文明执法窗口”单位。

渔业船舶监督管理正式启动。2007年，自治区渔业船舶检验局正式成立，渔业船舶管理正式纳入法规化管理轨道。

新中国成立后，新疆科研推广体系建设逐步完善，全区有水产科学研究单位1个，地区级及县级技术推广单位22个，乡级和区域站2个，科技进步及科学技术的广泛应用在渔业发展中发挥了重要的作用：经济效益大幅度提高，渔业生产方式向多种经营化方向发展，加大了渔业资源开发的广度和深度。

流水养殖——虹鳟鱼养殖

冷水鱼鲑鳟类养殖场

现代冷水鱼孵化育苗车间

水产业发展迈出新步伐

渔民冬捕收渔忙

广西水产畜牧兽医局

新中国成立以来，尤其是改革开放以来，广西渔业迅速发展，渔民人均纯收入大幅度提高，由1978年的154元增长到2009年的7613元，增加48.44倍。渔业已形成了养殖、捕捞、加工和资源保护的完整渔业产业体系。

优势品种产业开发快速推进 罗非鱼、对虾和海水贝类的养殖和加工形成了一定的生产规模，以龟鳖为主导品种的特色水产养殖不断扩大。

水产品质量有效监管 全区1125个生产经营苗种场办理《水产苗种生产许可证》达100%。2009年水产品产地检测合格率达98.6%。

水产健康养殖快步推进 已挂牌国家级水产健康养殖示范场34家，共发布实施了地方渔业标准76项，认定无公害水产品产地166处，认证无公害产品252个，有效备案认定面积达39.70万亩、产量10.17万吨。

海产品加工业初具规模 水产品年加工能力32.56万吨，水产冷库51座。拥有水产品加工企业212家，规模以上企业47家，获得HACCP验证和俄罗斯注册15家，获欧盟注册10家，有5家公司通过美国HACCP认证、欧盟EEC认证、ISO9000国际质量管理体系认证。

水产品出口平稳发展 2009年水产品出口量4.2万吨，出口值1.33亿美元，分别比加入WTO时增加了41.9倍和51.4倍。

局长梁雨祥(前排左三)在防城港市调研深海网箱养殖情况

百洋公司繁忙的罗非鱼加工车间

大水面生态养殖一角

海洋捕捞生产

安徽省农委渔业局 安徽省渔政局

安徽为内陆近海省份，兼跨长江、淮河、新安江三大流域，渔业历史悠久，渔业资源丰富，湖库、池塘星罗棋布，鱼类品种繁多，为内陆淡水渔业大省。巢湖，为全国五大淡水湖之一。近年来，加快发展现代渔业，全省渔业经济持续快速健康发展，成为农业和农村经济中发展最快的产业。名特优水产品种养殖发展迅速，养殖品种结构逐步优化；全省现代渔业向良种、加工、营销、出口和休闲旅游等方面延伸步伐加快，产业化水平不断提高；以生物修复技术为核心的生态健康养殖模式得到广泛推广，以河蟹为主导品种的生态健康养殖近500万亩，创建了100个市级以上标准化健康养殖示范场（区），其中46个已批准为国家级健康养殖示范场；水生生物资源养护和增殖放流力度加大，2009年增殖放流各类经济鱼类1.59亿尾。为加快安徽现代渔业发展，省委、省政府决定组织实施水产跨越工程:经过努力，使全省水产业发展主要经济指标三年上台阶，十年翻一番，在水产大县建设、产业化经营、市场开拓、苗种产业发展和资源养护等方面实现跨越式发展。到2020年，实现水产品产量、产值和农民渔业纯收入翻番，实现水产大省向渔业经济强省跨越。

海南省西南中沙渔政渔港监督管理站

领导班子

办公楼

1993年6月，海南省西南中沙渔政渔港监督管理站正式挂牌成立。该站是我国在南中国海最前沿的行政执法职能部门，至今已由当初的7名工作人员和一艘45匹马力的玻璃钢快艇，发展到21人及一艘260吨位的钢质渔政船(即中国渔政309船)和一艘170匹马力的执法艇，队伍和装备建设都得到了明显的加强。

多年来，在海南省西南中沙群岛工委的正确领导下，在上级有关业务部门的指导和关心下，紧紧围绕“巧做经济文章，达到维权与维稳的目的”，立足西南中沙的工作实际，克服种种困难，较好地完成了上级交给的各项任务。共出海巡航2000多天，航程150000海里，成功处理了近500宗外国渔船的侵权侵渔案件及查处了千多艘国内违规渔船。有力地维护了国家的海洋权益及有效地保护了渔业资源。

该站自成立以来，先后被农业部、海南省人民政府、农业部渔业局、中国渔政指挥中心、南海区渔政局分别评为“全国渔政工作先进单位”、“海南省防台风先进单位”、“海南省先进基层党组织”、“专属经济区巡航工作先进单位”，同时，多次被海南省西南中沙工委、办事处和渔民团体评为“先进工作单位”等荣誉称号。

青岛市海洋与渔业局

市海洋与渔业局党委书记、局长黄聿颂与网民在线交流。

2009年11月3日，2009年中国国际渔业博览会在青岛开幕。图为青岛市海洋与渔业局局长黄聿颂陪同农业部副部长牛盾、山东省副省长贾万志视察参观渔博会。

青岛市2009年渔业资源增殖放流启动仪式。

2009年11月2日，东北亚地区地方政府联合会海洋与渔业专门委员会在青岛成立。图为山东省省长姜大明，东北亚地区地方政府联合委员会秘书长李海斗、农业部副部长牛盾、国家海洋局副局长王飞为东北亚地区地方政府联合会海洋与渔业专门委员会揭牌。

青岛市海洋与渔业局是青岛市政府主管海洋事务和渔业行政的工作部门。2009年，该局紧紧围绕“护海兴渔”目标，积极作为，科学务实，全面加强海洋综合管理，加快发展现代渔业，积极推进全市蓝色经济区建设。全年完成主要海洋产业总产值达1500亿元，比上年增长3.4%；水产品产量110万吨，增长4.1%；实现水产品产值104.6亿元，比上年增长10.1%；渔业经济总产值340亿元，增长6.3%；渔民人均纯收入12800元，增长9%。渔业主要经济指标位居全国副省级城市前二位，获全省“富民兴鲁”劳动奖状，被青岛市委、市政府表彰为“青岛市文明机关标兵”。

近年来，青岛市大力发展以深海抗风浪网箱养鱼、高标准池塘养海参为代表的现代高效渔业，成为全国北方最大的深水网箱养殖基地。图为青岛深海抗风浪网箱养殖。

地址：青岛市高雄路18号海洋大厦　邮编：266071
电话：（0532）85886981　传真：（0532）85885692
网址：http://ocean.qingdao.gov.cn

象山县海洋与渔业局

品牌战略助推象山渔业经济腾飞

象山海鲜名品拍卖会现场

中国渔业协会常务副会长、秘书长林毅向象山县副县长孙小雄授牌"中国海鲜之都"

象山是海洋与渔业大县，近年来，通过大力实施"品牌渔业"战略，"象山海鲜"品牌日益深入人心，受到广大消费者的青睐。品牌效应使渔民的生产积极性空前高涨，并带动了象山渔业经济的发展。2009年水产品总量57.5万吨，总产值47.5亿元，占全县大农业产值的75%。目前该县水产品加工企业220家，其中县级以上农业龙头企业39家，国家级1家，省级2家，市级13家。

建成56个无公害水产品产地。"象山海鲜"获国家级无公害水产品认证27个，国家级绿色食品11个，获国家级有机产品认证4个，宁波市名牌产品12个，浙江省名牌产品6个。省著名商标3个，宁波市知名商标6个，目前正积极申报中国名牌产品。积极开展"象山海鲜"品牌包装、推介活动。培植形成水产品新的交易模式，成功开展"象山海鲜"名品拍卖会。同时，在全国大中城市设立统一格式的"象山海鲜"名特优水产品直销窗口26家，辐射全国8省3直辖市。

2009年"象山梭子蟹"、"象山大黄鱼"、"象山紫菜" 成功获批国家地理标志证明商标，同年中国渔业协会授予象山县"中国海鲜之都"、"中国梭子蟹之乡"荣誉称号。

石家庄市水产管理局

腾飞的石家庄渔业

创新工作思路·强化渔政监管·打造现代渔业

研究渔政执法工作

市场质量监督员培训

市场准入执法检查

新品种引进与研究

石家庄渔业，坚持以科学发展观为指导，以转变生产方式、保持渔业经济平稳较快发展为核心，不断创新工作思路，强化渔政监管，促进产业发展。

开展水产品市场准入工作，成效显著 石家庄市从2008年12月1日起，在全省率先实施了水产品市场准入制度，对所有进入市区的鱼、虾、蟹、贝、鳖等鲜活水产品必须进行孔雀石绿、氯霉素、硝基呋喃三项违禁药物残留强制性监测，市渔政部门分两个执法大队对各市场实施日常监管，全面落实市场准入各项制度，有力保证了水产品质量安全。

成立渔业治安办公室，树立渔政执法新形象 为加强行业管理，树立行业形象，确保渔政执法工作取得实效。2009年5月，与市公安局联合成立渔业治安办公室，对重大涉渔案件由治安办公室协调辖区公安部门进行联合执法，使违法涉渔案件得到及时有效处理。

突出特色渔业发展，养殖品种结构逐步优化 一是生态化中华鳖养殖发展迅速。通过抓品牌、抓发展机制，全市中华鳖养殖面积达到2500多亩，年产鳖种800多万只，商品鳖1800多吨；二是冷水鱼养殖位居全国前列。以井陉、赞皇和平山县鲟鱼养殖为主，全市流水养殖面积达到1200余亩，冷水鱼养殖企业20多家。

实施科技兴渔，新品种引进项目获得成功 积极与省水产研究所合作，对江鳕、河鲈、白斑狗鱼和青海湖裸鲤进行了人工繁育试验，并获得成功，实现在非原产地全人工繁育。以上科技项目落户石家庄，对保护原产地种质资源，调整养殖品种结构，增加渔民收入都有着十分重要的意义。

为进一步推进石家庄渔业快速发展，石家庄市将以省“四百工程战略”为指针，加强渔业资源与环境的保护利用、推进水产品牌建设、水产苗种管理、渔业安全生产等工作，全力打造省会都市渔业。

四川武胜县水产渔政局

武胜县水产渔政局是县编委批准成立的科级事业单位，现有职工10人，其中高级工程师2人、工程师4人，有大学本科毕业生3人，大学专科毕业生3人。局内设有办公室、水产种质资源保护区管理处、水产站、渔政管理站、渔业船舶检验站、水生动物防疫检疫站。

主要职能 负责全县水产发展规划，水产技术推广，水产病害防治，水产品种质检测，鱼药鱼饲料质量监测；渔业行政执法，渔业许可证件核发管理，渔业资源保护，水生野生动植物环境保护，渔事案件查处，渔业安全生产监管等工作。

主要业绩 水产业是武胜县发展农村经济的"四大"骨干产业之一，在调整农村产业结构、增加农民收入、发展农村经济中起到了十分重要的作用。2009年完成水产品总量2.70万吨，其中名优水产品达1.42万吨，实现渔业经济总产值3.72亿元，分别比上年增长7.8%、12.1%，农村人均水产品占有量36.3公斤，农村人均渔业经济产值512元，居全省前列。

深圳市海洋与渔业服务中心

放生现场

2009年，深圳市海洋与渔业服务中心以加强海洋生态管理，维护生态安全为主线，全面落实年度各项重点工作，更好地促进了市海洋渔业事业的发展。

为进一步修复海洋生态资源，以人工鱼礁建设和增殖放流为重点，通过实施渔业资源的增殖放流，大力推进人工鱼礁建设与管理，开展人工鱼礁对海洋生态环境影响的研究以及沿海珊瑚资源的调查和管护工作。

水产技术推广作为该中心的传统核心业务，重点突出了水产养殖疫病的测报和防控工作，同时，还积极引进新品种新技术，开拓养殖空间，提升养殖效益，以促进深圳市水产养殖业的持续发展。

通过对水产养殖基地的走访调研，制定了年度职业技能培训和科技下基层计划，2009年，共举办各类培训班6期，参加培训人员371人，发放技术资料3460份。

2010年深圳市海洋与渔业服务中心将紧紧围绕“修复和改善海洋生态环境”的大目标，加强自身建设，强化服务意识，多项措施并举，狠抓深圳市海洋生态资源管理及修复，维护海洋生态安全。

当涂县水产局

“中国生态养蟹第一县”授牌仪式

石臼湖螃蟹

全国内陆水产生态养殖现场会代表参观现场

新中国成立60周年看安徽当涂渔业经济新变化 安徽省当涂县地处长江下游东岸，位于安徽省皖江城市带承接产业转移示范区内，是“长三角”辐射内地的门户。全县水域面积46.5万亩，养殖面积33万亩，水产品产量6.6万吨，其中河蟹养殖面积已占总养殖面积的97%，达到32万亩，河蟹产量1万多吨。该县是全国著名的河蟹养殖大县，2007年被列入全国渔业科技入户示范县。该县推广的以“种草、移螺、稀放、配养、调水”为核心的生态养殖技术被总结为“当涂模式”，并在全国内陆地区推广。2009年被中国渔业协会授予“中国生态养蟹第一县”称号。

新中国成立60年来，特别是改革开放30年来，该县渔业经济发生了翻天覆地的变化，得到了全面、持续、快速、健康发展，形成了明显的产业特色，河蟹养殖业已成为该县农业经济的支柱产业。全县水产品产量由解放前的5000多吨增加到2009年的6.6万吨，增加约13倍；水产品养殖面积由1979年的9万亩增加到2009年的33万亩，翻了近两番；全县农民人均渔业收入已占其非工资性收入的一半，乡村集体经济收入近一半来自水产业。

以河蟹养殖为特色的渔业经济，为增加农民就业、促进农民增收和县域经济发展、社会进步作出了重要贡献。

江苏渔港监督局 江苏渔船检验局

局长　胡永生

2009年，江苏渔港监督局、江苏渔船检验局以深入学习实践科学发展观活动为动力，坚决贯彻落实“渔业安全生产年”活动重大工作部署，保持了全省渔船水上安全生产形势总体平稳态势。受农业部渔业局委托，在吕四国家中心渔港举办了全国渔业安全生产宣传片首发仪式暨“防灾减灾日”宣传活动。圆满完成了2009年渔船船东船长安全管理培训任务。紧扣民生主题和发展要务，积极破解渔业安全管理难题，启动了江苏省渔业政策性保险试点，实施了渔业船舶身份识别管理。争取和落实国家强渔惠渔项目资金1600万元，为全省渔业科学发展、安全发展提供强有力的保证。

局办公楼

全省渔业港监船检工作会议

全国渔业船舶检验系统检验标兵单位
全国渔业船舶检验机构文明单位
全国渔业海难救助先进集体
全国渔业互保工作先进单位
省海洋与渔业局先进单位
党风廉政建设工作先进单位

西安市渔政监督管理站

西安市委副书记王成文检查水产品质量安全监管工作

西安市开展水生生物资源放流系列活动之一

西安市渔政监督管理站于2004年9月经市编办批准成立，正处级建制，具有渔政监督管理及渔业行政执法职责，核定编制20名，为参照《公务员法》管理单位。2008年，被农业部授予“全国渔业文明执法窗口单位”。

依据相关法律法规授权及行政主管部门委托，西安市渔政监督管理站主要承担渔业法律法规的执行监督和渔业违法案件查处、渔业生产秩序维护和渔事纠纷调解、渔业资源保护增殖和水生野生动物救护、渔业环境保护和渔业水域污染事故查处、水产品质量安全监督管理、水生动物防疫检疫、渔业环境监测、渔需物资监管等职能。

近年来，依据《中华人民共和国渔业法》等法律法规，西安市渔政监督管理站认真履行水生野生动物保护救护、渔业资源养护和渔业生产安全秩序维护等职责的同时，结合西安渔业实际，依法拓展职能，在水生野生动物保护救护、水产品质量安全和渔需物资监管方面走在全省前列。截至2008年底，累计认定无公害水产品产地43个，养殖面积占到全市水产总养殖面积的77%，组织近70个产品通过无公害水产品认证。根据西安市水务局的统一部署，组织全市10个区(县)渔政部门建立了市、区(县)两级水产品质量安全监管体系，实现西安境内大型水产批发市场、水产批零兼售市场和兼营水产品超市100%监管。

站长　孙　定
地址:西安市文艺北路98号　　邮编:710054
电话:029－87805012　传真:029－87805012
E－mail:xassczz@yahoo.com.cn

启东市海洋与渔业局

为实现渔业经济可持续发展创佳绩　为争当江苏沿海开发排头兵作贡献

空中鸟瞰吕泗渔港

在《江苏沿海地区发展规划》上升为国家战略的新形势下，江苏省启东市海洋与渔业局抢抓江苏沿海开发新机遇，不断开创海洋与渔业经济发展新局面。2009年，全市渔业总产量33.92万吨，水产业总产值67.98亿元，比上年增长4.7%。渔业产值占大农业总产值的51%，撑起了农村经济的“半壁江山”，比农业产值高出了53.8个百分点。渔业经济各项指标完成实绩在全省同行业中处于领先地位。其主要特点体现为：渔业经济发展势头良好，重大用海项目顺利报批，科教兴渔兴海成绩斐然，海洋与渔业执法文明规范，渔业安全生产形势好转。

吕泗国家二类口岸

吕泗渔港自动船闸

开足马力驶向远洋

新疆博湖县博斯腾湖管理局

党委书记　吕新平

博斯腾湖古称“西海”，是我国最大的内陆淡水湖，总面积1646平方公里，因传说有博斯腾和尕亚两人的凄美爱情而得名。博湖不但具有深厚的渔文化底蕴，而且还是新疆最大的渔业生产基地。湖区出产的池沼公鱼、鲤鱼、草鱼、中华绒螯蟹等十个水产品种和大湖区150万亩水域已通过国家有机认证；湖区有中国最大的野生睡莲群、种类数量众多的候鸟和“山、沙、海”相连的独特景观，是国家级风景名胜区；环湖芦苇湿地面积达60余万亩，芦苇年储量20多万吨，是全国四大苇区之一。

“十一五”以来，博湖县委、县人民政府坚持“生态立县、湖泊富县”战略，渔业生产健康发展。组建博斯腾湖生态渔业有限责任公司，整合博斯腾湖渔业资源，实施博斯腾湖有机鱼精品名牌战略，加快水产产业化发展步伐，实现资源优势向经济优势的良性转化。

延庆县水产服务中心

伴随着新中国成立60周年，延庆渔业也经历了从无到有，从小到大的发展历程。1954年我国第一座大型人工水库官厅水库建成，1955年国家对水库投放大量鱼种，1958年延庆、怀来两县分别成立渔业捕捞队，官厅水库起捕，当年产量9.05万公斤。20世纪60年代到70年代初，年均捕捞量在14万公斤左右。进入70年代到80年代初年捕捞量稳定在60万公斤左右。90年代水库开始“三网”（栏网、围网、网箱）养鱼。进入新世纪后，延庆县的水库、河流等重要渔业水域大规模开展以涵养首都水域生态为目标的人工增殖放流活动，水库捕捞实施休渔期管理和捕捞并举。

改革开放后的1980年至1990年是延庆渔业生产快速增长的10年。90年代后，流水养殖、冷水鱼养殖等陆续在延庆出现。经过50多年的发展，延庆渔业产量产值不断提高、产业结构不断调整，目前以发展渔业科技、节水渔业、休闲渔业、生态渔业为方向，欢迎广大英才来延庆投资发展渔业经济。

舟山市海洋与渔业局

局长　沈承宏

舟山市是我国唯一由群岛组成的海上城市，位于中国大陆海岸线的中部，长江口南侧，杭州湾外缘的东海洋面上。舟山境内岛屿遍布，海域辽阔，深水良港众多，区域面积2.22万平方公里，其中海域面积2.08万平方公里，陆域面积1440平方公里。

舟山渔场有渔业资源种类500余种，拥有“东海鱼仓”、“中国渔都”、“中国海鲜之都”美誉。舟山拥有一支技术精良的高素质捕捞队伍，远洋渔业产量约占全省的80%，全国的15%；海水养殖发展迅速，已形成了以大黄鱼、梭子蟹、对虾和贻贝为主的舟山特色优势水产品养殖示范基地；依托渔港、渔村风景秀丽、自然与人文景观丰富、渔民民俗风情豪放浓郁的优势，“渔家乐”等休闲渔业异军突起；水产加工业整体装备水平、生产加工能力和产品技术含量在国内处于领先地位，是我国重要的海水产品加工贸易基地；水产品市场兴旺发达，2009年，水产品交易量约70万吨，交易额63亿元；基础设施建设不断加快，现有渔港布局59座，其中国家级中心渔港4座，基本形成了以国家级中心渔港为龙头，一、二级中心渔港为骨干，三级渔港和天然避风岙口为基础的渔港经济区体系。

2009年，舟山市以科学发展观为指导，坚持“渔业稳市”，以建设渔业强市为目标，以加快推进渔业转型升级为重点，开拓创新，实现全市渔业总产量123万吨，渔业总产值84亿元，渔民人均纯收入达到12716元，全市渔业经济保持了良好的发展态势。

先进的鱼糜加工生产线

舟山市自制的全省首艘北太平洋经济型鱿钓船下水

嵊泗中心渔港渔船云集

哈尔滨市农科院水产研究分院

哈尔滨市农业科学院水产研究分院原名哈尔滨市水产研究所，成立于1971年，是一所集科研、开发、教学、服务于一体的市级科研机构。2005年并入哈尔滨市农业科学院，主要从事水产新品种的引进繁育、土著鱼类的养殖与繁殖、鱼类疫病防疫、濒危物种救护等。多年来，先后承担国家、省市级科研项目30余项，获得多项国家、省、市级科技奖励。配合有关部门对黑龙江、松花江流域中濒临灭绝的鱼类进行救治和资源增殖，共救治和放流国家二级保护动物施氏鲟鱼卵50万粒，鱼苗29万尾，幼鱼34.3万尾，成鱼70尾，亲鱼2尾。现主要产品有：施氏鲟、匙吻鲟、哲罗鱼、细鳞鱼等名优品种，分院在研究开发新品种、新技术以及黑龙江流域施氏鲟资源增殖放流和磨盘山水库生物资源调查等公益事业做出了突出贡献。

人工孵化施氏鲟鱼卵

磨盘山水库水生生物资源调查

大连市金州区海洋与渔业局

党委书记、局长 雷善敏

大连市金州区位于辽东半岛南端，东临黄海、西濒渤海，海岸线长161.23公里，可管辖海域面积61290公顷，盛产鱼、虾、贝、藻等各类水产品几十种，水产资源较为丰富。金州区海洋与渔业局系金州区海洋与渔业行政主管部门，担负着全区渔业生产的指导、协调、服务以及海洋与渔业执法管理等职能。内设办公室、渔业、市场与加工、海域管理4个科室；下辖渔政管理所、海监大队、渔港监督、船舶检验站、苗种管理站、水产技术推广站、海珍品增殖站7个事业单位。

2009年，局领导班子带领全局工作人员，认真贯彻落实科学发展观，积极调整产业布局，以推进临海产业项目为重点，以保障渔业生产安全和水产品质量安全为核心，进一步强化海洋与渔业管理，使各项工作取得了新的成效。

渔港竣工典礼仪式

新造渔政船顺利下水

温州市海洋与渔业局

国家海洋局领导来温考察

执法船

温州市洞头县网箱养殖

温州市海洋与渔业局是温州市人民政府主管海洋综合管理与渔业产业发展的直属机构。内设6个职能处室，即：办公室（人事教育处）、海域管理处（海洋经济工作办公室）、资源环境保护处、渔业产业处、综合处、渔政渔监处（中华人民共和国温州渔港监督处、安全管理处）。下属四个事业单位,即：温州市海洋与渔业执法支队（中国海监温州市支队、中国渔政温州市支队）、中华人民共和国浙江渔船检验局温州检验处、温州市海洋渔业船舶安全救助信息中心、温州市渔业技术推广站。

该局致力于强化海域使用管理、海洋环境保护、海洋渔业资源管理、水产品质量安全管理，致力于服务沿海产业带建设，从而为温州市海洋经济的发展提供了良好的保障；致力于推动捕捞渔业的减船转产，推动海洋渔业结构的战略性调整；致力于加强队伍建设，努力转变职能、转变作风，提高执政执法水平，为温州海洋与渔业经济的发展保驾护航。

北海市水产畜牧兽医局

2009年，在市委、市政府的领导下，在各有关部门的大力支持下，全市水产畜牧兽医系统认真贯彻落实科学发展观，采取措施，真抓实干，有力促进水产畜牧兽医业持续健康发展，全面完成各项工作目标和任务，取得了显著的成绩。全市渔牧业总产值达到98.53亿元，比增5.3%，完成全年任务的100%。

水产养殖业 2009年全市水产养殖面积31419公顷，比增10.6%，养殖总产量453233吨，比增9.1%。

标准化养殖与水产品质量安全 2009年全市建立无公害标准化养殖示范基地10个，申报无公害产地认定和产品认证10个。水产品质量抽检合格率100%，饲料、兽渔药投入品抽检合格率100%。

优势品种养殖和罗非鱼产业化扶持政策 全市对虾、罗非鱼、文蛤、大蚝、象鼻螺等优势品种养殖总面积达22945公顷，产量39.23万吨、总产值44.37亿元。

水产特色养殖 合浦东园生态农业有限公司在山口乌泥古珠池建立2000亩优质珍珠养殖示范基地。北海市黑白金珍珠有限公司与北海市正泰珍珠研究所合作，以海南大学海洋研究中心为技术依托，在涠州岛南湾建立大型珍珠养殖基地。推广北海市珍源公司发明的海水彩色珍珠定向培育技术。发展黄沙鳖、石龟、蛙等特色庭院养殖。开展方格星虫（沙虫）生态养殖。

水产品加工业 2009年北海市共有水产品加工企业87家，水产冷库40座。水产品加工出口继续保持持续快速增长。

渔业资源和环境保护 建立健全各项渔政管理制度，加大执法力度，开展专项整治，加强资源和环境保护工作。

监利县水产局

湖北省水产局原局长徐汉涛、副局长郑国蓉在县委书记李吉高陪同下，视察监利沿洪湖地区60万亩水产大板块

2010年6月1日，荆州市第六次水产工作现场会再次在监利召开。监利县委书记李吉高(左二)、县长董新发(右二)陪同荆州市领导视察监利水产板块。

2009年，全县完成水产总面积91.7万亩，水产品总量23.33万吨，渔业产值33.86亿元，分别比2008年增长16.7 %、29.3%和42.2%。水产总面积居全省首位，产量和产值居全省县(市)级第二位。三大特色水产品黄鳝、小龙虾和河蟹年产量分别达2.5万吨、5.2万吨和2.4万吨，在全省处于领先地位。2009年1月，省政府确定监利县为全省水产大县，2009年6月，荆州市委、市政府授予监利县为2007－2009年全市水产工作先进县(市)，2010年1月，省农业厅授予监利县水产局2009年度全省农业工作先进单位，荆州市委、市政府授予监利县2009年度水产业发展先进县(市)一等奖。

长春市石头口门水库管理局

局长　贺国兴

长春市石头口门水库位于吉林省中部，第二松花江支流饮马河中游，水面面积100平方公里，水质纯净无污染，是长春市的主要水源地。水库管理局以“服务民生”为己任，加强工程管理工作，开展了兴利增容、芦苇湿地等工程建设，增加了城市供水量，提高了水质标准，每年向长春市供水2.2亿立方米，保证了城市供水水质、水量安全，为长春市经济社会发展做出了重要贡献。

依托得天独厚的水源优势，石头口门水库大力发展淡水渔业。自2003年成立长春市石头口门水库渔业有限责任公司以来，每年生产各类鲜鱼320吨，年均销售收入660万元，打造了“石头口门水库”鲜鱼品牌，2010年通过了有机产品认证。水库鲜鱼产量逐年上升，市场占有率不断提高，大大丰富了人们的餐桌，满足了人们不断提高的健康饮食需求。

香港渔民互助社

香港渔民互助社第48届委员会于2010年2月在香港举行就职礼。渔社主席林根苏致词指出，渔社一直是渔民先驱，多年来为维护广大渔民权益，向内地和特区政府有关部门反映意见，沟通及协调问题。经过不懈努力获得政府肯定和社会上认同。未来渔社秉持以往宗旨，继续为渔民提供优质服务。香港民政事务局局长会得成表示，渔社发挥守望相助精神，维护业界权益，促进渔民福祉，加强与内地和特区政府部门的合作，在新一届委员会继续支持特区政府依法施政，维持香港繁荣稳定。

香港渔民互助社第48届执行委员会成员

前排会长梁伟英(左五)、副会长张志荣(左七)，主席林根苏(左六)，副主席张少强(左四)、张火有(左八)、陈十五(左九)、梁炳坤(左三)，秘书长张少峰(右一)。

浙江省渔业互保协会

理事长刘向东接受浙江电视台农村公共频道采访

浙江省渔业互保协会是全省范围内渔业组织与个人自愿组成、实行互助共济的非营利性的社会团体组织,承载全省政策性渔业互助保险业务。协会自2004年12月成立以来，全省渔业互助保险快速发展，目前已在沿海地区（除宁波市外）的18个市(县)和5个淡水县(市)设立23个办事处，2个服务中心。

2009年，全省参保渔船1.4万余艘，占可保渔船总数96%以上；参保渔民12.5万余人，占下海渔民总数97%以上，人均保额超过18万元；承载风险保额310多亿元。全年处理理赔案件6609起，为受灾渔民支付理赔款8455.62万元，为渔业安全生产和恢复再生产、保障渔民利益做出了显著成绩。

2009年，浙江省财政拨出3330万元专项补贴资金用于政策性渔业互助保险补贴；15个市(县)配套补贴1321.61万元；中央财政补贴196万元，使广大渔民真正享受到政府政策性补助的温暖。

农业部渔业局局长李健华（右）为渔业船舶交易服务中心授牌

在推动政策性互助保险的同时，协会始终坚持“互助共济、服务渔业”的宗旨，2009年协会又采取三项让利优惠措施服务渔民：一是主动下调雇主责任互保附加医疗险和远洋渔船雇主责任互保费率，同时完成《协会费率研究报告》，决定在2010年全省互保费率降低10%，直接让利2200多万元普惠于渔民。二是继续推行无理赔奖励政策，对2008年度无理赔的10631艘渔船给予奖励，共发放奖励金611.1万元。三是进一步扩大渔民会员小额贷款范围，目前已在舟山、普陀、定海、温岭、玉环、苍南等6个县(市)推开，为渔民会员新增发放小额贷款1010万元，累计已发放贷款2377万元。

农业部东海区渔政局局长李富荣在中心成立大会上发表讲话

为了拓宽互助保险业务领域，配合渔业行政主管部门做好渔船安全管理，2009年根据农业部办公厅《关于开展渔业船舶交易中心试点工作的通知》［农办渔（2009）115号］精神，协会独资注册登记，以民办非企业单位形式成立全国首家渔船交易服务场所——“浙江省海洋渔业船舶交易服务中心”。中心的服务范围包括：为渔船交易双方提供交易场所、技术咨询、信息资料、价格评估、证件代办、交易结算、纠纷调解等服务，以及承办业务主管部门交办的其他工作。

浙江省渔业互保协会网站：http://www.zfmi.com

协会无理赔奖励发放现场会颁奖仪式

协会近年来取得荣誉

中国水产科学研究院

院长　张显良

中国水产科学研究院作为国家级水产科研机构，担负着全国渔业重大基础、应用研究和高新技术产业开发研究的任务。在解决渔业及渔业经济建设中基础性、方向性、全局性、关键性重大科技问题，以及科技兴渔、培养高层次科研人才、开展国内外渔业科技交流与合作等方面发挥着重要的作用。全院现有9个研究所(中心)和4个增殖实验站，与地方共建了5个研究机构。现有在职职工2027人，其中科技人员1502人，已基本形成了由院士、国家级专家、部级专家、院首席科学家以及中青年优秀人才组成的层次结构比较合理的科研团队。

全院拥有省(部)重点开放实验室11个、院级重点开放实验室12个，国家级、部级质量监督检测中心10个，部级野外观测台站8个，国际水产培训中心2个，科研实验及中试基地37处，拥有千吨级海洋科学调查船2艘。研究重点为渔业资源保护与利用、渔业生态环境、水产生物技术、水产遗传育种、水产病害防治、水产养殖技术、水产加工与产物资源利用、水产品质量安全、渔业工程与装备、渔业信息与发展战略等十大研究领域。

农业部副部长张桃林出席中国水产科学研究院科技服务与推广工作会议

建院以来，我院科技工作者攻克了渔业发展中的一系列基础性、关键性技术难题，取得了一大批对产业发展有较大推动作用的成果。全院共取得各类科研成果3500多项，有500多项成果获国家和省(部)级奖励，其中国家奖54项，全院以占全国水产科研单位20%左右的科技人员，取得占全国水产行业50%以上的国家级和省(部)级奖。

与宁波天邦股份有限公司签署全面开展科技合作协议，共建鱼类营养与饲料研究所，设立天邦人才和谐成长奖励基金

牵头成立的“全国渔业科技协作网”，吸引全国70余家渔业科研、教学和龙头企业的广泛参与，有力地推动了全国渔业科技大联合、大协作。“水产科技论坛”已发展成为渔业科技领域国际知名的学术交流平台。全院与60多个国家和国际组织建立了密切合作关系，为100多个国家和地区培训了1500多名高级水产人才。

我国第一艘自行设计、自行建造的海洋渔业科考船——南海区渔业资源与环境科学调查船“南锋号”

中国水产科学研究院

珠江水产研究所

牛盾副部长在位于所内的我国第一家GMP水产疫苗车间视察

所地科技合作

送科技下乡

2009年8月，巴基斯坦总统扎尔达里访问珠江所。

中国水产科学研究院珠江水产研究所是国家根据流域布局在珠江流域及其相关水系中设置的唯一国家渔业综合科学技术研究机构，主要开展热带亚热带渔业相关科学和技术的研究与应用，承担渔业重大基础与应用基础、应用技术和高新技术产业开发研究的任务。

研究所成立50余年来，为我国渔业发展做出了卓有成效的贡献，家鱼人工繁殖技术发明等百余项重要成果获得国家和地方科技成果奖励，目前承担着一大批国家“863”项目、国家科技支撑计划项目、国家自然科学基金项目、国家基础性和公益性项目以及地方政府项目等152项，形成了珠江流域资源与环境、渔业种质资源与遗传育种、水产疫苗、观赏鱼以及水生实验动物等特色优势学科，构建了由部、省级水产种质监督检验测试、新渔药临床试验、观赏鱼标准化和渔业生产力促进中心等组成的技术服务体系。在科研实践中涌现出如钟麟等一批包括中联专家、特贴专家、突出贡献中青年专家、院功勋科学家与专家。现有研究员16人、副研究员和高级工程师24 人，博士和硕士研究生导师13人，具有博士、硕士学位56人，45岁以下中青年约占所科研骨干的70%。

积极营造“我们努力，天下有鱼”的所创新文化氛围，努力将本所打造成为我国南方淡水种质资源保护与遗传育种中心、池塘养殖科技创新中心、水产疫病防控科学中心、珠江流域渔业资源与生态环境科技中心、水生实验动物科学中心以及城市渔业研究中心的科研体系战略布局，为我国渔业可持续健康发展提供更强有力的科技支撑。

珠江所构建的转红色荧光蛋白基因唐鱼

珠江所培育的国内第一种政府公布的水生实验动物鱼(剑尾鱼RRB系)

中国水产科学研究院

黄海水产研究所

王清印所长受邀参加国庆60周年庆典观礼

农业部副部长牛盾考察即墨基地

与烟台市海洋与渔业局签订战略合作框架协议

扎实开展学习实践科学发展观活动

中国水产科学研究院黄海水产研究所现有职工343人，科技人员256人。其中，中国工程院院士3人，研究员、副研究员112人，博士生、硕士生导师55人，国家百千万人才工程一二层次人选4人。2009年有8人被授予研究员任职资格；7名博士后顺利出站，目前，在站博士后22人，其中新入站博士后7名；在所博士研究生19人、硕士研究生120人，有12人获博士学位、70人获硕士学位。

2009年有1人获"新中国成立60周年'三农'模范人物"、1人获2008年度山东省突出贡献中青年专家称号、1人获2009年度山东省突出贡献专家称号、1人获青岛市科学技术最高奖，1人获青岛市突出贡献人才奖，5人获青岛市拔尖人才等荣誉称号。有2人应邀参加国庆60周年观礼活动，并分别受到胡锦涛总书记等党和国家领导人的亲切接见。

全年共主持、承担各类科研课题336项，其中国家级科技计划130项、省(部)级82项。基本科研业务费61项，青岛市27项，其他36项。2009年获各级科技奖励11项(次)；有2项研究成果通过了由山东省科技厅组织的鉴定；14项课题提交了结题报告，有20余个项目通过阶段性现场验收。全年共发表各类科技论文242篇，出版专著3部。共申请并受理专利36项，有11项专利获得授权。

雷霁霖院士获得2008年度青岛市科学技术最高奖

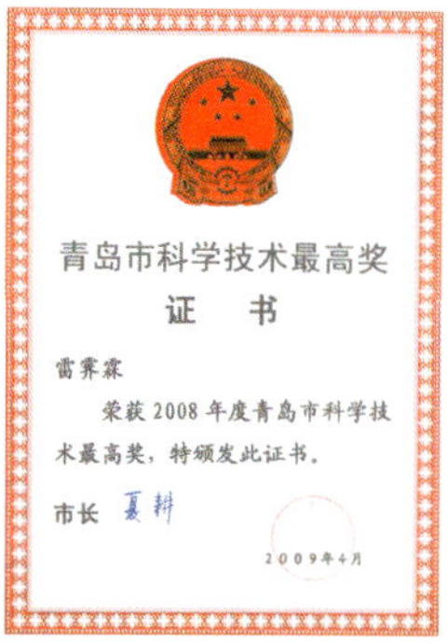

中国水产科学研究院
长江水产研究所

领导班子

中国水产科学研究院长江水产研究所主体由农业部淡水生物多样性保护与利用重点开放实验室、中国水科院淡水生态与健康养殖两个重点开放实验室组成。主要开展水产种质资源保存与遗传育种、濒危水生动物保护、渔业资源调查评估与水域生态环境监测保护、水产养殖基础生物学与养殖技术、鱼类营养与病害防治、水产品质量标准与检测等领域的应用基础和应用技术研究。此外，还有农业部属检测中心、渔业生态环境监测中心、野外科学观测试验站、渔业资源监测站、新渔药临床试验基地、水产种质资源保存与良种选育中心、全国水产标准化技术委员会淡水养殖分技委等公益服务机构依托所内。

重点研究领域：濒危水生动物保护、水产种质源保存和遗传育种、长江流域资源环境监测与评估、水产动物病害与防治、水产动物营养与饲料、水产养殖基础生物学和池塘工程技术、水产品质量标准与检测技术。

长江濒危生物保护中心

中国水产科学研究院
南海水产研究所

李卓佳出席对虾产业发展论坛

学科成员在示范基地

中国水产科学研究院南海水产研究所健康养殖科研团队瞄准国家和行业的需求，紧密结合生产实际，研究解决制约水产养殖健康发展的关键问题。近十几年来，主要围绕我国对虾养殖产业，开展养殖池塘生态环境优化与修复、健康养殖技术与工艺、营养与免疫调控，工程化养殖配套系统，养殖池塘微生态环境调控剂研制和生态防病技术等一系列研究，创立了以池塘微生态调控为核心的健康、环保、节水、高效对虾养殖技术。建立了对虾工程化精细养殖、滩涂土池精细养殖和河口区土池淡化半精细养殖等健康养殖模式，并成功研制以有益微生物为主导的养殖环境调控剂系列产品和益生菌、天然植物等益生免疫调节剂。把创新的健康养殖技术模式与物化的技术产品有机结合，在养殖生产中进行推广与运用，取得显著的经济和社会生态效益。

近年来，健康养殖科研团队承担国家、农业部和地方的科研项目20多项，发表论文100多篇，出版专著4本，申请国家专利20余项，获得省、部、院级科技奖励16项，研发了微生物环境调节剂、浮游微藻营养素、底质及水质理化辅助调控剂、益生免疫调节剂等健康养殖配套科技产品。科研成果在国内对虾养殖区域和一些优质鱼类养殖中得到广泛应用，并辐射到马来西亚、越南等东南亚国家，广受国内外有关专家和业界人员的赞誉。

中国水产科学研究院渔业机械仪器研究所

Fishery Machinery and Instrument Research Institute of Chinese Academy of Fishery Science.

中国水产科学研究院渔业机械仪器研究所创建于1963年5月，归属农业部，是中国水产科学研究院下属的专业研究所。主要从事渔业装备与工程及相关学科的应用技术研究和技术成果推广，是我国唯一的在渔业装备应用基础和集成创新方面开展综合研究与科技攻关的研究机构。

发展定位

◆国家渔业装备与工程技术研发中心

研究方向

●水产养殖工程
●海洋渔业工程
●水产品加工机械
●船舶工程
●饲料加工机械工程
●渔业装备标准化研究与产品质量检测

所内机构

★农业部渔业装备与工程重点开放实验室
★中国水产科学研究院渔业水体净化技术和系统研究重点开放实验室
★工厂化循环水养殖系统研究功能实验室
★池塘养殖工程与设施功能实验室
★水产品加工装备技术功能实验室
★渔船节能与捕捞装备研究功能实验室
★渔业装备实验中试基地
★中国水产科学研究院池塘生态工程研究中心
★国家渔业机械仪器质量监督检验中心
★农业部环保机械设备及船用产品质量监督检验测试中心
★农业部渔业机械仪器标准化技术归口办公室

循环水养殖系统

水产品加工设备

高海况打捞设备

地址：上海市杨浦区赤峰路63号　网址：http://www.fmiri.ac.cn　电话：021-65977260　传真：021-65976741

中国水产科学研究院
渔业工程研究所

Fishery Engineering Research Institute
Chinese Academy of Fishery Sciences

所长　王新鸣

所长:王新鸣（法人代表）
地址:北京永定路南青塔150号
电话:010-68222375
传真:010-68221877
邮编:100141

中国水产科学研究院渔业工程研究所位于北京，是我国从事渔业工程技术的专业研究机构。1978年成立于青岛，1997年经农业部批准迁至北京。现有职工38人，其中科技人员36人，高级职称专家17人。

面向全国，主要开展渔港与渔场工程、设施渔业工程、渔业减灾、渔业信息工程的研究和行业标准规范的编制以及渔业工程的咨询。承担着农业部渔港(渔政船)项目的评审和渔港项目立项计划的核定、全国渔港建设规划的编制以及渔港、原(良)种体系建设、引(育)种中心项目的检查等任务。建所以来，取得研究设计成果140余项，其中获得国家级奖励2项，省(部)级奖励8项。

所属北京大洋碧海渔业规划设计院，具有农林(渔业)行业甲级工程设计资质，为各单位提供渔港、冷冻及加工、工业与民用建筑、水产养殖等渔业工程的设计；渔业工程项目论证、规划与咨询服务。

以科技发展渔业 以服务促农增收

甘肃省渔业技术推广总站

站长　李勤慎

甘肃省渔业技术推广总站是隶属甘肃省农牧厅的省级渔业技术推广机构。加挂甘肃省刘家峡水库渔政管理站、甘肃省水生动物防疫检疫中心和甘肃刘家峡(国家级)水产种质资源保护管理局三个牌子。

总站自成立以来，牵头实施了多项部列和省列科技推广项目。荣获农业部“丰收计划”三等奖3项；省级科技进步二等奖1项，三等奖1项；省级“丰收计划”二等奖1项。

总站紧紧围绕发展鲑鳟鱼特色产业，率先开展“甘肃金鳟”育种工作，经过历时9年的科技攻关，终于培育出“甘肃金鳟”F3代，2007年经全国原(良)种委员会审定为适宜推广的新品种。甘肃金鳟选育与技术研究项目荣获2008年省科技进步二等奖，是甘肃省水产界获得的最高奖项。

经过多年的科研与示范成功总结出一些先进的养殖技术:高效渔业技术是我站自主创新技术。该技术以三机(增氧机、投饵机、发电机)配套为前提，高密度放养良种为突破点，采用全价颗粒饲料和健康养殖技术，科学管理，实现高产量、高产值和高效益的一项适合我省池塘养殖的集成技术。采用网箱养殖技术，使刘家峡水库网箱养鱼由过去主养鲤鱼转变为养殖冷水性优质鲑鳟鱼，并且推动了网箱养殖向集约化、名优化、产业化方向发展。

大力调整养殖品种结构，近几年引进约20个新品种，在全省范围示范推广养殖面积达2.06万亩，引领全省渔业向名优品种养殖方向发展。

总站刘家峡基地的荷园休闲渔业，集垂钓、赏荷、划船、餐饮、住宿为一体，年吸引游客上万人(次)，引领全省休闲渔业的发展。

总站站长、研究员李勤慎诚邀全国水产同仁，真诚合作，为甘肃渔业健康持续发展再创佳绩。

流水养殖鲑鳟

水库网箱养殖

休闲渔业

池塘高效养殖

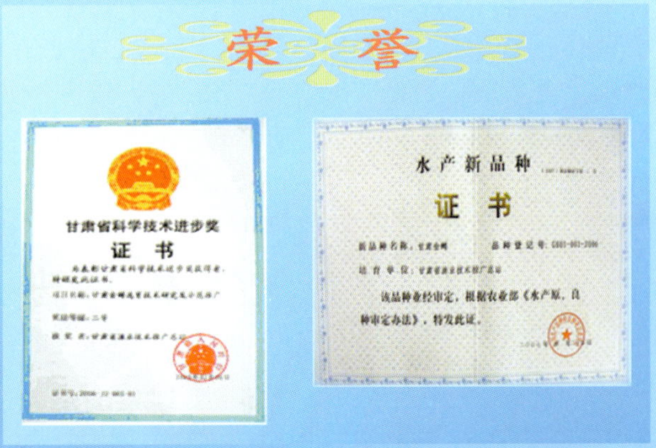

地址：兰州市中山路113号 陇牧大厦9-11层　　电话（传真）：0931—8462698 邮编：730030
网址：www.gsftes.com　　E-Mail：yyjstgw@126.com

农业部淡水鱼类种质监督检验测试中心

副所长、党委委员 陈大庆

研究室主任 邹世平

副主任兼技术负责人 艾晓辉

农业部淡水鱼类种质监督检验测试中心是成立较早的部级水产类检测中心之一，挂靠中国水产科学研究院长江水产研究所。2000年10月首次通过农业部和国家质量技术监督局的“双认证”验收，2004年、2009年两次通过复查。中心现授权承担水产种质、渔业环境、水产品、渔用饲料和渔用药物的检验以及农产品地理标志产品品质鉴定等。所涉及的专业有检测技术、鱼类饲料与营养、水产品遗传育种与种质参数研究、渔业环境、渔用药物与病害研究、标准化、微生物与计算机等方面。

中心雄厚的技术力量、先进的仪器设备和完善的质量管理体系，能够面向全国渔业相关水产种质渔业环境、水产品、渔用饲料、渔用药物的客户提供以下服务:(1)承担农业部或有关部门指定的行政执法和产品质量监督检验及优质产品的评选、复查、跟踪检验;(2)受农业部或其他部门的委托，对实施证书管理(如生产许可证、质量认证、进出口登记、推广许可证、产品登记、无公害食品、绿色食品等)的产品进行检验，对重要新产品、新品种投产和科技成果的鉴定进行检验;(3)承担农业系统产品质量考核检验和产品质量的分等分级检验;(4)承担有关产品质量的仲裁检验和其他委托检验;(5)负责对农业系统有关企业和地方同类检验机构进行技术指导、技术咨询、技术服务和人员培训;(6)研究新的检测技术和方法，承担或参与国家标准、行业标准及地方标准的制修订以及有关技术标准的试验验证工作。

新疆喀什地区渔业检测中心

主任 路文波

新疆喀什地区渔业检测中心位于新疆喀什市，于2005年在喀什地区水产技术推广站基础上组建，设有水产技术推广科、渔业水域环境监测科、渔业病害防治科、水产品质量安全检测科和中心办公室五个科室及中心实验室，为副县级单位，隶属于喀什地区水利局。是南疆技术力量最强、规模最大的水产技术推广部门。

中心充分利用新改建的温室和先进的孵化设备，大力培育鱼种，逐步向苗种孵化、名特优养殖、科技服务及养殖推广转型。

渔业检测中心通过“送科技下乡”活动，深入到喀什地区的8县1市，进行水域环境监测、水产品质量安全管理、健康养殖等专业知识培训。专门编写了《喀什地区水产养殖常见疫病防治及用药技术手册》，建立和完善鱼病测报机制，印制并发放了《喀什地区水生动物（苗种）检验报告单》。此外，中心还通过建立喀什地区渔业网站（网址：http://subsite.kashi.gov.cn/ksyy/Index.html）、开通热线电话和短信平台等多种途径，广泛建立与广大渔民的沟通桥梁。

水域环境监测

中心实验室

送科技下乡

水产品质量安全管理

杭州市农科院水产研究所

杭州市农业科学研究院水产研究所

前身成立于1958年，历年来主要从事鱼类人工繁殖、池塘大面积增养殖、鱼虾新品种的引进、名优水产品集约化养殖技术、饲料开发及病害防治等方面工作，取得90多项成果，部分成果达国内领先水平。

近年来，主要从事水产科研、应用性技术开发、示范推广方面的工作。涉及内容包括三角鲂的保种与开发利用，钱塘江土著经济鱼类的保护、开发与利用，鱼类杂交选育，新品种引进开发，观赏鱼品种引进及人工繁育等。

三角鲂

杂交鳢“杭鳢1号”

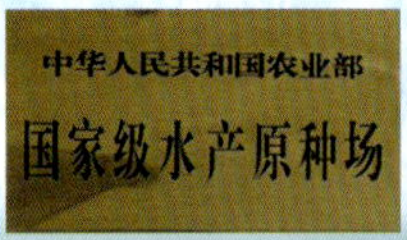

武汉市水产科学研究所

多年来，主持、参与市级以上科研开发项目80多项，获得国家及省、市科技进步奖励33项。

精心打造了“肉食性鱼类繁育”、“中草药鱼病防治技术与养殖水体环境”、“长江名优鱼类繁育”、“水产品加工”等四个重点学科。每年向武汉城市圈及全国提供各类优质鱼类苗种5亿尾以上，新型渔药2000吨以上，推广服务面积达50万亩以上，服务农民2万余户，促进农民增收5亿元以上，社会效益和生态效益十分显著。

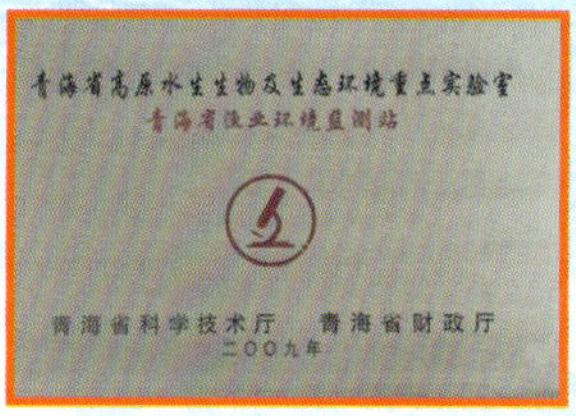

长江源科学考察

黄河积石峡水生生物监测

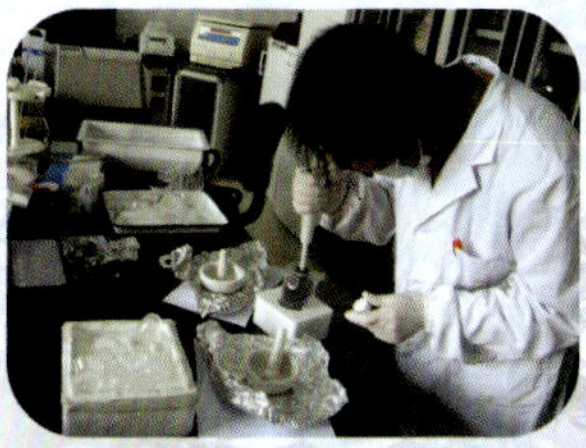
分子生物学研究

高原水生生物标本室

上海海洋大学

农业部副部长牛盾，国家粮食局副局长张桂凤，联合国粮农组织驻华代表维多利亚、校党委书记叶骏共同启动“世界粮食日”主题宣传活动。

上海海洋大学建立于1912年，是一所具有悠久历史和光荣传统的普通高等学校，现已发展成为一所以海洋、水产、食品学科为特色，教育体系完备，学科门类众多，农、理、工、经、文、管、法等学科协调发展的多科性大学。学校的校训是“勤朴忠实”。

2009年是学校发展的关键时期 3月到9月，师生党员2700余人积极参加学习实践科学发展观活动，顺利完成了学习调研、分析检查、整改落实三个阶段的主要工作任务。9月，国家海洋局、上海市人民政府正式发文，共建学校，进一步改善了学校的办学环境，为学校发展提供了重要机遇。

教学质量不断提高 落实暑期短学期教育、“二二分段”政策，推进学分制收费改革，教育教学改革不断推进。水产科学实验教学中心入选国家级实验教学示范中心建设单位，水产养殖学专业入选国家特色专业。新增七个上海市教育高地项目，新增一个上海市高等学校市级教学团队，新增一个上海市级实验教学示范中心，新增两门上海市级精品课程。

“085”工程全面启动，学科建设成效明显 组织开展“085工程”先行先试工作，在向市教委申报的2010年学科建设项目中,有25项获得通过。“食品质量与安全”被批准为市教委第五期重点学科。科研水平不断提高，李家乐教授主持的“农业生物品质改良和高效育种研究”项目获得国家“973”项目的资助；马家海、何培敏教授承担的“我国近海绿潮灾害调查及其预测与防治”获国家重大财政专项资助；谢晶教授主持了“猪肉产品绿色供应链技术创新与设备研制”国家“863”重大专项，有10项重点项目和7项人才基金项目得到市科委资助。李思发教授再获国家科技进步二等奖。食品科学与工程学科形成了从硕士、博士到博士后的完整人才培养体系。

落实人才兴校战略，建设高水平人才队伍 完善、启动“海洋学者计划”、“海燕计划”等各类人才计划，聘任中国工程院潘德炉院士和丁德文院士为“双聘院士”，新增吕为群教授、黄轶群教授、陈勇博士等3名东方学者。

德育工作不断加强，素质教育不断推进 加强思想政治理论课队伍建设，实施“教师资格准入制度”，通过专家组的资质评审，原社科部专任教师中有90%的教师获聘。推进中小班改革试点工作，积极开展精彩一课的评选，推进中国特色社会主义理论“进教材、进课堂、进学生头脑”。深化辅导员队伍建设，举办上海高校辅导员心理健康教育与咨询专题培训班，举办上海高校心理咨询协会年会，加强辅导员心理工作培训。把握思想政治教育主动权，充分利用E-class平台，推进师生互动，提高网络思政教育的针对性。

集美大学水产学院

厦门市市长视察我院省级坛紫菜种质资源库

集美大学水产学院的前身是厦门水产学院，系1972年上海水产学院南迁厦门而成立。1994年10月，集美学村原五所高校合并成立集美大学，厦门水产学院也并入集美大学，更名为集美大学水产学院。

集美大学水产学院现有水产养殖学、水生生物学、渔业资源学、渔业领域(农业推广)4个硕士点和水产养殖学、动物科学、海洋渔业科学与技术、动植物检疫等4个本科专业。其中水产养殖学专业为省级特色专业建设点、水产养殖学教学团队为省级教学团队。2002年开始与中科院武汉水生所联合培养博士生。

学院与集美大学水产生物技术研究所实行院所合一管理，设有水产养殖学、渔业资源学、动物营养与饲料科学、水生生物学、水产生物病害防治等五个学科。其中水产养殖学为福建省重点学科，渔业资源学、动物营养与饲料科学和水生生物学为集美大学重点学科。近5年来学院承担的国家“863”计划项目、国家自然科学基金项目、省(部)级等各级各类科研项目100多项，获得22项省、市级科技进步奖，在国内外多种学术刊物发表学术论文400多篇，其中被SCI、EI、ISTP收录80多篇。

学院紧紧围绕“培养学生创新精神和提高实践能力”的宗旨，不断推进学风建设。积极探索并不断完善以辅导员负责制、“学生导师”制、辅导员助理制为主的一套新形势下大学生政治思想教育工作新机制，高度重视和不断加强大学生党建和思想政治工作，开展丰富多彩的第二课堂活动，形成培育大学生良好人文素养、科学素质的氛围和环境。在“挑战杯”中国大学生创业计划大赛、全国大学生英语竞赛、大学生“三下乡”社会实践等活动中均取得较好成绩。历届毕业生深受社会和用人单位好评。

国家”863”项目大黄鱼品质改良育种技术验收现场

学院馆藏的抹香鲸标本

大学生海西春雨行动

广东海洋大学

虾头酶解中试

虾头EAP粉

虾油、虾酱

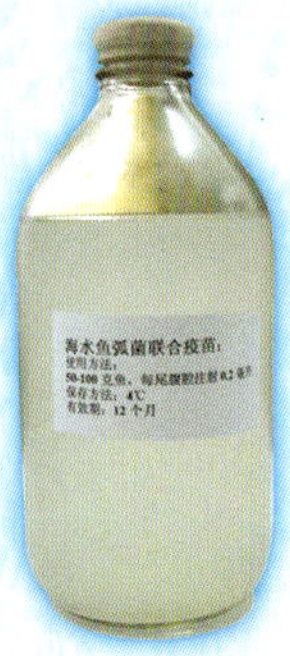

弧菌联合灭活疫苗

虾头综合利用技术 虾头经过预处理后，运用生物酶对其进行降解，酶解液可以制作成各种调味品或者经喷雾干燥后加工成食品基料。研制的虾味沙司、虾油等食品营养丰富，鲜味浓郁。酶解液中分离出的沉淀物可以作为提取虾青素的原料。虾壳可以生产甲壳素和壳聚糖等产品。该成果2009年获广东省科学技术二等奖。

红笛鲷弧菌病综合防控技术 该项目系统研究了红笛鲷的个体免疫机理、病原菌的结构特性、抗原特性和基因组特性等，确定了引起红笛鲷暴发性疾病的病原为溶藻弧菌。开发出了快速诊断技术、中草药免疫增强剂和高效弧菌疫苗。该成果2009年获广东省科学技术三等奖。

对虾育苗水质处理和水质调控技术 采用物理、化学、生物、药物以及各种管理措施结合起来的综合系统处理水质和调控水质的方法。能有效平衡水体的酸碱度，能清除或降低水体中各种有害物质，使水质得到充分优化，提高出苗率，提高产量和质量。该成果2009年获广东省科学技术三等奖。获国家发明专利，发明专利号：ZL200710027322.5

未经处理海水

处理海水(2)

处理海水(1)

上海水产（集团）总公司

通向海洋的成功之路

——上海水产（集团）总公司发展写真

A Success Way to the Ocean

Report on Shanghai Firsheries General Corporation (Group)

上海水产（集团）总公司由上海市国资委全资控股，是上海唯一一家开发利用国际渔业资源，以远洋渔业及水产品精深加工为主营业务的国有集团公司，具有一流技术能级的大中型公海作业船25艘（其中13艘已纳入上市资产），有跨海小型作业船48艘。集团船队生产海域为太平洋、印度洋、大西洋。年捕捞远洋水产品15万～16万吨，占全国远洋渔业产品10 %以上。有海外企业及办事处18家，多次获得市政府“走出去”贡献奖和“走出去”领头羊企业称号，是上海跨国经营20强企业之一。2005年已通过ISO9001:2000质量管理体系认证。

通 威，
引领全球绿色水产养殖新
Tongwei， Leads a New Era of
Global Green Aquacult

福州宏东远洋渔业有限公司

生产车间

宏东1号

旗鱼丸

冻带皮鲨鱼片

福州宏东远洋渔业有限公司始创于1999年，注册资金3000万元，是一家集远洋生产、冷藏运输、水产加工、进出口贸易为一体的大型综合企业。历经十余年的努力与拼搏，现已发展成拥有宏东渔业、宏东实业、宏东食品、莫桑比克宏与莫渔业食品发展有限公司等多家子公司的企业集团。公司拥有远洋渔船20余艘，常年在太平洋、印度洋公海、莫桑比克海域作业。国内拥有万吨冷库，9000平方米水产加工厂房。公司先后取得输美水产品HACCP验证证书、欧盟注册出口水产企业证书，ISO9001 —2008质量管理体系认证证书，ISO22000—2005食品安全管理体系认证证书，ISO9000国际互认证书，先后多次获得福州市“农业产业化龙头企业”称号。

公司积极奉行开发蓝色海洋、服务社会、造福人类的使命，坚持关爱员工、关爱顾客的办企理念。公司立足太平洋、印度洋公海渔场，面向非洲沿海国家近海渔场，产业优势突出。我们的目标是把天然、卫生、营养、健康的食品奉献给广大消费者。

公司主要产品有冻原料鱼、冻鲨鱼片、冻金枪鱼片、冻油甘鱼片、“海思源”旗鱼丸、旗鱼凇、鲨鱼软骨素等，是国内外鲨鱼系列产品主要供应商之一，产品主要出口美国、日本、俄罗斯、澳大利亚、新加坡、泰国、墨西哥、乌拉圭、意大利、西班牙等。欢迎广大国内外客户，来电来函洽谈业务。

电话:0591-87628259
0591-83999877
电邮:fzhongdong@yahoo.com.cn
地址:福建省福州市保税区8-1-2

上海开创国际海洋资源股份有限公司

鳞虾捕捞　公司大型拖网加工船“开利轮”已根据农业部批准的《海洋生物资源开发利用项目》安排，前往南极海域48区实施探捕任务，从而取得南极鳞虾捕捞的第一手资料。在此基础上，着手进行制定南极鳞虾的商业捕捞计划，为公司又好又快发展远洋渔业，形成后备渔场作好充分准备。

上海开创国际海洋资源股份有限公司组建于2008年12月8日。公司目前主要业务由下属唯一全资子公司——上海开创远洋渔业有限公司经营，主要从事远洋捕捞等相关业务。

公司拥有一支大型拖网加工船队，一支金枪鱼大型围网船队和三家境外投资企业。

大型远洋金枪鱼围网船开工仪式　为大力发展公司金枪鱼围网捕捞，增强规模效应和可持续发展能力，2010年至2011年，公司在现有7艘大型远洋金枪鱼围网船的基础上增加4-6艘，为公司金枪鱼捕捞产量和效益增长增添实力。

泛太食品(马绍尔群岛)有限公司加工车间　以巩固和拓展海外金枪鱼鲣鱼加工为抓手，积极争取和落实相关入渔许可证，打造以马绍尔等岛国为中心的集金枪鱼产、加、销功能于一体的中西太平洋地区“经济圈”。

“开利轮”圆满完成我国首次“南极海洋生物资源开发利用项目”南极磷虾探捕任务

上海开创远洋渔业有限公司

南极磷虾

捕捞磷虾

磷虾出水

采样调查

磷虾进冻

产品包装

2010年1月23日，开创公司“开利轮”和辽宁远洋渔业有限公司“安兴海轮”两船正式进入南极48.1 区域后，进行南极磷虾资源探捕调查。“开利轮”在23天探捕工作中，不仅完成了预定的海域定点站位的调查，而且又对磷虾高产区站点进行补充调查，超额完成了预定的目标。为下一步深入分析南极磷虾资源的分布、开展南极磷虾开发利用、形成远洋渔业后备渔场奠定基础。

烟台芝罘岛集团有限公司

董事长　胡祇光

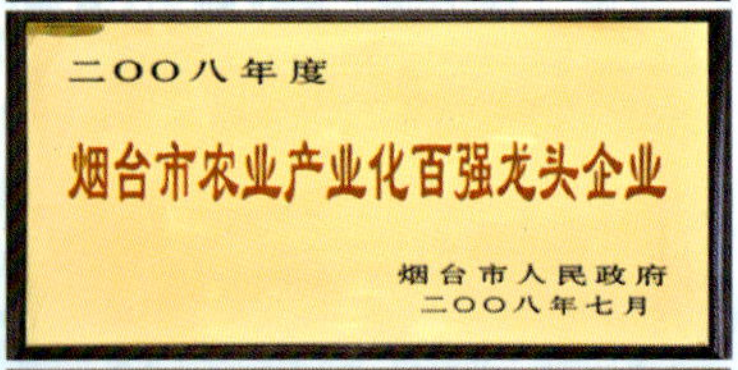

烟台芝罘岛集团有限公司现下设“烟台海洋生物科技有限公司”、“烟台市芝罘岛置业有限公司”、“烟台市芝罘岛物业管理有限公司”、“烟台芝罘岛集团海洋工程服务公司”共四个子公司。位于芝罘区芝罘岛中部、与烟台市和烟台经济开发区隔海相望，与烟台港和烟台出口加工区紧密相连，面积为7平方公里，拥有职工3540余名。

公司自创办以来，始终以转方式、调结构，不断更新经营理念为行动宗旨，创造、创新地发展了海洋经济。一直是深化海水养殖、旅游和房地产开发为一体，全方位发展的全国大二型乡镇企业，省级重点龙头企业，市级农业产业化百强龙头企业。拥有固定资产总值达2亿元，年社会总产值4.2亿元，创利税4500万元。

二十多年来，公司因地制宜，立足实际，借助海上资源优势，全面实施高产、高效、优质战略。通过产业调整，上规模、建基地、抓科技、增效益、大力发展制约化海珍品养殖。下设的“芝罘岛海洋生物科技有限公司”，坚持走专业化道路，不断引进消化、吸收世界先进水平的现代化技术，依托芝罘岛无公害优良海水资源，不断研发海洋健康产品，产地中的天然刺参，为山东省十大名牌水产品之一。利用刺参为原料进行深加工，先后研制出“海参肽营养素胶囊”、“海参口服液”、及“海参酒”等系列产品，并进入了全国保健产品之列。该公司符合省GMP保健食品良好生产规范，先后获得了ISO9001-2000质量管理体系认证，和全国工业产品QS质量安全认证，产品自投放市场以来博得了广大消费者的满意。

另外，借助芝罘岛是中国的历史名地，大力开发特色旅游业，除充分发挥自然历史景观外，还先后投资建成了“阳主庙”，“芝罘索道”，在芝罘岛入口，投资建成了一个占地15公顷、其中水面2.5万平方米，以秦始皇东巡的大型标志性群雕“始皇射鲨”为中心，集雕塑、灯光、草地、怪石、青树、绿水、亭台楼阁、石屏为一体，堪称全省一流的大型“芝罘岛人民广场”。充分凸现出芝罘岛的历史渊源，更展示了芝罘岛独特的人文文化。

公司从旧城改造入手，大力开发房地产。目前，岛上楼房林立，居民家家户户都乔迁新居，走向了农村城市化道路。

公司打造蓝色海洋经济实现了集体化、规模化、产业化和科技化。形成了生产、加工、销售为一体的完整体系。产品销售开辟了国内外市场。

开拓发展临海经济，总投资近亿元的万吨级“芝罘岛泊位码头”及面积20余公顷的仓储基地，已投入运营，此项年获纯利润可达2500余万元，为公司长效经济机制打下了坚实基础。

公司董事长胡祇光，本科学历，高级经济师，先后荣获全国“乡镇企业家(董事长经理)”、省级“劳动模范”、“优秀农民企业家”、“烟台市为新中国成立和烟台建设做出突出贡献的百位英雄模范人物”等殊荣，并连续五届当选烟台市人大代表。

浙江舟山市普陀远洋渔业总公司

总经理　吴布伟

领导班子成员及中层管理干部

公司开拓了印尼、西非、东非、朝鲜远洋合作项目，北太平洋、东南太平洋、西南大西洋鱿钓项目，以及摩洛哥等国的劳务协作项目。2008年远洋渔业产量达到1.65万吨，总产值人民币1.21亿元，远洋从业人员近2000余人。

公司注册资金600万元，资产总额2200万元。经营范围主要有远洋渔业捕捞、水产养殖、加工、劳务技术协作、水产品贸易、渔需物资经销等。设有综合管理科、对外业务科、远洋捕捞科和远洋船员培训中心等职能部门。公司具备国家农业部核发的远洋渔业资格证书和国家外经贸部批准的进出口经营权。

地址:浙江省舟山市普陀区鲁滨路61号4楼
电话:(0580)3014972　传真:(0580)3019587

湛江海滨船厂

厂长　李铀锋

中国渔政310船下水典礼

湛江海滨船厂位于中国广东省湛江市，是广东省西部地区最大的船舶修造企业。中国500强交通运输制造企业，国家一级计量单位，国家机电产品进出口基地。工厂技术力量雄厚，设备设施先进，拥有中级以上技术人员近600人，天然深水码头近千米，3.5万吨干船坞一座及可横移式船排11条，年修造船能力300万吨。工厂创建于1960年，1988年经国务院批准成为外轮定点修理厂，1996年通过ISO-9002质量体系认证，并分别通过DNV挪威船级社、LR英国劳氏船级社、ABS美国检船协会、BV法国船级社、NK日本船级社、CCS中国船级社检验合格。先后承修了俄罗斯、德国及我国港台地区船舶一百多艘。工厂连续20多年被广东省、湛江市评为“守合同重信用”先进单位。

在新的起点上，我们期待新老船东的继续支持和帮助，并承诺积极完善管理，提高服务质量，为船东提供更省心、更贴心的服务。

厂生产区一景

北京海洋馆

总经理　胡维勇

北京海洋馆——位于北京动物园内长河北岸，占地 12 万平方米，建筑面积 4.2 万平方米，集观赏、科普教育和休闲娱乐为一体，是一家大型的内陆水族馆。

我们的企业宗旨：陶怡大众 教益学生 维系生态

我们的企业口号：关爱海洋动物 维护地球家园

欢迎您到北京海洋馆参观游览，北京海洋馆将超乎你的想象。

北京海洋馆建筑造型独特、恢弘壮观，犹如一只蓝色的大海螺，躺在绿树环抱、花团簇拥的沙滩上。北京海洋馆拥有世界先进的维生系统，使用人工海水，总水量达 18000 吨。馆内以“陶怡大众，教益学生，维系生态”为宗旨，为游客巧妙安排了“雨林奇观”、“触摸池”、“海底环游”、“白令小镇”、“国宝中华鲟鱼馆”、“鲸豚湾”、“海洋剧院”等七个主题的展示区域，馆内饲养和展示的海洋鱼类及生物达千余种、数万尾。北京海洋馆通过丰富的鱼类展示、珍贵濒危物种的保护宣传，精彩的海洋动物表演和各种科普活动，向游客介绍水生生物的知识，讲述海的故事，倡导环保意识。游客在游览中既得到陶怡，又受到教益，提高了“关爱海洋动物、保护地球家园”的自觉意识。

北京海洋馆是首批国家 4A 级旅游景点，是第十一届及第十二届首都旅游紫禁杯最高奖—最佳集体奖的获得者，并连续被评为“首都文明旅游景区”。自 1999 年 3 月开业十余载，已接待中外游客近1400 万人(次)，赢得了中外游客的赞誉。2006年我馆成功主办了中国自然科学博物馆协会水族专业委员会2006年年会暨北京海洋馆第二届国际学术交流会，会议涉及到十多个国家和地区及国内60余水族馆相关企业及单位。2010年5月，在农业部及外交部的大力支持下，我馆顺利的将自我繁殖的海豚送到罗马尼亚康斯坦查作为友好大使，为增进中罗友谊作出了努力。

北京海洋馆是多家政府机构授予的海洋科普教育基地和青少年科普教育基地，并成为多家科研机构进行水生生物人工驯养和繁殖研究的基地与宣传平台。北京海洋馆正凭借自身的资源投身于海洋科普宣传、水生生物物种保护和研究的事业中，先后与中国水科院长江所、中国科学院武汉水生所等单位建立了良好的科企合作关系，并参与了水族馆行业标准及水生哺乳动物驯养师标准的编写。

北京海洋馆，这座规模庞大的世界级水族馆，已经成为北京旅游行业、中国水族馆行业中一颗璀璨的明珠。

白令小镇

中国水产舟山海洋渔业公司

CNFC ZHOUSHAN MARINE FISHERIES CORPORATION

MING ZHU

明 珠

参加渔业博览会场景

职工歌咏比赛

“明珠”牌水产品

万吨冷库存雄姿

中国水产舟山海洋渔业公司创建于1962年，是中国农业发展集团总公司的全资子公司。座落在风景秀丽的舟山群岛平阳浦港湾，紧邻世界著名的沈家门渔港，与海天佛国普陀山隔海相望。占地总面积126万平方米，海岸线总长3265米，从业人员5000余人。拥有普陀山大酒店和中水渔业股权。

公司是一家集远洋渔业、海洋食品、渔业服务和渔港置业为一体的大型企业。拥有中国驰名商标“明珠”自主品牌，具有自营出口、国际海运、保税油供应和外藉船靠泊修理等资质。取得ISO9001 、ISO14001和OHSMS18000等管理体系认证和美国FDA产品卫生检测标准及欧盟水产品HACCP体系认证，是浙江省农业产业化龙头企业。曾荣获全国五一劳动奖状和国家级企业技术进步奖，2009年荣获舟山市首届市长质量奖。

远洋渔业是公司产业链的基础 也是我国海洋渔业从近海走向远洋的开路先锋，公司远洋船队作业海域遍及北太平洋、西南大西洋和东南太平洋等渔场。

海洋食品业是公司产业链的核心 拥有产品研发、试制生产、配送服务、终端销售等完善的体系，“明珠”海洋食品从源头抓起，按国内国际水产品加工技术规范进行全过程各环节的严格把控，保证食品安全优质。目前休闲类、膳食类、礼品类、冻品类等四大系列上百种产品遍及全国，远销欧洲、美洲和亚洲的近20个国家和地区。

渔业服务业是公司最具发展潜力的新兴产业 拥有得天独厚的天然避风良港，近万平方米水产品交易场所、17座码头、3.5万吨/次冷库、1.4万立方米油库、船舶修理和渔网具制造等现代化的装备、设施，提供水产品交易、冷藏物流、加冰、加油、加水、船舶修理等全方位优质服务。

渔港置业是公司的重要组成部分 已形成房地产开发、建筑施工、物业管理、酒店经营、教育培训、医疗卫生、文化传媒等功能齐全的文化生活服务体系。

在历史和现实的交融中，舟渔形成了独特而浓厚的企业文化，既有对“同舟共济，追求卓越”现代价值观的认同，也有对千年沉淀海洋文化的体验，更有对“打造最具影响力明珠品牌，铸就最具竞争力百年企业”美好未来的追求。

半个世纪沧海击水，百舸争流，舟渔人留下一份艰辛，成就一份喜悦。在新的起点上，舟渔人将在科学发展观的引领下，勇于创新，不断超越，让“明珠”放射出更加绚丽多彩的光芒，为经济社会发展、为人民健康福祉做出新的更大的贡献。

整装待发的远洋捕捞船队

深圳市深水远洋渔业有限公司

总经理　杨　晖

深圳市深水远洋渔业有限公司是一家专业从事远洋捕捞、水产品加工、渔需用品采购和供应、进出口贸易等的集渔业、工贸一体远洋企业。公司成立于2001年10月，具有农业部批准的远洋渔业企业资格，享受国家各项远洋投资优惠政策。

公司经营以远洋捕捞为主，配套冷藏运输、水产品加工、水产养殖、进出口贸易等。远洋渔业发展已初具规模，拥有拖网捕捞船、拖网捕捞加工船、龙虾笼捕船、金枪鱼延绳钓船、冷藏运输船等各种远洋渔船60余艘。作业海域分布在南太平洋的澳大利亚、新西兰、斐济、所罗门群岛、瓦努阿图，东南亚的印度尼西亚、马来西亚等海域。其捕捞品种主要有带鱼、黄鱼、鲳鱼、鱿鱼、金枪鱼和龙虾、对虾等。大部分运回国内供应深圳乃至全国水产品市场，满足国内市民对水产品日益增长的需求。

团结奋进的领导班子成员

公司注重强调企业的诚信思想、成本意识、团队精神。一直遵循“高起点、高标准、严要求”的现代企业管理模式。发展“公司+基地+渔船”的现代远洋渔业产业化，积极带动群众渔船，组建远洋船队，建立海外捕捞基地，发展远洋渔业项目，参与国际渔业生产，建成一个国际竞争力强，辐射带动力大，经济效益高的远洋渔业龙头企业，朝着渔、工、贸一体化和产、运、销一条龙的集团化格局迈进。

新亚6号

新亚8号

新亚201号

湖南澧县
八百里洞庭水产批发市场

澧县八百里洞庭水产批发市场位于澧县澧阳镇，为产地型、集散型的水产品专业批发市场。主要经营范围包括草、鲤、鲫、鳙、黄颡鱼、桂鱼等淡水鱼类，及龟、鳖、鳝、小龙虾等特色淡水产品。

经过多年精心培育，市场已成为湘鄂边界交易量大、销售额高、幅射范围广的淡水产品集散市场。市场内现有门面300多间，从业人员达1000多人，市场购销网络辐射京、津、黑、吉、辽、蒙、甘、陕、宁、冀、晋、沪、云、黔、渝、川、桂、粤、鄂等20个地区，市场内的水产品加工产品（熏、腌制）还通过本地和益阳外销企业远销韩国、日本及中国港澳地区。

市场占地面积81280平方米（合122亩），建筑面积91800平方米，设有水产品交易区、加工区、冷冻冷藏区（储量4500吨级，其中低温库2500吨，高温库2000吨）、鱼饲料加工区、网箱活贮区、液态氧供应站、配套商服区等七大功能区，建设投资近2亿元。2008年12月，农业部批准该市场为定点批发市场。

管理单位：湖南省澧县市场管理处（澧县市场服务中心）
法人代表：于承津　地址：湖南省澧县澧阳镇澧阳新区　邮编：415500
电话：0736-3255408　3255409　3236206　传真：0736-3250151　邮箱：wyqky@163.com

江西省进贤县军山湖鱼蟹开发公司

江西省进贤县军山湖鱼蟹开发公司是江西省农业产业化龙头企业，现有员工110人，资产总额6400万元。拥有300亩的河蟹良种基地和32万亩的有机水产品养殖基地，1000亩成蟹暂养基地。主要产品是"军山湖"牌清水大闸蟹及有机鱼、虾、贝类。军山湖牌清水大闸蟹年产量1600吨，已通过"AA级绿色食品"、"有机食品"认证，并荣获"中国名牌农产品"、"中国河蟹之乡"、"中国十大名蟹"、"江西名牌产品"和"江西省著名商标"等称号。

总经理　赵城珍

军山湖清水大闸蟹

荣获第三届"丰收杯"全国河蟹大赛"蟹后"及"金蟹"奖

深圳市水湾远洋渔业公司

渔船起网

深圳市水湾远洋渔业有限公司成立于2002年5月，由原深圳市海昌顺远洋渔业有限公司重组而成，注册资本1000万元。经营范围主要是远洋渔业捕捞，水产养殖、冷藏、渔需物资供销，水产品加工，国内商业、物资供销业和经营进出口业务等。

目前公司管理人员12人，船员48人，拥有远洋捕捞渔船6艘，总功率2764千瓦，共738总吨。经过多年的发展，公司的远洋渔业捕捞技术成熟，专业技术队伍稳定，管理体制健全，各项制度完善。主要捕捞的海产品有带鱼、墨鱼、鱿鱼、金线鱼和海鳗等。

近年来，公司积极响应深圳市政府大力发展远洋渔业的方针和政策，不断扩大捕捞船队，并计划在2010年下半年，再新增2艘功率在400千瓦以上的拖网远洋渔船，前往孟加拉或印度开展远洋渔业生产项目。到2012年，公司每年可生产鱼货近万吨，大量优质鱼货回运供应国内市场，丰富深圳和国内市民的食物选择，也将为深圳市的远洋渔业发展做出更大的贡献。

鱼货分类

国外鱼货加工

鱼货成品

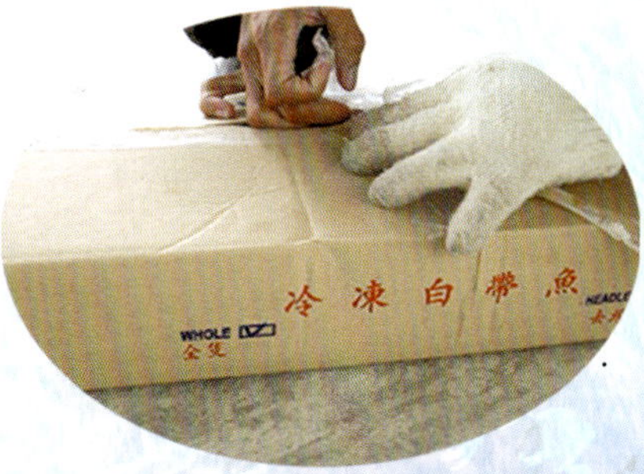

国外基地正在进行鱼货包装

天津立达海水资源开发有限公司

总经理　赵从明

工厂化养虾车间

天津立达海水资源开发有限公司是以海珍品苗种繁育及工厂化养殖为主，兼有水产科研、示范养殖、技术培训等功能性股份制企业。企业先后被确定为天津市农业产业化经营市级重点龙头企业、天津市工厂化繁育养殖种业基地、天津市无公害水产品工厂化生产基地、天津市科普示范基地。2006年12月被确定为天津市海水养殖科技创新与成果转化基地，2008年被农业部授予“水产健康养殖示范场”称号。2009年9月挂牌成立了天津市第一家工程院院士工作站。

公司自成立始终坚持“立己达人，创业报国”的经营理念，拥有一支高素质科技型人才队伍。与中国海洋大学、黄海水产研究所的科技合作，使本企业具有了雄厚的人才保证和科研开发的技术支持。

地址：天津市大港区千米桥十二井路
邮编：300280
电话：022-63331625
传真：022-63331625
E-mail：tjldhs@163.com

苍南县水产品市场开发有限公司

董事长兼总经理　许文树

苍南县水产品市场开发有限公司开发的温州浙福边贸水产城创建于1999年，占地40780平方米，建筑面积24393平方米，共设有鲜品、活生、干品、冷冻、综合等经营摊位374个。2009年水产品成交量达24.22万吨，交易额达26.92亿元。

水产城交易品种丰富，入市商品达两千种以上，市场辐射区域广阔，与福建、广东、海南、广西、江苏、山东等地的主要渔区建立了长期、稳定的贸易关系。近年来水产城积极走产业化和品牌化经营道路，先后开发了即食紫菜、五味虾仁、即食鱿鱼等休闲旅游食品和大黄鱼、墨鱼、海蜇等一系列海产礼品，深受广大客户喜爱。

水产城重视秩序管理、提倡诚信经营和优质服务，使市场取得了辉煌的成就，相继被评为“消费者信得过单位”、“重点商贸企业”、“省级骨干农业龙头企业”、“省三星级文明规范市场”、“中国质量服务信誉AAA级企业”、“全国十大水产品交易市场”、“全国著名品牌市场”和“农业部定点市场”。

地址：苍南县灵溪镇建兴西路608号　邮编：325800
电话：0577-68715070　传真：0577-64792111
E-mail：zfbmscc@163.com
网址：www.zfsc.cn

江苏滆湖团头鲂良种场

国家级江苏滆湖团头鲂良种场位于江苏省常州市南郊风景秀丽的滆湖东岸，空运、水陆交通十分便利。技术依托单位是上海海洋大学。团头鲂“浦江1号”是经农业部公布、适宜淡水养殖的主推优良品种，其生长比普通团头鲂快20%以上，成活率94%以上，体形体色好，市场需求量大。由上海海洋大学组织实施的“团头鲂‘浦江1号’选育推广”项目，2004年获“国家科技进步二等奖”。通过不断完善技术路线和操作规程，近5年来已向其他省、市推广后备亲鱼7万余尾，为渔农民增收增效作出了贡献。

河北省黄骅海水原(良)种繁育中心

（河北省三疣梭子蟹原种场）

河北省黄骅海水原良种繁育中心（河北省三疣梭子蟹原种场）建于1987年，原系联合国粮食计划署援华大型养虾项目的重点工程。历经20多年发展，目前拥有资产1430万元，年产值1300万元，拥有亲本选育及育苗车间7座，有效生产水体8000立方米；海水精养池30多公顷；原种保育池3.3公顷。三疣梭子蟹年保种能力3万只，年生产三疣梭子蟹苗种3000公斤；南美白对虾苗种12亿尾；日本车虾苗种5亿尾；海水鱼苗5000万尾；商品鱼、虾、蟹40余吨。成为河北省大规模国有水产企业之一。

农业部渔业局李建华局长在中心调研水产品质量安全。

农业部渔政指挥中心领导在中心检查产品质量安全

坚持科技领先的经营方向
坚持以人为本、质量第一的经营理念
坚持信誉第一经营方针

内蒙古呼伦贝尔呼伦湖渔业有限公司

董事长　徐学军

中蒙界湖贝尔湖渔业增殖放流行动

呼伦湖是中国第四大淡水湖，北方第一大湖，盛产31种鱼虾，年产量8000吨。其鲤鱼、白鱼等6个品种列入国家首批重点保护的水生野生动植物名录，是我国大型的有机鱼生产、加工基地。

呼伦湖的渔业开发有百年历史，现公司资产总额7962万元，员工911人，下设6个捕捞分公司等12个基层单位，已建立起捕捞、养殖、加工、餐饮、旅游、科研等一条较完整的产业链条，形成了独具特色的呼伦湖生态渔业经营模式，并建立起水产科研推广、种苗繁育、病害防治、资源管理等渔业支撑保障体系。是自治区级农业产业化龙头企业。

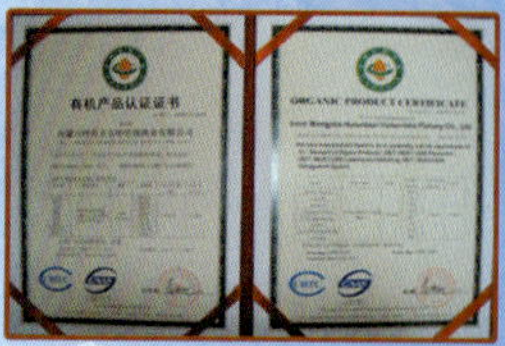

董事长　徐学军

天宝 TIANBAO

中国最大的中药超微粉原料药基地

- ★ 农业部GMP认证企业
- ★ 高新技术企业
- ★ 广东省民营科技企业
- ★ 中国畜牧兽医学会常务理事单位
- ★ 中国动物保健品行业发展贡献奖
- ★ 广东省生物制药工程技术研究开发中心
- ★ 广东省诚信示范企业
- ★ 广东省信息产业化示范企业
- ★ AAA信用企业

热烈祝贺

广东省天宝生物制药有限公司 荣获

中国兽药制剂企业50强

提供最好产品、最优方案，让客户用最低成本创造最大价值！

本公司生产中心实景图

总部地址：广州市天河区能源路华南理工大学国家大学科技园2号楼　邮编：510640

销售热线：020-87058188/87058288/87058388

技术服务专家热线：020-87058656/13570001509/13922235209

生产基地：广东省郁南县都城镇十二岭开发区

E-mail://www.oktianbao@188.com

Http://www.oktianbao.com

图书在版编目（CIP）数据

中国渔业年鉴．2010/农业部渔业局主编．—北京：中国农业出版社，2010.10
ISBN 978-7-109-14954-0

Ⅰ．①中… Ⅱ．①农… Ⅲ．①渔业经济—中国—2010—年鉴 Ⅳ．①F326.4—54

中国版本图书馆 CIP 数据核字（2010）第 171983 号

中国农业出版社出版
（北京市朝阳区农展馆北路 2 号）
（邮政编码 100125）
责任编辑：丁福辉

ISBN 978-7-109-14954-0

中国农业出版社印刷厂印刷　　新华书店北京发行所发行
2010 年 10 月第 1 版　　2010 年 10 月北京第 1 次印刷

开本：787mm×1092mm 1/16　　印张：18.25　　插页：38
字数：700 千字　　定价：120.00 元